Jovan Zdjelar

Trade & Labour

Jovan Zdjelar

Trade & Labour

Die Hypothek des Freihandels?
Eine kritische Bestandsaufnahme am Beispiel des Internationalen Arbeitsrechts

Tectum Verlag

Jovan Zdjelar

Trade & Labour
Die Hypothek des Freihandels? Eine kritische Bestandsaufnahme am Beispiel des Internationalen Arbeitsrechts

ISBN: 978-3-8288-3884-0

Umschlagabbildung: fotolia.com © Julien Eichinger

Druck und Bindung: CPI buchbücher.de, Birkach

Printed in Germany

Besuchen Sie uns im Internet
www.tectum-verlag.de

MIX
Papier aus verantwortungsvollen Quellen
FSC
www.fsc.org
FSC® C083411

Bibliografische Informationen der Deutschen Nationalbibliothek
Die Deutsche Nationalbibliothek verzeichnet diese Publikation in der Deutschen Nationalbibliografie; detaillierte bibliografische Angaben sind im Internet über http://dnb.ddb.de abrufbar.

Inhaltsverzeichnis

1 Einleitung. 11

1.1 Ausgangssituation & Problemlage 11

1.1.1 Forschungsstand. 18

1.1.2 Prozedur & Materie. 39

1.1.3 Fragestellung der Untersuchung – Eine Zusammenfassung 46

2 Prolog 49

2.1 Ideologische und definitorische Grundlage des Terminus „Arbeit" 50

2.2 Der Arbeitsbegriff im alltäglichen Kontext 64

2.3 Neue definitorische Ansätze in der Erwerbsgesellschaft. 85

2.4 Die verschiedenen Facetten der Erwerbslosigkeit 106

2.5 „Die Arbeitslosen von Marienthal" 109

2.6 Das Individuum und die psychosozialen Auswirkungen in der Erwerbslosigkeit 113

2.7 Erklärungsmuster beim Verlust der Erwerbsarbeit. . . . 116

2.8 Eine zeitpolitische Betrachtung der Arbeitslosenforschung – Zwischenfazit 130

3 „Globalisierung" – Risiko oder Chance?. 149

3.1 Die definitorische Grundlage des wirtschaftlichen Außenhandels 150

3.2 Der absolute Kostenvorteil beim Außenhandel. 153

3.3 Der komparative Kostenvorteil im Freihandel 157

3.4 Das Heckscher-Ohlin Theorem. 161

3.5 Der Produktionszyklus 163

3.6 Eine allgemeine Kritik an der Angebotsökonomie - Zwischenfazit 166

3.7 Der ökonomische Protektionismus im globalen Außenhandel 169
3.7.1 Pro Protektionismus 171
3.7.2 „Terms of Trade“ 171
3.7.3 „Infant Industry“ 173
3.7.4 „Market failures“ 176
3.7.5 The economies of scale 180
3.7.6 „Social security“ 182
3.7.7 „National Security“ 186
3.7.8 Zwischenfazit 188
3.8 Der liberale Handel – Eine kritische Bestandsaufnahme 190
3.8.1 Zwischenfazit 207

4 Institutionalisierte Elemente im Organisationsfeld der „Erwerbsregulierung“ 209
4.1 Die definitorische Grundlage der Erwerbsregulierung 212
4.1.1 Zwischenfazit 218
4.2 Ausgangssituation & Problemlage zur internationalen Erwerbsregulierung am Beispiel der Internationalen Rahmenvereinbarungen 221
4.2.1 Die Regulierungsarenen und Charakteristika einer Internationalisierung der Erwerbsregulierung – am Beispiel der internationalen Rahmenvereinbarungen 223
4.2.2 Die Protagonisten der internationalen Erwerbsregulierung – am Beispiel der internationalen Rahmenvereinbarungen 247
4.2.3 Zwischenfazit 249
4.3 Institutionalisierte Objekte einer internationalen Erwerbsregulierung 251
4.3.1 Der Neo-Institutionalismus 252
4.3.2 Der Liberale Intergouvernementalismus 255
4.3.3 Zwischenfazit 260

4.4 Die Definition der Termine Institution und Organisation ... 262

4.4.1 Das Drei Säulen Modell von William Richard Scott ... 267

4.4.2 Zwischenfazit ... 270

5 Das Rechtswesen ... 273

5.1 Das Konzept der Rechtslehre ... 275

5.1.1 Zwischenfazit ... 281

5.2 Die Globalisierung der Rechtslehre ... 283

5.2.1 Zwischenfazit ... 292

5.3 Die Rechtslehre im Wandel ... 293

5.3.1 Zwischenfazit ... 298

6 Die rechtliche Struktur des Freihandels – Eine Darstellung an ausgewählten Beispielen ... 301

6.1 Die Historie und die Grundlagen internationalen Arbeitsrechts ... 301

6.1.1 Die Funktionsweise des Arbeitsrechts ... 305

6.1.2 Zwischenfazit ... 315

6.2 Die Definition von Sozialklauseln im Themenkreis Trade & Labour ... 316

6.3 International Labour Organization (ILO) ... 320

6.3.1 Die Historie zur Gründung der „International Labour Organization" ... 321

6.3.2 ILO Declaration on Fundamental Principles and Rights at Work ... 321

6.3.3 Die Überwachungsmechanismen der ILO ... 325

6.3.4 Die Rechtsqualität der ILO Deklaration von 1998 ... 330

6.3.5 Die grundlegenden Prinzipien und Rechte bei der Arbeit ... 334

6.3.6 Die Bedeutung der ILO Deklaration im Freihandel ... 348

6.3.7 Zwischenfazit ... 358

6.4 Prolog 360
6.4.1 Die EU- Gemeinschaftspolitik 360
6.4.2 Der Inhalt und die Ziele der Grundrechtecharta 362
6.4.3 Die Entstehung der Charta 365
6.4.4 Der rechtliche Status der Grundrechtecharta 366
6.4.5 Die Europäische Grundrechtecharta im Kontext von Trade & Labour 369
6.4.6 Zwischenfazit 372
6.5 Der „UN Global Compact“ 374
6.5.1 Die Rechtsqualität des UN Global Compact 380
6.5.2 Der UN Global Compact im Kontext von Trade & Labour 382
6.5.3 Zwischenfazit 384
6.6 General Agreement on Tariffs and Trade (GATT) 385
6.6.1 Die Grundprinzipien des GATT und ihre Rechtsqualität 388
6.6.2 Das GATT-Abkommen im Kontext von Trade & Labour 394
6.6.3 Zwischenfazit 403

7 Die Ziel- und Systemkonformität bei der Implementierung von grundlegenden Menschenrechten 405
7.1 Die Grundprinzipien der „World Trade Organization“ und ihre Rechtsqualität 406
7.1.1 Zwischenfazit 413
7.2 Interventionismen - Ziel- und Systemkonformität von wirtschaftspolitischen Maßnahmen 414
7.2.1 Die Zielkonformität von wirtschaftspolitischen Maßnahmen 415
7.2.2 Zwischenfazit 420

7.3 Die Systemkonformität von wirtschaftspolitischen Maßnahmen ... 423
7.4 Die ziel- und systemkonformen Kriterien einer Sozialklausel in der WTO ... 426
7.4.1 Zwischenfazit ... 435
8 Die Regelungstechnik einer Sozialklausel in der WTO ... 439
8.1 Zwischenfazit ... 451
8.2 Die ziel- und systemkonforme Implementierung einer Sozialklausel im Welthandelssystem ... 454
8.2.1 Zwischenfazit ... 457
8.3 Der Interessenkonflikt bei der Anwendung einer Sozialklausel im Welthandelssystem ... 459
8.3.1 Die Konsequenzen eines Kinderarbeitsverbotes ... 464
8.3.2 Die Wirkungsanalyse einer Sozialklausel als effektives Durchsetzungsinstrumentarium ... 474
8.3.3 Argumente gegen eine Sanktion der Kinderarbeit ... 481
8.4 Zwischenfazit ... 482
9 Ergebnis ... 487
10 Literaturverzeichnis ... 489
11 Quellenverzeichnis ... 523
12 Abbildungsverzeichnis ... 545

„Der Weltfriede kann auf die Dauer nur auf
sozialer Gerechtigkeit aufgebaut werden."
(Präambel der Verfassung der International
Labour Organization von 1919)[1]

1 Vgl.: Onlineportal: ILO, *http://www.ilo.org/berlin/wir-uber-uns/lang--de/index.htm* (24.03.2016).

1 Einleitung

Nach der Bankenkrise im Jahr 2008 und dem stetigen Sozialabbau, nicht nur in Europa, stellt sich die soziale Frage der Globalisierung. Diese Untersuchung analysiert diverse Teilaspekte dieser komplexen Fragestellung. Es wird erörtert inwieweit das aktuelle Welthandelssystem mit den grundlegenden Menschenrechten in der Arbeitswelt verknüpft werden kann. Um diese interdisziplinäre Thematik unterschiedlichen Menschen verschiedener Fachbereiche zugänglich zu machen, wurde auf die Allgemeinverständlichkeit der Diktion geachtet.

1.1 Ausgangssituation & Problemlage

In einer Epoche der globalisierten Finanz-, Kapital- und Herstellungsvernetzung, sind die Anforderungen an eine internationale synchronisierte Erwerbsregulierung signifikant gestiegen. Eine Vielzahl der Unternehmen ist weltweit aufgestellt und produziert sowie verkauft ihre Güter auf dem internationalen Wirtschaftsmarkt. Jedoch sind diese multinationalen Unternehmen durch diese Vorgehensweise in unterschiedliche nationale Settings gebunden. Dadurch sind die Akteure des Welthandels, sowohl im Kontext der allgemeinen wirtschaftlichen und politischen Entwicklung, als auch hinsichtlich der rechtlichen Konzepte und Systeme der Erwerbsregulierung, an signifikant unterschiedliche institutionelle Regime gebunden.[2] Diese Bindung stellt die Protagonisten vor eine enorme gesellschaftliche Herausforderung, bei der Einhaltung von Arbeitnehmerrechten sowie der Arbeitsorganisation. Der Konflikt zwischen Wohlstandsvermehrung und einer sozialgerechtfertigten Partizipation der Arbeitnehmerinnen und Arbeitnehmer am generierten Wohlstand, sozial verträglich zu flankieren, erscheint für einige Akteure des Welthandels unvereinbar. In der Öffentlichkeit werden immer

[2] Vgl.: Hessler, Siglinde in: Arbeitnehmerrechte weltweit stärken? Die Umsetzung der internationalen Rahmenvereinbarung in Mexiko, Campus Verlag / Frankfurt/NY 2012, S. 9.

wieder gravierende Missachtungen der individuellen und kollektiven Arbeitnehmerrechte publik.[3] Diese eklatanten Verstöße finden nicht nur in Entwicklungsländern resp. Schwellenländern statt. Deutschland hat jahrelang gegen die Sozialcharta der EU verstoßen und wurde dafür von der EU- Kommission gerügt.[4] Es ist umstritten, inwieweit multinationale Unternehmen (Global Player) nationales Recht respektieren und die Einhaltung gewährleisten, da teilweise ökonomisch relevante Nationen nur ein geringes Interesse daran haben, selbst multilaterale internationale Rahmenvereinbarungen umzusetzen und diese auch einzuhalten. Jedoch ist in entwickelten Industrieländern mit einem funktionierenden demokratischen Regime eine Tendenz zu erkennen, dass das Thema der gesellschaftlichen Verantwortung von Unternehmen immer mehr an Relevanz gewinnt und diese Unternehmen immer stärker in der breiten Öffentlichkeit unter Druck geraten, die Einhaltung von Kernarbeitsnormen an ihren globalen Standorten nachzuweisen.[5] Durch technischen Fortschritt und einer stetigen Vernetzung in der Wirtschaft, über nationale Territorien hinaus, sind multinationale Unternehmen, kurzfristig in der Lage, ihre Produktionsstrukturen den jeweiligen wirtschaftlichen und politischen Entwicklungen anzupassen. Indem Produktionsprozesse dorthin verlagert werdend, wo diese für

---

3 Vgl.: Onlineportal Amnesty International in: Amnesty Report 2015 –Fidschi (24.12.2015).
„Rechte auf freie Meinungsäußerung, Versammlungs- und Vereinigungsfreiheit. Menschen, die die Rechte auf freie Meinungsäußerung und auf Versammlungs- und Vereinigungsfreiheit wahrnahmen, mussten mit strafrechtlicher Verfolgung rechnen. Aufgrund einer Reihe einschlägiger Erlasse drohten ihnen hohe Geld-, aber auch Haftstrafen."
„Im Januar 2014 wurde nach einem Streik in einem Hotel in Nadi der Gewerkschaftsführer Daniel Urai festgenommen und wegen Beteiligung an einem nicht genehmigten Streik unter Anklage gestellt. Nach zwei Monaten wurde die Anklage fallengelassen."

4 Vgl.: Onlineportal „Spiegel" in: Verstoß gegen Sozialcharta: Regierung verweigert Kampf gegen Lohndumping, El- Sharif, Jasmin; *http://www.spiegel.de/wirtschaft/soziales/regierung-verweigert-sich-dem-kampf-gegen-lohndumping-a-897551.html* (24.12.2015).
„Demnach sieht die schwarz-gelbe Koalition keinen Handlungsbedarf beim Thema Lohndumping - obwohl das Land seit Jahren gegen das in der Europäischen Sozialcharta verankerte Recht auf ein angemessenes Arbeitsentgelt verstößt. 2010 war Deutschland dafür gerügt worden."

5 Vgl.: Onlineportal Lidl: „Lidl engagiert sich für mehr Nachhaltigkeit in der Produktion seiner Eigenmarken-Textilien und –Schuhe". *http://www.lidl.de/de/gemeinsam-veraendern/s7372519* (24.12.2015).

das Unternehmen aus wirtschaftlicher sowie aus politischer Perspektive, am effizientesten erscheinen. Dieses Szenario wird von der Arbeitgeberseite, als Druckmittel bei Tarifverhandlungen gegenüber den Sozialpartner erwähnt. Selbstverständlich sollen dadurch Existenzängste geschürt werden. Dieses Vorgehen stellt für die Gewerkschaft und die verhandelnden Akteure immer eine Herausforderung dar. Durch das Betriebsverfassungsgesetz sind in Deutschland das Informations- und das Mitbestimmungsrecht geregelt.[6] Die Arbeitnehmervertretungen müssen ihr Handeln und Denken global ausrichten und können nur noch in einem eingeschränkten Rahmen dies im nationalen Korsett verwirklichen. Aktuell existiert eine Vielzahl von Vorschlägen wie Sozialklauseln im international produzierenden Unternehmen, implementiert werden sollen. Einige Konzerne reagieren auf die stetig wachsende Kritik der breiten Öffentlichkeit an ihren Produktionsprozessen, mit der Verabschiedung von unilateralen Verhaltenskodizes. Dies sind in der Regel freiwillige Verpflichtungen und unterliegen keiner unabhängigen externen Überprüfung. Solange Corporate Social Responsibility Maßnahmen nicht durch ein adäquates Monitoring, wie zum Beispiel durch Nichtregierungsorganisationen begleitet werden, erwecken solche unilateralen Rahmenvereinbarungen lediglich den Anschein von Aktionismus. Jedoch existieren bereits Beispiele für ein nachvollziehbares Wirken im Kontext der sozialen Verträglichkeit von Arbeits- und Produktionsstrukturen, die von Nichtregierungsorganisationen, Gewerkschaften und Wirtschaftsverbänden initiiert worden sind. Die populärste multitaskholder Initiative stellt der UN- Global Compact dar. Hierbei handelt es sich um eine Initiative, die Multinationale Konzerne und andere Stakeholder zur Einhaltung von Menschenrechten und zum Umweltschutz auffordert.[7] Ebenfalls wurde zwischen staatlichen Regimen in Rahmen der OECD-Richtlinien und der International Labour Organization für multinationale Konzerne Rahmenvereinbarungen ratifiziert, die die Unterzeichner verpflichten Kernarbeitsnormen einzuhalten. Es sind aber auch auf Arbeitnehmerseite, bedingt durch internationale Rahmenvereinbarungen, grenzüberschreitende Dialoge und Kooperationen entstanden, um ihren Einfluss auf globaler Ebene

---

6 Vgl.: Onlineportal: Gesetze im Internat in: Betriebsverfassungsgesetz; *http://www.gesetze-im-internet.de/betrvg/* (25.12.2015).

7 Vgl.: Onlineportal: Globalcompact; *http://www.globalcompact.de* (25.12.2015).

zu forcieren. Hierbei zu nennen sind die vermehrt implementierten Europäischen Betriebsräte und Weltbetriebsräte.

„Europäische Betriebsräte (EBR) sind die Antwort der Arbeitnehmer auf die Europäisierung der Wirtschaft. Sie sind Pioniere der Arbeitnehmervertretung im europäischen Maßstab. Innerhalb von 16 Jahren sind europaweit fast 1200 Europäische Betriebsräte (EBR) gegründet worden. Über 900 davon sind gegenwärtig aktiv. Sie vertreten annähernd 18 Millionen Beschäftigte."[8]

Die Mitgliedssaaten der Europäischen Union haben sich dafür entschieden, eine Synchronisation des Arbeitnehmerrechts durchzusetzen.

„Die Europäische Sozialcharta ist das Gegenstück zur Europäischen Menschenrechtskonvention. Während dort die bürgerlichen Menschenrechte gewährleistet werden, sind in der Europäischen Sozialcharta die sozialen und wirtschaftlichen Grundrechte aller Bürger Europas niedergelegt. Die Europäische Sozialcharta enthält soziale, wirtschaftliche und kulturelle Grundrechte. Gerade diese Rechte fehlen in der Europäischen Menschenrechtkonvention. Was bei den Vereinten Nationen der Internationale Pakt über wirtschaftliche, soziale und kulturelle Rechte (UN-Sozialpakt) als Gegenstück zum UN-Zivilpakt ist, stellt auf europäischer Ebene die Sozialcharta dar."[9]

Die revidierte Europäische Sozialcharta trat am 01. Juli 1999 in Kraft. Die Bundesrepublik Deutschland, Österreich und die Schweiz haben zwar die neue Fassung unterzeichnet, diese jedoch nicht ratifiziert.[10] Stattdessen wird seit Jahren ein Meinungsstreit über die Durchsetzung von Normen geführt. Es besteht in dieser Debatte lediglich ein weitreichender Konsens darüber, dass eine Notwendigkeit besteht, die Arbeitnehmerinnen und Arbeitnehmern vor ökonomischer Willkür zu schützen.[11] Trotz dieses geführten Meinungsstreites, besteht die Ansicht, dass

8 Vgl.: Onlineportal der Boeckler Stiftung in: Praxisblätter für Betriebsräte und Aufsichtsräte Euro-Betriebsräte, *http://www.boeckler.de/34752.htm* (25.12.2015).

9 Vgl.: Onlineportal „Sozialcharta" in: Europäische Sozialcharta, *http://www.sozialcharta.eu/* (26.12.2015).

10 Vgl.: Ebd.

11 Vgl.: Hessler, Siglinde in: Arbeitnehmerrechte weltweit Stärken? Die Umset-

Kernarbeitsnormen weltweit durchgesetzt werden müssen. Dies sei eine Grundvoraussetzung, um globales Wachstum zu generieren und Schutz sowie politischen Frieden zu garantieren. Diese Ansicht vertrat bereits Samuelson in seiner Theorie der Volkswirtschaftslehre:[12] In der globalen Ökonomie müssen sich die Protagonisten mit diversen Fragen auseinandersetzen. Welche Güter sollen produziert werden? Wie sollen die Güter produziert werden? Für wen sollen die Güter produziert werden? Bei der Beantwortung dieser Fragen, bedarf es einen Konsens darüber, wie Normen und Werte in der Gesellschaft definiert werden müssen. Dem Staat obliegt lediglich den rechtlichen Rahmen zu gestalten und diesen adäquat durch Institutionen überwachen zu lassen.[13] Als Samuelson[14] seine Theorie der Volkswirtschaftslehre diskutierte, waren die Wirtschaftsmärkte geprägt durch eine politische Blockbildung und getrennten Märkten. Heute jedoch muss man sich vom Containermodell verabschieden und dies hat zur Folge, dass Kernarbeitsnormen universelle Gültigkeit besitzen müssen, nur dadurch kann ein sozialgerechtes Wirtschaftswachstum generiert werden. Eine signifikante Rolle in diesem Kontext übernimmt die International Labour Organization (ILO). Diese definiert Kernarbeitsnormen institutionell in einem verbindlichen Rahmen. Es existieren unterschiedliche Ansichten darüber, welche Normen darunter zu verstehen sind. Diese unterschiedlichen Ansichten werden in dieser Untersuchung analysiert und verglichen. Hinzukommen Internationale Rahmenvereinbarungen die im Allgemeinen die von der ILO als Kernarbeitsnormen definierten Passagen miteinbeziehen. Internationale Rahmenvereinbarungen werden unter anderem von Weltbetriebsräten oder Europäischen Betriebsräten geschlossen.[15] Diese Vereinbarungen stellen ein Novum dar und werden erst seit den 1990er Jahren abgeschlossen. Die abgeschlossen Vereinbarungen gelten nicht nur für das Unternehmen und die dazu gehörigen

zung der internationalen Rahmenvereinbarung in Mexiko, Campus Verlag Frankfurt/NY 2002, S. 11.

12 Vgl.: Brünning, Dietrich in: Wirtschaftswachstum und Menschenwürde – Ein Wiederspruch?, Igel Verlag Oldenburg 1. Auflage 2002, S. 188.

13 Vgl.: Ebd.

14 Vgl.: Onlineportal: Nobelprize in: Paul A. Samuelson, *http://www.nobelprize.org/nobel_prizes/economicsciences/laureates/1970/samuelson-bio.html* (26.12.2015).

15 Vgl.: Vitols, Katrin in: Nachhaltigkeit – Unternehmensverantwortung – Mitbestimmung – Ein Literaturbericht zur Debatte über CSR, Hans Böckler Forschung (Hrsg.) Edition Sigma Berlin 2002, ff.

Standorte, der Wirkungsgrad erstreckt sich auch auf die Zulieferbetriebe.[16]

Die Kernidee aus internationalen Abkommen, Vorteile zu generieren, indem Trade & Labour verknüpft wird, hat ihren Ursprung nicht in der Globalisierungsdebatte der Neuzeit. Bereits Jean Baptiste Say (05.01.1767 – 15.11.1832) sprach sich für die Freiheit des Individuums aus und ist für das von ihm entwickelte „Saysche Theorem" bekannt geworden.[17] Say ist stark beeinflusst worden durch das Hauptwerk von Adam Smith: „Wohlstand der Nationen". Von Ökonomen der Neuzeit, wie zum Beispiel: „John Maynard Keynes" wurden die Theorien von Say und Smith stark kritisiert und zum Teil abgelehnt.[18] Jedoch überwiegt eine Erkenntnis aus den neueren und älteren Volkswirtschaftstheorien, dass das Containermodell als überholt gilt und die offensichtliche Interdependenz der nationalen Sozial- und Wirtschaftspolitik, zu einer immer stärken Synchronisation der Märkte führt. Nach dem 1. Weltkrieg und der Unterzeichnung des Versailler Friedensvertrages, wurde zur Stabilisierung der wirtschaftsmärkte und des daraus resultierenden sozialen Friedens, die International Labour Organization gegründet. Deren Verfassung ist Bestandteil des Versailler Friedensvertrages, Kapitel XIII. Die Präambel der ILO Verfassung lautet wie folgt:

„Der Weltfriede kann auf die Dauer nur auf sozialer Gerechtigkeit aufgebaut werden. Nun bestehen aber Arbeitsbedingungen, die für eine große Anzahl von Menschen mit so viel Ungerechtigkeit, Elend und Entbehrungen verbunden sind, daß eine Unzufriedenheit entsteht, die den Weltfrieden und die Welteintracht gefährdet. Eine Verbesserung dieser Bedingungen ist dringend erforderlich, zum Beispiel durch Regelung der Arbeitszeit, einschließlich der Festsetzung einer Höchstdauer des Arbeitstages und der Arbeitswoche, Regelung des Arbeitsmarktes, Verhütung der Arbeitslosigkeit, Gewährleistung eines zur Bestreitung des Lebensunterhaltes angemessenen Lohnes, Schutz der Arbeitnehmer gegen allgemeine und Berufskrankheiten sowie gegen Arbeitsunfälle, Schutz der Kinder, Jugendlichen

16 Vgl.: Hessler, Siglinde in: Arbeitnehmerrechte weltweit Stärken? Die Umsetzung der internationalen Rahmenvereinbarung in Mexiko, Campus Verlag Frankfurt/NY 2002, S. 12.

17 Vgl.: Onlineportal Bundeszentrale politische Bildung in: Sayesches Theorem, *http://www.bpb.de/nachschlagen/lexika/lexikon-der-wirtschaft/20539/saysches-theorem* (27.12.2015).

18 Vgl.: Ebd.

und Frauen, Vorsorge für Alter und Invalidität, Schutz der Interessen der im Auslande beschäftigten Arbeitnehmer, Anerkennung des Grundsatzes „gleicher Lohn für gleichwertige Arbeit", Anerkennung des Grundsatzes der Vereinigungsfreiheit, Regelung des beruflichen und technischen Unterrichtes und ähnliche Maßnahmen. Auch würde die Nichteinführung wirklich menschenwürdiger Arbeitsbedingungen durch eine Nation die Bemühungen anderer Nationen um Verbesserung des Loses der Arbeitnehmer in ihren Ländern hemmen."[19]

Seit der Gründung der ILO und der Erkenntnis, dass eine Verknüpfung von Trade & Labour in absehbarer Zeit unausweichlich ist, fand diese Debatte auch in anderen internationalen Foren statt. Im Jahr 1947 (Havanna, Kuba) wurde die soziale Tragweite des internationalen Handels in der „UN Conference on Trade and Employment" diskutiert.[20] Der dort beschlossene Inhalt der Charta: „International Trade Organization" für faire Arbeitsstandards, scheiterte 1948 an der damaligen Regierung der Vereinigten Nationen von Amerika. Sie fürchteten eine zu starke Kontrollinstanz in der Handelspolitik und legten den damaligen Entwurf der Havanna Charta nicht einmal dem US amerikanischem Kongress zur Entscheidung vor.[21] Lediglich Kapitel IV der Havanna Charta blieb übrig, welches provisorisch von 23 Staaten unterzeichnet wurde. Später wurde die Charta unter dem Namen „GATT-Abkommen" bekannt.

Federführend unter einer Expertengruppe der ILO entstand der sogenannte Ohlin Report.[22] Dieser Entwurf kritisierte bereits im Jahr seiner Veröffentlichung (1957) im Hinblick auf die beginnende europäische Integration der Handelsmärkte, dass Spannungsfeld zwischen Handelsliberalisierung und Arbeitnehmerrechten. Im Ohlin Report der ILO wurde auf die Gefahr des unfairen Wettbewerbs europäischer Staaten untereinander hingewiesen, da diese unterschiedliche Arbeitsstan-

19 Vgl.: Onlineportal ILO in: Wortlaut der Verfassung, *http://www.ilo.org/wcmsp5/gr oups/public/---europe/---ro-geneva/---ilo-berlin/documents/genericdocument/wcms_193725.pdf* (27.12.2015). S. 7.

20 Vgl.: Dr. Blüthner, Andreas in: Welthandel und Menschenrechte in der Arbeit, Peter Lang europäischer Verlag der Wissenschaften 2004, S 27.

21 Vgl.: Ebd.,S. 28.

22 Vgl.: Onlineportal Nobelprize in: Bertil Ohlin Biographical, *http://www.nobelpriz e.org/nobel_prizes/economicsciences/laureates/1977/ohlin-bio.html* (28.12.2015).

dards in ihren Märkten etabliert hatten.[23] Bereits seit Anfang der 1950er Jahre gab es eine Reihe von allgemeinen Sozialklauseln. Eine Übersicht des Forschungstandes zu dieser facettenreichen Thematik liefert das folgende Kapitel.

1.1.1 Forschungsstand

In der Exposition haben diese Abschnitte mehrere Funktionen. Die Darstellung des Forschungsstandes stellt eine Form der wissenschaftshistorischen Entwicklung dar, dies bedeutet, dass auch Werke genannt werden, die nicht unmittelbar in dieser Untersuchung schriftlich verarbeitet wurden, jedoch Einfluss darauf nahmen. Die Studie orientiert sich am wissenschaftlichen Milieu, in dem diese Untersuchung angesiedelt wurde. Das beleuchten des wissenschaftlichen Milieus bietet die Gelegenheit, nicht nur den Status Quaestiones[24] zu definieren, der vorausgesetzt wird und auf dem diese Untersuchung aufgebaut wurde. Ebenfalls wird auf den empirischen Meinungsstand in der bisherigen Forschung hingewiesen.

Mit den Termini Individualisierung und vor allem Globalisierung assoziieren einige Arbeitnehmerinnen und Arbeitnehmer der Weltbevölkerung, Angst und Unsicherheit. In der empirischen Forschung dominiert ein Meinungsstreit hinsichtlich einer negativen oder einer positiven Charakterisierung des Prozesses. Vor diesem Hintergrund erscheint die Kernthese von Dominic Kaltenbach in seiner Untersuchung: „Globalisierung - bleibt das Individuum auf der Strecke? Eine rechts-soziologische Betrachtung der Arbeitswelt", dass die Globalisierung und die Individualisierung in ihrer Reziprozität die Synergien einer Aufwertung der zwischenmenschlichen Beziehungen im globalen Umfang aufweisen können, im ersten Moment überraschend. Diese These eröffnet eine neue Perspektive der Betrachtungsweise der progressiven Globalisierung und ihren Auswirkungen auf die, wie von Kaltenbach konstatiert: „Weltarbeitsgesellschaft". Die Studie von Kaltenbach hatte einen großen Einfluss auf diese Untersuchung genommen.

---

23 Vgl.: Dr. Blüthner, Andreas in: Welthandel und Menschenrechte in der Arbeit, Peter Lang europäischer Verlag der Wissenschaften 2004, S 28.

24 Vgl.: "Stand der Frage", engl. *state of the art*.

Richard Sennet definiert die Ausweitung der Begrifflichkeit „Arbeit" unter dem Stichwort der Inklusion.[25] Diese Annahme beruht aus den Befürchtungen heraus, dass eine zunehmende Exklusion von Individuen aus der Arbeitswelt und somit aus der Gesellschaft voranschreitet. Peter Gutschner sieht jedoch nach dem Ende von Mühsal- und der Last- Tradition im 18. Jahrhundert, die Konstellation zwischen Handarbeit und Armut aufgelöst. Er konstatiert den Paradigmenwechsel des Ansatzes „Arbeit schafft Eigentum" zur signifikanten Gleichung: „Arbeit schafft Reichtum". Der definitorische Wandel des Arbeitsbegriffes ist eine weitereichende gravierende Umwälzung, in der Historie der Arbeit.[26] Indem man in der alten Erwerbsgesellschaft die Freiheit gegen die Sicherheit eingetauscht hat, besteht die Option in der neuen Pluralen Tätigkeitsgesellschaft, die Sicherheit und Freiheit aufeinander abzustimmen.

Die Pionierin der psychosozialen Auswirkungen der Erwerbslosigkeit, Frau Maria Jahoda und ihre Untersuchung die als „Marienthalstudie" bekannt wurde, befasst sich primär mit den Auswirkungen von Erwerbslosigkeit auf das Individuum, in dem Dorf Marienthal (Österreich). Die zentrale Erkenntnis dieser Untersuchung lag vorallem darin, dass langandauernde Erwerbslosigkeit zur Reduzierung des eigenen Anspruchs und der persönlichen Aktivitäten führen kann. Daraus konstatiert Jahoda, dass es zu einer vermehrten Resignation der Individuen kommen kann. Evidente Aspekte zur sozialwissenschaftlichen Debatte erschienen ebenfalls von Alois Wacker.

Die Theorien von Sigmund Freud im Hinblick einer libidinösen Objektbesetzung durch das Individuum (Subjekt), werden ebenfalls herangezogen. Das Objekt (Erwerbsarbeit) und explizit der Verlust und dadurch der Entzug des libidinös besetzten Objektes (Erwerbsarbeit) werden anhand Korrelationen dargestellt. Die Auswirkungen von Erwerbslosigkeit und damit einhergehenden Emotionen, werden anhand Freuds Theorien zum Thema „Angst" erörtert.

Zur Ergänzung Freuds: „Angsttheorie" wird der Ansatz der Salutogenese von Aaron Antonovsky mit einbezogen. Die Emotion „Angst",

25 Vgl.: Sennett, Richard in: Arbeit und soziale Inklusion. In Kocka, Jürgen; Offe, Claus (Hrsg.), Geschichte und Zukunft der Arbeit, Campus Verlag Frankfurt am Main, 2000, S. 432.

26 Vgl: Gutschner, Peter (2002) in: Kaltenbach, D. Dominic in: Globalisierung – bleibt das Individuum auf der Strecke? Eine rechts- soziologische Betrachtung der Arbeitswelt, Band 3, Verlag Dr. Kovac, Hamburg 2009, S. 180.

im Kontext der Erwerbslosigkeit explizit „Existenzangst“ oder „Zukunftsängste“ lösen Stress im Körper des Individuums aus. Aaron Antonovsky hat bereits in den 1960er Jahren die Theorie des „Sence of Coherence“ entwickelt und dadurch Nachweise erbracht, wie der Umgang durch den Ausstoß des Hormons Adrenalin im Körper des Individuums, nicht zwangsläufig die Emotion: „Angst“ auslösen muss.

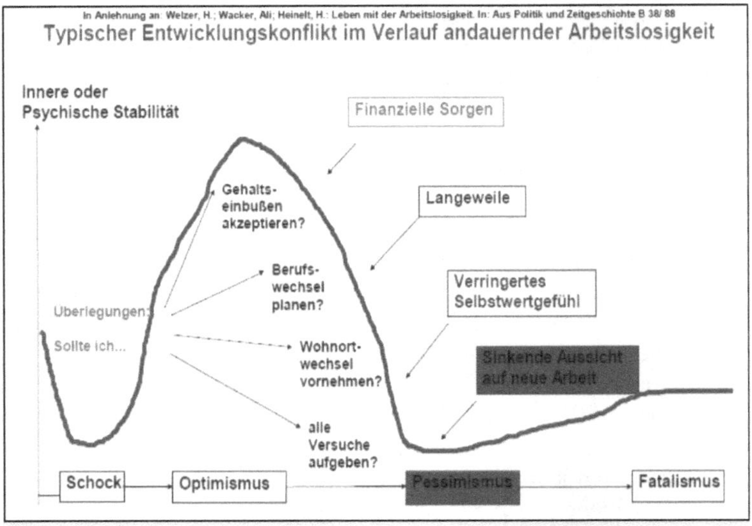

1. Abbildung: Entwicklungskonflikt im Verlauf der Erwerbslosigkeit[27]

Diese Abbildung verdeutlicht die unterschiedlichen Entwicklungen und daraus resultierenden Konflikte zwischen dem Individuum im Verlauf einer andauernden Erwerbslosigkeit.

Selbstverständlich existieren in der empirischen Forschung noch andere Wissenschaftlerinnen und Wissenschaftler die sich dem Thema: „Arbeitslosenforschung“ gewidmet haben und dieser Auszug verdeutlich nur einen geringen Teil der facettenreichen Forschung in diesem Segment und hat nicht den Anspruch dieses Forschungsgebiet in seiner

27 Vgl.: Weizer, H; Wacker, Ali; Heinelt, H; in: Leben mit der Arbeitslosigkeit; Aus Politik und Zeitgeschichte 1988, B 38/88.

Ganzheit darzustellen. Es wird primär auf die Autoren eingegangen die einen großen Einfluss auf diese Untersuchung hatten.

Der Ursprung der systematischen Wirtschaftswissenschaft lässt sich zurück auf den schottischen Moralphilosophen und Nationalökonomen Adam Smith führen.[28] Das Hauptwerk von Smith: „An Inquiry into the Nature and Causes oft he Wealth of Nations" ist die Basis für die im 18. Jahrhundert entstehende klassische Lehre. Smith hatte seine geistigen Wurzeln in der Epoche der Aufklärung. Aus diesem Grund richtete er seinen Fokus gegen den Absolutismus im autoritär hierarchisch geordneten Staat, dessen Wirtschaftsdoktrin wurde geprägt durch den Merkantilismus. Diese war ausgerichtet auf die Festigung der Staatsmacht und der Vermehrung des staatlichen Reichtums. In seinem Hauptwerk stellt er das selbstbestimmte Individuum in den Vordergrund, welches aus Eigennutz handelt und Eigenverantwortlich agiert. Laut Smith, dient der Konkurrenzkampf unter den Individuen dem wirtschaftlichen Wettbewerb. Indem das Individuum eigennützig Handelt und seinen Wohlstand dadurch vermehrt, dient dies unbeabsichtigt, aber zwangsläufig dem Gemeinwohl. Neuere Ansätze sprechen in diesem Kontext von der „Trickel down Theorie". Smith sieht in den wirtschaftspolitischen Aufgaben des Staates lediglich die Freiheit und die Sicherheit seiner Bürgerinnen und Bürger zu gewährleisten. Nach Smith Überzeugung, handeln Individuen immer wirtschaftlich und rational, dieser Grundsatz bildet die Kernthese des vermeintlichen „Homo oeconomicus". Aus dieser Erkenntnis heraus bildete sich die Grundlage des klassischen Liberalismus im Laissez fair Prinzip.[29] Um den Wohlstand in der Gesellschaft zu manifestieren, setzt Smith einen funktionierenden Wettbewerb voraus. Dieser würde, laut Smith, für das Gleichgewicht zwischen individuellen und kollektiven Interesse sorgen. Smith konstatiert in seiner Wirtschaftstheorie, den Produktionskosten und dem Angebot, einen höheren Stellenwert als den Faktoren Konsum und Nachfrage. Ergo leitet Smith den Preis direkt von den Arbeitskosten und dem Profit ab. Diesen bezeichnet er als „natürlichen Preis", von dem sich der entstehende Marktpreis, bedingt durch das Angebot und der daraus resultierenden Nachfrage ergibt. In diesem Kontext schafft sich das Angebot automatisch die eigene Nachfrage, weil

---

28 Vgl.: Onlineportal, American History: Biography of Adam Smith, *http://www.let.rug.nl/usa/biographies/adam-smith/* (02.01.2015).

29 Vgl.: Smith, Adam in: Der Wohlstand der Nationen, Band 2 von: Die Bibliothek der Wirtschaftsklassiker, FinanzBuch-Verlag, 2006, ff.

eine gesteigerte Produktion von Gütern stets höheres Einkommen und dadurch eine stärkere Kaufkraft generiert wird. Smith konstatiert dem freien Markt unendliches Wachstum und schließt eine Marktsättigung kategorisch aus. Dadurch könnte die Nachfrage nach Gütern keinen signifikanten Einfluss auf das Marktgeschehen ausüben. Da der Mechanismus der Preisdefinition an die Arbeitskosten gekoppelt ist, pendelt sich der erzielte Lohn für die Arbeitnehmerinnen und Arbeitnehmer immer auf einer Höhe ein, die allen Individuen, die einer geregelten Erwerbsarbeit nachgehen möchten, einen Arbeitsplatz garantiert. Selbst strukturelle Arbeitslosigkeit wird von Smith ausgeschlossen. Arbeitnehmerinnen und Arbeitnehmer sind untereinander uneingeschränkt ersetzbar und können jederzeit ausgetauscht werden, da diese grenzenlos zur Verfügung stehen. Eine andauernde Erwerbslosigkeit ist für Smith ein freiwillig gewählter Zustand.[30] Mit seinen Ansichten der absoluten Abhängigkeit der Nachfrage vom produzierten Gütern und der freiwillig gewählten Erwerbslosigkeit, gilt Adam Smith als „Angebotstheoretiker". Smith verweist explizit daraufhin, dass eine Arbeitsteilung durch internationale Spezialisierung sowie die Kapitalakkumulation für das Produktivitätswachstum und den daraus resultierenden Wohlstand für die Nationen, ein entscheidendes Kriterium sind. Er sieht im absoluten Kostenvorteil den entscheidenden Faktor für eine territoriale Spezialisierung unter Handelspartner.

David Ricardo der ebenfalls zu den Vertretern der klassischen Lehre gezählt werden darf, verweist auf sein Theorem der komparativen Kostenvorteile in seinen Hauptwerken: „Essay on the Influence of a low Price of Corn on the Profits of Stock"[31] und „On the Principles of Political Economy and Taxation"[32], hin. Der signifikante Unterschied gegenüber den absoluten Kostenvorteilen besteht darin, dass sich ein Handelspartner auf einen bestimmten Herstellungsprozess oder auf ein bestimmtes Gut spezialisiert. Der Profit für Zwei Wirtschaftsnationen besteht darin, dass diese gegenseitige Gewinne erzielen können, wenn

---

30 Vgl.: Smith, Adam in: Der Wohlstand der Nationen, Band 2 von: Die Bibliothek der Wirtschaftsklassiker, FinanzBuch-Verlag, 2006, ff.

31 Vgl.: Ricardo, David in: An essay on the influence of a low price of corn on the profits of stock, with remarks on mr. Malthus' two last publications, Verlag John Muray Ausgabe 2, 1815, Original Oxford University Digitalisiert 2008, ff.

32 Vgl.: Ricardo, David in: On the Principles of Political Economy and Taxation, John Muray London 1821, 3 Edition, ff.

jeweils die Produkte das anderen mit den relativen Kostennachteilen importiert werden und Produkte mit relativen Kostenvorteilen exportiert werden. Es können aber auch Nationen Handelsgewinne erzielen, die auf einem unterschiedlichen Produktionsniveau agieren.

Mitte des 19. Jahrhunderts wird die klassische Lehre durch ein überarbeitetes Konzept ersetzt, der Neoklassik. Diese beschäftigt sich primär mit der kurzfristigen Nachfrage über den Preis und langfristig mit den Grenzkosten. Das neoklassische Gleichgewichtsmodell wurde von Leon Walras[33] geprägt. Walras postuliert einen „idealen Markt" mit vollständiger Transparenz und Informationsfreiheit, vollkommener Konkurrenz und vollständiger Voraussicht der Marktteilnehmer sowie flexiblen Preisen und Löhnen. In seiner Theorie geht Walras davon aus, dass sich das Marktgleichgewicht stets neu einpendelt und dadurch die Produktionsfaktoren optimal zugewiesen werden und jedes Angebot, eine Nachfrage erzeugt. Walras ist der Ansicht, dass die Wirtschaft sich in einem permanentem „Gleichgewichtszustand" befindet, dies hätte auf dem Arbeitsmarkt den Effekt, dass von einer Vollbeschäftigung ausgegangen werden kann.[34] Einer der bekanntesten Kritiker der klassischen resp. der neoklassischen Lehre, war Karl Marx.[35] In seinen Untersuchungen beschäftigt sich Karl Marx mit der Gesamtwirtschaft. In seinem Werk „Kapital" untersucht Marx die kapitalistische Produktionsweise. Es herrscht jedoch ein Meinungsstreit darüber in welcher Form der Kapitalismus, Gegenstand seiner Untersuchung war. Bei Marx handelt es sich nicht um einen Historischen Abriss, auch nicht um eine besondere historische Phase des Kapitalismus, sondern um dessen „theoretische" Analyse.[36] Marx möchte die signifikanten Bestimmungen des Kapitalismus einordnen, dass was den Kapitalismus überhaupt zum Kapitalismus macht.[37]

33 Vgl.: Onlineportal Policonomics in: Leon Walras biography, *http://www.policonomics.com/lp-neoclassical-economics-leon-walras/* (04.01.2016).

34 Vgl.: Walras, Leon in: Elements of the theoretical Economics – or the Theory of Social Wealth, Cambridge University Press 2014, ff.

35 Vgl.: Marx, Karl in: Das Kapital – Kritik der politischen Ökonomie, Anaconda Verlag 2009, ff.

36 Vgl.: Elbe, Ingo in: Marx im Westen – Die neue Marxlektüre in der Bundesrepublik seit 1965, 2. Korrigierte Auflage, Akademie Verlag GmbH Berlin 2010, S. 839.

37 Vgl.: Ebd.

Der populärste Theoretiker der Neoklassik ist Alfred Marshall.[38] In den dreißiger Jahren des 20. Jahrhundert wurde diese ebenfalls durch ein erweitertes Konzept abgelöst. Man nannte diese Epoche nach ihrem Begründer John Maynard Keynes, den „Keynesianismus". Keynes galt als Nachfragetheoretiker.[39] Seiner Ansicht nach, muss die Nachfrage, also das Einkommen gesteigert werden, um Wirtschaftswachstum zu generieren. Dies soll ordnungspolitisch unterstützend bei einer Krise durch Investitionen des Staates geschehen. Der Keynesianismus wurde dann vom Monetarismus abgelöst. Der signifikante Unterschied vom Keynesianismus hin zum Monetarismus besteht darin, dass dieser sich nicht mit der Einkommens- und Beschäftigungstheorie auseinandersetzt, sondern in erster Linie eine Theorie zur Erklärung von Inflation darstellt. Die Kernthese dieser Theorie besteht darin, dass die Inflation langfristig durch das Geldmengenwachstum in einer Volkswirtschaft definiert wird. Kurzfristig kann eine Steigerung der Geldmengenwachstumsrate, also des Realeinkommens der Arbeitnehmerinnen und Arbeitnehmer, Einkommens- und Beschäftigungseffekte erzielen, diese Resultate sind nicht langfristiger Natur. Der bekannteste Verfechter dieser Theorie war Milton Friedmann.[40] Die Wirtschaftswissenschaft der 60er Jahre des 20. Jahrhunderts wurden von seinem Werk: „Capitalism and Freedom" beeinflusst.[41]. Das Scheitern des Bretton-Woods Systems in den 70er Jahren des 20. Jahrhunderts war die Renaissance des Neoliberalismus. Was war geschehen? Kurz vor Ende des Zweiten Weltkriegs einigten sich die wichtigsten Handelsnationen der Welt in einem kleinen Ort namens Bretton Woods (1944), im amerikanischen Bundesstaat New Hampshire, auf eine neue Währungsordnung. Die national motivierten Abwertungswettläufe, wie sie in den 1930er Jahren stattgefunden hatten, sollten durch diese Initiative vermieden werden. Im Jahr 1944 wurde in Bretton Woods ein System fester Wechselkurse festgelegt. Als Leitwährung fungierte der US-Dollar, alle anderen Währungen mussten sich dem US-Dollar gegenüber in engen Bandbreiten bewe-

38 Vgl.: Onlineportal Britanica in: Biography of Alfred Marshall, *http://www.britannica.com/biography/Alfred-Marshall* (02.01.20159.

39 Vgl.: Keynes, Maynard, John in: The General Theory of Employment, Interest, and Money, Prometheus Books; Auflage: Reprint 1997, S. 3 ff.

40 Vgl.: Onlineportal Library economic and liberty. Biography of Milton Friedmann, *http://www.econlib.org/library/Enc/bios/Friedman.html* (02.01.2015).

41 Vgl.: Friedmann, Milton in: Capitalism and Freedom: Fortieth Anniversary Edition, University of Chicago Press; Auflage: 40 Anv, 2002, S. 7 ff.

gen. Deutschland trat dem Festkurssystem im Jahr 1952 bei. Im Rahmen dieses multilateralen Rahmenabkommens verpflichtete sich die amerikanische Notenbank: Federal Reserve, die Dollarreserven aller Länder die dieses Abkommen ratifiziert hatten in Gold zu tauschen. Nach eigenen Angaben verfügten die Vereinigten Staaten im Jahr 1945, über 70 Prozent der weltweiten Goldbestände.[42] Auch dieses System hatte einen Fehler, die Leitwährung der USA. Die Interdependenzen durch diese Leitwährung sorgten dafür, dass das ganze System Anfang der 1970er Jahre zusammenbrach. Am 2. März 1973, stellte die Deutsche Bundesbank die Dollar-Ankäufe ein. Mit dem Ende der Dollarankäufe durch Deutschlands Bundesbank und dem Ausstieg des Systems fester Wechselkurse, war das Ende von Bretton Woods besiegelt.[43]

Die europäischen Staaten gingen einen Sonderweg. Am 1.1. 1993 trat die Vereinbarung zur wirtschaftlichen Integration innerhalb der Europäischen Gemeinschaften (EG) mit dem Ziel der Schaffung einer Europäischen Wirtschafts- und Währungsunion in Kraft. Diese Vereinbarung geht zurück auf die Einheitliche Europäische Akte Aus dem Jahr 1987. Der Europäische Binnenmarkt umfasst die Mitgliedstaaten der EU sowie die Staaten Island, Norwegen, Liechtenstein, die mit der EU den Europäischen Wirtschaftsraum bilden. Die Schweiz ist ebenfalls Bestandteil des europäischen Wirtschaftsraums, jedoch kein Mitglied der EU.[44] Die Kernaussage des europäischen Binnenmarktes besteht darin, die Freiheit des Personenverkehrs, Warenverkehrs, Kapitalverkehrs und des Dienstleistungsverkehrs zu gewährleisten.[45]

Eng verknüpft mit dem Wirtschaftsmarkt ist die „Erwerbsregulierung". In dieser Untersuchung wird Bezug genommen auf Professor Dr. Ludger Pries, Lehrstuhlinhaber für Soziologie, Organisation, Migration und Mitbestimmung an der Ruhr Universität in Bochum.

„...Mechanismen der internationalen Erwerbsregulierung beschäftigen sich vorrangig mit Verfahren der Aushandlung und Definition bestimm-

---

42 Vgl.: Onlineportal Bundesbank Deutschland: Bretton Woods System, *https://www.bundesbank.de/Redaktion/DE/Themen/2013/2013_10_14_das_ende_von_bretton_woods.html* (02.01.2015).

43 Vgl.: Ebd.

44 Vgl.: Onlineportal: Bundeszentrale der politischen Bildung, *http://www.bpb.de/nachschlagen/lexika/lexikon-der wirtschaft/19286/europaeischer-binnenmarkt* (05.01.2015).

45 Vgl.: Ebd.

ter Mindestnormen und mit der Festlegung bi- oder trilateraler Strukturen mit besonderer Betonung der prozeduralen Aspekte von Normsetzung und Aushandlungsprozessen."[46]

In Anlehnung an Frau Dr. Siglinde Hessler findet die Durchsetzung von Prozessen und Normen auf einer individuellen und kollektiven Ebene statt.[47] Arbeits-, Beschäftigungs- und Partizipationsbedingungen werden von den jeweiligen Stakeholdern ausgehandelt, festgelegt und kontrolliert.[48] In dieser Analyse geht das Konzept der Erwerbsregulierung über den klassischen Ansatz der industriellen Beziehung hinaus.[49] Der klassische Ansatz definiert sich primär durch eine national gelenkt oder begleitenden Aushandlungsansatz zwischen den Sozialpartnern. Diese entstanden unter dem Eindruck der industriellen Entwicklung und der Entstehung des Proletariats sowie der Arbeitnehmervertretungen. Brentano hat in seinen Schriften die Bedeutung der Institutionen der Erwerbsregulierung herausgearbeitet und definiert. Er war der Überzeugung, dass nicht der Staat den Schutz für die Arbeitnehmerschaft gewährleisten soll, sondern die Sozialpartner, gleichberechtigt in Form von Kollektivverhandlungen diese Verantwortung übernehmen müssen.[50] Eine Erweiterung des klassischen Konzepts der Industriellen Beziehung liefert Dunlop, der laut Müller-Jentsch[51], als Mitbegründer der Forschungsdisziplin der Industriellen Beziehungen einzustufen ist.[52] Der vollständigkeitshalber sind in diesem Kontext Sidney und Beatrice Webb in Großbritannien und John R. Comons in den USA zu nennen.

---

46 Vgl.: Pries, Ludger in: Erwerbsregulierung in einer globalisierten Welt, VS Verlag für Sozialwissenschaften Wiesbaden, 1. Auflage 2010, S. 221.

47 Vgl.: Hessler, Siglinde in: Arbeitnehmerrechte weltweit stärken? Die Umsetzung der internationalen Rahmenvereinbarung in Mexiko, Campus Verlag Frankfurt/New York 2012, S. 27.

48 Vgl.: Ebd.

49 Vgl.: Zimmer, Stefan in: Jenseits von Arbeit und Kapital- Unternehmerverbände im Zweitalter der Globalisierung, Leske + Budrich Opladen 2002, S. 15 ff.

50 Vgl.: Brentano, Lujo; Bräu, Richard (Hrsg.); G. Nutzinger, Hans (Hrsg.) in: Der wirtschaftende Mensch in der Geschichte (1923) - Beiträge zur Geschichte der deutschsprachigen Ökonomie, Metropolis 2008.

51 Vgl.: Müller-Jentsch, Walther in: Strukturwandel der industriellen Beziehungen – Industrial Citizenship- zwischen Markt und Regulierung, GWV Fachverlag GmbH Wiesbaden, 1 Auflage 2007, S. 15 ff.

52 Vgl.: Haipeter, Thomas in: Tarifabweichungen und Flächentarifverträge – Eine Analyse der Regulierungspraxis in der Metall- und Elektroindustrie, GWV Fachverlag GmbH Wiesbaden, 1. Auflage 2009, S. 23.

Dunlop entwickelte das Konzept der Industriellen Beziehungen weiter, angelehnt an Parsons Systemtheorie. Er bettet das System der industriellen Beziehungen als Subsystem der Industriegesellschaft ein, dass auf gleicher Stufe wie das Wirtschaftssystem agiert.[53] In der Untersuchung: „Strukturwandel der industriellen Beziehungen – Industrial Citizenship - zwischen Markt und Regulierung" setzt sich Müller-Jentsch sich mit der Internationalisierung von Gewerkschaften und Arbeitgeberverbänden, der Implementierung von europäischen Betriebsräten, gemäß der EU-Richtlinie aus dem Jahr 1994 und dem sozialen Dialog der Mitgliedsstaaten auseinander. Er postuliert den nationalen Regimen, den Arbeitnehmervertretungen und Arbeitgeberverbänden eine geringe Kooperationsbereitschaft und ein nicht ausreichenden Willen, Verantwortung an eine supranationale Institution abzugeben. Müller-Jentsch ist der Ansicht, dass explizit die Partikularinteressen der nationalen Einzelgewerkschaften einer Synchronisation des Arbeitsrechts auf einer europäischen Ebene, im Weg stehen. Jedoch ist er davon überzeugt, dass eine Europäisierung der Erwerbsregulierung in Gang gesetzt wurde und nicht mehr aufzuhalten sei. Die Sozialpartner im Aushandlungsprozess haben diesen Wandel als Übergang zu einer qualitativen Tarifpolitik charakterisiert. Laut Bispinck konzentriert sich der Fokus der Tarifpolitik stärker auf Regelungsgegenstände, wie der Arbeitsplatzsicherung, Arbeitszeitflexibilisierung und des Rationalisierungsschutzes.[54] Der Aushandlungsprozess unter den Sozialpartner im internationalen Kontext ist nicht auf rein juristische oder staatliche Protagonisten begrenzt. Dieser findet verstärkt in einem diskursiven Element statt, welches seine Einflussmöglichkeiten und Partizipationsbedingungen auf die staatlichen Akteure und auf die Judikative lenkt. Die Internationalen Rahmenvereinbarungen unterliegen der Arena, der Gesetze und Normen. Sie nehmen Bezug auf nationale, wie auch internationale Rechtsnormen und Vereinbarungen. Dies sind unter anderem, die ILO Kernarbeitsnormen, Umweltstandards oder die allgemeinen Menschenrechte. Ronald Coase (1937) spricht von einer „Institutionsökonomie".[55] In seiner Theorie spricht Coase vom Güteraustausch und von informel-

53 Vgl.: Ebd.

54 Vgl.: Bispinck, Reinhard, Schulten, Thomas in: Verbetrieblichung der Tarifpolitik? - Aktuelle Tendenzen und Einschätzungen aus Sicht von Betriebs- und Personalräten, in: WSI-Mitteilungen 03/2003, ff.

55 Vgl.: Coase, Ronald in: „The Nature of the Firm", Economica, New Series, Vol. 4, No. 16 (November 1937), pp. 386–405.

len Institutionen (Normen, Sitten und Gebräuche) sowie von formalen Institutionen (Gesetze, Staat) die diesen Güteraustausch regulieren. Bei Verstößen gegen diese Regeln tritt eine monetäre oder eine nicht-monetäre Sanktion ein. Meyer und Walgenbach beschreiben die neoinstitutionalistische Organisationstheorie als eine Form der institutionalisierten Erwartungsstruktur, die die Ausgestaltung von Organisationen nachhaltig prägt.[56] Der neoinstitutionalistische Ansatz ist explizit in den Vereinigten Amerikanischen Staaten und in der europäischen Organisationsforschung sehr populär und wird häufig rezipiert.[57] Bedingt durch diese Dominanz hat sich Müller-Jentsch diesen Ansätzen gewidmet und analysiert. Er erklärt die Entstehung und Operationsweise von Organisationen nach dem Muster der Isormophie.[58]

Der liberale Intergouvernementalismus in Anlehnung an Moravcsik stellt eine politikwissenschaftliche Theorie im Setting der internationalen Beziehungen dar. Im Kern seiner These steht der Integrationsprozess, primär in der Europäischen Union.[59] Durch die bereits erwähnte Auseinandersetzung mit dem Neofunktionalismus und seinen Paradigmen, entwickelte sich der Intergouvernementalismus, der als Kern die Integrationsdynamik voraussah und als Ergebnis zu einem supranationalen Staat führen soll. Ausgehend von dieser Definition wird zur Vertiefung und Erörterung der funktionsweise einer Institution, dass Drei Säulen Modell von William Richard Scott[60] herangezogen. Scott hat ein

56 Vgl.: Meyer, Renate; Walgenbach, Peter in: Neoinstitutionalistische Organisationstheorie, C. H. Beck oHG München, 1 Auflage 2007, S. 11.

57 Vgl.: Senge, Konstanze; Hellmann, Uwe Kai (Hrsg.) in: Einführung in den Neo- Institutionalismus, VS Verlag für Sozialwissenschaften Wiesbaden 2006, 1 Auflage, ff.

58 Vgl.: Jentsch-Müller, Walther in: Arbeits- und Industriesozilogische Studie, Heft 2, Jahrgang 4, Dezember 2011, S. 5–15.
Vgl.: Fuchs, Werner; Klima, Rolf; Lautmann, Rüdiger; Rammstedt, Otthein; Wienold, Hans in: Lexikon der Soziologie, Westdeutscherverlag Opladen 1973, S. 320.
Definition Isormophie:
„Bezeichnung für eine Beziehung zwischen zwei Systemen von Elementen, die dann vorliegt wenn beide Strukturen der Elemente Umkehr eindeutig aufeinander abbildbar sind d.h., wenn jedem Element und jeder Beziehung zwischen Elementen in einem System nur ein Element und eine Beziehung in einem anderem entspricht."

59 Vgl.: Moravcsik, Andrew 1993: Preferences and Power in the European Community. A Liberal Intergovernmentalist Approach, in: Journal of Common Market Studies 31: 4, 473–524.

60 Vgl.: Onlineportal: Stanford University, *https://sociology.stanford.edu/people/*

Analyseraster entwickelt, welches drei Säulen identifiziert.[61] Laut diesem Modell beruhen Institutionen auf einer regulativen, einer normativen und einer kulturell kognitiven Säule.

Bei der Schaffung einer gemeinsamen Rechtsgesellschaft muss primär die Frage nach dem individuellen Sinn, in einer kollektiven Identität beantwortet werden. Als Referenztheoretiker dient der Ansatz von Dominic Kaltenbach, der in seinen Untersuchungen die Termini „Weltarbeitsgesellschaft" und „Weltrechtsgesellschaft" geprägt hat. In Anlehnung an Kant, attestiert von der Pfordten der „Freiheit" als Bedingung moralischen Handelns nicht zwangsläufig eine Notwendigkeit, die dazu führt, dass alle praktischen Handlungsformen, Handlungsziele oder Handlungsimperative zu Ideen werden. Diese würden vielmehr vom Faktum der Vernunft und dem moralischen Gesetz in einem selbst, sozusagen in moralisch-praktischer Hinsicht und von nichtkategorialen Begriffen und Anschauungen in theoretischer und pragmatischer Hinsicht, abhängig sein.[62] Nach dieser allgemeinen Definition richtet sich der Fokus auf den Rechtspositivismus. Nach einer positivistischen Auffassung wird Recht den geltenden Zwangsnormen in einem Staat untergeordnet.[63] Dabei wird hingewiesen, dass positives Recht vom Staat erzeugt werden kann.[64] In diesem Kontext wird die Radbruch`sche Formel angewendet.[65] Rehbinder verortet das Recht in den Bereich der zwischenmenschlichen Beziehungen.[66] Das Recht besteht aus Normen die das Verhalten unter Individuen regelt. Ohne diese Normen fällt es Individuen schwer in einer Gemeinschaft zu existieren. Normen und Werte und den daraus resultierenden Regeln, machen das Verhalten untereinander vorhersehbar. Die Implementierung von nationalen resp. inter-

---

w-richard-scott (17.04.2016).

61 Vgl.: Scott, William, Richard in: Grundlagen der Organisationstheorie, Aus dem Amerikanischem übersetzt von Hanne Herkommer, Campus Verlag Frankfurt am Main/NY 1986, S. 89 ff; und Scott (1995) in: Isntitutions und Organzations, Sage Publications, S. 33.

62 Vgl.: Ebd.

63 Vgl.: Kaltenbach, Dominic 2009, S. 351.

64 Vgl.: Kaufmann, Arthur in: Problemgeschichte der Rechtsphilosophie, in: Kaufmann/Hassemer/Neumann (Hrsg.) Einführung in die Rechtsphilosophie und Rechtstheorie der Gegenwart 2011, 8. Auflage, S. 26 ff.

65 Vgl.: Onlineportal: LEMO, *https://www.dhm.de/lemo/biografie/biografie-gustav-radbruch.html* (21.04.2016) und *https://publikationen.uni-tuebingen.de/xmlui/bitstream/handle/10900/43690/pdf/Diss.PDF* (21.04.2016), S. 8 ff.

66 Vgl.: Rehbinder, Manfred in: Einführung in die Rechtswissenschaft, Walter de Gryter Berlin, NY, 8. Auflage 1995, S. 6.

nationalen Arbeitsrecht, hat ihren Ursprung aus ungelösten gesamtgesellschaftlichen sozialen Problemen und den daraus resultierenden Konflikten. Das Industrieproletariat[67] erarbeitete sich durch konfliktreiche Streiks und Demonstrationen, die arbeitsrechtlichen und sozialpolitisch zwingend notwendigen Anpassungen, an das Industriezeitalter und den damaligen Kapitalismus. Die gestaltenden staatlichen Akteure, reagierten lediglich auf den legitimatorischen Diskurs in der breiten Öffentlichkeit, mit Zugeständnissen an die Arbeiterschaft. Das Arbeitsrecht geht von der Grundannahme aus, dass der einzelne Beschäftigte in einem Unternehmen, seine individuellen Interessen nicht gegenüber dem wirtschaftlich stärkeren Arbeitgeber, frei und selbstbestimmt aushandeln kann.[68] Die grundlegenden Arbeitnehmerrechte haben eins gemeinsam, sie dienen dem individuellen Schutz der Beschäftigten als Mensch und als Träger von Rechtsgütern. Die Existenz dieses Ungleichgewichtes zwischen Arbeitgebern und Arbeitnehmern ist heute unbestritten. Der im Jahr 2015 veröffentlichte Bericht der EU- Grundrechteagentur: „Severe labour exploitation: Workers moving within or into the European Union. States obligations and victims' rights"[69], spiegelt dieses Machtgefälle und die daraus resultierenden „prekären Arbeitsverhältnisse" wieder.

„Betroffen von schwerer Arbeitsausbeutung sind typischerweise Migrantinnen und Migranten aus anderen EU-Staaten oder Ländern außerhalb der EU. Prägend ist das Ergebnis, dass die Betroffenen schwerer Arbeitsausbeutung fast jede Arbeit unabhängig von ihren Bedingungen annehmen, solange sie erwarten, irgendeine, noch so geringe Bezahlung zu erhalten. Unabhängig davon, wie sehr Arbeitgeber die Rechte der Betroffenen unterlaufen, erscheint vielen alles besser, als keine Arbeit zu haben."[70]

---

[67] Vgl.: Schienstock, Gerd in: Industrielle Arbeitsbeziehungen, Springer Fachmedien Wiesbaden GmbH 1982, S. 121.

[68] Vgl.: Ley, Gerd in: Arbeitsrecht für Arbeitgeber – Fußangeln und Fallen des Arbeitsrechts erkennen und vermeiden, Tredition GmbH Hamburg 2014, Kapitel 1.1 Das Arbeitsrecht als Recht der Arbeitnehmer ff.

[69] Vgl.: Onlineportal: *http://fra.europa.eu/en/publication/2015/severe-labour-exploitation-workers-moving-within-or-european-union* (10.05.2016).

[70] Vgl.: Onlineportal: Institut für Menschenrechte, *http://www.institut-fuer-menschenrechte.de/aktuell/news/meldung/article/eu-grundrechteagentur-veroeffentlicht-bericht-zu-schwerer-arbeitsausbeutung-schlussfolgerungen-fue/* (10.05.2016).

Für die Gesellschaft ist die Bewahrung des sozialen Friedens am wichtigsten. Dies gewährleistet ein funktionierendes Arbeitsrecht. Ergo, ist eine weitere Funktion des Arbeitsrechts, die Befriedungsfunktion.[71] Unter sozialen Frieden wird in dieser Untersuchung der innere Frieden verstanden, explizit innerhalb staatlich verfasster Gesellschaften.[72] Däubler schreibt dazu, dass unabhängig vom Diskurs welche Konventionen in eine Sozialklausel übernommen werden, es primär von deren handelspolitischen und rechtlichen Wirkung abhängig gemacht werden muss, hierbei geht es weniger um die Quantität sondern vielmehr um den arbeitsrechtlichen Inhalt und deren mittelbare und unmittelbare Wirkung auf die Gesellschaft.[73] Eine der bekanntesten Deklarationen, laut Riedel, ist die „Allgemeine Erklärung der Menschenrechte", die bei ihrem Beschluss lediglich als „Empfehlung" an die Mitgliedsstaaten zu verstehen war und keinerlei rechtliche Verpflichtungen vorsah. Riedel schreibt zum Instrument der Deklaration, dass diese entweder einen Empfehlungscharakter besitzen oder aber in ihrer Funktion bereits begründete Rechte oder Pflichten klarstellen.[74] Van Arnauld misst dem „soft law" im Rahmen der internationalen Beziehungen eine große Bedeutung zu. Sie können als Initiator oder Katalysator zur Herausbildung von völkerrechtlich verbindlichen Standards führen. Etwa dann, wenn Standards des „soft law" in Verträge aufgenommen werden, oder im Laufe der Zeit, in der Praxis eine Rechtsüberzeugung entwickelt haben. Laut van Arnauld ist für solch einen Verrechtlichungsprozess, die „Allgemeine Erklärung der Menschenrechte" von 1948 zu nennen. Blüthner sieht in den Verfassungsprinzipien der ILO einen politisch-moralischen Apellcharakter.[75] Die Verfassungsprinzipien sind für die Mitgliedstaaten als allgemeine Verhaltensmaßstäbe einzustufen, da nur gemeinsam diese Ziele erreicht werden können. Dies konstituiert bereits der materielle Inhalt der Präambel der ILO Verfassung. Döhring misst dem Inter-

71 Vgl.: Blüthner, Andreas 2004, S. 150.

72 Vgl.: Gießmann, Hans J; Rinke, Bernhard (Hrsg.) in: Handbuch Frieden, VS Verlag, 1. Auflage 2011, S. 557.

73 Vgl.: Graf von Westphal, Friedrich; Sandrock, Otto (Hrsg.) in: Lebendiges Recht – Von den Sumerern bis zur Gegenwart, Verlag Recht und Wirtschaft GmbH Heidelberg, Wolfgang Däubler, S. 480 ff.

74 Vgl.: Riedel H.; Eibel in: Theorie der Menschrechtsstandards: Funktion, Wirkungsweise und Begründung wirtschaftlicher und sozialer Menschenrechte mit exemplarischer Darstellung der Rechte auf Eigentum und Arbeit in verschiedenen Rechtsordnungen, Duncker & Humblot Berlin 1986, S. 309.

75 Vgl.: Blüthner, Andreas 2004, S. 197.

nationalen Gerichthof eine große Bedeutung zu. Dieser ist angehalten, zur Aufklärung und Interpretation des Geltungsbereichs von Völkerrechtsnormen, die Lehrmeinung der Völkerrechtslehre, die in der Fachliteratur zum Ausdruck gebracht wird, heranzuziehen, ohne dass diese Lehrmeinung verbindlichen Charakter aufweist, sie dient dem Gericht lediglich als Hinweisfunktion.[76] Ein Bestandteil im Welthandelsrecht sind internationale Rahmenvereinbarungen. Eine sehr populäre Rahmenvereinbarung ist der UN Global Compact. Der Beitritt zum UN GC (United Nations Global Compact) stellt keinen bindenden völkerrechtlichen Vertrag dar. Zwar ist die UN ein Völkerrechtssubjekt[77] und dadurch berechtigt internationale Rahmenvereinbarungen zu konzipieren und abzuschließen, jedoch kann dies bei multinationalen Unternehmen ausgeschlossen werden.[78]Diese Rahmenvereinbarung wurde konzipiert, um die aufkeimende Debatte der sozialen Gerechtigkeit zu beantworten. Rieth und Glindemann haben in Ihrer Untersuchung zum UN GC ein eher ernüchterndes Fazit gezogen. Die Autoren sind der Ansicht, dass man nicht von einem Erfolgsfall des Instruments sprechen kann.[79] Eine weitere internationale Rahmenvereinbarung im Welthandelssystem ist das GATT-Abkommen. Schwartmann analysiert in seiner Untersuchung die grundlegenden Prinzipien und ihre Rechtsqualität im Wirtschaftsvölkerrecht.[80] Unter den Grundlegenden Prinzipien des GATT- Abkommens können dessen Systemorientierten Leitprinzipien, wie das System der allgemeinen Ausnahmen sowie das System der Streitbeilegung definiert werden.[81] Freiherr von Camphausen sieht in der strukturellen Entwicklung des Welthandels, hin zu einem immer stärker vernetzten und integrierten Wirtschaftsmarkt, dass immer

76 Vgl.: Dohering, Karl in: Völkerrecht –Ein Lehrbuch, C. F: Müller Verlag Heidelberg, S. neuüberarbeitete Auflage 2004, S. 121 ff. Rn. 277.

77 Vgl.: Doehring, Karl in: Völkerrecht, 2., neubearbeitete Auflage, C.F. Müller, Heidelberg 2004, Rn 261 f.

78 Vgl.: Liemen, Erhard in: Erdöl-Produktionsverträge des Iran- Rechtsgrundlage und Praxis der Zusammenarbeit mit transnationalen Unternehmen, Tübingen 1981, S. 150.

79 Vgl.: Rieth, Lothar; Glindemann, Oliver in: Praxisorientierte und interdisziplinierte Lehre: Das UN Global Compact – COP Projekt – theorymeetspractice.de; S. 78 ff. Erschienen in: Theis, Fabienne; Klein, Simone (Hrsg.): CSR Bildung Corporate Responsibility als Bildungsaufgabe in Schule, Universität und Weiterbildung; VS Verlag 1. Auflage Wiesbaden 2010.

80 Vgl.: Schwartmann, Rolf in: Private im Wirtschaftsvölkerrecht, Mohr Siebeck Tübingen 2005, S. 161.

81 Vgl.: Schwartmann, Rolf 2005, S. 161.

mehr Staaten an einer Aufgabenlösung involviert sind und das die zu lösenden Probleme von den Einzelstaaten kaum noch bewältigt werden können, da ihre Relevanz im Kontext von Trade & Labour immer stärker an Substanz verliert.[82] Nohlen befürwortet Veränderungen im Staatsinterventionismus.

„Im politischen und fachwissenschaftlichen Sprachgebrauch bezeichnet Staatsinterventionismus die Theorie oder Praxis selektiver oder gesellschaftsweit einheitlicher Eingriffe des Staates (oder einzelner mit Hoheitsgewalt betreuter Institutionen) in gesellschaftlicher und wirtschaftlicher Ordnungen und Abläufe, die mit Anspruch auf gesamtgesellschaftliche Verbindlichkeit erfolgen."[83]

Diese Veränderungen werden von Tuchtfeld in Form einer Dichotomie umschrieben. Der Interventionismus muss bei seinen Interventionen in den Wirtschaftsmarkt, zwei grundlegende Aspekte zur Umsetzung wirtschaftspolitischer Maßnahmen beachten. Bei diesen Aspekten handelt es sich erstens: um die Zielkonformität und zweitens um die Systemkonformität der Maßnahme.[84] Mändle bezeichnet ein wirtschaftspolitisches Instrument als zielkonform, wenn es zur Lösung eines wirtschaftspolitischen Sachverhaltes zweckdienlich erscheint.[85] Das Kriterium der Zielkonformität lässt sich nicht nur zur Beantwortung volkswirtschaftlicher Fragestellungen nutzen, es ist auch als Instrument zur Bewertung sozialpolitischer Maßnahmen zu verwenden[86] Bei der Frage nach der sozial gerechten Wohlstandsverteilung im Welthandel, werden zu ihrer Durchsetzung immer wieder diverse Sanktionsinstru-

---

82 Vgl.: Freiherr von Campenhausen, Alexander in: Sozialklauseln im internationalen Handel – Eine entwicklungsvölkerrechtliche Untersuchung insbesondere über Sozialklauseln im internationalen Handelsverkehr und ihre praktische Handhabung, Tenea Verlag Ltd. Bristol, NL Deutschland, Berlin 2005, S. 69 ff.

83 Vgl.: Nohlen, Dieter; Grotz, Florian (Hrsg.) in: Kleiner Lexikon der Politik, C. H. Beck Verlag München 2007, S. 541.

84 Vgl.: Prof. Dr. Seraphim, H. J. (Hrsg.) in: Zur Grundlegung wirtschaftspolitischer Konzeptionen; Prof. Dr. Tuchtfeldt, E. in: Zur Frage der Systemkonformität wirtschaftspolitischer Maßnahmen, Verlag von Duncker & Humblot Berlin 1960, S. 203 ff.

85 Vgl.: Mändle, Eduard in: Grundriß der Volkswirtschaftspolitik, expert Verlag Renningen, Band 19, 1993, S. 86.

86 Vgl.: Winterstein, Helmut in: Sozialpolitik mit anderen Vorzeichen, Heft 22, Duncker & Hunblot Berlin 1969, S. 213.

mente diskutiert. Ein universelles Instrument ist jedoch sehr diffizil zu konzeptionieren. Dies liegt unter anderem daran, weil nur wenige Vorprodukte die unter menschenunwürdigen Bedingungen hergestellt werden, es in den Export schaffen. Handelssanktionen erreichen in der Regel nur die Produkte die auch Exportiert werden. Jedoch herrscht auf dem weltweiten Verbrauchermarkt immer noch das Prinzip von: „Angebot und Nachfrage".[87] Windfuhr geht davon aus, dass Waren für den Export unter wesentlich besseren Arbeitsbedingungen hergestellt werden, als dies bei der Produktion für den Binnensektor der Fall ist.[88] An dieser Stelle muss auf die Problematik zur Definition der Konformitätskriterien hingewiesen werden. Es ist nicht möglich Instrumente a priori als systemkonform oder inkonform zu klassifizieren.[89] Die Bewertung einer wirtschaftspolitischen Maßnahme im Kontext der Systemkonformität im Hinblick auf das gesamtwirtschaftliche Konzept, kann nur realisiert werden, wenn man die notwenige Differenzierung zwischen formaler und materieller Systemkonformität vornimmt.[90] Blüthner fordert, dass eine marktkonforme Sozialklausel so konzipiert sein muss, dass diese weitestgehend resistent gegenüber protektionistischem Missbrauch ist.[91]

Bass, sieht keine Gefahr im Missbrauch der Sozialklausel im Welthandel.

„Wenn schon die unilateralen Sozialklauseln der USA keinem Protektionismus Vorschub leisten, dann ist die Gefahr im Falle einer Sozialklausel innerhalb eines multilateralen Forums wie der Welthandelsorganisation noch geringer einzuschätzen."[92]

87 Vgl.: Henderson D.; Hubert; Palyi, Melchor (Hrsg.) in: Angebot und Nachfrage, Springer Verlag Berlin/Heidelberg 1924, S. 16.

88 Vgl.: Windfuhr, Michael in: Social Standards in World Trade Law, Economics Bände 55/56, Institute for Scientific Co-operation 1997 S. 113–131.

89 Vgl.: Ebd. S. 92.

90 Vgl.: Ebd.

91 Vgl.: Blüthner, Andreas 2004, S. 396.

92 Vgl.: Bass, Hans H.; Melchers, Steffen (Hrsg.) in: Neue Instrumente zur sozialen und ökologischen Gestaltung der Globalisierung – Codes of Conduct, Sozialklauseln, nachhaltige Investmentfonds, S. 149.

Schock empfiehlt, um die Gefahren des Missbrauchs zu reduzieren, Sozialklauseln unabhängig der Regelungstechnik, so zu definieren, dass keine unbestimmten Rechtsbegriffe verwendet werden.[93]

„*Unbestimmte Rechtsbegriffe finden Verwendung nicht nur auf der Tatbestandseite, sondern gleichermaßen auf der Rechtsfolgenseite einer Norm; unbestimmte Rechtsbegriffe machen keinen Unterschied zwischen konditional und final programmierten Normen; sie beschränken sich nicht auf normative Steuerung der Administrative, sondern treten in gleicher Häufigkeit bei der normativen Steuerung der Legislative, der Gubernative und der Judikative, ja selbst bei der normativen Steuerung des Privatrechtsverkehrs.*“[94]

Obwohl der Grundsatz: „Lex posterior derogat legi priori“[95] im Völkerrecht angewendet wird, berücksichtigen alle drei Kollisionsregeln, nicht die individuellen ökonomischen länderspezifischen Voraussetzungen und würden das Spannungsverhältnis der grundlegenden Menschenrechte in der Arbeitswelt mit dem Grundkonsens des liberalen Handels nur marginal entschärfen. Bei der Entschärfung dieses Konfliktes ist Volmert der Ansicht, dass die Bejahung eines Merkmals zur Durchsetzung eines Diskriminierungsverbotes nicht ausreicht, insgesamt kommt es auf den Einzelfall an und dessen konkrete Abwägung.[96] Thiedemann beschäftigt sich beim Diskriminierungsverbot von Waren mit deren „Gleichartigkeit“.

„*Bedeutend für die Frage der Gleichartigkeit von Waren ist auch der Zusammenhang von Art. III Abs. 2 und 4 GATT zu dessen Abs. 1. Es stellt sich die Frage, ob Abs. 1 als übergeordnetes Prinzip die anderen Absätze*

---

93 Vgl.: Schoch, Frank in: Unbestimmte Rechtsbegriffe im Rahmen des GATT - eine Untersuchung anhand der Regelungen über Dumping und Subventionen, Peter Lang Verlag 1994, S. 60 ff.

94 Vgl.: Burgi, Ehlers, Grzeszick, Gurlit, Jestaedt, Möstl, Papier, Pünder, Remmert, Ruffert, Scherzberg, Hans Uwe Erichsen und Dirk Ehlers (Hrsg.) in: Allgemeines Verwaltungsrecht, De Gruyter Recht, 13. Auflage Berlin 2005, S. 291.

95 Vgl.: Wenzel, Axel in: Die Fortgeltung der Rechtsprechungsregeln zu den eigenkapital ersetzenden Gesellschafterdarlehen – Eine rechtsmethodische Untersuchung, LIT Band 1, S. 30.

96 Vgl.: Volmert, Barbara 2011, S. 49.

beeinflusst, so dass die Intention des nationalen Gesetzgebers maßgeblich ist, oder ob die Absätze selbstständig nebeneinander stehen."[97]

Des weiteren stellt sich die Frage, inwieweit bei der Bestimmung der Gleichartigkeit, die Arbeitsbedingungen im Hinblick einer Sozialklausel, Einfluss auf den Produktionsprozess einer Ware entwickeln. Thiedemann ist der Meinung, dass äußere Umstände und Produktionsprozesse keinen Einfluss auf die physikalischen Eigenschaften oder den Endverbrauch der Waren nehmen.[98] Durch diesen Vorteil sind die grundlegenden Arbeitnehmerrechte in ihrer ökonomischen und nicht in ihrer menschenrechtlichen Dimension geschützt und es besteht keine Gefahr, dass Präzedenzfälle für weitere Ausnahmen initiiert werden.[99] Der Abs. e) des Art. XX GATT bezieht sich explizit auf die Herstellungsbedingungen im Exportland und hat dadurch den notwendigen extraterritorialen Bezug. Dem Importland ist es gestattet notwendige Maßnahmen zu ergreifen, die die Einfuhr von Waren aus Gefängnisarbeit, regulieren.[100] Die Rechtfertigung solcher unilateraler Maßnahmen ist danach zu bewerten, ob bei extraterritorialer Anwendung die Interessen betroffener Drittstaaten angemessen berücksichtigt wurden.[101] Sutherland begründet eine Regulierung im Interesse betroffener Drittstaaten, folgendermaßen:

„*Sustainable economic growth needs to be based on good governance and recognition of human rights standards, ethical responsibility and accountability by transnational corporations, and the protection of civil society.*"[102]

Besonders diffizil erscheint eine Einigung, bei einer Sozialklausel im Welthandelsrecht, die als Instrument genutzt werden soll um die globale

97 Vgl.: Thiedemann, Anke in: WTO und Umwelt – Die Auslegung des Art. XX GATT in der Praxis der GATT/WTO-Streitbeilegungsorgane, LIT Verlag Münster 2005, S. 6.

98 Vgl.: Ebd. S. 7.

99 Vgl.: Ebd.

100 Vgl.: Tietje, Christian (Hrsg.) in: Internationales Wirtschaftsrecht, Walter de Gruyter GmbH Berlin/Bosten 2. Auflage, S. 182, Rn92.

101 Vgl.: WT/DS58/AB/RW 22 October 2001, UNITED STATES – IMPORT PROHIBITION OF CERTAIN SHRIMP AND SHRIMP PRODUCTS RECOURSE TO ARTICLE 21.5 OF THE DSU BY MALAYSIA AB-2001-4.

102 Vgl.: Sutherland, Johanna in: International Trade and the GATT/WTO Social Clause: Broadening the Debate, S. 106.

Kinderarbeit zu stoppen. Durch ein generelles Verbot der Kinderarbeit können unerwünschte Nebeneffekte generiert werden.[103] Das Schicksal dieser Kinder, kann nicht nur nationaler Verantwortung überlassen werden. Kuschnereit ist der Ansicht, dass dies sowohl für die schlimmste Form der Kinderarbeit, wie auch für die Kinderarbeit die ihre Ursachen in Armut und unzureichenden Bildungschancen hat, Gültigkeit besitzt.[104] Kirchhöfer ist der Meinung, dass die Kinderarbeit nicht die Folge von existentieller Not der Familien ist, welche die Kinder zur Arbeit zwingt, sondern die Ursache ihrer Armut ist.[105] Kirchhöfer plädiert dafür, dass Kinder – wie auch alle Übrigen Menschen – das Recht auf Arbeit besitzen.[106] Großmann und Knorr befürworten, dass die Eltern die Option haben müssen, ihren Kindern eine bessere Zukunftsalternative anbieten zu können. Diese Zukunftsalternative ist nur zu realisieren, wenn eine allgemeine Schulpflicht im Land eingeführt wird. Die Einführung einer Schulpflicht ist einfacher zu überwachen und zu realisieren, als das Verbot von Kinderarbeit.[107] Darüber hinaus, sind die Autoren der Ansicht, dass eine allgemeine Schulpflicht, langfristig zur Armutsbekämpfung beiträgt, wachstumsfördernde Effekte generiert und somit zur Humankapitalbildung ihren Beitrag leisten kann."[108] Der Nobelpreisträger Kailash Satyarthi hat im Rahmen der Internationalen Arbeitskonferenz zu einem Bewusstseinswandel aufgerufen:

103 Vgl.: Mehr zu diesem Thema in:
Ulbert, Cornelia; Weller, Christopher (Hrsg.) in: Konstruktivistische Analyse der internationalen Politik, Springer Fachmedien Wiesbaden 2005, 1. Auflage, S. 261 ff.
Hankel, Wilhelm; Schachtschneider, Karl Albrecht; Strabatty, Joachim (Hrsg.) in: Der Ökonom als Politiker – Europa, Geld und die soziale Frage, Festschrift für Wilhelm Nölling, Lucius & Lucius Verlagsgesellschaft Stuttgart 2003, S. 154.
Berndt, Michael; Sack, Detlef (Hrsg.) in: Glocal Governce? Voraussetzungen und Formen demokratischer Beteiligung im Zeichen der Globalisierung Westdeutscher Verlag Wiesbaden 2001, 1. Auflage, S. 179 ff.

104 Vgl.: Ebd.

105 Vgl.: Kirchhöfer, Dieter in: Kinderarbeit? Ein pädagogisches Fragezeichen?, Peter Lang Verlag Frankfurt am Main 2009, S. 11.

106 Vgl.: Ebd.

107 Vgl.: Großmann, Harald; Knorr, Andreas in: Ordo – Jahrbuch für die Ordnung von Wirtschaft und Gesellschaft, Band 54, Lucius & Lucius Stuttgart 2003, S. 195 – 2018.

108 Vgl.: Ebd. S. 209.

„Wenn wir an unsere eigenen Kinder denken, glauben wir, dass sie Doktoren, Ingenieure und Professoren werden – die ganze Welt steht ihnen offen. Aber wenn wir über andere Kinder sprechen, denken wir, ok, das sind arme Kinder, lass' sie arbeiten, wir werden ihnen irgendwann helfen. Lassen Sie uns auch diese Kinder wie unsere eigenen Kinder betrachten".[109]

In der Praxis sind es jedoch einzelne kriminelle Unternehmen, die von der Kinderzwangsarbeit profitieren und nicht die gesamte Branche oder die Volkswirtschaft.

„Obwohl die Kinderarbeit in der Teppichindustrie nur etwa ein bis zwei Prozent der gesamten Kinderarbeit in Indien ausmacht, hat sie besonders negative Auswirkungen auf das Exportimages Indiens."[110]

Die Reichweite einer wirtschaftspolitischen Maßnahme nimmt mit der Anzahl der beteiligten Handelspartner signifikant zu, so sind branchenbezogene Handelsmaßnahmen, mit multilateralen Charakter sehr effizient. Der Wirkungsgrad einer Wirtschaftssanktion erhöht sich dann, wenn der sanktionierte Staat tatsächlich von seinen Handelspartner isoliert wird. Koch sieht die Steigerung des Wirkungsgrades einer Handelsmaßnahme, indem Kapitalverkehrsbeschränkungen entweder indirekt – über eine Verteuerung der Kapitaltransaktion – oder direkt durch Transaktionsverbote erfolgt.[111] Die ökonomischen Folgen einer Handelsmaßnahme für das sanktionierte Land, sind abhängig von diversen Faktoren. Da sind zum Beispiel, die eigene Wirtschaftskraft und die notwendigen ökonomische Verflechtungen unter den Handelspartnern. Das generelle Verbot von Kinderarbeit durch eine wirtschaftspolitische Maßnahme, kann unerwünschte Nebeneffekte generieren.[112] Maßnahmen zum Schutz der Kinder, können also Handelshemmnisse generieren und dadurch negative Auswirkungen auf die gesamte Volks-

109 Vgl.: Onlineportal: ILO, *http://www.ilo.org/berlin/presseinformationen/WCMS_375176/lang--de/index.htm* (07.08.2016).

110 Vgl.: Kuhn, Berthold in: Entwicklungspolitik zwischen Markt und Staat – Möglichkeiten und Grenzen zivilgesellschaftlicher Organisationen, Campus Verlag Frankfurt/NY 2005, S. 332.

111 Vgl.: Koch, Eckart in: Globalisierung: Wirtschaft und Politik, Chancen – Risiken – Antworten, Springer Fachmedien Wiesbaden 2014, S. 204.

112 Blüthner, Andreas 2004, S. 385–386; Kuschnereit Julia 2001, S. 297–298; Bhagwati, Jagdish in: Verteidigung der Globalisierung, Pantheon Verlag 2008, Kapitel 6 ff, Kinderarbeit: Ausgeweitet oder reduziert?

wirtschaft eines Landes entwickeln. Baghwati hält ein Plädoyer für den Globalisierungsprozess und ist der Meinung, dass Freihandel in Wahrheit, wo immer dieser den allgemeinen Wohlstand hebt, zum Abbau der Armut beiträgt.[113] Die Bolivianische Regierung hat einen eigenen Weg zur Bekämpfung der Kinderarbeit initiiert. Die Regierung hat mit Wirkung zum 17. Juli 2014 eine neue Richtlinie für Kinder und Jugendliche (Gesetz Nr. 548, Abschnitt VI) erlassen, diese Ausnahme gestattet, offiziell Kinderarbeit ab 10 Jahren.[114] Die ILO hat zu diesem besonderen Thema ein Handbuch herausgegeben, indem sehr detailliert aufgelistet wird, wie Arbeitgeber und Arbeitnehmer aktiv an der Bekämpfung der schlimmsten Form von Kinderarbeit mitwirken können.[115]

1.1.2 Prozedur & Materie

Der Forschungsstand ist dadurch gekennzeichnet, dass zum Themenbereich Trade & Labour viele Positionen und den dahinter steckenden Ansichten der Stakeholder, zur Konditionierung des Marktzugangs, durch eine Synchronisation der individuellen Arbeitnehmerrechte, ausgetauscht worden sind.[116] Vereinzelt flammt eine hitzige Debatte über die Vor- und Nachteile der Implementierung von Sozialklauseln wieder auf, jedoch wird diese sehr eindimensional geführt.[117] Dadurch droht diesem Diskurs zeitnah das Ende und der Fokus der Akteure wird sich vermehrt wieder der Materie einer Kodifikation der universellen Arbeitnehmerrechte widmen. Im Kontext der Debatte, wird nicht mehr darüber gestritten ob eine Kodifikation der Kernarbeitsnormen realisiert werden soll, sondern eher, wie sich dieses Konstrukt in die ins-

---

113 Vgl.: Bhagwati, Jagdish in: Verteidigung der Globalisierung, Pantheon Verlag 2008, Kapitel 6 ff, Kinderarbeit: Ausgeweitet oder reduziert?

114 Vgl.: Onlineportal: Humanium, *http://www.humanium.org/de/neues-gesetz-zur-kinderarbeit-in-bolivien-wenn-aus-illegal-legal-wird/* (15.08.2016).

115 Vgl.: Employers' and workers': handbook on hazardous child labour/International Labour Office, Bureau for Employers' Activities, Bureau for Workers' Activities. - Geneva: ILO, 2011, P. 49.

116 Vgl.: Kaltenbach, D. Dominic in: Globalisierung – bleibt das Individuum auf der Strecke? Eine rechts- soziologische Betrachtung der Arbeitswelt, Band 3, Verlag Dr. Kovac, Hamburg 2009, S. 42.

117 Vgl.: Onlineportal: Der Freitag. Hirschel, Dierk in: „Wem nützt der Freihandel?" *https://www.freitag.de/autoren/der-freitag/wem-nuetzt-der-freihandel* (17.12.2015).

titutionellen internationalen wirtschaftlichen Rahmenvereinbarungen implementieren lässt. Die Ansichten der einzelnen Stakeholder stehen sich nicht nur auf handelspolitischer Bühne diametral gegenüber, auch in der Wissenschaft herrscht ein Meinungsstreit zwischen Befürwortern und Gegnern. Das Lager der Befürworter einer Implementierung von Sozialklauseln argumentiert eindimensional unter der Prämisse einer wirksamen Durchsetzung von Menschenrechten. Jedoch werden die Schwierigkeiten einer rechtlich wirksamen Implementierung, zur Durchsetzung der Menschenrechte im Welthandel, nur bedingt berücksichtigt. Die Frage danach, wie sich eine Sozialklausel implementieren lässt, ohne dass diese zugleich Grundzüge eines moralisch imperialistischen Charakters offenbart, wird nicht vollends von den Befürwortern beantwortet. Einen Ansatz hierfür liefert Dr. Andreas Blüthner in seiner Untersuchung: „Welthandel und Menschenrechte in der Arbeit“[118]. Die konservativ neoliberalen Gegner einer Sozialklausel im Welthandel, lehnen eine Verknüpfung von Trade & Labour kategorisch ab. Ohne die globalen Auswirkungen auf das soziale System der Nationalstatten zu berücksichtigen.

Diese Untersuchung wird sich nicht ausschließlich mit den „Pros“ und „Contras“ einer Sozialklausel im Welthandel beschäftigen. Sondern wird geleitet von der Frage:

„Stellt die Implementierung einer Sozialklausel im Welthandel, einen moralisch imperialistischen[119] *Protektionismus gegenüber Entwicklungsländern dar?“*

Diese sehr komplexe Leitfrage wird in den einzelnen Kapiteln durch Grundfragen ergänzt, die am Ende dieser Untersuchung ein greifbares

118 Vgl.: Universität Mannheim, Fakultät der Rechtswissenschaft und Volkswirtschaftslehre, Dr. iur. Andreas Blüthner, Attorney-at-Law (Mannheim), Strategy Manager, BASF AG, Ludwigshafen. Publikationsliste: *http://www.jura.uni-mannheim.de/dozenten/lehrbeauftragte_lehrkraefte/dr_andreas_bluethner/publikationsverzeichnis/publikationenbl.pdf* (17.12.2015).

119 Vgl.: Schubert, Klau; Martina Klein in: Das Politiklexikon. 6., aktual. u. erw. Aufl. Bonn: Dietz 2016. Lizenzausgabe Bonn: Bundeszentrale für politische Bildung.
„Imperialismus vom lateinischen: imperare (Herrschen); bezeichnet die zielstrebige Erweiterung und den systematischen Ausbau des wirtschaftlichen, militärischen, politischen und kulturellen Macht- und Einflussbereiches eines Staates in der Welt.“

Ergebnis darstellen. Die hierfür angewandte Methodik besteht zum einen aus einer deskriptiven Analyse der Ist- Situation und der Dialektik. Dazu werden Tabellen, graphische Darstellungen und charakteristische Maßzahlen verwendet. Diese Form der Untersuchung hat ausschließlich deskriptiven Charakter.

Die Dialektik ist eine Methode der Philosophie und der Rhetorik, bei der kontroverse Meinungen zu einem Thema durch Argumente und Gegenargument (These und Antithese) mit anschließender Synthese (Konklusion) als schlüssig dargestellt werden sollen. Die unterschiedlichen Positionen werden aufgelöst und zu einer Synthese formuliert. Die bekanntesten Autoren, die die Dialektik prägten, waren Hegel[120] und Kant[121]. Dialektik wird oft als Bestandteil der Logik oder als informale Logik gekennzeichnet oder gar mit Logik gleichgesetzt. Ursprünglich wurde mit Dialektik die Kunst der Gesprächsführung bezeichnet.[122].

Ebenfalls erhalten Personen die Aufgrund ihrer beruflichen Position oder ihres Wissens als Experten definiert werden, die Möglichkeit in Form eines persönlichen Interwies oder mit der Option einen Fragebogen zum Thema: „Trade & Labour“ auszufüllen, die Gelegenheit einen substanziellen Beitrag, zu dieser Untersuchung zu leisten.[123] Diese zum Teil normativ-dogmatische[124] Herangehensweise in der Untersuchung ist notwendig, um eine wirksame Durchsetzung von Kernarbeitsnormen[125] und den daraus resultierenden Schutz der Arbeitnehmerinnen und Arbeitnehmer in der globalen Wirtschaft zu gewährleisten. Dr. An-

120 Vgl.: Naeher, Jürgen in: Einführung in die idealistische Dialektik Hegels, Leske Verlag + Budrich GmbH, Opladen 1981, ff.

121 Vgl.: Pissis, Janis in: Kants transzendentale Dialektik – Zu ihrer systematischen Bedeutung, Walter De Gryter GmbH & Co KG Berlin, Boston, 2012, S. 4 ff.

122 Vgl.: Schleiermachers Dialektik in: Die Liebe zu wissen in Philosophie und Theologie, Hrsg.: Helmer, Christine, Kranich, Christiane, Rheme Iffert, Birgit, Mor Siebick Verlag Tübingen, 2003, S. 186.

123 Vgl.: Bogner, Alexander; Littig, Beate; Menz, Wolfgang (Hrsg.) in: Das Experteninterwiew - Theorie, Methode, Anwendung, Springer Fachmedien Wiesbaden 2002, S. 31 ff.

124 Vgl.: Dr. Scherhorn, Gerhard; Professor Dr. Schmölders, Günther in: Forschungsberichte des Landes NRW, Hrsg. Kultusministerium, Methodologische Grundlage der sozialökonomischen Verhaltensforschung, Westdeutscher Velag Köln + Opladen 1961, S. 37 ff.

125 Vgl.: Kernarbeitsnormen sind ein Bestandteil der Menschenrechte vergleiche hierzu: Onlineportal Internationale Arbeitsorganisation (ILO), *http://www.ilo.org/berlin/arbeits-und-standards/kernarbeitsnormen/lang--de/index.htm* (18.12.2016).

dreas Blüthner sieht die Gefahr bei der Implementierung von Sozialklauseln in der Welthandelsordnung, primär im rechtlichen Kontext.[126]

Um die Komplexität des Themas aufzuzeigen wird unter anderem die Historie der Erwerbsarbeit rekapituliert. Ihren Wandel im Laufe der Epochen und den Status den die Erwerbsarbeit in der heutigen Zeit genießt werden ebenfalls dargestellt. Ausgangslage dieser Untersuchung sind überwiegend Arbeitsverhältnisse im westeuropäischen Kontext. Da es sich in dieser Analyse, um den Wandel der Definition „Erwerbsarbeit" handelt, werden selbstverständlich der Verlust und seine Folgen für das Individuum deskriptiv erörtert. Die Folgen in einem funktionierenden Sozialsystem müssen nicht zwangsläufig existenziell sein, jedoch kann der Verlust der Erwerbsarbeit soziopsychologische gravierende Folgen initiieren.

Die Heranführung an das Thema: „Trade & Labour" über die Historie und den neuzeitlichen Wandel der Erwerbsarbeit, kennzeichnen die ambivalenten Facetten bei der Implementierung von Sozialklauseln in der Welthandelsordnung.

Liberale Wirtschaftstheoretiker gehen davon aus, dass der Freihandel der Staaten untereinander Wohlstand generiert. Um dies zu Beweis, wurden unterschiedliche Wirtschaftstheorien entwickelt. Die bekanntesten von Ihnen stammen von Adam Smith, John Maynard Keynes oder David Riccardo.[127] Aus diesen Ökonomischen Grundlagen im Welthandel folgt, dass die Implementierung einer Sozialklausel in institutionellen internationalen Rahmenvereinbarungen nicht instrumentalisiert werden darf. Der Missbrauch einer Sozialklausel würde den Freihandel behindern und die Folge wäre ein geringer Wohlstandsgewinn für die globalen Akteure. Die dargelegten wirtschaftlichen Erklärungsmuster werden miteinander verglichen und kritisch hinterfragt. Um zu verstehen, in welcher Form Protektionismus entstehen kann, ist es zwingend notwendig den Freihandel zu erklären. Nur dadurch kann verhindert werden, dass vermeintlich „sozialverträgliche Ansätze" ei-

126 Vgl.: Dr. Blüthner, Andreas in: Welthandel und Menschenrechte in der Arbeit, Peter Lang europäischer Verlag der Wissenschaften 2004, S 43.

127 Vgl.: Ricardo, David in: The principles of political Economy and Taxation, Introduction by Kolthammer, F. W. Dover Publication, Inc. Mineola NY, 2004. Smith, Adam in: Der Wohlstand der Nationen, Band 2 von Die Bibliothek der Wirtschaftsklassiker, FinanzBuch-Verlag, 2006. Gerhard, Wilke in: John Maynard Keynes – Eine Einführung, Campus Verlag Frankfurt/NY, 2. Aktualisiert Auflage 20012.

ner Sozialklausel, in institutionellen internationalen Rahmenvereinbarungen implementiert werden. Der Missbrauch von Sozialklauseln schädigt langfristig den gesamten globalen Handel. Der Wandel vom merkantilistischen System zum liberalen Außenhandel birgt gefahren. Das merkantilistische Wirtschaftssystem war geprägt von stattlichen Interventionismus. Primäres Dogma dieser Politik war es, einen außenwirtschaftlichen Handelsüberschuss zu generieren. Jedoch von dieser Politik abzuweichen und sich darüber zu verständigen, wie eine kooperative Wirtschaft funktioniert und Wohlstand generiert, dafür wurden Theorien entwickelt und Institutionen konzipiert, die den globalen Akteuren gemeinsames ökonomisches Handeln ermöglichen sollen. Wirtschaftlicher Erfolg und dadurch die Verhinderung von kriegerischen Auseinandersetzungen, kann nur in einem liberalen wirtschaftlichen Austausch gewährleistet werden können.[128]

„*Nach Angell konnten Kriege im Zeitalter der Industrialisierung und des damit verbundenen internationalen Handels keine Option mehr sein, um den eigenen Wohlstand zu steigern. Denn die hohe wirtschaftliche Verflechtung der europäischen Staaten führe dazu, dass Kriege negative ökonomische Auswirkungen auf alle haben. Den ersten Weltkrieg konnte sein flammendes Plädoyer nicht aufhalten und erst nach dem der Krieg 1918 zu Ende gegangen war erlangten Ideen, wie sie von Angell formuliert worden waren, Resonanz.*“[129]

Diese Erkenntnistheorie unterliegt dem Modell eines ausschließlich ökonomisch denkenden Individuums, das den Analysen der klassischen und neoklassischen Wirtschaftstheorie zugrunde liegt. Der Idealtyp eines Entscheidungsträgers in dieser Theorie, ist ein Individuum welches zu uneingeschränkt rationalem Handeln fähig ist. Jedoch spielt solch ein Habitus in der Wirtschaftsethik keine signifikante Rolle, da dieses Handeln lediglich zur Wohlstandesgenerierung ausgelegt ist. Der „Homo Oeconomicus“ rückt für die Analyse wirtschaftsethischer Probleme in den Fokus, explizit bei der Implementierung von Sozialklauseln im Welthandel. Frau Tania Singer ist Psychologin und Professorin für Soziale Neurowissenschaften, sie leitet das Max-Planck-Institut für Ko-

---

128 Vgl.: Ebd.

129 Vgl.: Schmidt, Manfred G.; Wolf, Frieder; Wurster, Stefan (Hrsg.) in: Studienbuch Politikwissenschaft, Springer VS 2013, S. 388.

gnitions- und Neurowissenschaften in Leipzig und war die erste Lehrstuhlinhaberin für Neuroökonomie in Zürich. Sie ist eine der renommiertesten säkularen Ethikerinnen der Neuzeit.[130] Frau Singer hat das Forschungsprojekt „ReSource Projekt" initiiert und geleitet.[131] In dieser Studie wurde das individuelle Sozialverhalten untersucht. Sie kritisiert das aktuelle Schema des „Homo Oeconomicus". Das Individuum ist viel ambivalenter in seinen Präferenzen und nicht frei von Widersprüchen.

„Dass dieses Menschenbild eine Reduktion der Wahrheit ist, wussten und wissen die meisten Ökonomen natürlich, sagt Singer. Da Ökonomen sich zu einem bestimmten Zeitpunkt in ihrer Geschichte jedoch verschrieben hatten, Märkte mathematisch zu modellieren, war es zunächst einmal notwendig, einfache Funktionen zu formulieren, die mathematisch traktierbar waren. Dieses vereinfachte Modell zog dann in die Lehrbücher und nach und nach in unser Bewusstsein, bis es in allen Zweigen der Gesellschaft verbreitet war. Grundlegend hinterfragt und verfeinert wurde es bis zum heutigen Tag nicht. Ein frappierendes Versäumnis. Und der Grund, warum der homo oeconomicus weiterhin den Ton angibt."[132]

Diese wissenschaftliche Erkenntnis aus dem „ReSource Projekt" spiegelt die Ambivalenz zur Debatte Trade & Labour wieder. Sie verdeutlicht, wie diffizil es für die Stakeholder ist, ihre Positionen und den dahinter steckenden Interessen zu einer gemeinsam ratifizierten Rahmenvereinbarung, zu verwirklichen.

Ein Teilaspekt dieser Untersuchung richtet ihren Fokus darauf, Institutionen zu analysieren und eine Definition herauszuarbeiten, in welchen sozialpolitischen Kontext die unterschiedlichen Organisationen einzuordnen sind. Im weiteren Ablauf werden die Internationalen Rahmenvereinbarungen deskriptiv analysiert. In diesem Kontext werden Studien zur internationalen Erwerbsregulierung erörtert und die definitorische Grundlage des Terminus: „Erwerbsregulierung" diskutiert. Hierbei wird in Anlehnung an Ludger Pries[133], Prozesse und Regeln ver-

130 Vgl.: Onlineportal: *https://www.cbs.mpg.de/staff/singer-11258* (20.12.2015).

131 Vgl.: Onlineportal: *http://www.resource-project.org/ueber-das-projekt/hintergrund-und-studieninhalt.html* (20.12.2015).

132 Vgl: Onlineportal: Die Zeit, http://www.zeit.de/kultur/2015-08/wirtschaftspolitik-tania-singer-resource-projekt-10nach8

133 Vgl.: Pries, Ludger in: Erwerbsregulierung in einer globalisierten Welt, VS Verlag für Sozialwissenschaften Wiesbaden, 1. Auflage 2010, S. 25 ff.

standen, die auf einer individuellen oder kollektiven Ebene Arbeits-, Beschäftigungs- und Partizipationsbedingungen aushandeln, festlegen und überwachen.[134]

Bei einer Symbiose von Trade & Labour muss die Einhaltung des Rechtssystems in der Welthandelsordnung garantiert werden.[135] Um diese Kompatibilität mit dem internationalem Rechtssystem zu gewährleisten, werden die rechtlichen Grundlagen der internationalen multilateralen Abkommen in einer normativ-dogmatischen Vorgehensweise analysiert. Diese Analyse soll die Frage einer Symbiose von Trade & Labour im arbeitsrechtlichen Kontext auf Basis der international anerkannten Kernarbeitsnormen hinterfragen.[136] Um diese Frage im Detail zu beantworten, ist es zwingend notwendig die ökonomischen Verhältnisse dem arbeitsrechtlichen System in Form einer These resp. einer Antithese gegenüber zu stellen.[137] Dazu werden unteranderem die bereits implizierten verschiedenen Streitschlichtungsverfahren im Welthandelssystem dargestellt. Die verschiedenen Ergebnisse werden nochmals miteinander verglichen und resümiert. Anhand dieses Ergebnisses werden die unterschiedlichen Optionen einer Definition zur Implementierung einer Sozialklausel in Form der anerkannten internationalen Kernarbeitsnormen dargestellt. In Anlehnung an Dr. Andreas Blüthner wird die System- resp. Zielkonformität bei dieser Implementierung überprüft und eigene Vorschläge herausgearbeitet.[138]

Zum Schluss wird die Leitfrage anhand der erarbeiteten Analysen verglichen und ein Ergebnis präsentiert.

134 Vgl.: Hessler, Siglinde in: Arbeitnehmerrechte weltweit Stärken? Die Umsetzung der internationalen Rahmenvereinbarung in Mexiko, Campus Verlag Frankfurt/NY 2002, S. 26.

135 Vgl.: Dr. Blüthner, Andreas in: Welthandel und Menschenrechte in der Arbeit, Peter Lang europäischer Verlag der Wissenschaften 2002, S. 43.

136 Vgl.: Onlineportal ILO: *http://www.ilo.org/berlin/arbeits-und-standards/kern arbeitsnormen/lang--de/index.htm* (21.12.,2015).

137 Vgl.: Dr. Blüthner, Andreas in: Welthandel und Menschenrechte in der Arbeit, Peter Lang europäischer Verlag der Wissenschaften 2004, S. 44.

138 Vgl.: Dr. Blüthner, Andreas in: Welthandel und Menschenrechte in der Arbeit, Peter Lang europäischer Verlag der Wissenschaften 2004. ff.

1.1.3 Fragestellung der Untersuchung – Eine Zusammenfassung

Aus diesem Untersuchungsdesign der Studie und geleitet von der Kernfrage: *„Stellt die Implementierung einer Sozialklausel im Welthandel, einen moralisch imperialistischen Protektionismus gegenüber Entwicklungsländern dar?“*, ergeben sich für die Studie folgende Fragestellungen.

Welche Entwicklung hat die Erwerbsarbeit über die verschiedenen Epochen bis in die Moderne durchlaufen? Wie definieren wir heute „Arbeit? Welchen Einfluss hat „Arbeit“ auf das Individuum? Insbesondere muss in diesem Kontext der Verlust der Erwerbsarbeit und die möglichen Auswirkungen für das Individuum untersucht werden. Wie definiert sich der globale Außenhandel? Welche Theorien liegen dem wirtschaftlichen internationalen Außenhandel zugrunde? Was bedeutet Protektionismus und welche Mittel sind dafür geeignet? Wie definiert sich die Erwerbsregulierung im internationalen Kontext? Welches Umsetzungspotenzial entsteht durch internationale Rahmenvereinbarungen? Wie funktionieren Institutionen? Können die abgeschlossenen multilateralen Vereinbarungen flexibel auf unterschiedliche Regime reagieren? Sind diese Vereinbarungen mit Ressourcen ausgestattet, um global zu agieren oder besteht nur eine Gewährleistung im Herkunftskontext?

Darüber hinaus werden selbstverständlich die internationalen Institutionen erörtert. Welche rechtlichen Strukturen beinhaltet der Freihandel? Wie gestaltet sich eine ziel- und systemkonforme Implementierung der grundlegenden Menschenrechte im Welthandelssystem?

Da es sich bei dieser Untersuchung um eine deskriptive Analyse, ergänzt durch eine normativ-dogmatische Herangehensweise, die in Form der Dialektik zu einem Ergebnis kommt, kann das erzielte Resultat lediglich eine Empfehlung darstellen und nicht generalisiert werden. Ergänzt wird diese Untersuchung durch eine Stichprobenerhebung[139].

139 Vgl.: Onlineportal Statista: „Eine Stichprobe ist eine Auswahl an Personen oder Objekten, die stellvertretend für eine Grundgesamtheit Auskunft gibt. Von den Befragten einer Stichprobe wird auf die gesamte Grundgesamtheit geschlossen. Voraussetzung für ein statistisch aussagekräftiges Ergebnis ist, dass die Stichprobe, z.B. 2.000 telefonisch befragte Personen stellvertretend für alle Deutschen ab 18 Jahren, einem repräsentativen Querschnitt der Grundgesamtheit entspricht. Für die Auswahl von Stichproben gibt es ver-

Diese Analyse soll die Entwicklungschancen bei der Verknüpfung zwischen Trade & Labour im internationalen Kontext verdeutlichen.

schiedene Methoden, populär sind vor allem Zufallsstichproben, Clusterstichproben und Quotenverfahren."
Es wird ausdrücklich darauf hingewiesen, dass in dieser Untersuchung die Anzahl von 2000 befragten Personen bei weitem nicht angestrebt wurde. Da diese Analyse nur einmalig durchgeführt wurde kann man von einer Querschnittserhebung ausgehen. Beim Querschnittsdesign verwendet man Zufallsstichproben, um die Repräsentativität zu gewährleisten.

2 Prolog

Im Alltag sind Begriffe wie „Arbeit“ geläufig und ihre Definition vermeintlich simpel. Jedoch ist dies bei einer genaueren Betrachtung der Definition „Arbeit“ nicht mehr ganz so eindeutig.

Arbeitnehmerinnen und Arbeitnehmer spüren die neue Form der Arbeitswelt, in diesem Kontext, die Folgen der Globalisierung am ehesten. Die signifikanten Umwälzungen der Definition „Arbeit“ sind Gegenstand dieses Kapitels, der Begriff ist stark verknüpft mit der Individualisierung und Globalisierung des Arbeitsmarktes. Dieses Kapitel hinterfragt die Entwicklung der Erwerbsarbeit aus der historischen Perspektive. Dadurch werden die vielfachen Veränderungen des Verständnisses der „Arbeit“ im Verlauf unterschiedlicher Epochen dargestellt. Es wird die Ambivalenz der subjektiven Wahrnehmung der „Arbeit“ resp. der Entwicklung der „Erwerbsarbeit“ aufgezeigt. Es existieren unterschiedliche Betrachtungsweisen der „Arbeit“, eine theoretische, eine ideologische sowie die real praktizierte Form der Arbeit.[140] Die Arbeit nimmt eine signifikante Position im Leben von Individuen ein, durch die progressive Globalisierung wird es immer schwieriger dieses Verhältnis im nationalen Korsett zwischen Bürgerin/Bürger und der Arbeit zu beleuchten. In diesem Abschnitt wird die Komplexität der Reziprozität zwischen *Trade & Labor* verdeutlicht. Dieses Kapitel hinterfragt die Relevanz der Arbeit für das Individuum. Nur mit diesem Verständnis lassen sich die Bemühungen nachvollziehen, die es notwendig machen, *Trade & Labour* im globalen Ansatz zu verwirklichen.

140 Vgl.: Kaltenbach, D. Dominic in: Globalisierung – bleibt das Individuum auf der Strecke? Eine rechts- soziologische Betrachtung der Arbeitswelt, Band 3, Verlag Dr. Kovac, Hamburg 2009, S. 151.

2.1 Ideologische und definitorische Grundlage des Terminus „Arbeit"

Individuen sehen in der Erwerbsarbeit eine Notwendigkeit oder verspüren eine starke Identifikation mit der ausgeübten Tätigkeit und werden dadurch in ihrem Wesen geprägt. Es existieren unterschiedliche wissenschaftliche Definitionen zum Terminus „Arbeit". Den Anfang macht die politische Dimension. Lohnarbeit ist eine spezifisch menschliche Tätigkeit, die sowohl körperliche als auch geistige Anstrengungen benötigt.[141] Die Erwerbsarbeit hat einen soziokulturellen sowie einen technisch-kulturell geprägten Hintergrund.[142]

„Arbeit ist insofern ein gestaltender, schöpferischer produzierender und sozialer, zwischen Individuen vermittelnder Akt. Arbeit ist von zentraler Bedeutung für die Verteilung individueller Lebenschancen, das Selbstwertgefühl und die Stellung des Einzelnen in der Gesellschaft."[143]

In der Ökonomie definiert die Lohn- resp. Erwerbsarbeit im allgemeinen Sinn, die Tätigkeit einer Person, die auf ein ökonomisches Ziel ausgerichtet ist.[144] Aus der Perspektive der Betriebswirtschaftslehre heraus ist die Erwerbsarbeit neben den beiden anderen Hauptfaktoren: Betriebsmittel und Werkstoffe, ein Produktionsfaktor.[145] Die Volkswirtschaftslehre definiert die Erwerbsarbeit als Produktionsfaktor, neben Boden und Kapital.[146]

Der Staat resp. das Finanzamt unterscheidet zwischen selbstständiger Tätigkeit, eigenverantwortlich, auf Rechnung und nicht selbstständiger Tätigkeit, unter Anweisung und Aufsicht, die Bezahlung erfolgt durch Dritte. Man unterscheidet zwischen Produktions- und Reproduktionsarbeit, letzteres wird „traditionell" dem weiblichen Geschlecht zugewiesen.

---

141 Vgl.: Schubert, Klaus/Martina Klein in: Das Politiklexikon. 5 aktual. Aufl. Bonn: Dietz 2011, S. 20.

142 Vgl. :Ebd.

143 Vgl. :Ebd.

144 Vgl.: Mühlbradt, Frank W. in: Wirtschaftslexikon, Daten, Fakten und Zusammenhänge, 7. Aktul. Aufl. Cornelsen Verlag Scriptor GmbH & Co KG Berlin 1989, S. 30.

145 Vgl. :Ebd.

146 Vgl. :Ebd.

„Die Reproduktionsarbeit wird ausschließlich oder parallel zur Erwerbsarbeit als Haus-, Familien-, Erziehungs- und Pflegearbeit unentgeltlich ausgeübt.“[147]

Das am häufigsten verbreitete Arbeitsmodell in Industrie- und Dienstleistungsgesellschaften ist das „Normalarbeitsverhältnis“. Dieses besteht in der Regel aus einem 8 Stunden Arbeitstag und einer 5 Tage Woche. Dieses Arbeitsverhältnis wird als sozialpflichtige Vollzeitstelle deklariert. Es existiert neben dieser allgemein anerkannten Deklaration, auch andere Formen der Beschäftigung, wie zum Beispiel die Teilzeitbeschäftigung (in der Regel 20 Stunden in der Woche, kann aber auch variieren) oder die geringfügig Beschäftigten die keiner sozialpflichtigen Arbeit nachgehen (Mini- Job 450 €).[148]

Dieser Abriss beweist die mannigfachen Veränderungsprozesse des Verständnisses und der Struktur der Arbeit. Es existiert stets eine theoretische und ideologische Sichtweise und daneben eine real praktizierte Form.[149] Die Erwerbsarbeit stellt heute eine „Schlüsselposition“ zwischen dem Individuum (Arbeitnehmerinnen und Arbeitnehmer) und der Gesellschaft dar.

„Richtet man den Fokus auf die Globalisierung der Arbeit, so zeigt sich zunächst, dass nationale Gestaltungsmonopole aufgebrochen werden und eine aktive Gestaltung der Globalisierung bis zur Ebene des Individuums notwendig machen.“[150]

Die progressive Globalisierung kann von den einzelnen Akteuren also nur im positiven Sinne genutzt werden, wenn die neugeschaffenen Optionen nicht nur auf der ökonomischen Ebene genutzt werden.

147 Vgl. :Schubert, Klaus/Martina Klein: Das Politiklexikon. 5 aktual. Aufl. Bonn: Dietz 2011, S. 20.

148 Vgl.: Diese Beispiele verdeutlichen die Arbeitsverhältnisse in der Bundesrepublik Deutschland, im Jahr 2016.

149 Vgl.: Kaltenbach, D. Dominic in: Globalisierung – bleibt das Individuum auf der Strecke? Eine rechts- soziologische Betrachtung der Arbeitswelt, Band 3, Verlag Dr. Kovac, Hamburg 2009, S. 151.

150 Vgl.: Ebd.

„Die zunehmende Unmöglichkeit der ideologischen Begrenzung auf den nationalen Raum geht mit der zunehmenden Notwendigkeit der Kooperation auf allen Ebenen einher."[151]

Die weltweite gegenseitige Beeinflussung und vor allem die ökonomische Abhängigkeit der Nationen untereinander, führen zur Homogenisierung auf dem Arbeitsmarkt. Die Folge davon sind unsichere Beschäftigungsverhältnisse. [152] Aus Abbildung 2 geht hervor, dass mehr Frauen als Männer in so genannten unsicheren Beschäftigungsverhältnissen einer Erwerbsarbeit nachgehen. Dies könnte unteranderem das Resultat, des Frauenbildes in Deutschland sein.[153]

„In Deutschland - West finden wir noch in großen Teilen ein konservatives Frauen- und Familienbild vor, dass Männer in der Ernährer rolle sieht und Frauen die „Zuverdiener" rolle zuweist. Auch wenn sich in den letzten Jahren eine Menge geändert hat – vor allem junge Frauen wollen beides: berufliche Karriere und Familie - machen es die fehlenden Kinderbetreuungsangebote oft nicht möglich. Es fehlen vor allem Angebote für Kleinkinder und Ganztagsangebote. Diese Unterschiede wirken sich natürlich auf die Erwerbssituation von Frauen aus."[154]

---

151 Vgl.: Ebd.

152 Vgl.: Friedrich-Ebert-Stiftung in: Gesprächskreis Migration und Integration, Ulrich Brinkmann, Klaus Dörre, Silke Röbenack (FSU Jena) gemeinsam mit Klaus Kraemer und Frederic Speidel (FIAB Recklinghausen) Prekäre Arbeit Ursachen, Ausmaß, soziale Folgen und subjektive Verarbeitungsformen unsicherer Beschäftigungsverhältnis Herausgegeben vom Wirtschafts- und sozialpolitischen Forschungs- und Beratungszentrum der Friedrich-Ebert-Stiftung Abteilung Arbeit und Sozialpolitik. Das Gutachten wird von der Abteilung Arbeit und Sozialpolitik der Friedrich-Ebert-Stiftung veröffentlicht. Die Ausführungen und Schlussfolgerungen sind von den Autoren in eigener wissenschaftlicher Verantwortung vorgenommen worden Herausgeber: Friedrich-Ebert-Stiftung, Wirtschafts- und sozialpolitisches Forschungs- und Beratungszentrum Abteilung Arbeit und Sozialpolitik, D-53170 Bonn, 2009.

153 Vgl.: Friedrich Ebert Stiftung in: Neoliberalismus und Frauenpolitik – Frauen in prekären Arbeitsverhältnissen Situation in Deutschland Christine Bergmann, Bundesministerin a.D., Mitglied des FES – Vorstandes; *http://library.fes.de/pdf-files/bueros/seoul/06967.pdf*, (11.01.2015)

154 Vgl.: Ebd. S. 3

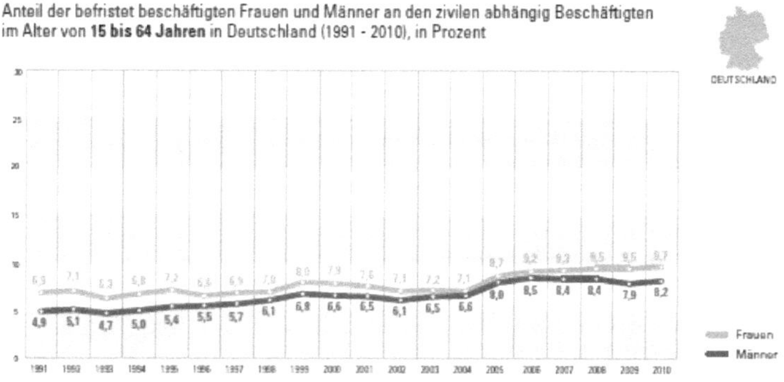

2. Abbildung: WSI Gender Daten Portal[155]

Die Abbildung 3 unterteilt, welche Personengruppen den Sozialversicherungsträgern gemeldet wurden. Führend in dieser Tabelle sind Personen ohne besondere Merkmale, dies sind reguläre Arbeitnehmerinnen und Arbeitnehmer. Jedoch steigt die Zahl derer, die einen so genannten Minijob (450 €) nachgehen, signifikant an. Im Jahr 2013 waren dies bereits 7.716.104 Personen. Die zwar einer Erwerbsarbeit nachgehen, jedoch keinen Beitrag zur Sozialversicherung leisten. Die Problematik aus dieser Form der Beschäftigung resultiert daraus, dass der Sozialstaat sich aus Beitragszahlern finanziert, die in einem Normalarbeitsverhältnis (Vollzeitarbeit) beschäftigt sind.[156]

155 Vgl.: WSI Gender Portal: *http://www.boeckler.de/43333.htm* (11.01.2015).

156 Vgl.: Mehr zu diesem Thema: Zdjelar, Jovan in: Ein Minimum für jeden? Investivlohn, Kombilohn, Mindestlohn. Lohnkonzepte für die Arbeitswelt von Morgen. Tectum Verlag Marburg 2010.

Nr.	Personengruppe – Bezeichnung im Meldeverfahren zur Sozialversicherung	Anzahl 30.06.2013 (revidierte Statistik)
Personengruppenabgrenzung nach der nicht-revidierten Statistik		
101	Sozialversicherungspflichtig Beschäftigte ohne besondere Merkmale	27.053.791
102	Auszubildende ohne besondere Merkmale	1.285.224
103	Beschäftigte in Altersteilzeit	409.748
105	Praktikanten	49.841
106	Werkstudenten	197.608
112	Mitarbeitende Familienangehörige in der Landwirtschaft	15.738
118	Unständig Beschäftigte (Meldung des Arbeitgebers)	549
119	Versicherungsfreie Altersvollrentner und Versorgungsbezieher wegen Alters	99.353
120	Personen mit vermuteter Beschäftigung – *bis 2008* –	0
121	Auszubildende, deren Arbeitsentgelt die Geringverdienergrenze nach § 20 Absatz 3 Satz 1 Nummer 1 SGB IV nicht übersteigt – *ab 2012* –	37.580
122	Auszubildende in einer außerbetrieblichen Einrichtung – *ab 2012* –	37.796
124	Heimarbeiter ohne Anspruch auf Entgeltfortzahlung im Krankheitsfall – *ab 2013* –	0
140	Seeleute	13.066
141	Auszubildende in der Seefahrt ohne besondere Merkmale	501
142	Seeleute in Altersteilzeit	12
143	Seelotsen	781
144	Auszubildende in der Seefahrt, deren Arbeitsentgelt die Geringverdienergrenze nach § 20 Absatz 3 Satz 1 Nummer 1 SGB IV nicht übersteigt – *ab 2013* –	< 10
149	In der Seefahrt beschäftigte versicherungsfreie Altersvollrentner und Versorgungsbezieher wegen Alters – *ab 2004* –	145
201	Beschäftigte (Haushaltsscheck) – *bis 2005* –	0
205	Unständig Beschäftigte (Meldung der Krankenkasse)	< 10
	Summe	29.201.741
Zusätzlich aufgenommene Personengruppen in der revidierten Statistik		
104	Hausgewerbetreibende	34
107	Behinderte Menschen in anerkannten Werkstätten oder gleichartigen Einrichtungen	298.663
111	Personen in Einrichtungen der Jugendhilfe, Berufsbildungswerken oder ähnlichen Einrichtungen für behinderte Menschen	30.774
113	Nebenerwerbslandwirte	4.634
114	Nebenerwerbslandwirte saisonal bedingt	68
123	Personen, die ein freiwilliges soziales, ein freiwilliges ökologisches Jahr oder einen Bundesfreiwilligendienst leisten – *ab 2012* –	77.476
127	Behinderte Menschen, die im Anschluss an eine Beschäftigung in einer anerkannten Werkstatt in einem Integrationsprojekt beschäftigt sind – *ab 2007* –	454
204	Teilnehmer an Leistungen zur Teilhabe am Arbeitsleben	1.836
	Summe	413.939
	Gesamt	**29.615.680**

3. Abbildung: Personengruppen in der revidierten Statistik über sozialversicherungspflichtige Beschäftigte[157]

157 Vgl.: *http://statistik.arbeitsagentur.de/Statischer-Content/Grundlagen/Methoden berichte/Beschaeftigungsstatistik/Generische-Publikationen/Methodenbe richt-Beschaeftigungsstatistik-Revision-2014.pdf*, S. 12, (11.01.2015).

Nr.	Personengruppe – Bezeichnung im Meldeverfahren zur Sozialversicherung	Anzahl 30.06.2013
109	Geringfügig entlohnte Beschäftigte nach § 8 Absatz 1 Nummer 1 SGB IV	7.164.095
110	Kurzfristig Beschäftigte nach § 8 Absatz 1 Nummer 2 SGB IV	317.102
202	Kurzfristig Beschäftigte (wie 110, aber Listenmeldungen) – *bis 2003* –	0
209	Mit Haushaltsscheckverfahren gemeldete geringfügig entlohnte Beschäftigte	234.839
210	Mit Haushaltsscheckverfahren gemeldete kurzfristig Beschäftigte	68
	Gesamt	**7.716.104**

4. Abbildung: Personengruppen in der revidierten Statistik über geringfügig Beschäftigte[158]

Die fortschreitende Flexibilisierung des Arbeitsmarktes durch unterschiedliche Instrumente, wie Teilzeitarbeit oder Minijobs, führt unweigerlich dazu, dass Auffangmechanismen nicht gänzlich, aber zu einem gewissen Prozentsatz aufgegeben werden müssen. Dies ist der Preis für den angelsächsischen Kapitalismus, der heutigen Zeit.

„*Im Zuge dessen zeigt sich nur, dass die zunehmende Flexibilisierung vielfach auch positiv genutzt werden kann und wird, sondern dass damit auch nicht unweigerlich alle Auffangmechanismen aufgegeben werden müssen.*“[159]

Primär erscheint es relevant, die Reziprozität der verschiedenen Ebenen der Gesellschaft resp. des Arbeitsmarktes und ihre Einflussnahme auf das Individuum, verstärkt in den Fokus zu rücken. Die augenscheinliche Trennung von Gesellschaft und der Ökonomie, führt dazu, dass verschiedene Geldinstitute weltweit, ein System entwickelt haben, dass sich komplett abgekoppelt hat von dem herkömmlichen Konzept des Finanzmarktes, welches notwendig ist, um einen funktionierenden Kapitalismus zu gewährleisten. Kaltenbach definiert über die progressive Globalisierung der Wirtschaft, den nationalen und den internationalen Arbeitsmarkt, er geht in seiner Theorie von einer „*Weltarbeitsgesellschaft*“ aus.[160] Durch eine größere Eigenverantwortung und das Ablegen

158 Vgl.: *http://statistik.arbeitsagentur.de/Statischer-Content/Grundlagen/Methoden-berichte/Beschaeftigungsstatistik/Generische-Publikationen/Methodenbericht-Beschaeftigungsstatistik-Revision-2014.pdf*, S. 15, (11.01.2015)

159 Vgl.: Kaltenbach, D. Dominic in: Globalisierung – bleibt das Individuum auf der Strecke? Eine rechts- soziologische Betrachtung der Arbeitswelt, Band 3, Verlag Dr. Kovac, Hamburg 2009, S. 152.

160 Vgl.: Ebd.

der eigenen Passivität, konstatiert Kaltenbach, dass die weltweit geteilten Ängste, die die Globalisierung mit sich bringt, zu überwinden sind. Kaltenbach sieht in neuen netzförmigen Organisationsstrukturen Ansätze, die belegen könnten, dass die Transformation der Ökonomie von einer konfrontativen, hin zu einer solidaritätsorientieren Wirtschaft, zu realisieren sei.[161]

Es sind in der Regel Begriffe die den meisten von uns im ersten Augenblick ganz klar definiert erscheinen, wie zum Beispiel der Terminus „Arbeit". Wie bereits geschildert, bestehen ein theoretischer Aspekt, ein ideologischer, wie auch in der Praxis durch das alltägliche Leben definierter Aspekt des Begriffs „Arbeit".[162]

„Richtet sich eine Handlung auf die Außenwelt, definiert die Philosophie sie als Arbeit: Arbeit ist gekonntes, kontinuierliches, geordnetes, anstrengendes, nützliches Handeln, das auf ein Ziel gerichtet ist welches jenseits des Vollzuges der Arbeitshandlung liegt."[163]

Die Erwerbsarbeit definiert sich aus dieser Perspektive heraus als allgemeine Handlung des Individuums mit der natürlichen Auseinandersetzung seines soziokulturellen Umfeldes. Laut Jürgen Kocka, lässt sich eine Eingrenzung auf marktbezogene Arbeit bei allen über die Jahrhunderte unterschiedlichen Abgrenzungen der Begrifflichkeit „Arbeit", nicht finden.[164] Rekapitulierend betrachtet war die Arbeit im Mittelalter, reine Notwendigkeit. Wenn man ausgesorgt hatte, alles erledigt war, wurde nicht gearbeitet.[165] Im Zuge des Protestantismus, der nachweislich eine Reformation des Glaubens und der Gesellschaft hervorbrachte, wurde die Arbeit zur notwendigen Pflicht erklärt. Man stilisierte die Arbeit als „Quelle des Glücks".[166] Im Zuge des Protestantismus wurde die

161 Vgl.: Ebd.

162 Vgl.: Kaltenbach, D. Dominic in: Globalisierung – bleibt das Individuum auf der Strecke? Eine rechts- soziologische Betrachtung der Arbeitswelt, Band 3, Verlag Dr. Kovac, Hamburg 2009, S. 153.

163 Vgl.: Meyer, Ursula I. in: Der Philosophische Blick auf die Arbeit, Fachverlag, Aachen 2003, S. 18.

164 Vgl.: Kocka, Jürgen, Hoffe, Claus (Hrsg.) in: Arbeit früher, heute, morgen: Zur Neuartigkeit der Gegenwart, Campus Verlag Frankfurt am Main 2000, S. 491.

165 Vgl.: Meyer, Ursula I. in: Der Philosophische Blick auf die Arbeit, Fachverlag, Aachen 2003, S. 120.

166 Vgl.: Ebd. S. 122.

Arbeit auf den besitzenden Stand erweitert. In der frühen Neuzeit wurde die Arbeit durch Flexibilität, einer hohen Mobilität und einer signifikanten Fluktuation zwischen selbstständiger und unselbstständiger Arbeit geprägt.[167] Diese Entwicklung begünstigte die neue Definition und Bedeutung der Arbeit in der Gesellschaft.

„Der besitzlose, der unter einer ständigen Hungerdrohung oder im Zwang des Zuchthauses für andere arbeitet, wird zu arbeiten aufhören, wenn die Bedrohung durch äußere Gewalt aufhört, zum Unterschied von dem begüterten Kaufmann, der für sich selbst weiter und weiter arbeitet, obgleich er vielleicht auch ohne diese Arbeit zum Leben genug hat, den nicht schlechthin die Not, sondern der Druck des Konkurrenz- , des Macht- und des Prestigekampfes im Geschäft hält, weil sein Beruf, sein gehobener Standard Sinn und Legitimierung seines Lebens darstellt, und dem schließlich dieser beständige Selbstzwang die Arbeit so zur Gewohnheit macht, dass sein Seelenhaushalt, etwas von seinem Gleichgewicht verliert, wenn er nicht mehr arbeiten kann.“[168]

Primär verändern sich die Motivation und die Bewertung der Arbeit, im Vergleich zur vorindustriellen Gesellschaft, vor allem gegen Ende des 19. Jahrhunderts ist dies durch die voranschreitende Arbeitsteilung signifikant spürbar. Der Begriff „Arbeit“ befindet sich im Wandel zu einem zentralen Begriff der modernen Welt.[169] Zwischen dem 16. Bis 19. Jahrhundert steht der Begriff „Arbeit“ im religiösen Kontext. Der die Entlohnung zum Teil erst nach dem Tod, im „Paradies“, vorsieht.

„Mit dem neuzeitlichen Berufsbegriff macht der Mensch aus der Bestimmung zur Arbeit eine Selbstbestimmung. Die Selbstbestimmung vollzieht sich auf vier Ebenen. Mit einem Beruf erwerbe ich aus der Natur das mir notwendige, bestätige ich mich selbst in meiner Freiheit, beziehe ich mei-

167 Vgl.: Elwert, Georg , Bierwisch, Manfred (Hrsg.) in: Die Rolle der Arbeit in verschiedenen Epochen und Kulturen, Akademie Verlag Berlin 2003, S.m 158.

168 Vgl.: Elias, Norbert (199), S. 353 f.

169 Vgl.: Conrad, Sebastian; Macamo, Elisio; Zimmermann, Benedicte (2000). Die Kodifizierung der Arbeit: Individuum, Gesellschaft, Nation. In: Kocka, Jürgen, Offe, Claus (Hrsg.); Geschichte und Zukunft der Arbeit (s. 449–475). Campus Verlag Frankfurt am Main. S. 451. In Kaltenbach, Dominic (2009). S. 156.

nen Stand in der Gesellschaft, um bei den Mitmenschen Anerkennung zu erlangen, und kann ich Gott für mein Heil bestimmen."[170]

Bereits zur damaligen Epoche, befand das Individuum, dass diese Anstrengungen nicht im Widerspruch zur Selbstverwirklichung stehen.[171] Dadurch finden sich in der frühen Neuzeit Hinweise, die darauf schließen lassen, dass bei der Arbeitsgestaltung ähnliche Muster existent waren, die in der heutigen Moderne, fälschlicherweise als „neu" definiert werden.[172] Zum Problem für das Individuum, wird die Selbstdefinierung gegen Ende des 19. Jahrhunderts, als die Identifikation und Selbstbestimmung lediglich über den Ansatz „Arbeit" erfolgte. Der Aufstieg der Arbeit zum zentralen Punkt des Individuums in der modernen Industriegesellschaft erfolgte nicht linear und war nicht durch die permanente Aufwertung der Arbeit vollzogen worden. Jürgen Moltmann geht von einer Erfindung der Arbeit in ihrer modernen kodifizierten Form gegen Ende des 19. Jahrhunderts aus.[173] Mit der zunehmenden Kodifizierung der Arbeit, kommt es gegen Ende des 19. Jahrhunderts ebenso zu einer Kategorisierung der Arbeit.[174] Bezogen auf den Wandel, wurde die Arbeit ein signifikanter Bestandteil der Identität, des Individuums. Verschiedene Akteure gingen so weit, ganze Völker oder Nationen anhand ihrer Arbeitsauffassung zu kategorisieren.[175]

---

170 Vgl.: Baruzi, Arno in: Recht auf Arbeit? Sieben philosophische-politische Thesen. Alber Freiburg/München 1983, S. 53 f.

171 Vgl.: Böhle, Fritz; Kratzer Nick (2002). Ehrenamt als Arbeit. Eine Betrachtung ehrenamtlicher Tätigkeit aus arbeitssoziologischer Sicht . In Kistler, Ernst; Noll, Heinz-Herbert; Priller, Eckhard (Hrsg.), Perspektiven gesellschaftlichen Zusammenhalts. Empirische Befunde, Praxiserfahrungen, Messkonzepte (s. 275–290): Berlin: Edition sigma. S. 279.

172 Vgl.: Gutschner, Peter (2002). S. 144. In Klatenbach, Dominic (2009), S. 157.

173 Vgl.: Moltmann, Jürgen (Hrsg.): Recht auf Arbeit. Sinn der Arbeit. Herausgegeben von Jürgen Moltmann. München, Kaiser 1979, S. 78.

174 Vgl.: Conrad, Sebastian; Macamo, Elisio; Zimmermann, Benedicte (2000). Die Kodifizierung der Arbeit: Individuum, Gesellschaft, Nation. In: Kocka, Jürgen, Offe, Claus (Hrsg.); Geschichte und Zukunft der Arbeit (S. 362–382). Campus Verlag Frankfurt am Main. S. 363. In Kaltenbach, Dominic (2009). S. 157.

175 Vgl.: Othman, Norani in: Auffassung, Wahrnehmung und Kultur der Arbeit in der malaiischen Gesellschaft" in Jürgen Kocka and Claus Offe (eds.) Geschichte und Zukunft der Arbeit": Campus Verlag: Frankfurt ["Concept and Notions of Work and Work Culture in Malaysia", a chapter contribution translated into German by the Campus Publisher, Frankfurt 2000, S. 148–162.

„Nahezu jede Gesellschaft, die einmal arm gewesen ist, wurde so lange als faul und arbeitsscheu gebrandmarkt, bis sie reich wurde; ihr neuer Wohlstand erklärte sich dann aus ihrem Fleiß."[176]

Der progressive Wandel der Gesellschaft wurde signifikant durch die Erwerbsarbeit geprägt. Das Individuum folglich, definierte sich nun über den Besitz. Durch den Besitz und den neu erworbenen Status in der Gesellschaft, entstanden neue Segmente in der Bevölkerung.

„Mit dem Aufstieg berufsbürgerlicher Schichten im 19. Jahrhundert zur Oberschicht begannen Gelderwerb und Beruf die primären Angriffsflächen der gesellschaftlichen Zwänge zu werden, die den einzelnen modellierten."[177]

Durch diese neugeschaffenen Zwänge wird das Individuum dazu verpflichtet sich immer wieder neu anzupassen, flexibel zu agieren und eine generelle Verfügbarkeit zu gewährleisten. Denn, falls einer dieser genannten Faktoren nicht mehr gewährleistet werden kann, droht dem Individuum der Verlust der Arbeit, damit einher, geht auch der Verlust der Anerkennung in der Gesellschaft.[178] Durch die latente Bedrohung überflüssig und nicht mehr in den Arbeitsmarkt integrierbar zu sein, trat anstatt der Mühsal und der Last der Arbeit, jetzt die permanente Anpassung an die Gegebenheiten in den Vordergrund.[179] Das Individuum fängt an sich selbst und seine Umwelt als Mangel zu sehen, durch die Arbeit jedoch verschafft es sich physiologische und psychosoziale Befriedigung.[180]

176 Vgl.: Sachs, Jeffrey D. in: Das Ende der Armut. Ein ökonomisches Programm für eine gerechtere Welt. Siedler München 2005, S. 382.

177 Vgl.: Elias Norbert (199), S. 427.

178 Vgl.: Die Auswirkungen und Folgen durch den Verlust der Arbeit, für das Individuum, werde ich in einem späteren Kapitel näher erläutern.

179 Vgl.: Bierwisch, Manfred (Hrsg.) in: Die Rolle der Arbeit in verschiedenen Epochen und Kulturen. Akademie-Verlag, Berlin 2003, S. 16.

180 Vgl.: Daheim, H.; Schönbauer Günther; in: Soziologie der Arbeitsgesellschaft: Grundzüge und Wandlungstendenzen der Erwerbsarbeit; Grundlagentexte Soziologie, Weinheim [u.a.]: Juventa 1993, S. 9.

„Damit ist Praxis nicht Leben, sondern Arbeit, anders formuliert, ist das Leben zur Arbeit geworden."[181]
Wenn jedoch kein erarbeiteter Besitz mehr ausreicht, da ständig neue Märkte und dadurch neue Bedürfnisse geschaffen werden, dann wird der Erwerb, ihrer Selbstwillen vollzogen, und nicht mehr aus der Notwendigkeit heraus.

„Der Mensch bringt Werke hervor und in ihnen schließlich nur noch das Hervorbringen selbst."[182]

Vor dem Hintergrund, dass die Arbeit zum Lebensinhalt geworden ist und nicht mehr aus einer Notwendigkeit heraus erledigt wird, stellt sich für das Individuum die Frage: Wie viel ist es bereit zu investieren?

„Je mehr Mittel für das Leben und die Freiheit wir herstellen und so erwerben und besitzen, umso mehr scheinen wir lebendig und frei zu sein und damit den Besitz von Leben, Freiheit und Vermögen zu demonstrieren."[183]

Die positive Deklaration der Arbeit, wurde durch die Mönchsregeln in Europa forciert, die christliche Lehre hat sich darauf besinnt, sich gegen die Sklaverei und das damit verbundene Stigma der Unfreiheit auszusprechen, welches ihr seit der Antike anhaftete.[184] Man muss darauf hinweisen, dass auch in anderen Religionen und Kulturen, Menschen versklavt und zur Arbeit gezwungen wurden.

„Und da wir bei euch waren, geboten wir euch solches, das so jemand nicht will arbeiten, der soll auch nicht essen."[185]

---

181 Vgl.: Baruzi, Arno in: Recht auf Arbeit? Sieben philosophische-politische Thesen. Alber Freiburg/München 1983, S. 8.

182 Vgl.: Ebd. S, 11.

183 Vgl.: Ebd. S, 21.

184 Vgl.: Kocka, Jürgen in: Arbeit als Problem der europäischen Geschicht. In Bierwisch, Manfred (Hrsg.), Die Rolle der Arbeit in verschiedenen Epochen und Kulturen, S. 77–92, Akademie Verlag, Berlin 2003, S. 80

185 Vgl.: Onlineportal: Jesus-is-lord.com, 2. Brief von Paulus an die Tessalonicher, http://www.jesus-is-lord.com/germ2the.htm(Stand: 15.01.09).

Die Benediktiner sahen im Müßiggang und dem Nichtstun eine Gefahr für die Seele.[186] Jedoch waren in der Antike die Muße und die Freiheit von allem Notwendigen, dass Ziel der Arbeit.
„Arbeit hieß, Sklave der Notwendigkeit zu sein.“[187]

„Muße“ ist der zentrale Begriff der Definition von Arbeit, bei Aristoteles. In der Antike war die „Muße“ nicht als „Nichtstun“ definiert, sondern als Zustand der Aktivität und der Konzentration.[188] Im Verlauf der Zeit, explizit im 14. und 15 Jahrhundert wurde der Müßiggang mit Armut und Unsittlichkeit assoziiert worden, vor allem der Calvinismus trug dazu bei.[189] Der Islam weist gegenüber dem christlichen Glauben einen signifikanten Unterschied auf. Nach muslimischen Glauben verfügt das Individuum über keine freie und autonome Schöpferkraft, weil diese es sonst in Konkurrenz zu Gott stellen würde.[190] Im Islam verlangt Gott von niemand mehr, als er zu leisten vermag. Die Gefährdung der von Gott geschenkten Körperkraft wird sogar missbilligt, weil durch derart unnötige Erschöpfung der Gläubige nicht mehr in der Lage ist, die vom Gesetzesislam auferlegten Pflichten, nachhaltig und angemessen zu erfüllen.[191]

„Der christliche, und damit auch explizit der protestantische Hintergrund dürfte damit eher im Vergleich zum islamischen den Bedeutungswandel hin zur Arbeitsgesellschaft begünstigt haben.“[192]

---

186 Vgl.: Oexle, Otto Gerhard in: Arbeit, Armut, Stand im Mittelalter. In: Jürgen Kocka – Claus Offe (Hrsg.), Geschichte und Zukunft der Arbeit, Frankfurt/ New York 2000, S. 67–79

187 Vgl.: Moltmann, Jürgen in: Recht auf Arbeit. Sinn der Arbeit. (Hrsg.) Jürgen Moltmann, Kaiser München 1979, S. 62.

188 Vgl.: Meyer, Ursula I. in: Der Philosophische Blick auf die Arbeit, Fachverlag, Aachen 2003, S. 108.

189 Vgl.: Kocka, Jürgen (2003), S. 81; Liesmann, Konrad Paul (2000). Im Schweiße deines Angesichts. Zum Begriff der Arbeit in dem anthropologischen Konzepten der Moderne. In Beck, Ulrich (Hrsg.), Die Zukunft von Arbeit und Demokratie S. 85–107, Suhrkamp Frankfurt am Main, S. 85.

190 Vgl.: Haarmann, Ulrich in: Arbeit im Islam 2003. In Bierwisch, Manfred (Hrsg.) in: Die Rolle der Arbeit in verschiedenen Epochen und Kulturen. Akademie-Verlag, Berlin 2003, S. 137 - 151.

191 Vgl.: Ebd.

192 Vgl.: Kaltenbach, D. Dominic in: Globalisierung – bleibt das Individuum auf der Strecke? Eine rechts- soziologische Betrachtung der Arbeitswelt, Band 3, Verlag Dr. Kovac, Hamburg 2009, S. 163.

Wenn man diesen Wandel näher beleuchtet, verdichten sich die Hinweise, dass alle gesellschaftlichen Interaktionen im Prinzip Arbeitsverhältnisse sind.[193] Diese These steht im Widerspruch zu dem, was in der Praxis als „Arbeit" definiert wird.

„Arbeit als Arbeitsverhältnis, das Rechte und Pflichten festlegt, dass Arbeitsplatzbesitzer schafft, ist eine alles andere als selbstverständliche Form der gesellschaftlichen Beziehungen. Durch sie wird eine positive Wertung mit der Arbeit verbunden, ungeachtet der Mühe, die am Arbeitsplatz gegebenenfalls zu verausgaben ist."[194]

Die Orientierung des Individuums und der daraus resultierende Status in der Gesellschaft, ist eine Errungenschaft der Moderne. Eine Transformation der Definition „Arbeit", hin zur Erwerbsarbeit, fand erst im 19. und 20. Jahrhundert statt.

„Erwerbsarbeit meint Arbeit, die zur Herstellung von Gütern oder Erbringung von Leistungen zum Zweck des Tausches auf dem Markt dient, mit der man ein Einkommen erzielt, von der man lebt, durch die man verdient: sei es in abhängiger oder selbstständiger Stellung oder in einer der vielen Zwischenstufen, sei es mit manueller oder nichtmanueller, mit mehr oder weniger qualifizierter Tätigkeit."[195]

Mit dieser signifikanten neuen Definition des Arbeitsbegriffs, wurde diese zur Erwerbsarbeit und damit zu einer tragenden Säule in der heutigen Gesellschaft.[196] Daraus manifestieren sich Hinweise, dass die Gesellschaft nur noch „Arbeiter" benötigt, das Individuum definiert sich über die ausgeübte Tätigkeit. Jeder einzelne muss einen Nutzen nachweisen, alles was das Individuum erarbeitet, muss der Gesellschaft als nützlich erscheinen.

---

193 Vgl.: Baruzi, Arno in: Recht auf Arbeit? Sieben philosophische-politische Thesen. Alber Freiburg/München 1983, S. 55.

194 Vgl.: Bierwisch, Manfred (Hrsg.) in: Die Rolle der Arbeit in verschiedenen Epochen und Kulturen. Akademie-Verlag, Berlin 2003, S. 14.

195 Vgl.: Kocka, Jürgen, Hoffe, Claus (Hrsg.) in: Arbeit früher, heute, morgen: Zur Neuartigkeit der Gegenwart, Campus Verlag Frankfurt am Main 2000, S. 481.

196 Vgl.: Offe, Claus in: Arbeitsgesellschaft. Strukturprobleme und Zukunftsperspektiven, Campus Verlag GmbH 1989.

„In einer sich in Arbeit organisierenden und für Arbeit lebenden Gesellschaft muss gewissermaßen jede Tätigkeit, wenn sie innerhalb der Gesellschaft bestehen will, zum Beruf werden."[197]

Die Reform der Arbeit, zur Erwerbsarbeit, förderte nicht nur die Arbeitsteilung, damit einhergingen auch spezifische Qualifikationen, die vom Individuum erlernt werden mussten. Es entstanden zahlreiche neue „Berufe". Diese Form der Fokussierung und die starke Identifikation mit den erlernten Beruf, finden sich in dieser ausgeprägten Form, besonders in Deutschland wieder.[198] Ullrich Fichtner schreibt in einem Artikel der in der Zeitschrift „Spiegel" erschienen ist, dass die meisten Deutschen keinen Job suchen, sondern einen Beruf.[199] Dieser erlernte Beruf und die ausgeübte Tätigkeit sollten für den Rest des Berufslebens bestehen bleiben. Was sich angesichts von befristeten Arbeitsverträgen, der progressiven Globalisierung und dem technischen Fortschritt auf dem Arbeitsmarkt, nur sehr schwer in der Praxis realisieren lässt. Jedoch hat die Einteilung der Erwerbsarbeit in Berufe, gravierende Folgen für die Geschlechter. Karin Hauser ist der Ansicht, dass eine systematische Abwertung der für Frauen und eine Aufwertung der für Männer ausgelegten Arbeit sich entwickelt hat.[200] Richtige „Arbeit" wird den Männern zugeordnet und höher bezahlt.

„Diese wird in Geld gemessen und hierarchisch geordnet; sie wird nach Berufszweigen ausdifferenziert und professionalisiert".[201]

Vor der Reform der Arbeit und der neuen Definition dieser, zählten nicht nur die einzusetzende Zeit, sowie die Kraftanstrengung und die

---

197 Vgl.: Baruzi, Arno in: Recht auf Arbeit? Sieben philosophische-politische Thesen. Alber Freiburg/München 1983, S. 59.

198 Vgl.: Daheim, Hansjürgen; Schönbauer, Günther in: Soziologie der Arbeitsgesellschaft: Grundzüge und Wandlungstendenzen der Erwerbsarbeit, Grundlagentexte Soziologie, Weinheim [u.a.]: Juventa, 1993, S. 12.

199 Vgl.: Fichtner, Ullrich in: Die Rückkehr des Proletariats. Erst schuf das Land die „neue Mitte", dann die „neue Unterschicht" - Millionen Arbeitslose, die ohne Zukunft sind und keine Chance zum Aufstieg sehen. Und die anders leben, anders denken und anders wählen. *http://www.spiegel.de/spiegel/print/d-40525872.html* (25.01.2015).

200 Vgl.: Hausen, Karin in: Arbeit und Geschlecht in: Jürgen Kocka, Claus Offe unter Mitarbeit von Beate Redslob (Hrsg.), Geschichte und Zukunft der Arbeit, Frankfurt/Main, New York 2000, S. 343–361.

201 Vgl.: Ebd.

Kompetenz, auch das Gebären eines Säuglings wurde unter der damaligen Definition als Arbeit aufgefasst.[202] Selbst wenn Frauen einer Erwerbsarbeit nachgehen, wird diese nicht darauf abgestellt, dass diese zum Broterwerb dient und damit ihren Beitrag als Ernährerin der Familie leistet. Der Broterwerb wird von beiden Geschlechtern, damals zumindest, als „Männersache" angesehen.[203] Die Reduzierung darauf, dass der Broterwerb alleine die Angelegenheit des Mannes sei, war im 19. Jahrhundert sehr weit verbreitet. In der Praxis konnten jedoch nur wenige Individuen nach diesem Schema leben.

Ein solches nach Geschlechterrollen geführtes Leben, war hauptsächlich für große Teile der europäischen Bevölkerung erst nach dem Zweiten Weltkrieg möglich."[204]

Dieser Punkt verdeutlicht, dass der Umgang mit der Definition der Arbeit immer eines ideologischen und eines praxisnahen Aspekts bedarf.

2.2 Der Arbeitsbegriff im alltäglichen Kontext

Im Alltag erfuhr der Arbeitsbegriff bei weitem nicht die Einteilungs- und Abgrenzungslogiken, die aus der theoretischen und ideologischen Begründung der Arbeit hervorgingen.[205] Die Trennung nach Ideologie und Praxis, spiegelt sich in der Antike wieder.

---

202 Vgl.: Ebd.

203 Vgl.: Janssens, Angelique in: The History of male breadwinning: a story about economics, power and identy. In Ehmer, Josef; Grebing, Helga; Gutschner, Peter (Hrsg.) , "Arbeit": Geschichte - Gegenwart - Zukunft (S. 101 - 117). Wien: Akademische Verlagsanstalt. S. 102; Schmitt, Martina (200). S. 7.

204 Vgl.: Jansssens, Angelique (2002). S. 109; Lüdtke, Alf (2002). Über-Leben im 20. Jahrhundert. Krieg und Arbeit in den Lebensläufen von Arbeitnehmerinnen und Arbeitnehmern in Deutschland - mit Vergleichen und Ausblick nach Frankreich und Großbritannien. In Ehmer, Josef; Grebing, Helga; Gutschner Peter (Hrsg.), „Arbeit": Geschichte - Gegenwart - Zukunft (S. 37 - S. 50). Akademische Verlagsanstalt Wien, S. 50.

205 Vgl.: Kaltenbach, D. Dominic in: Globalisierung - bleibt das Individuum auf der Strecke? Eine rechts- soziologische Betrachtung der Arbeitswelt, Band 3, Verlag Dr. Kovac, Hamburg 2009, S. 166.

„So haben in der Antike, in der Arbeit mit Unfreiheit verbunden war, die meisten Bürger – von Frauen, Nicht-Bürgern und Sklaven zu schweigen – ihrem Lebensunterhalt durch Arbeit verdient.“[206]

In der Antike wurde die Arbeit nicht verachtet, vielmehr wurde der Arbeit kein hoher Stellenwert beigemessen. Bezieht man sich hier nochmals auf die Geschlechtertrennung im Kontext der Arbeit des 19. Jahrhunderts, so ist das Abstellen des Broterwerbes alleine durch den Mann, bei Familien der Arbeiterklasse nur marginal zu beobachten gewesen. In der heutigen Zeit, in der die Bedrohung durch Arbeitslosigkeit signifikant gestiegen ist, kommt es in Einzelfällen dazu, dass trotz einer ausgeübten Tätigkeit (Vollzeitstelle) immer noch Individuen Transferleistungen beziehen müssen. Der „Alleinernährer“, ist eine aussterbende Spezies, die es immer schwieriger hat, in dem heutigen Wirtschaftssystem für eine komplette Familie zu sorgen. Diese Geschlechterideologie offenbart Auswirkungen auf die produktive und reproduktive Arbeit der Frauen.[207] Durch den technischen Fortschritt und der progressiven Arbeitsteilung, vor allem durch die Verlagerung der Arbeit in Fabriken, fanden hauptsächlich Männer eine neue Grundlage ihrer Identität.[208] Bei Familien die der Mittel- oder gar der Oberschicht angehörten, war es nicht üblich das die Ehefrau einer geregelten Arbeit nachging, dass zuhause bleiben der Frau gehörte zum Status dieser Schicht.[209] In der Arbeiterklasse sind Hinweise erkennbar, dass auch für Frauen eine positive Statuszuweisungen zuerkannt wurde, die einer Beschäftigung in einer Fabrik nachgingen. Joshi Chitra sieht diesbezüglich heute einen Wandel:

---

206 Vgl.: Meier, Christian in: Politik und Anmut: eine wenig zeitgemäße Betrachtung, Hohenheim Verlag 1. Auflage Stuttgart/Leipzig 2000, S. 68.

207 Vgl.: Janssens, Angelique (2002). S. 109; Lüdtke, Alf (2002). Über-Leben im 20. Jahrhundert. Krieg und Arbeit in den Lebensläufen von Arbeitnehmerinnen und Arbeitnehmern in Deutschland – mit Vergleichen und Ausblick nach Frankreich und Großbritannien. In Ehmer, Josef; Grebing, Helga; Gutschner Peter (Hrsg.), „Arbeit“: Geschichte – Gegenwart – Zukunft (S. 37 – S. 50). Akademische Verlagsanstalt Wien, S. 108.

208 Vgl.: Ebd. 113.

209 Vgl.: Joshi, Chitra (2002) in: Redefining work and domesticity: gender and household strategies in working class families. In Ehmer, Josef; Helga Gutschner, Peter (Hrsg.), “ Arbeit: Geschichte – Gegenwart – Zukunft (S. 193 – 208). Wien Akademische Verlagsanstalt. S. 196.

„If the phase of industrial expansion was accompanied by a masculinization of the labour force, today a feminization of the labour force is possibly taking place."[210]

Heutzutage findet sich diese klassische Rollenteilung am signifikantesten in Bereichen, die den Frauen zugeordnet werden. Obwohl der Zeitaufwand für die Hausarbeit, für die Erziehung der Kinder oder das Ehrenamt enorm hoch sind und zahlreiche Kompetenzen benötigt werden, ist gesellschaftlich nur die Arbeit anerkannt die auch vergütet wird. Interessanterweise besteht dabei keine Geschlechtertrennung mehr.[211] Martin Kohli ist der Ansicht, dass wenn von einer Erosion der Normalerwerbsbiographie ausgegangen wird, nur das Modell des männlichen Alleinernährers gemeint sein kann.[212] In vielen Zukunftsmodellen zum Thema Erwerbsarbeit, steht oder stand zumindest eine Verkürzung der Erwerbszeit im Fokus.[213]

„Eine radikale Arbeitszeitverkürzung im Erwerbsbereich bei gleichzeitiger Vervielfältigung der Erwerbsarbeitsplätze bietet die Grundlage dafür, dass jeder Mann und jede Frau neben der Erwerbsarbeit auch Versorgungsarbeit leistet."[214]

Die gesellschaftliche Anerkennung von nicht bezahlter Eigenarbeit resp. Selbstversorgung fällt in der Realität sehr bescheiden aus. Neue Arbeitsmodelle sollen dies ändern und einen höheren sozialen Status implementieren.[215] Christoph Strünck sieht in der genderspezifischen Trennung der Erwerbsarbeit den Zenit erreicht und spricht von einer Überwindung der Stereotypen.

210 Vgl.: Ebd. S. 207.

211 Vgl.: Bonß, W. in: Globalisierung unter soziologischen Perspektiven. In: Voigt, R. (Hrsg.): Globalisierung des Rechts. Baden-Baden: Nomos, 2000b, S. 39–68.

212 Vgl.: Kohli, Martin in: Die zweite Lebenshälfte : gesellschaftliche Lage und Partizipation im Spiegel des Alters-Surveys, Harald Künemund (Hrsg.), Leske u. Budrich Opladen 2000, S. 365.

213 Vgl.: Meyer, Ursula I. in: Der Philosophische Blick auf die Arbeit, Fachverlag, Aachen 2003, S. 79.

214 Vgl.: Biesecker, Adelheid; Winterfeld, Uta in: Vergessene Arbeitswirklichkeiten. In: Beck, Ulrich (Hrsg.), Die Zukunft von Arbeit und Demokratie, S. 269–286, Suhrkamp Frankfurt am Main, S. 275.

215 Vgl.: Meyer, Ursula I. in: Der Philosophische Blick auf die Arbeit, Fachverlag, Aachen 2003, S. 83.

„Die faktische Veränderung, dass auch bei den Männern immer häufiger Lücken in der Erwerbsbiographie auftauchen und diese Lücken im Durchschnitt bei den Frauen schrumpfen, spricht für die endgültige Überwindung der alten Geschlechterideologie."[216]

Neben der bereits erörterten genderspezifischen Trennung der Erwerbsarbeit, spielt der Zeitaspekt eine signifikante Rolle in der Koordination von Erwerbsarbeit und Arbeit. Mit einer Trennung von Erwerbsarbeit und Freizeit, die maßgeblich zu einer Grauzone wird zwischen den beiden Segmenten, rückt erneut die Definition der Arbeit wieder in den Mittelpunkt, da diese oft die Differenzierung der beiden Begriffe abstellt.

„Wenn wir den Beruf unseres Gegenübers kennen, glauben wir, ihn (Sie) zu kennen. Der Beruf dient zur wechselseitigen Identifikationsschablone, mit deren Hilfe wir die Menschen, die ihn „haben", einschätzen in ihren persönlichen Bedürfnissen, Fähigkeiten, ihrer ökonomischen und sozialen Stellung. So seltsam es ist, die Person mit dem Beruf gleichzusetzen, den sie hat. In der Gesellschaft, in der das Leben auf dem Faden des Berufs aufgereiht ist, enthält dieser tatsächlich einige Schlüsselinformationen: Einkommen, Status, sprachliche Fähigkeiten, mögliche Interessen, Sozialkontakte usw."[217]

Während die Erwerbsarbeit auf die Produktivität, die Realisation der Dinge und naturgemäß den Broterwerb abzielt, ist der Beruf den das Individuum erlernt hat und ausübt, in diesem Prozess der Indikator für den Status in einer Gesellschaft. Jürgen Moltmann bringt es in einem prägnant formulierten Satz auf den Punkt:

„Er wusste wer er war und wie er angesehen war."[218]

---

216 Vgl.: Strünck, Christoph in: Mit Sicherheit felixibel? Chancen und Risiken neuer Beschäftigungsverhältnisse. Ditz Bonn, S. 67.

217 Vgl.: Beck, Ulrich in: Risikogesellschaft. Auf dem Weg in eine andere Gesellschaft, Suhrkamp Frankfurt am Main, S. 221.

218 Vgl.: Moltmann, Jürgen in: Recht auf Arbeit. Sinn der Arbeit. (Hrsg.)Jürgen Moltmann, Kaiser München 1979, S. 71.

Zwar wird es für das Individuum immer schwieriger, einer Erwerbsarbeit nachzugehen, von der dieser sich und eine Familie ernähren kann,[219] jedoch findet das Individuum immer einen Beruf. Dieser definiert ein dauerhaftes „Arbeitskraftmuster".[220] Der Beruf ist eine Koppelung der Autonomie des Individuums verbunden mit der Selbstbestimmung.[221] In den Vereinigten Staaten von Amerika ist die am häufigsten genutzte Definition, nicht der Beruf, sondern der Job. Dieser impliziert eine zeitlich begrenzte Tätigkeit, primär, um die Bedürfnisse des Individuums zu befriedigen.[222] Der dem deutschen entsprechende Begriff: „Berufung (Beruf)", übersetzt im Amerikanischen: „Vocation", eine sinnstiftende, prägende und ganzheitlich umfassende Tätigkeit, ist in der amerikanischen Gesellschaft kaum existent.[223] Das deutsche Bundesverfassungsgericht definiert unter Artikel 12 des Grundgesetzes[224], jede Tätigkeit die auf Dauer ausgelegt ist und der Schaffung und Erhaltung einer Lebensgrundlage dient, als Beruf.[225] Das Ergreifen eines Berufes wird damit gleichgesetzt, das dieser zum Erhalt der Lebensführung dient. Diese Definition wird nicht sehr eng ausgelegt. Der Gesetzgeber lässt einen sehr großen Ermessensspielraum zu. In Artikel 12 GG werden nicht nur traditionelle Berufsbilder erfasst, sondern auch neugeschaffene oder sogar frei erfundene Berufe.[226] Wie bereits erwähnt soll der ergriffene Be-

219 Vgl.: Zdjelar, Jovan in: Ein Minimum für jeden? Investivlohn, Kombilohn, Mindestlohn. Lohnkonzepte für die Arbeitswelt von Morgen. Tectum Verlag Marburg 2010.

220 Vgl.: Daheim, Hansjürgen und Günther, Schönbauer in: Soziologie der Arbeitsgesellschaft, Beltz Juventa Verlag, 1. Auflage 1993, S. 13.

221 Vgl: Sennet, Richard in: Die Kultur des neuen Kapitalismus. Berlin 2005, Berlin Verlag, S. 90.

222 Vgl.: Kaltenbach, D. Dominic in: Globalisierung – bleibt das Individuum auf der Strecke? Eine rechts- soziologische Betrachtung der Arbeitswelt, Band 3, Verlag Dr. Kovac, Hamburg 2009, S. 169.

223 Vgl.: Ebd.

224 Vgl.: (1) Alle Deutschen haben das Recht, Beruf, Arbeitsplatz und Ausbildungsstätte frei zu wählen. Die Berufsausübung kann durch Gesetz oder auf Grund eines Gesetzes geregelt werden
(2) Niemand darf zu einer bestimmten Arbeit gezwungen werden, außer im Rahmen einer herkömmlichen allgemeinen, für alle gleichen öffentlichen Dienstleistungspflicht.
(3) Zwangsarbeit ist nur bei einer gerichtlich angeordneten Freiheitsentziehung zulässig.
Onlineportal: *https://openjur.de/g/gg/12.html* (07.02.2015).

225 Vgl.: *http://www.juratelegramm.de/faelle/oeffenliches_recht/BVerfG_NJW_2004_2890.htm* (07.02.2015).

226 Vgl.: BVerfGE 97, 12, 25, 33 f.(Patentgebührenüberwachung).

ruf zur Lebensführung beitragen. Dies reicht aber schon aus, wenn die betreffende Tätigkeit einen Beitrag dazu leistet, dieser muss nicht allumfänglich sein. Dadurch werden auch nicht unbedeutende Nebentätigkeiten umfasst. Ob diese Tätigkeiten selbstständig oder unselbstständig ausgeübt werden, ist irrelevant.[227] Wenn juristische Personen einer Tätigkeit nachgehen, die zur Gewinnerzielung dient, ist diese Tätigkeit als Beruf zu definieren. Tätigkeiten die jedoch nur kostendeckend agieren oder nur der Freizeitgestaltung unterliegen, werden nicht von der gesetzlichen Definition des Berufes erfasst. Es ist dabei unerheblich, ob tatsächlich ökonomische Gewinne erzielt werden. Relevant hierbei ist die Gewinnerzielungsabsicht des Akteurs.[228] Unter anderem muss die ausgeübte Tätigkeit, also der Beruf, auf Dauer angelegt resp. Nachhaltig ausgeübt werden.[229] Dies impliziert keine andauernde Tätigkeit, vielmehr genügt es wenn diese gelegentlich in periodischen wiederkehrenden Abständen ausgeübt wird, wie zum Beispiel eine Gutachtertätigkeit.[230] Eine Beschäftigung die lediglich in einen einmaligen Erwerbsakt mündet, erfüllt nicht die Voraussetzungen eines Berufes (Art. 12 GG).[231] In einigen Entscheidungen haben die Gerichte jedoch die Berufsdefinition eingeschränkt. Dies bedeutet, der gewählte Beruf muss das Merkmal einer legalen Betätigung erfüllen. Die berufliche Handlung muss den Wertvorstellungen der Rechtsgemeinschaft entsprechen und darf nicht offensichtlich sozial- oder gemeinschaftsschädlich sein.[232] Dies bedeutet nicht, dass es sich hierbei um Tätigkeiten handelt die der Gesetzgeber verboten hat, man könnte annehmen es handelt sich „ausschließlich" um Handlungen die sozial- oder gemeinschaftsschädlich sind. Da der Gesetzgeber nicht definiert, was sozial- oder gemeinschaftsschädlich ist, hätte es der Rechtsanwender selbst in der Hand, dies zu tun.[233]

Das aktuelle „Problem" dreht sich nicht um ökonomische Gesichtspunkte oder juristische Belange, vielmehr erscheint die Kontinuität, die mit der Ausübung eines Berufes verbunden ist, der Flexibilität und der

227 Vgl.: Schmidt-Bleibtreu in: Schmidt-Bleibtreu/Klein, GG, Art. 12 Rn. 6 ff.
228 Vgl.: BVerfGE 32, 1, 28 (Vorexaminierte); 102, 197, 212 f. (Öffentliche Spielbanken).
229 Vgl.: Ebd.
230 Vgl.: BVerfGE 97, 228, 253 (Nachrichtenmäßige Kurzberichterstattung im TV).
231 Vgl.: Ebd.
232 Vgl.: BVerwGE 22, 286, 289.
233 Vgl.: BVerwGE 22, 286, 288.

Anpassung an die wirtschaftlichen Aspekte und neuen Entwicklungen, dem entgegen zu stehen.[234] Die hier beschriebene Entwicklung zwischen Beruf und Lebensführung entstand im Fordismus und hat für viele Individuen bis heute Gültigkeit.

„*Dem fordistischen Wachstumsregime aus Massenproduktion, Massenarbeit und Massenkonsum entsprach nicht nur das standardisierte Lebensmodell der normierten Gesellschaft mit ihren „Festzeiten", die das Rückgrat des Zusammenlebens in Familie, Nachbarschaft und Kommune bildete. Es wurde zugleich bekräftigt und gestaltet durch einen Modus der Regulation, welcher kulturell, politisch und rechtlich das Wachstumsregime abstützte.*"[235]

Das System des Fordismus ist in der Autostadt Wolfsburg klar zu erkennen. Jeder Taktwechsel beim Ablauf hat signifikante Auswirkungen auf die jeweiligen Lebenssituationen der Mitarbeiterinnen und Mitarbeiter und deren Familien.[236] Dieser Anhaltspunkt verdeutlicht den Wandel weg vom fordistischen System, hin zum gesellschaftlichen Zerfall. Die von Personalabteilungen bevorzugten Lebensläufe, die eine Normalbiographie aufweisen, indem der erlernte Beruf permanent ausgeübt wurde, werden in der Praxis kaum noch zu finden sein. Um dieser Realität gerecht zu werden hat Ulrich Beck bereits im Jahr 1997 eine interessante These entwickelt. Er ist der Meinung, dass man die Fixierung auf bestimmte Berufe lockern sollte und dafür Schlüsselqualifikationen erlernt werden sollten. Dadurch wäre das Individuum flexibler einsetzbar und nicht mehr so stark den wirtschaftlichen und technologischen Wandel unterworfen.[237] Diese Reform der beruflichen Ausbildung, würde explizit das deutsche Bildungssystem anpassen. Leider ist in der deutschen Ausbildung der Fokus immer noch auf den Beruf gerichtet, der für die weitere berufliche Karriere prägend sein soll. Dabei ist in der Praxis deutlich zu erkennen, dass der Wunsch sich fortzubil-

---

234 Vgl.: Beck, Ulrich in: Risikogesellschaft. Auf dem Weg in eine andere Gesellschaft, Suhrkamp Frankfurt am Main 1986, S. 222.

235 Vgl.: Beck, Ulrich in: Die Zukunft von Arbeit und Demokratie, Suhrkamp Verlag Frankfurt am Main 2000, S. 40.

236 Vgl.: Willecke, Stefan; Kleine -Brockenhoff, Thomas in: Tut Modernisierung weh? In Beck, Ulrich (Hrsg.), Die Zukunft von Arbeit und Demokratie, Suhrkamp Verlag Frankfurt am Main 2000, S. 135–150.

237 Vgl.: Beck, Ulrich in: Was ist Globalisierung? Irrtümer des Globalismus- Antworten auf Globalisierung, Suhrkamp Verlag Frankfurt am Main 1997, S. 230.

den oder neu zu orientieren bei den Arbeitnehmerinnen und Arbeitnehmern signifikant angestiegen ist. Dies belegen die Zahlen der Bundesregierung aus dem Jahr 2013:

„In Deutschland haben im vergangenen Jahr so viele Menschen eine Weiterbildung gemacht wie niemals zuvor. 49 Prozent der Bevölkerung im erwerbstätigen Alter haben von April 2011 bis Juni 2012 an einer Weiterbildungsveranstaltung teilgenommen. Erfreulich hoch ist die Quote in der Gruppe der 60- bis 64-Jährigen.“[238]

Insgesamt ist zu beobachten, dass Individuen aus dem monogamen Berufsleben ausbrechen und vielfältige Berufsfelder erproben. Dies kann nur erfolgreich gestaltet werden, wenn das Bildungssystem auf diesem Segment durchlässiger und flexibler wird. Damit Innovationen zügiger auch auf dem Arbeitsmarkt etabliert werden können. Der „Nachteil“ an mehr Flexibilität und Innovation am Arbeitsmarkt resp. in der Berufsausbildung ist der, dass traditionelle Berufsbilder an Prestige verlieren. Signifikant macht sich dieser Trend im Handwerk bemerkbar.

„Die Erfahrungen zeigen, dass in nahezu allen Berufen Ausbildungsstellen nicht besetzt werden können, da viele Jugendliche nur in vermeintlichen »Traumberufen« eine berufliche Perspektive suchen.“[239]

Im Kern lässt sich zusammenfassen, dass der erlernte Beruf resp. die Berufsausbildung nicht mehr ausreicht, um ein ganzes Berufsleben zu bestreiten. Wie bereits geschildert ist diese Erkenntnis in vielen Berufszweigen nicht neu. Die Weiterbildung wird zunehmend in ihrer Attraktivität steigen und wird fast schon zur Bedingung, um am Arbeitsleben zu partizipieren. Richard Sennet sieht keine Garantie dafür, dass das Individuum nach erfolgreicher Weiterbildung am Arbeitsleben teilnimmt. Die Marktverhältnisse sind zu dynamisch, als das man Jahr für Jahr, etwas auf dieselbe Art umsetzen könnte.[240] War es früher noch möglich

238 Vgl.: Onlineportal der Bundesregierung. *http://www.erfahrung-ist-zukunft.de/SharedDocs/Artikel/Bildung/Weiterbildung/20130326-weiterbildung-in-deutschland-auf rekdorniveau.html;jsessionid=B2423808D48299240D912B26AC6599A0.s3t2?nn=571100* (Stand 19.02.2015).

239 Vgl.: Onlineportal Handwerk NRW: *http://www.handwerk-nrw.de/lehrstellen-org/news-1.html* (Stand: 20.02.2015).

240 Vgl.: Sennet, Richard in: Der flexible Mensch (1998), bbt Verlag 2000, S. 26.

in modernen Gesellschaften eine Berufskarriere in Angriff zu nehmen, wird es für die heutigen Arbeitnehmerinnen und Arbeitnehmer immer schwieriger das gesetzte Ziel zu erreichen. Richard Sennet formuliert dies anschaulich:

„Es gibt keine Pfade mehr, denen Menschen im Berufsleben folgen können."[241]

Eine Vielzahl von jüngeren Arbeitnehmerinnen und Arbeitnehmern werden in ihrem Berufsleben verschiedene Berufe ausüben müssen. Die stets propagierte Normalbiografie für alle Berufstätigen, war und ist nur punktuell zu realisieren. Es gab zu jeder Epoche einen Wandel und Individuen die sich diesem Wandel angepasst haben. Ob damit einhergeht, dass die Berufsgesellschaft gescheitert ist, wie Christoph Strünck in seinem Buch: „Mit Sicherheit flexibel? Chancen und Risiken neuer Beschäftigungsverhältnisse" erörtert, darf bezweifelt werden. Es ist ein Mythos, dass die Mehrzahl der Berufstätigen ihren erlernten Beruf bis zum Ausscheiden aus dem Berufsleben ausgeübt hat.

„Der Beruf basiert weiterhin auf einer Erstausbildung, die jedoch breiter angelegt ist und die nunmehr nur noch als Ausgangsbasis für die anschließende eigenverantwortliche Akkumulation von Fachwissen dient."[242]

Die Folge dieser Entwicklung besteht darin, dass der aktuell ausgeübte Beruf, dass Individuum immer weniger prägt und das es sich mit der ausgeübten Tätigkeit nur noch marginal identifizieren kann.[243] Für das berufstätige Individuum hat dies zur Folge, dass Neuorientierungen und „Karriereknicks" als „normale Bedingung" im Berufsleben erscheinen werden. Der lineare Berufsweg ist demzufolge nicht mehr einzuhalten. Eine weitere Diskrepanz zeichnet sich im Konzept der Erwerbsarbeitsgesellschaft zwischen Ideologie und Praxis ab. Die Partizi-

241 Vgl.: Ebd. 203.

242 Vgl.: Schmid, Günther in: Arbeitsplätze der Zukunft: Von standardisierten zu variablen Arbeitsverhältnissen. In Kocka, Jürgen; Offe, Claus (Hrsg.), Geschichte und Zukunft der Arbeit , S. 269–292, Campus Verlag Frankfurt am Main, S. 279.

243 Vgl.: Rolle, Piere in: Die menschliche Tätigkeit begreifen und nutzen. Qualität der Arbeit, Qualifikation, Kompetenz. In Kilger, Gerhard; Bieneck, Hans-Jürgen (Hrsg.), Neue Qualität der Arbeit. Wie wir morgen arbeiten werden, S. 227–235, Campus Verlag Frankfurt am Main/NY, 2002, S. 233.

pation des Individuums an der Erwerbsarbeit ist in der Realität die Voraussetzung für die eigene Autonomie, wie auch für die soziale Bindung in der Gesellschaft. Nicht die Arbeit als solches steht im Mittelpunkt des Lebens, vielmehr die Erwerbsarbeit die das Individuum dazu befähigt am gesellschaftlichen Prozess zu partizipieren und somit sein agieren resp. den Status sicherstellt. Mit der Entstehung der Bundesrepublik Deutschland hat sich eine signifikante Verschiebung der Lebenszeit, Arbeitszeit und des Einkommens zugunsten der Entfaltung der Lebenschancen ergeben.[244] Ulrich Beck bezeichnet es als historischen Ruck in der Gesellschaft.

„...das Leben der Menschen in der Lohnarbeitsgesellschaft ein gutes Stück aus dem Joch der Lohnarbeit herausgelöst.“[245]

Es ist tendenziell zu beobachten, dass es zu einer Verschiebung von Arbeit und Leben kommt. Die Erwerbsarbeit intensivierte sich, jedoch bekam die Nichterwerbsarbeitszeit, durch die gestiegene materielle Ausstattung eine signifikante Verbesserung zu spüren. Die entstandene Intensivierung der Erwerbsarbeit lässt erkennen, dass man die signifikante Verbesserung der Nichterwerbsarbeitszeit erst erzielen kann, wenn das Individuum an der Erwerbsarbeit partizipiert.[246]

„Alles, was als erstrebenswert betrachtet wird, wie beispielsweise materielle Sicherheit, soziale Anerkennung, Status und Identität, ist entsprechend nur durch das `Nadelöhr` der Erwerbsarbeit zu erlangen, was damit einhergehe, dass nun alle auf den Arbeitsmarkt drängen.“[247]

Das Individuum befindet sich im Sozialisationsprozess, permanent in der Schnittmenge zwischen Beruf und Gesellschaft. Der Einzelne befindet sich in einem anhaltenden Zustand der Auseinandersetzung zwischen der beruflichen Realität und den Bedingungen zur Verwirkli-

244 Vgl.: Kaltenbach, D. Dominic in: Globalisierung – bleibt das Individuum auf der Strecke? Eine rechts- soziologische Betrachtung der Arbeitswelt, Band 3, Verlag Dr. Kovac, Hamburg 2009, S. 173.

245 Vgl.: Beck, Ulrich in: Risikogesellschaft. Auf dem Weg in eine andere Gesellschaft, Suhrkamp Frankfurt am Main 1986, S. 124.

246 Vgl.: Ebd.

247 Vgl.: Beck, Ulrich in: Die Zukunft von Arbeit und Demokratie, Suhrkamp Verlag Frankfurt am Main 2000, S. 27.

chung in der Arbeitswelt.[248] Ulrich Beck sieht in der Durchsetzung der Erwerbsarbeit unter den sozialstattlichen Voraussetzungen, die Rahmenbedingungen geschaffen, dass die traditionelle Klassengesellschaft aufgelöst wurde.[249] Im Armutsbericht des paritätischen Wohlfahrtsverbandes wird von einer „Zerklüfteten Republik" gesprochen.[250]

„Innerhalb nur eines Jahres ist die Armut insgesamt von 15 auf 15,5 Prozent gestiegen, heißt es in dem Bericht, der sich auf das Jahr 2013 bezieht. Insgesamt gelten 12,5 Millionen Menschen in Deutschland als arm - und das Land zerfällt in wohlhabende und mittellose Regionen."[251]

Laut diesem Armutsbericht sind die am stärksten betroffenen Regionen in Deutschland: Bremen, Mecklenburg Vorpommern und Berlin. In den genannten Regionen liegt die Armutsquote bei 20 Prozent. Dem entgegen ist die Armutsquote in Bayern und Baden Württemberg, mit jeweils ca. 11 Prozent, weitaus am niedrigsten verzeichnet in der Bundesrepublik. Der paritätische Wohlfahrtsverband nimmt bei der Messung seiner Armutsquote, 60 Prozent des in Deutschland durchschnittlich Verdienten Einkommens als Bemessungsgrundlage.

„In konkreten Zahlen lag die so errechnete Armutsgefährdungsschwelle 2013 für einen Singlehaushalt bei 892 Euro, für eine Familie mit zwei Kindern unter 14 Jahren bei 1873 Euro."[252]

Ulrich Beck spricht von einer Aufhebung der Klassengesellschaft, welches nach historischer Definition vollkommen zutreffend ist. Jedoch hat sich in der Moderne, eine neue Schicht herauskristallisiert. In Studien spricht man vom „Prekariat", was übersetzt wird mit bildungsferne Schicht.[253] Im Portfolie der „Armut" in Deutschland befinden sich nicht

---

248 Vgl.: Daheim, Hansjürgen und Günther, Schönbauer in: Soziologie der Arbeitsgesellschaft, Beltz Juventa Verlag, 1. Auflage 1993, S. 17.

249 Vgl.: Beck, Ulrich in: Risikogesellschaft. Auf dem Weg in eine andere Gesellschaft, Suhrkamp Frankfurt am Main 1986, S. 133.

250 Vgl.: Onlineportal der Zeitschrift Spiegel: *http://www.spiegel.de/wirtschaft/soziales/armutsbericht-deutschland-zerfaellt-in-arm-und-reich-a-1019315.html* (Stand: 23.02.2015).

251 Vgl.: Ebd.

252 Vgl.: Ebd.

253 Vgl.: *Altenhain*, Claudio (Hrsg.), *Danilina*, Anja (Hrsg.), *Hildebrandt*, Erik (Hrsg.), *Kausch*, Stefan (Hrsg.), *Müller*, Annekathrin (Hrsg.), *Roscher*, Tobias

nur Menschen, die wenig oder gar keine Bildung genossen haben, darunter sind auch Menschen die Alleinerziehend sind oder durch Krankheit nicht mehr einer Erwerbsarbeit nachgehen können. Laut Familienministerin Schwesig leben 1.6 Millionen alleinerziehende Menschen in Deutschland von Transferleistungen, und sind de facto Arm.[254] Im auslaufenden 19. Jahrhundert setzte sich die Vorstellung durch, dass der soziale Status nicht durch Geburt, sondern durch Arbeit definiert wird. In Verbindung mit dem Anreiz, durch Ausbildung und „harte Arbeit" die soziale Leiter empor klettern zu können.[255] In der Praxis existiert eine signifikante Diskrepanz zwischen den Geschlechtern in Führungspositionen. Das Bundesministerium für Familie, Senioren, Frauen und Jugend unter der Führung von Frau Manuela Schwesig hat beschlossen ein Gesetz auf den Weg zu bringen, welches eine feste Geschlechterquote von mindestens 30 Prozent in den Aufsichtsräten mitbestimmungspflichtiger und börsennotierter Unternehmen in Deutschland vorsieht.[256]

„Es muss Schluss sein mit der Benachteiligung von Frauen in Führungspositionen. Deutschland braucht mehr Frauen in den Top Jobs"[257]

„Folgenden Inhalt sieht die Gesetznovelle des BMFSFJ vor:
Das Gesetz besteht aus vier Bestandteilen:

- **Geschlechterquote von mindestens 30 Prozent**
  Etwa 110 Unternehmen sind ab 2016 verpflichtet, bei Nach- und Neubesetzungen für Aufsichtsräte eine Geschlechterquote in Höhe von 30 Prozent zu erfüllen. Das gilt für alle voll mitbestimmungspflichtigen und börsennotierten Unternehmen in Deutschland.

(Hrsg.) in: Von »Neuer Unterschicht« und Prekariat: Gesellschaftliche Verhältnisse und Kategorien im Umbruch. Kritische Perspektiven auf aktuelle Debatten, transcript; Auflage: 1. August 2008 ff.

254 Vgl.: Onlineportal der Zeitschrift Spiegel.: *http://www.spiegel.de/politik/deutschland/alleinerziehende-studie-stuetzt-plaene-von-manuela-schwesig-a-1015740.html* (Stand: 23.02.2015).

255 Vgl.: Conrad, Sebastian; Macamo, Elisio; Zimmermann, Benedicte in: Die Kodifizierung der Arbeit: Individuum, Gesellschaft, Nation In: Geschichte und Zukunft der Arbeit, ed. Jürgen Kocka und Claus Offe, Campus Verlag Frankfurt am Main 2000, S. 456.

256 Vgl.: Onlineportal des BMFSFJ: *http://www.bmfsfj.de/mag/root-maerz-25,did=205566.html?referrerDocId=205576* (Stand: 24.02.2015).

257 Vgl.: Ebd.

Verstößt das Unternehmen gegen die Vorgaben, bleibt der für das unterrepräsentierte Geschlecht vorgesehene Stuhl im Aufsichtsrat leer.

- **Verbindliche Zielgrößen**
  Unternehmen, die börsennotiert oder mitbestimmungspflichtig sind, müssen sich verbindliche Zielvorgaben für Aufsichtsräte, Vorstände und oberste Management-Ebenen setzen. Diese Ziele müssen veröffentlicht und über ihr Erreichen muss berichtet werden. Die Regelung wird ab 2015 für etwa 3.500 Unternehmen in Deutschland gelten.

Bund muss mit gutem Beispiel voran gehen
Was von der Privatwirtschaft verlangt wird, soll erst recht für den Öffentlichen Dienst gelten:

- **Novellierung des Bundesgleichstellungsgesetzes (BGleiG)**
  Das Gesetz zur Gleichstellung von Frauen und Männern in der Bundesverwaltung und in den Gerichten des Bundes wird modernisiert. Im Wesentlichen geht es dabei um die Erweiterung des Geltungsbereichs auf Unternehmen mit mehrheitlicher Bundesbeteiligung sowie strengere Vorschriften zur Besetzung von Führungspositionen (zum Beispiel Gleichstellungsplan, Stärkung der Rechtstellung der Gleichstellungsbeauftragten).

- **Novellierung des Bundesgremienbesetzungsgesetzes (BGremBG)**
  Der Bund besetzt zahlreiche Gremien. Auch für diesen Bereich wird das System der verbindlichen Zielvorgaben gelten. So wird für große Gremien mit mindestens zehn Mitgliedern eine Quote von 50 Prozent gelten, und für kleinere Gremien eine absolute Zahlenvorgabe eingeführt.“[258]

Die Praxis wird zeigen, wie dieses ambitionierte Vorhaben umgesetzt werden wird. Man darf davon ausgehen, dass es zu zahlreichen Klagen vor deutschen Gerichten kommen wird. Diese Gesetzesnovelle könn-

[258] Vgl.: Ebd.

te mit der unternehmerischen Freiheit nach Art. 16 EU Grundrechte Charta und Artikel 12 GG kollidieren.[259]

Die Transformation der Arbeit zur Erwerbsarbeit beinhaltet neue soziale Diskrepanzen, die nur oberflächlich durch die Abschaffung der Klassengesellschaft durch die Erwerbsarbeit herbeigeführt wurden. Das Normalarbeitsverhältnis führt zu einer Teilung der Bevölkerung, in die die im Arbeitsmarkt integriert sind und die die Teilzeit- beschäftigt, befristet beschäftigt oder mit Langzeitarbeitslosigkeit konfrontiert sind. Ulrich Beck äußert sich wie folgt dazu:

259 Vgl.: Onlineportal Europäische Grundrechte Zeitschrift: „Hans D. Jarass, Münster, kommentiert die Gewährleistung der unternehmerischen Freiheit in der Grundrechtecharta »Das Grundrecht der unternehmerischen Freiheit wurde in Art. 16 GRCh verankert. In den Charta-Erläuterungen, die gem. Art. 52 Abs. 7 GRCh bei der Auslegung der Charta maßgeblich zu berücksichtigen sind, wird das Recht auf die Rechtsprechung des EuGH gestützt, nach der sich die Freiheit, eine Wirtschafts- oder Geschäftstätigkeit auszuüben, sowie die (unternehmerische) Vertragsfreiheit aus allgemeinen Rechtsgrundsätzen ergeben. Daher ist diese Rechtsprechung auch für die Interpretation des Art. 16 GRCh höchst bedeutsam und wird nachstehend intensiv herangezogen, obgleich sie nicht unmittelbar zu Art. 16 GRCh ergangen ist. Weiter wird Art. 16 GRCh in den Charta-Erläuterungen auf die Vorschrift des Art. 119 Abs. 1, 3 AEUV (ex Art. 4 Abs. 1, 3 EG) gestützt, wonach Union und Mitgliedstaaten dem „freien Wettbewerb verpflichtet" sind. Das verdeutlicht, dass Art. 16 GRCh nicht nur den Interessen der Unternehmer dient, sondern auch dem Grundsatz des freien Wettbewerbs i.S.d. Art. 119 Abs. 1 AEUV. Daher stellt die unternehmerische Freiheit neben der Berufsfreiheit des Art. 15 Abs. 1 GRCh und der Eigentumsgarantie des Art. 17 GRCh das zentrale *Wirtschaftsgrundrecht* dar. Art. 16 GRCh enthält ein einklagbares Recht, keinen bloßen (Charta-)Grundsatz i.S.d. Art. 52 Abs. 5 GRCh, der nur begrenzt gerichtlich geltend gemacht werden kann. Zwar könnte man daran wegen des in der Vorschrift enthaltenen Verweises auf das „Unionsrecht" und die „einzelstaatlichen Rechtsvorschriften und Gepflogenheiten" zweifeln. Da aber nach der Rechtsprechung des EuGH, auf die in den Charta-Erläuterungen entscheidend Bezug genommen wird, die volle Justiziabilität des Rechts der freien Berufsausübung auch und gerade für die selbständig Tätigen anerkannt war und ist, muss das für Art. 16 GRCh in gleicher Weise gelten. (…) Durch den Ausgestaltungs- und Regelungsvorbehalt in Art. 16 GRCh wird der Spielraum für Einschränkungen besonders betont. Einschränkungen lassen sich also tendenziell leichter rechtfertigen. In diese Richtung deutet auch die im Vergleich zu Art. 15 GRCh zurückhaltend ausgefallene Formulierung: Auf die Berufsfreiheit besteht ein „Recht", die unternehmerische Freiheit wird (nur) „geachtet". Das hat Folgen für den Umfang der gerichtlichen Kontrolle.« (Seite 360)." http://www.eugrz.info/html/Archiv/i2011_13-15.html (Stand: 24.02.2015).

„Hier konkurrieren inhaltliche Ansprüche an den `Sinn der Arbeit`, an ihren sozialen Nutzen, an das, was ein ausgefülltes Leben nennt, mit den Werten der ökonomischen Sicherheit und des Statusdenkens. Im Extremfall kann sogar das Stück selbst- und sinnerfüllte Arbeit, das man sich gegen die Übermacht der Verhältnisse freigeschaufelt hat, gegen die Sinn Entleerung einer erwerbssicheren und statusorientierten Industrie- und Büroarbeit ausgespielt werden."[260]

Vor dem Hintergrund der Erwerbsarbeitsgesellschaft wird diskutiert, inwieweit der Gesellschaft der Vorrang über das Individuum gewährt werden soll. In neuerer Zeit entstand eine kontroverse Diskussion mit revolutionären Thesen, wie die Erwerbsarbeitsgesellschaft und das Individuum in Zukunft nebeneinander und gleichberechtigt existieren könnten. Sascha Liebermann hat in seinem Buch: „Aus dem Geist der Demokratie- Bedingungsloses Grundeinkommen"[261] eine Zusammenfassung der verschiedenen Ansätze zu diesem Thema publiziert. Er plädiert für „Freiheit statt Vollbeschäftigung"[262] und möchte das Individuum in seiner demokratischen Selbstbestimmung stärken. Er kritisiert den Demokratieverlust in der Bundesrepublik und möchte diesen durch mehr Basisdemokratie wieder stärken. Ein adäquates Instrument, seiner Meinung nach, wären Volksabstimmungen zu verschiedenen relevanten Themen. Unter anderem plädiert der Autor für ein bedingungsloses Grundeinkommen. Dadurch soll das Individuum die Option erhalten an der Erwerbsarbeitsgesellschaft zu partizipieren, ohne einer geregelten Beschäftigung nachzugehen. Diese Theorie stellt einen interessanten Ansatz dar, es wäre sicherlich spannend herauszufinden, wie sich die Gesellschaft verändern würde. Durch dieses Konzept soll unter anderem auch die bis dato in vielen Bereichen nicht bezahlte Arbeit wieder attraktiver gestaltet werden. Vor allem die zahlreichen ehrenamtlichen Tätigkeiten, in Vereinen oder Institutionen, würden davon in einem hohen Maß profitieren können. Aktuell spielt es für die kollektive Bewertung des Arbeitsprozesses und seiner erstellten Produkte und Dienstleistungen keine Rolle, welche Intention die Arbeit-

260 Vgl.: Beck, Ulrich in: Risikogesellschaft. Auf dem Weg in eine andere Gesellschaft, Suhrkamp Frankfurt am Main 1986, S. 151.

261 Vgl.: Liebermann, Sascha in: Aus dem Geist der Demokratie- Bedingungsloses Grundeinkommen- Humanities Online Frankfurt 1. Auflage 2015, ff.

262 Vgl.: Ebd. S, 18.

nehmerinnen und Arbeitnehmer mit ihrer ausgeübten Tätigkeiten verbinden.

„Nur wenn ein Teil der Umwelt die Ziele der individuellen Tätigkeit als nützlich erachtet und der Prozess selbst dazu eine für rational gehalten Produktivität aufweist, kann aus gesellschaftlicher Sicht von Arbeit gesprochen werden.“[263]

Signifikant ist diese Ausprägung in Japan zu beobachten. Dabei spielt das Unternehmen eine tragende Rolle im Leben der dortigen Arbeitnehmerinnen und Arbeitnehmer. Das Individuum richtet seine Existenz entsprechend dem Unternehmen aus. Diese existentielle Betriebszentriertheit entstand dadurch, da sich der Sozialstaat in Japan nur langsam Entwickelt hat.

„Die Betriebszentriertheit in Japan ist durch eine starke persönliche Bindung der Kernbelegschaft an die Betriebe [geprägt], die sich in langer Arbeitszeit, umfassender Verfügbarkeit, Dauerbeschäftigung, dem ausgeprägten Gefühl von Betriebsgemeinschaft und Zugehörigkeit sowie betrieblicher Loyalität äußert.[264]

Erstrebenswert ist diese ausgesprochen hohe Betriebszentriertheit nicht. Unter japanischen Arbeitnehmerinnen und Arbeitnehmern, wie auch unter Jugendlichen ist eine hohe Suizidrate zu beobachten. Die unter anderem, durch eine hohe Arbeitsbelastung und wirtschaftliche Probleme ausgelöst werden kann.[265]

---

263 Vgl.: Heinze, Rolf G.; Strünck, Christoph in: Die Verzinsung des sozialen Kapitals. Freiwilliges Engagement und Strukturwandel. In Beck, Ulrich (Hrsg.): Die Zukunft von Arbeit und Demokratie, Suhrkamp Frankfurt am Main 2000, S. 180.

264 Vgl.: Himeoka, Toshiko in: Die „betriebszentrierte“ Gesellschaft und die Geschlechterverhältnisse in Japan. In: Jürgen Kocka – Claus Offe (Hrsg.), Geschichte und Zukunft der Arbeit, Frankfurt/New York 2000, S. 135.

265 Vgl.: Onlineportal der Epochtimes: „In Japan ist Selbstmord die häufigste Todesursache bei Jugendlichen. Die Anzahl der jugendlichen Selbstmorde in Japan übersteigt 30.000 jedes Jahr. Mit 24 Selbstmorden pro 100.000 Menschen aller Altersgruppen, hat Japan die doppelte Rate wie in den Vereinigten Staaten und dreimal so viele wie in Großbritannien, was die höchste Rate unter den Industrieländern ist. Die am meisten gefährdete Gruppe für Selbstmordversuche und Sterblichkeit liegt im Alter von 15–24 Jahren. Die meisten von denen, die einen Selbstmord versuchen, sowohl Männer als auch Frauen,

Im Prozess zwischen der Erwerbsgesellschaft und dem agierendem Individuum, verbirgt sich eine Diskrepanz, zwischen der Ideologie und der Realität. Dominic Kaltenbach vermutet, dass hinter der Arbeitsgesellschaftskonformen „Suche“ nach Arbeit, letztendlich nur ein Streben nach Wohlstandsvermehrung sich verbirgt.[266] Dieser Konflikt wird durch das Individuum, welches bei einem Berufswechsel Einkommenseinbußen in Kauf nehmen muss, durch Mehrarbeit im Unternehmen wieder kompensiert. Dies muss aber nicht zwangsläufig, wie Kaltenbach konstatiert, der Wunsch nach einer Wohlstandsvermehrung sein, sondern kann lediglich der verzweifelte Versuch sein, sich aus dem System der Transferleistungsbezieher zu befreien. Hierbei muss erwähnt werden, dass in der Bundesrepublik Deutschland 1.3 Millionen erwerbstätige Bürgerinnen und Bürger Arbeitslosengeld II beziehen.[267] Ulrich Beck spricht in diesem Kontext von „Junk Jobs“, einer entwürdigenden Tätigkeit jenseits von Zumutbarkeitsregeln einer geregelten Beschäftigung, die inhaltlichen Sinnansprüchen nicht genügt und schlecht bezahlt wird.[268] Diese These konstatiert, dass die Erwerbsarbeit keinen näheren Sinn ergeben muss, sondern lediglich ausgeführt wird, weil das Individuum dadurch seine Existenz sichern kann. Die ausgeübte Tätigkeit wird ohne jegliche Form der Identifikation oder Anerkennung in der Gesellschaft ausgeübt. Corinne Maier ist der Ansicht, dass kein Individuum gerne arbeitet, da es dies, sonst ja auch unentgeltlich tun würde.[269] Ulrich Beck sieht in der Arbeitslosenrate ein Indiz dafür, dass das finanzielle Streben eines Individuums, über dem Nutzen einer ausgeführten Tätigkeit liegt, was bedeuten würde, dass nicht die Arbeitslosig-

---

haben eine zugrunde liegende psychische Störung. Bei vielen von ihnen ist eine Borderline-Persönlichkeitsstörung (BPD) diagnostiziert worden. Mobbing in der Schule, stressiger Lebensstil und wirtschaftliche Probleme werden zunehmend zum wichtigen Auslöser für jugendliche Selbstmorde in Japan.“ *http://www.epochtimes.de/Beaengstigend-hohe-Selbstmordrate-von-Jugendlichen-in-China-und-Japan-a1175617.html* (Stand: 26.02.2015).

266 Vgl.: Kaltenbach, D. Dominic in: Globalisierung – bleibt das Individuum auf der Strecke? Eine rechts- soziologische Betrachtung der Arbeitswelt, Band 3, Verlag Dr. Kovac, Hamburg 2009, S. 177.

267 Vgl.: Statistik der Bundesagentur für Arbeit, Aktuelle Daten aus der Grundsicherung, Erwerbstätigkeit von erwerbsfähigen Leistungsbeziehern, Oktober 2010 und Juni 2013. In: IAB Kurzbericht 07/2014.

268 Vgl.: Beck, Ulrich (Hrsg.): Die Zukunft von Arbeit und Demokratie, Suhrkamp Frankfurt am Main 2000. S. 33.

269 Vgl.: Maier, Corinne in: Die Entdeckung der Faulheit. Von der Kunst, bei der Arbeit möglichst wenig zu tun. Goldmann München 2000, S. 45.

keit das Problem darstellt, sondern die finanzielle Not.[270] Diese Ansicht würde die Forderung von Sascha Liebermann für ein bedingungsloses Grundeinkommen stützen. Es untermauert das ökonomische Prinzip von Angebot und Nachfrage. Je attraktiver eine Tätigkeit sich finanziell gestaltet, umso begehrter wird diese für Arbeitnehmerinnen und Arbeitnehmer sein. Dies würde ebenfalls der Theorie, der sozialen Marktwirtschaft von Keynes entsprechen. Indem man die Binnennachfrage stärkt, kurbelt dies die eigene Wirtschaft an. Wenn man der These von Ulrich Beck folgt, dass die Intention des Individuums darin liegt seinen Wohlstand zu vermehren, und das die Erwerbsarbeit keinen anderen Nutzen mehr für das Individuum hat, wäre es nur logisch, dass man auch die Arbeit bezahlt, die auf den ersten Blick unrentabel erscheint. Primär richtet sich dieser Gedanke an die Tätigkeiten, die ehrenamtlich ausgeübt werden. Diese generieren zuerst einmal keinen finanziellen Mehrwert, sie erwirtschaften jedoch für die Gesellschaft einen signifikanten Mehrwert. Je mehr Individuen gesund und mit überschaubaren Problemen konfrontiert werden, desto produktiver sind diese. Durch die Abgrenzung von qualitativ und quantitativ relevanter Arbeit, im Sektor des Ehrenamtes, wird ein signifikanter Aspekt der Erwerbsarbeit ausgeklammert. Wenn man diesen Sektor attraktiver gestalten und diesem die notwendige Anerkennung zollen würde, wäre in Deutschland die anhaltend hohe Arbeitslosigkeit unter den Bürgerinnen und Bürgern nicht das Problem.

270 Vgl.: Beck, Ulrich (Hrsg.): Die Zukunft von Arbeit und Demokratie, Suhrkamp Frankfurt am Main 2000. S. 33.

	Bestand				Veränderung gegenüber Vorjahresmonat			
	vorläufig			endgültig				
	Februar 2015	Januar 2015	Dezember 2014	November 2014	Februar		November	
					absolut	in %	absolut	in %
	1	2	3	4	5	6	7	8
Arbeitslose	**3.017.003**	**3.031.604**	**2.763.521**	**2.716.852**	**-120.864**	**-3,9**	**-89.294**	**-3,2**
+ Personen, die im weiteren Sinne arbeitslos sind	341.199	326.940	346.250	343.792	26.814	8,5	27.787	8,8
dav.: Aktivierung und berufliche Eingliederung	175.522	161.950	181.160	179.245	18.932	12,1	16.694	10,3
Sonderregelungen für Ältere (§ 53a Abs. 2 SGB II)	165.677	164.990	165.090	164.547	7.882	5,0	11.093	7,2
= Arbeitslosigkeit im weiteren Sinne	**3.358.202**	**3.358.544**	**3.109.771**	**3.060.644**	**-94.050**	**-2,7**	**-61.507**	**-2,0**
+ Personen, die nahe am Arbeitslosenstatus sind	454.663	430.092	485.294	494.501	-55.086	-10,8	-46.424	-8,6
dar.: Berufliche Weiterbildung inkl. Förderung behinderter Menschen	169.552	169.046	174.457	175.214	12.943	8,3	12.261	7,5
Arbeitsgelegenheiten	79.426	81.395	93.373	102.898	-5.625	-6,6	-8.416	-7,6
Fremdförderung	91.088	86.027	95.831	94.822	118	0,1	1.463	1,6
Beschäftigungsphase Bürgerarbeit	5	7	8.037	9.833	-26.500	-100,0	-17.749	-64,3
Förderung von Arbeitsverhältnissen	9.078	9.091	9.589	9.824	607	7,2	1.527	18,4
Beschäftigungszuschuss	3.830	3.927	4.078	4.120	-570	-13,0	-623	-13,1
Sonderregelungen für Ältere (§ 428 SGB III / § 65 Abs 4 SGB II / § 252 Abs. 8 SGB VI)	3.162	5.025	7.473	10.202	-32.472	-91,1	-34.803	-77,3
kurzfristige Arbeitsunfähigkeit	98.522	75.574	92.456	87.588	-3.587	-3,5	-84	-0,1
= Unterbeschäftigung im engeren Sinne	**3.812.865**	**3.788.636**	**3.595.065**	**3.555.145**	**-149.136**	**-3,8**	**-107.931**	**-2,9**
+ Personen, die fern vom Arbeitslosenstatus sind, in Maßnahmen, die gesamtwirtschaftlich entlasten	74.997	74.971	77.482	81.278	-23.848	-24,1	-22.641	-21,8
dar.: Gründungszuschuss	26.572	26.476	26.405	26.882	2.005	8,2	4.668	21,0
Einstiegsgeld - Variante: Selbständigkeit	2.947	3.017	3.122	3.174	-649	-18,0	-756	-19,2
Altersteilzeit	45.478	45.478	47.955	51.222	-25.204	-35,7	-26.553	-34,1
nachr.: Kurzarbeiter (Beschäftigtenäquivalent)	...	...	37.823	21.428	x	x	-7.811	-26,7
= Unterbeschäftigung (einschl. Kurzarbeit)	**...**	**...**	**3.710.370**	**3.657.851**	**x**	**x**	**-138.383**	**-3,6**
= Unterbeschäftigung (ohne Kurzarbeit)	**3.887.862**	**3.863.607**	**3.672.547**	**3.636.423**	**-172.984**	**-4,3**	**-130.572**	**-3,5**

5. Abbildung: Arbeitslosenstatistik der Bundesagentur für Arbeit (November 2014 bis Februar 2015)[271]

271 Onlineportal der Bundesagentur für Arbeit: *http://statistik.arbeitsagentur.de/Statischer-Content/Unterbeschaeftigung-Schaubild.pdf* (Stand: 01.03.2015).

Die Statistik der Bundesagentur für Arbeit verdeutlicht, dass in der Bundesrepublik Deutschland immer noch zu viele Bürgerinnen und Bürger existieren, die von Transferleistungen abhängig sind. In diesem Kontext finden sich entsprechende Ansätze, dass eine Notwendigkeit besteht, einen zweiten Arbeitsmarkt zu implementieren, weil im ersten Arbeitsmarkt nicht ausreichend Arbeitsstellen geschaffen werden und gleichzeitig, gesellschaftlich bedeutsame und notwendige Leistungen nicht mehr oder nur in geringem Maße erhältlich sind.[272] Durch diese Theorie wird angedeutet, dass der Gesellschaft nicht die Arbeit ausgeht, sondern ein Sektor der Arbeit ausgeklammert wurde. Es stellt sich nun die Frage, was macht diesen Sektor der Erwerbsarbeit so „unrentabel"? Herrmann Schwegel ist der Ansicht:

„Die Individualisierung im Verein mit hohen qualitativen und finanziellen Ansprüchen an den Arbeitsplatz, also der Individualismus, den Kern der Arbeitslosigkeit darstellt."[273]

Ein weiterer populärer Ansatz ist der von Werner von Sinn, der nicht müde davon wird, in jeder politischen Talksendung darauf zu verweisen, dass der Staat, dass „Nichtstun" zu hoch alimentiert.

„Wir reden in Deutschland immer nur darüber, was der Staat zusätzlich gewähren kann, ohne die Frage zu stellen, wer das bezahlen soll. Die Perspektive der Steuerzahler, also der Leistungsträger, kommt stets zu kurz. Der Strom kommt aus der Steckdose, und das Hartz-IV-Einkommen vom Amt. So denken leider viele. Dabei argumentieren sie mit der Bedarfsgerechtigkeit. Dieses Konzept geht auf Karl Marx zurück. So gesehen ist die Feststellung, dass die Diskussion sozialistische Züge aufweist, richtig. Nach dem Grundgesetz müssen wir das Existenzminimum sichern, aber das heißt nicht, dass die Steuerzahler und Leistungsträger so viele Lasten tragen müssen, dass jeglicher Bedarf gedeckt werden kann."[274]

---

272 Vgl.: Ruh, Hans in: Von der Arbeitsgesellschaft zur Tätigkeitsgesellschaft. In Becker, Uwe (Hrsg.) in: Weniger Arbeit – Arbeit für alle?, Schüren Marburg 2001, S. 210.

273 Vgl.: Schwengel, Herrmann in: Grenzenlose Gesellschaft, Band 2/1: Sektionen. Forschungskomitees. Arbeitsgruppen. Herboltzheim Centaurus 1999, S. 233.

274 Vgl.: Onlineportal der Zeitschrift „Welt", Interview mit Werner von Sinn „Perspektive der Leistungsträger kommt zu kurz", *http://www.welt.de/politik/deutschland/article6417782/Perspektive-der-Leistungstraeger-kommt-zu-kurz.html* (Stand: 01.03.2015).

Selbstverständlich wird auch die Gegenseite Vertreten, die Transferleistungen seien zu gering, um ein menschenwürdige Existenz zu sichern. Dies fordert zumindest der Deutsche Gewerkschaftsbund in einem Artikel der FAZ:

„Es ist eine der wichtigsten Kennzahlen im deutschen Sozialstaat: Der Regelsatz für mindestens 4,5 Millionen Hartz-IV-Empfänger und deren Kinder ist nach Auffassung des Deutschen Gewerkschaftsbundes (DGB) um bis zu 45 Euro zu niedrig berechnet. Unter anderem werde die verdeckte Armut nicht korrekt berechnet. Statt aktuell 399 Euro stünden einem Leistungsempfänger damit eigentlich bis zu 444 Euro im Monat zu. Zu diesem Ergebnis kommt eine neue Studie der gewerkschaftsnahen Hans-Böckler-Stiftung, die der F.A.Z. vorliegt.“[275]

In wie fern die Alimentierung zu hoch oder zu niedrig ist, wird auch in naher Zukunft einen Streitfaktor darstellen. Dafür sind die einzelnen Positionen zu stark interessengelagert. Jedoch ist in der Entwicklung der Erwerbsarbeit eine fordistische Note zu erkennen. Es entsteht eine Erosion der Gesellschaft, darunter leiden schwache und kranke Mitglieder. Die Fürsorge und Solidarität wird durch die progressive Individualisierung der Arbeitswelt immer stärker in den Hintergrund gedrängt.

„Denn mit der wachsenden Flexibilität des Arbeitslebens zerbrechen auch traditionelle Lebensentwürfe, weil immer weniger Erwerbstätige davon ausgehen können, für lange Zeit oder gar ein ganzes Arbeitsleben in demselben Beruf und bei demselben Arbeitgeber beschäftigt zu sein.“[276]

Die zunehmende Flexibilisierung des Arbeitsmarktes und die daraus resultierende Individualisierung der Arbeitnehmerinnen und Arbeitnehmer, wiedersprechen den Grundzügen des Fordismus.

---

275 Vgl.: Onlineportal der Zeitschrift „FAZ“, ‚Benachteiligte Arbeitslose, Studie: Hartz-IV-Satz liegt 45 Euro zu niedrig, *http://www.faz.net/aktuell/wirtschaft/wirtschaftspolitik/armut-und-reichtum/harzt-iv-empfaenger-bekommen-angeblich-zu-wenig-geld-13407112.html* (Stand: 01.03.2015).

276 Vgl.: Bertram, Hans in: Arbeit, Familie und Bindung. In Kocka, Jürgen; Offe, Claus (Hrsg.), Geschichte und Zukunft der Arbeit. Campus Verlag Frankfurt am Main, S. 308.

„Der Fordismus war durch die institutionalisierte Erwartung eines stetigen Wachstums geprägt, so dass zunehmende Konsum- und Lebensstandards, verbunden mit wachsenden öffentlichen Wohlstand und sozialer Sicherheit zum `sozialen Kitt` werden konnten.“ [277]

Während das Regime des Fordismus die Arbeit standardisiert hat, nimmt das Risikoregime einen anderen Weg, indem die Arbeit immer stärker Individualisiert wurde.[278] Der Fordismus entstand in einer Zeit, in der der Keynesianismus immer populärer wurde. Beide Systeme sind jedoch stark auf nationale Grenzen und auf einem daraus resultierenden Binnenmarkt fokussiert. Dieser wird durch multilaterale Abkommen und einer prosperierenden freien Marktwirtschaft, in seiner Existenz bedroht.

„Während im fordistischen Regime nur ortsgebunden gearbeitet und produziert wurde, setzt das Risikoregime eine in ihren Folgen heute noch gar nicht absehbare soziale Enträumlichung von Arbeit und Produktion und damit die Dialektik von Globalisierung und Lokalisierung in Gang.“[279]

In diesem Kapitel wurde der Konflikt zwischen Ideologie und Praxis der „Arbeit“ dargestellt. Einige Autoren fordern in diesem Kontext die Definition der Erwerbsarbeit zu erweitern, andere jedoch möchten die Definition qualitativ aufwerten. Diese Problematik wird im nächsten Kapitel erörtert.

2.3 Neue definitorische Ansätze in der Erwerbsgesellschaft

Richard Sennet definiert die Ausweitung der Begrifflichkeit „Arbeit“ unter dem Stichwort der Inklusion.[280] Diese Annahme beruht auf den Befürchtungen, dass eine zunehmende Exklusion von Individuen aus

277 Vgl.: Kaltenbach, D. Dominic in: Globalisierung – bleibt das Individuum auf der Strecke? Eine rechts- soziologische Betrachtung der Arbeitswelt, Band 3, Verlag Dr. Kovac, Hamburg 2009, S. 179.

278 Vgl.: Beck, Ulrich in: Die Zukunft von Arbeit und Demokratie, Suhrkamp Verlag Frankfurt am Main 2000, S. 41.

279 Vgl.: Ebd. S. 43.

280 Vgl.: Sennett, Richard in: Arbeit und soziale Inklusion. In Kocka, Jürgen; Offe, Claus (Hrsg.), Geschichte und Zukunft der Arbeit, Campus Verlag Frankfurt am Main, 2000, S. 432.

der Arbeitswelt und somit aus der Gesellschaft voranschreitet.[281] Er sieht eine Schwächung der sozialen Inklusion darin, dass die Bedingungen des aktuellen Kapitalismus den Individuen in ihrem Arbeitsleben, die Optionen nehmen, solidarisch mit anderen Individuen in der Gesellschaft umzugehen.[282] Der Paradigmenwechsel des Ansatzes „Arbeit schafft Eigentum" zur signifikanten Gleichung „Arbeit schafft Reichtum", ist der definitorische Wandel des Arbeitsbegriffes, der eine weitere gravierende Umwälzung in der Historie der Arbeit erzeugt hat.[283] Indem man in der alten Erwerbsgesellschaft die Freiheit gegen die Sicherheit eingetauscht hat, besteht die Option in der neuen Pluralen Tätigkeitsgesellschaft, die Sicherheit und Freiheit aufeinander abzustimmen. Ein Ansatz hierfür könnte sein, die Bürgerarbeit stärker in den Vordergrund zu stellen. Dadurch kann bewirkt werden, dass sich das Individuum davon befreit, dass „Erwerbsarbeit" ein Wesensmerkmal der menschlichen Existenz darstellt.

„Dem Schreckgespenst der Arbeitsgesellschaft ohne Arbeit soll eine Vision entgegengestellt werden, die das, was im ungebrochenen Paradigma der Vollerwerbsgesellschaft als Krise und Katastrophe erscheint, als historische Chance begreift und nutzt, gemäß dem Motto: Bürgerengagement statt Arbeitslosigkeit finanzieren."[284]

In der Bundesrepublik Deutschland arbeiten ca. 12,67 Millionen Bürgerinnen und Bürger ehrenamtlich. Schaut man sich die Abbildung 6 an, welche Gruppe sich primär ehrenamtlich engagiert, fällt sofort auf, dass

281 Vgl.: Ebd, S. 432.
282 Vgl.: Ebd, S. 432.
283 Vgl: Gutschner, Peter (2002) in: Kaltenbach, D. Dominic in: Globalisierung – bleibt das Individuum auf der Strecke? Eine rechts- soziologische Betrachtung der Arbeitswelt, Band 3, Verlag Dr. Kovac, Hamburg 2009, S. 180.
284 Vgl.: Beck, Ulrich in: Die Zukunft von Arbeit und Demokratie, Suhrkamp Verlag Frankfurt am Main 2000, S. 417.
Vgl.: Onlineportal: Das Statistik Portal; Anzahl der Personen in Deutschland, die ehrenamtlich tätig sind, von 2012 bis 2014 (in Millionen). Diese Statistik zeigt das Ergebnis einer Umfrage in Deutschland zu ehrenamtlicher Tätigkeit in den Jahren von 2012 bis 2014. Im Jahr 2013 gab es in der deutschsprachigen Bevölkerung ab 14 Jahre rund 12,67 Millionen Personen, die ein Ehrenamt hatten bzw. unentgeltlich in einer Bürgerinitiative, einem Verein, Verband oder Ähnlichem tätig waren. http://de.statista.com/statistik/daten/studie/173632/umfrage/verbreitung-ehrenamtlicher-arbeit/ (Stand: 03.03.2015).

Arbeitnehmerinnen und Arbeitnehmer die am häufigsten von Arbeitslosigkeit betroffen sind, nämlich die, die weder einen Schulabschluss, noch eine Berufsausbildung nachweisen können,[285] in dieser Erhebung am unteren Ende des Freiwilligensurvey wiederzufinden sind. Aus Abbildung 6 geht hervor, dass sich Bildungsabschlüsse in der Engagementquote wiederspiegeln. Insgesamt haben 42,7 % der ehrenamtlich tätigen, einen hohen Bildungsabschluss. Dies bedeutet, dass dieser Personenkreis, mindestens Abitur/Hochschulreife resp. ein abgeschlossenes Hochschulstudium nachweisen kann.

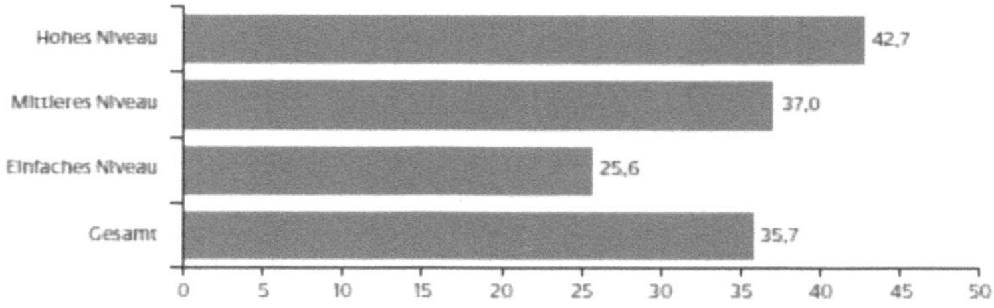

1 Ohne Schülerinnen und Schüler/Fachschülerinnen und Fachschüler.
Einfaches Niveau: kein bzw. Volks- oder Hauptschulabschluss, Abschluss 8. Klasse; mittleres Niveau: mittlere und Fachhochschulreife, Abschluss 10. Klasse; hohes Niveau: Abitur/Hochschulreife bzw. abgeschlossenes Hochschulstudium.
Datenbasis: Freiwilligensurvey 2004; eigene Berechnungen.

6. Abbildung: Engagementquoten nach Bildungsniveau[286]

Die Verfasser der Studie konstatieren, dass drei Gruppen von Personen existieren, die überdurchschnittlich Vertreten sind in der Ausübung eines Ehrenamtes. Dies sind vor allem Erwerbstätige, gefolgt von Schülerinnen/Studentinnen und Schülern/Studenten sowie Hausfrauen und Männern. Die Verfasser stellten fest, dass eine Erwerbstätigkeit, die Aufnahmen eines Ehrenamtes begünstigt.[287] Dies geht aus Abbildung 7

[285] Vgl.: Zdjelar, Jovan in: Ein Minimum für jeden? Investivlohn, Kombilohn, Mindestlohn. Lohnkonzepte für die Arbeitswelt von Morgen. Tectum Verlag Marburg 2010, ff.

[286] Vgl.: Alscher, Mareike; Dathe, Dietmar; Priller, Eckhard; Speth, Rudolf In: Bericht zur Lage und den Perspektiven des bürgerschaftlichen Engagements in Deutschland. Wissenschaftszentrum Sozialforschung, Projektgruppe Zivilengagement, Berlin 2009, S. 43.

[287] Vgl.: Ebd. S. 43.

„Beteiligung am Ehrenamt", hervor. Die Anzahl der Erwerbstätigen die eine ehrenamtliche Tätigkeit nachgehen, liegt bei 39,9 Prozent, bei den Erwerbslosen liegt diese deutlich darunter, lediglich 26,9 Prozent gehen einer ehrenamtlichen Tätigkeit nach. Das Ehrenamt jetzt attraktiver zu gestalten, indem der Staat dies fördert oder die Anzahl der bezahlten Arbeitsstellen erhöht, muss nicht zwangsläufig die Zahl derer erhöhen, die bereit wären sich sozial zu engagieren. Jedoch geht es bei der Forderung nach mehr bezahlter Bürgerarbeit, nicht darum die Erwerbsgesellschaft abzuschaffen.[288]

Abbildung 2.2-7: Engagementquoten nach Erwerbsstatus, 2004, in %

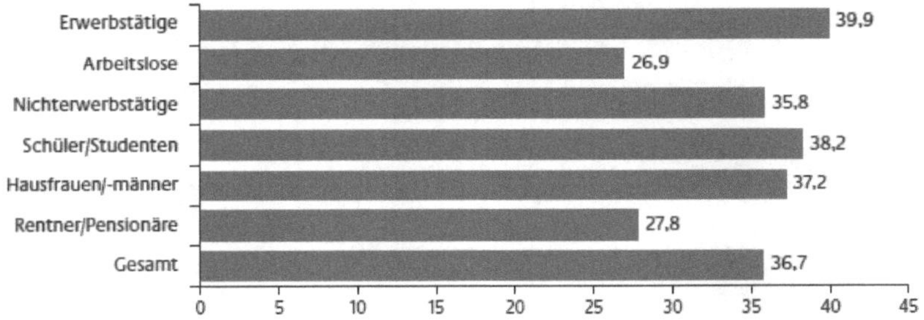

Datenbasis: Freiwilligensurvey 2004; eigene Berechnungen.

7. Abbildung: Beteiligung am Ehrenamt[289]

„Galt Lohnarbeit früher nicht nur als gesellschaftlich dominierende, sondern letztlich als einzig legitime Arbeitsform, so erscheint sie heute unter mehreren Arbeitsformen, deren gesellschaftliche Bedeutung keineswegs eindeutig ist."[290]

288 Vgl.: Beck, Ulrich (Hrsg.): Die Zukunft von Arbeit und Demokratie, Suhrkamp Frankfurt am Main 2000, S. 324.

289 Vgl.: Alscher, Mareike; Dathe, Dietmar; Priller, Eckhard; Speth, Rudolf In: Bericht zur Lage und den Perspektiven des bürgerschaftlichen Engagements in Deutschland. Wissenschaftszentrum Sozialforschung, Projektgruppe Zivilengagement, Berlin 2009, S. 43.

290 Vgl.: Bonß, Wolfgang. in: Globalisierung unter soziologischen Perspektiven. In: Voigt, R. (Hrsg.): Globalisierung des Rechts. Baden-Baden: Nomos, 2000b, S. 363.

Man betont zwar immer, dass Erwerbslose die ein Ehrenamt ausüben, zumindest einer sinnvollen Beschäftigung nachgehen und dadurch der Etikettierung und vereinzelt der Diskriminierung als „arbeitslos und faul" entgehen können. Wie jedoch durch die Erhebung des Wissenschaftszentrums Sozialforschung in Berlin bestätigt wurde, ist die Anzahl der Langzeitarbeitslosen, die sich in diesem Segment engagieren, sehr gering. Ein weiteres Indiz, dass dies kein geeignetes Instrument zur Integration von Erwerbslosen ist, hat bereits die „Marientahlstudie" von Marie Jahoda in den 1930 er Jahren ermittelt.[291]

„Losgelöst von Ihrer Arbeit und ohne Kontakt mit ihrer Außenwelt, haben die Arbeiter die materiellen und moralischen Möglichkeiten eingebüßt, die Zeit zu verwenden. Sie die sich nicht mehr beeilen müssen, beginnen auch nichts mehr und gleiten allmählich ab aus einer geregelten Existenz ins Ungebundene Leere."[292]

Parallelen zu diesen Beobachtungen, lassen sich in die heutige Epoche übertragen. Ehrenamt oder resp. Bürgerarbeit ist eine ergänzende Option für Individuen, die einer geregelten sozialversicherungspflichtigen Tätigkeit nachgehen. Schaut man sich die signifikanten Merkmale zwischen einer ehrenamtlichen und einer Erwerbstätigkeit an, so ist festzuhalten, dass die Erwerbsarbeit vom Individuum ausgeübt wird, mit dem Ziel ein Erwerbseinkommen zu erzielen. Ein Kriterium für die Bürgerarbeit ist die, dass die erbrachte Leistung, jemand anderem zu Gute kommt und nicht einem selbst. Das Ehrenamt sollte freiwillig ausgeübt werden und nicht durch ein staatliches Organ auferlegt werden.

Marie Jahoda hat in der Marienthalstudie nachgewiesen, dass die Erwerbsarbeit nicht nur auf den finanziellen Aspekt reduziert werden darf. Es geht hierbei, um die soziale Integration und den Austausch mit der Umwelt.[293] Dadurch hat das Individuum die Möglichkeit seinen sozialen Lebensraum zu erweitern. Nach diesem Überblick über die Differenzierungskriterien von ehrenamtlicher Tätigkeit und Erwerbsarbeit, lässt sich konstatieren, dass die divergenten Meinungen hauptsächlich auf ideologischer Ebene und nicht auf praktischer Ebene zu fin-

291 Vgl.: Jahoda, Marie; Lazarsfeld, Paul F.; Zeisel, Hans in: Die Arbeitslosen von Marienthal. Ein soziographischer Versuch über die Wirkungen langandauernder Arbeitslosigkeit, Suhrkamp Verlag Frankfurt am Main 1975. S. 98.

292 Vgl.: Ebd. 83.

293 Vgl.: Ebd. 92.

den sind.[294] Wie mit dem Verlust der Erwerbsarbeit umgegangen wird, hängt maßgeblich von der Persönlichkeit des Individuums ab. Genevieve Hesse definiert den Umgang mit der Erwerbsarbeit folgendermaßen: „Horror Vacui", die Angst der Natur vor leeren Räumen.[295] Dieses Szenario ist laut Genevieve Hesse dafür verantwortlich, dass die ausgeübte Tätigkeit für das Individuum längst sinnlos erscheint, diese trotzdem dazu bewegt, die Tätigkeit weiterhin auszuüben.[296] Individuen die eine emotionale Arbeit wertschätzen und diese in Ihrem Ehrenamt wiederfinden, gehen mit dem Verlust der Erwerbsarbeit signifikant anders um, als Individuen die diesem „Ideal" nicht folgen möchten.

„Menschen, die emotionale Arbeit wertschätzen, sind [jedoch] nicht mehr so leicht dazu bereit, diese für eine Erwerbsarbeit aufzuopfern, die Ihnen seelisch schadet. Erwerbsarbeit ist nicht mehr der einzige Maßstab für den Sinn Ihres Lebens. Dadurch gewinnen sie eine starke persönliche Basis, um berufliche Rückschläge besser zu verkraften. Sie führen ein Selbstmanagement ihrer ganzen Persönlichkeit, das nachhaltige Perspektiven für ihr Leben eröffnet."[297]

Die Gallup Studie aus dem Jahr 2013 hat interessante Erkenntnisse hervorgebracht, die die Bedeutung der Arbeit für das Individuum wiederspiegeln. [298] Aus der Gallup Studie geht hervor: „Jeder sechste Arbeitnehmer hat innerlich gekündigt."[299]

„Bei 17 Prozent der Beschäftigten in Deutschland ist eine geringe Arbeitszufriedenheit festzustellen. Sie finden das Betriebsklima schlecht, können sich mit ihrer Arbeit nicht identifizieren und gehen gegenüber ihrem Unternehmen auf Distanz. Damit hat sich gegenüber den Vorjahren im Jahr

---

294 Vgl.: Kaltenbach, D. Dominic in: Globalisierung – bleibt das Individuum auf der Strecke? Eine rechts- soziologische Betrachtung der Arbeitswelt, Band 3, Verlag Dr. Kovac, Hamburg 2009, S. 185.

295 Vgl.: Hesse, Genevieve in: Die Arbeit nach der Arbeit. Für eine emotionaler Erweiterung des Arbeitsbegriffs. In Mesching Alexander; Stuhr, Mathias (Hrsg.), Arbeit als Lebensstil. Suhrkamp Verlag Frankfurt am Main 2003, S. 95.

296 Vgl.: Ebd. S, 95.

297 Vgl.: Ebd. S 98.

298 Vgl.: Onlineportal: *http://www.download.ff-akademie.com/Gallup-Studie.pdf* (Stand: 09.03.2015).

299 Vgl.: Ebd, S. 1.

2013 in Bezug auf die mangelnde emotionale Bindung von deutschen Arbeitnehmern an ihren eigenen Arbeitsplatz nur eine leichte Verbesserung, aber keine grundlegende Wende ergeben. In einer seit dem Jahr 2001 jährlich durchgeführten Arbeitnehmerbefragung stellt das Gallup-Institut einen durchgehenden Trend fest: Die Identifikation mit der eigenen Arbeit ist erschreckend gering. Gallup bezeichnet diese Beschäftigten als „unengagiert bis hin zur inneren Kündigung". Als Hauptverursacher dieses Trends benennt das Institut das Management: Viele Beschäftigte haben das Gefühl, dass ihre zentralen Bedürfnisse und Erwartungen von ihren direkten Vorgesetzten teilweise oder völlig ignoriert werden. Das hat finanzielle Folgen. Gallup errechnet jährliche Kosten durch Fehltage, Fluktuation und schlechte Produktivität in Höhe von über 110 Milliarden Euro und empfiehlt den Unternehmensleitungen, ihren Beschäftigten gegenüber an Stelle von Verschleißstrategien mehr auf die Pflege der Humanressourcen zu setzen."

Neu Theorien verfolgen die Idee einer stärkeren Eigenarbeit und Eigenversorgung, die die psychosoziale Zufriedenheit fördern und zu einer gewissen Unabhängigkeit vom Geldeinkommen führen soll.[300] Im vorigen Jahrhundert war die Normalbiographie der Arbeitnehmerinnen und Arbeitnehmer ein wesentlicher Bestandteil im Erwerbsleben, wonach in der Jugend gelernt wird, im Erwachsenenalter gearbeitet und im Alter die Früchte der geleisteten Tätigkeit genossen wurden. Dieses Modell trifft heute kaum noch zu. Es wird immer mehr Flexibilität und Lernbereitschaft über das ganze Erwerbsleben (lebenslanges Lernen) hinweg vom Individuum erwartet. Dies muss nicht unweigerlich zu einem Negativszenario für den einzelnen ausarten. Signifikant, ist dies bei den jüngeren Arbeitnehmerinnen und Arbeitnehmern zu erkennen. Da bei diesen ein Umdenken stattgefunden hat und sie zu den Rationalisierungsgewinnern gehören.[301] Verlierer dieser Entwicklung sind angelernte und Facharbeiter in Kernsektoren der Wirtschaft. Die der Rationalisierungsprozess am härtesten trifft, da ihre Berufszweige am stärksten Abgewertet wurden. Um dieser Entwicklung entgegenzuwirken, plädiert Werner Wilkenning, aus „Arbeit" gute „Arbeit" zu ma-

300 Vgl.: Kaltenbach, D. Dominic in: Globalisierung – bleibt das Individuum auf der Strecke? Eine rechts- soziologische Betrachtung der Arbeitswelt, Band 3, Verlag Dr. Kovac, Hamburg 2009, S. 186.

301 Vgl.: Ebd. S, 187.

chen.[302] Damit soll nicht nur der Sinn und Zweck der Arbeit aufgewertet werden, durch eine höhere Identifikation und eine bessere Bezahlung der Arbeitnehmerinnen und Arbeitnehmer, soll das Ergebnis und die Leistung signifikant gesteigert werden.[303]

„Die zukünftige Arbeit soll stärker mit Freude verbunden sein und ein zusätzlicher Raum werden, in dem gesellschaftliche und private Fortentwicklung stattfindet.“[304]

Die Zukunft der Arbeit soll vermehrt mit den Attributen der Freude und Identifikation in Verbindung gebracht werden. In der Moderne wird dies unter den Begrifflichkeiten der „Work Life Balance“ substituiert. In Unternehmen wird dieses Modell verwendet, um Mitarbeiterinnen und Mitarbeiter stärker an die Firma zu binden. Stefanie Rolle bezeichnet dieses Instrument, als eine gesellschaftspolitische Aufgabe:

„Vor dem Hintergrund des gesellschaftlichen und organisationalen Wandels vom Industriezeitalter hin zur Informations- und Wissensgesellschaft gewinnen Work Life Balance Strategien nicht nur auf politischer und wissenschaftlicher Ebene, sondern auch für Unternehmen zunehmend an Bedeutung. Das Ziel von Work Life Strategien ist, durch ein Gleichgewicht der Anforderungen und Bedürfnisse verschiedenere Lebensbereiche die individuelle Leistungsfähigkeit und Zufriedenheit der Mitarbeiter langfristig zu erhalten.“[305]

Leider bringen die vielen Bemühungen von Unternehmen, wie Zuschüsse für den Kindergarten oder Gleitzeitmodelle, dem einzelnen Mitarbeiter nur sehr wenig, wenn der Kindergarten bereits um 17:00 Uhr schließt, immer in den Ferien geschlossen ist oder man erst gar keinen

302 Vgl.: Wilkenning, Werner in: Bundesministerium für Wirtschaft und Arbeit – Initiative für eine neue Qualität der Arbeit (Hrsg.) 2003, S. 14.

303 Vgl.: Ökonomen würden an dieser Stelle vehement widersprechen. Zur Berechnung der Produktivität, zählen nicht nur die Vergütung des Einzelnen pro Stunde, sondern die durch die Bezahlung entstandenen Lohnstückkosten für das Unternehmen.

304 Vgl.: Rothaupt, Gerhard in: Bundesministerium für Wirtschaft und Arbeit – Initiative für eine neue Qualität der Arbeit (Hrsg.) 2003, S. 21.

305 Vgl.: Rolle, Stefanie in: Work – Life – Balance als Zukunftsaufgabe: Personalbindung und Arbeitszufriedenheit im Kontext der Familienfreundlichkeit. Diplomica Verlag GmbH Hamburg 2012, S. 1.

Platz für sein Kind erhält. Es fehlt das Zusammenspiel von Wirtschaft und den Trägern der Kindergärten. Da sich der Staat vermehrt aus der Kinderbetreuung zurückzieht, muss in diesem Kontext ein Umdenken stattfinden und der Staat muss wieder mehr Verantwortung übernehmen. Um auf Werner Wilkennings Plädoyer für aus „Arbeit, gute Arbeit zu machen“ zurückzukommen, lässt sich bei einer differenzierten Betrachtung der unterschiedlichsten Arbeitsfelder feststellen, dass die Forderung nach „Guter Arbeit“ sehr einseitig an die Arbeitgeber gerichtet wird.[306] Diese kann in einigen Betätigungsfeldern auch von den Arbeitnehmerinnen und Arbeitnehmern organisiert werden. Die eigene Vernachlässigung der individuellen Optionen durch die Mitarbeiter, könnte auf den US Amerikanischen Arbeitsmarkt zurückzuführen sein. Die Folgen des individualisierten Arbeitsmarktes werden gerne in diesem Kontext erwähnt. In dieser Debatte wird nicht berücksichtigt, dass es sich hierbei nicht um die Qualität der Erwerbsarbeit handelt, sondern um die Entlohnung. Im US Amerikanischen Arbeitsmarkt fallen die Sozialleistungen geringer aus, als die in der Bundesrepublik Deutschland.

„Die in den USA wesentlich höheren Wochen- und Jahresarbeitszeiten und die dort wesentlich geringeren Schutzmechanismen innerhalb des Beschäftigungssystems gemahnen jedenfalls zur Vorsicht. Amerikanische Ergebnisse unbesehen auf die deutschen Verhältnisse zu übertragen, und die bisherigen für Deutschland vorliegenden Ergebnisse zum Zusammenhang zwischen Beschäftigung auf der einen und Familie und sozialen Netzwerken auf der anderen Seite unterstützen diese Vorsicht.“[307]

Das zum Teil gering ausgebildete Sozialsystem, fördert den Druck auf die Arbeitnehmerinnen und Arbeitnehmer in den USA. Die dadurch erzeugten Existenzängste, verlangen vom Individuum im Erwerbsleben mehr Kreativität und Flexibilität. Dies stellt keine angebliche Dynamik auf dem US Amerikanischen Arbeitsmarkt dar, wie einige Medien gerne berichten.

306 Vgl.: Kaltenbach, D. Dominic in: Globalisierung – bleibt das Individuum auf der Strecke? Eine rechts- soziologische Betrachtung der Arbeitswelt, Band 3, Verlag Dr. Kovac, Hamburg 2009, S. 190.

307 Vgl.: Nollmann, Gerd, Strasser, Hermann (Hrsg.) in: Das individualisierte Ich in der Modernen Gesellschaft, Campus Verlag GmbH Frankfurt am Main 2004, S. 126.

„In den USA gewinnt der Arbeitsmarkt immer stärker an Dynamik. Im November entstanden so viele neue Arbeitsplätze wie seit fast drei Jahren nicht mehr. Außerhalb der Landwirtschaft kamen 321 000 Stellen hinzu, wie das Arbeitsministerium am Freitag in Washington mitteilte. Dies ist der höchste Wert seit Januar 2012. Analysten hatten im Durchschnitt nur mit 230 000 neuen Jobs gerechnet.“[308]

Dieser Strukturwandel ist in Ansätzen ebenfalls in Deutschland zu beobachten. Besonders die jüngere Generation der Arbeitnehmerinnen und Arbeitnehmer hat dies teilweise akzeptiert. Beim selbstorganisierten Lernen, kann das Individuum bestimmen, was, wie und in welchem Segment es sich weiterbilden möchte. Aus Untersuchungen über die Personen die einer ehrenamtlichen Tätigkeit nachgehen, geht hervor, dass die Zunahme der Fortbildungsoptionen signifikant in der Gruppe zu erkennen ist, die sich am stärksten sozial engagieren.[309] Einige Individuen Empfinden die Weiterbildung als Zumutung, insbesondere in der Gruppe der Zwangsrekrutierten[310], wenn sich nicht umgehend Mitnahmeeffekte in Form vom Erwerbseinkommen oder einer Stabilisierung der Arbeit bemerkbar machen.[311] Der Ansatz zur Vereinheitlichung von „Guter Arbeit“ ist nachvollziehbar, ist jedoch ein ambitioniertes Vorhaben. Eine komplette Umkehr des fordistischen Systems wird es auch in ferner Zukunft nicht geben. Die Mechanisierung unterschiedlichster Produktionsprozesse wird voranschreiten und das Individuum, wird vermehrt bei der Jobsuche kreativer und flexibler agieren müssen.

---

308 Vgl.: Onlineportal Handelsblatt in: ROUNDUP: Überraschend starke Dynamik am US-Arbeitsmarkt. *http://www.handelsblatt.com/wirtschaft-handel-und-finanzen-roundup-ueberraschend-starke-dynamik-am-us-arbeitsmarkt/11082052.html* (Stand: 17.03.2015).

309 Vgl.: Daheim, Hans Jürgen, Fröhlich, Dieter in: Arbeit und beruf in der modernen Gesellschaft. Rene König Schriften 19, Leske + Budrich Opladen 2002, S. 283.

310 Vgl.: In diesem Kontext werden in der Arbeitssoziologie Teilnehmer an Weiter- und Fortbildungsmaßnahmen deklariert, die vom Unternehmen dazu angeregt worden sind oder durch die Bundesagentur für Arbeit in entsprechende Maßnahmen gesteckt worden sind.

311 Vgl.: Daheim, Hans Jürgen, Fröhlich, Dieter in: Arbeit und beruf in der modernen Gesellschaft. Rene König Schriften 19, Leske + Budrich Opladen 2002, S. 285.

„Damit ist nicht gesagt, dass es nicht zu einer allgemeinen Ausweitung der Autonomie kommen kann, es bleibt aber zu berücksichtigen, dass dieser Aspekt sehr eng mit der jeweiligen Ausformung der Tätigkeit zusammenhängt und es wird davon ausgegangen, dass auch in Zukunft die große Masse der Arbeitnehmerinnen und Arbeitnehmer beispielsweise im Gastgewerbe, im Verkauf, im Versicherungs- und Finanzwesen Routinearbeit verrichten wird."[312]

Die Individualisierung und die Solidarität sind zwei Kernpunkte der Entwicklung in der Gesellschaft. Diese Entwicklung muss nicht zwangsläufig dazu führen müssen, dass diese nicht gleichberechtigt nebeneinander existieren können. Niklas Luhmann sieht vielmehr bei den Tendenzen, Steigerungsprozesse die aufgrund einer bestimmten Sozialstruktur und einer Arbeitsteilung, erst ermöglicht werden.[313] Vor diesem Hintergrund entsteht die Forderung, nach einer neuen Definition der Arbeit, die mehr sein muss als reine Erwerbsarbeit und nur in diesem erweiterten Spektrum zu einer *„Life Work Balance"* führen kann.[314] Der Ausgleich zwischen Leben und Arbeit, wird nicht zur Folge haben, dass die herkömmliche Definition von Erwerbsarbeit verschwindet. Dominic Kaltenbach fordert die zentrale Rolle der Erwerbsarbeit im Vergesellschaftungsprozess zu neutralisieren.[315]

„Zum einen wird nicht mehr davon ausgegangen, dass Individuen nur dann vollwertige Gesellschaftsmitglieder sind, wenn sie ihren Lebensunterhalt über eine abhängige Beschäftigung bestreiten. Zum anderen werden soziales Ansehen, berufliche Förderung und soziale Sicherung nicht mehr an die Erwerbsarbeit gekoppelt, und genau dies ist eine entscheiden-

---

312 Vgl.: Siegenthaler, Hansjörg (2000), S. 107 in: Kaltenbach, D. Dominic in: Globalisierung – bleibt das Individuum auf der Strecke? Eine rechts- soziologische Betrachtung der Arbeitswelt, Band 3, Verlag Dr. Kovac, Hamburg 2009, S. 192.

313 Vgl.: Luhmann, Niklas (1992) in: Arbeitsteilung und Moral. Durkheims Theorie. Einleitung in Durkheim, Emile. Über soziale Arbeitseilung. Studie über Organisation höherer Gesellschaften (S. 19–38). Suhrkamp Verlag Frankfurt am Main, S. 31.

314 Vgl.: Rothaupt, Gerhard in: Bundesministerium für Wirtschaft und Arbeit; Initiative für eine neue Qualität der Arbeit (Hrsg.) 2003, S. 24.

315 Vgl.: Kaltenbach, D. Dominic in: Globalisierung – bleibt das Individuum auf der Strecke? Eine rechts- soziologische Betrachtung der Arbeitswelt, Band 3, Verlag Dr. Kovac, Hamburg 2009, S. 193.

de Voraussetzung, um überhaupt von einer Vergesellschaftung jenseits der Erwerbsarbeit sprechen zu können."[316]

Hierbei stellt sich die Frage, wie diese veränderte Perspektive bei den Individuen an Zuspruch gewinnen kann. Die Debatte über eine Vergesellschaftung der Arbeit ist nicht neu. Schon bei den Griechen galt die „Arbeit" als eine Form der „Privatangelegenheit", es wurde gearbeitet um die elementaren Bedürfnisse einer Stadt zu befriedigen.[317] Nach dieser Theorie, war Arbeit das Schicksal des einzelnen, um seinen Lebensunterhalt zu bestreiten.[318] Durch diese Ausprägung konnte sich in der Antike kein Bewusstsein entwickeln, wonach Arbeit dem Gemeinwohl dienen soll.[319] Die Römer dagegen sahen dies ganz anders, da hatte der Dienst gegenüber anderen oder der Gemeinde einen höheren Stellenwert.[320] Wie bereits ansatzweise in dieser Untersuchung beschrieben wurde, untersteht die Definition der Arbeit verschiedenen Einflüssen und Faktoren. Insbesondere in der Moderne spiegelt die Globalisierung eine signifikante Rolle bei dem Wandel der Arbeit wieder. Dominic Kaltenbach fast den Arbeitsbegriff zusammen, indem er diesem fehlende Statik und Veränderbarkeit unterstellt, Arbeit jedoch schon immer das gesellschaftliche Gefüge prägte.[321]

„*Als allgemeinste Umschreibung stellt sich Arbeit als eine Auseinandersetzung mit der natürlichen, sozialen und kulturellen Umwelt dar, die zumindest im Zusammenhang mit dem Lebensunterhalt des Arbeitenden steht. Darüber hinaus ist es eine Eigentümlichkeit von Arbeit, dass dieser stets ideologische Attribute angeheftet sind, die zur Praxis meist eine nicht unerhebliche Diskrepanz aufweisen. Diese reichen von der Sinn- und*

316 Vgl.: Bonß, Wolfgang. in: Globalisierung unter soziologischen Perspektiven. In: Voigt, R. (Hrsg.): Globalisierung des Rechts. Baden-Baden: Nomos, 2000b, S. 399.

317 Vgl.: Meier, Christina in: Griechische Arbeitsauffassung in archaischer und klassischer Zeit. In Bierwisch, Manfred (Hrsg.) in: Die Rolle der Arbeit in verschiedenen Epochen und Kulturen. Akademie-Verlag, Berlin 2003, S. 20.

318 Vgl.: Ebd. S. 71.

319 Vgl.: Ebd. S. 71.

320 Vgl.: Ebd. S. 71

321 Vgl.: Kaltenbach, D. Dominic in: Globalisierung – bleibt das Individuum auf der Strecke? Eine rechts- soziologische Betrachtung der Arbeitswelt, Band 3, Verlag Dr. Kovac, Hamburg 2009, S. 195.

Werthaftigkeit der Tätigkeit, die als Arbeit bezeichnet werden kann, bis hin zur Sinn- und Werthaftigkeit des Menschen selbst."[322]

Die gesellschaftliche Zuordnung der Arbeit in der Erwerbsarbeitsgesellschaft, die die Selektion nach Berufen ideologisch betrachtet und die Individuen in der Gesellschaft positioniert, ist vermehrt in westeuropäischen Ländern wiederzufinden. Eine Forsa Umfrage hat ein „Ranking" der einzelnen Berufe erstellt:

„*Alle lieben Feuerwehrleute und Krankenschwestern. Seit Jahren führen beide Berufe das Ansehens-Ranking in der Bevölkerung an. Verlierer sind Manager und Banker. Der deutsche Beamte kommt hingegen in der Gunst der Bürger viel besser weg als es sein Ruf verheißt.*"[323]

Feuerwehrleute, Krankenschwestern, Altenpfleger aber auch Erzieher genießen laut einer Forsa Umfrage eine hohe Reputation in der Gesellschaft. Gewinner in dieser Studie sind Müllmänner. Aber auch Lehrer, Dachdecker und Briefträger, die in der Gunst der Bevölkerung an Ansehen gewonnen haben. Interessanterweise finden sich in der Auswertung der Umfrage, Professoren, Richter oder Polizisten nicht wieder. Diese Ideologisierung der Berufsstände dient mehr einer Ausgrenzung. Die Sortierung nach Anerkennung der Berufe in der Gesellschaft, hat zur Folge, dass mehr Individuen ausgegrenzt als einbezogen werden. Solche Umfragen sind nicht wissenschaftlich untermauert, sie sind im Ergebnis eine rein subjektive Sichtweise, die ohne jegliche Form der Reflektion, Auskunft über den aktuellen Stand darstellt, welcher Berufsstand „aktuell" an „Ansehen" genießt. Dies kann sich jederzeit durch Medien oder die Wirtschaftspolitik ändern. Dieses ideologische „Problem" wird sich nicht dadurch lösen lassen, dass die Erwerbsarbeit neu definiert wird. Vielmehr muss jedes Individuum seine eigene Passivität aufgeben und sich aktiv beteiligen, am Diskurs der Selektion in „gute und schlechte Berufszweige". Es geht hierbei letztendlich nicht mehr um Inhalte, teilweise profitieren Berufszweige in der Anerkennung der Gesellschaft bereits davon, wenn in diesem Segment gerechte oder gute

322 Vgl.: Ebd.

323 Vgl.: Onlineportal der Zeitschrift Focus in: Feuerwehrmann und Krankenschwester sind angesehenste Berufe. *http://www.focus.de/panorama/welt/gesellschaft-feuerwehrleute-auf-platz-eins-der-angesehensten-berufe_id_4085669.html* (Stand: 24.03.2015).

Löhne/Gehälter gezahlt werden. Die Nützlichkeit der eigenverantwortlichen Weiterbildung des Individuums, kann in Gänze nicht bestätigt werden. Nach einer erfolgreich abgeschlossen Fortbildung werden keine Garantien auf Stabilisierung der Arbeit oder einem erhöhten Entgelt ausgestellt. Im Umkehrschluss die These aufzustellen, dass eine Weiterbildung „nutzlos" sei, wäre ein gravierender Fehler. Vor allem wenn das Individuum, nur aus materiellen Gründen oder aus einem Stabilisierungseffekt heraus sich weiterbildet. Es liegt in der Natur der Sache, dass Individuen immer von Bildung profieren können. Dominic Kaltenbach fasst die Definition der „Arbeit" dahingehend zusammen, dass bei der Kodifizierung der Arbeit gegen Ende des 19. Jahrhunderts, ein Starker Fokus gelenkt auf den Nationalstaat ersichtlich ist, der das Verhältnis von Individuen und Arbeitsgesellschaft zueinander bestimmt.[324] Dieser These kann in der heutigen Zeit nur ansatzweise zugestimmt werden, da sich bedingt durch die Globalisierung und der weltweiten Vernetzung durch das Internet, die Berufsbilder ändern und dadurch sich das Verständnis von Erwerbsarbeit ändert. Wenn man den nationalen Bezug als Definitionsansatz heranzieht, würde es die Kausalität von Arbeitslosigkeit und Armut bezogen auf den Nationalstaat erklären. Da der Umstand einer Erwerbslosigkeit von „Stakeholdern" zur Solidaritätserzeugung mit Erwerbstätigen missbraucht werden kann, um erwerbslose Arbeitnehmerinnen und Arbeitnehmer zu stigmatisieren. Die mannigfaltigen Optionen die das Individuum in der Arbeitswelt heute hat, können zu Irritationen führen. Durch die Individualisierung, gefolgt mit dem einhergehen der Heterogenisierung der verschiedenen Interessenlagen, kann dies vermehrt zu Enttäuschungen beim Individuum, bezüglich der eigenen Vorstellungen führen. Ein bedingungsloses Grundeinkommen würde diese Entwicklung maßgeblich fördern. Es würde den Bürgerinnen und Bürgern freigestellt, sich in der Arbeitswelt zu engagieren. Dies würde wiederum vermehrt zu einer forcierten Individualisierung der Gesellschaft beitragen. Es besteht die Gefahr, dass die Passivität des einzelnen gefördert wird.

„Es scheint daher wesentlich dringlicher, die breiten Nutzungsmöglichkeiten aufzuzeigen, die als wesentliche Ausgangsbasis die Bereitschaft bein-

[324] Vgl.: Kaltenbach, D. Dominic in: Globalisierung – bleibt das Individuum auf der Strecke? Eine rechts- soziologische Betrachtung der Arbeitswelt, Band 3, Verlag Dr. Kovac, Hamburg 2009, S. 336.

halten, sich eigenverantwortlich weiter zu qualifizieren, sowohl als Wirtschafts- wie als Staatsbürger, um auf den aktuellen Stand zu bleiben."[325]

Ein positiver Effekt des Lebens langen Lernens, würde daraus resultieren, dass Veränderungen in der Gesellschaft nicht abrupt erscheinen und der „Bruch" nicht als gravierend empfunden wird. Dies hätte zur Folge, dass die notwendige Kontinuität und Stabilität in der Gesellschaft aktiv von den Protagonisten in der Arbeitswelt herbeigeführt werden kann. Das Gesellschaftsbild der „Arbeit" lediglich unter den Merkmal eines „Nutzen" festzumachen, ist aufgrund der Tatsache zunehmender Austauschbarkeit der Arbeitnehmerinnen und Arbeitnehmer, für diese sehr frustrierend. Diese Frustration hat zur Folge, dass die Beibehaltung der Orientierung an unmittelbaren Mitnahmeeffekten in der Erwerbsgesellschaft gefördert wird.[326] Die zunehmende Notwendigkeit der eigenverantwortlichen Qualifikation und der zu beseitigende Reformstau in der Aus- resp. Fortbildung der Arbeitnehmerinnen und Arbeitnehmer, würde ohne die Garantie einer Stabilisierung der Erwerbsarbeit, in der Erwerbsarbeitsgesellschaft nicht anerkannt werden. Bei einer Vernachlässigung der eigenverantwortlichen Qualifikation durch das Individuum, besteht ein erhöhtes Risiko, anhand der aktuellen „Nützlichkeitsfaktoren" selbst aussortiert zu werden.

Fasst man abschließend die verschiedenen Faktoren zusammen, erhält man ein Gesamtbild, welches Anhaltspunkte liefert, dass die Globalisierung der Arbeit einhergeht mit der Individualisierung der Arbeitnehmerinnen/Arbeitnehmer und die beiden Prozesse als Einheit betrachtet werden müssen. Ein positiver Nutzen aus beiden Prozessen entsteht, wenn man eine Verbindung dieser untereinander voraussetzt.[327]

„Die Globalisierung lässt sich in diesem Zusammenhang weder als Siegeszug des Kapitalismus als solchen charakterisieren, denn verschiedene Formen des Kapitalismus waren schon immer weltweit vorzufinden, noch erscheint vor diesem Hintergrund ausgerechnet der angelsächsische Kapitalismus als einziger gangbarer Weg, denn die Veränderung hin zu mehr

325 Vgl. Ebd, S. 337.
326 Vgl.: Ebd, S. 337.
327 Vgl.: Ebd, S. 338.

Eigenverantwortlichkeit des Individuums muss und wird nicht in einer gesellschaftlichen Herauslösung nach angelsächsischen Vorbild enden.“[328]

Unter anderem stützt sich diese These darauf, dass vermehrt Forderungen debattiert werden, adäquate rechtliche Schutzmechanismen in Form von Sozialklauseln zu schaffen und bestehende auszubauen. Leider findet hierbei kein wechselseitiger Lernprozess statt, da durch die fortschreitende Individualisierung, auch der Verlust von Traditionen zu erkennen ist. Der Verlust oder die Veränderung einer Traditionsvermittlung, kann in gewissen Aspekten auch positiv bewertet werden.

„*Diese Veränderung erscheint zudem gerade unter dem Gesichtspunkt der Überwindung alter, national propagierter und diskriminierender Hemmschwellen, als Veränderung zu mehr Lebensqualität. War die Idolisierung*[329] *der Hausfrauenrolle der Idolisierung der Arbeit geschuldet, verlieren derartige Vorstellungen noch mehr als zuvor ihre Praktikabilität.*“[330]

Solche Überwindung von Normalitätsvorstellungen führen in der Gesellschaft zu Unsicherheiten und Orientierungslosigkeit. Die Individualisierung kann auch für die notwendige Überwindung der Passivität verstanden werden, Lebensentwürfe und die Arbeitswelt können dadurch einer neuen Orientierung unterworfen werden. Diesen Rahmen kann die „Weltarbeitsgesellschaft“ schaffen, da die Unsicherheit und die daraus resultierenden Ängste Weltweit zu verzeichnen sind. Die dafür notwendigen arbeitsorganisatorischen Veränderungen sind sehr umfangreich. Doch bei allen bevorstehenden aktuellen Schwierigkeiten und Herausforderungen, würden neue Ansätze Entstehen, die eventuell die Überwindung des konfrontativen Wirtschaftens, bedingt durch neoliberale Marktmechanismen, einschränken könnten. Diese grundlegenden Reformen finden nur statt, wenn das Individuum seine Passivität ablegt und sich verstärkt am Reformprozess beteiligt. Dies setzt voraus, dass sich die Perspektive der Individuen, auf sich selbst und auf die Gesellschaft ändern muss. Dominic Kaltenbach sieht in diesem Reformprozess Ansätze dafür, dass unter diesen neuen Bedingungen in der Weltarbeitsgesellschaft, die Wirtschaft, die aktuell teilweise Abs-

328 Vgl.: Ebd, S. 339.

329 Vgl.: Onlineportal: Wissen.de, „Idolisierung bedeutet etwas zum Ideal hervorheben“, *http://www.wissen.de/fremdwort/idolisierung* (Stand: 07.05.2015).

330 Vgl.: Ebd, S. 339.

trakte Züge annimmt, in ihrer Gesamtheit wieder in die Gesellschaft eingebettet werden kann.[331] Die neugeschaffene Weltarbeitsgesellschaft könnte aufgrund der neuen Bedeutung der Individuen, eine Arbeitsgesellschaft der Menschen sein.

„*Die Bedeutung der individuellen Aufgabe bleibt jedoch gerade in der Arbeitswelt sehr wahrscheinlich deshalb noch ein Stück weit verschleiert, weil die Arbeit gegen Ende des 19. Jahrhunderts zur nationalen Solidaritätserzeugung im Zuge der Kodifizierung instrumentalisiert und, immer noch nachwirkend, bewusst auf den nationalen Raum eingeengt und damit ein starker Bezug zwischen Fürsorge und Nationalstaat geschaffen worden ist.*“[332]

Diese Kodifizierung in Bezug auf die Solidaritätserzeugung des sozioökonomischen Nationalstaates würde bei einer zunehmenden eigenständigen Rollendefinition des Individuums, ihre Bedeutung verlieren. Dieses neue Verhaltens- und Denkmuster des Individuums unter Berücksichtigung der gesellschaftlichen Struktur, kann als Ursprung der Individualisierung bezeichnet werden.

„*Dieser Kern kann jedoch nur dann zu positiven Begleiterscheinungen führen, von der Abwendung eines plötzlichen Bruchs bis zur positiven Gestaltung der Globalisierung selbst, wenn sich das Individuum als Wirtschafts- wie als Staatsbürger auch im Privaten hierfür qualifiziert und vor allem Bezug auf die immer noch oft gestellte Frage der `Nützlichkeit` auch diese daraus resultierenden positiven Mitnahmeeffekte erkennt.*“[333]

Wenn also eine Handlung als Arbeit definiert werden soll, die eine Qualifikation des Individuums voraussetzt und die Auseinandersetzung mit der Gesellschaft beinhaltet, und zudem von den Protagonisten anerkannt und nützlich erscheint, besteht die Option, dass unter dem Einfluss der Globalisierung und der damit verbundenen Individualisierung, die Menschen in ihrer Vielfalt geprägt werden. Die Globalisierung und die Individualisierung der Gesellschaft zwingen die Akteure zum Ausbruch aus dem instrumentalisierten nationalen ökonomischen Prozess,

331 Vgl.: Ebd, S. 340.
332 Vgl.: Ebd, S. 340.
333 Vgl.: Ebd, S. 341.

da immer wieder Forderungen gestellt werden, Staatsaufgaben wieder vermehrt in die Gesellschaft zu implizieren. Dass die „Muße" als Gegenstück zur Arbeit, nicht die Passivität definiert, ist aus der Historie der Antike hinreichend bekannt. Leider wird dies heutzutage anders bewertet. Die private Passivität kann zu einer Instrumentalisierung des Nationalstaates missbraucht werden. Wenn der Einfluss durch den Nationalstaat immer geringer wird, da sich immer mehr Individuen als Weltbürger neu definieren, müssen folglich auch die Rahmenbedingungen in der Arbeitswelt von dem bisherigen „ökonomischen Diktat" herausgelöst werden und sich einem Wandel unterziehen. Dies hätte zur Folge, dass die Gesellschaft ein neues Berufsverständnis definieren würde. Immer noch wird mit dem Beruf ein dauerhaftes Verhältnis, zumindest bis zum Erreichen des Rentenalters, vorausgesetzt. Dadurch werden der Weiterbildung, der Flexibilität des Individuums sowie der Kreativität nur eine untergeordnete Rolle zugestanden. Trotz nachweislich wissenschaftlicher Erkenntnisse über die Erosion von Normalarbeitsverhältnissen, bevorzugen Arbeitgeber immer noch einen Bewerber mit einer Normalbiographie. So genannte Brüche, die mit einem Berufswechsel oder Arbeitgeberwechsel einhergehen, werden negativ bewertet.

„Die Individualisierung in der Arbeitswelt führt dazu, dass in der Zeit zwischen zwei Arbeitsverhältnissen jede Menge Arbeit vorhanden ist und diese nicht nur in Form von Arbeit, die man klassisch nicht in der Erwerbsarbeit verortet. Mehrere Erwerbsunterbrechungen könnten dann im besten Fall kein Einstellungshindernis sein, sondern ein Hinweis für den Arbeitgeber auf aktualisierte Qualifikation."[334]

Die immer stärker werdenden Anforderungen an das Individuum, durch komplexere Tätigkeiten, und das erhöhte Risiko die Erwerbsarbeit zu verlieren, fördern nicht die finanzielle Planbarkeit und sorgen für eine Unsicherheit in der Praxis. Die komplexer werdenden Erwerbsabläufe könnten die Gleichstellung der Geschlechter vorantreiben und eventuell den Konsumwunsch wieder dahin verorten, dass wieder auf Anschaffungen gespart wird und nicht vermehrt auf Kreditbasis diese finanziert werden.[335] Die kroatische Regierung hat vor der Wahl,

334 Vgl.: Ebd, S. 342.

335 Vgl.: Onlineportal der Zeitschrift Focus in: Schlimmer als Spanier und Itali-

den ärmsten Bürgern die Schulden erlassen.[336] Dadurch sollte die Wirtschaft in Form der Binnennachfrage gestärkt werden und natürlich der Wunsch der Parteien, von den Bürgerinnen und Bürgern gewählt zu werden.

Im Hinblick eines Arbeitsverständnisses ist die Individualisierung, im Kontext der Globalisierung per se nicht negativ zu betrachten. Das Verständnis der Arbeit beinhaltet Komponenten und Fähigkeiten die lediglich in diesem Arbeitssystem funktionieren. Ein Beispiel hierfür sind Individuen die sich künstlerisch betätigen. Solange der Lebensunterhalt mit dieser Fähigkeit verdient wird, wird diese Form der Erwerbsarbeit anerkannt. Jedoch nicht, wenn das Individuum künstlerisch begabt ist und damit seinen Lebensunterhalt nicht finanzieren kann. Durch die Globalisierung entstehen neue Denkmuster in der Gesellschaft. Das Aufbrechen des nationalen Korsetts, konfrontiert die ideologische Sichtweise mit der Realität.

„Individualisierung bedeutet in diesem Zusammenhang primär, dass das Wissen und die Leistungsfähigkeit jedes Einzelnen direkt in einen weltweiten Rahmen gesetzt wird und die Fähigkeiten individuell auf die Erfordernisse ausgerichtet werden müssen. Anders formuliert zeigt sich nun direkt, dass mit dem Aufbrechen des nationalen Rahmens auch die vorgegebenen Bildungs- und Arbeitsstrukturen zugunsten der Persönlichkeit des Individuums das Arbeitsbild weniger prägen.“[337]

Die bereits in dieser Untersuchung definierte „Nützlichkeit“ der Erwerbsarbeit, da diese zum Lebensunterhalt beiträgt, gilt es jetzt neu zu definieren und im Rahmen der Weltarbeitsgesellschaft, individuell auszuhandeln. Die aktuelle Situation in der Gesellschaft hat wohlmöglich dazu beigetragen, dass die Weiterbildung nur unter der Perspektive der Nützlichkeit betrachtet wird. Dies bedeutet, dass in vielen Fällen nur

ener -Deutsche Bürger sind bald Schulden Europameister. *http://www.focus.de/finanzen/news/schlimmer-als-spanien-und-italien-deutsche-auf-dem-weg-zum-schulden-europameister_aid_1085143.html* (Stand: 01.04.2015).

336 Vgl.: Onlineportal der Zeitschrift Spiegel in: Vor der Wahl: Kroatien streicht armen Bürgern die Schulden. *http://www.spiegel.de/wirtschaft/soziales/kroatien-streicht-armen-buergern-die-schulden-a-1016363.html.* (Stand: 01.04.2015).

337 Vgl.: Kaltenbach, D. Dominic in: Globalisierung – bleibt das Individuum auf der Strecke? Eine rechts- soziologische Betrachtung der Arbeitswelt, Band 3, Verlag Dr. Kovac, Hamburg 2009, S. 343.

unter einer vorher „ausgestellten Garantie" durch den Arbeitgeber, die Weiterbildung als produktiv und rational anerkannt wird.

„Was nun direkt zum Vorschein kommt, mit Blick auf die Sinnstiftung der Arbeit, ist die individuelle Aufgabe, diesen Sinn nicht aus der Stiftung der Arbeit, diesen Sinn nicht aus der gesellschaftlichen Bewertung herauszulesen, sondern ihn selbst zu schaffen und aktiv an die Arbeitsgesellschaft herantragen."[338]

Wenn die Passivität jedes einzelnen reduziert und in Engagement transformiert wird, trägt dies zum Wandel im Verständnis einer sinnstiftenden Arbeit in der Weltarbeitsgesellschaft bei. Die Beziehungen und der Umgang der Individuen untereinander muss eine Transformation durchleben, damit die gesellschaftliche Definition dessen was „Arbeit" darstellt einen signifikanten Bedeutungswandel durchläuft. Dadurch werden die Kreativität und die Wertschätzung dem einzelnen Gegenüber gefördert. Die Selektion nach Nützlichkeit, Sinnstiftung oder Unter- resp. Überordnungsverhältnissen hebt sich sukzessive auf. Primär muss dieser Prozess einen Wandel zwischen Arbeitgeber und Arbeitnehmer vorantreiben. Da dieser einen signifikanten Einfluss auf dieses Verhältnis ausüben kann. Das Abhängigkeitsverhältnis beruht auf Gegenseitigkeit, dies muss den Akteuren wieder bewusst gemacht werden. Explizit ist das Gestaltungsmonopol des Arbeitgebers bezüglich des Arbeitsumfeldes einer Reform zu unterziehen. Prekäre Arbeitsbedingungen und ein nicht kollegialer Umgang der Parteien untereinander, hat ein negatives Bild in der Außendarstellung zur Folge. Damit einhergehend sind ein Verlust der Anerkennung und der Sinnhaftigkeit einiger Berufszweige oder Branchen verbunden. Ein interessanter Bericht in der Zeitschrift „Welt" spiegelt diese Ansatzweise wieder.

„Mehr als 73 Prozent aller Arbeitsverhältnisse enden demnach betriebsbedingt, gut 24 Prozent verhaltensbedingt. Nur 2,4 Prozent der untersuchten Kündigungen waren personenbedingt. Betriebsbedingte Kündigungen sind einfacher für Arbeitgeber. Die wahren Kündigungsmotive liegen aber häufig im Verhalten oder in der Person, sagt Arbeitsrechtler Kursawe. Per-

[338] Vgl.: Ebd, S. 343.

sonenbedingte oder verhaltensbedingte Kündigungen seien jedoch bis auf wenige Ausnahmen beinahe unmöglich.“[339]

Durch die Konzepte des bedingungslosen Grundeinkommens und der daraus resultierenden Bürgerarbeit, in die zwischenmenschlichen Beziehungen in der Gesellschaft einzugreifen, würde das Prinzip der realen Freiwilligkeit untergraben und der Erfolg dieser Konzepte wäre nur sehr schwer messbar. In der Debatte, um Moral in der Wirtschaft oder der Flexibilität des Individuums, ist der Unterschied zwischen „Recht“ und „Moral“ nur marginal zu erkennen. Explizit bei der progressiven Globalisierung und der verstärkten Individualisierung der Arbeitnehmerinnen und Arbeitnehmer in der Weltarbeitsgesellschaft muss ein Paradigmenwechsel, von einer stetigen Abwehr durch Sanktionen, zu einem Akteur der Gestaltung realisiert werden. Je stärker der Gesetzgeber reguliert, desto stärker fördert er die Passivität des Individuums. Das Kapital befasst sich bei einer Überregulierung, wie zum Beispiel im Arbeitsmarkt, sofort mit dem Gedanken aus einem vermeidlich zu stark regulierten Markt auszusteigen. Dies bedeutet, dass das globale Kapital und die hochqualifizierten Arbeitnehmerinnen/Arbeitnehmer und Arbeitgeber flexibel und mobil sind. Dies könnte zur Folge haben, dass eine gut gemeinte Regulierung auf Kosten derer geht, die weniger mobil sind. Diese Aussage stellt kein Plädoyer für eine Deregulierung des Arbeitsrechts dar. Das Arbeitsrecht genießt einen Schutzcharakter, um der Willkür einiger Arbeitgeber entgegenzuwirken. Dies muss auch der Kern des Arbeitsrechts bleiben. Jedoch bei einem zu starken untergraben der Privatautonomie in Form einer eingeschränkten Gestaltung des Vertragsrechts, würde dieses Vorgehen den Wettbewerb in der Marktwirtschaft lähmen und die Einschränkungen in die Vertragsfreiheit fördern. Warum sollen sich Menschen solidarisieren und für ihr Recht demonstrieren, wenn der Staat ohnehin so stark reguliert hat, dass ihnen jegliche Motivation genommen wird.

Das folgende Kapital untersucht die Folgen der Erwerbslosigkeit und seine unterschiedlichen Facetten für das Individuum. Es wird ein breites Spektrum von Studien und Analysen deskriptiv erörtert.

339 Vgl.: Onlineportal der Zeitschrift „Welt“ in: Dienstags wird fast nie ein Mitarbeiter gekündigt. *http://www.welt.de/wirtschaft/karriere/article129519343/Dienstags-wird-fast-nie-ein-Mitarbeiter-gekuendigt.html* (02.04.2015).

2.4 Die verschiedenen Facetten der Erwerbslosigkeit

Dieser Abschnitt der Untersuchung setzt sich intensiv mit der Erwerbslosigkeit von Arbeitnehmerinnen und Arbeitnehmern auseinander. Der Fokus liegt auf einer deskriptiven Bestandsaufnahmen von verschiedenen sozio-psychologischen Theorien. In dieser Übersicht dürfen selbstverständlich nicht Maria Jahoda und die Marienthalstudie sowie einer seiner bemerkenswertesten Protagonisten der Psychoanalyse Sigmund Freud fehlen. Anhand dieser Experten und einiger anderer wird die Ist-Situation der Individuen analysiert, die nicht mehr am Arbeitsmarkt partizipieren. In den vorherigen Kapiteln wurde aus einer philosophischen und teils juristischen Perspektive der Wandel des Terminus „Arbeit" und seine historische Bedeutung dargestellt, in den nun folgenden Abschnitten wird das Thema nicht weiter fortgesetzt.

Das Kernproblem des deutschen Arbeitsmarktes bildet die Massenarbeitslosigkeit, vor allem bei gering qualifizierten und älteren Personen. Die zunehmend enge Verzahnung zwischen Wirtschaft und der Sozialordnung tritt signifikant zum Vorschein, wenn eine neue Wirtschaftskrise entsteht.[340] Die Erwerbsarbeit dient dem Individuum nicht ausschließlich zur Existenzsicherung, unter anderem identifiziert sich das Individuum durch seine ausgeübte Tätigkeit und repräsentiert seinen sozialen Status in der Gesellschaft dadurch. Dieser Status impliziert die gesellschaftliche „Nützlichkeit" und die daraus resultierende Wertschätzung in der breiten Öffentlichkeit. Die Erwerbslosigkeit birgt die Gefahr des sozialen Abstieges, sowohl finanziell als auch gesellschaftlich. Wenn jedoch viele Individuen von Erwerbslosigkeit betroffen sind, und diese sind Aktuell immer noch im sozio-ökonomischen Korsett des Nationalstaates eingebettet, kann dies zu Unruhen in der Gesellschaft führen. Die damalige Implementierung sozialer Standards in Deutschland, unter Bismarck, war ein Resultat der allgemein herrschenden Unzufriedenheit unter der arbeitenden Bevölkerung, da die vorherrschende soziale Absicherung in der Praxis nur gewährleistet wurde, solange jemand in der Familie ein Einkommen bezog. Es spielten aber auch andere Faktoren, wie ein verstärktes Demokratieverständnis, und nicht ausschließlich prekäre Arbeitsbedingungen, bei diesen Unruhen eine signifikante Rolle. Solche Unruhen sind in den letz-

[340] Vgl.: In diesem Kontext: Weltwirtschaftskrise von 1929 und die globale Bankenkrise von 2008.

ten Jahrzehnten in der Bundesrepublik nicht mehr vorgekommen. Die Arbeitsmarktreform der Rot/Grünen Bundesregierung im Jahr 2005, führte vereinzelt zu Demonstrationen der Bürgerinnen und Bürger. Diese wollten auf den, ihrer Meinung nach, neoliberalen Vormarsch in der Wirtschafts- resp. Arbeitsmarkt aufmerksam machen. Wie die fast schon manifestierte Massenarbeitslosigkeit unter der Bevölkerung reduziert werden kann, darüber besteht unter den Experten ein Richtungsstreit. Es werden unterschiedliche Paradigmen proklamiert. Die neoliberalen Theoretiker präferieren ein Wirtschaftssystem mit geringer Regulation. In der Angebotstheorie mit neoliberalen Grundzügen werden Schocks oder Konjunkturkrisen intern geregelt, demnach bereinigt sich der Wirtschaftsmarkt eigenständig. Wird die Nachfrage stärker in den Focus gerückt, verweisen Keynesianer wiederum auf erhebliche Stabilisierungsprobleme und fordern eine Konjunktur- und wachstumspolitische Steuerung durch den Staat.[341] Die EZB hat verschiedene Hilfspakete in Milliardenhöhe konzipiert, um verschuldete Staaten bei Ihrer Schuldenkrise zu unterstützen. Diese sind an weitreichende Bedingungen geknüpft, die die in Anspruch nehmen den Staaten zu weitreichenden Reformen zwingen. Einige neoliberale Experten wie Herr Sinn, äußern sich stets kritisch zu den Lohnkosten in der Bundesrepublik Deutschland und fordern diese zu mindern. Da aus neoliberaler Perspektive, diese im europäischen Vergleich zu hoch sein sollen. Durch die zu hohen Löhne/Gehälter würde die Arbeitslosigkeit in Deutschland vorangetrieben. Der konjunkturelle Aufschwung der Wirtschaft in Deutschland, kann nicht nur alleine auf eine Zurückhaltung der Gewerkschaften beim Thema Lohn/Gehalt in Tarifverhandlungen geführt werden. Konjunktureller Aufschwung stabilisiert sich nur, wenn auch die Binnennachfrage dem entsprechend gesteigert werden kann. Ein nachhaltiger Wirtschaftsaufschwung enthält also mehrere Faktoren.

Die Schwierigkeiten für jede nationale Wirtschaft sind die Langzeitarbeitslosen Bürgerinnen und Bürger. Die Kosten belasten den Wirtschaftshaushalt in Milliardenhöhe. Als langzeitarbeitslos definiert werden Individuen, die länger als 12 Monate keiner Erwerbsarbeit nachgegangen sind. Es bestehen in diesem Kontext verschiedene Facetten der

341 Vgl.: Mehr zu diesem Thema in: Neumann, F. Lothar, Schaper, Klaus, Die Sozialordnung der Bundesrepublik Deutschland, Campus Verlag Frankfurt/NY, 5. Auflage 2008 ff.

Arbeitslosigkeit.[342] Ein Unternehmen stellt seinen Betrieb ein und muss Insolvenz anmelden. Technische Innovationen haben zu einer nachhaltigen Veränderung in der Nachfrage geführt. Die Folge ist eine strukturelle Arbeitslosigkeit. Eine strukturelle Arbeitslosigkeit ist meist langfristig, da der Umstellungsprozess in der Wirtschaft viele Ressourcen bündelt. Ein Ansatzpunkt um dieser Form der Arbeitslosigkeit entgegenzuwirken sind zeitnahe und forcierte Umschulungs- oder Qualifizierungsangebote durch die Bundesagentur für Arbeit. Die konjunkturelle Arbeitslosigkeit wird dagegen durch zyklische Schwankungen der Gesamtwirtschaft verursacht, in Zeiten der globalen Vernetzung müssen diese nicht zwangsläufig Ursachen der eigenen Nationalökonomie sein. Nachfrageschwankungen führen zu Produktionsrückgängen, die wiederum zu Rationalisierungsmaßnahmen führen können. Um Konjunkturschwankungen zu kompensieren, ist es dringend erforderlich die Wirtschaftspolitik flexibel und kreativ zu gestalten. Ein verharren in veralteten wirtschaftlichen Dogmen wäre kontraproduktiv. Ressourcen müssen gebündelt und in den Wirtschaftskreislauf implementiert werden. Gegen eine saisonale Arbeitslosigkeit, vor allem in Berufszweigen, wie zum Beispiel in der Baubranche, besteht in Deutschland die Option ein so genanntes Saisonkurzarbeitergeld zu beantragen, gemäß §§ 175ff Sozialgesetzbuch – Drittes Buch (SGB III), Bundesrahmentarifvertrag für das Baugewerbe (BRTV).[343] Die Sucharbeitslosigkeit, auch friktionelle Arbeitslosigkeit genannt, ist dagegen unvermeidbar. Jede Arbeitnehmerin oder Arbeitnehmer wird in seinem Berufsleben vermutlich in die Situation kommen, sich einen neuen Arbeitsplatz suchen zu müssen. In solch einer Situation, besteht die Option die Hilfe der Bundesagentur für Arbeit in Anspruch zu nehmen.

Maria Jahoda hat eine interessante Studie zu dem Thema: Arbeitslosigkeit und seine Folgen herausgebracht. Das Folgende Kapitel setzt sich mit dieser Studie auseinander.

---

342 Vgl.: Zdjelar, Jovan in: Ein Minimum für jeden? Investivlohn, Kombilohn, Mindestlohn. Lohnkonzepte für die Arbeitswelt von Morgen. Tectum Verlag Marburg 2010 ff.

343 Vgl.: Leitfaden Saison-Kurzarbeitergeld der der deutschen Bauindustrie. *http://www.bauindustrie.de/media/attachments/Saison-Kug_LF_2009.pdf* (Stand: 06.04.2015).

2.5 „Die Arbeitslosen von Marienthal"[344]

Die verschiedenen Facetten der Arbeitslosigkeit und seine Folgen für das Individuum, beschäftigen die Wissenschaft schon seit geraumer Zeit. Eine der bekanntesten Studien, erstellte Frau Maria Jahoda[345] in einer Erhebung in den 1930er Jahren. Frau Jahoda definierte ihre Forschungsarbeit als soziographischen Versuch, die Folgen von Arbeitslosigkeit, um 1930 in einem kleinen Ort in der Nähe von Wien empirisch zu untersuchen. Durch diese Untersuchung wurden sozialpsychologische Tatbestände umfassend und objektiv dargestellt. Das faszinierende an dieser Erhebung war der Umfang des eigenen Einsatzes durch das Team von Frau Jahoda. Die Akteure waren mehrere Monate vor Ort und ein Bestandteil der Dorfgemeinschaft. Dadurch erhielten Sie die Möglichkeit als Beobachter tätig zu werden. Der enge Kontakt zu den Probanden wurde realisiert, indem den Einwohnerinnen und Einwohnern eine kostenlose medizinische Versorgung bereitgestellt wurde. Dieser Kontakt wurde wiederum intensiviert, indem der Dorfgemeinschaft gespendete Kleidungsstücke angeboten wurden und persönliche Besuche der Probanden durch das Team von Frau Jahoda durchgeführt wurden. Dadurch wurde den Wissenschaftlerinnen und Wissenschaftlern die Option gewahrt Interviews mit den Probanden durchzuführen. Natürliche Informationsquellen des Ortes wurden ebenfalls genutzt. Das waren zum einen der ortsansässige Verein und die statistischen Erhebungen der Bibliothek sowie die Wahlziffern der kommunalen statistischen Erhebung. Das Dorf Marienthal wurde nicht nur wegen seiner hervorragenden Untersuchungsbedingungen ausgewählt, sondern aufgrund der Tatsache, dass ein großes Unternehmen in der Nähe geschlossen wurde und von 478 Familien im Ort, nur noch 111 einer geregelten Erwerbsarbeit nachgegangen sind. Dies machte eine Arbeitslosenquote, berechnet auf die Gesamtbevölkerung von 81,8 Prozent aus.

Die Marienthal-Studie lässt sich in zwei Kategorien einteilen. Die erste umfasst Fragen nach der eigenen Meinung, zum Thema „Arbeitslosigkeit" und die zweite nach der Auswirkung der „Arbeitslosigkeit"

344 Vgl.: Jahoda, Marie; Lazarsfeld, Paul F.; Zeisel, Hans in: Die Arbeitslosen von Marienthal. Ein soziographischer Versuch über die Wirkungen langandauernder Arbeitslosigkeit, Suhrkamp Verlag Frankfurt am Main 1975 ff.

345 Vgl.: Jahoda, Maria, Sozialpsychologin und Soziologin, Autorin der Marienthalstudie, geb. 26.01.1907 in Wien, verstorben in West Sussex (GB) am 28.04.2001.

auf das Individuum selbst. Aus Gründen der Komplexität wurde darauf verzichtet, alle Fragen der Untersuchung hier darzustellen. Die erste Kategorie umfasste Fragen wie:[346]

- „Was war die erste Reaktion auf die Arbeitslosigkeit?"
- „Was hat der einzelne getan, um Arbeit zu finden?"
- „Welche Pläne haben die Leute noch?"

Die zweite Kategorie umfasste Fragen wie:

- „Wie ist die Wirkung auf den psychischen Zustand der Bevölkerung?"
- „Haben sich Schwierigkeiten bei eventueller Wiederaufnahme der Arbeit gezeigt?"
- „Haben sich allgemeine Interessenverschiebungen gezeigt?"

Neben der erwähnten Fragebogenerhebung wurde in Marienthal der Altersaufbau mit dem in Niederösterreich verglichen, die Haushaltsgrößen und der Lebensstandard ermittelt. Anhand dieser Ergebnisse wurde konstatiert, wie stark die Abhängigkeit der Probanden von der Sozialfürsorge oder Arbeitslosenunterstützung war. Eklatant deutlich wurde diese Abhängigkeit am Beispiel des Frühstücksbrotes. Am Tag der Auszahlung der Unterstützung wurde gezählt, wie viele Schulkinder ein Pausenbrot mit in die Schule gebracht haben. Das Ergebnis war bezeichnend für die Gesamtsituation in Marienthal, da mehr als zwei Drittel der Bevölkerung von Transferleistungen abhängig waren. Der vorherige ökonomische Status in den Familien konnte nur gesichert werden, wenn zwei Familienmitglieder einer geregelten Arbeit nachgingen. Das lag vor allem daran, dass die gezahlten Löhne zu niedrig waren. Wenn dagegen nur ein Familienmitglied einer geregelten Tätigkeit nachging, war der Lebensstandard nicht signifikant höher, im Vergleich zu einer Familie die ausschließlich von Transferleistungen lebt. Der erwirtschaftete Lohn von einigen Bewohnern, war teilweise identisch mit der Höhe der staatlichen Transferleistungen. Aktuell beziehen Arbeitnehmerinnen und Arbeitnehmer in Deutschland, trotz Vollzeit-

---

[346] Vgl.: Jahoda, Marie; Lazarsfeld, Paul F.; Zeisel, Hans in: Die Arbeitslosen von Marienthal. Ein soziographischer Versuch über die Wirkungen langandauernder Arbeitslosigkeit, Suhrkamp Verlag Frankfurt am Main 1975, S 14.

beschäftigung, staatliche Transferleistungen. Einen Überblick darüber wie viele Personen dies sind, bietet die Abbildung der Bundesagentur für Arbeit vom Februar 2013.

		Vorjahresveränderung	
	Anzahl	absolut	relativ (in%)
erwerbsfähige Leistungsberechtigte (eLb)	4.456.000	-60.000	-1,3
erwerbstätige Arbeitslosengeld II-Bezieher	1.289.000	-25.000	-1,9
abhängig erwerbstätige Arbeitslosengeld II-Bezieher	1.172.000	-24.000	-2,0
Sozialversicherungspflichtig Beschäftigte Arbeitslosengeld II-Bezieher (November 2012)	575.000	-2.000	-0,3
darunter Vollzeit*	331.000	-1.000	-0,3
darunter Teilzeit*	243.000	-1.000	-0,3
ausschließlich geringfügig Beschäftigte/ ohne Meldung (November 2012)	621.000	-31.000	-4,7
selbständig erwerbstätige Arbeitslosengeld II-Bezieher	127.000	+/-0	+0,1

8. Abbildung: Bundesagentur für Arbeit (Februar 2013)[347]

Im Jahr 2013 haben insgesamt 1.289.000 Arbeitnehmerinnen und Arbeitnehmer, trotz einer geregelten Tätigkeit, staatliche Transferleistungen in der Bundesrepublik Deutschland bezogen.

In der Erhebung der Marienthal-Studie wurde gefragt, wie die finanziellen Ressourcen strukturiert werden. Dabei kam ein negatives Ergebnis zustande. Die Mehrzahl der befragten gab an, die finanziellen Ressourcen fast gar nicht oder nur sehr schwer strukturieren zu können. Besonders die Kinder im Dorf bekamen diese finanzielle Not zu spüren. Vereinzelt wurde von den Probanden berichtet, dass die Kinder am Wochenende das Haus nicht verlassen dürfen, da das Spielen draußen die Schuhe zu stark abnutzt. Eine gesundheitliche Untersuchung der Probanden ergab, dass nur 16 Prozent der Kinder unter 14 Jahren einen guten Gesundheitszustand vorweisen konnten, 51 Prozent wiesen einen mittleren Wert auf und 33 Prozent offenbarten einen schlechten

347 Vgl.: Onlineportal der Bundesagentur für Arbeit: Grundsicherung in Deutschland *https://statistik.arbeitsagentur.de/Statischer-Content/Arbeitsmarktberichte/Soziale-Sicherung/Faltblatt-Aufstocker/Aufstocker-2013-07.pdf* (Stand: 07.04.2015).

Gesundheitszustand. Die gesellschaftlichen Aktivitäten der Einwohnerinnen und Einwohner im Dorf, gingen signifikant zurück. Die statistischen Daten der Bibliothek belegten, dass die Bücherausleihe von 1929 bis 1931 um 48,7 Prozent abnahm. Die Anzahl der Abonnenten der Arbeiterzeitung gingen um 60 Prozent zurück, im gleichen Zeitraum sanken die Mitgliederzahlen von gesellschaftlichen Gemeinschaften um 33 Prozent. Im örtlichen Gesangsverein, um bis zu 62 Prozent. Trotz der Tatsache, dass den Probanden, bedingt durch die Arbeitslosigkeit jetzt mehrt Zeit zur Verfügung stand. Die Wahlbeteiligung blieb von 1929 bis 1932 konstant hoch, bei 90 Prozent. Das Team von Frau Jahoda untersuchte ebenfalls, geschlechtsspezifisch getrennt, die Nutzung der generierten Alltagszeit, die jetzt bedingt durch die Erwerbslosigkeit den Probanden täglich zur Verfügung stand. Bei den Frauen im Dorf wurde festgestellt, dass diese durch die schwierige Haushaltsführung noch mehr unter Druck standen und es vereinzelt zu körperlich/seelischen Überbelastungen kam. Hingegen wurde bei den erwerbslosen Männern in Dorf beobachtet, dass die freigewordene Ressource Zeit, ihre Bedeutung für einige verloren hatte. Diese Resignation unter den Probanden viel insbesondere auf, als man diese nach ihrem aktuellen Status fragte. 51, 9 Prozent der Probanden gaben an, sie seien vom Beruf: „arbeitslos". 24, 7 Prozent nannten bei dieser Frage ihren erlernten Beruf, mit dem Hinweis: „jetzt arbeitslos". Die Gesamtheit der Ergebnisse, veranlasste Marie Jahoda dazu, die Familien in drei Kategorien einzuteilen: Demzufolge waren 69 Prozent der Familien „resigniert", 23 Prozent waren „ungebrochen" und 8 Prozent von ihnen waren „gebrochen". Resigniert bedeutete, das Leben zu leben, die Kinder und den Haushalt zu pflegen und bis zur nächsten Auszahlung der Transferleistung zu wirtschaften. Ungebrochen wurde definiert, als nicht ganz ohne Hoffnung und mit Plänen für die nahe Zukunft. Gebrochen bedeutete, dass Kinder und Erwachsene sich Aufgaben und keinen Gedanken mehr an die Zukunft verschwendeten.

Aktuell besteht immer noch ein starkes Interesse an der Studie von Marie Jahoda, die Untersuchungsergebnisse von damals weisen heute immer noch Parallelen zur aktuellen Individualisierungs- und Globalisierungsdebatte auf. Trotz weitreichender Modernisierung des Arbeitsmarktes, in Form neuer technischer Innovationen, zeigt das Individuum starke Verlustängste beim Entzug des Objektes „Arbeit". Eine weitere sehr interessante Theorie zur Erwerbslosigkeit entstand in den

1965er Jahren durch den Medizinsoziologen Aaron Antonovsky[348]. Der nächste Abschnitt fasst diese Theorie zusammen.

2.6 Das Individuum und die psychosozialen Auswirkungen in der Erwerbslosigkeit

Vorreiter zu diesem Thema ist Aaron Antonovsky der im Jahr 1960 zur Medizinsoziologie kam und sich primär für die alltäglichen Stresssituationen des Individuums interessierte. Der Terminus Salutogenese wurde durch Antonvsky geprägt. Dieser war der Meinung, dass die Gesundheit kein Zustand sei, sondern ein Prozess. Deswegen untersuchte Antonovsky bei seiner Stressforschung, vermeintliche „banale" Alltagssituationen, wie zum Beispiel mit dem PKW im Stau stehen, aber auch einschneidende Ereignisse wie den Tod eines geliebten Menschen. Durch diese Forschung kam Antonovsky zu der Erkenntnis, dass die Medizinforschung primär pathogenetisch[349] orientiert ist. Dies bedeutete, dass der Fokus nur auf die Faktoren oder Stressoren ausgerichtet war, die Krankheiten fördern oder deren Ursache darstellten. Wie auch andere Wissenschaftler wies Antonovsky in zahlreichen Publikationen in den 1965–66 nach, dass ein Zusammenhang zwischen Stressbelastung einerseits und der Entstehung von Krankheiten und deren Verlauf andererseits, existiert. Antonovsky stellte fest, dass Spannungen im Individuum nicht zwangsläufig pathogen sein müssen, sondern durchaus auch anregend und befriedigend sein können. Er ist der Ansicht, dass der Prozess der „Spannung", sofern dieser gelöst wird, nicht zwangsläufig in Stress transferiert werden muss. [350] Die Theorie von Antonovsky besagt, dass eine Niederlage in einer Auseinandersetzung mit Stressoren zu einem Zusammenbruch führen kann, dass aber die Bewältigung der Niederlage zu einer Stärkung führt.

348 Vgl.: Aaron Antonovsky, geb. 1923 in Brooklyn, NY/USA; gest. 7. Juli 1994 in Beerscheba, Israel, war Professor der Soziologie und wird als der Vater der Salutogenese betrachtet.

349 Vgl.: Es wird zwischen der kausalen Pathogenese und die formalen Pathogenese unterschieden. Die kausale beschreibt den Zusammenhang von *Krankheitsursache* und Disposition. Die formale Pathogenese behandelt die funktionellen und strukturellen Krankheitsprozesse im Individuum.

350 Vgl.: Antonovsky, Aaron in: Meine Odyssee als Stressforscher, Krankheitsentstehung und Gesundheitsförderung, Jahrbuch für kritische Medizin, 1991, ff.

Den Kernbegriff der Salutogenese bildet der „Sense of Coherence“ (SOC). Antonovsky definiert darunter, dass die Wahrnehmung der inneren und äußeren Welt streng strukturiert abläuft und keineswegs chaotisch. Auftretende Probleme sind demnach mit einer Bewältigungsstrategie zu lösen. Der SOC definiert sich über drei Elemente: Verstehbarkeit (comprehensibility), Handhabbarkeit (manageability) und Sinnhaftigkeit (meaningfulness).[351] Die „Verstehbarkeit“ setzt sich zusammen aus der Gesamtsumme der Stimuli, bestehend aus der äußeren und inneren Umgebung, die im Laufe des Seins strukturiert wird und vorhersehbar sowie verständlich erscheint. Die Stressoren werden bewältigt, wenn das Ausmaß und die Art der Problemlage erkannt werden. Eine fortgeschrittene „Verstehbarkteit“ der Umwelt repräsentiert diesen Faktor.

Die „Handhabbarkeit“ richtet ihren Fokus auf die verfügbaren Ressourcen, die geeignet sind, den durch die Stimuli gestellten Anforderungen gerecht zu werden. Im Vordergrund steht das Gefühl, dass die notwendigen Ressourcen für einen sinnvollen Umgang mit den Stressoren bei der betroffenen Person oder bei der akzeptierten Person in der Umgebung vorhanden sind.

Die Sinnhaftigkeit wird folgendermaßen definiert, die Anforderungen werden als Herausforderung angenommen, deren Bewältigung ein inneres und äußeres Engagement erfordert. Dies stellt eine Lebenseinstellung dar, die das Leben als lebenswert ansieht und Stressoren zwar als hinderlich wahrnimmt, jedoch die Herausforderung zur Bewältigung annimmt und nicht verleugnend vorgeht. Diese Einstellung erzeugt die notwendige Motivation, die Welt zu ordnen und potentielle Ressourcen zu aktivieren. Antonovsky sieht in der Sinnhaftigkeit die wichtigste Komponente innerhalb des SOC. Vor allem hebt er die gesundheitsfördernde Wirkung des SOC hervor, dass daraus resultierende gesundheitsfördernde Verhalten und dazu die positive Lebenseinstellung. Antonovsky konstatiert, dass der SOC der Faktor zu sein scheint, der Ordnung in das Chaos der menschlichen Organisation bringen kann. Die drei erörterten Komponenten des SOC begünstigen oder behindern die Entwicklung des SOC durch den Grad ihrer Ausprägung. So kann eine hohe Ausprägung der „Verstehbarkeit“ bei einer vergleichsweise niedrigen Ausprägung der „Handhabbarkeit“ und zu-

351 Vgl.: Ebd, ff.

gleich einer hohen Ausbildung der „Sinnhaftigkeit" zu hohen Werten in allen Kategorien führen.

Components				
Type	Comprehensibility	Manageability	Meaninfulness	Prediction
1	High	High	High	Stable
2	Low	High	High	Rare
3	High	Low	High	Pressure to move up
4	Low	Low	High	Pressure to move up
5	High	High	Low	Pressure to move down
6	High	Low	Low	Pressure to move down
7	Low	High	Low	Rare
8	Low	Low	Low	Stable

9. Abbildung : Komponenten des SOC[352]

„Der Sence of Coherence ist definiert als eine globale Orientierung, die ausdrückt, in welchem Umfang jemand ein durchdringendes und dauerhaftes, obgleich dynamisches Selbstvertrauten hat, so dass seine inneren und äußeren Lebensumstände vorhersagbar sind und dass eine hohe Wahrscheinlichkeit besteht, dass Probleme bewältigt werden können und zu vernünftigen Erwartungen führen."[353]

Laut Antonovsky entwickelt der Mensch, um das dreißigste Lebensjahr herum eine Sichtweise der Welt, die die Welt mehr oder weniger kohärent darstellt. Je mehr Lebenserfahrungen als konsistent zu charakterisieren sind, ist abhängig von der Form der Partizipation der Ergebnisse. Das ausgeglichene Verhältnis von Über- und Unterladung von Stimuli ist besonders relevant. Je ausgeglichener dieses Verhältnis ist, desto stärker ist das Individuum geneigt, die Welt als kohärent und vorhersehbar zu betrachten. Falls diese Annahme von Antonovsky zutrifft, dann muss der SOC eine signifikante Bedeutung für die individuellen Reaktionen bei verschiedenen Stresssituationen beinhalten. Kinder, die in ihrer Entwicklung einen geringeren SOC aufweisen, können in der Ado-

352 Vgl.: Nüchter P, Norbert in: Zur Sozialpsychologie der Arbeitslosigkeit. Individuelle Folgen und psychoanalytische Erklärungsansätze, Tectum Verlag Marburg 1998, S. 44.

353 Vgl.: Ebd, S. 45.

leszenz durchaus mehr Stabilität entfalten. Der SOC lässt sich als ein persönlicher Charakterzug definieren oder als eine Form des Coping (Bewältigungsstrategie), mit einer permanenten Tendenz, dass Leben als mehr oder weniger geordnet, vorhersehbar und handhabbar zu betrachten. Während in der Adoleszenz eine Reihe von Entwicklungen stattfindet, wie die der Selbstfindung und der Unabhängigkeit, muss sich der SOC während dieser Zeit stärker ausbilden. Einer der Faktoren, der sich als evident für die Entwicklung des SOC herausstellte, ist die Bindung in der frühen Kindheit und während der Adoleszenz an das Elternhaus. Der andere wichtige Faktor ist die Stabilität der Gesellschaft, in der das Individuum lebt.

Anhand der Lebenssituation von erwerbslosen Individuen kann man diese Theorie gut einordnen. Eine neue unbekannte und nur gering von einem selbst steuerbare Lebenssituation, löst in einigen Erwerbslosen Stress hervor. Formulare müssen bei der Bundesagentur für Arbeit ausgefüllt werden, Urkunden und Zeugnisse müssen zusammengestellt werden, der Lebenslauf muss verschriftlicht werden, potentielle neue Arbeitsgeber müssen recherchiert werden, um nur einige vermeintliche Stressfaktoren zu nennen, denen das Individuum ausgesetzt wird. Die Bewältigung dieser Aufgaben und die Strukturierung des Alltags, können erwerbslose Individuen sogar krank machen. Besonders dann, wenn die neuen Aufgaben, dass Individuum überfordern und der Stress körperliche Symptome erzeugt, wie zum Beispiel: Schlafstörungen oder Appetitlosigkeit.

Im nächsten Abschnitt werden Erklärungsmuster erörtert, die den Verlust der Erwerbsarbeit aus einer sozialpsychologischen Perspektive untersuchen.

2.7 Erklärungsmuster beim Verlust der Erwerbsarbeit

Um sozialpsychoanalytische Erklärungsmuster erörtern zu können, muss man sich zunächst mit den Grundlagen zu diesem Thema auseinandersetzen. Wenn man die psychosozialen Auswirkungen für erwerbslose Individuen beschreibt, dann fallen Termini wie: Selbstachtung, Trauer, Angst, Depression, Bindung und Melancholie. Die intraspychischen Abläufe beim Verlust der Erwerbsarbeit, ähneln denen eines Objektverlusts oder Bindungsverlusts. Diese Abläufe resultieren aus Ängsten des Individuums, wie auch aus traumatischen Ereignissen, die vermutlich auf einer narzisstischen Bindungs- und Objektbesetzungsstruktur basieren können. Die Erwerbsarbeit unterliegt einer libidinösen Besetzung durch das Individuum, ergo muss es sich hierbei um ein libidinöses Objekt handeln.[354] Signifikante Hinweise dafür, ergeben sich bei der Arbeitslosenforschung, die Ärzte und Psychologen bei ihren Studien gesammelt haben.[355] Diese Hinweise, lassen sich im Einzelfall eindeutig belegen, jedoch ist der gesellschaftliche Kontext noch unzureichend geklärt. Es wurde auch noch nicht hinreichend geklärt, ob der Rückgang der Inanspruchnahme von Heilbehandlungsmaßnahmen oder Kuren, darauf zurückzuführen ist, dass Individuen eine kollektive Angstreaktion auf die vorherrschende Massenarbeitslosigkeit zeigen und der Verlust der Erwerbsarbeit vermutlich in enger Beziehung zu den Verlustängsten zum Objekt steht[356]. Untermauert wird diese These am Beispiel von Individuen, die von einer Betriebsschließung bedroht sind. Einige verdrängen die Tatsache der Schließung des Unternehmens und gehen davon aus, dass das Unternehmen von der Insolvenz befreit werden kann. Dramatischer verläuft solch eine Entwicklung der Verdrängung beim Individuum, wenn die Erwerbslosigkeit vor sich selbst und vor der Familie und Freunden verleugnet wird. Teilweise gehen die betroffenen Erwerbslosen jeden Morgen aus dem Haus, um dem Umfeld zu suggerieren, dass sie nicht erwerbslos sind. Dies sind nur einige Anzeichen für eine libidinöse Objektbesetzung der Erwerbsarbeit durch das Individuum. Es existiert eine direkte und eine indirekte libidinöse Objektbesetzung der Erwerbsarbeit durch seine Protagonisten. Aussagen von Betroffen Erwerbslosen lassen Rückschlüsse zu, dass es sich bei den Überlegungen und Aussagen um Größenphantasien, ebenso aber auch Kleinheitsphantasien, wie auch zur Selbstentwertung oder zu Schuldzuweisungen kommen kann. Legt man diese Argumentation zugrunde, kann davon ausgegangen werden, dass die Erwerbsarbeit einer

---

354 Nüchter P, Norbert in: Zur Sozialpsychologie der Arbeitslosigkeit. Individuelle Folgen und psychoanalytische Erklärungsansätze, Tectum Verlag Marburg 1998. ff.

355 Vgl.: Baumann, Mareike in: Selbst und Fremdbilder von Arbeitslosigkeit, Peter Lang GmbH Internationaler Verlag der Wissenschaften, Frankfurt am Main 2010, S. 45 ff.

356 Vgl.: Reichwald, Maar (Hrsg.) in: Mensch und Arbeit im technisch –organisatorischen Wandel, Seisl, Petra in: Der Abbau personeller Überkapazitäten, Unternehmerische Handlungsspielräume- Folgewirkungen – Implikationen für ein Trennungsmanagement, Erich Schmidt Verlag GmbH & Co Berlin 1998, S. 114 ff.

libidinösen Besetzung unterliegt. Nach der psychoanalytischen Definition, ist das Objekt eine Person oder eine Sache, Glaube oder als Ideologie zu definieren, die sich dem Individuum als libidinöses Objekt zur Verfügung stellt.[357] Dies wird insofern deutlich, wenn Individuen ihre Ressourcen trotz Krankheit oder Urlaub dem Unternehmen zu Verfügung stellen. Ein Schamgefühl oder Schuldgefühle könnte die Ursache für dieses Handeln bei den Individuen sein. Es kommt ebenfalls in Betracht, dass Größenphantasien des Individuums eine Unentbehrlichkeit der eigenen Person im Unternehmen implizieren. Dies lässt sich darauf zurückführen, dass Erwerbsarbeit in der Gesellschaft persönliche Erfolge produziert und das Individuum sich aus diesem Erfolg eine gewisse Anerkennung seiner Leistung verspricht. Erwerbsarbeit eignet sich sehr gut, als Objekt zur narzisstischen Triebbefriedigung. Erwerbsarbeit kann zur Identitätsbildung beitragen, sofern man der Ansicht ist, dass Erwerbslosigkeit zur Störung der persönlichen Identitätsbildung beiträgt. Der Erwerbsarbeit kann attestiert werden, dass es sich als libidinöses Objekt eignet.[358]

Ausgehend von der soziologischen Perspektive, im Hinblick der Berufswahl für das Individuum, nimmt die Erwerbsarbeit in diesem Kontext eine übergeordnete Rolle ein. Am Anfang der Berufswahl stehen teilweise infantile Wünsche im Vordergrund, erst in der Adoleszenz werden die Vorstellungen konkreter. Diese Vorstellungen bezüglich der Berufswahl orientieren sich an den Verdienstmöglichkeiten, den eigenen Interessen oder dem gesellschaftlichen Status. Bei dieser Wahl, sind die investierten Ressourcen zu berücksichtigen, die Dauer der Ausbildung, Schule oder Studium. Der ausgewählte Beruf und die daraus resultierende Erwerbsarbeit, können durchaus einer libidinösen Objektbeziehung unterworfen werden. Bei dieser Form der Besetzung würde es sich um ein reales Objekt handeln. Die ausgewählte Tätigkeit, wird zur Berufung. Dies hat zur Folge, dass bei einer Ablösung des Objekts, der Verlust durch Trauerarbeit sublimiert wird.[359] Bevor die Trauerarbeit beginnen kann, muss jedoch geklärt werden, ob es sich in dieser

357 Vgl.: Nüchter P, Norbert in: Zur Sozialpsychologie der Arbeitslosigkeit. Individuelle Folgen und psychoanalytische Erklärungsansätze, Tectum Verlag Marburg 1998, S. 73.

358 Vgl.: Freud, Sigmund in Massenpsychologie und Ich-Analyse, Nikol 2010, ff.

359 Vgl.: Bossinade, Johanna in: Theorie der Sublimation – Ein Schlüssel zur Psychoanalyse und zum Werk Kafkas, Könnigshausen & Neumann GmbH Würzburg 2007, S. 33 ff.

Beziehung, um eine Liebes- oder um eine Hassbeziehung zum Objekt handelt. In einigen Fällen, kann es aber auch zu einer sogenannten ambivalenten Form der Beziehung kommen. Aus den konstatierten Beispielen lassen sich Rückschlüsse ziehen, dass es sich bei der Erwerbsarbeit um ein Objekt handeln muss, welches durch das Individuum besetzt werden kann. Die Erwartungen an die Erwerbsarbeit gleichen teils denen, die das Individuum an ein libidinöses Objekt stellt. Im Vordergrund dieser Beziehung steht die Befriedigung eigener Bedürfnisse, diese können ambivalent sein. Gestellte Aufgaben im Beruf werden mit Herausforderungen verglichen, werden diese erfolgreich absolviert, stellt sich ein Wohlbefinden im Individuum ein. Dabei muss unterschieden werden, ob diese Emotion intern oder extern durch das Individuum generiert wurde. Intern generierte Erfolge im Berufsleben, sind die, die positive Emotionen erzeugen können. Diese Emotion kommt einer narzisstischen Zufuhr von Selbstliebe gleich.[360] Eine extern generierte Emotion, ist die Anerkennung durch Dritte. Die Erwerbsarbeit ist in der Position, Emotionen im Individuum zu erzeugen, die wiederum zur Bedürfnisbefriedigung herangezogen werden können. Dies sind primär, dass Sicherheitsbedürfnis, die soziale Integration in der Gesellschaft, das Bedürfnis nach Selbstachtung und Anerkennung, sowie das Bedürfnis nach Selbstverwirklichung. Die von Maslow[361] konstatierte Bedürfnispyramide veranschaulicht dies.

---

360 Vgl.: Altmeyer, Martin in: Narzissmus und Objekt – Ein intersubjektives Verständnis der Selbstbezogenheit. Vandenhoeck & Rupprecht Göttingen 2000, S. 61 ff.

361 Vgl.: „Zu Abraham Maslows bekanntester Leistung im Bereich der Psychologie zählt wohl dessen Bedürfnispyramide, einem Stufenmodell der menschlichen Motivationen. Diese Pyramide wurde von ihm in insgesamt fünf Stufen unterteilt. In der ersten Stufe an unterster Stelle sieht er die physiologischen Grund- und Existenzbedürfnisse wie z. B. ausreichend Nahrung, Wärme etc. Sie sind seiner Auffassung nach die grundlegendsten und mächtigsten unter allen Bedürfnissen. In der zweiten Stufe der Hierarchie innerhalb der Maslow'schen Bedürfnispyramide folgen die Sicherheitsbedürfnisse. Darunter versteht man die Sicherheit, den Schutz, die Stabilität, die Geborgenheit, Freiheit von Angst, das Verlangen nach Strukturen, Ordnungen, Grenzen, Regeln und Gesetzen. Nach dem Sicherheitsbedürfnis folgen auf der dritten Ebene die sozialen Bedürfnisse. Wenn die untersten bei denen Ebenen der Bedürfnispyramide befriedigt sind, verlangt der Mensch nach Zuneigung und Liebe, nach sozialer Anerkennung und Zugehörigkeit. Dieser Hierarchie der Bedürfnisse folgt dann die vierte Ebene mit Anerkennung und Wertschätzung sowie letztendlich auf der obersten fünften Stufe die Selbstverwirklichung eines jeden Menschen. Maslow sieht in seiner Theorie der

10. Abbildung: Bedürfnispyramide[362]

Die Psychoanalyse kritisiert an dieser Pyramide, dass die Objektbeziehungen mit der Summe der Umweltbeziehungen gleichgesetzt werden.[363] Dieser Kritik kann nur bedingt beigepflichtet werden, zwischen dem Subjekt (Arbeitnehmerinnen und Arbeitnehmer) und dem Objekt (Erwerbsarbeit) besteht eine Beziehung. Zwar ist in diesem Kontext das Objekt sehr komplex und es fließen Umweltbedürfnisse mit hinein, daher ist es sehr schwierig einzelne Beziehungen herauszuarbeiten. Es ist

Bedürfnispyramide erhebliche funktionale Unterschiede zwischen den verschiedenen Ebenen. Je niedriger die Ebene ist, umso wichtiger sind die Bedürfnisse für das eigentliche Überleben. Deshalb unterscheidet er zwischen Defizitbedürfnissen (niedrigen Bedürfnissen) und Wachstumsbedürfnissen (höheren Bedürfnissen). Erstere müssen auf jeden Fall erfüllt sein, damit der Mensch zufrieden ist, letztere führen neben Zufriedenheit letztendlich zum Glück Die Wachstumsbedürfnisse, wie also z. B. das Streben nach Selbstverwirklichung, treten erst dann in den Vordergrund, wenn die Defizitbedürfnisse erfüllt sind. Durch sie erfolgt schließlich die Verstärkung der eigenen Individualität." Onlineportal: *http://www.abraham-maslow.de/beduerfnispyramide.shtml* (Stand: 21.04.2015).

362 Vgl.: Boeree, George in: Persönlichkeitstheorien, Abraham Maslow 1908 – 1970, Copyright 1998, 2006, C. Goerge Boeree, Shippensburg University USA, deutsche Übersetzung D. Wieser M. A. , 2006., S. 4. Onlineportal: *http://www.social-psychology.de/do/PT_maslow.pdf* (Stand: 21.04.2015).

363 Vgl.: Heckhausen, Jutta, in: Motivation und Handeln, Springer Verlag, 4., überarb. u. aktualisierte Auflage 2010, S. 59. Myers, David G, in: Psychologie, Springer Verlag, 2. erw. u. aktualisierte Auflage 2008, S. 515.

jedoch auch sehr schwierig einzelne Positionen herauszuarbeiten, wenn die Objektbesetzung durch das Individuum religiöser Natur ist. In der Psychoanalyse werden die Objektbeziehungen auf der Phantasieebene untersucht.[364]

„Vollständig ausgearbeitete Phantasien enthalten in der Regel ein bestimmtes Selbstbild, ein Bild vom Objekt und eine Geschichte über die Beziehung dazwischen."[365]

Die Wissenschaft geht davon aus, dass die Phantasien das Erfassen der realen Welt in einem gewissen Grad modifizieren und die daraus resultierenden Handlungen des Individuums aufgrund der Phantasien beeinflusst werden. In der Arbeitsgesellschaft macht sich dies bei „Großphantasien" des Individuums bemerkbar. Wenn das Individuum der Annahme ist im Unternehmen unersetzbar zu sein. Gerade wenn diese auftretenden Phantasien nicht die notwendige Anerkennung durch das soziale Umfeld genießen, kann das Individuum den Bezug zur Realität verlieren. Bei der Erwerbsarbeit muss es sich um ein libidinöses Objekt handeln, welches zum Zwecke der Bedürfnisbefriedigung resp. der Triebbefriedigung dient und modifiziert wirkende Phantasieanteile enthält. Die Wünsche und Hoffnungen des Individuums lassen sich auf die Erwerbsarbeit projizieren und harmonische Anteile lasen sich introjizieren. Selbstverständlich können auch Störungen in solch einer Objektbesetzung durch das Individuum entstehen. Folgende Faktoren spielen dabei eine signifikante Rolle: Arbeitsüberlastung, Mobbing am Arbeitsplatz oder Verlustängste durch Umstrukturierungsmaßnahmen im Unternehmen. Häufig wird vom Individuum, welches sich in solch einer Phase befindet, der Terminus „Stress" verwendet. In den meisten Fällen trifft dieser Terminus jedoch nicht zu. Stress definiert sich über eine körperliche Reaktion, verursacht durch eine psychische Empfindung, die zum einen Teil auf einer Hormonreaktion beruht sowie auf Ängsten und Furcht basiert. Das Individuum benutzte jedoch den Terminus „Stress" gerne auch bei Alltagssituationen, die weder von Angst oder Furcht gekennzeichnet sind und auch keine Hormonreaktion hervorgerufen haben. Wenn das Individuum vor einem Misserfolg steht,

---

364 Vgl.: Hohega, Roderich in: Analytisch orientierte Psychotherapie in der Praxis – Diagnostik, Behandlungsplan, Kassenerträge, 4 Auflage, Schattauer GmbH Stuttgart 2008, S. 105 ff.

365 Vgl.: Ebd.

erzeugt dies Scham und sogar Schuldgefühle, dass daraus resultierende Versagen oder die Angst vor einer Sanktionierung, erzeugen im Körper des Individuums eine Hormonreaktion, die wiederum „Stress" erzeugen kann.[366] Unter einer dauerhaften Stressbelastung wird das Individuum krank. Die positive libidinöse Objektbesetzung der Erwerbsarbeit durch das Individuum, kann sich auch ins Gegenteil umkehren. Diese Reaktion macht sich zum Teil bei einigen erwerbslosen Arbeitnehmerinnen und Arbeitnehmern bemerkbar. Einige von ihnen schildern den Arbeitsalltag im ehemaligen Unternehmen sehr kritisch und unreflektiert. Dies manifestiert die Beziehungen von Individuen zur Erwerbsarbeit, solch eine Konstellation der Liebes- resp. Hassbeziehung zwischen Objekt und Subjekt, verdeutlicht eine Objektbesetzung der Erwerbsarbeit durch das Individuum. Wenn das Individuum häufig Misserfolge und Enttäuschungen im Berufsleben erfährt, kann dies bei einer differenzierten Betrachtung des Einzelfalls, eine sanktionierende Reaktion des Unternehmens gegenüber dem Subjekt auf dessen modifizierte Handlung sein. Daraus folgt, dass die Objektbeziehung zwischen der Arbeit und dem Subjekt ambivalenter Natur sein muss. Diese Form der Beziehung, bezieht ihre Bedürfnisbefriedigung und Enttäuschung aus ein und derselben Quelle, der Erwerbsarbeit. Wie in der psychoanalytischen Wissenschaft üblich, steht der Objektbegriff eng mit den folgenden drei Termini in Verbindung: Quelle, Objekt und Beziehung.[367] Die Quelle hat in diesem Kontext eine sogenannte Vorbildfunktion, dass Subjekt und das Objekt treten aber in den Vordergrund. Es ist fraglich, ob die Wünsche nach Befriedigung durch das Objekt Erwerbsarbeit hinreichend befriedigt werden können. Laut Freuds Triebtheorie ist die Quelle ein Reiz, dessen primäres Ziel es ist, die Anspannung im Individuum zu sublimieren. Zu diesem Zweck benötigt das Individuum ein libidinös besetztes Objekt. Dieses wird benötigt um die Sublimierung auf einem indirekten Weg zu erreichen. In dieser dargestellten Form entspricht das Objekt „Erwerbsarbeit" den Kriterien und Anforderungen im Sinne der Psychoanalyse nach Freud. Es ist davon auszugehen, dass es sich bei der Beziehung eines Subjekts (Arbeitnehmerin, Arbeitnehmer oder Erwerbslose Individuen) und dem Objekt

366 Vgl.: Rüegg, Caspar, Johann in: Gehirn, Psyche und Körper – Neurobiologie von Psychosomatik und Psychotherapie – Mit einem Geleitwort von Gerd Rudolf – Schattauer Verlag 4. Auflage Stuttgart 2007, S. 82 ff.

367 Vgl.: Freud, Sigmund in: Triebe und Triebschicksale, Das Ich und das ES, Fischer Verlag Frankfurt am Main 1915/1994 ff.

(Erwerbsarbeit) um ein libidinös besetztes Objekt handeln kann. Norbert P. Nüchter schreibt in seiner Studie „Zur Sozialpsychologie der Arbeitslosigkeit", dass es sich bei der Triebbefriedigung des Objekts Arbeit nicht um einen Partialtrieb handeln kann, sondern eher um eine ständig wechselnde Triebmischung, die die Ressourcen liefert, um die große Anstrengung zu bewältigen, Tag für Tag, Monat für Monat und Jahr für Jahr die Strapazen aufzunehmen, um einer geregelten Erwerbsarbeit nachzugehen.[368] Dies verdeutlicht die ambivalente Beziehung zwischen dem Individuum und der Erwerbsarbeit. Der Verlust der Beziehung kann Individuen krank machen, sofern diese keinen adäquaten Ersatz für die verloren gegangene Beziehung finden können. In Einzelfällen können der Strukturverlust durch Erwerbslosigkeit, die soziale Ausgrenzung und die finanziellen Sorgen, dass Individuum in Depressionen und Stimmungsschwankungen sowie zu einem Anstieg des Konsums von Alkohol oder Drogen führen. Diese Substanzen werden als Substitut verwendet, deren negative Auswirkung auf die Gesellschaft und das konsumierende Individuum hinreichend bekannt sind. Durch die permanente Bedrohung des Individuums in der Weltarbeitsgesellschaft, entstehen latente Ängste und Befürchtungen. Freud definierte „Angst" unspezifisch und objektlos. Sie manifestiert sich nicht aus einer konkreten Bedrohung heraus, sie kann aus Bildern und Phantasien bestehen, die durch das Individuum erzeugt werden. Diese können die momentane Situation beschreiben, das Individuum muss jedoch nicht akut von dieser beschriebenen Situation bedroht werden.

„Wir suchen offenbar nach einer Einsicht, die uns das Wesen der Angst erschließt, nach einem Entweder—Oder, dass die Wahrheit über sie vom Irrtum scheidet. Aber das ist schwer zu haben, die Angst ist nicht einfach zu erfassen. Bisher haben wir nichts erreicht als Widersprüche, zwischen denen ohne Vorurteil keine Wahl möglich war. Ich schlage jetzt vor, es anders zu machen wir wollen unparteiisch alles zusammentragen, was wir von der Angst aussagen können, und dabei auf die Erwartung einer neuen Synthese verzichten."[369]

---

368 Nüchter P, Norbert in: Zur Sozialpsychologie der Arbeitslosigkeit. Individuelle Folgen und psychoanalytische Erklärungsansätze, Tectum Verlag Marburg 1998, S. ff.

369 Vgl.: Freud, Sigmund in Hemmung, Symptome, Angst, Fischer Verlag Frankfurt am Main 1926/1992, S. 162.

Freud konstatiert der „Angst“ einen Unlustcharakter, der Abfuhrreaktionen und Wahrnehmungen derselben enthält.

„Aus der Empfindung der Angst können wir immerhin etwas entnehmen. Ihr Unlustcharakter scheint eine besondere Note zu haben das ist schwer zu beweisen, aber wahrscheinlich; es wäre nichts Auffälliges.“[370]

In Folge von Erwerbslosigkeit handelt es sich beim Angstsignal nicht zwangsläufig um die Angst ökonomische Verluste hinzunehmen, dass Angstsignal kann ein Erinnerungssymbol sein, dass situativ als affektives Symbol bei einem Ereignis ausgelöst wird, welches möglicherweise noch bevorsteht. Die Emotion „Angst“ kann beim Individuum Bilder oder Phantasien einer Situation aus der Vergangenheit generieren, die vom Individuum als unmöglich zu bewältigen eingestuft werden. Die Angst entsteht reflexartig beim Individuum, durch traumatische Situationen, in der es von äußeren und inneren Reizen überflutet wird.

„Wir meinen, auch die anderen Affekte sind Reproduktionen alter, lebenswichtiger, eventuell vorindividueller Ereignisse und wir bringen sie als allgemeine, typische, mit geborene hysterische Anfälle in Vergleich mit den spät und individuell erworbenen Attacken der hysterischen Neurose, deren Genese und Bedeutung als Erinnerungssymbole uns durch die Analyse deutlich geworden ist.“[371]

Das Angstsignal ist demnach ein Schutzmechanismus, der dem „Ich“ dazu dient eine Reizüberflutung in einer möglichen Gefahrensituation zu sublimieren. Das Angstsignal reproduziert in dieser Situation eine abgeschwächte Variante der ursprünglich in einer traumatischen Situation erlebten Angstreaktion, die zur Auslösung von Abwehrreaktionen beiträgt. Wenn die Erwerbslosigkeit als kritisches Lebensereignis bewertet wird, werden von den betroffenen Individuen Befürchtungen und unspezifische Bilder oder Phantasien in die Zukunft projiziert. Dies entspricht der Theorie von Zukunft- und Existenzängsten der Individuen. Vom Individuum wird die Erwerbslosigkeit als ein kritisches Lebensereignis wahrgenommen, welches eine Gefahrensituation her-

---

370 Vgl.: Ebd, S,162.
371 Vgl.: Ebd, S. 164.

vorruft, die das „Ich“ in eine Situation manövrieren kann, die vermeintlich nur schwer zu bewältigen ist.

„Die Angst entstand als Reaktion auf einen Zustand der Gefahr, sie wird nun regelmäßig reproduziert, wenn sich ein solcher Zustand wieder einstellt.“[372]

Diese Situationsreize, die konkret eintreten oder sich in Form von Bildern ausdrücken können, bestehen aus einer Reizmischung, die gleichermaßen aus inneren und äußeren Reizen bestehen kann. Einen konkreten Impuls stellt das Trennungserlebnis zum Objekt „Erwerbsarbeit“ dar, und der daraus resultierende Einkommensverlust ist eine äußere Bedrohung. Bedrohungen des Individuums können in der Weltarbeitsgesellschaft bevorstehende Verhandlungen beim Arbeitsgericht sein, Absagen auf eingereichte Bewerbungen, die unübersehbare Verweildauer in der Erwerbslosigkeit, die ökonomischen Einbußen beim Bezug von Transferleistungen, der Verlust des sozialen Status, Konflikte in der Beziehung aufgrund einer möglichen Perspektivlosigkeit und vieles mehr. Hinzu kommen möglicherweise innere Vorstellungen der Ich-Entwertung durch den sozialen Status als erwerbsloses Individuum in der Weltarbeitsgesellschaft und der damit einhergehende Verlust der Selbstachtung. Diese traumatische Situation kann Unlusterwartungen und Unlustempfindungen beim Individuum produzieren, die wiederum zu Abfuhrreaktionen führen können.

„Die Entwicklung wird dabei so vorgestellt, dass die inneren und äußeren Konsequenzen einen Unlustzustand besondere Art erzeugen, der auf bestimmten Bahnen zur Abfuhr drängt und deshalb Angst erzeugt. Angst an sich ist als notwendiger Affekt zu betrachten, dessen Aufgabe es ist, einer Gefahr entgegen zu wirken und die Gefahr zu entschärfen, so dass über das Angstsignal und die damit verbundene Regression auf eine früher erlebte traumatische Situation, die in abgeschwächter Form wieder erlebt wird, die Handlungsfähigkeit erhalten wird.“[373]

---

372 Vgl.: Ebd; S. 164.

373 Vgl.: Nüchter P, Norbert in: Zur Sozialpsychologie der Arbeitslosigkeit. Individuelle Folgen und psychoanalytische Erklärungsansätze, Tectum Verlag Marburg 1998, S. 100.

Eine Angst- und Furchtreaktion dient dem Individuum als natürlicher Schutz vor gefahren. Dieser natürliche Schutzmechanismus diente dem Urmenschen sich vor Gefahren zu schützen. Es gab zwei wesentliche Optionen für den Urmenschen, bei einer drohenden Gefahr, die erste Option war die Flucht ergreifen oder sich der Bedrohung stellen. Diese archaischen Vorgänge sind in einer gesellschaftlich angepassten Form nur bedingt durch das Individuum zu realisieren. Wie soll das Individuum alleine die moderne Bedrohung in der Weltarbeitsgesellschaft entgegenwirken? Im ersten Moment ist die Bedrohung durch Erwerbslosigkeit unsichtbar und allmächtig. Die Option der Flucht vor der drohenden Erwerbslosigkeit, ist optional möglich, indem das Individuum zeitnah eine neue Erwerbsarbeit findet. Die Verteidigung gestaltet sich jedoch sehr schwierig, da der Gegner keine natürliche Person darstellt, sondern ein von Individuen geschaffenes Konstrukt, auf Basis der geltenden Normen. Das Arbeitsrecht genießt einen Schutzcharakter, um die Arbeitnehmerinnen und Arbeitnehmer vor willkürlichen Entscheidungen durch Arbeitgeber zu schützen, dieser Schutz ist nicht allumfassend. Den Arbeitgebern wird ein großer gesetzlicher Ermessensspielraum eingeräumt, wie diese mit ihren Beschäftigten umgehen dürfen. Wenn das Individuum akut von der Erwerbslosigkeit betroffen ist, löst das in ihm eine permanente „Alarmbereitschaft" aus, die wiederum erzeugt hormonell bedingten Stress. Dieser erzeugte Stresspegel manifestiert sich auf einem erhöhten Niveau im Körper des erwerbslosen Individuums. Eine solche Neujustierung der hormonellen Stressbelastung bei den Protagonisten, kann in Einzelfällen zu wenig produktiven Entscheidungen führen, die wiederum neue Bilder und Phantasien generieren, die Folge davon sind zusätzliche Angstgefühle, die den Stresskreislauf weiterhin aktivieren können.

„Wenn also das Individuum in eine neue Gefahrsituation gerät, so kann es leicht unzweckmäßig werden, dass es mit dem Angstzustand, der Reaktion auf eine frühere Gefahr, antwortet, anstatt die der jetzigen adäquaten Reaktion einzuschlagen."[374]

Der Inhalt dieser sich abzeichnenden Angst, ist die Angst vor dem Objektverlust. Dies erklärt die Notwendigkeit der körperlichen Abfuhr,

[374] Vgl.: Freud, Sigmund in Hemmung, Symptome, Angst, Fischer Verlag Frankfurt am Main 1926/1992, S. 165.

durch den neujustierten Hormonhaushalt im Individuum. Wiederum können Individuen einer konkreten und physischen Bedrohung durch Flucht oder Verteidigung entgegnen, der Aufbau dieser Anspannung im Körper ist wiederum hormonell bedingt, diese alleine dem Zweck dient, die notwendigen psychischen und physischen Voraussetzungen für eine mögliche Aktivität zu schaffen. Da aber bei erwerbslosen Individuen keine kontinuierliche Möglichkeit zur Abfuhr existiert, da die Erwerbslosigkeit ein permanenter Zustand ist, kann Erwerbslosigkeit eine Anhäufung von Angstaffekten bedeuten. Dieser Zustand wird in Einzelfällen durch neugenerierte Bilder und Phantasien im Bewusstsein des Individuums verdrängt. Dies kann aber zur Folge haben, dass es bei den Protagonisten zu psychischen und auch teilweise zu psychosomatischen Symptomen kommen kann. Die eintretende Angst, die sich symptomatisch äußern kann, ist die Ursache einer Hemmung im Individuum, diese kann wiederum unspezifisch und objektlos entstehen. Laut Freud ist solch eine Hemmung auf eine sexuelle Diskrepanz zurückzuführen, aber auch andere libidinöse oder narzisstische Hemmungen können als Ursache von Angst vorstellbar sein.

„Eine Beziehung der Hemmung zur Angst kann uns nicht lange entgehen. Manche Hemmungen sind offenbar Verzichte auf Funktion, weil bei deren Ausübung Angst entwickelt werden würde.“[375]

Im Fall der Erwerbslosigkeit bei Individuen, kann die eintretende soziale Ausgrenzung zu einer sozialen Hemmung führen. Das Bedürfnis nach einem sozialen Umfeld wird gehemmt, dies kommt einer Triebhemmung gleich, vorausgesetzt man definiert den Trieb als ein Bedürfnis, welches auf Befriedigung ausgerichtet ist. Wenn der Sozialtrieb bei den Individuen gehemmt wird und keine Abfuhr erreicht werden kann, besteht die Möglichkeit, dass sich Angstzustände im Individuum etablieren. Es können Bilder im Bewusstsein generiert werden, die Hilflosigkeit und Vereinsamung darstellen. Diese Form der Angst ist unspezifisch und benötigt kein Objekt. In diesem Fall handelt es sich vielmehr um eine Imagination. Von Erwerbslosigkeit betroffene Individuen lei-

375 Vgl.: Freud, Sigmund In: Hemmungen, Symptome und Angst (1926), Onlineportal: psychoanalyse.lu, *http://www.psychanalyse.lu/Freud/FreudHSA.pdf* (Stand: 28.04.2015), S. 2.

den sehr stark unter dem ökonomischen Druck, dies kann zur Folge haben, dass Existenzängste sich bei den betroffenen einstellen.

„Die Gefahrsituation ist die erkannte, erinnerte, erwartete Situation der Hilflosigkeit. Die Angst ist die ursprüngliche Reaktion auf die Hilflosigkeit im Trauma, die dann später in der Gefahrsituation als Hilfssignal reproduziert wird."[376]

Gegen diese permanente Bedrohung kämpft das Individuum an. Es sucht nach einer Bewältigungsstrategie, eine Abfuhrmöglichkeit, um den Spannungszustand aufzulösen. Diesen Spannungszustand auf direkten Weg aufzulösen, ist häufig nicht möglich, daher kann es zu Symptombildungen beim Individuum kommen.

„Der sekundäre Abwehrkampf gegen das Symptom ist vielgestaltig, spielt sich auf verschiedenen Schauplätzen ab und bedient sich mannigfaltiger Mittel."[377]

Symptome können in mannigfaltigen Escheinungsmustern auftreten. Diese Symptome dienen alleine der Vermeidung der durch die Angst generierten Bilder im Bewusstsein des Individuums, die als unausweichliche Bedrohung wahrgenommen werden können. Die entstehenden Symptome sollen das betroffene Individuum vor der Angst schützen und dienen somit der Abfuhrreaktion. Das eintretende Symptom kann das erwerbslose Individuum vor der Last des imaginierten Ereignisses schützen. Eine mögliche Erklärung für solche Symptome kann eine narzisstische Besetzung des Objekts „Erwerbsarbeit" sein. Narzisstisch geprägte Neurosen resultieren aus einem labilen Selbstwertgefühl. Die gefühlte ständige Bedrohung des Selbstwertgefühls wird oft auf unangemessene Weise kompensiert. Das Individuum generiert übertriebene Erfolgsphantasien, leidet an Selbstüberschätzung und erwartet die Bewunderung durch andere.[378] Wie bereits erörtert, genießt die Er-

---

376 Vgl.: Freud, Sigmund in: Gesammelte Werke (1925–1931), Onlineportal: dpv-psa.de, http://www.dpv-psa.de/wissenschaft/sigmund-freud-online/ (Stand: 28.04.2015).S. 200.

377 Freud, Sigmund In: Hemmungen, Symptome und Angst (1926), S. 2, Onlineportal: psychoanalyse.lu, *http://www.psychanalyse.lu/Freud/FreudHSA.pdf* (Stand: 28.04.2015), S. 9.

378 Vgl.: Onlineportal: *http://www.psychomeda.de/lexikon/neurose.html* (Stand:

werbsarbeit in der heutigen Weltarbeitsgesellschaft einen hohen Stellenwert für das Individuum. Die Erwerbsarbeit gestaltet sich als Quelle der Selbstachtung, des Selbstwertgefühls und des Selbstverständnisses. Laut Alois Wacker ist die Erwerbsarbeit eine relevante Basis, die für die Entwicklung der Identität des Individuums notwendig zu sein scheint.[379] Der Eintritt in die Erwerbslosigkeit, stellt generell einen ökonomischen Verlust dar, dieser ist im Einzelfall existenziell. Diese existenzielle Bedrohung manifestiert sich bei den betroffenen Individuen im Bewusstsein. Eine existenzielle Bedrohung kann aber auch zu einer narzisstischen Kränkung führen, da der Verlust des libidinös besetzten Objektes Erwerbsarbeit vorliegt. Dies kann zu nachhaltigen Hemmungen und in einigen Einzelfällen sogar zu einem immanenten Gefühl der Hilflosigkeit führen.

„Die Hemmung ist der Ausdruck einer Funktionseinschränkung des Ichs, die selbst sehr verschiedene Ursachen haben kann.“[380]

Die Hilflosigkeit führt ihrerseits in ein Szenario, welches die Angst vor Verarmung konkretisiert. Diese Hemmungen zeigen sich bei den Individuen unter anderem im Sozialverhalten, dass vermehrt durch Rückzugsbemühungen seitens der Betroffenen gekennzeichnet wird. Der Verlust der Erwerbsarbeit kann zu einer narzisstischen Kränkung führen, die Folge ist die Reduktion der Objektlibido oder der narzisstischen Libido vom Objekt. Dies hat wiederum zur Folge, dass eine Inkongruenz des Selbstbildes auftritt, welches zu einem übersteigerten Selbstwertgefühl oder zu einer gestörten resp. zerstörten Selbstachtung führen kann.[381] Um diesem Schreckensszenario zu entkommen und zumindest die täglichen Lebensaufgaben zu bewältigen, bedarf die Angst als Affekt und Erregungszustand, einer Abfuhr. Diese Abfuhr kann sich in einer nach innen gerichteten Aggression, in einer nach außen gerichteten Aggression oder in einer Besetzung der Selbstpräsenz äußern.

29.04.2015).

379 Vgl.: Wacker, Alois in: Arbeitslosigkeit, Soziale und psychische Folgen, Europäische Verlagsgesellschaft Frankfurt am Main 1983, S. 53.

380 Vgl.: Onlineportal: psychoanalyse.lu , Freud, Sigmund In: Hemmungen, Symptome und Angst (1926), *http://www.psychanalyse.lu/Freud/FreudHSA.pdf* (Stand: 28.04.2015), S. 3.

381 Vgl.: Nüchter P, Norbert in: Zur Sozialpsychologie der Arbeitslosigkeit. Individuelle Folgen und psychoanalytische Erklärungsansätze, Tectum Verlag Marburg 1998, S. 108.

Dadurch können verschiedene Symptome entstehen. Die Aggression kann sich in Einzelfällen in physische Gewalt entladen und dadurch abgeführt werden. Andererseits kann sich die Aggression auch durch Selbstbestrafungsaktionen und Selbstbezichtigungsaktionen entladen. Bei einigen erwerbslosen Individuen entstehen Symptome wie: Darmbeschwerden, Herz-Kreislaufbeschwerden oder vereinzelt psychosomatische Symptome, wie gravierende Zwangsneurosen.[382] Man muss jedoch sehr vorsichtig sein bei solchen Diagnosen, je körperlicher eine Beschwerde beim Individuum ist, desto schwieriger ist es eine Kausalität zwischen einem erwerbslosen erkrankten Individuum und einem erwerbstätigen Individuum zu erstellen.[383]
Legt man die Termini Zukunftsangst resp. Existenzangst zugrunde, veranschaulicht dies, wie existentiell der Verlust des Objekts Erwerbsarbeit für das Individuum ist. Hierfür entscheidend sind die ambivalente Bedrohung und der Verlust von Status und nicht zuletzt die finanziellen Folgen für die Individuen. Dieses Lebensereignis generiert Schreckensszenarien im Bewusstsein des Individuums, die als nicht handhabbar und als Gefahr eingestuft werden können. Das Resultat können Angstzustände sein, die permanent wirken und einen hormonell bedingten Stress im Individuum auslösen können.

2.8 Eine zeitpolitische Betrachtung der Arbeitslosenforschung – Zwischenfazit

Die empirische Sozialforschung hat bereits seit längerem und wiederkehrend nachgewiesen, wie tragisch der Verlust von Erwerbsarbeit in der Gesellschaft, auf die mentale und physische Verfassung der Individuen sich auswirken kann. Die Erwerbslosigkeit hat Einfluss auf das Wohlbefinden und die Lebenszufriedenheit. Dieser Zustand erzeugt bei den Betroffenen ein Gefühl von Leere und Niedergeschlagenheit. Das wiederum hat zur Folge, dass vermehrt Depressionen und Angstsymptome bei den Individuen diagnostiziert werden. Die Verschlechterung der finanziellen Situation und der Verlust der Identifikation und Anerkennung in der Weltarbeitsgesellschaft spielen eine signifikante Rol-

382 Vgl.: Friedel, Heiko in: Arbeitslosigkeit und Krankheit – Eine gesundheitsökonomische Studie, Tectum Verlag Marburg 2000, S. 25.

383 Vgl.: Ebd. S, 25.

le bei diesem Krankheitsbild.[384] Jedoch sind diese Beobachtungen nicht zu generalisieren und der Verlust der Erwerbsarbeit kann auch als unproblematische Lebenssituation von den Betroffenen eingestuft werden.[385] Sogar als Erleichterung und Befreiung von einer belastenden Tätigkeit. Der Verlust der Erwerbsarbeit hat verschiedene Auswirkungen auf die Individuen, es kann ein Zugewinn an freier Zeit sein, der positiv von dem einzelnen bewertet wird, oder aber auch negativ, indem sich verschiedene Krankheitsbildern beim Individuum bemerkbar machen. Die Folgen der Erwerbslosigkeit sind ambivalent und kommen in den Lebenswelten der Betroffenen unterschiedlich vor. Diese Heterogenität der psychischen und physischen Auswirkungen auf die Individuen korrespondiert mit der Forderung von Alois Wacker, den Fokus der Arbeitslosenforschung auf eine differentielle Methodik auszurichten. [386] Diese Form der differentiellen Arbeitslosenforschung richtet ihr Augenmerk auf die Faktoren, die zu den psychischen Folgen bei einer Erwerbslosigkeit führen. Die Pionierarbeit in der Arbeitslosenforschung leistete Frau Marie Jahoda und ihr Team bereits vor über 80 Jahren mit der „Marienthalstudie". Wie aktuell sind die Ergebnisse der Marienthalstudie heute? Wie gehen heute erwerbslose Individuen mit ihrer Situation um? Die Kernthese der Marienthalstudie, dass die Entbindung aus dem Arbeitsverhältnis und die dadurch gewonnene Zeit, den Alltag der Betroffenen in Marienthal komplett entwertet haben, gilt es zu überprüfen. Frau Jahoda spricht in ihrer Studie zum Thema „Zeit" von einem „tragischem Geschenk" für die betroffenen Einwohner.[387] Dies wird anhand ihrer Beobachtungen zur Schrittgeschwindigkeit der Einwohner dokumentiert. Da eine signifikante Verlangsamung der Gehgeschwindigkeit nachgewiesen wurde. Die Marienthalstudie gewann in der Wirtschaftskrise der 1970er Jahre und in der Manifes-

---

384 Vgl.: Paul, Karsten in: The negative mental health effect of unemployment: Meta-analyses of cross-sectional and longitudinal data. *Doctoral dissertation, University of Erlangen-Nürnberg* ff.

385 Vgl.: Rogge, B.G., Kuhnert, P., & Kastner, M. in: Zeitstruktur, Zeitverwendung und psychisches Wohlbefinden in der Langzeitarbeitslosigkeit. Eine qualitative Studie. In: Brähler, E. & Stöbel-Richter, Y. (Hrsg.), Arbeitswelt und Gesundheit. Psychosozial 2007, Sonderheft 109, S. 85–103.

386 Vgl.: Wacker Alois in: Differentielle verarbeitungsform von Arbeitslosigkeit; Prokla 53, S. 77–88.

387 Vgl.: Jahoda, Marie; Lazarsfeld, Paul F.; Zeisel, Hans in: Die Arbeitslosen von Marienthal. Ein soziographischer Versuch über die Wirkungen langandauernder Arbeitslosigkeit, Suhrkamp Verlag Frankfurt am Main 1975, S. 83.

tierung der Massenarbeitslosigkeit der 1980er Jahre enorm an Bedeutung in der Sozialforschung. Viele Sozialwissenschaftlerinnen und Sozialwissenschaftler wandten sich vermehrt dieser Thematik zu. Dies wird vor allem durch die Neuauflage im Jahr 1975 der Marienthalstudie im Suhrkamp Verlag deutlich. Frau Jahoda entwickelte im Jahr 1982 einen neuen Ansatz, aufgrund aktuellerer Studien in der Arbeitslosenforschung, und einem anderen Verständnis der Erwerbslosigkeit, in Form der psychosozialen Deprivation.[388] Diese Theorie beinhaltet eine Anthropologisierung der Bedürfnisse eines Individuums nach Erwerbsarbeit. Frau Jahoda postuliert dem Individuum fünf grundlegende Bedürfnisse.[389] Zum einem das Bedürfnis nach einer Zeitstruktur, nach sozialen Kontakten außerhalb der Familie, die Einbindung kollektiver Ziele, den sozialen Status und einer Identität, sowie das Bedürfnis nach einer regelmäßigen Beschäftigung. Frau Jahoda hebt explizit die Zeitstruktur unter den Bedürfnissen hervor.[390] Sie konstatiert der Zeitstruktur eine immense Bedeutung, weil Ihrer Meinung nach, Individuen ohne solch einen unterstützenden Rahmen Schwierigkeiten bei der Lebensgestaltung aufweisen können. Sie ist der Ansicht, dass objektive Merkmale der Alltagszeit, nämlich die zeitliche Struktur des Alltags, mit den subjektiven Merkmalen des Zeiterlebens zusammenfallen. Frau Jahoda sieht im Verlust der Erwerbsarbeit bei Individuen, ein Abrutschen in eine strukturlose und sinnentleerte Existenz.[391] Dieser Theorie ist nur bedingt zuzustimmen, da sie ein simplizistisches Verständnis der Zeit wiederspiegelt. In dieser Überlegung fehlt das aktive Gestalten der Alltagszeit durch die Protagonisten.[392] Die gewonnene Zeit muss nicht zur strukturlosen und sinnentleerten Existenz führen, wie es Frau Jahoda beschreibt. Die „Zeit" kann auch als Medium verstanden werden, dass dazu dient seine Aktivitäten einem Umstrukturierungsprozess zu unterwerfen. Individuen können sich bei einem neuen Hobby verwirklichen oder gehen einer ehrenamtlichen Tätigkeit nach, diese Aktivitäten sind vergleichbar der einer Erwerbsarbeit. Sie werden vom Individuum

388 Vgl.: Jahoda, Marie in: Employment and unemployment. A social-psychological analysis. Cambridge: Cambridge University Press. 1982, S. 298.

389 Vgl.: Ebd.

390 Vgl.: Ebd. S. 85.

391 Vgl.: Ebd.

392 Vgl.: Opaschowski, Horts, W. In: Arbeit. Freizeit. Lebenssinn – Orientierungen für eine Zukunft die längst begonnen hat. Leske und Budrich GmbH Leverkusen 1983, S. 69 ff.

strukturiert und sie dienen einem neuen Verständnis von Status und sozialer Integration. Frau Jahoda würdigt diese Aspekte bei Ihrer Argumentation nur gering. Herr Luedtke veranschaulicht in seiner Skizze über die Folgen der Erwerbslosigkeit die einzelnen Verbindungen, in die das Individuum in der Weltarbeitsgesellschaft eingebettet ist. Dieses Netzwerk kann ebenfalls zur aktiven Gestaltung der Zeit hinzugezogen werden. Die Gestaltung der Zeit ist nicht bei allen Erwerbslosen identisch. Selbst dann nicht wenn diese in einer ähnlichen Lebenssituation sich befinden. Das erleben der Zeit und primär ihr Nutzen für den einzelnen, hängt signifikant von der eigenen Identität, der Rollendisposition, der sozialen Integration und der eigenen Zielsetzung ab.

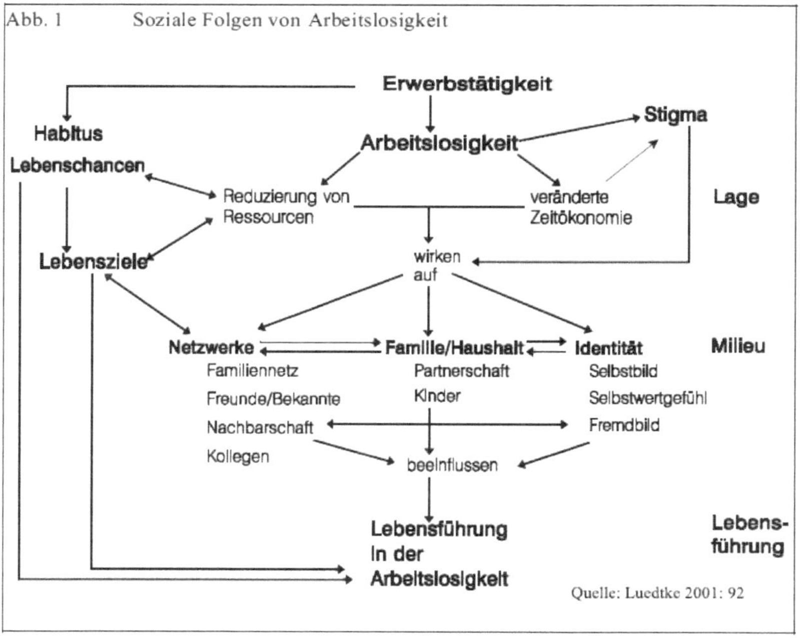

Abb. 1 Soziale Folgen von Arbeitslosigkeit

Quelle: Luedtke 2001: 92

11. Abbildung: Soziale Folgen von Arbeitslosigkeit[393]

393 Vgl.: Luedtke, J. In: Lebensführung in der Arbeitslosigkeit – Veränderungen und Probleme im Umgang mit der Zeit in: Voss, G. G. & Weihrich, M. (Hrsg.), tagaus – tagein. Neue Beiträge zur Soziologie Alltäglicher Lebensführung. Hamp München 2001, S. 92.

Individuen erleben den Alltag unterschiedlich und dadurch entstehen unterschiedliche Perspektiven. Diese sind unterschiedlich auf Zukunft, Vergangenheit und Gegenwart ausgerichtet. Arnold Hinz zieht einen philosophischen Bezug zu Aristoteles in seinem Buch: „Psychologie der Zeit“.

„Meine Ausführungen zu den drei zeitlichen Dimensionen möchte ich mit einem Bezug auf die Philosophie einleiten. Aristoteles (384 - 322 v. Chr.) spricht von seiner Physik vom Vergangenem, vom Kommendem und vom Jetzt. Er fragt, ob die Zeit seiend oder nicht seiend ist, da der eine Teil derselben schon gewesen ist und daher nicht mehr ist, während der andere bevorsteht und daher noch ist. Zudem ist das Jetzt nur die Trennung und Grenze der Zeit. Aber das Jetzt ist auch die Einheit von Vergangenheit und Zukunft und der Zusammenhalt der Zeit.“[394]

Die drei Dimensionen der Zeit sind offenbar keine Abgegrenzte Einheit, die zusammengefasst die Zeit ergibt. Das Zeiterleben wird nicht nur in unterschiedlichen Kulturen anders wahrgenommen, sie variiert unter den sozialen Schichten und in der Gruppe der Erwerbslosen. Bei einigen Individuen führt die Erwerbslosigkeit dazu, dass sie sich weg von der Zukunft und verstärkt der Gegenwart widmen. Bei anderen wiederum erschüttert die Erwerbslosigkeit das Zeiterleben nicht und die Zeitperspektive verändert sich kaum.[395] Frau Jahoda hat dies selbst in der Marienthalstudie bestätigt. Sie definiert 23 Prozent der erwerbslosen Einwohner als „Ungebrochene“ mit einer aktiven Zeitgestaltung und Zeitstruktur.[396] Seit den 1980er Jahren hat sich eine neue Herangehensweise bei der Arbeitslosenforschung etabliert, die der differenziellen Arbeitslosenforschung.[397] Diese hinterfragt die Ambivalenz der spezifischen Erfahrungen und den Umgang mit der Erwerbslosigkeit. Die Entwertung des Faktors Zeit infolge einer Erwerbslosigkeit steht

394 Vgl.: Hinz, Arnold in: Psychologie der Zeit – Umgang mit Zeit, Zeiterleben und Wohlbefinden, Waxmann Verlag , München, NY, Berlin, Münster 2000, S. 20.

395 Vgl.: Heinemann, Klaus in: Arbeitslosigkeit und Zeitbewusstsein, Soziale Welt 33, Nomos Verlagsgesellschaft mbH 1982, S. 87–101.

396 Vgl.: Jahoda, Marie; Lazarsfeld, Paul F.; Zeisel, Hans in: Die Arbeitslosen von Marienthal. Ein soziographischer Versuch über die Wirkungen langandauernder Arbeitslosigkeit, Suhrkamp Verlag Frankfurt am Main 1975 ff.

397 Vgl.: Wacker Alois in: Differentielle verarbeitungsform von Arbeitslosigkeit; Prokla 53, ff.

im Kontext der sozialen Struktur, der Definition eigener Normen und des eigenen Agierens resp. Interpretierens der Individuen. Der Umgang mit der Alltagszeit durch Erwerbslose kann im Vergleich zu erwerbstätigen Individuen, signifikante Unterschiede offenbaren. Erwerbstätige verbringen einen sehr großen Teil ihrer Zeit auf der Arbeit, wenn man lediglich die Lohnarbeit als Erwerbsarbeit definiert. Bei Erwerbslosen gestaltet sich der Alltag im Vergleich anders. Die Zeit wird einer anderen Struktur unterworfen. Manche von Ihnen schlafen länger, schauen mehr Fernsehen, unternehmen weniger soziale und außerhäusliche Aktivitäten, bedingt durch den Bezug von Transferleistungen. Dies hat bereits die Marienthalstudie im Kern bestätigt. Diese objektiven Merkmale sagen jedoch wenig über die Entwertung der „Zeit" aus, da es sich bei solchen Studien um die subjektive Bewertungen durch die betroffenen Individuen handelt. Einige Individuen fürchten sich vor der generierten Zeit, wenn diese in so einem großen Umfang vorhanden ist, für diese Gruppe ist es sehr schwer eine Zeitstruktur zu entwickeln.

„Das ist der Eilfertigkeit Einhalt zu gebieten, die einen großen Teil der Menschen beherrscht, die in Häusern, Theater und Foren umherirren: dem Dienst für andere Anbieten sie sich an wie Leute, die stets irgendwie tätig sind. Wenn du einen von ihnen, so er sein Haus verlässt, fragst: Wohin des Weges? dann wird er dir antworten: Beim Herkules – das weiß ich nicht, aber irgendjemand werde ich aufsuchen, irgendetwas unternehmen. Ziellos schweife sie umher auf der Suche nach einem Betätigungsfeld: nicht, was sich zum Ziel gesetzt haben, tun sie, sondern, worauf sie gerade gestoßen sind..."[398]

Die Bedrohung durch „Langeweile" treibt das Individuum an. Repräsentative Studien, die sich der Thematik des Zeiterlebens bei erwerbslosen Individuen widmen, existieren nur wenige. Eine Ausnahme ist die Studie von Jens Luedtke[399]. Auf der Grundlage einer, für die Arbeitslosenforschung unüblichen, quantitativen Untersuchung konstru-

398 Vgl.: Seneca in: Bellebaum, Alfred, Langeweile – Überdruss und Lebenssinn, Eine geistesgeschichtliche und kultursoziologische Untersuchung, Westdeutscher Verlag GmbH Opladen 1990, S. 86.

399 Vgl.: Luedtke, Jens in: Lebensführung in der Arbeitslosigkeit - Veränderungen und Probleme im Umgang mit der Zeit- Life during unemployment - changes and problems in dealing with time, (Hersg.) Voß, G. Günther; Weihrich Margit, Hamp Verlag München 2001, S. 87–109.

iert Jens Luedtke Lebensführungstypen und untersucht deren spezifischen Umgang mit der Alltagszeit in der Erwerbslosigkeit. Damit nutzt er das Lebensführungskonzept für eine Differenzierung der Gruppe der von Erwerbslosigkeit betroffenen Individuen und diskutiert Chancen der Herausbildung einer Lebensführung, die nicht berufszentriert, aber dennoch durch die Erwerbsarbeit geprägt ist. In dieser Studie wird von positiven Effekten der Erwerbslosigkeit bei der Bewertung der Alltagszeit berichtet. Heiko Friedel attestiert wiederum eine Zunahme psychischer Probleme und eine stetige Abnahme ihres psychosozialen Wohlbefindens.[400] Dieses abnehmen des psychosozialen Wohlbefindens umfasst Symptome wie der Depression. Die Rumination, das intensive Grübeln über belastende Gedankeninhalte, erscheint charakteristisch für das Zeiterleben von erwerbslosen Individuen. Die wiederkehrende Rumination spricht für eine Entwertung der Zeit bei Erwerbslosen. Dies ist ein Resultat, des Fehlens von finanziellen aber auch kulturellen und explizit emotionalen Ressourcen. Selbstverständlich ist der Bezug von Transferleistungen ein herber Einschnitt im finanziellen Budget des einzelnen, Studien belegen, dass reflektierte Individuen, die sich nicht stark über den Beruf definieren und einem Hobby oder einem Ehrenamt nachgehen, die Alltagszeit nicht zwingend negativ bewerten, sondern dieser durchaus positiv Aspekte gewinnen können. In diesem Bild der Erwerbslosigkeit regiert nicht die Angst vor der Zukunft, sondern der positive Müßiggang und/oder das Engagement.[401] Die Erwerbslosen die ihren Alltag trotz der Erwerbslosigkeit positiv bewerten, tun dies auf der Grundlage, weil sie Erwerbslos sind. Die Untersuchungen von Fryer und Payne belegen, dass der produktive Erwerbslose, die Stigmatisierung durch die Gesellschaft nicht wehrlos akzeptiert. Die sich verändernde Perspektive des Individuums in einer progressiven Gesellschaft, kann zu veränderten und gegenläufigen Verhaltensmustern führen. Die Deprivationsaspekte wie: Zeit, soziale Kontakte, Status und Identität, Zielsetzung und Kompetenzen transformieren sich unterschiedlich.[402] Es ist zwingend notwendig jede Lebenssituation der betroffenen erwerbslosen Individuen differenziert zu betrachten, um spe-

400 Vgl.: Friedel, Heiko in: Arbeitslosigkeit und Krankheit – Eine gesundheitsökonomische Studie, Tectum Verlag Marburg 2000.

401 Vgl.: Fryer, D. M., und Payne, R. L. in: Pro-active behavior in unemployment: Findings and implications. Leisure Studies 3, 1984.ff.

402 Vgl.: Steinmetz, Bernd in: Über den Wandel und das Problem der Arbeitslosigkeit, LIT Verlag Münster 1997, S. 149.

zifische Problematiken und Belastungen zu diagnostizieren. Benedikt Rogge spricht in diesem Kontext von vier Determinanten des Zeiterlebens.[403] Zuerst bezieht er sich auf die sozialen Milieus und Normen. Das subjektive Gestalten der sozialen Normen, in diesem Kontext die Zeitnorm, spielt für das Individuum eine signifikante Rolle. Diese Zeitnorm variiert Kultur- und Milieuspezifisch.[404] Besonders Relevant erscheint es, welche Normen ein erwerbslos gewordenes Individuum für sich verinnerlicht hat. Individuen die sich einer ausgeprägten Leistungs- und Produktivitätsnorm unterwerfen, haben Schwierigkeiten ihre Alltagszeit als „Muße“ und Erholung zu gestalten. Eine ausgeprägte Arbeitsorientierung, im Sinne des protestantischen Arbeitsethos, die Pflicht den Beruf gewissenhaft auszuüben, hindert das Individuum daran, die frei gewordene Alltagszeit konstruktiv zu strukturieren, indem es einem Hobby/Ehrenamt nachgeht. Das Zusammenspiel von genderübergreifenden Zeitnormen ist für männliche Individuen oftmals nur schwer umzusetzen und vereinzelt gar unmöglich.[405] Benedikt Rogge stellt die zentrale Frage, in welchem Ausmaß die Formen der Zeitverwendung außerhalb der Erwerbsarbeit normativ entwertet werden.[406] Laut Rogge hängt dies maßgeblich von der Sozialisation des Individuums und von dem verinnerlichten oder in deren Referenzgruppe vorfindbaren Normen zusammen.[407] Selbstverständlich kann eine positive Bewertung der Alltagszeit durch das Eintreten der Erwerbslosigkeit stattfinden. Die sogenannten „glücklichen Erwerbslosen“, dokumentieren eindeutig, dass eine sinnvoll erlebte Zeitgestaltung unter bestimmten Aspekten, einen Gegendiskurs notwendig macht, der sich unabhängig von den Normen der Weltarbeitsgesellschaft und dem gegenwärtigen protestantischen Arbeitsethos etablieren kann. In einigen Kulturen, in denen die Mas-

403 Vgl.: Rogge, Benedikt, G.; und Kieselbach, T.; in: Arbeitslosigkeit und psychische Gesundheit aus zwei theoretischen Perspektiven: soziale Exklusion und sozilogische Identitätstheorie. Arbeit. Schwerpunktheft 4/2009: erwerbsarbeit und Gesundheit – Stand und Perspektive der Prävention.

404 Vgl.: Ebd.

405 Vgl.: Rogge, Benedikt, G.; in: Entwertete Zeit? Erwerbslosenalltag in Paarbeziehung und Familie. In: Heitkötter, M., Jurczyk, K., Lange, A., und Meier Gräwe, U., (Hrsg.), Zeit für Beziehungen? Zeit und Zeitpolitik für Familien. Opladen Barbara Budrich, S. 67–89.

406 Vgl.: Rogge, Benedikt, G., in: Zeit und Arbeitslosigkeit. Differenzielle Arbeitslosenforschung und zeitpolitische Perspektiven, Ausgearbeitetes Manuskript zum DGfZP-Vortrag, 24.10. 2009, Berlin. S. 6, *http://www.zeitpolitik.de/pdfs/vortrag_rogge.pdf* (21.05.2015).

407 Vgl.: Ebd.

senarbeitslosigkeit sich über Jahre hinweg manifestiert hat, wird ein erwerbsloses Individuum anders bewertet als in Ländern, indem die Wirtschaft prosperiert und Arbeitsplätze zur Verfügung stehen. In Milieus, in denen es zum Alltag gehört, erwerbslose Freunde, Bekannte oder Verwandte zu kennen, werden die betroffenen Akteure seltener stigmatisiert. Die Erwerbslosigkeit wird nicht tabuisiert. Da diese Situation jeden treffen kann und zum Alltag gehört, wird die dazu gewonnene Zeit nicht entwertet.

„In polychronen Kulturen bleibt die Zeit daher oft implizit, so dass für eine genaue Zeitplanung und Zeiteinteilung keine Notwendigkeit besteht. Kulturen mit monochromer Zeitverwendung bevorzugen eine sequentielle Bearbeitung von Aufgaben. Man konzentriert sich solange auf eine Aktivität, bis der dafür vorgesehen Zeitrahmen ausgeschöpft ist. Handlungen werden durch Termine geordnet und durch Fristen begrenzt. Die Zeitverwendung ist weniger flexibel, sondern eher bürokratisch, da alle Aktivitäten mit einem minimalen Toleranzbereich auf die Uhrzeit abgestimmt werden. Dabei wird Zeit oft als ein knappes Gut betrachtet, dass möglichst ökonomische verwendet werden sollte.“[408]

Die verinnerlichten sozialen Normen kommen hierbei zum Tragen. Wenn im lebensspezifischen Milieu, wie Haushalt und erweitertes Umfeld, ebenfalls erwerbslose Individuen existieren, dann steigt das Wohlbefinden des einzelnen Erwerbslosen signifikant an.[409] Andrew Clark konstatiert einen sozialen Normeffekt der Erwerbslosigkeit.[410] Eine Entwertung der Alltagszeit von Erwerbslosen ist dort signifikant zu beobachten, wo sich Individuen sozialen Normen unterwerfen müssen, die die Erwerbstätigkeit als ein „muss“ in der Weltarbeitsgesellschaft darstellen. Andere soziale Milieus, definieren die „Unproduktivität der erwerbslosen Individuen“ als Missbrauch der sozialen Strukturen. Diese sind der Ansicht, dass eine adäquate Alltagstruktur in der Weltarbeitsgesellschaft nur durch eine Erwerbstätigkeit gestalten werden kann.

---

408 Vgl.: Morgenroth, Olaf in: Psychologie der Zeitbewältigung, W. Kohlhammer GmbH Stuttgart, 1. Auflage 2008, S. 72.

409 Vgl.: Clark, Andrew, E. in: Unemployment as a social norm: Psychological evidence from panel data. Journal of Labor Economics, 21, S. 323–351.

410 Vgl.: Ebd.

„Über die Verbreitung des Missbrauchsvorwurfs wird Sozialpolitik negativ besetzt, es finden Interessenspaltungen statt und die Akzeptanz wohlfahrtstattlicher Maßnahmen sinkt. Im Gegensatz zu der großen Aufmerksamkeit, die dem vermuteten Missbrauch im öffentlichen Diskurs zukommt, steht der merkwürdige Mangel an kritischer Rückfrage und wissenschaftlicher Reflexion des Phänomens.“[411]

Thomas Kieselbach definiert dies als eine Form der Stigmatisierung von Erwerbslosen.[412] Den erwerbslosen Individuen wird oft von der Gesellschaft suggeriert, dass es ihnen in dem Sozialstaat Deutschland an nichts fehlen würde. Dadurch wird in der Weltarbeitsgesellschaft eine Norm produziert und oftmals auch reproduziert in der die Lebenssituation der betroffenen Individuen maßgeblich beeinflusst wird. Eine andere wichtige Determinante in diesem Kontext sind die sozialen Rollen von Individuen in der Gesellschaft.[413] Sie sind den betroffenen näher anzusiedeln

411 Vgl.: Wogawa, Diane in: Missbrauch im Sozialstaat – Eine Analyse des Missbrauchsarguments im politischen Diskurs, Springer Fachmedien Wiesbaden GmbH 2000, S. 9.

412 Vgl.: Kieselbach, Thomas: Arbeitslosigkeit und Entfremdung. In: Journal für Psychologie 6 (1998), 1, pp. 38–52. URN: *http://nbn-resolving.de/urn:nbn:de:0168-ssoar-28960*, (Stand: 22.05.2015).

413 Vgl.: Boeree, George, C. in: Persönlichkeitstheorien (Erik Erikson 1902–1994), Originaltitel: Personality Theories, Copyright 1997,2006, C. George Boeree Shippinsburg University, USA, deutsche Übersetzung D. Wieser M.A., 2006. *http://www.social-psychology.de/do/PT_erikson.pdf* (23.05.2015). ff. „Erik Erikson ist am 15 Juni 1902 in Frankfurt, Deutschland, geboren. Seine Abstammung umgibt ein kleines Geheimnis: Sein biologischer Vater war ein namenloser Däne, der Eriks Mutter vor der Geburt des Kindes verließ. Seine Mutter, Karla Abrahamsen, war eine junge Jüdin, die ihn die ersten drei Jahre seines Lebens alleine groß zog. Dann heiratete sie Dr. Theodor Homberger, Eriks Kinderarzt, und die Familie zog nach Karlsruhe im Süden Deutschlands. 1950 schrieb er *Childhood and Society*, worin Zusammenfassungen seiner Untersuchungen unter den amerikanischen Ureinwohnern enthielt, daneben auch Analysen zu Maxim Gorki und Adolph Hitler, eine Diskussion der „Amerikanischen Persönlichkeit“ und ein Abriss seiner Version der Freudschen Theorie. Diese Themen – der Einfluss der Kultur auf die Persönlichkeit und die Analyse historischer Gestalten – wiederholten sich in anderen Werken, von denen eines *Gandhi's Truth*, (Gandhis Wahrheit. Über die Ursprünge der militanten Gewaltlosigkeit, 1978) ihm den Pulitzer Prize sowie den national Book Award einbrachte. Erikson ist ein Freudianischer Ichpsychologe (*ego-psychologist*). Das bedeutet, dass er davon ausgeht, dass Freuds Theorien grundsätzlich korrekt sind, eingeschlossen der eher kontroversen Ideen wie etwa der Ödipuskomplex, aber er akzeptiert auch die Theorien über das Ich, welche andere Freudianer wie etwa Heinz Hartmann und

als verinnerlichte Normen oder die Zuordnung zu einer Bezugsgruppe. Die Erwerbslosigkeit ereignet sich in verschiedenen Rollenkonstellationen. Dies können allleinerziehende Personen oder auch Singles im mittleren Erwachsenenalter sein. Die Auswirkungen der Erwerbslosigkeit und der dadurch generierten Alltagszeit, müssen differenziert analysiert werden. Dies kann nur bewerkstelligt werden, wenn man die individuellen Rollenkonstellationen der Akteure berücksichtigt. Die neuen Zeitstrukturen in der Erwerbslosigkeit sind von sozialen Erwartungen geprägt. Einige männliche Erwerbslose übernehmen Fürsorgearbeit oder pflegen Familienangehörige, usw.[414] In anderen Rollenkonstellationen, explizit indem ein traditionelles Rollenverständnis vorherrscht, indem der Mann als Alleinernährer fungiert, können Konflikte in der Partnerschaft auftreten.[415] In Familien mit reduziertem konservativem Rollenverständnis, wird die Alltagszeit, durch die neue Rolle des Erwerbslosen, vor der Entwertung bewahrt. Bei alleinlebenden Personen kann der Mangel an Alternativrollen resp. der Verlust der sozialen Anerkennung, zu einer gravierenden Entwertung der Alltagszeit führen. Inwieweit die Rollendisposition einen positiven oder einen negativen Einfluss auf das Zeiterleben der betroffenen Individuen hat, hängt signifikant von der Identifizierung mit der zugeschriebenen eigenen Rolle in der jeweiligen Konstellation ab. Der geschlechterspezifische Arbeitsmarkt trägt ebenfalls zu disparaten Erwerbsbiographien bei. Die Entwertung der Alltagszeit ist dort signifikant ersichtlich, wo Individuen einen hohen Rollenstress ausgesetzt sind, weil die Erwerbslosigkeit den Verlust von Status in der Weltarbeitsgesellschaft bedeutet. Insbesondere Alleinerziehende Personen die über wenig finanzielle Ressourcen verfügen müssen mit dem Verlust des Status und der daraus resultierenden Gefahr sozialer

natürlich Anna Freud hinzugefügt haben. Doch Erikson orientiert sich weit mehr an der Gesellschaft und der Kultur als die meisten Freudianer, wie von einem Forscher mit anthropologischem Interessenschwerpunkt auch nicht anders zu erwarten, und oft schiebt er die Instinkte und das Unbewusste geradezu aus dem Bild hinaus. Vielleicht aber liegt hierin der Grund dafür, dass Erikson sowohl unter Freudianern als auch unter Nicht-Freudianern außerordentlich populär ist!" S. 5–6, Ebd.

414 Vgl.: Rogge, B.G., Kuhnert, P., & Kastner, M. in: Zeitstruktur, Zeitverwendung und psychisches Wohlbefinden in der Langzeitarbeitslosigkeit. Eine qualitative Studie. In: Brähler, E. & Stöbel-Richter, Y. (Hrsg.), Arbeitswelt und Gesundheit. Psychosozial 2007, Sonderheft 109, S. 85–103.

415 Vgl.: Hess, D., Hartenstein, W., Smid, M., in: Auswirkungen von Arbeitslosigkeit auf die Familie. Mitteilungen aus der Arbeitsmarkt- und Berufsforschung 1991, 24: 178–192.

Abgrenzung rechnen. Wenn keine Alternativrollen für erwerbslose Individuen in ihrem Milieu vorhanden sind, birgt dies die Gefahr einer Zeitentwertung. Explizit bei Alleinstehenden Personen, die wenig sozial vernetzt sind und aufgrund ihres Bildungsniveaus Schwierigkeiten bei der Suche nach einer neuen Beschäftigung haben, besteht ein erhöhtes Risiko den Alltag nicht adäquat zu strukturieren. Der Mangel an Alternativrollen, die einhergehen mit Anerkennung und sozialen Kontakten, damit die Rolle als erwerbsloses Individuum in einem angemessenen Rahmen kompensiert werden kann, führt zu sozialer Isolation und psychosozialer Beeinträchtigungen. Die soziale Exklusion mindert die Lebenszufriedenheit und die psychosoziale Gesundheit wird gemindert.

„In Deutschland geht eine Furcht um. Es ist die Furcht vor dem wirtschaftlichen Abstieg. Diejenigen, die der Arbeitslosigkeit nicht Herr werden können, schüren sie, weil sie immer neue Erklärungen dafür brauchen, dass es nicht ihr Politikversagen ist, dass die Dinge so sind, wie sie sind.“[416]

In einem ökonomischen Milieu werden monetäre Ressourcen in Ressourcen für die Zeitgestaltung transformiert. Man darf davon ausgehen, dass das vorhanden sein von finanziellen Kapazitäten, gleichbedeutend ist, mit der Aufwertung der Alltagszeit. Ergo hängt das Zeiterleben der Erwerbslosen signifikant davon ab, ob diese überschuldet sind oder über umfangreiche finanzielle Mittel verfügen. Insbesondere die Gruppe derjenigen, die ohnehin aus prekären finanziellen Verhältnissen kommen und in die Erwerbslosigkeit abrutschen, diese Gruppe kann signifikant von der Entwertung der Alltagszeit betroffen sein. Selbstverständlich existieren in allen Milieus Ausnahmen. Wie bereits angesprochen ist die Existenz von Alternativrollen, eine gravierende Bedeutung zuzusprechen, aber auch eine proaktive mentale Einstellung und die Inanspruchnahme von Beratungsangeboten und gesundheitsfördernden Maßnahmen, können eine Form der Bewältigungsstrategie darstellen. Individuen die einen aktiven Bewältigungsstil an den Tag legen, sind prinzipiell im Vorteil.[417] Jedoch ist der Umgang mit der Zeit, Benedikt

[416] Vgl.: Stadermann, Hans Joachim in: Arbeitslosigkeit im Wohlfahrtsstaat, 2. Erweiterte und aktualisierte Auflage, Tübingen: Mohr 1998, S. 7.

[417] Vgl.: Rogge, Benedikt, G., in: Zeit und Arbeitslosigkeit. Differenzielle Arbeitslosenforschung und zeitpolitische Perspektiven, Ausgearbeitetes Manuskript zum DGfZP-Vortrag, 24.10. 2009, Berlin. S. 9, *http://www.zeitpolitik.de/pdfs/vortrag_rogge.pdf* (21.05.2015).

Rogge definiert dies als Zeitkompetenz, ungleich verteilt bei den Individuen. Die Zeitkompetenz ist maßgeblich abhängig vom Milieu in dem das Individuum lebt. Der Umgang mit der Zeit und das daraus resultierende Wohlbefinden variieren von den einzelnen Handlungskompetenzen, die das Individuum im Verlauf seiner Sozialisation verinnerlicht hat.

„Insofern also für Kant das stete Pendeln zwischen Schmerz und Befriedigung als anthropologischer Grundzug zu betrachten ist und er Langeweile und Nichtstun assoziiert, muss für Ihn das Verhindern von Langeweile als erstrebenswert erscheinen und nicht nur aus dem ganz schlichten Grunde, dass es sich hier um einen unangenehme Empfindung handelt, die es zu meiden gilt, sondern ganz besonders auch insofern die Langeweile das stete Fortschreiten zu Besseren untergräbt."[418]

Besonders bedroht von einer massiven Entwertung der Alltagszeit sind diejenigen, die in einem Milieu sozialisiert wurden, indem diesen nicht vermittelt wurde, wie sie ihre Zeit eigenständig gestalten können. Dieses Milieu wird durch Resignation und einem Fokus auf die Gegenwart geprägt, deshalb fehlt den Individuen die Kompetenz ihren Alltag aktiv und neu umzugestalten, damit die Alltagszeit nicht als sinnentleert empfunden wird.[419] Aus zeitpolitischer Perspektive, muss es die Aufgabe der Gesellschaft sein, die Entwertung der Alltagszeit bei erwerbslosen Individuen zu vermeiden. Dies entspricht der gesundheitspolitischen Verpflichtung einer Bundesregierung, gesundheitliche Beeinträchtigungen jeder Art bei erwerbslosen Individuen zu vermeiden. Dies ist kein Plädoyer für aktuelle Maßnahmen, wie in jüngster Vergangenheit die so genannten „1 Euro Jobs" oder „Vermittlungsmaßnahmen" bei freien Bildungsträgern für Transferleistungsbezieher. Diese führen zu einer fortschreitenden Stigmatisierung der Erwerbslosen und sind kontraproduktiv bei der Aufwertung der Alltagszeit. Durch diese Zwangsrekrutierung der Erwerbslosen durch die Bundesagentur für Arbeit oder

418 Vgl.: Hüsch, Sebastian in: Langeweile bei Heidegger und Kierkegraad – Zum Verhältnis philosophischer und literarischer Darstellung, Narr Franke Attempto Verlag GmbH + Co. KG Tübingen 2014, S. 42.

419 Vgl.: Rogge, Benedikt, G., in: Zeit und Arbeitslosigkeit. Differenzielle Arbeitslosenforschung und zeitpolitische Perspektiven, Ausgearbeitetes Manuskript zum DGfZP-Vortrag, 24.10. 2009, Berlin. S. 10, *http://www.zeitpolitik.de/pdfs/vortrag_rogge.pdf* (21.05.2015).

kommunaler Jobcenter wird keine Verbesserung der Lebenssituation der Erwerbslosen erreicht. Dies kann nur mit einer fokussierten Ausrichtung auf die jeweiligen Bedürfnisse der heterogenen Gruppe von Erwerbslosen realisiert werden. Zuerst muss die Stigmatisierung von Erwerbslosen durch einen konstruktiven Diskurs in der Gesellschaft bekämpft werden. Es muss eine neue Definition von Gesellschaft, Arbeit und Zeit in einem gemeinschaftlichen Dialog erörtert werden. Die Gesellschaft besteht nicht nur aus einer „Weltarbeitsgesellschaft". Der Status von Individuen, die sich um pflegebedürftige Familienangehörige oder um die Erziehung von Kindern kümmern, muss in der Gesellschaft wieder einen höheren Stellenwert genießen. Die politischen Akteure in der Bundesrepublik Deutschland müssen sich hinterfragen, ob Sie sich damit abgefunden haben, das angestrebte Ziel der Vollbeschäftigung nicht zu erreichen.

„Man kann darüber streiten, wie groß die Arbeitslosigkeit heute tatsächlich ist und ob mit den gegenwärtig (Februar 2012) gut drei Millionen registrierten Arbeitslosen ihr Umfang tatsächlich hinreichend erfasst wird. Man muss auch in Rechnung stellen, dass etwa knapp zwei Millionen Menschen sich entmutigt vom Arbeitsmarkt zurückgezogen haben oder wegen Arbeitslosigkeit bereits Rente beziehen, dass gut eine halbe Million in arbeitsmarktpolitischen Maßnahmen oder im Vorruhestand verharren und dass sich knapp eine halbe Million in Arbeitsbeschaffungsmaßnahmen befinden. Man kann also die Zahl der registrierten Arbeitslosen in etwa verdoppeln, um einen realistischen Anhaltspunkt für die Unterauslastung des Erwerbspotenzials der deutschen Wirtschaft zu erhalten. Dass diese Konstellation recht weit vom Ziel „Vollbeschäftigung" entfernt ist, erscheint unbestreitbar. Und auch der gegenwärtig beobachtbare erfreuliche Anstieg der Beschäftigung in Deutschland auf über 41 Millionen Erwerbstätige und der Rückgang bei den registrierten Arbeitslosen bringt uns dem hehren Vollbeschäftigungsziel allenfalls partiell näher."[420]

Die gesellschaftliche Stigmatisierung von Erwerbslosen ist ein Bestandteil, der ebenfalls zur Entwertung der Alltagszeit unter den Betroffen führt. Die Stigmatisierung reproduziert eine Restriktion der Lebens-

---

[420] Vgl.: Onlineportal Bundeszentrale politische Bildung in: Kurze Geschichte der „Vollbeschäftigung" in Deutschland nach 1945, *http://www.bpb.de/apuz/126004/kurze-geschichte-der-vollbeschaeftigung-in-deutschland-nach-1945?p=all* (Stand: 26.05.2015).

möglichkeiten von Erwerbslosen. Um eine Entwertung der Alltagszeit bei Erwerbslosen zu vermeiden, müssen die institutionellen Angebote resp. Maßnahmen, punktuell auf die heterogene Gruppe der Erwerbslosen ausgerichtet sein. Multipel belastete erwerbslose Individuen, wie zum Beispiel: Alleinerziehende Personen oder Langzeiterwerbslose mit signifikanten Vermittlungshemmnissen haben unterschiedliche Ansprüche und Bedürfnisse. Bei Alleinerziehenden Personen müssen Entlastungen im Alltag geschaffen werden. Dies ist nur über eine ganzheitliche Betreuung von Kindern in Betreuungseinrichtungen zu realisieren. Bei Langzeiterwerbslosen müssen institutionelle Angebote geschaffen werden, die von den betroffenen Personen als sinnvolle Zeitgestaltung wahrgenommen werden. Maßnahmen in denen Langzeiterwerbslose Arbeiten, indem diese Tätigkeiten für die Gemeinde verrichten, wie im Garten- und Landschaftsbau oder Maler und Lackierarbeiten, sind kritisch zu bewerten. Diese Tätigkeiten übernehmen in der Regel regionale Handwerksbetriebe.[421] Durch den Einsatz von Langzeiterwerbslosen werden Tarifverträge unterlaufen, da die Akteure nicht den vereinbarten tariflich geregelten Mindestlohn erhalten. Jedoch ist eine Tätigkeit in Vereinen oder gemeinnützigen Organisationen anders zu bewerten. Wenn sich nicht ausreichend engagierte oder handwerklich begabte Mitglieder im Verein befinden, ist das hinzuziehen von Transferleistungsempfängern legitim. Jedoch nur unter der Voraussetzung, das geltende branchenspezifische Mindestlöhne gezahlt werden, da ein arbeitsrechtliches Verhältnis entsteht.[422] Es existiert jedoch eine Lücke in

---

421 Vgl.: Onlineportal BMSA in: Verzeichnis der für allgemeinverbindlich erklärten Tarifverträge, Stand: 1. April 2015, *http://www.bmas.de/SharedDocs/Downloads/DE/PDF-Publikationen-DinA4/arbeitsrecht-verzeichnis-allgemeinverbindlicher-tarifvertraege.pdf;jsessionid=76732AD9BC2309955E189CC7612D7441?__blob=publicationFile* (Stand: 26.05.2015).

422 Vgl.: Sozialgesetzbuch (SGB) Viertes Buch (IV) - Gemeinsame Vorschriften für die Sozialversicherung - (Artikel I des Gesetzes vom 23. Dezember 1976, BGBl. I S. 3845)
§ 2 Versicherter Personenkreis

(1) Die Sozialversicherung umfasst Personen, die kraft Gesetzes oder Satzung (Versicherungspflicht) oder auf Grund freiwilligen Beitritts oder freiwilliger Fortsetzung der Versicherung (Versicherungsberechtigung) versichert sind.
(1a) Deutsche im Sinne der Vorschriften über die Sozialversicherung und die Arbeitsförderung sind Deutsche im Sinne des Artikels 116 des Grundgesetzes.
(2) In allen Zweigen der Sozialversicherung sind nach Maßgabe der besonderen Vorschriften für die einzelnen Versicherungszweige versichert:

der Gesetzgebung, die hierbei zum Tragen kommt. Bei diesen institutionellen Maßnahmen wird der Begriff der „Arbeitsgelegenheit“ verwendet. Dies ist laut § 19 BSHG kein arbeitsrechtliches Verhältnis.[423] Im

---

1. Personen, die gegen Arbeitsentgelt oder zu ihrer Berufsausbildung beschäftigt sind,
2. behinderte Menschen, die in geschützten Einrichtungen beschäftigt werden,
3. Landwirte.

Sozialgesetzbuch (SGB) Viertes Buch (IV) - Gemeinsame Vorschriften für die Sozialversicherung - (Artikel I des Gesetzes vom 23. Dezember 1976, BGBl. I S. 3845)
§ 7 Beschäftigung

(1) Beschäftigung ist die nichtselbständige Arbeit, insbesondere in einem Arbeitsverhältnis. Anhaltspunkte für eine Beschäftigung sind eine Tätigkeit nach Weisungen und eine Eingliederung in die Arbeitsorganisation des Weisungsgebers.
(1a) Eine Beschäftigung besteht auch in Zeiten der Freistellung von der Arbeitsleistung von mehr als einem Monat, wenn

1. während der Freistellung Arbeitsentgelt aus einem Wertguthaben nach § 7b fällig ist und
2. das monatlich fällige Arbeitsentgelt in der Zeit der Freistellung nicht unangemessen von dem für die vorausgegangenen zwölf Kalendermonate abweicht, in denen Arbeitsentgelt bezogen wurde.

423 Vgl.: BSHG § 19 Schaffung von Arbeitsgelegenheiten

(1) Für Hilfesuchende, insbesondere für junge Menschen, die keine Arbeit finden können, sollen Arbeitsgelegenheiten geschaffen werden. Zur Schaffung und Erhaltung von Arbeitsgelegenheiten können auch Kosten übernommen werden. Die Arbeitsgelegenheiten sollen in der Regel von vorübergehender Dauer und für eine bessere Eingliederung des Hilfesuchenden in das Arbeitsleben geeignet sein.

(2) Wird für den Hilfesuchenden Gelegenheit zu gemeinnütziger und zusätzlicher Arbeit geschaffen, kann ihm entweder das übliche Arbeitsentgelt oder Hilfe zum Lebensunterhalt zuzüglich einer angemessenen Entschädigung für Mehraufwendungen gewährt werden; zusätzlich ist nur die Arbeit, die sonst nicht, nicht in diesem Umfang oder nicht zu diesem Zeitpunkt verrichtet werden würde. Von dem Erfordernis der Zusätzlichkeit kann im Einzelfall abgesehen werden, wenn dadurch die Eingliederung in das Arbeitsleben besser gefördert wird oder dies nach den besonderen Verhältnissen des Leistungsberechtigten und seiner Familie geboten ist.

(3) Wird im Falle des Absatzes 2 Hilfe zum Lebensunterhalt gewährt, so wird kein Arbeitsverhältnis im Sinne des Arbeitsrechts und kein Beschäftigungsverhältnis im Sinne der gesetzlichen Kranken- und Rentenversicherung begründet. Die Vorschriften über den Arbeitsschutz finden jedoch Anwendung.

Fokus einer differenziellen Zeitpolitik muss es das Ziel sein, den unterschiedlichen Bedürfnissen und Zeitkompetenzen in der heterogenen Gruppe der Erwerbslosen mit institutionellen Maßnahmen gerecht zu werden.[424] Dies hätte zur Konsequenz, dass alle beteiligten Akteure: Erwerbslose, Arbeitgeber und die Bundesagentur für Arbeit, bereits im Vorfeld aktiv werden und in einem engmaschigen Korsett die betroffenen Individuen in diesem Prozess begleiten.[425] Die Entwertung der Alltagszeit und die Stigmatisierung von Erwerbslosen wird verhindert, wenn diese ermutigt und unterstützt werden, die Kontrolle ihrer Zeitgestaltung wieder selbst zu übernehmen. Die zeitpolitische Forderung muss es sein, die heterogenen Gruppe erwerbsloser Individuen in ihren unterschiedlichen Bedürfnissen und Ansprüchen, punktuell zu unterstützen, seitens der Arbeitgeber und der zuständigen Behörden. Die Erwerbsarbeit in der Weltarbeitsgesellschaft spiegelt, explizit in Nationen mit einem funktionierenden Sozialsystem, den Status von Individuen wieder. Der Verlust der Erwerbsarbeit, kann zu einer physischen, wie auch zu einer psychischen Beeinträchtigung führen. Individuen die in Nationen mit einem nur gering ausgebauten funktionierenden Sozialsystem leben, stehen vor existenziellen Herausforderungen beim Verlust der Erwerbsarbeit.

Eine Reform des Verständnisses der „Erwerbsarbeit" ist erforderlich. Unterschiedliche Bedürfnisse der Individuen müssen berücksichtigt werden. In den westeuropäischen Ländern, besteht ein funktionierendes Sozialsystem. Die Bürgerinnen und Bürger der einzelnen Nationalstaaten haben Rechte und können diese gegebenenfalls einfordern. Inwiefern diese im nationalen Korsett sozial gerecht ausgerichtet sind, hängt von der eigenen Perspektive ab. Es kann jedoch zu einer Ero-

(4) Bei der Schaffung und Erhaltung von Arbeitsgelegenheiten sollen die Träger der Sozialhilfe, die Dienststellen der Bundesagentur für Arbeit und gegebenenfalls andere auf diesem Gebiet tätige Stellen zusammenwirken. In geeigneten Fällen ist für den Hilfesuchenden unter Mitwirkung aller Beteiligten ein Gesamtplan zu erstellen.

424 Vgl.: Rogge, Benedikt, G., in: Zeit und Arbeitslosigkeit. Differenzielle Arbeitslosenforschung und zeitpolitische Perspektiven, Ausgearbeitetes Manuskript zum DGfZP-Vortrag, 24.10. 2009, Berlin. S. 11, *http://www.zeitpolitik.de/pdfs/vortrag_rogge.pdf* (21.05.2015).

425 Vgl.: Zempel, Jeanette, Bacher, Johann, Moser, Klaus in: Erwerbslosigkeit – Ursachen, Auswirkungen und Interventionen, Springer Fachmedien Wiesbaden 2001, S. 393 ff.

sion des Sozialsystems kommen (bottom down Prinzip), wenn nicht im globalen Kontext das Arbeitsrecht und der Außenhandel (Trade & Labour) reformiert werden. Das Verhältnis von Arbeitnehmerinnen und Arbeitnehmer zur Erwerbsarbeit ist facettenreich und teilweise ambivalent. Mit einer progressiven Globalisierung der Wirtschaft, der Vernetzung der Menschen durch das Internet, erscheint es nur logisch, die Implementierung einer weltweit gültigen Sozialklausel im Außenhandel voranzutreiben. In welcher Form diese Implementierung zu realisieren ist, erörtern die folgenden Kapitel. Der Abschnitt „Globalisierung" Risiko oder Chance? ist eine deskriptive Analyse des Weltaußenhandels und verdeutlicht die Marktmechanismen der Wirtschaft.

3 „Globalisierung" – Risiko oder Chance?

Insbesondere seit dem Inkrafttreten des GATT-Abkommens (General Agreement on Tariffs and Trade), wachsen die nationalen Wirtschaftssektoren zu einer globalen Ökonomie zusammen. Die progressive Liberalisierung des Weltmarktes, die den freien wirtschaftlichen Handel zwischen Nationen ermöglicht, hat nicht nur den freien Waren und Dienstleistungsverkehr realisiert, sondern den Produktionsfaktoren: „Kapital und Arbeit" zur globalen Mobilität verholfen. Ein stetiges Umdenken der nationalen Regime in punkto Wirtschafts- und Sozialpolitik, ist das Ergebnis dieses Prozesses. Der Handlungsspielraum der politischen Akteure und die nationale Autonomie wurden zu Gunsten realer oder zum Teil subjektiv wahrgenommener ökonomischer Vorteile aufgegeben. Während der Prozess der Globalisierung in Sachen Wirtschaftsvernetzung und Freihandel zunimmt, erodieren nationale politische Ordnungen und hinterlassen vereinzelt ein Vakuum zurück, welches noch nicht oder nur bedingt durch die eingetretenen globalen Strukturen kompensiert werden konnte.[426]

„Es ist offensichtlich, dass die Globalisierung eine Vielzahl zusätzlicher Unsicherheiten mit sich bringt und dadurch risikoerhöhend wirkt. Dazu zählen das generelle Fehlschlagrisiko in einem Markt und die Gefahr des Know how -Abflusses und -Diebstahls. Mit höheren Auslandsumsätzen nehmen Währungs- und Finanzkrisen zu. Aus der Globalisierung resultieren andererseits eine breitere Risikostreuung sowie eine Reduktion der Abhängigkeit von einzelnen Ländermärkten."[427]

---

426 Vgl.: Ellinger, Julia in: Soziale Mindeststandards im Welthandel – Konkurrierende Problemwahrnehmungen und Lösungskompetenzen von WTO und ILO, Tectum Verlag Marburg 2007, S. 11.

427 Vgl.: Simon, Herrman in: Hidden Champion – Aufbruch nach Globalia – Die Erfolgsstrategien unbekannter Weltmarktführer, Campus Verlag GmbH Frankfurt/NY 2012, S. 199.

Dieser Prozess wirft die Frag auf, inwieweit die Neudefinition einer ökonomischen Globalisierung, im sozialpolitischen Rahmen einer „Weltarbeitsgesellschaft" eingebettet werden kann. Um den Prozess der ökonomischen Globalisierung besser verstehen zu können, muss man die Funktionsweise hinterfragen, bevor der Zielkonflikt zwischen Trade & Labour analysiert werden kann.

Der Anspruch neuzeitlicher Volkswirtschaftstheorien hat im wesentlichen eine doppelte Zielsetzung. Albrecht Forstmann konstatiert, dass die klassische Lehre der natürlichen langfristigen Gleichgewichtstendenzen, durch eine, die die Vorgänge des wirtschaftlichen Ablaufes erklärende dynamische Theorie, ergänzt wurde.[428] Zum anderen soll die Vielzahl der nebeneinander konkurrierenden Volkswirtschaftstheorien vereinheitlicht werden, zu einem integrierten System der raumwirtschaftlichen Betrachtungsweise. Forstmann ist der Ansicht, dass das Streben nach Vereinheitlichung in der Außenwirtschaftstheorie sich aus dem Bemühen außenwirtschaftlicher Probleme ableiten lässt. Im Rahmen der allgemeinen Standorttheorie, sollen die entstandenen Probleme erfasst und gelöst werden, um auf diesem Weg ein Setting der Außenwirtschaftstheorien, integriert in der allgemeinen Preistheorie und dadurch in der allgemeinen volkswirtschaftlichen Theorie, zu gewährleisten.[429] Zum besseren Verständnis des Außenhandels werden die Grundlagen deskriptiv im folgenden Kapitel analysiert und miteinander verglichen.

3.1 Die definitorische Grundlage des wirtschaftlichen Außenhandels

Die Untersuchungen zur Außenwirtschaftstheorie analysieren die Reziprozität und vereinzelt die Interdependenz zwischen verschiedenen Nationen. Dabei unterscheidet man zwischen einer monetären und einer realen Theorie.[430] Der Fokus der realen Außenwirtschaftstheorie liegt auf den Ursachen internationaler Handelsbeziehungen sowie

428 Vgl.: Forstmann, Albrecht in: Die Grundlagen der Außenwirtschaftstheorie, Duncker & Humblot Berlin 1956, S. 9.

429 Vgl.: Ebd.

430 Vgl.: Dr. Sell, Alex in: Einführungen in die internationalen Wirtschaftsbeziehungen, R. Oldenburg Verlag München / Wien, 2 aktualisierte und erweiterte Auflage 2003, ff.

der Allokationsproblematik und auf ihren Wohlfahrtsauswirkungen.[431] Bei der Analyse dieser Sachverhalte verwendet die monetäre Theorie überwiegend einen makroökonomischen Ansatz.[432] Dr. Carsten Weerth konstatiert zwangsläufig ein verschwinden die von der realen Außenwirtschaftstheorie untersuchten Fragen der Allokation und Verteilung. Aufgrund der Ausrichtung auf die Problematik der Unterbeschäftigung, spielen Preise diverser Art in der monetären Theorie eine viel signifikantere Rolle, als in der realen Theorie.

Die monetäre Theorie befasst sich mit dem Nexus zwischen Zahlungsbilanz, Einkommen, Wechselkurs, Zinsen und Preisen.[433] Bei der Auseinandersetzung mit diesen Sachverhalt setzt die reale Außenwirtschaftstheorie mikroökonomische Methoden ein, und dabei primär die Theorie des allgemeinen Gleichgewichts.[434] Der signifikante Unterschied der Partialanalyse, ist die Berücksichtigung der für die gesamte Volkswirtschaft gegebenen Knappheit der Produktionsfaktoren. Dadurch entsteht ein komplexes System der Interdependenz aller Güter- und Faktormärkte, die wiederum in der Partialanalyse weitgehend isoliert betrachtet werden.[435] Laut Dr. Weerth widmet sich die reale Außenwirtschaftstheorie primär den Fragen der effizienten Allokation von knappen Faktoren. Diese abstrahiert sie ferner weitgehend von Problemen des fixen Preises, der wiederum, laut Dr. Weerth, oft Ursache von Unterbeschäftigung sei. Die reale Außenwirtschaftstheorie hinterfragt den internationalen Tausch von Finanzaktiva im Internationalen Kapitalverkehr, nicht.

Dieses Kapitel beschränkt sich auf die klassische und neoklassische politische Ökonomie. Der Ursprung der Wirtschaftswissenschaften, liegt in der angebotsorientierten Denkschule. Als Beleg hierfür kann die Bankenkrise aus dem Jahr 2008 herangezogen werden. Die EZB hat unkonventionelle geldpolitische Entscheidungen getroffen, um die Kre-

---

431 Vgl.: Moritz, Karls Heinz; Stadtmann, Georg in: Monetäre Außenwirtschaft, Verlag Franz Vahlen GmbH München 2011, S. 1.

432 Vgl.: Dr. Weerth, Carsten, Lehrbeauftragter an der FOM Hochschule für Oekonomie und Management, *http://wirtschaftslexikon.gabler.de/Definition/monetaereaussenwirtschaftstheorie.html* (31.12.2015).

433 Vgl.: Ebd.

434 Vgl.: Dr. Weerth, Carsten, Lehrbeauftragter an der FOM Hochschule für Oekonomie und Management, *http://wirtschaftslexikon.gabler.de/Definition/reale-aussenwirtschaftstheorie.html* (31.12.2015).

435 Vgl.: Ebd.

ditvergabe weiterhin zu unterstützen. Konjunkturpakete[436] und weiter nachfrageorientierte Stimuli, sind Beispiele für eine aktive Fiskalpolitik während der Bankenkrise.[437] Dieses Handeln ist nicht als Abkehr der traditionellen neoliberalen Denkschule zu interpretieren. Es ist eher ein Charakteristikum der modernen Paradigmen, im Kontext einer Diskretionarität[438] bei einem Marktversagen, ordnungspolitisch einzugreifen, um ein Totalversagen der Märkte zu verhindern.[439] Die Akteure solcher ordnungspolitischer Eingriffe in einer neoliberalen Krise, müssen sich hinterfragen: Wie sind Arbeitsplätze und ein faires Einkommen zu sichern? Wie wird sich die progressive Globalisierung dadurch verändern? Welche Kernthemen muss die Wirtschaftspolitik bearbeiten? Wie lässt sich eine Wirtschaftspolitik in einer demokratischen Gesellschaft legitimieren? Angesichts der bis dato andauernden neoliberalen Krise, sind adäquate Antworten und initiierte Konzepte bisher nur bedingt wirksam gewesen. Dies könnte unter anderem daran liegen, dass die wirtschaftspolitische Auseinandersetzung von ökonomischen Theorien diktiert wird, die sich bereits in Epochen früherer nationalstaatlicher autonomer Regime nur marginal als hilfreich erwiesen haben. Dieses Behaaren auf veraltete Denkmuster, wird bestimmt von klassischer, wie auch neoklassischer oder zum Teil von keynesianischer Vorstellungen. Die Folge dieses ordnungspolitischen Agierens, bei einer gleichzeitigen stetigen Liberalisierung und Vernetzung der Wirtschaftsmärkte, ist im Resultat ein Disput der sich nicht nur im Milieu der politischen Akteure bewegt, dieser ist ebenfalls in der Gesellschaft wiederzufinden. Für die Bürgerinnen und Bürger ist es nicht mehr nachzuvollziehen, warum und wieso die eingeleiteten Konzepte ihnen bei der Bewältigung der Bankenkrise behilflich sein sollen. Neue Parteien wurden gegründet, die den Unmut ihrer Wähler vertraten.[440] Nichtsdestotrotz muss man

---

436 Vgl.: Onlineportal BMWI in: Konjunkturpaket I *http://www.bmwi.de/BMWi/Redaktion/PDF/W/wachstumspaket-breg november-08,property=pdf,bereich=bmwi2012,sprache=de,rwb=true.pdf* (01,01.2016)

437 Vgl.: Glinka, Phillip in: Die Entwicklung moderner wirtschaftswissenschaftlicher Paradigmen im historischen Kontext – Eine Untersuchung zweier Ökonomischer Denkschulen, Diplomica Verlag GmbH 2012, S. 51.

438 Vgl.: „Diskretionäre Wirtschaftspolitik heißt, dass die Instrumentenvariablen der Politik jede Periode neu bestimmt werden. Dies entspricht weitgehend der Praxis der Prozeßpolitik in allen Ländern." *http://www.wirtschaftslexikon24.com/e/zeitinkonsistenz/zeitinkonsistenz.htm* (28.09.2016).

439 Vgl.: Ebd.

440 Vgl.: Bis zum inhaltlich dogmatischen Wechsel, war die AFD eine wirt-

sich mit den historischen Wirtschaftstheorien beschäftigen, um die aktuelle Entwicklung Wirtschaftspolitisch einordnen zu können. Nur mit dem Verständnis, wie die „Ökonomie" funktioniert, kann ein Konzept erarbeitet werden, wodurch die progressive Globalisierung wieder in Einklang mit der Gesellschaft gebracht werden kann.

Das folgende Kapitel untersucht die diversen Instrumente in der Handelspolitik.

3.2 Der absolute Kostenvorteil beim Außenhandel

Die Theorie des absoluten Kostenvorteils ist die Basis und Legitimation des liberalen Außenhandels.[441] An dieser Stelle wird gerne auf den Moralphilosophen und Nationalökonomen Adam Smith hingewiesen. Die Metapher der „unsichtbaren Hand" hat bis dato unter einigen Wissenschaftlern und Politikern an ihrer vermeintlichen Bedeutung und Attraktivität in unterschiedlichen Beiträgen nichts eingebüßt. Smith hat in seinem Hauptwerk: „Der Wohlstand der Nationen" lediglich ein einziges Mal die Metapher benutzt und zwar in dem Kapitel über Handelsbeschränkungen. In diesem setzt er sich kritisch mit den Importbestimmungen ausländischer Produkte auseinander. Jedoch hat Smith bereits früh erkannt, dass der Abbau von Handelsbeschränkungen allen beteiligten Handelspartner, Wohlstand generieren kann. Liberaler Außenhandel wird in zahlreichen internationalen Rahmenvereinbarungen als Instrument eingesetzt, um Wohlstand zu generieren. Das Modell des absoluten Kostenvorteils ist ein Gegenentwurf zum damals vorherrschenden Merkantilismus. Dieser war geprägt durch staatlichen Interventionismus, im Außenhandel. Die Prämisse dieses staatlichen Interventionismus, war die nationale Wohlstandsvermehrung durch einen positiven Handelsüberschuss zu erzielen.

„Kennzeichnend für den klassischen Merkantilismus waren Marktzugangsbeschränkungen durch Kartelle, wie beispielsweise die Zünfte. Aber auch Steuern und ein hohes Maß an Regulierung beschränkten Nachfrage

---

schaftskritische Partei. Davon ist seit den Flüchtlingsströmen und einem Wechsel in der Spitze, nicht mehr viel übrig geblieben.

441 Vgl.: Dr. Ströbele, Wolfgang und Professor PD. Dr. Wacker, Holger in: Außenwirtschaft – Einführung in die Theorie und Politik, R. Oldenbourg Verlag München Wien, 2 überarbeitete Auflage, S. 9 ff.

und Handel. Dieser Wirtschaftspolitik lag die Furcht zugrunde, dass der Export von Rohstoffen und die Einfuhr von Fertigwaren einheimischen Unternehmen schaden und Arbeitsplätze vernichten würde.“[442]

Der liberale Gegenentwurf zum Merkantilismus in der Außenhandelspolitik, ist ausgerichtet auf die effiziente Nutzung der nationalen Ressourcen, durch eine internationale Arbeitsteilung. Dieses Vorgehen ist ein Resultat, welches sich aus der binnenwirtschaftlichen Arbeitsteilung ableiten lässt. Diese Arbeitsteilung ist unter dem Termini: „Fordismus“ bekannt geworden.[443] Henry Ford führte in seinem Unternehmen eine wissenschaftliche Arbeitsweise ein. Ford verfolgte mit seiner eingeführten Struktur der Arbeitsteilung, die von F. W. Taylor[444] konzipierte Methode, der Trennung von „Kopf“ und „Handarbeit“.[445] Die Arbeitnehmerinnen und Arbeitnehmer bekamen vom installierten Planungsbüro die kompletten Arbeitsabläufe vorgegeben. Diese mussten die Vorgaben lediglich durch einige Handgriffe ausführen. Die Konstruktion neuer Maschinen und die Weiterentwicklung dieser, führten zu einer rasanten Verbreitung des Ansatzes von Taylor. Diese Epoche ist auch bekannt unter dem Namen „Taylorismus“. Das bis heute verbreitete System der Arbeitsteilung, welches primär in der Produktion von Gütern zu finden ist, ist seit jäh her stark kritisiert worden, seitens der Gewerkschaften aber auch von Unternehmern.[446] Die strikte Trennung von planender und ausführender Tätigkeit würde das Individuum sehr stark belasten. Aber auch Taylors Entlohnungssystem wurde unter anderem von ökonomischer Seite stark kritisiert.[447] Die Bezahlung der Ar-

442 Vgl.: Hettne, Björn in: The Concept of Neomercantilismus, in Mercantilist Economies, Magnusson, Lars (Ed.), Uppsala 1993, S. 235., Trebilock, Michael J. Howse, Robert (Fn.4): Regulation of international Trade, S 2. In: Dr. Blüthner, Andreas in: Welthandel und Menschenrechte in der Arbeit, Peter Lang europäischer Verlag der Wissenschaften 2004, S. 46.

443 Vgl.: Fuchs, Christian in: Krise und Kritik in der Informationsgesellschaft – Arbeiten über Herbert Marcus kapitalistische Entwicklung und Selbstorganisation – Sozial Selbstorganisation im informationsgesellschaftlichen Kapitalismus, 2 Teil, Books on Demand GmbH 2002, S. 93.

444 Vgl.: Onlineportal Encyclopedia in: Biography of: Frederick Winslow Taylor, *http://www.encyclopedia.com/topic/Frederick_Winslow_Taylor.aspx* (06.01.2015).

445 Vgl.: Hebeisen, Walter in: F. W. Taylor und der Taylorismus – Über das Wirken und die Lehre Taylors und die Kritik am Taylorismus, S. 119.

446 Vgl.: Ebd.

447 Vgl.: Hebeisen, Walter in: F. W. Taylor und der Taylorismus – Über das Wir-

beitnehmerinnen und Arbeitnehmer sollte über ein Belohnungssystem erfolgen. Dieser Ansatz lieferte den Arbeitgebern einen starken Anreiz, die Arbeitnehmerinnen und Arbeitnehmer, nur noch nach Stückzahl zu bezahlen.[448] Diese Spezialisierung in der Binnenwirtschaft und die Weiterentwicklung von Maschinen erhöhten die Produktivität auf der Angebotsseite. Verbunden mit der Wahlmöglichkeit im liberalen Handelssystem, erhalten die Konsumenten für ihre eingesetzten Mittel den größtmöglichen Gegenwert.

„Das Leitbild des individuell größten Gegenwertes gebietet es nicht nur, beim Kauf auf ein vorteilhaftes Tauschverhältnis zu achten, sondern auch niemals selbst etwas herzustellen, was man kostengünstiger kaufen kann."[449]

Die Nachfrage nach einem effizient hergestellten Produkt, stellt eine Steigerung des individuellen Nutzens dar. Daraus resultiert der Nebeneffekt, das nach seinem Vorteil strebende Individuum, stets diejenigen Produzenten unterstützt, die ihre Produktionsfaktoren effizient nutzen. Durch diese verbesserte Allokation der vorhandenen Ressourcen, entsteht ein Wohlfahrtseffekt für die gesamte Volkswirtschaft. Die binnenwirtschaftliche Theorie der absoluten Kostenvorteile wurde vom wirtschaftlichen Außenhandel adaptiert. Smith, aber auch Ricardo plädieren dafür, dass Staaten sich ausschließlich auf die Erzeugung von Gütern spezialisieren und konzentrieren, in denen diese gegenüber ihren Handelspartnern einen absoluten Kostenvorteil besitzen. Das System des absoluten Kostenvorteils bei der Herstellung von Gütern existiert bis heute. Das mobile Kapital investiert primär dort, wo es sich den größten Mehrwert verspricht. Ein Beispiel hierfür ist die prosperierende Wirtschaft der letzten Jahre in der Volksrepublik China. Das entstandene neue Kapital in China, wird nun vermehrt selbst im Ausland investiert.

„Chinesische Firmen sind auf dem Vormarsch, auch in angestammten Technologiebereichen, in denen gerade deutsche Firmen aktiv sind. Das

---

ken und die Lehre Taylors und die Kritik am Taylorismus. S, 11.

448 Vgl.: Vgl.: Onlineportal Wirtschaftslexikon in: Akkordlohn, *http://www.wirtschaftslexikon24.com/d/akkordlohn/akkordlohn.htm* (06.01.2015).

449 Vgl.: Dr. Blüthner, Andreas in: Welthandel und Menschenrechte in der Arbeit, Peter Lang europäischer Verlag der Wissenschaften 2004, S. 46.

betrifft nicht nur den Export von Produkten aus China nach Europa, sondern auch hohe Investitionssummen in deutsche Firmen und deutsche Technologien."[450]

Die Kernaussage der Theorie der Kostenvorteile besteht darin, dass am eigenen Standort nur Güter produziert werden, deren eigene Herstellung effizienter ist, als der Import dieser Güter von Handelspartnern. Daraus geht unmissverständlich hervor, dass es nicht in Betracht zu ziehen ist, Waren zu produzieren, die der Handelspartner effizienter herstellen kann. Die Allokation der Produktionsfaktoren wird nur gewährleistet, wenn am eigenen Standort das effizienteste Gut produziert wird. Diese Vorgehensweise steigert nicht nur den Wohlstand des exportierenden Staates, es erzeugt den Nebeneffekt, dass alle beteiligten Nationen am liberalen Handel davon profitieren können. Dabei ist anzumerken, dass die Nachfrage nach effizient hergestellten Güter nur gelenkt werden kann, wenn diese einen tatsächlichen Preisvorteil bieten. Bereits Smith beschrieb in seinem Hauptwerk: „Wohlstand der Nationen", dass Handels- und Zugangsbeschränkungen, die Preise zuungunsten von importieren Waren verändern. Durch Zölle werden die Preise verfälscht, dadurch wird es den Konsumenten erschwert, sich für das am effizientesten produzierte Gut zu entscheiden. Der Marktmechanismus, in Form seiner Lenkungswirkung, funktioniert nur bedingt. Durch staatliche ordnungspolitische Interventionen, wird die Produktion von Gütern an Produktionsstandorten gefördert, welche sich nur sub-optimal für die Herstellung einer Ware eignen. Der Wohlfahrtseffekt für die Handelspartner wird geschmälert. Auf Basis eines absoluten Kostenvorteils und den daraus generierten Wohlfahrtseffekten für alle beteiligten Handelspartner, wurde das merkantilistische Wirtschaftssystem immer stärker abgebaut und es begann die Liberalisierung des Außenhandels.[451]

Das Modell des absoluten Kostenvorteils, lässt sich an einem Fallbeispiel mit zwei Produktionsstandorten in unterschiedlichen Ländern sehr gut veranschaulichen. Diese agieren autark, produzieren aber identische Güter. In diesem Kontext wird vorausgesetzt, dass ein Produktionsstandort in der effizienten Herstellung einer Ware, dem anderen

450 Vgl.: Onlineportal: China investiert - die Studie im Überblick, *http://www.china-investiert.de/china-investiert/* (06.01.2015).

451 Vgl.: Dr. Blüthner, Andreas in: Welthandel und Menschenrechte in der Arbeit, Peter Lang europäischer Verlag der Wissenschaften 2004, S 47.

Standort gegenüber einen Vorteil hat. In diesem Fall, tritt ein absoluter Kostenvorteil ein und der Lenkungsmechanismus der Wirtschaft führt zu einer Konzentration der Produktion von Gütern, an dem Standort, dessen Produktion der Waren einen Kostenvorteil aufweist. Dieser Konkurrenzkampf der Produktionsstandort führt dazu, dass sich die Standorte darauf spezialisieren, ausschließlich Waren herzustellen, indem ein absoluter Kostenvorteil besteht. Die Folge dieses Handels ist eine Allokation der bestehenden Ressourcen, an dem Standort, der die Produkte am effizientesten herstellen kann. Durch diese internationale Arbeitsteilung werden die produzierten Waren günstiger und die vorhanden Ressourcen effizient genutzt, dadurch profitieren alle beteiligten Handelspartner.[452]

Die Theorie der absoluten Kostenvorteile bietet ein stark deduktives nomologisches Modell an. Es bleibt aber eine abschließende Rechtfertigung für ein liberales Wirtschaftssystem schuldig. In der Theorie des absoluten Kostenvorteils, wird vorausgesetzt, dass zumindest ein Handelspartner gegenüber dem anderen, bei der Herstellung einer Ware, den anderen überlegen ist. Jedoch lässt sich aus diesem Modell nicht ableiten, warum eine Nation, die keinen Kostenvorteil gegenüber einem anderen Staat hat, ihr Wirtschaftssystem liberalisieren soll.[453]

Hierfür lohnt sich ein Blick auf die Theorie des komparativen Kostenvorteils zu verwerfen. Das folgende Kapitel setzt sich mit dieser Weiterentwicklung der Theorie, der Kostenvorteile auseinander.

3.3 Der komparative Kostenvorteil im Freihandel

Die Theorie des komparativen Kostenvorteils, kann eine Erklärung dafür liefern, warum liberaler Handel unter Nationen auch ohne einen absoluten Kostenvorteil, eine so genannte „win-win Situation" darstellen kann.[454] Damit alle Handelspartner vom liberalen Außenhandel einen Wohlstandseffekt generieren können, sollten sich alle Staaten auf die Herstellung von Gütern spezialisieren, in denen der eigene Kostenvorteil am effizientesten genutzt werden kann. Wenn alle Handelspartner

452 Vgl.: Neumair, Haas in: Internationale Wirtschaft, Oldenbourg Wissenschaftsverlag GmbH 2006, S. 194.

453 Vgl.: Ebd. S, 195.

454 Vgl.: Dascher, Kristof in: Ökonomie in Bausteinen – Einführung in die Volkswirtschaftslehre, Oldenbourg Verlag München / Wien 2007, S. 30.

dieser Theorie folgen, verbleibt auch für denjenigen Partner, mit den vermeintlich ineffizientesten Ressourcen im Konkurrenzkampf, immer noch ein Handelsgut übrig, auf das dieser sich spezialisieren kann. Die Wirkungsweise und Bestätigung der Theorie der komparativen Kostenvorteile wird am ricardianischen Modell illustriert. In diesem Modell liberalisieren zwei Handelspartner an unterschiedlichen Standorten den Handel mit ihren Gütern zum beiderseitigen Vorteil. In der Fachliteratur wird die Erkenntnis aus der Theorie der komparativen Kostenvorteile als ökonomische Legitimation für den liberalen Außenhandel angesehen.[455] Das ricardianische Modell ist ein sehr vereinfachtes Erklärungsmodell und kann daher nicht umfassend als Legitimation für den liberalen Welthandel in der Praxis herangezogen werden. Die Theorie der komparativen Kostenvorteile stellt daher kein adäquates Erklärungsmuster für einen funktionierenden liberalisierten Außenhandel dar, weil der Kern dieser Theorie sich auf den Produktionsfaktor Arbeit konzentriert. Es ist jedoch hinlänglich bekannt, dass die Herstellung von Gütern sich nicht ausschließlich auf den Produktionsfaktor „Arbeit" reduzieren lässt. Bei der Produktion von Waren spielen unterschiedliche Faktoren eine signifikante Rolle[456] und sind in der Praxis nicht einfach zu substituieren.[457] Durch die Beendigung der Herstellung eines vermeintlich nicht effizienten Gutes und der daraus freiwerdenden Ressourcen, lässt sich nicht schlussfolgern, dass diese Ressourcen jetzt proportional in die Herstellung eines neuen Gutes einfließen können. Die Ausweitung der Produktionspalette oder dessen Modifikationen, führen nicht zwangsläufig zu einem Wohlstandseffekt. Außerdem wäre es sehr verwunderlich, wenn in der globalisierten Wirtschaft, ein Produzent auf seine Kostenvorteile freiwillig verzichtet, um den solidarischen Gedanken, des komparativen Kostenvorteils zu unterstützen, damit der Wohlstandseffekt auf alle Handelspartner sich überträgt. Der Grundgedanke der Theorie der komparativen Kostenvorteile geht davon aus, dass nicht alle Güter zur Befriedigung der weltweiten Nachfra-

455 Vgl.: Söllner, Albrecht in: Einführung in das internationale Management, Eine institutionsökonomische perspektive, Gabler Verlag 1. Auflage 2008, S. 10 ff.

456 Vgl.: Die Kompetenz der MitarbeiterInnen, die technische Ausstattung des Unternehmens, die tarifäre Bindung des Unternehmens, der sozialpolitische Organisationsgrad der MitarbeiterInnen, um nur einige Faktoren an dieser Stelle zu nennen.

457 Vgl.: Dr. Blüthner, Andreas in: Welthandel und Menschenrechte in der Arbeit, Peter Lang europäischer Verlag der Wissenschaften 2004, S 49.

ge, sich an einem Standort realisieren lassen. Dem liegt die Annahme zugrunde, dass jeder Standort nur über begrenzte Produktionskapazitäten verfügt. Dadurch können auch Standorte mit effizienten Strukturen, nicht die komplette Nachfrage befriedigen.

Der Effizibeziensbegriff, so wie er hier definiert ist, bezieht sich auf eine gegebene Technologie oder Produktionsmöglichkeitenmenge sowie auf eine mehrdimensionale Ergebnisfunktion. Es ist unmittelbar einsichtig, dass bei Änderungen der Produktionsmöglichkeiten zuvor effiziente Aktivitäten ineffizient werden können oder umgekehrt ineffiziente effizient. Der gleiche Sachverhalt trifft aber auch bei einer Änderung des Produzenten zu."[458]

Dr. Blüthner kritisiert das einfache ricardianische Modell insofern, dass in Anbetracht des Überangebotes an Arbeitskräften in Industrieländern sowie einer hohen Kapitalmobilität und Verfügbarkeit, es als realitätsfern zu erachten ist, dass die Theorie der komparativen Kostenvorteile in der Praxis zur Legitimation des liberalen Außenhandel herangezogen werden kann.[459] Eine realistische funktionsweise der Theorie wäre denkbar, wenn ein Handelspartner die Gesamte Nachfrage aller Güter befriedigen könnte, dann würden sich im liberalen Außenhandel die Vorteile am effizientesten Standort konzentrieren.[460] Wenn das ricardianische Modell erweitert wird, indem dem Modell ein Geldmechanismus hinzugefügt wird, der unweigerlich zum Tragen kommt, wenn ein Staat eine sehr hohe Exportbilanz aufweisen kann, erscheint das Modell von Ricardo nicht mehr sehr plausibel. Mit einer Zunahme der Geldmenge in einem Staat, steigen die Preise inflationär an. Wodurch die Preise für die produzierten Güter ebenfalls ansteigen werden. Jedoch in Staaten, die sehr viele Waren importieren müssen, sinkt die Geldmenge, ergo sinkt dadurch die Kaufkraft, da die gezahlten Löhne niedrig sind und die Preise fallen. Die niedrigen Löhne erzeugen eine Zunahme der

458 Vgl.: Dyckhoff, Harald in: Betriebliche Produktion - Theoretische Grundlagen einer umweltorientierten Produktionswirtschaft, Springer Verlag Berlin / NY 1992, S. 91.

459 Vgl.: Dr. Blüthner, Andreas in: Welthandel und Menschenrechte in der Arbeit, Peter Lang europäischer Verlag der Wissenschaften 2004, S 50.

460 Vgl.: Ebd.

Wettbewerbsfähigkeit, dies hält solange an, bis es wieder zu entgegengesetzten Warenströmen kommt.[461]

„*Was ich behaupte ist, daß – wenn alle Waren unter genau denselben Umständen produziert würden, z. B. durch Arbeit allein – eine Ware, die stets die gleiche Menge Arbeit erforderte, nicht unveränderlich im Wert bliebe, wenn jede andere Waren einer Veränderung unterläge. Der Wer ist nichts Immanentes und Absolutes. Anstatt den Wert als ein Verhältnis zwischen zwei Dingen anzusehen, betrachten Sie >>(Ricardo und seine Nachfolger)<< ihn als ein positives Resultat, daß durch eine bestimmet Menge Arbeit produziert wird. Sie sprechen vom >>Wert als einer Art allgemeiner und unabhängiger Eigenschaft<<. Da sich die Werte von A und B nach ihrer Lehre zueinander verhalten wie die Menge Arbeit, die Sie produzieren, oder...bestimmt werden durch die Mengen Arbeit, die sie produzierten, scheinen Sie zu schließen, daß der Wert von A allein, ohne Beziehung auf etwas anderes, so groß wie die Menge der ihn produzierten Arbeit. In dieser letzten Behauptung steckt sicherlich kein Sinn.*“[462]

---

461 Vgl.: Brentel, Helmut in: Soziale Form und ökonomisches Objekt – Studien zum Gegenstands- und Methodenverständnis der Kritik der politischen Ökonomie, Springer Fachmedien Wiesbaden GmbH 1989, S. 107.

462 Vgl.: Samuel Bailey in: Ebd, S. 108.
"Samuel Bailey, british ecomist and philosopher: born 1791, Sheffield, Yorkshire, Eng.—died Jan. 18, 1870, Sheffield, English economist and philosopher remembered for his argument that value is a relationship and implies a particular state of mind. After working a few years in his father's business and accumulating a fortune, Bailey founded the Sheffield Banking Company in 1831, and in 1832 and 1834 he sought unsuccessfully to enter the House of Commons. His published works include pamphlets on parliamentary reform, on the right of primogeniture, and on currency restrictions. The most significant of Bailey's writings were his Essays on the Formation and Publication of Opinions (1821), in which he argued that an individual's opinions are independent of his will. Sequels were Essays on the Pursuit of Truth, on the Progress of Knowledge, and on the Fundamental Principle of All Evidence and Expectation (1829) and A Critical Dissertation on the Nature, Measures, and Causes of Value (1825), which criticized the political economics of the Ricardian School, named after the English economist David Ricardo. Denying the reciprocal relationship between wages and profits, Bailey stressed the productivity of labour and sought to eliminate the pessimism inherent in Ricardo's economic doctrines. As a politician, he opposed state interference and considered himself a Utilitarian radical. Among his other works are A Review of Berkeley's Theory of Vision (1842) and Letters on the Philosophy of the Human Mind, 3 vol. (1855–63)." *http://www.britannica.com/biography/Samuel-Bailey* (09.01.2016).

Bei der Auseinandersetzung mit dem ricardianischen Erklärungsmuster hat sich gezeigt, dass in der Wissenschaft, die Kritik und die Überarbeitungen der Theorie des komparativen Kostenvorteils, noch nicht abgeschlossen sind.[463] Die Theorie von Ricardo erscheint unvollständig und abhängig von bestimmten Voraussetzungen. Nur Ricardos Theorie der komparativen Kostenvorteile alleine heranzuziehen, genügt nicht um dynamische Wirkungszusammenhänge in einer globalisierten Wirtschaft zu erklären. Ricardos Modell stellt ein vereinfachtes Erklärungsmuster dar, welches sich unter bestimmten Voraussetzungen verifizieren lässt. Es bleibt aber den ultimativen Nachweis schuldig, warum man es zur Begründung einer liberalen Wirtschaft vortragen soll. Im Konflikt zur Durchsetzung von Kernarbeitsnormen, kann das Modell von Ricardo nicht abschließend begründen, warum eine liberale Wirtschaftsform besonderen Schutz, vor Sozialklauseln im System genießen soll.

Im folgenden Kapitel wird die Theorie von Ricardo, um das Faktor-Proportionen-Theorem erweitert.

3.4 Das Heckscher-Ohlin Theorem

Das Faktor-Proportionen Theorem ist besser bekannt unter dem Namen: „Heckscher-Ohlin Theorem". Entwickelt wurde das Theorem durch Eli Heckscher[464] und Bertil Ohlin[465].

Dieses Modell stellt eine Ergänzung zur Theorie der komparativen Kostenvorteile dar.[466] Die Theorie des internationalen Handels, erklärt den industriellen Handel unterschiedlicher Länder mit divergenten Produktionsfaktoren.[467] Das Heckscher- Ohlin Theorem soll erklären,

463 Vgl.: Borchert, Manfred in: Außenwirtschaftslehre – Theorie und Politik, 3. Überarbeitete und erweiterte Auflage, Gabler GmbH Wiesbaden 1987, S. 33.

464 Vgl.: Onlineportal Policonomocs in Eli Heckscher biography, *http://www.policonomics.com/eli-heckscher/* (10.01.2016).

465 Vgl.: Ebd.: *http://www.policonomics.com/?s=Bertil+Ohlin* (10.01.2016).

466 Vgl.: Bade, Daniel in: Demographischer Wandel und internationale Wettbewerbsfähigkeit Deutschlands – Eine Analyse basierend auf Porters Ansatz, GWV Fachverlag GmbH Wiesbaden 2007, S. 38.

467 Vgl.: Onlineportal Wirtschaftslexikon Gabler in: Produktionsfaktoren. „Wirtschaftsgut, das bei der Leistungserstellung (Produktion) eingesetzt wird. Aus wirtschaftstheoretischer Sicht unterscheidet man zwischen den Produktionsfaktoren Arbeit, Boden und Kapital; der Faktor Boden kann dabei durch

warum divergente Produktionsfaktoren und nicht unterschiedliche Produktionstechnologien, Ursachen für Kostendifferenzen darstellen und somit komparative Kostenvorteile generieren.[468] Dies ist der signifikanteste Unterschied zum ricardianischen Modell. Die Differenzierung der Produktionsfaktoren in: Arbeit, Boden und Kapital veranschaulicht, dass für einen Produktionsstandort eine Vielzahl von Optionen bestehen, um sich zu spezialisieren. Dr. Blüthner ist der Meinung, dass das Heckscher- Ohlin Theorem die enge ricardianische Sicht erweitert, da dieses sich auf die Arbeitskosten fokussiert und auf einer statischen Unterteilung, in überlegene und unterlegene Standorte.[469] Die Erweiterung des ricardianischen Modells, um signifikante Produktionsfaktoren verdeutlicht, wie mobil/facettenreich diese Faktoren sein können und das die Kostenvorteile im Außenhandel einen dynamischen Prozess unterliegen.

„Der Übergang von Autarkie zu Freihandel führt auch im H-O-Modell zu einer Entkoppelung nationaler Produktions- und Konsumstrukturen. Produktionsfaktoren werden in Sektoren eingesetzt, die besonders intensiv den Faktor nutzen, der relativ reichlich vorhanden ist. Die Folge ist ein Strukturwandel, wobei Eigentümer von Produktionsanlagen der expandierenden Sektoren gewinnen und Eigentümer von Produktionsanlagen, die im Autarkiefall insbesondere den relativ knappen Produktionsfaktor verwendeten, verlieren.“[470]

Wenn man das Theorem partiell in bestimmten Segmenten betrachtet, kann man von einem Wohlfahrts- resp. Wettbewerbsverlust auf internationaler Ebene gesprochen werden. Das Heckscher-Ohlin Theorem verdeutlicht, das ordnungspolitische Interventionen gravierende Aus-

---

den Faktor Umwelt oder natürliche Ressourcen ersetzt werden, während zum Faktor Kapital neben Sachkapital auch Humankapital gerechnet wird. Produktionsfaktoren können im Produktionsprozess entweder in einem substitutiven (gegeneinander austauschbaren) oder in einem komplementären (festen) Einsatzverhältnis zueinander stehen.“ *http://wirtschaftslexikon.gabler.de/Definition/produktionsfaktoren.html* (10.01.2016).

468 Vgl.: Ebd.

469 Vgl.: Dr. Blüthner, Andreas in: Welthandel und Menschenrechte in der Arbeit, Peter Lang europäischer Verlag der Wissenschaften 2004, S 51.

470 Vgl.: Bade, Daniel in: Demographischer Wandel und internationale Wettbewerbsfähigkeit Deutschlands – Eine Analyse basierend auf Porters Ansatz, GWV Fachverlag GmbH Wiesbaden 2007, S. 38.

wirkungen auf Produktionsstandorte haben können. Diese Interventionismen unterliegen ebenfalls einem dynamischen Prozess und stellen keine Dogmen dar.

„Das Heckscher-Ohlin Theorem vermag deshalb realitätsnah zu erklären, warum sich Freihandel zwischen Ländern lohnt, die einer unterschiedlichen Ausstattung und damit unterschiedliche Preise für Produktionsfaktoren aufweisen."[471]

Unterschiedliche Produktionsfaktoren findet man in Ländern, mit unterschiedlicher wirtschaftlicher Entwicklung wieder. Diese Divergenz ist insbesondere beim Handel zwischen Industrieländern und sogenannten Entwicklungsländern signifikant zu beobachten. Baade konstatiert, dass der Begriff der internationalen Wettbewerbsfähigkeit auch im Kern nicht sinnvoll interpretiert werden kann.[472] Er schlussfolgert dies aus der Erkenntnis heraus, dass die Faktormobilität nicht aufzuhalten sei. Ein Staat kann Faktoren aus dem Ausland abstrahieren, dadurch verschieben sich Faktorpreise und die Grenzproduktivität.[473]

Das Heckscher-Ohlin Theorem vermag bedingt liberalen Handel unter Nationen zwar begründen, jedoch ist die Debatte in der Wissenschaft dadurch nicht beendet. Ein weiterer Ansatz den es zu untersuchen gilt, ist der Produktionszyklus. Dieser wird im folgenden Kapitel analysiert.

3.5 Der Produktionszyklus

Die Theorie des „Produktionszyklus" ist eine Ergänzung der reduktiven Modelle der Kostenvorteile. Die effiziente Produktion einer Ware, hängt

471 Vgl.: Dr. Blüthner, Andreas in: Welthandel und Menschenrechte in der Arbeit, Peter Lang europäischer Verlag der Wissenschaften 2004, S 53.

472 Vgl.: Bade, Daniel in: Demographischer Wandel und internationale Wettbewerbsfähigkeit Deutschlands – Eine Analyse basierend auf Porters Ansatz, GWV Fachverlag GmbH Wiesbaden 2007, S. 39 ff.

473 Vgl.: Ebd.
Vgl.: Onlineportal Wirtschftalexikon24: „Die Grenzproduktivität weist also aus, wie sich eine beliebig kleine Veränderung der Einsatzmenge von Produktionsfaktor i auf die Produktmenge auswirkt." *http://www.wirtschaftslexikon24.com/d/grenzproduktivit%C3%A4t/grenzproduktivit%C3%A4t.htm* (10.01.2016).

nicht nur von vorhandenen Produktionsfaktoren ab, sondern ebenfalls vom jeweiligen Produktionszyklus. Diesen Zyklus kann man Einordnen in: Reifephase, Standardisierung und Produkteinführung.

„Die Grundaussage der zunächst rein betriebswirtschaftlichen, auf einzelne Unternehmen bzw. Produkte ausgerichteten Produktzyklustheorie lautet: Produkte (und durch sie geprägte Industrien) durchlaufen einen Alterungsprozess mit einer Entwicklungs- und Einführungsphase, einer Wachstumsphase und einer gegen Ende zeitlich offenen Reife oder Standardisierungsphase. Jede Phase besitzt charakteristische Merkmale bzgl. Marktstruktur, Faktoreinsatz, Wettbewerbsposition, Betriebsgröße und – hier wird Produktionszyklustheorie zum Erklärungsansatz für technologisch bedingten regionalen Strukturwandel – stellt spezifische Anforderungen an die Standortfaktoren.“[474]

Im Kontext der internationalen Arbeitsteilung substituiert man unter den Kostenvorteilen nicht nur die Herstellung, sondern auch den gesamten „Lebenszyklus“, von der Entwicklung bis zum Ausscheiden aus dem Wirtschaftsmarkt.[475] Die Produktionszyklustheorie empfiehlt industriellen Standorten, die Vorteile in Entwicklung, Forschung und Technologien nachweisen können, sich auf kapitalintensive Produkte zu konzentrieren. Die technische Entwicklung schreitet stetig voran und eine Ware die am Anfang ihres Produktzyklus stand, transformiert sich von einem kapitalintensiven Produkt, hin zu einem standardisierten und oft arbeitsintensiven Produkt. Im Anschluss einer Markteinführung des Produktes, können andere Handelspartner mit effizienteren Kostenvorteilen, wie zum Beispiel bei einem niedrigeren Lohnverhältnis, standardisierte Ware ebenso und höchstwahrscheinlich effizienter Produzieren.

„Die Produktzyklustheorie erklärt also einen Großteil der Beziehungen zwischen räumlicher Arbeitsteilung und technologischem Wandel, indem sie die frühen, durch Kapitalintensität und Produktinnovationen geprägten Zyklusphasen den Verdichtungsräumen und die späten lohnkostenin-

474 Vgl.: Stätzel, Ludwig (Hrsg.) Sternberg, Rolf in: Technologiepolitik und Hightech Regionen – ein internationaler Vergleich, LIT Verlag Münster Band 7, 1998, S. 30.

475 Dr. Blüthner, Andreas in: Welthandel und Menschenrechte in der Arbeit, Peter Lang europäischer Verlag der Wissenschaften 2004, S 53.

tensiven und durch Prozessinnovationen gekennzeichneten Zyklusphasen der Peripherie zuordnet."[476]

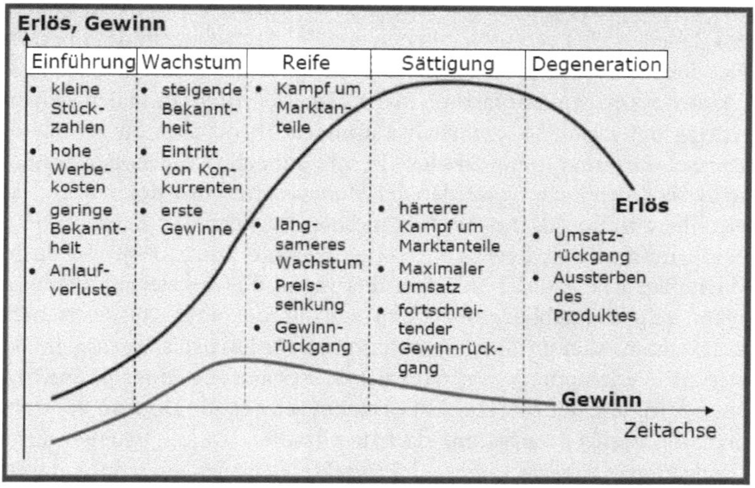

12. Abbildung: Produktlebenszyklus[477]

Die Entwicklung des Produktlebenszyklus einer Ware, kann dazu führen, dass ein Produkt welches in einem Industrieland entwickelt und gefertigt wurde, zum Ende des Produktlebenszyklus, von einem Entwicklungs- resp. Schwellenland mit geringeren Lohnkosten in das Industrieland exportiert wird.

Das Produktzyklustheorem ergänzt die Theorie der Kostenvorteile und liefert dadurch einen weiteren Ansatz, warum internationale Arbeitsteilung im Welthandel zwischen Handelspartnern mit unterschiedlichen Entwicklungsstufen Wohlstand generiert und die Entwicklung der Kostenvorteile über einem gesamtem Produktlebenszyklus dynamisch verlaufen kann.

---

476 Vgl.: Vgl.: Stätzel, Ludwig (Hrsg.) Sternberg, Rolf in: Technologiepolitik und Hightech Regionen – ein internationaler Vergleich, LIT Verlag Münster Band 7, 1998, S. 31.

477 Vgl.: Onlineportal „4manager" in: Produktlebenszyklus, *http://4managers.de/fileadmin/4managers/folien/Produktlebenszyklus_01.pdf* (16.01.2016).

3.6 Eine allgemeine Kritik an der Angebotsökonomie - Zwischenfazit

Die dargelegten Modelle und Theorien der Kostenvorteile und des Produktlebenszyklus veranschaulichen eine Wirtschaftsform des liberalen Handels unter Nationalstaaten. Die Generierung eines Wohlstandseffektes für alle Handelspartner, die sich an der internationalen Arbeitsteilung beteiligen, ist demnach zumindest theoretisch zu realisieren. Der Schwerpunkt dieser Modelle beruht auf einer Angebotsökonomie. In dieser Untersuchung werden der Monetarismus und der neuzeitliche Neoliberalismus, als Angebotsökonomie definiert. Der aktuelle Neoliberalismus ist den Beweis für seine evidente Funktionsweise in der Wirtschaft in Form der Selbstregulierung und Stabilisierung der Wirtschaft schuldig geblieben.[478] Wenn man immer noch von wirtschaftspolitischem, zum größtenteils autonomen Nationalstaaten ausgeht, der stetigen Verknappung von natürlichen Ressourcen, einer offensichtlichen Sättigung der Märkte, fällt es einem schwer, die Doktrin des unbegrenzten Mengenwachstums nachzuvollziehen. Zwar entstehen durch Innovationen bessere und neue Produkte, diese lenken jedoch die stagnierenden Bedürfnisse lediglich in einen substituierten Konsum um. Unter diesen Voraussetzungen ist es für den progressiven globalisierten Wirtschaftsmarkt sehr diffizil, seine lenkende Wirkung zu entfalten. Der Ansatz von Adam Smith, wonach sich die Märkte selbstregulieren, fällt dem Preisdumping der globalen Wirtschaft zum Opfer. Der Verlust ordnungspolitischer Einflussnahme durch die Nationalstaaten, hat einen neuen Wettbewerbsmechanismus etabliert. Dieser Wandel hat zur Folge, dass der viel beschworene Eigennutz der Akteure nicht mehr dem Gemeinwohl dient. Dieser ökonomische Egoismus dient lediglich dem Selbstzweck. Der Richtungsstreit zwischen der Neoklassischen Lehre und den Nachfragetheoretikern (Keynes) sorgt aktuell immer wieder für neue Sichtweisen und überarbeitete Konzepte. Da diese Denkschulen von zum Teil unrealistischen Annahmen ausgehen und die exogenen Einflüsse auf den neoliberalen Außenhandel stetig zunehmen, ist es nur sehr schwer nachzuvollziehen, dass überarbeitete Konzepte eine kontroverse Lösung liefern werden, um glo-

[478] Vgl.: Rogall, Holger in: Volkswirtschaftslehre für Sozialwissenschaftler – Einführung in eine zukunftsfähige Wirtschaftslehre, 2 Auflage, Springer Fachmedien Wiesbaden 2006/2013, S. 533 ff.

balisierungsbedingte Sachverhalte adäquat aufzuarbeiten. Den forcierten Verdrängungswettbewerb in global unregulierten Märkten und der progressiven internationalen Arbeitsteilung, in Form der territorialen Spezialisierung und Kapitalkonzentration in den Wirtschaftsräumen, ist das Resultat einer neoliberalen Denkschule. Die permanente Forderung der Neoklassik nach der Deregulierung nationaler Märkte, mit dem Anspruch eines wirtschaftlichen Gleichgewichtsmodells, führen dazu, dass die realistischen Chancen für eine potentielle Vollbeschäftigung eher suboptimal ausfallen.[479] Dieser doktrinäre Ansätze in der Wissenschaft[480] zwischen Befürworten und Gegner einer Marktliberalisierung macht es schwierig, neue zukunftsfähige Formen einer globalisierten Wirtschaft zu etablieren. Explizit die Folgen der Bankkrise aus dem Jahr 2008 könnten ein Indiz dafür sein, dass eine zukunftsfähige Globalisierung der Wirtschaft sich nur auf supranationaler Wirtschaftspolitik aufbauen lässt. Ein Ansatz zur Realisierung dieses Konzeptes hat einer seiner Vordenker im europäischen Vereinigungsprozess hinterlassen. Jean Monet liefert zur historischen Fragestellung einer Einigungspolitik folgendes Modell:

479 Vgl.: Ebd. S. 539.

480 Vgl.: Angebotstheorie vs. Nachfragetheorie

13. Abbildung: Elemente der Methode Monnet[481]

Monets Ansatz der „kleinen Schritte" zu einer Konsenspolitik, die über einer gemeinsamen Festlegung der Grundsätze erfolgt, erscheint im Kontext einer globalisierten Wirtschaft, für dringend erforderlich.

Die entscheidende Erkenntnis aus den historischen Erfahrungen der Wirtschaftspolitik, ist die, dass weder eine Finanz- und Steuerpolitische Stimulierung der Angebotsseite, noch die Stimulierung der Nachfrageseite, dauerhaft eine „Vollbeschäftigung" garantieren kann. Eine Kapitalkonzentration, wie die internationale Arbeitsteilung dies vorsieht, kann unter Umständen zu einer Reduktion der Ressourcen in einem bestimmten Wirtschaftsbereich führen und dadurch notwendige Innovationen auf anderen Sektoren behindern. Lediglich die Erhöhung der Produktionsmenge durch eine effiziente Arbeitsteilung der Produktionsstrukturen, ohne eine Anpassung der Beschäftigung resp. der Einkommen, wird nur eingeschränkt die Verteilung von Wohlstand

481 Onlinedokument: Reihe Politikwissenschaft 74, Wessels, Wolfgang in: Jean Monet – Mensch und Methode – Überschätz und überholt?, S. 15. *http://aei.pitt.edu/280/1/pw_74.pdf* (18.01.2016).

generieren können. Jedoch ist genau das, die Voraussetzung für eine tragfähige Zukunft der globalisierten Welt.[482] Die ökonomischen Modelle liefern Argumente für eine nachhaltigen globalisierten Außenhandel und können diese zum Teil mathematische belegen. Jedoch schließt die Theorie der Kostenvorteile und ihre Ergänzungen die Implementierung von Sozialklauseln im System aus. Keiner der Theoretiker hielt es für Notwendig sich explizit mit dieser Thematik auseinanderzusetzen. Die Modelle beruhen auf der Kernthese, dass der Wirtschaftsmarkt sich selbst reguliert und dadurch Wohlstand für alle beteiligten Handelspartner generiert wird. In der Realität entspricht das nur bedingt der Wahrheit.[483] Die Modelle beantworten nicht die Frage: Wie wird der generierte Wohlstand verteilt?

Das folgende Kapitel untersucht Erklärungsmuster, die ordnungspolitische Aufgaben in der Wirtschaftspolitik übernehmen. Der Fokus dieser Analyse richtet sich auf die ökonomische Betrachtungsweise. Inwiefern diese den Anspruch der sozialgerechten Wohlstandsverteilung nachkommen kann, wird nur ansatzweise erörtert. Die Beantwortung dieser Frage erfolgt in einem späteren Kapitel des Buches.

3.7 Der ökonomische Protektionismus im globalen Außenhandel

Den Theorien der liberalisierten Handelspolitik auf Basis der klassischen und neoklassischen Außenwirtschaftstheorien werden in diesem Kapitel die Argumente einer ordnungspolitischen Handelspolitik gegenübergestellt. Im Kern untersucht dieses Kapitel den ökonomischen Protektionismus, in Form von Schutzzöllen. Zwar existieren auch andere Formen von Protektionismus, finanzielle Subventionen, wie zum Beispiel: für den EU-Agrarfonds und den EU-Fischereifonds[484], Pa-

---

482 Vgl.: Hansen, Hendrik in: Politik und wirtschaftlicher Wettbewerb in der Globalisierung – Kritik der Paradigmendiskussion in der internationalen politischen Ökonomie, VS Verlag für Sozialwissenschaften 1. Auflage 2008, S. 151 ff.

483 Vgl.: Boersch, Cornelius; Westerwelle, Guido (Hrsg.) in: Das Suma Summarum von Politik und Wirtschaft – Ein Überblick über die wichtigsten wirtschaftlich und politischen Auseinandersetzungen der Gegenwart, GWV Fachverlag GmbH Wiesbaden 2009, S. 233 ff.

484 Vgl.: Onlineportal: Bundesanstalt für Landwirtschaft und Ernährung, *http://www.agrar-fischerei-zahlungen.de/* (24.01.2016).

tent-[485] und Urheberrechte[486] etc. Diese sind jedoch kein signifikanter Bestandteil dieser Untersuchung. Unter „Protektionismus" (lat. *protectio* ‚Schutz') wird folgendes verstanden:

„*Bezeichnung für alle Instrumente der Handelspolitik (Zölle, Einfuhrverbote und nicht tarifäre Handelshemmnisse wie bestimmte, ausschließende Produktanforderungen und Standards), die heimische Produzenten vor konkurrierenden Importen schützen sollen.*"[487]

So genannte Entwicklungsländer begründen protektionistische Maßnahmen zum Schutz ihrer noch in der Entwicklung steckenden Industrie.[488] Die Industrie soll sich unter bestimmten Voraussetzungen effizienter entwickeln können. Jedoch greifen Industrienationen ordnungspolitisch in den liberalisierten Markt ein.[489] Dadurch sollen bestehende Strukturen und damit wichtige Arbeitsplätze geschützt werden. Solche Eingriffe in den Außenhandel werden unternommen, um einen bevorstehenden Strukturwandel, sozial abzumildern.[490] Es besteht ein weiteres Element, warum ordnungspolitische Eingriffe gerechtfertigt werden können. Zum Schutz der Autarkie in bestimmten Sektoren der Wirtschaft. Dies kann zum einen die Agrarwirtschaft sein oder die Energieversorgung, aber auch in der Rüstungsindustrie werden Schutzmaßnahmen implementiert. Jedoch sind solche elementaren Eingriffe in den Welthandel höchst umstritten und wiedersprechen den Modelltheorien der Kostenvorteile, dass die effizientesten Produktionsfaktoren an einem bestimmten Standort genutzt werden sollen. Protektionismus verhindert dies und erschwert die Generierung des Profits für alle

485 Vgl.: Onlineportal: Deutsches Patent- und Markenamt, *http://dpma.de/patent/* (24.01.2016).

486 Vgl.: Onlineportal: Bundesministerium der Justiz und für Verbraucherschutz, *https://www.gesetze-im-internet.de/urhg/* (24.01.2016).

487 Vgl.: Happe, Volker; Horn, Gustav; Otto, Kim in: Das Wirtschaftslexikon, Verlag J. W. H. Dietz GmbH Bonn 2009, S. 236.

488 Vgl.: Onlineportal: FAZ in: China belegt Autos aus Amerika mit Strafzöllen, *http://www.faz.net/aktuell/wirtschaft/handel-china-belegt-autos-aus-amerika-mit-strafzoellen-11563569.html* (25.01.2016).

489 Vgl.: Onlineportal: Die Welt in: Warum Europas Fotovoltaik Frieden mit China will, *http://www.welt.de/wirtschaft/article141775826/Warum-Europas-Fotovoltaik-Frieden-mit-China-will.html* (25.01.2016).

490 Vgl.: Onlineportal: Ruhr-Guide in: Das Ruhrgebiet – Entwicklung und Strukturwandel, *http://www.ruhr-guide.de/freizeit/industriekultur/das-ruhrgebiet-die-entwicklung-und-der-strukturwandel/21960,0,0.html* (25.01.2016).

Handelspartner. Protektionismus darf also nicht als Gegenkonzept für einen liberalisierten Handel verstanden werden. Es existieren evidente Argumente für einen Protektionismus unter bestimmten Voraussetzungen im Welthandel.

3.7.1 Pro Protektionismus

Dieser Abschnitt setzt sich mit den Argumenten auseinander, die sich für einen Protektionismus zum Schutz der eigenen Wirtschaft aussprechen. Zu diesem Zweck werden die diversen Wirtschaftsbeziehungen zwischen den Handelspartnern analysiert und die verschiedenen Herangehensweisen der reziproken Verhältnisse dargestellt.

3.7.2 „Terms of Trade“[491]

Vergleicht man also zwei Handelspartner (zwei Staaten) werden die „Terms of Trade“ als das Verhältnis zwischen dem Preis der importierten Ware und dem Preis der exportierten Ware definiert.

„...bezeichnen das in einer (meist der einheimischen) Währung gemessene Austauschverhältnis zwischen dem Import und dem Export eines Landes, d. h., sie geben an, welche Menge an Gütern eine Volkswirtschaft importieren kann, gemessen an der Gütermenge, die exportiert wird (reale Austauschverhältnisse). So kann bspw. bei gleichbleibender Exportmenge mehr importiert werden, wenn die heimischen Produkte im Ausland teurer werden, die Preise für Importprodukte aber konstant bleiben.“[492]

Die Verschlechterung dieses Verhältnisses würde bedeuten, dass der Staat welcher Waren importiert weniger pro Einheit Ware des Exportgutes erhält als vorher. Dreht man dieses Verhältnis um, und die „Terms of Trade“ verbessern sich, erhält der importierende Staat mehr Güter pro Einheit der Exportware. Befürworter eines ordnungspolitischen Eingriffes in den Welthandel argumentieren, dass große Nationen, wie

491 Vgl.: Onlineportal: Bundeszentrale für politische Bildung, *http://www.bpb.de/nachschlagen/lexika/politiklexikon/18331/terms-of-trade* (25.01.2016).

492 Vgl.: Ebd.

zum Beispiel China, durch Handelshemmnisse ihre „Terms of Trade“ verbessern können. Durch Chinesische Importzölle auf amerikanische Fahrzeuge, wird die Nachfrage nach solchen Herstellern verringert und die eigenen Marken erscheinen preislich attraktiver.[493] China hat einen sehr großen Wirtschaftsmarkt anzubieten und eine potentiell hohe Nachfrage an Gütern, darum kann es Einfluss auf den Weltmarkt nehmen. Durch Schutzzölle auf Importgüter wird der Weltmarktpreis gesenkt. Ist der Weltmarktpreis gesunken, kann man die Schutzzölle wieder aufheben und mehr von einer Ware importieren. Der „Terms of Trade“ hat sich verbessert.

Der Ansatz hierfür, ein sogenannter Schutzzoll, wird umgangssprachlich gerne als „Optimalzoll“ definiert. Die Theorie des Optimalzolls konstatiert, dass ein definierter Schutzzoll gegenüber dem liberalisierten Welthandel in einem Importstaat mehr Profit generieren kann.

„Im allgemeinem Sprachgebrauch wird der Ausdruck Optimalzoll für einen Zoll verwendet, der mit Term of Trades gewinnen begründet wird, und nicht für den unter Abwägung aller Umstände besten Zoll. Der Optimalzoll entspricht stets einem positiven Wert, liegt aber unterhalb des Prohibitivzolls, der jegliche Importe verhindern würde.“[494]

Das Argument für einen Optimalzoll wurde abgeleitet aus der Erkenntnis heraus, dass ein Staat mit einem sehr großen Wirtschaftsmarkt bezüglich der Importware gegenüber den Konsumenten eine monopolistische Stellung genießt.[495] Im Umkehrschluss kann eine Importnation gegenüber den Exportstaaten ein Monopson[496] erlangen, sofern der Wirtschaftsmarkt den entsprechenden Umfang aufweist. Die marktbe-

---

493 Vgl.: Onlineportal: FAZ in: China belegt Autos aus Amerika mit Strafzöllen, *http://www.faz.net/aktuell/wirtschaft/handel-china-belegt-autos-aus-amerika-mit-strafzoellen-11563569.html* (25.01.2016).

494 Vgl.: Krugman, Paul R., Obstfeld, Maurice in: Internationale Wirtschaft Theorie und Politik der Außenwirtschaft, 8. Aktualisiert Auflage, Person Education Deutschland GmbH 2009, S. 296.

495 Vgl.: Dr. Blüthner, Andreas in: Welthandel und Menschenrechte in der Arbeit, Peter Lang europäischer Verlag der Wissenschaften 2004, S 27.
Vgl.: Ebd.,S. 56.

496 Vgl.: Happe, Volker; Horn, Gustav; Otto, Kim in: Das Wirtschaftslexikon, Verlag J. W. H. Dietz GmbH Bonn 2009, S. 212.
„Marktform, bei der ein Nachfragemonopol besteht. Ein Nachfrager (Monopsonist) steht einer Anzahl von Anbietern gegenüber. Klassisches Beispiel: die Nachfrage des Staates nach Straßenbauleistungen (Gegensatz: Monopol).“

herrschende Stellung eines Monopsonisten ermöglicht ihm, durch einen Optimalzoll, die Kosten für die Importware in Relation zu den Exporten zu reduzieren.

„Die Auswirkungen sind denen eines Monopols gleichzusetzen, bis auf die Tatsache, dass die Leidtragenden sich auf der anderen Marktseite befinden: Nicht der Nachfrager zahlt einen höheren Preis, sondern der Anbieter erzielt i. d. R. weniger für sein Produkt als unter Konkurrenzbedingungen.“[497]

Sobald die Bedingungen für einen Monopsonisten geschaffen sind, stellt der Optimalzoll, wie auch ordnungspolitische Eingriffe in den liberalisierten Welthandel generell, ein protektionistisches Konzept dar. Dieses Konzept generiert im Welthandel einen nationalen Mehrwert für den Monopsonisten gegenüber den anderen Handelspartnern. In der Realität existieren sehr wenige Wirtschaftsräume, die von ihrer Relevanz her, eine monopsen ähnliche Bedeutung entwickelt haben. Es ist vielmehr zu befürchten, dass wenn ein Handelspartner seine Stellung im Freihandel durch ordnungspolitische Eingriff auf Kosten der anderen Handelspartner implementiert, mit Retorsionsmaßnahmen durch die anderen Handelspartner in Form Zöllen zu rechnen ist. Die angestrebte Generierung des eigenen Wohlstandes durch den „first mover“[498] wird neutralisiert und letztendlich reduziert sich der gesamtwirtschaftliche Nutzen aller Marktteilnehmer.

3.7.3 „Infant Industry"

Die so genannten „Infant Industries“ stellen einen weiteren modifizierten Kern der Theorie der liberalisierten Außenhandelswirtschaft dar.

„Zoll, der einen Zollschutz für solche Wirtschaftszweige gewähren soll, die bei Freihandel der ausländischen Konkurrenz unterliegen würden, bei einem temporären Schutz aber in angemessener Zeit internationale Wettbewerbsfähigkeit erlangen können (Infant-Industry-Argument, das von

[497] Vgl.: Güida, Juan Jose in: Mikroökonomie und Management – Die Grundlagen, Verlag W. Kohlhammer GmbH Stuttgart 2009, S. 121.

[498] Vgl.: Halberstadt, Jantje in: Globale und nationale First-Mover- Vorteile internetbasierter Geschäftsmodelle, Springer Fachmedien Verlag 2014, S. 13.

Hamilton und List entwickelt wurde). Vertreter einer liberalen Außenwirtschaftspolitik akzeptieren im Kern das Erziehungszollargument."[499]

Das „infant industry argument" (Erziehungszollargument) soll neue Technologien resp. sich entwickelnde Wirtschaftszweige in einem territorialem Wirtschaftsraum vor der Konkurrenz aus dem Ausland schützen. Zumindest solange, bis sich die Ware am Markt etabliert hat und sich dem internationalem Wettbewerb stellen kann. Substituieren kann man den Erziehungszoll, als ein Bestandteil der Schutzzölle vor ausländischer Konkurrenz. Diese protektionistische Maßnahme beruht auf der Schlussfolgerung, dass komparative Kostenvorteile sich dynamisch verhalten und einem stetigen Wandel unterliegen. Durch die dynamischen Fortschritt bei den Produktionsfaktoren und der daraus resultierenden Mobilität des Kapitals, welches im Freihandel, an dem Standort eingesetzt werden soll, wo die Produktionsfaktoren am effizientesten sind, ist es für junge Unternehmen sehr schwierig den Markteintritt an diesem Standort zu bewerkstelligen, da die bereits existierende Marktmacht eines anderen Unternehmens vorherrschend ist oder die Markteintrittskosten für ein Unternehmen welches sich im Aufbau befindet, nur schwer zu realisieren sind.[500] Unternehmen die sich im Aufbau befinden, haben höhere Investitionskosten und in der Regel wenig Kapital zur Verfügung. Da die Kreditwürdigkeit von diesen Unternehmen in der Regel suboptimal ist, und das Risiko für Investoren höher erscheint, werden Kredite an diese Unternehmen zu höheren Zinsen vergeben. Ausländische Anbieter, die sich am Markt bereits etabliert haben, profitieren von diesen Gegebenheiten. Diese Übergangsphase für einheimische Produzenten kann mit Erziehungszöllen für ausländische Güter überbrückt werden. In der Regeln wird die Erhebung von Erziehungszöllen während einer Markteintrittsphase als eine systemkonforme Ergänzung des Freihandels akzeptiert.[501] Jedoch muss man sehr überlegt handeln, wenn man dieses Instrument einsetzt. Durch den Einsatz ei-

499 Vgl.: Onlineportal: Wirtschaftslexikon Gabler, *http://wirtschaftslexikon.gabler.de/Definition/erziehungszoll.html* (29.01.2016).

500 Vgl.:Azza, Sebastian Anouar: Strategische Handelspolitik als Schlüssel zum Aufbau der chinesischen Automobilindustrie – Analyse der protektionistischen Maßnahmen der Volksrepublik China zur Förderung chinesischer Hersteller von Personenkraftwagen, Diplomica Verlag GmbH Hamburg 2013, S. 22 ff.

501 Vgl.: Ebd.

nes Erziehungszolls, wird signifikant in den Wettbewerb eingegriffen. Es besteht keine Garantie für den Staat, dass durch die Erhebung eines Schutzzolles eine zukunftsfähige Wirtschaft oder ein Produkt sich etablieren werden. Es besteht immer ein Risiko, dass zwar eine „infant industry" geschützt wird, diese sich jedoch als Fehlinvestition offenbart, da sie auf dauerhaften Standortnachteilen basiert.[502] Die Förderung einer Branche durch Schutzzölle muss hinterfragt werden: „Wie bewertet man die Vorteile von Schutzzöllen gegenüber einem volkswirtschaftlichen Nutzen? Wenn das Produkt oder der Wirtschaftszweig seine Konkurrenzfähigkeit gegenüber den anderen Marktteilnehmern erreicht hat, ist dies dann der Implementierung von Schutzzöllen zuzuschreiben oder wäre der Wirtschaftszweig/ das Produkt auch ohne den Protektionismus seitens des Staates erfolgreich gewesen. Dr. Blüthner spricht in diesem Kontext von „pseudoinfant industries", die auch ohne Schutzzölle wettbewerbsfähig gewesen wären.[503] Falls, dies der Fall sein sollte, entsteht ein Negativsaldo für alle Handelspartner. Der Staat der protektionistisch eingegriffen hat und für alle anderen Handelspartner, da sich das Produkt durch die Erhebung eines Schutzzolles verteuert hat. Es geht aus dem Konzept des Erziehungszolls nicht hervor, warum der private Kapitalmarkt nicht die notwendigen Ressourcen bereitstellt, um den Aufbau und die Etablierung eines wettbewerbsfähigen Sektors zu garantieren. Zudem zur Liberalisierung der Ökonomie, in der Regel auch eine Deregulierung seitens der Protagonisten gefordert wird. Alleine darauf hinzuweisen, dass es sich um eine entwickelnde Industrie in der Aufbauphase handelt, klingt nicht überzeugend. Zudem die Experten zur Beurteilung eines zukunftsfähigen Produktes oder eines Sektors zumeist in der privaten Wirtschaft sitzen und nicht beim Staat angestellt sind. Über den Einsatz und Nutzen von Schutzzöllen für „infant industries" lässt sich sicherlich streiten. Sollten diese jedoch eingesetzt werden, sollte sich der Zeitraum der Erhebung vom Erziehungszoll, auf die Amortisation der Kosten in der Markteintrittsphase beschränken.

Es besteht aber auch die Option bei Strukturanpassungen in einem bestimmten Sektor der vom Wandel betroffen ist, einen Schutzzoll zu erheben. Dies würde das Prinzip der „infant industries" in einem wesentlichen Punkt umkehren, da „alternde Industrien" in der Über-

502 Vgl.: Dr. Blüthner, Andreas in: Welthandel und Menschenrechte in der Arbeit, Peter Lang europäischer Verlag der Wissenschaften 2004, S 57.

503 Vgl.: Ebd.

gangsphase durch den Staat in Form von Handelsbeschränkungen gegenüber der ausländischen Konkurrenz geschützt werden. Der Wettbewerbsnachteil einer „alternden Industrie“ resultiert aus der Verlagerung von Kostenvorteilen oder dem fortschreitenden Produktionslebenszyklus.[504] Gern wird in diesem Kontext auf Subventionen zurückgegriffen, sh. Kohleabbau in Deutschland.[505] Die künstlich herbeigeführte Kompensation der Kostennachteile in einem Produktionssektor ist in der Regel, sozialpolitisch motiviert. Dieser Eingriff des Staates soll den Akteuren den notwendigen Zeitrahmen garantieren, indem dieser Strukturwandel durch neue Technologien oder der Verbesserung der Kostenvorteile durch tarifäre Maßnahmen wiederhergestellt werden kann. Um bei dem Beispiel des Kohleabbaus in Deutschland zu bleiben. Da dieser Sektor gänzlich aussterben wird, früher oder später, ist es nicht ratsam alleine aus wirtschaftlichen Gründen zu intervenieren. Territorien in denen die Kohle in Deutschland abgebaut wird, sind zumeist was den Standort anbelangt, sehr stark vom Kohleabbau abhängig. Bundesweit arbeiten ca. 25 000 Menschen in fünf Zechen in diesem Wirtschaftssektor.[506] Die vorzeitige Schließung der Zechen, würde den sozialfrieden in den betroffenen Regionen signifikant stören. Die notwendige Anpassung der betroffenen Wirtschaftsregionen an die aktuellen Gegebenheiten, kann es erforderlich machen, dass der Prozess des Strukturwandels aus sozialpolitischen Gründen zeitlich verlängert wird.

3.7.4 „Market failures“

Ein weiterer legitimer Eingriff in den liberalen Markt besteht dann, wenn die lenkenden Marktkräfte versagen.

„Marktversagen liegt vor, wenn der Marktmechanismus aus Angebot und Nachfrage nicht zu den volkswirtschaftlich wünschenswerten Ergebnis-

---

504 Vgl.: Giersch, Herbert in: Die offene Gesellschaft und ihre Wirtschaft – Aufsätze und Kommentare aus fünf Jahrzehnten, Murmann Verlag GmbH Hamburg, 1 Auflage März 2006, S. 182 ff.

505 Vgl.: Onlineportal: Deutsche Wirtschaftsnachrichten, Keine Energie-Wende: Milliarden-Subventionen für die Steinkohle, *http://deutsche-wirtschafts-nachrichten.de/2013/08/15/keine-energiewende-staat-subventioniert-steinkohle-mit-milliarden-euro/* (29.01.2016).

506 Vgl.: Onlineportal: Die Zeit, Deutschland darf bis 2018 Kohle fördern, *http://www.zeit.de/wirtschaft/2010-12/kohle-bergbau-beihilfen* (29.01.2016).

sen führt und die Produktionsfaktoren nicht so verwendet werden, dass sie den größtmöglichen Ertrag für die Gesamtwirtschaft bringen. In Fällen des Marktversagens, z.B. bei externen Effekten, öffentlichen Gütern oder Monopolen, greift der Staat in das Marktgeschehen ein, um Nachteile von Verbrauchern oder anderen Anbietern zu verhindern oder volkswirtschaftlich sinnvollere Ergebnisse zu erreichen."[507]

Die Existenz eines „Marktversagens" ist in der Fachliteratur umstritten. Wenn davon ausgegangen wird, dass es zu einem Marktversagen kommen kann, muss man von einem vollkommenen Wirtschaftsmarkt ausgehen. In der Praxis ist es sehr schwer einen Wirtschaftsmarkt zu definieren, der auf der Grundlage einer vollständigen Konkurrenz basiert.

„*In der wirklichen Welt dürfte es in der Tat kaum möglich sein, den strengen Bedingungen des Modells der vollständigen Konkurrenz gerecht zu werden, den die darin verankerten Annahmen (u.a. unendliche Mobilität von Produktionsfaktoren, Homogenität der Güter) sind in der Realität nicht anzutreffen. Gelegentlich wird daher auch vom Marktversagen gesprochen wenn dieses Modell nicht anwendbar ist.*"[508]

Unter Marktversagen werden positive oder negative externe Effekte auf den Produktionsprozess verstanden. Darunter kann man unter anderem, dass „first mover disbenefit" Argument verstehen. Dieses Argument besagt, dass das Pionierunternehmen, also der „Erste Produzent" in einem Industriesektor oder einer Wirtschaftsbranche, gewisse Forschungs- resp. Entwicklungskosten hat, die andere Marktteilnehmer aufgrund des Technologietransfers nicht in diesem Umfang tragen müssen.[509] An dieser Stelle muss nochmals auf Patent- und Urheberrechte hingewiesen werden, die jedoch in dieser Untersuchung nur eine marginale Rolle spielen. Die hohen Investitionskosten bei einem Gründungsunternehmen fließen bei der Preiskalkulation der produzierten

507 Vgl.: Onlineportal: Bundeszentrale politische Bildung, *https://www.bpb.de/nachschlagen/lexika/lexikon-der wirtschaft/20088/marktversagen* (30.01.2016).

508 Vgl.: Norekian, Anne Marie in: Finanzierung und Steuerung öffentlicher Aufgabenwahrnehmung durch Gutscheinsysteme – Theoretische Grundlagen und praktische Erfahrungen unter besonderer Berücksichtigung des Bildungssektors, 1. Auflage, Berliner Wissenschaftsverlag GmbH, Berlin 2008, S. 10.

509 Vgl.: Darruoch, Jenny in: Marketing Through Turbulent, Palgrave Maximillian UK, 1. Auflage 2010, S. 132.

Güter mit hinein. Ergo sind diese Preise höher, als die Preise von Marktteilnehmern die diese hohen Investitionskosten nicht bewerkstelligen mussten. Da diese Nachfolgeunternehmen in der Regel, die Technologie übernehmen oder das Produkt kopieren. Das Gründungsunternehmen ist aufgrund der höheren Preise im Wettbewerb benachteiligt, gegenüber der Konkurrenz. Dies könnt zur Folge haben, dass Innovationen in der Technologie nicht stärker gefördert oder sogar aus Kostengründen nicht weiterentwickelt werden. Der private Finanzmarkt scheut hohe Investitionskosten, wenn nicht zeitnah eine ordentliche Rendite erwirtschaftet werden kann. Um jedoch die Gründung neuer Branchen und Industriezweige voranzutreiben, greift oftmals der Staat lenkend in die Wirtschaft ein.[510] Das Intervenieren durch den Staat, um inländische Produkte vor ausländischer Konkurrenz zu schützen, ist sehr umstritten. Es können Kosten auf den Produzenten hinzukommen, die bei der Kalkulation nicht absehbar waren, so genannte externe Effekte. Dies sind Kosten, die bei der Produktion einer Ware entstehen, die weder vom Produzenten noch vom Konsument erzeugt und dadurch nicht in die Preiskalkulation einfließen. Aus diesem Grund werden diese Effekte auch nicht an den Konsumenten weitergegeben, sondern fallen an externe Dritte oder werden auf die Gesellschaft verteilt. Man kann hier von einer Inkongruenz zwischen den Kosten des Produzenten einerseits und der gesamten Volkswirtschaft andererseits sprechen.[511] Wenn durch diese Inkongruenz bei der Herstellung einer Ware die sozialen Kosten resp. die Erträge zu stark von der Kalkulation der Gewinne abweichen, können staatliche Eingriffe zur Korrektur des Wirtschaftsmarktes führen, um Wohlstandseffekte zu generieren. Ein Beispiel für eine negative Externalität, ist die industriell erzeugte Luftverschmutzung. Der Staat greift lenkend in die Wirtschaft ein, indem ein Emissionshandel implementiert wurde (zumindest in der Bundesrepublik Deutschland). Dieser soll die negativen Externalitäten für die Industrie verringern, aber zugleich die Förderung des Umweltschutzes vorantreiben.[512] Ein anderes Beispiel für eine positive Externalität,

510 Onlineportal: Germany Trade & Invest, *http://www.gtai.de/GTAI/Navigation/DE/Trade/Maerkte/suche,t=russland-erfindet-immer-neue-importhuerden,did=882594.html* (30.01.2016).

511 Vgl.: Dr. Blüthner, Andreas in: Welthandel und Menschenrechte in der Arbeit, Peter Lang europäischer Verlag der Wissenschaften 2004, S 59.

512 Vgl.: Onlineportal: Die Zeit, *http://www.zeit.de/wirtschaft/2013-11/emissionshandel-bruessel-zertifikate* (30.01.2016).

stellt der technologische Fortschritt dar. Die Grundlagenforschung in der Wissenschaft, sorgt für neue Innovationen am Markt. Diese lassen sich zum Teil nicht direkt auf den Konsumenten in der Preiskalkulation übertragen. Diese Form des Marktversagens wird zum Anlass genommen, um handelspolitische Eingriffe zu legitimieren. Dadurch soll die Internalisierung aller volkswirtschaftlichen Kosten in die Preiskalkulation herbeigeführt werden.

„Durch die Internalisierung externer Effekte soll die volkswirtschaftliche relevante Fehlallokation (Marktversagen) beseitigt werden. Die Internalisierung externer Effekte führt zur Übereinstimmung zwischen privater und gesamtwirtschaftlicher Rentabilitätsrechnung und somit zum Pareto-Optimum.“[513]

Im Freihandel besteht die Option externe Effekte durch Schutzzölle, Subventionen oder durch Steuern zu internalisieren. Das Argument des Marktversagens stellte eine Ergänzung des liberalen Außenhandels dar, durch einen Eingriff seitens des Staates soll niemand ausgegrenzt oder Importe begrenzt werden, die Lenkungswirkung des freien Marktes wird optimiert. Der staatliche Eingriff bei einem „Marktversagen“ wird substituiert unter der ökonomischen „Theory oft he second best“[514].

„Die Theorie des Zweitbesten wird im Rahmen der Wohlfahrtsökonomie relevant, wenn das „Erstbeste“ in Form des Pareto Optimums nicht erreichbar ist. Das Optimierungsproblem des Zweitbesten bezieht sich auf eine gesellschaftliche Situation, in der von den Bedingungen für das gesamtwirtschaftliche Wohlfahrtsoptimum mindestens eine nicht erfüllt ist. Tritt diese Situation ein, ist es möglich, dass bei Erfüllung von n-1 Optimalbedingungen nicht zu einer Annäherung an die optimale Situation, sondern zu einer weiteren Verschlechterung der Marktpreise kommt.“[515]

---

513 Vgl.: Onlineportal: Gabler Wirtschaftslexikon, *http://wirtschaftslexikon.gabler.de/Definition/internalisierung-externer-effekte.html* (30.01.2016).

514 Vgl.: R. G. Lipsey and Kelvin Lancaster in: The General Theory of Second Best – The Review of Economic Studies Vol. 24, No. 1 (1956 - 1957), pp. 11–32 und Vgl.: Kleinewefers, Henner in: Einführung in die Wohlfahrtsökonomie – Theorie – Anwendung – Kritk, W. Kohlhammer Verlag GmbH Stuttgart 2008, S. 162 ff.

515 Vgl.: Gabler Wirtschaftslexikon – Die ganze Welt der Wirtschaft: Betriebswirtschaft – Volkswirtschaft – Recht und Steuern, 15. Auflage, Springer Fachmedien Wiesbaden 2000, S. 3053.

Dieser Lenkungseingriff wird nur praktiziert wenn die „first best“[516] Option eines funktionierenden Wirtschaftsmarktes nicht mehr ausreicht. Das Instrument des Zweitbesten eignet sich ebenfalls bei Strukturanpassungen, wie es am Beispiel des Kohleabbaus in Deutschland bereits praktiziert wird.[517]

3.7.5 The economies of scale

Eine internationale Dominanz in einem Wirtschaftssektor, durch eine Nation, deren Produktion bestimmter Güter effizienter ist, beruht oftmals auf einen temporären Vorsprung. Die Nation, welche sehr früh mit der Produktion einer Ware begonnen hat, hat sich in diesem Segment spezialisiert und genießt oftmals einen Technologievorsprung gegenüber den anderen Marktteilnehmern. Durch die Spezialisierung generiert die führende Nation, höhere Skalenerträge und dadurch eine dominierende Position auf dem Wirtschaftsmarkt.

„Produktivität (der Arbeit) ist die erzeugte Gütermenge im Verhältnis zum Einsatz an Arbeit. Produzieret man bei gleichem Arbeitseinsatz mehr, ist die Produktivität gestiegen. Dasselbe gilt, wenn man die gleiche Menge mit geringerem Arbeitseinsatz erzeugt. Die Arbeitsproduktivität steigt auch, wenn man mehr Kapital einsetzt, z. B. Arbeitsplätze mit zusätzlichen oder besseren Maschinen ausstattet.“[518]

Das Marktdominierende Land hat einen kompetitiven Vorteil auf dem internationalen Wirtschaftsmarkt. Aufgrund dieser vorherrschenden Überlegenheit sind die Markteintrittsvoraussetzungen für potenzielle Unternehmen in anderen Ländern, vergleichsweise sehr hoch. Die „Größenvorteile“ einer Nation werden wie folgt definiert:

„Eigenschaft der Produktionstechnologie, wonach die Gesamtfaktorproduktivität mit zunehmender Produktionsmenge zunimmt (Economies of Scale). Impliziert, dass die gesamten Stückkosten bei konstanten Faktor-

516 Vgl.: Das, P. Sataya in: Microeconomics for Business, Sage Publications Los Angeles, London, New Dehli, Singapore 2007, S. 278.

517 Vgl.: In dieser Untersuchung Kapitel: „Infant Industry“.

518 Vgl.: Häring, Norbert in: So funktioniert die Wirtschaft, Haufe Verlag Auflage 1, 2012, S. 32.

preisen mit zunehmendem Output abnehmen. Bei internen Größenvorteilen hängen die Stückkosten bei konstanten Faktorpreisen nur vom Output der betrachteten Firma ab, bei externen Größenvorteilen vom Output der gesamten Industrie. Ist dabei der Output nur der heimischen Industrie relevant, so spricht man auch von nationalen Größenvorteilen, ist die weltweite Produktion der betreffenden Industrie gemeint, dann liegen internationale Größenvorteile vor. Größenvorteile stellen eine wichtige Grundlage für internationale Spezialisierung dar, allerdings ergibt sich dabei nicht von vornherein eine eindeutige Handelsstruktur.“[519]

Unter den hier untersuchten Marktvoraussetzungen müsste ein Staat lenkend in die eigene Wirtschaft eingreifen, um eine eventuelle Marktbeherrschung eines anderen Marktteilnehmers, durch Protektionismus, soweit zu schützen, bis diese ohne weitere Unterstützung, international bestehen kann.

Dieser staatliche Eingriff ähnelt dem Argument des Erziehungszolls, da ähnliche Voraussetzungen bestehen. Wie bereits in dieser Untersuchung dargestellt, werden so genannte „infant industries“ in ähnlicher Art und Weise vom Staat unterstützt, bis diese international wettbewerbsfähig sind. Jedoch ist es sehr umstritten, ob und in welchem Umfang der Staat lenkend in die Wirtschaft eingreifen soll. Dieser Eingriff setzt voraus, dass der Staat alle notwendigen Informationen erhält und diese adäquat bewerten kann, um förderungswürdige und zukunftsträchtige Waren oder Sektoren zu unterstützen. In der Fachliteratur bleibt die Frage unbeantwortet, warum der private Kapitalmarkt nicht genügen Ressourcen bereitstellt, um profitable Märkte zu fördern. Da die staatlichen Ressourcen in der Regel nicht unbegrenzt sind und jeder Sektor einen eigenen Wirtschaftshaushalt zur Verfügung gestellt bekommen hat, besteht die Option, dass Umverteilungseffekte zu Gunsten eines Sektors entstehen können. Solche Umverteilungsmaßnahmen müssen nicht immer einen positiven Effekt generieren.[520] Eine Steigerung des eigenen Wohlstandes kann nur generiert werden, wenn dies zu Ungunsten des Auslandes praktiziert wird.

---

519 Vgl.: Onlineportal: Wirtschaftslexikon, *http://wirtschaftslexikon.gabler.de/Definition/groessenvorteile.html* (01.02.2016).

520 Vgl.: Onlineportal: Der Tagesspiegel, *http://www.tagesspiegel.de/berlin/berliner-senat-plant-haushaltskuerzung-zu-wenig-geld-fuer-die-grossen-plaene-mit-tegel/12375016.html* (01.02.2016).

„Das größte politische Interesse beansprucht naheliegender Weise die Frage nach den Wohlstandswirkungen des Außenhandels. Dabei ist sorgfältig zwischen dem Weltwohlstand und dem Wohlstand eines einzelnen Landes zu unterscheiden; denn sie müssen sich keineswegs gleichsinnig entwickeln. Die Vorteile, die ein Land aus dem Außenhandel zieht, können vielmehr ganz oder teilweise zu Lasten anderer Länder gehen.“[521]

Eine forcierte Wohlfahrtserhöhung im eigenen Land, beinhaltet eine Umlenkung der Kapitalströme. Inwiefern solch eine Strategie erfolgreich ist, hängt maßgeblich von der Reaktion der anderen Handelspartner ab. Es ist damit zu rechnen, dass diese ebenfalls Schutzzölle oder andere Formen des Protektionismus implementieren und dadurch ein Handelskonflikt forciert werden kann.

3.7.6 „Social security"

Ein weiteres Argument für nationalen Protektionismus, ist die Gewährleistung eines bestimmten Einkommensniveaus in der Gesellschaft. Durch die progressive Globalisierung und die daraus resultierende internationale Arbeitsteilung, erhöht sich der Druck auf das zu erwirtschaftende Einkommen der Arbeitnehmerinnen und Arbeitnehmer. Das Beispiel des Armutsrisikos in der Bundesrepublik Deutschland, veranschaulicht einen Negativtrend.

521 Vgl.: Adebahr, Hubertus; Maenning, Wolfgang in: Außenhandel und Weltwirtschaft – Außenwirtschaft Band II, Duncker & Humboldt Berlin 1987, S. 69.

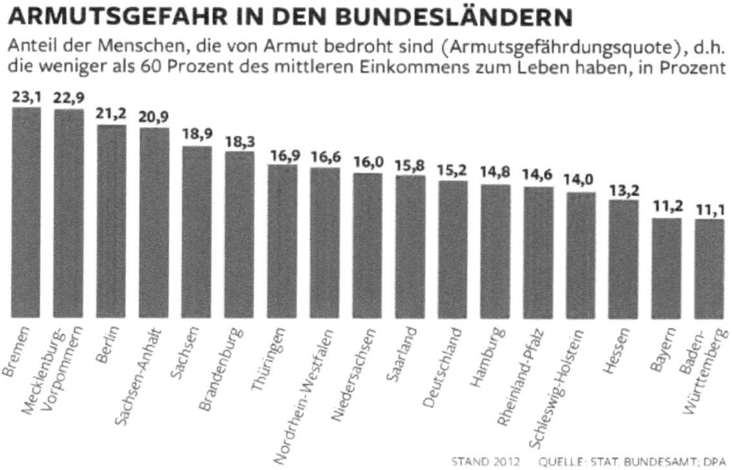

14. Abbildung Armutsrisiko in der BRD[522]

Die zunehmende ungleiche Einkommensverteilung und die Gefahr der signifikant steigenden Armut in Industrieländern, führen zu ordnungspolitischen eingriffen in den Wirtschaftsmarkt. In Deutschland wurde im Jahr 2015 ein flächendeckender allgemeiner gesetzlicher Mindestlohn eingeführt. Jedoch für Unternehmen, die im globalen Welthandel mit anderen Unternehmen konkurrieren müssen, ist es sehr schwierig weiterhin konkurrenzfähig zu wirtschaften. Damit die betroffenen Unternehmen nicht ihre Produktionsstandorte in Niedriglohnländer verlagern, werden Handelsbarrieren implementiert, damit das einheimische Einkommensniveau gewährleistet werden kann. Jedoch ist nicht nur die Globalisierung der Wirtschaft für diese Entwicklung allein verantwortlich. Die Gewerkschaften in Deutschland haben es versäumt sich den neuen Gegebenheiten anzupassen und sich neu aufzustellen. Die Mitgliederentwicklung bei den großen Gewerkschaften verdeutlicht dies.

522 Vgl.: Onlineportal: Die Welt, *http://www.welt.de/wirtschaft/article123130281/Verband-sieht-ungebremste-Armutsentwicklung.html* (02.02.2016).

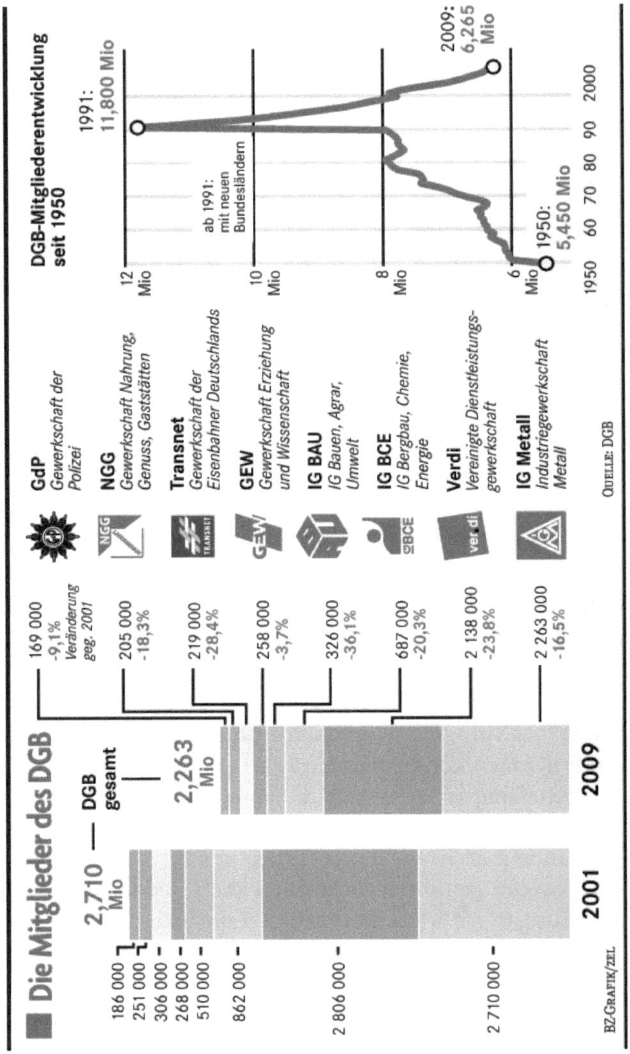

15. Abbildung: Anzahl der Gewerkschaftsmitglieder in Deutschland[523]

523 Vgl.: Onlineportal: Badische Zeitung, *http://www.badische-zeitung.de/deutschland-1/der-druck-nimmt-zu--31116674.html* (02.02.2016).

Seit dem Jahr 1950 mit einer Mitgliederzahl von 5,450 Millionen, dem Anstieg auf 11,800 Millionen im Jahr 1991, sank die Mitgliederzahl auf 6,265 Millionen im Jahr 2009. Dieser Verlust an Mitgliedern schwächt das Durchsetzungsvermögen bei Tarifverhandlungen mit den Sozialpartnern.

Gefordert wird eine Einschränkung des liberalen Handels von Wirtschaftssektoren arbeitsintensiver Güter. Diese stehen im Wettbewerb mit Niedriglohnländern, deren Einkommen und Sozialstandards nicht denen der Industrieländer entsprechen. Ein Beispiel hierfür ist der Standort Bangladesch. Laut einer Studie von McKinsey (2011) könnte Bangladesch zum wichtigsten Standort für die Textilindustrie werden und dadurch seinen größten Konkurrenten China bald ablösen.[524] Der Konkurrenzkampf in diesem Wirtschaftssektor fordert von den Marktteilnehmern Überlegungen ein, wie diese sich trotz des Wettbewerbsnachteils gegenüber Unternehmen die ihre Produktionsstätte in ein Niedriglohnland verlagert haben, weiterhin behaupten können. Es ist unbestritten, dass internationaler Wettbewerb dazu führen kann, dass Kostensenkungen in Form von Lohneinbußen auf die Arbeitnehmerinnen und Arbeitnehmer abgewälzt werden. Um dieser Entwicklung in arbeitsintensiven Branchen entgegenzuwirken, damit Sozialstandards nicht reduziert werden müssen, und diese Wirtschaftsbereiche nicht den Anschluss im Freihandel verlieren, werden Handelsbeschränkungen gegen „Unfairen Wettbewerb" von verschiedenen Interessenvertretungen gefordert. Eine Einigung inwiefern unfairer Wettbewerb auf steuerrechtlicher Ebene bekämpft werden kann, wurde beim Treffen der OECD und der G 20 erzielt.

„Erstmals haben OECD, G20-Staaten und Entwicklungsländer eng und vertrauensvoll im Steuerbereich zusammen gearbeitet. Verabredet wurden Maßnahmen hin zu einer fairen Besteuerung von Unternehmen. Konkret wurden internationale Standards gegen Gewinnkürzung und -verlagerung multinationaler Unternehmen erreicht."[525]

---

524 Vgl.: Reinhard, Kim in: Internationale Arbeitsstandards in grenzüberschreitenden Vertriebs- und Produktionsprozessen – Am Beispiel der Textilindustrie in Bangladesch ISPM Arbeitspapier Nr. 5, *http://www.ispm-bremen.de/fileadmin/download/forschung/pdf/ISPM_Glokal_Arbeitspapiere/ISPM_AP_5_Reinhard_Kim.pdf* (02.02.2016)

525 Vgl.: Onlineportal: Bundesfinanzministerium, *https://www.bundesfinanzministerium.de/Content/DE/Monatsberichte/2015/10/Inhalte/Kapitel-*

Diese Einigung auf steuerrechtlicher Basis ist zu begrüßen und war schon seit längerem notwendig. Jedoch schließt diese politische Verpflichtung für die Unterzeichner eine Variante des unfairen Wettbewerbs aus, nicht aber alle anderen. Bei der Implementierung von Handelsbeschränkungen muss man sich stets vergegenwärtigen, dass jede Form von Protektionismus, auch Kosten verursachen kann. Durch die Erhebung von Zöllen auf bestimmte Importwaren, werden diese zwar verteuert, andererseits können dadurch auch die Preise für im Inland erzeugte Güter ansteigen. Explizit bei Halbfertigprodukten, die im Inland weiterverarbeitet werden, entstehen für den Produzenten des Fertigproduktes höhere Kosten, diese werden wiederum bei der Preiskalkulation miteinfließen müssen. Dadurch wird die Wettbewerbsfähigkeit gegenüber den Konkurrenten reduziert. Dieser Umverteilungseffekt könnte zur Folge haben, dass andere Wirtschaftssektoren dadurch negativ beeinflusst werden.

3.7.7 „National Security"

Bei Fragen der nationalen Sicherheit eines Staates, werden im liberalen Außenhandel Import- oder Exportbeschränkungen umgesetzt. In diesem Kontext dienen Importbeschränkungen zum Schutz einer Branche, die nicht im internationalen Wettbewerb konkurrenzfähig wäre, aber bei einer Krise, die nationale Selbstversorgung gewährleisten kann. Ein klassisches Beispiel hierfür ist die Stahlproduktion oder der Kohleabbau, selbstverständlich auch die Agrarwirtschaft. Wenn diese Sektoren durch Protektionismus geschützt werden, dienen diese zur Absicherung und forcieren nicht das Abhängigkeitsverhältnis gegenüber anderen Nationen, sollte es zu einem Krisenfall kommen.[526] Es existieren Exportrestriktionen, um eine strategische Verbreitung sensibler Güter besser kontrollieren zu können.

„Im Jahr 2014 erteilte die Bundesregierung Ausfuhrgenehmigungen für die Ausfuhr von Kriegswaffen und sonstigen Rüstungsgütern im Gesamt-

3-Analysen/3-3-beps-gewinnverkuerzung-und-gewinnverlagerung.html?nn=203430#doc429962bodyText2 (02.02.2016).

526 Vgl.: Kurze, Kristina in: Europas fragile Energiesicherheit – Versorgungskrisen und ihre Bedeutung für die europäische Energiepolitik, LIT Verlag Berlin 2009, S. 59 ff.

wert von 6,519 Mrd. Euro. Dabei entfielen auf die Kategorie Einzelausfuhrgenehmigungen ein Wert von 3,974 Mrd. Euro, auf die Kategorie der Sammelausfuhrgenehmigungen 2,545 Mrd. Euro. Die Gesamtsumme der Ausfuhrgenehmigungen hat sich damit im Vergleich zu 2013 um 22% reduziert."[527]

Durch diesen Kontrollmechanismus soll der Export von Waffen in Krisenregionen verhindert resp. verzögert werden. Es besteht die Gefahr, dass die exportierten Waffen in Länder gelangen, die dem Exportland nicht positiv gesinnt sind. Handelsbeschränkungen zum Schutz der nationalen Sicherheit und Unabhängigkeit, sind qualifizierte Maßnahmen des liberalisierten Außenhandels. Damit Deutschland nicht zu stark von Importen abhängig wird, fördert die Bundesregierung die eigene Wirtschaft, mit einer Außenwirtschaftsförderung.

„*Die Bundesregierung stärkt die Auslandsaktivitäten der deutschen Wirtschaft im Rahmen ihrer Außenwirtschaftsförderung und bewahrt damit deren Wettbewerbsfähigkeit, sichert Arbeitsplätze und fördert den Export als wichtigen Wachstumsmotor.*"[528]

Die deutsche Bundesregierung stellt so genannte: „Bundesgarantien" aus, diese sind ein modernes Instrument zur Risikovorsorge.

„*Der Eintritt in ausländische Märkte wird erleichtert und die Absicherung von Zahlungsausfällen aus politischen oder wirtschaftlichen Gründen übernommen.*"[529]

Bundesgarantien sind ein signifikanter Bestandteil der Außenwirtschaftsförderung und haben das Ziel, den deutschen Mittelstand zu unterstützen, Chancengleichheit im internationalen Wettbewerb zu gewährleisten, aber auch die Nachhaltigkeit der Exportgeschäfte nicht aus den Augen zu verlieren.[530] Nur wenn dies alles gewährleistet wer-

527 Vgl.: Onlineportal: waffenexporte.org, *http://www.waffenexporte.org/* (03.02.2016).

528 Vgl.: Onlineportal: AGA, *http://www.agaportal.de/pages/portal/index.html* (03.02.2016).

529 Vgl.: Ebd.

530 Vgl.: Ebd.

den kann, ist Wohlstand zu generieren, dieser verhindert wiederum soziale Unruhen.

3.7.8 Zwischenfazit

Der überwiegende Anteil der Argumente für einen Protektionismus im Freihandel, widerspricht dem (neo) klassischen Model der Kostenvorteile. Politische Argumente hingegen sind eher geeignet, um Ordoliberalismus zu rechtfertigen. Das Sicherheitsdenken, bezüglich spezieller Industriesektoren wie zum Beispiel: Kohle, Stahl oder die Agrarwirtschaft, müssen geschützt werden, damit eine Nation im Krisenfall unabhängig agieren kann und die Bürgerinnen und Bürger versorgt werden können. Die Identifizierung dieser speziellen Wirtschaftsbereiche, die die nationale Sicherheit gewährleisten, gestaltet sich sehr schwierig. Mit der Aussage von Peter Struck[531], dass die Sicherheit der Bundesrepublik Deutschland auch am Hindukusch verteidigt wird, warb er für den Afghanistan Einsatz der Bundeswehr im Jahr 2002. Inwiefern dieses Argument und der daraus resultierende Bundeswehreinsatz in Afghanistan, zur inneren Sicherheit Deutschlands beigetragen haben, ist sehr umstritten.[532] Die innere Stabilität einer Nation, kann durch den Schutz spezieller Industriesektoren gewährleistet werden. Man muss bei dieser Form des Ordoliberalismus, darauf achten, dass dieser Protektionismus zu Umverteilungseffekten führen kann, die wiederum interne Spannungen erzeugen können. Der politische Ordoliberalismus soll einen Machtverlust vorbeugen. Die Reziprozität im Freihandel, kann durch die einseitige Verschiebung von Machtkonstellationen zu Spannungen unter den Handelspartnern führen. Der „Wandel durch Handel" soll Spannungen zwischen Handelspartnern egalisieren. Der Ordoliberalismus hingegen, wird auch mal dafür eingesetzt, um einem Handelspartner darauf aufmerksam zu machen, dass ein Umverteilungseffekt eingetreten ist. Reziproker Handel, also der gegenseitige Zollabbau, fördert den Export von Waren unter den Nationen, dieser generiert Wohlstand. In diesen Überlegungen wird der positive Effekt von Importwaren zu wenig berücksichtigt. Die Importwaren generieren ihren positiven Ef-

531 Vgl.: Ehemaliger Verteidigungsminister der Bundesrepublik Deutschland.

532 Vgl.: Onlineportal: Frankfurter Rundschau, *http://www.fr-online.de/meinung/pro---contra-wird-deutschlands-freiheit-am-hindukusch-verteidigt-,1472602,24221986.html* (04.02.2016).

fekt, indem diese die Effizienz eines Standortes steigern können (beim Import von Halbfertigprodukten) und den damit verbundenen Technologietransfer.

Der Protektionismus wird auch als politisches Druckmittel verwendet. Im Jahr 2015 gegen Russland, im Jahr 1990 gegen den Irak und 1992 gegen Serbien. Diese Aufzählung lässt sich endlos weiterführen. Das außenpolitische Druckmittel, Wirtschaftssanktionen gegen eine andere Nation zu verhängen, ist sehr umstritten. Wirtschaftssanktionen schädigen alle Handelspartner, da Sanktionen zum Verlust von Marktanateilen führen. Diese können wiederum den sanktionierten Staat zu Vergeltungsmaßnahmen veranlassen.

Protektionistische Maßnahmen werden immer dann ergriffen, um eine aktuelle Situation zu verändern. Der Ordoliberalismus wird eingesetzt um eigene Interessen zu schützen oder eigene Interessen woanders durchzusetzen. Beide Optionen ignorieren die Tatsache, dass diese vorherrschende Ausgangslage, nicht naturgegeben ist und diese von unterschiedlichen Akuteren verursacht wurde. Dies bezieht sich auf Wirtschaftssanktionen, wie auch auf so genannte Erziehungszölle gegenüber anderen Nationen.

„Wenige Argumente zeigen zwar Bedingungen auf, die in der Tat negative Wirkungen des Freihandels ergeben können, ignorieren jedoch, dass die Existenz dieser Bedingungen u. a. selbst die Folge fragwürdiger staatlicher Handlungen und Versäumnisse ist und das eine ursachenadäquate Therapie in der Korrektur bzw. positiven Beeinflussung der betreffenden Bedingungen einsetzen sollte, anstelle des Versuches, ihre negativen Wirkungen durch weitere Interventionen zu kompensieren."[533]

Der Erziehungszoll zum Schutz von sich entwickelnden Branchen oder so genannter Entwicklungsländer wird gerne als positives Argument für einen Protektionismus vorgetragen. Dieser protektionistische Lösungsversuch, bagatellisiert die grundlegenden Probleme die mit diesem Eingriff verbunden sind, die mit der Operationalisierung einhergehen.[534] Protektionismus ist nur bedingt funktional einzusetzen, um die Bevölkerung im Krisenfall versorgen zu können, damit kein Abhängig-

533 Vgl.: Gabler Volkswirtschaftslexikon, 3. Vollständig überarbeitete und aktualisierte Auflage, Springer Fachmedien Wiesbaden GmbH 1990, S. 665.

534 Vgl.: Ebd.

keitsverhältnis zu anderen Handelspartnern erzeugt wird. Es ist keine Rechtfertigung um Gegebenheiten zu eigenen Gunsten zu verändern. Die verschiedenen Rechtfertigungsargumente für einen Protektionismus erscheinen wenig hilfreich, um die Globalisierung signifikant zum positiven zu verändern. Der Protektionismus erscheint nicht als adäquates Instrument, um Verteilungsgerechtigkeit zu erzeugen. Das Mittel der Handelsbeschränkungen, darf nicht als gängiges Instrument benutzt werden. Der Einsatz von ordnungspolitischen Maßnahmen, darf nur als Ultima Ratio Prinzip verwendet werden. Zuerst müssen die Ursachen eines „Problems" eruiert und analysiert werden. Die gerechten Umverteilungseffekte können nur generiert werden, wenn ein solidarisches Handeln unter Partnern gewährleistet werden kann. Die Idee der Implementierung von Sozialklauseln im Freihandel, erscheint daher ein adäquater Ansatz zu sein. Nur eine Form von existenzsicherndem Einkommen, schafft realen Wohlstand für alle Handelspartner.

Nach dem in diesem Kapitel ausgesuchte Argumente für einen Protektionismus im Außenhandel untersucht wurden, richtet sich der Fokus des nächsten Abschnittes darauf, Argumente zu definieren und diese zu analysieren, die sich gegen den Liberalismus wenden.

3.8 Der liberale Handel – Eine kritische Bestandsaufnahme

Die Modelltheorien des neoklassischen Freihandels unter Nationen werden zur Rechtfertigung der internationalen Arbeitsteilung herangezogen und müssen kritisch hinterfragt werden. Hinsichtlich der sich stetig verändernden und sich entwickelnden Wirtschaft, erscheint der Verweis auf traditionelle Außenhandelstheorien, wie die von Ricardo oder dem Heckscher-Ohlin Theorem, nicht besonders evident.[535] Bereits Raul Prebisch[536] und Hans Wolfgang Singer[537] äußerten Bedenken gegenüber der neoklassischen Außenhandelstheorie und ihrer Rechtfertigung für liberalen Handel unter Nationen. Die so genannte Pre-

535 Vgl.: Dr. Richter, Peter in: Der Kapitaltransfer in die unterentwickelten Länder – Theoretische und empirische Analyse seiner Wohlstandswirkungen, Band 6, Duncker & Humblot Berlin 1979, S. 27–28.

536 Vgl.: Onlineportal: Prebisch, *http://prebisch.cepal.org/en/prebisch-and-eclac* (05.02.2016).

537 Vgl.: Onlineportal,: Britanica, *http://www.britannica.com/biography/Hans-Wolfgang-Singer* (05.02.2016).

bisch-Singer These oder auch „These der säkularen Verschlechterung der Terms of Trade" genannt. Bereits in den 1950er Jahren entwickelte die Gruppe[538] unter Raul Prebisch ihre These, wonach die Armut der Entwicklungsländer im Wesentlichen auf die ungünstigen und sich säkular verschlechternden Austauschbedingungen zwischen ihren Industriegüterimporten zurückzuführen sei. Diese entwickelte These untermauert die Kritik an der Verteilung der Außenhandelsgewinne. Sie richtet sich nicht gegen das Konzept und den daraus resultierenden gesamtwirtschaftlichen Nutzen eines liberalisierten Handels.

„Entwicklungspolitisch verfolgten die Meisten Entwicklungsländer die sich aus der pessimistischen Terms of Trade Prognose scheinbar logisch ergebende Empfehlung, sich aus der im Hinblick aus der Verteilung der Außenhandelsgewinne und der Entwicklungsstimulierung nachteilig erscheinende Abhängigkeit von Rohstoffexporten durch eine importsubstituierende Industrialisierungspolitik zu befreien."[539]

Nationen, die mit sinkenden Rohstoffpreisen zu kämpfen haben, sind maßgeblich von dieser Theorie betroffen[540]. Die Rohstoffpreise sind ein signifikanter Bestandteil in der Prebisch-Singer These. Nach dieser These stellt die Verschlechterung eines Tauschverhältnisses zwischen Rohstoffen und Industrieprodukten, kein zeitlich überschaubares Ereignis dar, sondern ist das Ergebnis von strukturellen Nachteilen der Entwicklungsländer im Globalisierungsprozess der Weltwirtschaft. Wenn Rohstoffe das elementarste Exportgut einer Nation sind, sind diese maßgeblich von der Entwicklung der Rohstoffpreise abhängig. Zu niedrige Preise für Rohstoffe (vergleiche die Preise im Jahr 2016)[541], bringen diese Exportländer in starke Bedrängnis. Diese Entwicklung kann aber auch

538 Vgl.: Die Arbeiten von: Singer 1950; Myint 1954; Prebisch 1959; Nurkse 1953; Myrdal 1956. Woll, A.; Glaubitt, K.; Schäfer, B., H.; (Hrsg.) in: Nationale Entwicklung und internationale Zusammenarbeit – Herausforderung ökonomischer Forschung, Festschrift zum 65. Geburtstag von Willy Kraus, Springer Verlag Berlin, Heidelberg, NY, Tokio 1983, S. 234.

539 Vgl.: Ebd.

540 Onlineportal: Handelsblatt in: Sinkende Rohstoffpreise lösen Ängste aus, *http://www.handelsblatt.com/finanzen/maerkte/marktberichte/sinkende-rohstoffpreise-loesen-aengste-aus-us-boersen-unter-druck-seite-2/2416718-2.html* (05.02.2016.

541 Vgl.: Onlineportal Finanzen.net, *http://www.finanzen.net/rohstoffe/* (06.02.2016).

dazu führen, dass Rohstoffreiche Länder, wie zum Beispiel Saudi Arabien, ihre Anstrengungen steigern, um ihre Abhängigkeit vom Export der Rohstoffe sukzessive zu verringern.

„Schwankende Ölpreise stellen weltweit eine Herausforderung dar, nicht nur für Saudi-Arabien. Sie bieten den Ländern aber auch die Chance, Innovationen und nachhaltiges Wachstum voranzutreiben, indem Investitionen in andere wichtige Wettbewerbssektoren gelenkt werden", meinte Abdullatif Al-Othman, Gouverneur der Saudi Arabia General Investment Authority (SAGIA)."[542]

Der strukturelle Nachteil bei der Preisgestaltung von Rohstoffen ist der, dass keine Preis- und Einkommenselastizität besteht, wie bei „einfachen Gütern (Gemüse) oder bei hochwertigen Gütern (Kaviar).

„Maß, das die prozentuale Veränderung der nachgefragten Gütermenge anzeigt, wenn sich das Einkommen der privaten Haushalte um ein Prozent ändert. Die Haushalte können auf Einkommensveränderungen beim Kauf von Gütern verschieden reagieren. Normalerweise wird bei steigendem Einkommen eine größere Gütermenge nachfragt, da mit höherem Einkommen mehr Güter bezahlt werden können. Die Einkommenselastizität der Nachfrage ist dann positiv. Die Reaktion der Nachfrage auf die Einkommenserhöhung kann jedoch unterschiedlich stark sein. Zur Berechnung der Einkommenselastizität der Nachfrage wird die prozentuale Änderung der nachgefragten Menge durch die prozentuale Änderung des Einkommens geteilt. Steigt z.B. das Einkommen des Haushalts von 4000€ auf 4400€ (also um 10%) und steigt dadurch die Nachfrage von 200 Einheiten eines Gutes auf 260 Einheiten (also um 30%), so wird die Einkommenselastizität 3 ermittelt (30% dividiert durch 10%)."[543]

Bei Rohstoffen besteht keine Preiselastizität, wenn der Preis pro Barrel Öl sinkt, werden nicht mehr Fässer dadurch verkauft. In den bevölkerungsreichen erdölexportierenden Ländern hat der plötzliche Anstieg

542 Vgl.: Onlineportal: Tagesspiegel, *http://www.tagesspiegel.de/advertorials/ots/saudi-arabia-general-investment-authority-sagia-schwankende-rohstoffpreise-verstaerken-die-neigung-zu-nachhaltigem-wachstum-und-zu-diversifizierung/12813632.html* (06.02.2016).

543 Vgl.: Onlineportal: Bundeszentrale politische Bildung, *http://www.bpb.de/wissen/FNIK7R* (06.02.2016).

der Erdöleinnahmen in den 1970er Jahren dazu geführt, dass diese mit der Aussicht auf hohe Einnahmen durch den Rohstoffexport, ihre Staatsverschuldung vorangetrieben haben.[544] Die neuen vorhandenen finanziellen Ressourcen haben dazu geführt, dass der Staatsapparat ausgebaut wurde. Die hohen Zinssätze in den 1980er Jahren und die Vernachlässigung der eigenen Wirtschaftsbranchen außerhalb der Rohstoffindustrie, führten dazu, dass einige Länder die zwar reich an Rohstoffen waren, aber abhängig von Importen und einem hohen Ölpreis sind. Der Ölpreis durfte jedoch nicht zu hoch sein, da ansonsten die Nachfrage in der globalen Industrie verringert wird.[545] Der bereits erwähnte strukturelle Nachteil von Entwicklungsländern, wird von Fakten unterstützt, da das pro Kopf Einkommen in diesen Ländern sinkt.

„Weltweit leben 1,2 Milliarden Menschen – also ein Fünftel der Weltbevölkerung – in absoluter Armut. Seit Anfang der 1990er Jahre sinkt sowohl die Zahl der Armen, als auch ihr Anteil an der Weltbevölkerung langsam. Doch hinter dieser Entwicklung verbergen sich große regionale Unterschiede. Zwischen 1987 und 2005 ist die Zahl der in absoluter Armut lebenden Menschen in China um gut 160 Millionen gesunken, in ganz Ostasien um etwa 195 Millionen Menschen. Im gleichen Zeitraum stieg die Zahl der absolut Armen in Subsahara-Afrika um 42 Millionen, in Südasien um 48 Millionen, in den ehemaligen sozialistischen Ländern um 21 Millionen und in Lateinamerika um 18 Millionen."[546]

Da Rohstoffexportierende Entwicklungsländer, durch einen Preisverfall, einen stetigen Verfall ihrer „Terms of Trade" hinnehmen müssen, wird diesen Ländern empfohlen sich vom Welthandel abzukoppeln.

„Um der daraus entstehenden Verarmung zu entrinnen, müssen sich diese Länder vom Welthandel abkoppeln."[547]

---

544 Vgl.: Overbeek, Henk in: Rivalität und ungleiche Entwicklung – Einführung in die internationale Politik aus der Sicht der internationalen politischen Ökonomie, VS Verlag für Sozialwissenschaften Wiesbaden, 1. Auflage 2008, S. 115.

545 Vgl.: Ebd.

546 Vgl.: Onlineportal: Bundeszentrale politische Bildung, *http://www.bpb.de/izpb/8674/armut-und-reichtum-in-der-welt?p=all* (06.02.2016).

547 Vgl.: von Hagen, Jürgen, Welfens, J. J., Paul, Börsch-Supan, Axel (Hrsg.) in: Springers Handbuch der Volkswirtschaftslehre 2 – Wirtschaftspolitik und Weltwirtschaft, Springer Verlag Berlin – Heidelberg, 1997, S. 250.

Die Wirtschaftspolitik der 1950er und 1960er in Lateinamerika war geprägt durch eine importsubstituierende Industrialisierungspolitik, die gekennzeichnet war, durch die Erhebung hoher Schutzzölle.[548] Die empirische Grundlage dieser Theorie, die Prebisch-Singer These, ist in der Wissenschaft umstritten. Die Grundlage der These, ist eine statistische Erhebung, die auf lange Datenreihen angewiesen ist. Theoretische Aussagen über ein Wirtschaftswachstum, lassen sich gewinnen, wenn man den technischen Fortschritt und die Kapitalakkumulation mit berücksichtigt. Im Konflikt zwischen reichen Industrieländern und Entwicklungsländern wird konstatiert, dass durch liberalisierten Handel in Industrieländern Arbeitsplätze verloren gehen, da diese in Entwicklungsländern wesentlich preiswerter vorhanden sind. Industrieländer spezialisieren sich auf hochwertige, technisch anspruchsvolle Produkte, während die Produktion technisch einfacher Güter in Entwicklungsländern abwandert.

„In diesem Fall, sagt das Rybcyinski Theorem[549] voraus, das sich die Industrieländer zunehmend auf die Produktion von hochwertigen technisch komplexen Gütern spezialisieren werden, während die Produktion technisch einfacher Güter in die Entwicklungsländer abwandert. Dem befürchteten Verlust von Arbeitsplätzen in den Industrieländern steht dann auf Grund der Dynamik des technischen Fortschrittes die Aussicht auf höher qualifizierte und besser entlohne Arbeitsplätze in Aussicht.“[550]

An diesen unterschiedlichen Modelltheorien über die Entwicklung der „Terms of Trade“ explizit in der Gruppe der Entwicklungsländer, wird deutlich, wie begrenzt der substanzielle Mehrwert einer pauschalisierten Betrachtungsweise bei der Entwicklung der Ökonomie der heterogenen Gruppe von Entwicklungsländern ist. Kaum jemand würde aktuell die Gruppe der Entwicklungsländer zur Autarkie auffordern, statt am liberalen Handel zu partizipieren. Eine Vielzahl der damaligen Ent-

548 Vgl.: Ebd.

549 Vgl.: Onlineportal: Gabler Wirtschaftslexikon: *„Aussage der Außenhandelstheorie über die Auswirkung von Faktorausstattungsveränderungen auf die produzierten und gehandelten Gütermengen eines Landes unter der Annahme konstanter Güter- und Faktorpreise. Benannt nach dem polnischen Ökonomen Taduesz Rybczynski (1923 - 1988), der dieses Theorem 1955 veröffentlicht hat.“ http://wirtschaftslexikon.gabler.de/Definition/rybczynski-theorem.html* (06.02.2016).

550 Vgl.: Ebd., S. 215.

wicklungsländer, haben sich zu so genannten „Schwellenländer"[551] entwickelt. Es entstanden multilaterale Kooperationen und Konsultationen im Rahmen der G 20 Treffen. Jede dieser untersuchten Modeltheorien begründet den gesamtwirtschaftlichen Nutzen für alle Handelspartner im liberalen Handel. Jedoch liefern diese Modelltheorien nicht die Antwort, wie die generierten Wohlfahrtseffekte gerecht verteilt werden sollen. Man muss heute davon ausgehen, dass liberaler Handel, in Verbindung mit der Partizipation der Bürgerinnen und Bürger einhergehen muss.

„Der pfadspezifischen Modernisierungstheorie sind auch die historischen Sequenztheorien zuzuordnen. Diesen Theorien zufolge müssen Modernisierungsprozesse in einer bestimmten Reihenfolge ablaufen, damit sie der Verankerung demokratischer Partizipationsformen dienlich sind."[552]

Die aktuelle Kritik am liberalen Handel beschäftigt sich mit der Verteilung des erwirtschafteten Wohlstandes, der vermeintlich auf Kosten der Entwicklungsländer generiert wurde. Eine sozial gerechte Verteilung des erwirtschafteten Wohlstandes, kann nur gewährleistet werden, wenn liberaler Handel und Politik gemeinsam kooperieren und sich nicht gegenseitig ausschließen. Das Bundesministerium für wirtschaftliche Zusammenarbeit und Entwicklung, definiert „Good Governance" folgendermaßen:

„Good Governance wird häufig mit „gute Regierungsführung", „gute Staatsführung" oder auch „verantwortungsvolle Regierungsführung" übersetzt. Ein umfassendes Verständnis von Good Governance geht jedoch noch da-

---

551 Vgl.: Onlineportal: Bundesministerium für wirtschaftliche Zusammenarbeit und Entwicklung;
1999 trafen sich erstmals die Finanzminister und Zentralbankgouverneure der 19 größten Volkswirtschaften sowie ein Vertreter der EU und der Europäischen Zentralbank, um wichtige Themen der Weltwirtschaft zu diskutieren. Sie bilden die Gruppe der 20 (G20), bestehend aus den G7-Staaten sowie Argentinien, Australien, Brasilien, China, Indien, Indonesien, Mexiko, Russland, Saudi- Arabien, Südafrika, Südkorea, Türkei und der Europäischen Union." http://www.bmz.de/de/ministerium/wege/multilaterale_ez/akteure/G20/index.html?follow=adword (08.02.2016).

552 Vgl.: Fuchs, Dieter; Roller, Edeltraud; Wessels, Bernhard in: Bürger und Demokratie in Ost und West – Studien zur politischen Kultur und zum politischen Prozess, Festschrift für Hans Dieter Klingelmann, Springer Fachmedien Wiesbaden GmbH, 1. Auflage Februar 2002, S. 287 ff.

rüber hinaus: Der Begriff „Governance" umfasst die Art und Weise, wie in einem Staat Entscheidungen getroffen, politische Inhalte formuliert und umgesetzt werden. Good Governance ist transparent, effektiv und legt Rechenschaft ab. Sie beteiligt die gesamte Bevölkerung und berücksichtigt die Meinung und die Bedürfnisse von Minderheiten und Schwachen. Alle Bürgerinnen und Bürger werden mit den notwendigen öffentlichen Gütern und sozialen Dienstleistungen versorgt."[553]

Um solch einen Prozess im Welthandel zu implementieren, plädieren der Nobelpreisträger in „Wirtschaft", Joseph Stiglitz und der Ökonom Andrew Charlton in ihrem Buch: „Fair Trade – Eine Agenda für einen gerechten Handel"[554] für folgende Prinzipien:

1. „Jedes Abkommen sollte auf seine Folgen für die Entwicklung überprüft werden; Projekte mit negativen Entwicklungsfolgen gehören nicht auf die Agenda.
2. Jedes Abkommen sollte Fair sein.
3. Jedes Abkommen sollte auf faire Weise zustande kommen.
4. Die Agenda sollte auf handelsbezogene und entwicklungsfreundliche Themen beschränkt werden."[555]

Solche Forderungen nach Prinzipien stoßen unweigerlich auf einen breite Zustimmung unter den Akteuren. Jedoch bieten diese Prinzipien keine Antworten darauf, wie bei Verstößen mit den delinquenten umgegangen werden soll. Die vorgestellten Prinzipien offenbaren Fragen nach der Definition des Terminus, „Fair". Die offensichtlich fehlende Verteilungsgerechtigkeit im Welthandel, muss nicht per se zur strikten Ablehnung des Liberalismus führen. Jedoch sind Defizite ersichtlich, die einen Ordoliberalismus zwingend notwendig erachten.[556]

---

553 Vgl.: Onlineportal: BMZ; *http://www.bmz.de/de/themen/goodgovernance/* (06.02.2016).

554 Vgl.: Stiglitz, Joseph; Charlton, Andrew in: Fair Trade – Agenda für einen gerechten Handel, Murmann Verlag GmbH Hamburg, 1. Auflage September 2006, S. 81 ff.

555 Vgl.: Ebd. S. 82.

556 Vgl.: Ptak, Ralf in: Vom Ordoliberalismus zur sozialen Marktwirtschaft – Stationen des Neoliberalismus in Deutschland, Springer Fachmedien Wiesbaden GmbH 2004, S. 23 ff.

„Nach Auffassung des Ordoliberalismus soll der Staat nicht nur die notwendigen Voraussetzungen für eine freiheitliche und marktwirtschaftliche Wirtschaftsordnung mit Wettbewerb schaffen, sondern diesen auch erhalten. Der Erhaltung und Sicherung des freien Wettbewerbs dient im Ordoliberalismus die Schaffung eines rechtlichen Rahmens durch den Staat. Dieser ordnungspolitische Rahmen stellt die freie wirtschaftliche Betätigung von Unternehmen und Haushalten sicher und soll die Entstehung von Marktmacht (z.B. durch Kartell- oder Monopolbildung) verhindern. Die staatliche Wirtschaftspolitik als Ordnungspolitik ist deshalb darauf ausgerichtet, die marktwirtschaftlichen Rahmenbedingungen zu sichern und gleichzeitig die gesamtwirtschaftliche Entwicklung zu verbessern."[557]

Die internationale Arbeitsteilung und die dadurch verbundene Frage der Verteilungsgerechtigkeit, darf nicht nur auf internationaler Ebene analysiert werden. Die Verteilung der Wohlfahrtsgewinne muss auch auf der innerstaatlichen Ebene untersucht werden. Die innerstaatliche Verteilungsgerechtigkeit wird durch die nationale Steuer- und Sozialpolitik bestimmt. Der ökonomische Außenhandel unter Staaten, hängt von nationalen Parametern ab. Der deregulierte Freihandel, übt einen enormen Wettbewerbsdruck auf seine Akteure aus. Dieser Wettbewerbsdruck kann dazu führen, dass die nationale Verteilung des Wohlstandes, für sozial ungerecht empfunden wird. Ein Indiz für diese These offenbart der „OECD Sozialbericht: Einkommensungleichheit in Deutschland im Mittelfeld, Vermögensungleichheit hoch"[558].

557 Vgl.: Onlineportal: Bundeszentrale für politische Bildung; „Ordoliberalismus"
theoretischer Entwurf einer freiheitlichen, auf den Grundsätzen der Marktwirtschaft beruhenden Wirtschafts- und Gesellschaftsordnung, auch deutsche Ausgabe des Neoliberalismus genannt und eine der Grundlagen der sozialen Marktwirtschaft in Deutschland. Die geistigen Ursprünge gehen auf den deutschen Ökonomen Walter Eucken (*1881, †1950) zurück, der zusammen mit anderen Nationalökonomen und Juristen in der sogenannten Freiburger Schule in den 1930er-Jahren Grundgedanken zur Ordnung der Wirtschaft und des Wettbewerbs entwickelte. Ausgangspunkt waren die schlechten Erfahrungen mit dem ungebremsten Kapitalismus des 19.Jahrhunderts, was in der Praxis zu großer Marktmacht einzelner Unternehmen verbunden mit einer Einschränkung des Wettbewerbs und negativen Folgen für weite Teile der Gesellschaft führte." *https://www.bpb.de/nachschlagen/lexika/lexikon-der-wirtschaft/20234/ordoliberalismus* (08.02.2016).

558 Vgl.: Onlineportal: OECD, *http://www.oecd.org/berlin/presse/oecd-sozialbericht-einkommensungleichheit-in-deutschland-im-mittelfeld-vermoegensungleichheit-hoch.htm* (10.02.2016).

„Die reichsten zehn Prozent der Deutschen besitzen demnach 60 Prozent der Nettohaushaltsvermögen, im OECD-Schnitt halten die zehn Prozent der Reichsten nur 50 Prozent der Vermögen. Insgesamt verschärft die Ballung bei den Vermögen jedoch OECD-weit die Nachteile der Haushalte mit niedrigem Einkommen.“[559]

Ein forcierendes Ungleichgewicht hat nicht nur Auswirkungen auf einzelne Gesellschaftsschichten, es kann sich auf die gesamte Volkswirtschaft übertragen. Der OECD Sozialbericht geht davon aus, dass wenn 40 Prozent der Gesellschaft nicht mehr am Wohlstand partizipieren können, die Volkswirtschaften nur einen begrenzten Anteil ihrer Ressourcen ausnutzen. Durch die steigende Ungleichheit der Vermögen kann es zu Kürzungen von Sozialstandards kommen. Diese treffen primär Individuen, die aus ärmlichen Verhältnissen kommen.

„In ungleicheren Gesellschaften haben es Familien aus schwächeren sozialen Schichten schwerer, ihre Chancen auf Bildung und damit auf sozialen Aufstieg zu verwirklichen. OECD-Analysen zeigen, dass steigende Ungleichheit keinen nennenswerten Effekt auf die formale Bildung und die Kompetenzen von Menschen aus verhältnismäßig wohlhabenden Familien hat. Für sozial schwache Familien geht sie allerdings einher mit verkürzter Bildungsdauer und häufig auch mit schlechteren Resultaten bei den schließlich erworbenen Fähigkeiten.“[560]

Der stetige Wandel Deutschlands, weg von einer Industrienation, hin zu einem Dienstleistungsanbieter, führt auf dem deutschen Arbeitsmarkt zu kontroversen, bei der Besetzung der vorhandenen Arbeitsstellen.

„Mit dem Wandel zur Informations- und Wissensgesellschaft sind Arbeitsplätze mit niedrigen Qualifikationsanforderungen in den vergangenen Jahrzehnten hierzulande massiv abgebaut worden. Verlierer dieses Prozesses sind gering qualifizierte Erwerbspersonen, die den gestiegenen Anforderungen der Betriebe nicht mehr gerecht werden und die deshalb in besonderem Maße von Arbeitslosigkeit betroffen sind. Zudem verläuft die Erwerbsintegration in Deutschland über berufsfachliche Arbeitsmärkte

559 Vgl.: Ebd.
560 Vgl.: Ebd.

und selbst bei der Besetzung von Einfacharbeitsplätzen wird häufig ein Berufsabschluss als Zeichen für eine hohe Leistungsfähigkeit erwartet."[561]

Dieser Trend ist nicht nur in der Bundesrepublik Deutschland ersichtlich, auch andere Nationen haben mit der Internationalisierung der Arbeitsteilung eine nationale „Herkulesaufgabe" zu bewältigen.

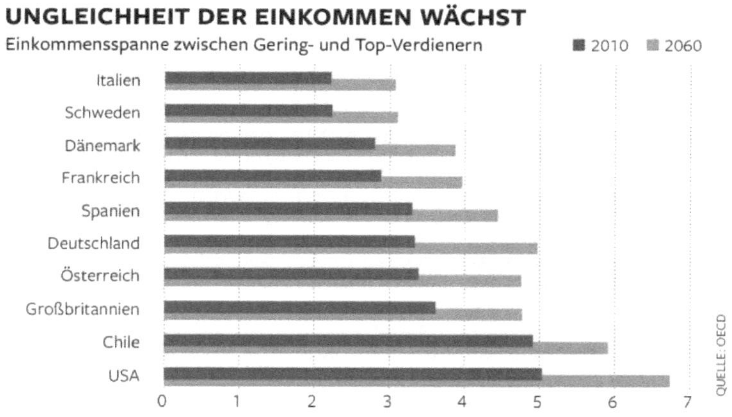

16. Abbildung: Einkommensspanne zwischen Gering und Topverdienern bis 2060[562]

Die Einkommensspanne zwischen Gering- und Topverdienern wird laut OECD bis 2060 signifikant ansteigen. In Deutschland verdienen die 10 Prozent mit den höchsten Einkommen, mehr als dreimal so viel, wie die untersten 10 Prozent. Im Jahr 2060 geht die Studie davon aus, dass es fast fünfmal so viel sein wird.[563] Die Graphik offenbart, dass Volkswirtschaftliches Wachstum nicht immer allen gesellschaftlichen Gruppen zugutekommt. Es besteht ein signifikantes Verteilungsproblem der Wohlfahrtsgewinne. Gesteigerte ökonomische Profite, folgt man der Theorie des „Trickle Down -Effekts", würde Wohlstand für alle bedeuten. Dieser Ansicht kann man nur bedingt zustimmen. Richard

561 Vgl.: IAB-Kurzbericht 11/2014, S. 1.

562 Vgl.: Onlineportal: Welt, *http://www.welt.de/wirtschaft/article129700004/Die-Einkommenskluft-in-Deutschland-wird-groesser.html* (10.02.2016).

563 Vgl.: Ebd.

Reich hat in seinem Buch: „Systemsymbiose“[564] folgenden Ansatz zu diesem Effekt formuliert:

„Der Trickle Down Effekt verspricht, dass der mit wirtschaftlicher Entwicklung und steigendem Unternehmensgewinnen einhergehende (Unternehmens-) Wohlstand auch das Leben der einfachen Bevölkerung verbessert. Auf eine weniger akademische Formel gebracht, soll das heißen: Je mehr Gewinne die Unternehmen erzielen desto mehr Geld wird auch bei den einfachen Leuten hängen bleiben.“[565]

Es ist längst unstrittig, dass gesteigerte Unternehmensgewinne nicht zwangsläufig zu höheren Löhnen und dadurch gesteigerten Konsum führen müssen. Gesteigerter Konsum wiederum, führt zu einem gesamtwirtschaftlichen Wachstum. Man darf sich von den Termini in der Ökonomie nicht täuschen lassen. Gesteigerter „Wohlstand“ kann auch bedeuten, dass wenn ein Unternehmen seine Gewinne erhöht, es regional mehr Arbeitsplätze schafft. Diese müssen nicht zwangsläufig so hoch dotiert sein, dass die Arbeitnehmerinnen und Arbeitnehmer davon ein angemessenes Leben führen können. Man kann davon ausgehen, dass der „Trickle Down Effekt“ realisierbar ist. Es hängt lediglich davon ab, was unter „Wohlstandssteigerung“ definiert wird. In der Bundesrepublik Deutschland existieren Arbeitnehmerinnen und Arbeitnehmer, die trotz einer sozialversicherungspflichtigen Vollzeitstelle, so wenig verdienen, dass diese Personengruppen auf Transferleistungen angewiesen sind. Dies verdeutlicht die folgende Graphik.

564 Vgl: Reich, Richard in: Systemsymbiose, Logos Verlag Berlin GmbH 2013, S. 165.

565 Vgl.: Ebd.

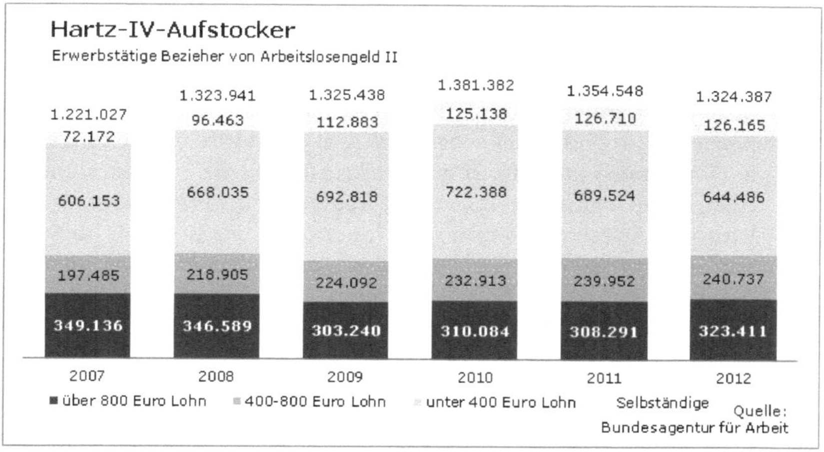

17. Abbildung: Erwerbstätige Bezieher von ALG II[566]

Wendet man die Theorien des liberalen Außenhandels an, widerspricht die Förderung des Niedriglohnsektors durch den Staat, diesen Ansätzen. Die Theorie zur internationalen Arbeitsteilung geht davon aus, dass Staaten ihre Ressourcen effizient nutzen und dass ein Wettbewerb zwischen ihnen herrscht. Jede Form des Ordoliberalismus widerspricht dieser Theorie. Es nicht bewiesen, dass der liberale Außenhandel alleine verantwortlich für die unterschiedlichen Einkommensverhältnisse ist. Mitverantwortlich sind innerstaatliche Verteilungsprobleme, nicht das Konzept des liberalen Außenhandels. Der globalisierte Freihandel und die dadurch gesteigerten Wohlfahrtsgewinne, schaffen lediglich die Voraussetzungen für soziale Gerechtigkeit. Es obliegt jeder Nation und ihren Bürgerinnen und Bürgern, wie diese auf innerstaatlicher Ebene einen Konsens finden, um die Profite gerecht zu verteilen. Hilfreich ist in

566 Vgl.: Onlineportal: FAZ, *http://images.google.de/imgres?imgurl=http%3A%2F%2Fmedia1.faz.net%2Fppmedia%2Faktuell%2F1618893830%2F1.2176727%2Farticle_teaser_marginal%2Fdie-zahl-der-aufstocker-in.gif&imgrefurl=http%3A%2F%2Fwww.faz.net%2Faktuell%2Fwirtschaft%2Fwirtschaftspolitik%2Farmut-und-reichtum%2Farbeiten-und-hartz-iv-weniger-aufstocker-in-deutschland-12176605.html&h=163&w=290&tbnid=wDWvTHaHJvc-CM%3A&docid=QcPR5VCY8v4zQM&ei=Wx-7VorAF8SHPovCk8AG&tbm=isch&iact=rc&uact=3&dur=298&page=1&start=0&ndsp=38&ved=0ahUKEwjK2eCZjO3KAhXEgw8KHQvhBGgQrQMIUTAR* (10.02.2016).

diesem Kontext ein synchronisiertes internationales Arbeitsrecht. Dagegen äußern einige Akteure Bedenken, da sie eine zu starke Einmischung von „Außen" in ihrer staatlichen Souveränität befürchten. Diese Bedenken werden nicht nur in der Fachliteratur geäußert, die Entwicklung einer progressiven Globalisierung in der Wirtschaft, bewerten viele Bürgerinnen und Bürger äußerst kritisch, da diese Entwicklung zu einer Reduzierung der staatlichen Souveränität führen kann. Dieser Verlust an Selbstverantwortung im innerstaatlichen Konzept, kann Entscheidungen herbeiführen, die nicht von der breiten Mehrheit einer Nation getragen werden. Staatliche Souveränität definiert sich über eine innere und äußere unabhängige Herrschaftsmacht und Entscheidungsgewalt.

„Ein Staat ist souverän (im herkömmlichen Sinn), wenn er völlig unabhängig von anderen Mächten über die höchste Entscheidungs- und Herrschaftsgewalt in seinem Territorium verfügt. Dazu gehört das Recht, die Gesellschafts- und Staatsordnung, das Verfassungs- und Rechtssystem frei und unabhängig zu gestalten und die Richtlinien der Innen- und Außenpolitik selbst zu bestimmen. In der Demokratie wird Staatsgewalt im Innern durch die Volkssouveränität (Zustimmung zur Verfassung, Wahl der Legislative) legitimiert und begrenzt. Nach außen schließt Souveränität jede Fremdherrschaft und jede Einmischung in innere Angelegenheiten aus. Im heutigen Völkerrecht wird statt Souveränität der Begriff Völkerrechtssubjekt verwendet, weil viele völkerrechtlich geregelten Beziehungen zwischen Staaten deren Souveränität einschränken."[567]

Jedoch unterliegt die staatliche Souveränität auch rechtlichen Beschränkungen. Völkervertragliche Vereinbarungen, bedeuten auch Verpflichtungen gegenüber anderen Nationalstaaten. Das Völkervertragsrecht sieht vor, dass eine Willensübereinkunft zwischen Zwei oder mehreren vertragsfähigen Völkerrechtsubjekten vorliegt. Der materielle Inhalt solcher Verträge wird dadurch gekennzeichnet, dass der Wille der vertragsabschließenden Parteien, auf eine rechtliche Bindung untereinander ausgerichtet sein muss.[568] Dies bedeutet unter Umständen für die nationale Souveränität, eine rechtliche Selbstbeschränkung. Ein Bei-

567 Vgl.: Onlineportal: Europaparlament, *http://www.europarl.europa.eu/brussels/website/media/Definitionen/Pdf/Souveraenitaet.pdf* (12.02.2016).

568 Vgl.: Dahm, Georg; Delbrück, Jost; Wolfrum, Rüdiger in: Völkerrecht Band I/3, 2 Auflage, De Gruyter Recht Berlin 2002, S. 514–515.

spiel für solche Völkerrechtlichen Vereinbarungen unter souveränen Nationen, stellen die EU- Verträge dar.[569]

„Ein Vertrag ist eine verbindliche Vereinbarung zwischen EU-Mitgliedstaaten. In ihm sind die Zielsetzungen der EU, die für die EU-Institutionen geltenden Regeln, der Prozess der Entscheidungsfindung und die Beziehungen zwischen der EU und den EU-Mitgliedstaaten festgelegt.“[570]

Eine Vertiefung der Thematik beinhaltet das internationale Wirtschaftsrecht. Der Regelungsbereich des internationalen Wirtschaftsrechts setzt sich zusammen aus dem ökonomischen Agieren von Staaten, internationalen Unternehmen und Privatunternehmen. Im internationalen Wirtschaftsrecht interagieren Völkerrecht, Wirtschaftsverwaltungsrecht und das private Wirtschaftsrecht mitineinander.[571] Beispiele für internationales Wirtschaftsrecht findet man u.a. in den Abkommen über den zwischenstaatlichen Wirtschaftsverkehr, z.B. das GATT (General Agreement of Tariffs and Trade), und regionale Wirtschaftskooperationen wie die Europäische Gemeinschaft und die NAFTA (North American Free Trade Agreement) wieder.[572] Man muss davon ausgehen, dass die Liberalisierung des internationalen Handels, die nationale Souveränität einschränkt. Die Reduktion von Handelsbeschränkungen verstärkt den Wettbewerb auf ökonomischer Ebene, betrifft aber immer stärker Segmente außerhalb der klassischen Wirtschaftspolitik. Die internationale Verflechtung auf ökonomischer Ebene und die daraus resultierende Mobilität der Produktionsfaktoren und des Kapitals, erfordern eine effizientere nationale Politik. Innenpolitische Entscheidungen, müssen in einem kürzeren Zeitraum diskutiert und beschlossen werden. Diese Entscheidungen können nicht ohne den Lenkungseinfluss internationaler Abkommen implementiert werden. Dies kann zu einem solidarisch-ökonomischen Grundgedanken führen und zwar

---

569 Vgl.: Onlineportal: Europäische Union, *http://europa.eu/eu-law/decision-making/treaties/index_de.htm* (12.02.2016).

570 Vgl.: Ebd.

571 Vgl.: Enders, Theodor in: Grundzüge des internationale Wirtschaftsrechts – Internationales Privatrecht, Europäisches Wirtschaftsrecht, Welthandelsrecht, Lehrbuch, Verlag Franz Wahlen München, Kapitel: Begriff und allgemeine Prinzipien des internationalen Wirtschaftsrechts.

572 Vgl.: Onlineportal: Wirtschaftslexikon24, *http://www.wirtschaftslexikon24.com/d/internationales-wirtschaftsrecht/internationales-wirtschaftsrecht.htm* (12.02.2016).

immer dann, wenn in Konflikten[573] Wohlfahrtseinbußen zu befürchten sind. Niklas Luhmann spricht in diesem Kontext von der „Wirtschaft der Gesellschaft“[574], dadurch möchte er verdeutlichen, dass die systemtheoretische Konzeption der Ökonomie ein signifikanter Lenkungsmechanismus der Gesellschaft geworden ist. Der Freihandel kann eine friedensstiftende Wirkung entfachen. Dr. Blüthner sieht unabhängig davon, wie die Lenkungswirkung des internationalen Welthandels auf die politischen Institutionen bewertet wird, keinen signifikanten völkerrechtlichen Eingriff in die staatliche Souveränität.[575] Auch wenn kein völkerrechtlicher Eingriff zu erkennen ist, besteht die Gefahr, dass wichtige und große Handelspartner gegenüber kleineren Wirtschaftsnationen, einen innenpolitischen Druck ausüben können, der zu Ungunsten der innerstaatlichen Verteilungsgerechtigkeit gehen kann. Staaten, die ihre Stellung im Welthandel ausnutzen, gefährden den friedensstiftenden Charakter des liberalisierten Welthandels. Es ist nicht ersichtlich, warum dadurch das Konzept des Freihandels in Frage gestellt werden muss. Es ist vielmehr die Aufgabe der Handelspartner in ihrer Rechtsprechung dem Grundsatz der souveränen Gleichheit der Nationen im Freihandel zu ihrem Recht, zu verhelfen. Ein weiterer Kritikpunkt der von „Globalisierungsgegnern“ vorgetragen wird, ist der Verlust der eigenen Identität oder der kulturellen Vielfalt. Die wirtschaftliche Liberalisierung und die damit verbundene gesteigerte Mobilität der Produktionsfaktoren Arbeit und Kapital führen zu einer Synchronisation der Gesellschaftlichen Alltagskultur.

„Die Globalisierung kann als Dritte industrielle Revolution bezeichnet werden, die globale Kommunikations- und Informationssysteme hervorgebracht hat und weiter hervor bringt. Sie hat weltweit industrielle und technische Entwicklungsprozesse in Gang gesetzt und die Kulturen der Welt nachhaltig geprägt. Ausgelöst durch die wissenschaftlich-technische und wirtschaftliche Globalisierung ist eine Global Society entstanden, die unter anderem durch die Öffnung nationaler Grenzen für Direktinvesti-

573 Vgl: Unter Konflikt wird in diesem Kontext, wirtschaftliche Auseinandersetzung verstanden.

574 Vgl.: Luhmann, Niklas in: Die Wirtschaft der Gesellschaft. Suhrkamp Frankfurt am Main 1. Aufl. 1988, S 11.

575 Vgl.: Dr. Blüthner, Andreas in: Welthandel und Menschenrechte in der Arbeit, Peter Lang europäischer Verlag der Wissenschaften 2004, S 66.

tionen internationalen Kapitals in nationale Volkswirtschaften gekennzeichnet ist."[576]

Durch die Mobilität der Produktionsfaktoren Arbeit und Kapital ist ein Kulturtransfer entstanden. Dieser Transfer wird von einigen Globalisierungsgegner als „Amerikanisierung" der Alltagskultur verstanden.

„*So hat es im 20. Jahrhundert sowohl die Amerikanisierung als auch eine Europäisierung der USA gegeben, aber nicht zur gleichen Zeit. Der Trend ging auch in Zwei kurzen Perioden auch in Richtung USA, meist aber umgekehrt.*"[577]

Von einem reziproken Kulturtransfer in diesem Kontext zu sprechen, wäre wohl in quantitativer Hinsicht nicht korrekt.[578] Die Hypothese, dass ein liberalisierter Wirtschaftsmarkt und die damit verbundenen Harmonisierungseffekte sowie ein politischer Liberalismus die kulturelle Vielfalt unterminieren, ist nur ansatzweise zu erkennen. Francis Fukuyama polarisierte mit seiner Aussage über das „Ende der Geschichte" (engl. The End of History)[579]. Fukuyama konstatierte nach dem Zusammenbruch der Staaten des Warschauer Paktes, dass sich diese der westlich demokratischen Politik und in das liberale Wirtschaftsmodell integrieren werden. Dies würde, nach Ansicht von Fukuyama, zum Ende der Geschichte führen. Diese Vorhersage hat sich global nicht ganz bewahrheitet. Trotz zum Teil massiver finanzieller Einnahmen durch Rohstoffexporte, blieben die Staaten in Asien oder dem Nahen-Osten, zum Großteil ihrer eigenen Kultur sehr verbunden. Die Kritik, dass liberalisierter Handel Einfluss auf die Kultur einer Nation hat, ist unbestritten, jedoch ob dies zum totalen Verlust der kulturellen Vielfalt führen wird, ist bis jetzt nicht verifiziert worden. Die kulturelle Vielfalt, impliziert eine kulturelle Autonomie, diese Autonomie ist und war zu keiner Epoche real existent. Kulturelle Autonomie ist ein Abgrenzungsinstru-

576 Vgl.: Weber, Lars; Lubk, Claudia; Mayer, Anette (Hrsg.) in: Gesellschaft im Wandel – Aktuelle ökonomische Hersausforderung, GWV Fachverlag GmbH Wiesbaden, 1 Auflage 2008, S. 29.

577 Vgl.: Schröter G., Ham in: Winners and Lossers – Eine kurze Geschichte der Amerikanisierung, Verlag C. H: Beck oHG München 2008, S. 9.

578 Vgl.: Ebd.

579 Vgl.: Fukuyama, Francis in: Onlineportal, Marxist.org, *https://www.marxists.org/reference/subject/philosophy/works/us/fukuyama.htm* (13.02.2016).

ment und wird zur eigenen Identifikation gegenüber anderen Individuen missbraucht. Besonders zum Tragen kommt diese Argumentationslinie, bei der Debatte um die Aufnahme von Migranten.[580] Es ist nicht nachvollziehbar, wie kulturelle Abschottung, durch Handelsbeschränkungen zu realisieren wäre. Eine funktionierende Demokratie, beinhaltet die freie Wahl seiner Informationsquellen und eine absolute Reisefreiheit. Diese beiden Aspekte müssten ebenfalls durch eine Institution reguliert werden. In islamisch geprägten Ländern hat die Partizipation am Welthandel nicht zwangsläufig zum Totalverlust der eigenen Identität geführt. Die wirtschaftliche Integration führt zu einer forcierten Kommunikation der Akteure, dadurch wird der politische und kulturelle Dialog erst angeregt. Kulturelle Autonomie kann diesen Dialog in seiner friedensstiftenden Variante gefährden. Das Ende dieser Interaktion könnte zu lokalen oder regionalen kosmopolitischen Kulturen führen, die zwar gemeinsam in einem Staat leben, aber nicht miteinander sondern nebeneinander. Kulturelle Autonomie kann zu einer Segregation führen. Die Tatsache das unterschiedliche Individuen, verschiedene Sprachen sprechen, unterschiedlichen Religionen angehören, wird auch in naher Zukunft die facettenreiche Kulturvielfalt gewährleisten. Diese Verlustängste der kulturellen Identität müssen ernstgenommen werden und könnten Einfluss nehmen, auf den konzeptionellen Inhalt einer Sozialklausel im Außenhandel. In der Bundesrepublik Deutschland existiert ein Gesetz zum Schutz des deutschen Kulturgutes gegen Abwanderung.[581]

580 Vgl.: Onlineportal: Focus, *http://www.focus.de/wissen/mensch/sie-fliehen-vor-einem-moerderischen-buergerkrieg-welche-kultur-bringen-die-syrischen-fluechtlinge-mit_id_5017600.html* (13.02.2016).

581 Vgl.: Onlineportal: Bundesministerium der Justiz und Verbraucherschutz, *http://www.gesetze-im-internet.de/kultgschg/index.html* (13.02.2016).
„Gesetz zum Schutz deutschen Kulturgutes gegen Abwanderung (KultgSchG) Ausfertigungsdatum: 06.08.1955.
Gesetz zum Schutz deutschen Kulturgutes gegen Abwanderung in der Fassung der Bekanntmachung vom 8. Juli 1999 (BGBl. I S. 1754), das zuletzt durch Artikel 2 des Gesetzes vom 18. Mai 2007 (BGBl. I S. 757) geändert worden ist“, Neugefasst durch Bek. v. 8.7.1999 I 1754, zuletzt geändert durch Art. 2 G v. 18.5.2007 I 757.
(1) Kunstwerke und anderes Kulturgut – einschließlich Bibliotheksgut –, deren Abwanderung aus dem Geltungsbereich dieses Gesetzes einen wesentlichen Verlust für den deutschen Kulturbesitz bedeuten würde, werden in dem Land, in dem sie sich bei Inkrafttreten dieses Gesetzes befinden, in ein „Verzeichnis national wertvollen Kulturgutes“ eingetragen. Das Verzeichnis wird nach Bedarf ergänzt.

3.8.1 Zwischenfazit

Als Zwischenergebnis ist zu konstatieren, dass in der wissenschaftlichen Fachliteratur, der Gesamtnutzen einer liberalen Außenhandelswirtschaft unumstritten ist. Die Gegenüberstellung zwischen neoklassischer Außenhandelstheorie und protektionistischer Gegendarstellung hat nur marginal nachweisen können, dass ein Ordoliberalismus im ökonomischen Sinne einen Wohlstand generieren kann. Es ist unumstritten, dass jegliche ordnungspolitischen Eingriffe in den Welthandel, den Wirtschaftsmarkt in seiner Konzeption manipulieren. Der Grundgedanke der neoklassischen Modelltheorie beruht auf einem „vollkommenen Markt" indem sich alle Akteure an den Grundsatz der effizienten Ressourcennutzung halten. Jede ordnungspolitische Handelsbeschränkung eines Handelspartners, wird eine Reaktion der anderen Marktteilnehmer nach sich ziehen. Die Kontroverse in der ökonomischen Debatte, bezüglich des Welthandels, bezieht sich lediglich darauf, inwieweit die Modelltheorie durch Regulierung und Qualifikation zu modifizieren ist. Der vorgestellte Protektionismus in dieser Untersuchung stellt kein evidentes sozial verträgliches Gegenkonzept zum gesamtwirtschaftlichen Nutzen eines liberalisierten Welthandels dar. Die unterschiedlichen Konzepte der Handelsbeschränkungen, substituieren lediglich unterschiedliche interessengelagert motivierte und manipulative Abweichungen vom „Ideal" des freien Außenhandels in der handelspolitischen Realität. Dr. Blüthner plädiert für einen liberalen Handel, da dieser gegenüber den geschlossenen Märkten merkantilistischer Prägung, aus ökonomischer Perspektive vorzuziehen ist.[582] Anzumerken ist jedoch, dass liberaler Handel, dem dogmatischen Konzept von Milton Friedmann vorzuziehen ist. Friedman hat den Terminus des

(2) Bei Ortswechsel eingetragenen Kulturgutes innerhalb des Geltungsbereiches dieses Gesetzes von einem Lande in ein anderes Land behält die Eintragung ihre Wirkung.
(3) Die eingetragenen Gegenstände werden nach besonderer gesetzlicher Regelung bei der Heranziehung zu Steuern und zum Lastenausgleich begünstigt.
(4) Die Ausfuhr eingetragenen Kulturgutes bedarf der Genehmigung. Diese kann an Bedingungen geknüpft werden. Die Genehmigung zur Ausfuhr ist zu versagen, wenn bei Abwägung der Umstände des Einzelfalles wesentliche Belange des deutschen Kulturbesitzes überwiegen. Der Ausfuhr steht das sonstige Verbringen aus dem Geltungsbereich dieses Gesetzes gleich."

582 Vgl.: Dr. Blüthner, Andreas in: Welthandel und Menschenrechte in der Arbeit, Peter Lang europäischer Verlag der Wissenschaften 2004, S 68.

Monetarismus in den 1960er Jahren geprägt, in dem sein Wirtschaftskonzept auf die Regulierung der Geldmenge ausgerichtet ist. Diese Untersuchung hat verdeutlicht, dass die wirtschaftstheoretischen Konzepte des Freihandels einen gesamtwirtschaftlichen Nutzen für alle Handelspartner generieren können. Die Modeltheorien haben aber nicht den Nachweis erbracht, warum die Verknüpfung zwischen Trade & Labour nicht zu bewerkstelligen sein soll. Aus dieser Untersuchung geht nicht hervor, warum eine Synchronisation der Arbeitnehmerrechte nicht im Welthandel implementiert werden kann.

Das folgende Kapitel analysiert unterschiedliche Formen von Institutionen und erstellt eine Übersicht, wie die bereits existierenden multilateralen Organisationen im Welthandel interagieren.

4 Institutionalisierte Elemente im Organisationsfeld der „Erwerbsregulierung“

In einer Epoche der globalen Mobilität der Produktionsfaktoren Arbeit und Kapital haben sich die Rahmenbedingungen an eine internationale Erwerbsregulierung und die damit verbundenen Herausforderungen, für multinationale Unternehmen sowie diversen Interessenvertretungen, signifikant verändert.[583] Multinationale Konzerne produzieren ihre Güter an unterschiedlichen internationalen Produktionsstandorten. Der technische Fortschritt hat einen großen Anteil an dieser Entwicklung. Die technische Vernetzung hat dazu geführt, dass die bereits mobilen Produktionsfaktoren Arbeit und Kapital, effizienter eingesetzt werden können. Die unterschiedlichen Produktionsstandorte sind in divergente nationale Settings gebunden.[584] Diese nationalen Settings unterschieden sich in der wirtschaftlichen und politischen Entwicklung ebenso wie in ihrem Rechtsystem. Diese Parameter erzeugen eine enorme Herausforderung für multinationale Unternehmen bezüglich der Einhaltung nationalen Rechts und der effizienten Arbeitsorganisation, an den Produktionsstandorten. Explizit bei der Einhaltung von Arbeitnehmerrechten, werden immer wieder eklatante Verstöße durch international tätige Unternehmen in Entwicklungsländern und Schwellenländern veröffentlicht. Noch schwerwiegender sind die Verstöße im informellen Sektor der Erwerbsarbeit. Diese Sektoren unterliegen keiner Kontrolle und sind nur sehr schwer zu sanktionieren. Besonders besorgniserregend sind die Nachrichten aus Katar. Im Jahr 2022 soll in diesem Land die Fifa Fußballweltmeisterschaft ausgetragen werden.

„Die Zahlen bestätigen das, was die Botschaften von Nepal und Indien bereits veröffentlicht hatten. Die nepalesische Botschaft hatte im vergange-

583 Vgl.: Hessler, Siglinde in: Arbeitnehmerrechte weltweit stärken? Die Umsetzung der internationalen Rahmenvereinbarung in Mexiko, Campus Verlag Frankfurt/New York 2012, S. 9.

584 Vgl.: Ebd.

nen Monat von 400 tödlich verunglückten Landsleuten seit 2010 berichtet. Ihre indischen Kollegen sprachen von 500 toten indischen Arbeitsmigranten allein seit 2012."[585]

Diese Veröffentlichungen von Missständen und der menschenverachtende Umgang, werfen die Frage auf: „Inwiefern multinationale Unternehmen bei der Durchsetzung und Kontrolle von Kernarbeitsnormen behilflich sein können? Zumindest in westeuropäischen Ländern gewinnt das Thema einer gesellschaftlichen resp. unternehmerischen Verantwortung immer stärker an Bedeutung. Es wird immer häufiger die Forderung aufgestellt, auf Waren von Produzenten zu verzichten, deren Beschäftigte durch unmenschliche Arbeitsbedingungen ausgebeutet werden.

„„*Weltweit arbeiten rund 85 Millionen Kinder unter ausbeuterischen Bedingungen. Etwa zehn Prozent der Kinder stellen Produkte her, die in Industrieländer exportiert werden und Gegenstand der öffentlichen Beschaffung sein können. Dazu gehören Kleidung, Kaffee, Tee oder Kakao, aber auch Natursteine – oft unter prekären Bedingungen. Viele Kinder arbeiten beispielsweise ohne jegliche Schutzkleidung in Steinbrüchen, sind in direktem Kontakt mit gesundheitsschädlichen Pestiziden oder tragen schwere Lasten", erläutert Antje Ruhmann, Referentin für Kinderrechte bei terre des hommes.*"[586]

Julia Otten ist Referentin bei „Germanwatch" und fordert von der Bundesregierung:

„*Öffentliche Auftraggeber sollten Unternehmen vom Auswahlverfahren ausschließen müssen, wenn diese gegen das Verbot von Kinderarbeit verstoßen.*"[587]

Die gesellschaftliche Verantwortung von Unternehmen muss gestärkt werden und diejenigen die sich dieser entziehen möchten, müssen stär-

585 Vgl.: Onlineportal: Handelsblatt, *http://www.handelsblatt.com/sport/fussball/tausende-tote-auf-wm-baustellen-der-tribut-von-katar/9636274.html* (20.02.2016.

586 Vgl.: Onlineportal: Germanwatch, *http://germanwatch.org/de/11358* (20.02.2016).

587 Vgl.: Ebd.

ker beobachtet und kontrolliert werden. Multinationale Unternehmen sind aufgrund ihrer globalen Aktivitäten und ihren internationalen Produktionsstrukturen, heute in der Position, auf wirtschaftliche und politische Entwicklungen kurzfristig zu reagieren, indem diese Produktionsaufträge umdisponieren. Auch wenn diese Argumentation häufig bei Verhandlungen mit Interessenvertretern missbraucht wird, um Entscheidungen gegen die eigene Belegschaft zu realisieren, kommt es in der Praxis nicht sehr oft vor, dass die Drohkulisse auch umgesetzt wird. Nichtsdestotrotz müssen sich die Arbeitnehmervertreter, bedingt durch die veränderten Strukturen im globalen System, stetig den neuen Anforderungen stellen und die Herausforderungen richtig einschätzen, damit auch zukünftig der generierte Wohlstand sozial gerecht verteilt werden kann. Aktuell existieren zahlreiche Konzepte mit deren Hilfe Arbeits- und Sozialstandards in international produzierenden Unternehmen weltweit angeglichen werden sollen.[588] Einige Unternehmen werden diesbezüglich aktiv und übernehmen vermehrt die gesellschaftliche Verantwortung gegenüber ihren Kunden und Geschäftspartnern. Zwischen den Produzenten und Auftraggebern werden Verhaltenskodizes vereinbart, die zum Großteil auf Freiwilligkeit beruhen und keiner unabhängigen externen Überprüfung unterliegen. Gewerkschaften und Nichtregierungsorganisationen, sowie unterschiedliche Verbände haben eine multitaskholderinitiative ins Leben gerufen. Diese soll Sozial-, Arbeits-, und Umweltstandards definieren und die unterschiedlichen Protagonisten werden in ein Monitoring einbezogen. Die bekannteste und populärste multitaskholder Initiative unter ihnen heißt: „UN- Global Compact"[589], mit einer Beteiligung von 8.402 Unternehmen (Februar 2016). Es werden auch staatliche Maßnahmen und Vereinbarungen getroffen, die auf die Durchsetzung von Arbeits- und Sozialstandards ausgerichtet worden sind. In einigen Multinationalen Unternehmen haben sich grenzüberschreitende Strukturen auf der Seite der Beschäftigten herauskristallisiert, damit diese die Kooperationen und dadurch den Dialog forcieren können, wurden in solchen Unternehmen „Europäische Betriebsräte" gegründet.[590] In einem geringeren Aus-

588 Vgl.: Ebd, S. 10.

589 Vgl.: Onlineportal: UN Global Compact, *https://www.unglobalcompact.org/* (21.02.2016).

590 Vgl.: Deppe, Joachim; Hoffmann, Reiner; Stützel, Wieland (Hrsg.) in: Europäische Betriebsräte – Wege in ein soziales Europa, Campus Verlag Frankfurt/New York 1997, S. 31.

maß wurden auch Weltbetriebsräte implementiert. Diese wurden überwiegend in der Automobilindustrie implementiert.[591] Im europäischen Wirtschaftsraum sind bereits erste Erfolge in Richtung einer Synchronisation des europäischen Arbeitsrechts zu verzeichnen.

„Während die Instrumente zur Durchsetzung der Normen dabei ebenso vielfältig wie umstritten sind, besteht weitreichender Konsens über die zu implementierenden Arbeitsstandards und die Notwendigkeit eines grundlegenden Schutzes von Arbeitnehmerrechten weltweit."[592]

Ein Instrument ist in diesem Kontext, die europäische Sozialcharta. Dieses multilaterale Abkommen wird in den folgenden Kapiteln in dieser Untersuchung näher beleuchtet. In der Wissenschaft herrscht ein Meinungsstreit darüber, inwiefern Kernarbeitsnormen die Voraussetzung schaffen können, für eine weltweit ökonomische, sozial- und politisch gerechte sowie technisch fortschrittliche Entwicklung, etwas beizutragen, ohne diese Entwicklung zeitgleich zu behindern. Eine signifikante Rolle übernimmt in diesem Kontext die ILO. Explizit die in der ILO verankerten und für alle Mitgliedsstaaten verbindlichen Verfassungsprinzipien, sind als erster Schritt zur Harmonisierung des internationalen Arbeitsrechts zu bewerten.

Zur Einführung in die Untersuchung zum Thema: Implementierung von Sozialklauseln im internationalen Außenhandel, wird nun im folgenden Kapitel, der Terminus „Erwerbsregulierung" im internationalen Kontext analysiert und erörtert.

4.1 Die definitorische Grundlage der Erwerbsregulierung

Unter dem Terminus „Erwerbsregulierung" wird in dieser Untersuchung, Bezug auf Professor Dr. Ludger Pries, Lehrstuhlinhaber für So-

591 Vgl.: Hauser-Ditz, Axel; Hertwig, Markus; Pries, Ludger; Rampeltshammer, Luitpold in: Transnationale Mitbestimmung? Zur Praxis europäischer Betriebsräte in der Automobilindustrie, Campus Verlag Frankfurt/ New York 2010, S. 108.

592 Vgl.: Hessler, Siglinde in: Arbeitnehmerrechte weltweit stärken? Die Umsetzung der internationalen Rahmenvereinbarung in Mexiko, Campus Verlag / Frankfurt/NY 2012, S. 10.

ziologie, Organisation, Migration und Mitbestimmung an der Ruhr Universität in Bochum, genommen.

„...Mechanismen der internationalen Erwerbsregulierung beschäftigen sich vorrangig mit Verfahren der Aushandlung und Definition bestimmter Mindestnormen und mit der Festlegung bi- oder trilateraler Strukturen mit besonderer Betonung der prozeduralen Aspekte von Normsetzung und Aushandlungsprozessen."[593]

In dieser Analyse wird die Erwerbsregulierung als Instrument zur Durchsetzung von Prozessen und Normen in Arenen mit Akteuren auf der Arbeitnehmerseite und Protagonisten auf der Arbeitgeberseite, definiert. In Anlehnung an Frau Dr. Siglinde Hessler findet die Durchsetzung von Prozessen und Normen auf einer individuellen und kollektiven Ebene statt.[594] Arbeits-, Beschäftigungs- und Partizipationsbedingungen werden von den jeweiligen Stakeholdern ausgehandelt, festgelegt und kontrolliert.[595] In dieser Analyse geht das Konzept der Erwerbsregulierung über den klassischen Ansatz der industriellen Beziehung hinaus.[596] Der klassische Ansatz definiert sich primär durch einen national gelenkten und/oder begleitenden Aushandlungsansatz zwischen den Sozialpartnern.

593 Vgl.: Pries, Ludger in: Erwerbsregulierung in einer globalisierten Welt, VS Verlag für Sozialwissenschaften Wiesbaden, 1. Auflage 2010, S. 221.

594 Vgl.: Hessler, Siglinde in: Arbeitnehmerrechte weltweit stärken? Die Umsetzung der internationalen Rahmenvereinbarung in Mexiko, Campus Verlag Frankfurt/New York 2012, S. 27.

595 Vgl.: Ebd.

596 Vgl.: Zimmer, Stefan in: Jenseits von Arbeit und Kapital- Unternehmerverbände im Zweitalter der Globalisierung, Leske + Budrich Opladen 2002, S. 15ff.

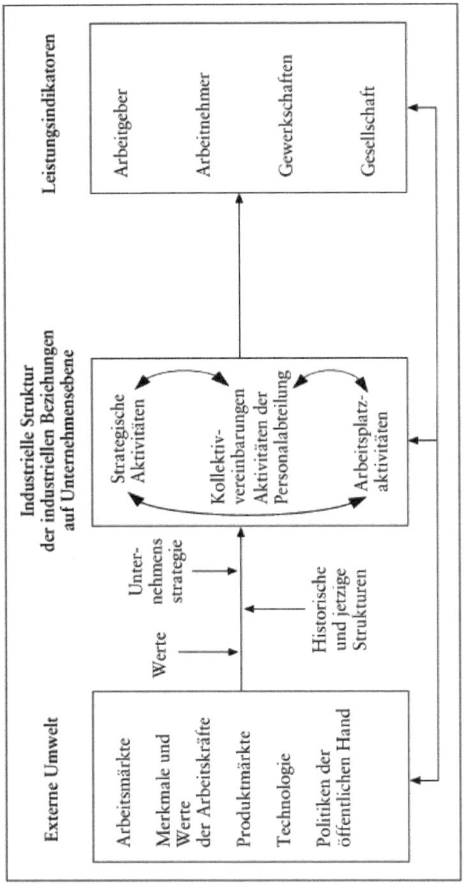

18. Abbildung: Industrielle Beziehungen[597]

In Zentrum des klassischen Ansatzes der industriellen Beziehungen, stehen Beschäftigte die überwiegend einem Normalarbeitsverhältnis nachgehen.

597 Vgl.: Onlineportal: Wirtschaftslexikon, *http://www.daswirtschaftslexikon.com/abbildungen/48-arbeitgeber-arbeitnehmer-beziehungen_systeme_der.gif* (26.-02.2016).

„Unter einem Normalarbeitsverhältnis wird ein abhängiges Beschäftigungsverhältnis verstanden, das in Vollzeit und unbefristet ausgeübt wird. Ein Normalarbeitnehmer arbeitet zudem direkt in dem Unternehmen, mit dem er einen Arbeitsvertrag hat. Bei Zeitarbeitnehmerinnen und -arbeitnehmern, die von ihrem Arbeitgeber – der Zeitarbeitsfirma – an andere Unternehmen verliehen werden, ist das nicht der Fall. Arbeitnehmerinnen und Arbeitnehmer mit Normalarbeitsverhältnis sind weiterhin voll in die sozialen Sicherungssysteme wie Arbeitslosenversicherung, Rentenversicherung und Krankenversicherung integriert. Das heißt, sie erwerben über die von ihrem Erwerbseinkommen abgeführten Beiträge Ansprüche auf Leistungen aus den Versicherungen (oder haben entsprechende Ansprüche als Beamter)."[598]

Im klassischen Ansatz der industriellen Beziehungen wird davon ausgegangen, dass klar definierte Sozialpartner (Arbeitgeberverbände und Gewerkschaften) Verträge aushandeln, indem die einzelnen Normen der Arbeitsbeziehung festgelegt werden. Der vereinbarte Tarifvertrag erstreckt sich auf die Tarifpartner, es besteht die Option diesen auch auf die gesamte Branche auszuweiten.[599] Der Kern der Industriellen Beziehungen besteht aus: Kollektivverträgen, Rahmenverträgen sowie Schlichtungsinstanzen und Vermittlungsbemühungen durch ausgewählte Dritte. In Deutschland lieferte Lujo Brentano[600] die ersten

598 Vgl.: Onlineportal: Statistisches Bundesamt, *https://www.destatis.de/DE/Meta/AbisZ/Normalarbeitsverhaeltnis.html* (28.02.2016).

599 Vgl.: Zdjelar, Jovan in: Ein Minimum für jeden? Investivlohn, Kombilohn, Mindestlohn. Lohnkonzepte für die Arbeitswelt von Morgen. Tectum Verlag Marburg 2010, S. 69 ff.

600 Onlineportal: Universität München; *http://www.semverteilung.vwl.uni-muenchen.de/brentano/brentano_leben.htm* (28.02.2016).
„Lujo Brentano war einer der wichtigsten Vertreter der Jüngeren Historischen Schule. Zusammen mit den Ökonomen Gustav Schmoller und Adolph Wagner gründete er den „Verein für Socialpolitik" (1873). Dessen Mitglieder, unter ihnen Wissenschaftler, Politiker, Geistliche, Journalisten und Arbeitgeber, fordern vom Staat ein Eingreifen in die Einkommensentwicklung, die Verhinderung liberaler Auswüchse, eine wirksamere Fabrikgesetzgebung, einen stärkeren Einfluss der Arbeitnehmer auf den Arbeitsvertrag, die Verbesserung der Wohnverhältnisse und eine höhere Volksbildung. Der Verein brachte Brentano und seinen Kollegen die Bezeichnung „Kathedersozialist" ein.
Während Schmoller und Wagner zu den konservativen Vertretern des Vereins zählten, stellte Brentano das Haupt der liberalen Richtung dar, worin er durch die junge Generation der Nationalökonomen Unterstützung erhielt. Nach starken Spannungen trat Lujo Brentano schließlich aus dem, von ihm mitbegründeten, Verein aus.

theoretischen Erklärungsmuster der Industriellen Beziehung.[601] Diese entstanden unter dem Eindruck der industriellen Entwicklung und der Entstehung des Proletariats sowie der Arbeitnehmervertretungen. Brentano hat in seinen Schriften die Bedeutung der Institutionen der Erwerbsregulierung herausgearbeitet und definiert. Er war der Überzeugung, dass nicht der Staat für den Schutz für die Arbeitnehmerschaft zuständig sein soll, sondern die Sozialpartner, gleichberechtigt in Form von Kollektivverhandlungen, diese Verantwortung übernehmen müssen.[602] Eine Erweiterung des klassischen Konzepts der Industriellen Beziehung liefert Dunlop, der laut Müller-Jentsch[603], als Mitbegründer der Forschungsdisziplin der Industriellen Beziehungen einzustufen ist.[604] Der vollständigkeitshalber sind in diesem Kontext Sidney und Beatrice Webb in Großbritannien und John R. Comons in den USA zu nennen. Dunlop entwickelte das Konzept der Industriellen Beziehungen angelehnt an Parsons Systemtheorie, weiter. Er bettet das System der industriellen Beziehungen als Subsystem der Industriegesellschaft ein, dass auf gleicher Stufe wie das Wirtschaftssystem steht.[605]

„Anders als Subsystem Wirtschaft, dessen Funktion nach Parsons die Bedürfnisbefriedigung ist, hat das System der der industriellen Beziehungen nach Dunlop die Funktion, Regeln zu produzieren, die sowohl Standards

Durch seine Funktion als Lehrer und Sozialreformer hatte er sowohl großen Einfluss auf die soziale Marktwirtschaft als auch auf führende Politiker der Gründungsphase der Bundesrepublik Deutschland, so zählte beispielsweise der ehemalige Bundespräsident und Nationalökonom Theodor Heuss zu seinen Schülern. Im hohen Alter von 87 Jahren starb Lujo Brentano am 9. September 1931 in München."

601 Vgl.: Ratz, Ursula in: Arbeitnehmeremanzipation zwischen Karl Marx und Lujo Brentano – Studien zur Geschichte der Arbeiterbewegung und der bürgerlichen Sozialreform in Deutschland, Sozialpolitische Schriften – Heft 73, Duncker & Humblot Berlin 1997, S. 241 ff.

602 Vgl.: Brentano, Lujo; Bräu, Richard (Hrsg.); G. Nutzinger, Hans (Hrsg.) in: Der wirtschaftende Mensch in der Geschichte (1923) - Beiträge zur Geschichte der deutschsprachigen Ökonomie, Metropolis 2008.

603 Vgl.: Müller-Jentsch, Walther in: Strukturwandel der industriellen Beziehungen – Industrial Citizenship- zwischen Markt und Regulierung, GWV Fachverlag GmbH Wiesbaden, 1 Auflage 2007, S. 15 ff.

604 Vgl.: Haipeter, Thomas in: Tarifabweichungen und Flächentarifverträge – Eine Analyse der Regulierungspraxis in der Metall- und Elektroindustrie, GWV Fachverlag GmbH Wiesbaden, 1. Auflage 2009, S. 23.

605 Vgl.: Ebd.

für Arbeitsbedingungen und Löhne als auch die Beziehungsmuster zwischen den Akteuren der industriellen Beziehungen festlegen."[606]

In den letzten Jahren hat sich die Betrachtungsweise der industriellen Beziehungen verändert. Unter den Industriellen Beziehungen werden Aspekte wie vergleichende internationale Studien, Arbeitssicherheit und Gesundheit, aber auch die Diskriminierung am Arbeitsplatz subsumiert.[607] In der Fachliteratur dominiert der Aushandlungsprozess zwischen Arbeitgeberverbänden und Arbeitnehmervertretern. Münch beschreibt diesen Aushandlungsprozess der Sozialpartner in Form von absoluter und/oder relativer Macht.

„*Das heißt, je mehr die Akteure ihre absolute oder relative Macht wachsen sehen, desto wahrscheinlicher ist es, dass der Aushandlungsprozess für sie ein positives Ergebnis haben wird, und desto wahrscheinlicher ist es auch, dass sie sich für diese Option entscheiden werden und andere Optionen beiseiteschieben werden.*"[608]

Es ist fraglich, ob solch eine Industrielle Beziehung in Form von Aushandlungsprozessen der Sozialpartner in einem Containermodell noch Zweck und zeitgemäß ist, angesichts der sich stetig verändernden Arbeitswelt, durch neue Technologien, neuen Absatzmärkten sowie der Mobilität des Kapitals und des Produktionsfaktors Arbeit. Nicht zu unterschätzen, sind die neuen Kommunikationstechnologien, die die Arbeitswelt signifikant verändert haben. Die dargestellten Erklärungsmuster der Industriellen Beziehungen im klassischen Kontext des Aushandlungsprozesses, zwischen den Sozialpartner, in territorial begrenzten Umfang, spiegeln heute nicht mehr die ganze Bandbreite der Einflussmöglichkeiten in einer globalen Arbeitswelt wieder. Infolge dessen umfassen diese Rahmenvereinbarungen nicht die gesamte Arbeitnehmerschaft, die sich in der Industrie global verteilen lässt. Die Arbeitsverhältnisse in so genannten spät industrialisierten Ländern werden zum Teil kaum formalisiert und Normalarbeitsver-

---

606 Vgl.: Ebd., S. 23–24.

607 Vgl.: Hessler, Siglinde in: Arbeitnehmerrechte weltweit stärken? Die Umsetzung der internationalen Rahmenvereinbarung in Mexiko, Campus Verlag / Frankfurt/NY 2012, S. 28.

608 Vgl.: Münch, Richard in: Soziologische Theorie, Band 2: Handlungstheorie, Campus Verlag Frankfurt/NY 2002, S. 176.

hältnisse im Sinne von sozialversichert und vertraglich geregelt stellen in diesen Ländern eine Ausnahme dar. In früh industrialisierten Nationen nehmen formalisierte Beschäftigungsverhältnisse ab und werden durch zeitlich befristete oder durch fehlende Sozialversicherungspflichtige Arbeitsverhältnisse, ersetzt.[609] Die Attraktivität der Gewerkschaften sinkt und die Mitgliederzahlen sind rückläufig.

„Allein im Westen fiel die Zahl der Beschäftigten, die in Betrieben mit Branchentarifverträgen arbeiteten, von 70 Prozent 1996 auf 52 Prozent 2013. Im Osten gab es einen Rückgang von 56 auf 35 Prozent. „In der langen Sicht ist die rückläufige Tendenz eindeutig", sagte IAB-Expertin Susanne Kohaut. Zuletzt habe sich die Entwicklung allerdings verlangsamt."[610]

Es werden tendenziell immer weniger Tarifverträge abgeschlossen. Dies ist ein Indiz dafür, dass die Definition der Industriellen Beziehungen aktuell nur bedingt in der Lage ist, die globale Entwicklung auf dem Arbeitsmarkt und ihre notwendigen Aushandlungsprozesse zu erfassen.

4.1.1 Zwischenfazit

Ludger Pries erweitert in seinen Überlegungen zur Erwerbsregulierung die Definition des Terminus „Industrielle Beziehung" um drei Aspekte.[611] Pries ist der Ansicht, dass Aushandlungsprozesse über die Modalitäten der Erwerbsarbeit aktuell eher auf einer individuellen Ebene stattfinden. Die Beschäftigten verhandeln individuell ihre Arbeitsverträge aus, mit individuell vereinbarten Zielen, dadurch soll die Motivation des einzelnen gefördert werden. Parallel dazu entwickeln sich diskursive Regelungen, die immer stärker in der breiten Öffentlichkeit an Bedeutung gewinnen.[612] Internationale Kampagnen, wie zum Beispiel der

609 Vgl.: Hessler, Siglinde in: Arbeitnehmerrechte weltweit stärken? Die Umsetzung der internationalen Rahmenvereinbarung in Mexiko, Campus Verlag / Frankfurt/NY 2012, S. 29.

610 Vgl.: Onlineportal: Deutsche Wirtschaftsnachrichten, *http://deutsche-wirtschafts-nachrichten.de/2014/06/02/zahl-der-tarifvertraege-sinkt-weiter/* (14.03.2016).

611 Vgl.: Pries, Ludger 2008 und 2010.

612 Hessler, Siglinde in: Arbeitnehmerrechte weltweit stärken? Die Umsetzung der internationalen Rahmenvereinbarung in Mexiko, Campus Verlag /Frankfurt/NY 2012, S. 30.

„Coffee Fairday am 25.09.2015"[613] spiegeln dies eindrucksvoll wieder. Individuell abgestimmte Verhaltenskodizes einzelner Unternehmen ergänzen vielfach das Agieren und die Ausgestaltung ihrer industriellen Arbeitsbeziehungen. Unternehmen vereinbaren mit ihren Geschäftspartnern individuelle Parameter.

„Verhaltenskodex für Lieferanten:[614]
Dieser Verhaltenskodex für Lieferanten beinhaltet Standards, die für jeden unserer Lieferanten als klare Verhaltensrichtlinie dienen. Die Grundpfeiler dieser Verhaltensrichtlinie sind Respekt, Toleranz, Ehrlichkeit, Offenheit, Integrität gegenüber den Geschäftspartnern sowie die Bereitschaft zur Übernahme von unternehmerischer und gesellschaftlicher Verantwortung.

Präambel:
Dieser Verhaltenskodex für Lieferanten hat das Ziel, die Einhaltung bestimmter Sozial- und Umweltstandards zu erreichen. Bei der Ausgestaltungunserer Handelsbeziehungen achtet MÄURER & WIRTZ GmbH & Co. KG auf die Einhaltung dieser Mindeststandards. Diese Standards gründen auf den ILO Konventionen (International Labor Organization), den UN Konventionen, den Grundsätzen des UN Global Compact sowie auf den jeweils national geltenden Gesetzen am Sitz des Lieferanten. Bei unterschiedlichen Regelungsinhalten ist die jeweils strengere Bestimmung anzuwenden."

---

613 Vgl.: Onlineportal, Coffee-Fairday, *http://www.coffee-fairday.de/* (15.03.2016). „Die Kampagne - 100% Fairtrade Kaffee - Kleine Bohne, Große Wirkung". „So lautete das Motto des diesjährigen Fairtrade Aktionstags. Am 25. September haben wir durch viele Aktionen gemeinsam mit Städten, Schulen, Weltläden, gastronomischen Betrieben, dem Handel, der Politik und Privatpersonen mehr Fairness für Kaffeebauern erreicht. Hinter dem Motto verbergen sich mehrere Themen. Es ist ein Versprechen, denn in jedem Kaffee mit Fairtrade-Siegel steckt auch 100% Fairtrade-zertifizierter Kaffee von Kleinbauernkooperativen aus Afrika, Asien und Lateinamerika. Zum Coffee Fairday am 25. September forderte Fairtrade gerechte Arbeits- und Lebensbedingungen im Kaffeeanbau. Damit Kaffeebauern eine faire Zukunftschance haben, haben wir Sie zum Mitmachen aufgerufen, denn jede Bohne zählte! Mit Selfies und zahlreichen Aktionen haben Sie Ihr Engagement zum Coffee Fairday sichtbar gemacht."

614 Vgl.: Onlineportal, Mäurer & Wirtz, *http://www.m-w.de/tl_files/Maeurer-Wirtz/pdf/Einkauf_VerhaltenskodexFuerLieferanten.pdf* (15.03.2016).

Pries verweist darauf, dass eine basisdemokratische Herangehensweise, mit Einbezug der Beschäftigten bei relevanten Entscheidungen und der Definition von Leistungszielen immer stärker in den Fokus rückt. Die heutige Wissensarbeit erlaubt es keinem Unternehmen mehr, die eigenen Beschäftigten unter standardisierten Vorgaben agieren zu lassen, vielmehr sind diese eingebettet in einer direkten Partizipation, mit täglichen Entscheidungsprozessen und Projekten. Eine industrielle Massenproduktion mit standardisierten Parametern ist in früh industrialisierten Nationen kaum noch vorzufinden. Nach Ansicht von Pries, sollte die Erwerbsregulierung aus dem nationalen Korsett herausgelöst werden und in einen internationales Setting eingebettet werden. Durch die forcierte Internationalisierung von multilateralen Unternehmen und der Mobilität des Produktionsfaktors Arbeit, darf der Aushandlungsprozess in den Industriellen Beziehungen nicht mehr im nationalen Kontext begrenzt bleiben. Der Aushandlungsprozess unterliegt einem Wandel. Es ändern sich die Konstellationen und Arenen der beteiligten Akteure und es kommt zu einer Verschiebung von Aushandlungsstrukturen und Einflusssphären.[615] Der Handlungsspielraum der Gewerkschaften und der betrieblichen Arbeitnehmervertreter ist auf nationaler Ebene beschränkt, jedoch hat sich der Aktionsradius der Unternehmen in den letzten Jahren deutlich vergrößert. Unternehmen sind durch Expansionen über ihre nationalen Grenzen hinaus gewachsen und umfassen internationale Produktionsstandorte. Nationale Kollektivverhandlungen und die beschlossenen Rahmenverträge betreffen nur noch einen Bruchteil der realen Beschäftigten, während uni- resp. bilaterale Entscheidungen im Gegensatz dazu den internationalen Entscheidungsprozess dominieren und sich auf Arbeitnehmerinnen und Arbeitnehmer auswirken können, die weltweit an unterschiedlichen Produktionsstandorten verteilt sind.

Das Konzept der Erwerbsregulierung muss erweitert werden, damit die veränderten Faktoren miteinbezogen werden können. Die Definition der Industriellen Beziehung, muss aus dem nationalen Setting herausgelöst werden. Ein Ansatz hierfür sind die bilateral, aber auch unilateral getroffenen Rahmenvereinbarungen, die ebenso einen internationalen Charakter aufweisen können. Die internationalen Rahmen-

615 Vgl.: Hessler, Siglinde in: Arbeitnehmerrechte weltweit stärken? Die Umsetzung der internationalen Rahmenvereinbarung in Mexiko, Campus Verlag / Frankfurt/NY 2012, S. 30.

vereinbarungen sind ein erster Schritt, hin zu einer Synchronisation des Arbeitnehmerrechts im globalen Kontext. Sie stellen eine gute Ergänzung dar, um Erwerbsregulierungen differenzierter auf einen nationalen Markt zu übertragen.

4.2 Ausgangssituation & Problemlage zur internationalen Erwerbsregulierung am Beispiel der Internationalen Rahmenvereinbarungen

Um die einzelnen Akteure in der Arbeitsbeziehung zu identifizieren erfordert es umfangreiche theoretische und definitorische Anstrengungen.[616] Laut Breisig sind vor allem die Definitionen darüber, was Akteure sind, wie Arbeitsbeziehungen definiert werden und welche Inhalte und Normen diesen zuzuordnen sind, der Ausgangspunkt einer Untersuchung der industriellen Beziehungen.

„In der industrial relations Forschung werden unter Akteuren abgrenzbare (zumeist) kollektive und repräsentative Handlungseinheiten bzw. Organe verstanden, die relativ autonom Entscheidungen treffen können.“[617]

Generalisierend lässt sich die Behauptung aufstellen, dass alle die, die an einem Aushandlungsprozess beteiligt sind und diesen maßgeblich beeinflussen sowie zur Implementierung der Ergebnisse beitragen, als Handlungseinheit und somit als Akteure definiert werden können. Breisig konkretisiert diesen Ansatz, indem er zur Bestimmung von Akteuren, die Betrachtung nach Ebenen und Regulierungseinheiten heranzieht. Der Autor greift in seiner Untersuchung das Modell von Müller-Jentsch auf.[618] Müller-Jentsch spricht von einer innerbetrieblichen Ebene (Arbeitnehmervertretung, Unternehmensleitung), die sektorale resp. regionale Ebene (Arbeitgeberverbände, Gewerkschaften), die nationale Ebene (staatliche Instanzen), die internationale Ebene (supranationale Verbände, politische und juristische Instanzen). Welche Protagonisten, auf welcher Ebene am Aushandlungsprozess partizipieren und

616 Vgl.: Breisig, Thomas in: Handwörterbuch Arbeitsbeziehungen in der EG, Springer Fachmedien Wiesbaden 1993, S. 1 ff.

617 Vgl.: Ebd.

618 Vgl.: Müller-Jentsch, Walther in: Soziologie der industriellen Beziehungen – Eine Einführung, Campus Verlag Frankfurt/NY 1997 ff.

agieren, ist signifikant von der Struktur des Gesamtsystems der Arbeitsbeziehungen abhängig. Müller-Jentsch ergänzt die deutsche Arbeitsbeziehung zusätzlich, um das Arenenkonzept der europäischen Union.[619] In der Untersuchung von Müller-Jentsch: „Strukturwandel der industriellen Beziehungen – Industrial Citizenship- zwischen Markt und Regulierung" setzt er sich mit der Internationalisierung von Gewerkschaften und Arbeitgeberverbänden, sowie der Implementierung von europäischen Betriebsräten, gemäß der EU-Richtlinie aus dem Jahr 1994 und dem sozialen Dialog der Mitgliedsstaaten, auseinander. Er postuliert den nationalen Regimen, den Arbeitnehmervertretungen und Arbeitgeberverbänden eine geringe Kooperationsbereitschaft und ein nicht ausreichenden Willen, Verantwortung an eine supranationale Institution abzugeben. Müller Jentsch ist der Ansicht, dass explizit die Partikularinteressen der nationalen Einzelgewerkschaften einer Synchronisation des Arbeitsrechts auf einer europäischen Ebene, im Weg stehen. Jedoch ist er davon überzeugt, dass eine Europäisierung der Erwerbsregulierung in Gang gesetzt wurde und nicht mehr aufzuhalten sei.

„Die politische Union wird eine langfristige Zukunftsaufgabe bleiben; und es bleibt ungewiss, bis zu welchem Grad am Ende eine parlamentarische, rechtsstaatliche Föderation stehen wird. Wahrscheinlich ist allerdings, dass der europäische Wirtschaftsraum sukzessive durch einen Sozialraum ergänzt wird."[620]

Ludger Pries untersucht in seinem Ansatz der Erwerbsregulierung die einzelnen Instrumente, Strukturen und den Aktionsradius in den dazugehörigen Arenen.[621] Pries hebt in seiner Untersuchung besonders die Herausbildung einer Form der nationalen Erwerbsregulierung hervor. Die genannten Autoren haben signifikante Tendenzen aufgezeigt und konzeptionell erfasst, wie eine Internationalisierung der Erwerbsregulierung erfolgen kann. Diese Konzepte und Modelltheorien müssen aufgegriffen und weiterentwickelt werden. Im nächsten Schritt müssen die einzelnen Instrumente, Organisationen und ihre Verbindung untereinander sowie die Durchsetzungsmechanismen und Sanktionsmöglich-

---

619 Vgl.: Müller-Jentsch, Walther in: Strukturwandel der industriellen Beziehungen – Industrial Citizenship- zwischen Markt und Regulierung, GWV Fachverlag GmbH Wiesbaden, 1 Auflage 2007, S. 125 ff.

620 Ebd.

621 Vgl.: Pries, Ludger 2008 und 2010.

keiten näher beleuchtet werden. Das nun folgende Kapitel baut auf den beschriebenen Theorien auf und ordnet die Internationalisierung der Erwerbsregulierung konzeptionell und theoretisch ein.

4.2.1 Die Regulierungsarenen und Charakteristika einer Internationalisierung der Erwerbsregulierung – am Beispiel der internationalen Rahmenvereinbarungen

In Anlehnung an Pries[622] wird dieses Kapitel die internationale Erwerbsregulierung analysieren. Pries beschreibt in seiner Untersuchung Neun Dimensionen der Erwerbsregulierung.

„Erwerbsregulierung lässt sich demnach untersuchen nach den Aspekten der dominanten Regelungsgegenstände, der Regulierungsarenen, ihrer räumlichen Reichweite, des spezifischen Regulierungsmodus, der spezifischen Konfliktregulierungsformen, der hauptsächlichen Akteure, ihrer vorherrschenden Machtressourcen, der spezifischen Akteurskonstellation und – dynamik sowie der bestimmenden gemeinsamen Ideologien und Normen.“[623]

Der Fokus dieser Untersuchung widmet sich den „Regulierungsarenen“. Die anderen von Pries definierten Aspekte werden in dieser Untersuchung nur marginal analysiert. Die verschiedenen Institutionen und unterschiedlichen Instrumente sollen in das System der internationalen Erwerbsregulierung eingeordnet werden.[624]

Unter den dominanten Regelungsgegenständen substituiert Pries grundsätzlich alle Aspekte der Beschäftigungsbedingungen. Die primären Regelungsgegenstände sind vor allem: Entgelt, Arbeitszeit, Urlaub, Beschäftigungssicherung und Kündigungsschutz.[625] Nach Ansicht von Pries, bilden die Regelungsgegenstände: Urlaub, Entgelt und Arbeitszeit, Länder- und Branchenübergreifend den Kernbestand der Erwerbsregulierung. Der Kernbestand der Erwerbsregulierung kann aber nur

622 Vgl.: Pries, Ludger 2010, S. 51 ff.
623 Vgl.: Ebd.
624 Vgl.: Hessler, Siglinde in: Arbeitnehmerrechte weltweit stärken? Die Umsetzung der internationalen Rahmenvereinbarung in Mexiko, Campus Verlag / Frankfurt/NY 2012, S. 34.
625 Vgl.: Pries, Ludger 2010, S. 53.

dann, in einem Aushandlungsprozess adäquat vertreten sein, wenn in den einzelnen Ländern ein strukturierte und formalisierte Arbeitnehmervertretung Bestandteil der Auseinandersetzung zwischen den Sozialpartner ist.

„*In vielen Ländern, vor allem in sich industrialisierenden Ländern des Südens mit nur schwach entwickelten, formalisierten Strukturen der Erwerbsregulierung brachte die zunehmende Internationalisierung der Wirtschaftsaktivitäten eine Schwächung der Verhandlungsposition der Beschäftigten und ihrer Interessenvertretungen mit sich – die Regelungsgegenstände reduzierten sich häufig auf die drängendsten Fragen der Lohnentwicklung und auf die Verteidigung bestehender – durchaus nicht zeitgemäßer – rechtlicher Mindestnormen (z.B. gewerkschaftliche Kontrolle betriebsinterner Arbeitsmärkte).*“[626]

Die Sozialpartner im Aushandlungsprozess haben diesen Wandel als Übergang zu einer qualitativen Tarifpolitik charakterisiert. Der Fokus der Tarifpolitik konzentriert sich immer stärker auf Regelungsgegenstände der Arbeitsplatzsicherung, Arbeitszeitflexibilisierung und des Rationalisierungsschutzes. [627] Pries unterscheidet bei seiner Definition der Regulierungsarenen verschiedene Arenen. Diese skizziert er wie folgt: der individuelle Vertrag, die betriebliche Vereinbarung, der Tarifvertrag, das Gesetz resp. die staatliche Regelung und die diskursive Legitimation.[628] Diese fünf Arenen stellen einen allgemein sozialrechtlichen und legitimatorischen Rahmen dar. Hessler ist der Ansicht, dass bei einer Ausweitung im globalen Kontext, die Reduktion auf rein rechtliche Rahmen (Arenen) nicht ausreicht, um die aktuellen Entwicklungen in dem internationalen Wirtschaftsmarkt zu erfassen.[629] Der Aushandlungsprozess unter den Sozialpartner im internationalen Kontext ist nicht auf rein juristische oder staatliche Protagonisten begrenzt. Dieser findet verstärkt in einem diskursiven Element statt, welcher seine Einflussmöglichkeiten und Partizipationsbedingungen auf die staatlichen Akteure lenkt.

---

626 Vgl.: Ebd. S. 54.

627 Vgl.: Bispinck, Reinhard, Schulten, Thomas in: Verbetrieblichung der Tarifpolitik? - Aktuelle Tendenzen und Einschätzungen aus Sicht von Betriebs- und Personalräten, in: WSI-Mitteilungen 03/2003, ff.

628 Vgl.: Pries, Ludger 2010, S. 55.

629 Vgl.: Hessler, Siglinde 2002, S. 34.

„Dabei bezieht sich die Dimension der Arena also anders als die räumliche Dimension von Erwerbsregulierung nicht auf das geographische Anwendungsgebiet, sondern untergliedert Erwerbsregulierung in ihre sozial-rechtlichen legitimatorischen und die Akteure betreffenden Bezüge."[630]

Die in Anlehnung an Pries definierten Regulierungsarenen, haben keine klare Trennlinien untereinander. Vielmehr sind diese durch Überschneidung miteinander in Kontakt. Im Folgenden werden die staatliche Arena und die Gesetzgebung erörtert. Diese Arena bezieht sich auf den Aushandlungsprozess und der Kontrolle von staatlichen resp. gesetzlichen Normen in der internationalen Erwerbsregulierung. Darunter versteht Hessler, die Instrumente und Regelungen, die auf zwischenstaatlicher Ebene vereinbart, umgesetzt und kontrolliert werden. Die Regierungsvertreter sitzen zumeist in den internationalen Gremien und stellen die relevanten Protagonisten dar. Die Validität der Instrumente erstreckt sich auf den Nationalstaat. Begründet wird diese Validität durch öffentliches Recht, die diese Arena in einen legitimatorischen Rahmen einbetten. Eine der wohl populärsten und vermeintlich relevantesten internationalen Rahmenvereinbarung stellt eine Unterorganisation der UNO[631] dar: Die International Labour Organization (ILO).[632] In der Erklärung von Philadelphia wurde folgender Satz formuliert:

---

630 Vgl.: Ebd.

631 Vgl.: Onlineportal: UNO, *https://www.unric.org/de/charta* (22.03.2016).
Präambel:
WIR, DIE VÖLKER DER VEREINTEN NATIONEN - FEST ENTSCHLOSSEN,

- künftige Geschlechter vor der Geißel des Krieges zu bewahren, die zweimal zu unseren Lebzeiten unsagbares Leid über die Menschheit gebracht hat,
- unseren Glauben an die Grundrechte des Menschen, an Würde und Wert der menschlichen Persönlichkeit, an die Gleichberechtigung von Mann und Frau sowie von allen Nationen, ob groß oder klein, erneut zu bekräftigen,
- Bedingungen zu schaffen, unter denen Gerechtigkeit und die Achtung vor den Verpflichtungen aus Verträgen und anderen Quellen des Völkerrechts gewahrt werden können,
- den sozialen Fortschritt und einen besseren Lebensstandard in größerer Freiheit zu fördern.

632 Vgl.: Onlineportal: International Labour Organization, *http://www.ilo.org/berlin/wir-uber-uns/lang--de/index.htm* (22.03.2016).
„Die Internationale Arbeitsorganisation (ILO) ist eine Sonderorganisation der Vereinten Nationen. Sie wurde im Jahr 1919 gegründet und hat ihren Hauptsitz in Genf. Die ILO verfügt über eine dreigliedrige Struktur, die im

„Alle Menschen, ungeachtet ihrer Rasse, ihres Glaubens und ihres Geschlechts, haben das Recht, materiellen Wohlstand und geistige Entwicklung in Freiheit und Würde, in wirtschaftlicher Sicherheit und unter gleich günstigen Bedingungen zu erstreben."[633]

Die grundlegende Zielsetzung der ILO und ihre Normen[634] wurden in ihrer Verfassung verankert.[635] Der Inhalt dieser Verfassung lässt sich substituieren unter der Prämisse: „Weltfrieden durch Wohlstandsgenerierung".

„Mit weltweit anerkannten Sozialstandards soll verhindert werden, dass sich einzelne Teilnehmer am internationalen Handel durch Abbau von Arbeitnehmerrechten und Verschlechterung der Arbeitsbedingungen Vorteile verschaffen."[636]

UN-System einzigartig ist: Die 187 Mitgliedsstaaten sind durch Repräsentanten sowohl von Regierungen, als auch von Arbeitnehmern und Arbeitgebern in den Organen der ILO vertreten. Schwerpunkte der Arbeit der ILO sind die Formulierung und Durchsetzung internationaler Arbeits- und Sozialnormen, insbesondere der Kernarbeitsnormen, die soziale und faire Gestaltung der Globalisierung sowie die Schaffung von menschenwürdiger Arbeit als einer zentralen Voraussetzung für die Armutsbekämpfung."

633 Vgl.: Ebd., *http://www.ilo.org/berlin/ziele-aufgaben/lang--de/index.htm* (22.03.2016).

634 Vgl.: Onlineportal: ILO, *http://www.ilo.org/berlin/ziele-aufgaben/lang--de/index.htm* (22.03.2016).
„Normensetzung
Ein Schwerpunkt der ILO-Tätigkeit ist von Anfang an die Setzung von Arbeitsnormen. So zieht das erste ILO-Übereinkommen aus dem Jahr 1919 Obergrenzen für die Länge von Arbeitstag und Arbeitswoche in der Industrie. Inzwischen gibt es fast schon 190 solcher Konventionen, die sich beispielsweise mit dem Mindestalter von Beschäftigten, mit der Versicherung von Arbeitnehmern, mit den Rechten von Seeleuten oder von Migranten oder mit dem Gesundheitsschutz am Arbeitsplatz befassen. Mit der Annahme der Erklärung über grundlegende Prinzipien und Rechte bei der Arbeit im Jahr 1998 konzentrierte die ILO ihre Arbeit verstärkt auf die Ratifizierung und Implementierung der acht grundlegenden Übereinkommen, die zusammen die Kernarbeitsnormen ausmachen."

635 Vgl.: Onlineportal: ILO, *http://www.ilo.org/wcmsp5/groups/public/---europe/---ro-geneva/---ilo-berlin/documents/genericdocument/wcms_193725.pdf* (22.03.2016).

636 Vgl.: Onlineportal: Ilo, *http://www.ilo.org/berlin/ziele-aufgaben/lang--de/index.htm* (22.03.2016).

Durch eine Vernetzung des internationalen sozialpolitischen Regelwerks können gerechte Wettbewerbsbedingungen realisiert werden. Die „Allgemeine Konferenz der Internationalen Arbeitsorganisation", die in Philadelphia ihre 26. Tagung abgehalten hat, hat bereits am 10. Mai 1944, eine Erklärung über die Ziele und den Zweck der Internationalen Arbeitsorganisation sowie über die Grundsätze, die die Sozialpolitik der Mitgliedsländer leiten sollen, formuliert. Im folgendem ein Auszug aus der gemeinsamen Erklärung:

„*a) Arbeit ist keine Ware.*
b) Freiheit der Meinungsäußerung und Vereinigungsfreiheit sind wesentliche Voraussetzungen beständigen Fortschritts.
c) Armut, wo immer sie besteht, gefährdet den Wohlstand aller.
d) Der Kampf gegen die Not muß innerhalb jeder Nation und durch ständiges gemeinsames internationales Vorgehen unermüdlich weitergeführt werden, wobei die Vertreter der Arbeitnehmer und der Arbeitgeber sich gleichberechtigt mit den Vertretern der Regierungen in freier Aussprache und zu demokratischen Entscheidungen zusammenfinden, um das Gemeinwohl zu fördern."[637]

Zentrale Voraussetzung für den nachhaltigen Fortschritt der Arbeit durch die ILO sind folgende Aspekte: das Recht auf Kollektivverhandlungen, die Vereinigungsfreiheit, die Armutsbekämpfung und die Förderung des Dialogs zwischen Regierungen und Sozialpartnern. Auf ihrer 86. Tagung in Genf am 18. Juni 1998 hat die internationale Arbeitskonferenz, die Bedeutung der genannten Aspekte in ihrer gemeinsamen Erklärung hervorgehoben und diese zu so genannten Kernarbeitsnormen zusammengefasst.[638]

637 Vgl.: Onlineportal: ILO, *http://www.ilo.org/wcmsp5/groups/public/---europe/---ro-geneva/---ilo-berlin/documents/normativeinstrument/wcms_193728.pdf* (22.03.2016), S. 1.

638 Vgl.: Onlineportal: ILO, *http://www.ilo.org/wcmsp5/groups/public/---europe/---ro-geneva/---ilo-berlin/documents/normativeinstrument/wcms_193727.pdf* (22.03.2016).

Diese lauten wie folgt:

- Vereinigungsfreiheit
- Diskriminierungsverbot
- Beseitigung der Kinder- und Zwangsarbeit

Die ILO kam der Forderung durch die internationale Gemeinschaft nach universellen Grundprinzipien nach, um der prosperierenden Globalisierung auf dem Wirtschaftsmarkt, eine „soziale Flankierung" zu geben."[639] Um dieses Ziel zu erreichen, hat sich die ILO entschlossen, Beratungsdienste für Mitgliedsländer anzubieten. Darüber hinaus besteht die Option der technischen Zusammenarbeit mit der ILO.[640] Da-

---

639 Vgl.: Onlineportal: ILO, *http://www.ilo.org/berlin/ziele-aufgaben/lang--de/index.htm* (23.02.2016).
„Soziale Flankierung der Globalisierung
Die Frage, wie die zunehmende wirtschaftliche Globalisierung sozial zu flankieren ist, ist für die ILO spätestens seit dem Weltsozialgipfel von Kopenhagen 1995 ein zentrales Aufgabenfeld. Parallel zur WTO-Ministerkonferenz von Doha 2001, die die „Entwicklungsrunde" der Welthandelsorganisation einleitete, erteilte der ILO-Verwaltungsrat den Auftrag zur Einsetzung einer Weltkommission für die soziale Dimension der Globalisierung, in der hochrangige Vertreter aus Politik und Wissenschaft, aus dem Arbeitnehmer- wie aus dem Arbeitgeberlager zusammenkamen.
2004 hat die Weltkommission ihren Bericht Eine faire Globalisierung vorgelegt, der eine umfangreiche Analyse der Folgen der Globalisierung und zahlreiche Anstöße bietet, wie dieser Prozess zum Nutzen der Menschen gestaltet werden kann. Zentrale Forderungen des Berichts sind unter anderem:

- Fokussierung auf den Menschen und größere Rechenschaftspflicht gegenüber den Menschen
- nachhaltige Entwicklung
- menschenwürdige Beschäftigung
- faire Regeln in der Weltwirtschaft
- „good governance" auf nationaler und internationaler Ebene
- und mehr politische Kohärenz innerhalb des Systems der Vereinten Nationen

Diese Forderungen wurden mittlerweile von der Politik aufgegriffen - etwa von den Teilnehmern des G8-Gipfels in Heiligendamm 2007, die der ILO die Unterstützung der Agenda für menschenwürdige Arbeit zusicherten und sich für verstärkte politische Kohärenz auf internationaler Ebene einsetzten."

640 Vgl.: Ebd.
„Technische Hilfe
Die internationale Gemeinschaft und die ILO sind sich bewusst, dass die Ratifikation und Anwendung der Kernarbeitsnormen in vielen Ländern nicht am guten Willen der Regierungen und der Sozialpartner scheitern. Entscheidend sind häufig die tatsächlichen Probleme - ökonomische, institutionelle

durch sollen Länder unterstützt werden, die aktuell nicht in der Lage sind, dieses Übereinkommen zu ratifizieren.[641] Dies war unter anderem ebenfalls ein Thema bei der 97. Tagung der Internationalen Arbeitskonferenz am 10. Juni 2008 in Genf.[642] Die verabschiedete Erklärung präzisiert die Kernaufgaben der ILO und schafft dadurch Klarheit für die Mitgliedstaaten, inwiefern die ILO diese bei ihrem ökonomischen Fortschritten unterstützen und wie sie ihre Mitgliedsländer darüber hinaus beraten kann, ihren ökonomischen Weg, sozial gerecht zu gestalten. Durch diese gemeinsamen Anstrengungen soll das Ziel der sozialen Gerechtigkeit in der globalen Ökonomie realisiert werden, indem menschenwürdige Arbeitsbedingungen,[643] als Mittel zur Armutsbekämp-

oder auch kulturelle - deren Überwindung oft mühsam und langwierig ist. Hilfe dabei bietet die ILO im Rahmen der technischen Zusammenarbeit an. So unterstützt sie beispielsweise Regierungen und Sozialpartner bei der Ausarbeitung von rechtlichen Rahmenbedingungen sowie konkreten Programmen zur Verbesserung der beruflichen Bildung, des sozialen Schutzes oder der Arbeitssicherheit.“

641 Vgl.: Onlineportal: ILO, *http://www.ilo.org/berlin/arbeits-und-standards/lang--de/index.htm* (22.03.2016).
„Ratifizierte Übereinkommen können nach einem bestimmten Verfahren gekündigt werden. Jedes Übereinkommen enthält einen Artikel, in dem die Bedingungen niedergelegt sind, unter denen Staaten das Übereinkommen kündigen können. Vor einer Kündigungsentscheidung soll die Regierung die Sozialpartner umfassend konsultieren.“

642 Vgl.: Onlineportal: ILO, *http://www.ilo.org/wcmsp5/groups/public/---europe/---ro-geneva/---ilo-berlin/documents/genericdocument/wcms_100192.pdf* (22.03.2016).

643 Vgl.: Onlineportal: ILO, *http://www.ilo.org/berlin/ziele-aufgaben/lang--de/index.htm* (22.03.2016).
„Menschenwürdige Arbeit
Mit ihrer Agenda für menschenwürdige Arbeit (Decent Work Agenda) von 1999 hat die ILO ihre Arbeit auf vier strategische Ziele ausgerichtet:

- Umsetzung der Kernarbeitsnormen;
- menschenwürdige Beschäftigungsmöglichkeiten mit ausreichendem Einkommen
- die Stärkung der sozialen Sicherheit
- sowie Stärkung des Dialogs zwischen den Sozialpartnern

Die Beschäftigungspolitik rückte damit erstmals ins Zentrum der politischen Arbeit der ILO. Reguläre Beschäftigung ist demnach eine zentrale Voraussetzung, die Armut weltweit nachhaltig zu bekämpfen. Der ILO zufolge soll daher die Schaffung von Beschäftigung die Leitidee der Wirtschafts- und Sozialpolitik sein. Der Wirtschafts- und Sozialrat der Vereinten Nationen (ECOSOC) hat mittlerweile die Bedeutung der Decent Work Agenda für die Armutsbekämpfung erkannt. Seit 2008 ist daher die Schaffung von menschenwürdiger und produktiver Arbeit Bestandteil der Millenniums-Entwicklungsziele der UN.“

fung eingesetzt werden. Die Armutsbekämpfung schafft nicht nur eine menschenwürdige Existenz, sie sichert darüber hinaus den Weltfrieden.

Die Kernarbeitsnormen (in diesem Kontext sind es insgesamt 8) wurden von 139, der 187 Mitgliedssaaten ratifiziert.[644] Unter anderem gehört die Bundesrepublik Deutschland dazu, sowie Weißrussland und Indonesien. Anhand der Ambivalenz der Staaten die die Normen ratifiziert haben, kann davon ausgegangen werden, dass von den unterzeichneten Staaten, nicht immer vorausgesetzt werden kann, dass die Vorgegebenen Kernarbeitsnormen auch eingehalten und umgesetzt werden. Dies stellt ein signifikantes Problem für die ILO dar.

„*Internationale Übereinkommen ebenso wie völkerrechtliche Verträge können in Deutschland nur dann wirksam werden, wenn der Gesetzgeber zustimmt (Art. 59 Grundgesetz). Sie binden nur die Völkerrechtssubjekte, d.h. die Staaten. Sollen die Regelungen auch gegenüber dem Bürger gelten, so müssen sie - in der Regel durch Gesetz - in nationales Recht umgesetzt werden (Transformationsgesetz).*“[645]

Nicht alle Nationen die die Normen ratifiziert haben, verfügen über adäquate Kontrollmechanismen. Wer also kontrolliert in den ratifizierten Mitgliedsstaaten die Normen? In der Bundesrepublik Deutschland sind die Rechte der Bürgerinnen und Bürger durch ein demokratisches System geschützt. Es existieren unterschiedliche Verbände, Organisationen und Behörden die die Normen überwachen und kontrollieren. Jedoch verfügt die ILO selbst über keine adäquate Kontrollmechanismen, um die Einhaltung der Standards einzufordern. Es existiert ein Berichtswesen, jeder Mitgliedsstaat soll die ILO darüber in Kenntnis setzen, wie es mit der Umsetzung der vereinbarten Erklärung vorankommt. Die Staaten die die Erklärung nicht umsetzen oder nur zum Teil, müssen sich rechtfertigen, warum dies noch nicht geschehen ist. An dieser Stelle muss erwähnt werden, dass die USA, lediglich 2 der 8 Kernarbeitsnormen ratifiziert haben.[646] Das Berichtssystem der ILO

---

644 Vgl.: Onlineportal: ILO, *http://www.ilo.org/dyn/normlex/en/f?p=1000:10011:0::NO:10011:P10011_DISPLAY_BY,P10011_CONVENTION_TYPE_CODE:2,F* (24.03.2016).

645 Vgl.: Onlineportal: ILO, *http://www.ilo.org/berlin/arbeits-und-standards/lang--de/index.htm* (24.03.2016).

646 Vgl.: Ratifizierte Kernarbeitsnormen der USA: C105 - Abolition of Forced Labour Convention, 1957 (No. 105), im Jahr 1991 und C182 - Worst Forms

räumt Arbeitgebern, Arbeitnehmern und Regierungen ein Klage- und Beschwerderecht ein.

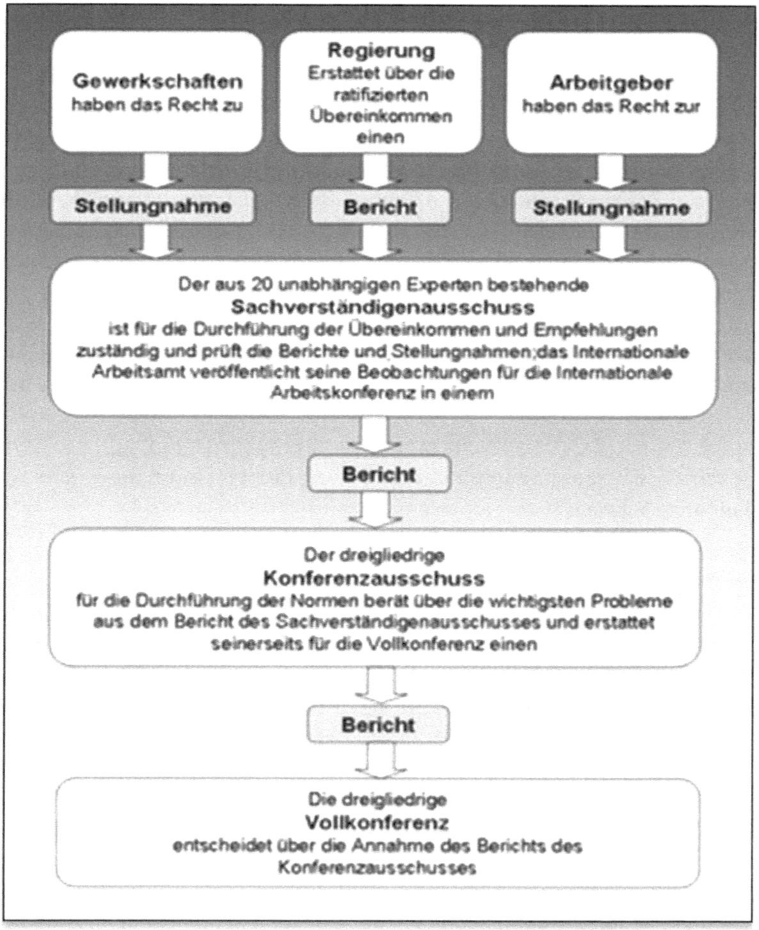

19. Abbildung: Das Berichtsverfahren[647]

of Child Labour Convention, im Jahr 1999 (No. 182). Lediglich 4 Mitgliedsstaaten haben keine der Kernarbeitsnormen ratifiziert: Tuvala, Tonga, Palau und Marshall Island (Stand: 24.03.2016).

647 Vgl.: Onlineportal: Deutscher Gewerkschaftsbund (DGB), *http://www.dgb.*

„Das Beschwerdeverfahren ermöglicht es Gewerkschaften oder Arbeitgeberverbänden, Umsetzungs- oder Durchführungsprobleme in einem individuellen Beschwerdeverfahren zu thematisieren (Artikel 24 IAO-Verfassung). Für jede zulässige Beschwerde richtet der Verwaltungsrat – das Exekutiv-Organ der IAO – einen Sonderausschuss ein. Dieser untersucht, ob die Beschwerde begründet ist und empfiehlt ggf. Maßnahmen zur Behebung des Verstoßes, über deren Umsetzung der betroffene Mitgliedstaat Bericht erstatten muss. Erfolgt dies nicht oder sind die ergriffenen Maßnahmen nach Auffassung des Sonderausschusses nicht ausreichend, können die Beschwerde und die Antwort des Mitgliedstaates veröffentlicht werden (Artikel 25 IAO-Verfassung). Nach Ende des Beschwerdeverfahrens wird die Überwachung des Falles durch den Konferenzausschuss fortgesetzt.“[648]

Deutsche Gewerkschaften haben dieses Verfahren bislang nicht in Anspruch genommen. Das Beschwerdeverfahren könnte in Zukunft bei Einschnitten in Sozial- und Arbeitsgesetzgebung durchaus eine Rolle spielen. Laut DGB, kann ein möglicher Streitgegenstand, z.B. §10 SGB II sein, der verlangt, dass Erwerbslose verpflichtet sind nahezu jede Arbeit anzunehmen.[649]

---

de/themen/++co++c64bd60c-8acb-11e0-5636-00188b4dc422/@@dossier.html (24.03.2016).

648 Vgl.: Ebd.

649 Vgl.: Ebd.

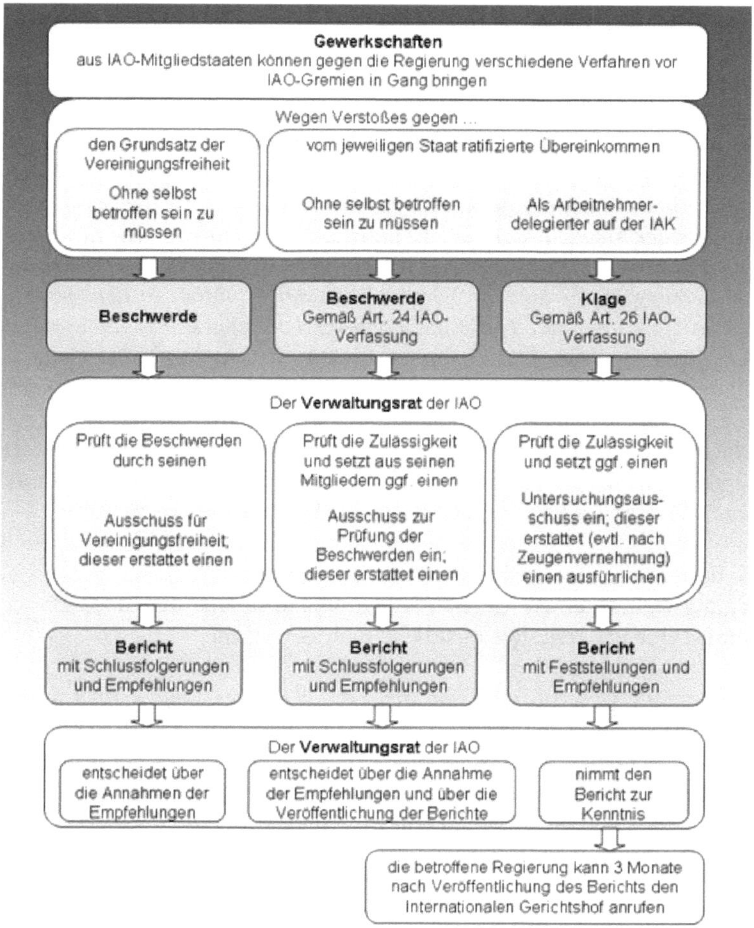

20. Abbildung: Beschwerde- und Klageverfahren[650]

[650] Vgl.: Ebd.

*„**Das Klageverfahren:***
Das Klageverfahren stellt die Ultima Ratio des Kontrollsystems der IAO dar. Gemäß Art. 26 Abs. 1 und 2 IAO-Verfassung wird ein Untersuchungsausschuss vom Verwaltungsrat aus eigener Initiative eingesetzt, oder um die Klage eines Mitgliedstaates oder Delegierten der IAO gegen einen Mitgliedstaat zu untersuchen. Es handelt sich folglich nicht um ein dauerhaftes, sondern um ein Ad-hoc-Organ. Voraussetzung für die Einsetzung ist, dass der Mitgliedstaat die jeweiligen IAO-Übereinkommen ratifiziert hat und dass die Klage zulässig ist (Dagegen untersucht der Ausschuss für Vereinigungsfreiheit die Vereinbarkeit der Situation in dem jeweiligen Mitgliedstaat mit bestimmten Übereinkommen selbst dann, wenn der Mitgliedstaat die Übereinkommen nicht ratifiziert hat). Der Untersuchungsausschuss besteht üblicherweise aus drei Mitgliedern. Seine Kompetenz umfasst dabei die umfassende Untersuchung der Sachlage, einschließlich Besuche vor Ort. Dies ermöglicht ein flexibles und effizientes Vorgehen bei der Tatsachenermittlung. Die Arbeit der Kommission endet gemäß Art. 28 IAO-Verfassung mit einem Untersuchungsbericht.“[651]

Es besteht die Option bei Verstößen gegen den Grundsatz der Vereinigungsfreiheit einen Untersuchungsausschuss einzuschalten. Dieser nimmt eine unabhängige rechtliche Beurteilung vor.

„Die gesamte Untersuchung und die rechtliche Bewertung werden durch dasselbe Gremium durchgeführt, was den Vorteil hat, dass die Verfasser des Berichts einen hervorragenden Überblick über die Situation haben. Der Bericht des Untersuchungsausschusses wird allgemein als für die Regierung bindend angesehen, es sei denn, diese bringt den Fall vor den Internationalen Gerichtshof.“[652]

Die Sanktionsmöglichkeiten und Mittel sind nicht klar formuliert. Es besteht die Möglichkeit, dass wenn das von der Untersuchung betroffene Land die Empfehlungen des Untersuchungsausschusses nicht innerhalb der vorgegebenen Frist umsetzt, der Verwaltungsrat den Mitgliedern der Internationalen Arbeitskonferenz Maßnahmen vorschlagen kann, um das Land zur Beseitigung der Rechtsverletzung zu bewegen.

651 Vgl.: Ebd.
652 Vgl.: Ebd.

Artikel 33 IAO-Verfassung[653]

„Befolgt ein Mitglied binnen der vorgeschriebenen Frist die in dem Bericht des Untersuchungsausschusses oder in der Entscheidung des Internationalen Gerichtshofes etwa enthaltenen Empfehlungen nicht, so kann der Verwaltungsrat der Konferenz die Maßnahmen empfehlen, die ihm zur Sicherung der Ausführung dieser Empfehlungen zweckmäßig erscheinen."

Laut dem DGB wurde ein Untersuchungsausschuss eingesetzt, der sich mit den Berufsverboten in Deutschland befasste.

„Er kam zu dem Ergebnis, dass der pauschale Ausschluss bestimmter politischer Gesinnungen vom gesamten öffentlichen Dienst einen Verstoß darstellte gegen Übereinkommen Nr. 111, welches sich gegen Diskriminierung in Beschäftigung und Beruf richtet."[654]

Wie bereits erwähnt existieren keinerlei relevante Sanktionsmöglichkeiten durch die ILO. Laut Hessler, können weder der zuständige Verwaltungsrat noch der in letzter Instanz anzurufende Internationale Gerichtshof Erzwingungsmechanismen in Gang setzen.[655] Laut dem DGB wurden die Kernarbeitsnormen der ILO, nur angenommen, da keinerlei Sanktionsmöglichkeiten existieren.[656] Die Mitgliedsländer sind der Auffassung, dass jede Sanktion einem Protektionismus gleichkommen würde, und das sei in einem freien Markt nicht zu tolerieren. Jedoch wurde Myanmar im Jahr 2005 wegen wiederholter Verstöße gegen das Zwangsarbeitsverbot durch die ILO Jahreshauptversammlung zu einer Geldstrafe verurteilt.[657] Die ILO kann zum Teil Druck auf die einzelnen Mitgliedsländer ausüben. Dieser sei vor allem moralischer und dis-

653 Vgl.: *https://menschenrechtsverfahren.files.wordpress.com/2009/12/ilo-verfassung.pdf* (24.03.2016).

654 Vgl.: Onlineportal: DGB, *http://www.dgb.de/themen/++co++c64bd60c-8acb-11e0-5636-00188b4dc422/@@dossier.html* (24.03.2016).

655 Vgl.: Hessler, Siglinde in: Arbeitnehmerrechte weltweit stärken? Die Umsetzung der internationalen Rahmenvereinbarung in Mexiko, Campus Verlag / Frankfurt/NY 2012, S. 36.

656 Vgl.: Onlineportal: DGB, *http://www.dgb.de/themen/++co++c64bd60c-8acb-11e0-5636-00188b4dc422/@@dossier.html* (25.03.2016)

657 Vgl.: Onlineportal: ILO in: Schluss mit der Zwangsarbeit – Bericht des Generaldirektors, ff; *http://www.ilo.org/wcmsp5/groups/public/---ed_norm/---declaration/documents/publication/wcms_088492.pdf* (25.03.20169.

kursiv legitimatorischer Art, konstatiert Hessler.[658] Die definierten Kernarbeitsnormen der ILO stellen nicht das zu erreichende Ziel da, also nicht den Endpunkt, sie dienen vielmehr als Ausgangspunkt und Orientierung, um die Durchsetzung von weltweit anerkannten Mindeststandards zu erreichen.[659] Die ILO Konventionen und die Anerkennung durch die Ratifizierung der einzelnen Nationen, stellen weltweit die bedeutendsten Normen und Mindeststandards zum Schutz der Arbeitnehmerinnen und Arbeitnehmer dar. Durch diese globale Akzeptanz der Institution (ILO), nimmt diese immer stärker die Position ein, zur Synchronisation des Arbeitsrechts im globalen Kontext für alle Arbeitnehmerinnen und Arbeitnehmer, die definierten Kernarbeitsnormen als Minimumstandards durchzusetzen. Die Normsetzungsbefugnis der ILO, hat Auswirkungen auf andere Instrumente der internationalen Erwerbsregulierung. Ein Beispiel hierfür, stellt das Generalized System of Preferences (GSP) der USA dar.

"GSP is the largest and oldest U.S. trade preference program. Established by the Trade Act of 1974, GSP promotes economic development by eliminating duties on up to 5,000 types of products when imported from one of 122 designated beneficiary countries and territories."[660]

Die Gewährung von Zollpräferenzen, an die Bedingung zu knüpfen fundamentale Arbeitnehmerrechte einzuhalten, können sich nur ökonomisch starke Nationen leisten. Es birgt aber auch ein großes Risiko unabhängige Staaten und ihre Regierungen zu Gunsten des Staates zu beeinflussen, welcher die Präferenzen gewährt. Das Zollpräferenzsystem kann als politisches Druckmittel missbraucht werden. Selbstverständlich hat die Europäische Union ebenfalls ein Zollpräferenzsystem etabliert.

"The EU's "Generalised Scheme of Preferences" (GSP) allows developing countries to pay less or no duties on their exports to the EU. This gives them vital access to EU markets and contributes to their economic growth."[661]

658 Vgl.: Hessler, Siglinde 2012, S. 36.

659 Vgl.: Ebd.

660 Vgl.: Onlineportal: USTR, *https://ustr.gov/issue-areas/trade-development/preference-programs/generalized-system-preference-gsp* (25.03.2016).

661 Vgl.: Onlineportal: EU, *http://ec.europa.eu/trade/policy/countries-and-regions/development/generalised-scheme-of-preferences/index_en.htm* (25.03.2016).

Von der Grundidee ist es identisch mit dem US-Amerikanischen System und birgt ein ähnliches Missbrauchsrisiko. Diese Beispiele verdeutlichen, welche Ausstrahlung auf andere Normsetzungsinstitutionen die Kernarbeitsnormen der ILO beinhalten können. Die Manifestierung von Sozialklauseln hat sich im internationalen Handelssystem bislang dennoch nicht durchgesetzt. Weder in den Regelungen des Allgemeinem Zoll- und Handelsabkommen (GATT), noch im Rahmen der Welthandelsorganisation. Auf die WTO und das GATT-Abkommen wird in dieser Untersuchung im späteren Verlauf noch näher eingegangen.

Eine weitere Regulierungsarena bezieht sich auf die betrieblichen Vereinbarungen. Laut Hessler handelt es sich hierbei um Instrumente, die auf der Unternehmensebene angesiedelt sind und deren legitimatorischer Bezug die betriebliche Sozialordnung darstellt.[662]

„In der Regulierungsarena betriebliche Vereinbarung verhandelte Bestimmungen können eine Raumwirksamkeit von der lokalen Ebene nur eines Betriebes bis zur globalen Ebene aller weltweiten Standorte entfalten.“[663]

Die Regulierungsgegenstände werden, je nach Landesspezifischen Mustern, von Betriebsräten, Gewerkschaftsvertretern oder gewählten Arbeitnehmervertretern ausgehandelt und erstrecken sich sowohl auf die formelle wie auch auf die informelle Regulierung. Durch die immer stärker werdende Vernetzung von Unternehmen im globalen Kontext, können betriebliche Rahmenvereinbarungen als ein adäquates Instrument betrachten werden, um betriebliche Mindeststandards zu implementieren. Die Regulierungsarena „betriebliche Vereinbarung“ kann sich auf internationaler Ebene erstrecken. Ein Beispiel hierfür ist betriebliche Vereinbarung über die Implementierung von Europäischen Betriebsräten und Weltbetriebsräten. Die Europäische Union hat diesbezüglich eine Richtlinie (2009/38/EG) im Parlament und des EU-Rates (6. Mai 2009) über die Einsetzung eines Europäischen Betriebsrats oder die Schaffung eines Verfahrens zur Unterrichtung und Anhörung der Arbeitnehmer in gemeinschaftsweit operierenden Unternehmen und Unternehmensgruppen verabschiedet.[664] Die Regulierungsgegenstände der genannten Protagonisten beinhalten eine große Bandbreite. Bei

662 Vgl.: Hessler, Siglinde 2012, S. 39.

663 Vgl.: Pries, Ludger 2010; S. 58.

664 Vgl.: Onlineportal: Gesetze im Internet, *https://www.gesetze-im-internet.de/bundesrecht/ebrg/gesamt.pdf* (26.03.2017).

einigen Vereinbarungen geht es lediglich um eine Informations- resp. Konsultationspflicht seitens des Unternehmens, bei anderen Vereinbarungen geht es um die Installation von Gremien, denen das Recht zugestanden wird, Europa resp. weltweit konzernbezogene Vereinbarungen abzuschließen.[665]

21. Abbildung: Europäische Betriebsräte[666]

Die Graphik veranschaulicht, dass primär starke Industrienationen wie Deutschland und Großbritannien, die meisten Europäischen Betriebsräte nachweisen können. Die Anzahl der Weltbetriebsräte ist weitaus geringer. Laut Pries existieren im Jahr 2010 lediglich 18 Weltbetriebs-

[665] Vgl.: Deppe, Joachim; Hoffmann, Reiner; Stützel, Wieland (Hrsg.) in: Europäische Betriebsräte – Wege in ein soziales Europa, Campus Verlag Frankfurt/NY 1997, ff.

[666] Vgl.: Onlineportal: DGB, *http://images.google.de/imgres? imgurl=http%3A %2F%2Fwww.einblickarchiv.dgb.de%2Fgrafiken%2F2000%2F06%2Fg000 603. jpg%2Ftimage_view_raw&imgrefurl= http%3A% 2F%2 Fwww.einblick archiv. dgb.de%2Fgrafiken%2F2000%2F06%2Fg rafik03&h =260 &w=470&tbnid= u hOvpnXa7LWN2M%3A&docid=o4f3uchHh LUZzM&ei = Dmn2 VsmaMIXh aJWOrfgJ&tbm=isch&iact=rc&uact=3 &dur=270 0 &pag e=3&start=109&n dsp=61&ved=0ahUKEwjJ2bfklt7LAhWF MBoKHRV H C584 ZBCtAwipATA3* (26.03.2016).

räte.[667] Die Kompetenzen der Weltbetriebsräte bestehen überwiegend aus einer Informations- und Konsultationspflicht, in einigen wenigen Fällen auch über eine Mitbestimmungsfunktion.[668]

Eine weitere Regulierungsarena stellt der „Tarifvertrag" dar.[669] Ein Tarifvertrag ist eine privatrechtliche Kollektivvereinbarung zwischen den Sozialpartnern (Gewerkschaft und Arbeitgeberverbände). In der Bundesrepublik Deutschland erstreckt sich die Rahmenvereinbarung divergent. Je nach Struktur des Aushandlungsprozesses zwischen den Sozialpartnern, kann diese Kollektivvereinbarung für eine bestimmte Berufsgruppe, Branche, Region, aber auch für einen bestimmten Betrieb Auswirkungen haben. Unternehmen die einem Arbeitgeberverband angehören und dieser mit einer zuständigen Gewerkschaft eine Rahmenvereinbarung abgeschlossen hat, für solche Unternehmen sind die materiellen Inhalte der abgeschlossenen Tarifverträge rechtlich bindend und können bei Nichteinhaltung eingeklagt werden. Die Regulierungsarena der Tarifverträge erstreckt sich ausschließlich im nationalen Korsett und hat international wenig Bedeutung. Es sind erste Ansätze im internationalen Segment der Automobilbranche auszumachen, die auf globaler Ebene, so genannte Internationale Rahmenvereinbarungen im multinationalen Konzern abschließen. Diese beinhalten Regulierungsgegenstände die sich überwiegend zum Mindestgelt, Höchstarbeitszeiten oder Arbeitsplatzbedingungen äußern.[670]

Eine weitaus bedeutendere Form der Regulierungsarena in der internationalen Erwerbsregulierung, stellt die Arena der diskursiven Legitimation dar. Die Regulierungsgegenstände in diesem Aushandlungsprozess sind immer stärker auch ein Bestandteil der öffentlichen Debatte. Der Aufschrei in der Bundesrepublik Deutschland, bezüglich des Streiks durch die Gewerkschaft der Lokführer war enorm,[671] nicht zu vergessen der bundesweite Streik der Kitas, der explizit in den sozialen Medien und von Erziehungsberechtigten Personen scharf kriti-

---

667 Vgl.: Pries, Ludger 2010, S. 201.

668 Vgl.: Onlineportal: Hans Böckler Stiftung, *http://www.boeckler.de/pdf/p_arbp_027.pdf* (26.03.2016).

669 Vgl.: Pries, Ludger 2010; Hessler, Siglinde 2012.

670 Vgl.: Hessler, Siglinde 2012; S. 45.

671 Vgl.: Onlineportal: Focus, *http://www.focus.de/finanzen/news/bahn-streik-im-live-ticker-bahn-streik-verursachte-hunderte-kilometer-langestauschlangen_id_4674046.html* (27.03.2016).

siert wurde.[672] Wenn eine ganze Branche bestreikt wird, explizit dann, wenn diese sich in einer ökonomischen Schlüsselposition befindet, erfolgt dies in einer öffentlich geführten Kampagne. Die Berichterstattung in den Medien, beeinflusst die Akteure und erzeugt einen legitimatorischen Druck. Unternehmen die auf ihr Image achten müssen und weniger über die Qualität des erzeugten Produktes, fürchten sich vor einer Negativkampagne. Zum Teil werden Instrumente und Normen adaptiert, mit denen sie dem wachsenden öffentlichen Druck zu den Themen Umweltschutz oder Nachhaltigkeit entgegenwirken möchten. Zu diesen Instrumenten und Normen zählen zum Beispiel: Verhaltenskodizes, Internationale Kampagnen oder das „Labeling" von Produkten.

672 Vgl.: Onlineportal: Stuttgarter Zeitung, *http://www.stuttgarter-zeitung.de/inhalt. unbefristeter-kitastreik-eltern-ueben-scharfe-kritik-an-verdi.1dfa2446-504c-4899-9d6d-84f3e80db064.html* (28.03.2016).

Übersicht 1: Beispielhafter Überblick über freiwillige Initiativen und Instrumente

	Global Compact	**neue Codes of Conduct**	**Clean Clothes Campaign (CCC)**	**Zertifizierung:** Social Accountability International (SAI) SA8000	**Reporting:** GRI 2002 Guidelines
AN-FANG	1999 / 2000	1990er	1990 Niederlande	1996 USA	2000/2002
PRIMÄRE ZIELSETZUNG	Globales Bündnis zwischen Vereinten Nationen und Privatwirtschaft	Imageaufbesserung; öffentlichkeitswirksame Reaktion der MNK auf interne und auf Defizite in der Zuliefererkette	Verbesserung der Arbeitsbedingungen und die Stärkung der Arbeitnehmer in der (Sport-)Bekleidungsindustrie	einheitliches Schema der Auditierung/ Zertifizierung von Unternehmen/ Lieferanten	weltweiter Standard für Nachhaltigkeitsberichte
CHARAKTER & INHALT	Setzt auf Lerneffekte und Verbreitung von best-practice-Beispielen. Ersetzt nicht Regelwerke, ergänzt sie. Neun Prinzipien in drei Bereichen: • Erklärung der Menschenrechte von 1948 • Kernarbeitsnormen der ILO • Rio-Erklärung über Umwelt und Entwicklung von 1992. Kein Monitoring, aber Advisory Council soll Integrität sicherstellen	Einseitige Willenserklärung des Unternehmens. Freiwilligkeit steht im Vordergrund. Variiert von Unternehmen zu Unternehmen und Branche zu Branche. Anfänglich: Verbot der Kinderarbeit und Zwangsarbeit oder Umweltthemen. Später: Arbeitszeitstandards Pausenregelungen etc. Heute: oftmals Referenz auf Prinzipien des Global Compact (einschließlich Kernarbeitsnormen). Problematische Überwachung	Kampagne die auf die Differenz der Firmencodes zur Praxis abhebt; vier Bereiche: • Konsumentenbewusstsein • Druck auf Hersteller • Solidaritätsaktionen & Lobby • rechtliche Schritte Muster-Verhaltenskodex: • Kernarbeitsnormen • max. AZ 48h plus 12 freiwillige Überstunden • Bedürfnislohn • festes Beschäftigungsverhältnis • Umsetzungspflichten der MNK • Unabhängige Kontrolle unter Beteiligung von NGOs/Gew.	Prinzipien: • Menschenrechte • ILO-KAN • UN-Erklärung über die Kinderrechte Auditierungsfelder: • Kernarbeitsnormen • Gesundheit & Sicherheit • Disziplinierungspraktiken • Arbeitszeiten • Bedürfnislohn • Managementsystem. Berichtspflicht der Handelshäuser. Verifizierung durch akkreditierte Auditfirmen, NGO und Gewerkschaftskonsultation vorgesehen. Zertifikat gilt 3 Jahre	Ökologische, wirtschaftliche und soziale Auswirkungen der Unternehmenstätigkeit Soziale Indikatoren u.a.: • Kernarbeitsnormen • Beschäftigung • AG-AN-Beziehungen • Gesundheit & Sicherheit • Aus- & Weiterbildung • Beziehungen zur Gemeinde • Konsumentengesundheit & -sicherheit. Flexibel handhabbarer Leitfaden, keine Überwachung der Anwendung
BETEILIGTE STAKEHOLDER	vorwiegend an Unternehmen, aber auch an andere Stakeholder wie Gewerkschaften gerichtet (mehr als 1300 Partizipanten)	Einseitig Unternehmen	Netzwerk aus Wissenschaft, NGOs, Gewerkschaften (etwa 300 Org.) Pilotprojekte mit Unternehmen & staatlichen Stellen	Wirtschaft, NGOs, Gewerkschaften, Staatliche Stellen	Wirtschaft, NGOs, Gewerkschaften, Staatliche Stellen
GELTUNG	weltweit; freiwillige Beteiligung	1 Unternehmen und evtl. Zulieferer (1 Branche)	10 europäische und Zuliefererländer gesamte Bekleidungskette	weltweit; Produzenten und Handelsunternehmen; Schwerpunkt auf einzelner Fabrik	weltweit; Unternehmensberichte
(potenzielle) QUALITÄT	Diskursverein/ Lernforum; niedrigschwellig, zugleich viele Schwächen	von niedrig bis hoch; mehrheitlich umstritten	hoch v.a. als politische Kampagne; schwierige Umsetzung des Modelcodes (Akzeptanz)	hoch wird aber von vielen Unternehmen wegen zu hoher Ansprüche abgelehnt	mittel, keine Validierung

Quelle: Eigene Zusammenstellung nach jeweiligen Internetinformationen; Zeldenrust (2004), Wick (2003)

22. Abbildung: Graphik freiwilliger Initiative und Instrumente

Am weitesten verbreitet ist die Multitaskholder Initiative der UNO. Der UN Global Compact, beninhalte ein breites Spektrum an Menschenrechten, Kernarbeitsnormen und Umweltschutzrichtlinien. Auf den UN- Global Compact wird später in dieser Untersuchung differenzierter eingegangen. Verhaltenskodizes erfreuen sich immer stärker werdender Popularität. Mit solchen Kodizes bekunden multilaterale Unternehmen ihr Engagement, Umwelt- und Sozialstandards einzuhalten. Die Struktur solcher Vereinbarung benötigt keinen Partner, diese Abkommen können Unternehmen unilateral bestimmen, da es sich um eine Erklärung handelt, bestimmte Normen oder Standards im Konzern zu fördern. Solche Erklärungen fördern öffentlichkeitswirksam die Außendarstellung eines Unternehmens, fungiert aber zugleich auch als Willenserklärung nach innen.[673]

„Die Internationale Arbeitsorganisation (ILO) kann keine Sanktionen bei der Missachtung von Sozialstandards verhängen. Deshalb spielen private Initiativen wie freiwillige Verhaltensregeln und Gütesiegel eine wichtige Rolle bei der weltweiten Durchsetzung von Kernarbeitsnormen. Inzwischen gibt es viele Initiativen, in denen Privatwirtschaft, Nichtregierungsorganisationen (NRO) und Gewerkschaften gemeinsam an der Einführung von Sozialstandards arbeiten (Multi-Stakeholder-Initiativen).“[674]

Durch Verhaltenskodizes sollen die Beschäftigten weltweit die festgelegten Normen und Standards verinnerlichen. Leider arbeiten nur wenige Unternehmen mit externen Organisationen zusammen, die ein Monitoring der Kodizes übernehmen. Es existiert in der Regel keine Form einer Sanktion bei Nichteinhaltung oder Fehlverhalten im Unternehmen. Es existieren zwar Anbieter, die in der Lage sind solch ein Monitoring adäquat durchzuführen[675] und es kritisch zu bewerten. Wenn diese Anbieter vom dem zu kontrollierenden Unternehmen bezahlt werden, entsteht ein Interessenkonflikt durch die finanzielle Abhängigkeit. Deswegen würden sich als Kontrollmechanismen, ausschließlich Non- Profit Organisationen eignen. Unilateral proklamierte Verhaltenskodizes kann man nur eine begrenzte Strahlkraft attestieren, während jedoch Multitaskholder-Initiativen zum Teil signifikant wirksamer bewertet werden. Der Vorteil solcher Initiativen ist der, dass unterschiedliche Akteure in diesem Prozess involviert sind.

„Als Initiative der Vereinten Nationen bietet der UN Global Compact einen einzigartigen Rahmen, um über Branchen und Grenzen hinweg über eine gerechte Ausgestaltung der Globalisierung zu diskutieren und diese

---

673 Vgl.: Hessler, Siglinde 2012, S. 41.

674 Vgl.: Onlineportal: BMZ, *https://www.bmz.de/de/themen/Unternehmerische_Verantwortung/sozialstandards/verhaltenskodizes/* (28.03.2016).

675 Vgl.: TÜV und DEKRA in Deutschland oder German Watch e. V..

Vision mit geeigneten Strategien und Aktivitäten zu verwirklichen. Dabei versteht sich die Initiative nicht als zertifizierbarer Standard oder als Regulierungsinstrument, sondern als ein offenes Forum, um Veränderungsprozesse anzustoßen und Ideen zu teilen. In nationalen Netzwerken entwickeln die Teilnehmer konkrete Lösungsansätze und tragen damit zur globalen Vision des UN Global Compact bei.“[676]

Unter dem Global Compact Prinzip steckt der Ansatz: Blaming & Shaming. Der Beitritt ist freiwillig und es bestehen keine Sanktionsmöglichkeiten, ebenso wenig existiert ein externes unabhängiges Monitoring. Wenn das Unternehmen sich freiwillig verpflichtet hat die Grundprinzipien des Global Compact[677] zu respektieren und diese auch umzusetzen. Falls, die Prinzipien in der Praxis nicht umgesetzt werden, kann es dazu führen, dass das Unternehmen in der breiten Öffentlichkeit ein negatives Image erhält. Jedes Mitgliedsunternehmen im UN Global Compact hat sich dazu verpflichtet, ihren Fortschritt bei der Umsetzung der 10 Prinzipien und ihre Aktivitäten zur Förderung einer nachhaltigen Entwicklung, in einem Report offen zu legen. Dieser Jahresbericht ist adressiert an alle Stakeholder des Unternehmens.[678]

---

676 Vgl.: Onlineportal: Global Compact, *http://www.globalcompact.de/de/ueber-uns/dgcn-ungc.php?navid=1243194933573* (29.03.2016).

677 Vgl.: Ebd.
„Die 10 Prinzipien des UN Global Compact:
1. Unternehmen sollen den Schutz der internationalen Menschenrechte unterstützen und achten.
2. Unternehmen sollen sicherstellen, dass sie sich nicht an Menschenrechtsverletzungen mitschuldig machen.
3. Unternehmen sollen die Vereinigungsfreiheit und die wirksame Anerkennung des Rechts auf Kollektivverhandlungen wahren.
4. Unternehmen sollen für die Beseitigung aller Formen von Zwangsarbeit eintreten.
5. Unternehmen sollen für die Abschaffung von Kinderarbeit eintreten.
6. Unternehmen sollen für die Beseitigung von Diskriminierung bei Anstellung und Erwerbstätigkeit eintreten.
7. Unternehmen sollen im Umgang mit Umweltproblemen dem Vorsorgeprinzip folgen.
8. Unternehmen sollen Initiativen ergreifen, um größeres Umweltbewusstsein zu fördern.
9. Unternehmen sollen die Entwicklung und Verbreitung umweltfreundlicher Technologien beschleunigen.
10. Unternehmen sollen gegen alle Arten der Korruption eintreten, einschließlich Erpressung und Bestechung.“

678 Vgl.: Stakeholder des Unternehmens können Investoren sein, Kunden, Ge-

Durch dieses Vorgehen verfolgt der UN Global Compact folgende Ziele:

- Förderung von Transparenz
- Kontinuierliche Verbesserung der unternehmerischen Aktivitäten
- Sicherung der Integrität des UN Global Compact und der Vereinten Nationen
- Förderung des gegenseitigen Lernen durch die Verbreitung von „Good Practices“

Der Jahresbericht (Communication on Progress) aller Mitgliedsunternehmen wird auf der Homepage des Global Compact veröffentlicht. Da auch hierbei der veröffentlichte Inhalt nicht unabhängig überprüft wird, besteht ein hohes Missbrauchsrisiko.

„Ein weiteres Phänomen ist das so genannte bluewashing. Davon wird gesprochen wenn sich MNU lediglich auf dem Papier am UN Global Compact beteiligen und dadurch ihr Image aufbessern (möchten), in Wirklichkeit jedoch keine Schritte unternehmen, um die Prinzipien in ihre Unternehmenspolitik zu integrieren oder sogar weiterhin aktiv Menschenrechtsverstöße begehen oder die Umwelt schädigen.“[679]

Neben unilateralen Proklamationen von Unternehmen können auch Zertifizierungen und Labels als Instrument einer diskursiven Legitimation in Betracht kommen. Der Social Accountability International Standards SA 8000[680] zertifiziert Unternehmen nach einem bestimm-

schäftspartner etc.

679 Vgl.: Hennings, Antje in: Über das Verhältnis von Multinationalen Unternehmen zu Menschenrechten – Eine Bestandsaufnahme aus juristischer Perspektive, Universitätsverlag Göttingen 2009, S. 159.

680 Vgl.: Social Accountibiliy 800 International Standard, *http://sa-intl.org/_data/n_0001/resources/live/SA8000%20Standard%202014.pdf* (29.03.2016), S 5. “The organization shall also respect the principles of the following international instruments:
ILO Convention 1(Hours of Work –Industry) and Recommendation 116 (Reduction of Hours of Work)
ILO Conventions 29 (Forced Labour) and 105 (Abolition of Forced Labour)
ILO Convention 87 (Freedom of Association)
ILO Convention 98 (Right to Organize and Collective Bargaining)
ILO Conventions 100 (Equal Remuneration) and 111 (Discrimination – Employment and Occupation)
ILO Convention 102 (Social Security -Minimum Standards)

ten Standard. Im Fokus dieser Kriterien stehen nicht nur die wirtschaftliche Rentabilität eines Unternehmens, sondern auch die Arbeitsbedingungen der Beschäftigten. Es wird unter anderem überprüft, welche Maßnahmen das Unternehmen getroffen hat, um seiner gesellschaftlichen Verantwortung gerecht zu werden. Besteht ein Verhaltenskodex, der bindend für das Unternehmen, die Geschäftspartner und deren Beschäftigten ist, werden Umweltstandards berücksichtigt und existiert ein Monitoring der Maßnahmen.

„Das Hauptinstrument des SA 8000 ist die Zertifizierung von Unternehmen nach einem Kriterienkatalog, der sich aus insgesamt 19 ILO Konventionen und weitern erwerbsrelevanten Bestimmungen ergibt.“[681]

Es besteht aber auch die Option einzelne Produkte zertifizieren zu lassen, ein so genanntes „Label“. Das populärste Label stellt das „Fairtrade-Label“ dar. Es zeichnet Produkte aus, die sozialen und ökologischen Standards entsprechen.[682] Darüber hinaus gewinnen einzelne Kampagnen die sich auf Arbeitsbedingungen in multinationalen Konzernen

ILO Convention 131 (Minimum Wage Fixing)
ILO Convention 135 (Workers' Representatives)
ILO Convention 138 and Recommendation 146 (Minimum Age)
ILO Convention 155 and Recommendation 164 (Occupational Safety and Health)
ILO Convention 159 (Vocational Rehabilitation and Employment -Disabled Persons)
ILO Convention 169 (Indigenous and Tribal Peoples)
ILO Convention 177 (Home Work)
ILO Convention 181 (Private Employment Agencies)
ILO Convention 182 (Worst Forms of Child Labour)
ILO Convention 183 (Maternity Protection)
ILO Code of Practice on HIV/AIDS and the World of Work
Universal Declaration of Human Rights
The International Covenant on Economic, Social and Cultural Rights
The International Covenant on Civil and Political Rights
The United Nations Convention on the Rights of the Child
The United Nations Convention on the Elimination of All Forms of Discrimination Against Women
The United Nations Convention on the Elimination of All Forms of Racial Discrimination
UN Guiding Principles on Business and Human Rights”

681 Pries, Ludger 2010, S. 226.

682 Vgl.: Onlineportal: Fairtrade, *http://www.fairtrade.de/cms/media//pdf/150505_wfto-standards_d_logo.pdf* (30.03.2016), S. 1 ff.

und deren Zulieferbetriebe konzentrieren, immer stärker an Bedeutung im internationalen Kontext.[683]

„*Die in Washington DC ansässige Umweltschutzgruppe Green America und das Magazin The Nation sammeln Unterschriften für bessere Arbeitsbedingungen in Apples Herstellung. Konkret geht es um die Produktionskette des iPhones. Laut einem Blog auf der Webseite von Green America sind 1,5 Millionen Arbeiter an der Herstellung der Apple-Produkte beteiligt. Viele davon seien bei der Arbeit hochgiftigen Substanzen ausgesetzt. Speziell erwähnt werden Benzol und n-Hexan.*“[684]

Nach dem in der breiten Öffentlichkeit, die Arbeitsbedingungen in Textilproduzierenden Ländern dargestellt wurden, entschloss sich die Bundesregierung unter dem Bundesentwicklungsminister Gerd Müller ein „Bündnis gegen Ausbeutung“ zu initiieren.[685] Auslöser dieser Initiative war der Fabrikeinsturz am 24. April 2013 in Bangladesch mit 1100 Toten Menschen. Inwieweit diese Initiative erfolgreich sein wird, hängt nicht nur von den Produzenten und ihren Auftraggebern ab, sondern auch vom Kaufverhalten der Konsumenten. Wer nur günstig einkaufen möchte, kann nicht davon ausgehen, dass die gekauften Produkte, Sozial- und Umweltstandards erfüllen.

683 Vgl.: Hessler, Siglinde 2012, S. 43.

684 Vgl.: Onlineportal: Golem, *http://www.golem.de/news/apple-produktion-kampagne-fuer-bessere-arbeitsbedingungen-in-iphone-produktion-1403-105112.html* (30.03.2016).

685 Vgl.: Onlineportal, Tagesschau, *https://www.tagesschau.de/inland/textilbuendnis-107.html* (30.03.2016).
„Rund acht Monate nach Gründung des Textilbündnisses sind die Spitzenverbände von Handel und Industrie sowie rund 30 Marktführer der Modebranche der Initiative der Bundesregierung beigetreten. In einer gemeinsamen Mitteilung erklärten die Verbände, man wolle gemeinsam mit der Politik und Vertretern der Zivilgesellschaft dazu beitragen, die Sozial- und Umweltstandards in der Produktions- und Lieferkette zu verbessern.“

4.2.2 Die Protagonisten der internationalen Erwerbsregulierung – am Beispiel der internationalen Rahmenvereinbarungen

Die dominanten Akteure unter den Vertragspartnern sind in der Regel, die Entscheider in Unternehmen oder die zuständigen Gewerkschaftsvertreter, wobei aber auch zunehmend die Arbeitnehmervertreter als Mitunterzeichner fungieren.[686] Durch die Mitunterzeichnung der Gewerkschaftsvertreter und/oder der Arbeitnehmervertreter erhält die abgeschlossene Internationale Rahmenvereinbarung in ihrer Außendarstellung eine stärkere Relevanz, ähnlich einer Kollektivvereinbarung (Tarifvertrag). Hessler attestiert den Betriebsräten in Unternehmen eine höhere Bedeutung als den zuständigen Gewerkschaftsvertretern. Begründet wird dies unter anderem dadurch, dass die Betriebsräte oft deutlich stärker am operativen Geschäft des Unternehmens partizipieren, im Gegensatz zu externen Gewerkschaftsvertretern. Durch die Einbeziehung in den Aushandlungsprozess der Internationalen Rahmenvereinbarung, erweitern die Arbeitnehmervertreter ihren Mitbestimmungsradius auf globaler Ebene. Durch die forcierende Internationalisierung von Unternehmen, sind die Arbeitnehmervertreter einem höheren Druck ausgesetzt. Die mobilen Produktionsfaktoren: Kapital & Arbeit, müssen aktuell aus einer anderen Perspektive betrachtet werden. Es reicht nicht mehr aus, bei Kollektivverhandlungen seinen Fokus auf die eigenen Interessen zu richten. Die Arbeitnehmervertreter müssen sich global orientieren. Sie müssen ihre Strategien und Strukturen der globalen wirtschaftlichen, aber auch politischen Entwicklung anpassen. Brandl und Stelzl schreiben dazu in der WSI Mitteilung folgendes:

„Im vergangenen Jahr setzten Siemens, DaimlerChrysler, VW und Opel öffentlichkeitswirksam ihre Beschäftigten und die IG Metall unter Druck. Die Arbeitskosten sollten reduziert werden, um die Produktion in Deutschland zu halten. Tatsächlich gelang den Beschäftigtenvertretern der Erhalt von Arbeitsplätzen bei deutlichen Abstrichen in bisher geltenden Tarifregelungen.“[687]

---

686 Vgl.: Hessler, Siglinde 2012, S. 53.

687 Vgl.: Brandl, Sebastian und Stelzl, Bernhard 2005, S. 1.

Durch den legitimatorischen öffentlichen Diskurs und der Mobilität der Produktionsfaktoren sind Arbeitnehmervertreter gezwungen, sich nicht mehr so stark auf eine nationale Regulierungsarena zu fokussieren. Dies bedeutet eine internationale Vernetzung, zum Teil geschieht dies durch die Implementierung von: Konzernbetriebsräten, Europäischen Betriebsräten und Weltbetriebsräten. Die internationalen Rahmenvereinbarungen sind das geeignete Instrument, sich auf dem globalen Parkett als Mitkonstrukteur im Unternehmen zu etablieren. Im Kurzbericht der Friedrich Ebert Stiftung wird davon ausgegangen, dass der Kern einer Internationalen Rahmenvereinbarung die ILO Konventionen und Normen bilden.

„Viele Vereinbarungen beinhalten über die Kernarbeitsnormen hinaus die Themenfelder Gesundheitsschutz am Arbeitsplatz, gerechter Lohn, Weiterbildung, Umwelt und Unternehmensumstrukturierung. Nahezu die Hälfte beinhaltet Klauseln zu Arbeitszeiten und Überstunden. Internationale Rahmenvereinbarungen beschränken sich weitgehend auf die Regelung sozialer Mindeststandards, die mehr oder weniger weit unterhalb der Standards bleiben, wie sie in Ländern mit etablierten Institutionen der Arbeitsbeziehungen und entwickelten Gewerkschaftskulturen üblicherweise geregelt sind.“[688]

Auf der Arbeitgeberseite können unterschiedliche Motive ausschlaggebend sein, um internationale Rahmenvereinbarungen abzuschließen. Dies sind unter Umständen Legitimationsansprüche des multinationalen Konzerns, gegenüber Arbeitgeberverbänden. Durch die Unterzeichnung von sozialen Mindeststandards wird die Außendarstellung eines Unternehmens in der Öffentlichkeit verbessert. Durch einen gemeinsamen Konsens der unterzeichnenden Akteure, wird das Risikomanagement verbessert, da eine neue Dialogstruktur zwischen den Partnern geschaffen wurde. Hessler attestiert den Arbeitnehmervertretern eine signifikante Rolle, explizit beim Austausch über den Fortbestand der beschlossenen Vereinbarungen.[689] Lokale Akteure werden in diesem Prozess jedoch zu wenig berücksichtigt. Entscheidungen über die

688 Vgl.: Müller, Thorsten; Platzer, Wolfgang-Hans; Rüb, Stefan in: Internationale Rahmenvereinbarungen – Chancen und Grenzen eines neuen Instruments globaler Gewerkschaftspolitik, Friedrich Ebert Stiftung, Kurzbericht Nr. 08/2008, S. 7.

689 Vgl.: Hessler, Siglinde 2012, S. 57.

Umsetzung der Vereinbarungen und damit die Berichterstattung wird in den Konzernzentralen diskutiert. Hessler sieht in diesem Charakteristikum ein klar definiertes Zentrum, nämlich die jeweilige Konzernzentrale, um diese herum sich ein sternförmiges Netz von Unterorganisationen, Unternehmen und Zulieferern anordnet.[690] Dies liegt unter anderem daran, dass in vielen Unternehmen, zumindest in Europa, zwar Europäische Betriebsräte installiert wurden, jedoch in diesen Unternehmen kaum Weltbetriebsräte existieren. Dies hat zur Folge, dass außereuropäische Arbeitnehmervertreter bei den Verhandlungen über eine internationale Rahmenvereinbarungen nur marginal berücksichtigt werden. Die nicht Einbindung von lokalen Akuteren birgt ein hohes Risiko, bezüglich der Akzeptanz einer international abgeschlossenen Rahmenvereinbarung. Pries resümiert, dass insbesondere die Einbeziehung von unterschiedlichen nationalen Protagonisten, das größte Potential für eine adäquate Umsetzung von Rahmenvereinbarungen birgt. Wenn diese abgeschlossenen Verträge nicht die Realitäten Vorort berücksichtigen, birgt dies enorme Schwierigkeiten bei der Umsetzung.[691]

4.2.3 Zwischenfazit

Aus den vorangegangen Kapiteln geht hervor, dass es sich bei den Internationalen Rahmenvereinbarungen, um ein Instrument der internationalen Erwerbsregulierung handelt. Hessler ist der Ansicht, dass es keiner Arena der internationalen Erwerbsregulierung zuzuordnen ist.[692] Die Internationalen Rahmenvereinbarungen sind nicht klar in ihren Arenen verankert. Sie haben vielmehr immer wieder Kontakt und Überschneidungen in anderen Regulierungsarenen. Internationale Rahmenvereinbarungen sind unter anderem in der Arena der betrieblichen Vereinbarungen implementiert und liegen somit im Einflussbereich der Konzerne. Maßgeblich partizipieren am Aushandlungsprozess betriebliche Akteure. Die räumliche Reichweite ist auf die Geschäftspartner und das multinationale Unternehmen beschränkt. Die Internationalen Rahmenvereinbarungen unterliegen der Arena der Gesetze und Normen. Sie nehmen Bezug auf nationale, wie auch internationa-

690 Vgl.: Ebd. S. 58.
691 Vgl.: Pries, Ludger 2010, S. 207 ff.
692 Vgl.: Hessler, Siglinde 2012, S. 58.

le Rechtsnormen und Vereinbarungen. Dies sind unter anderem, die ILO Kernarbeitsnormen, Umweltstandards oder die allgemeinen Menschenrechte.

„Dabei handelt es sich aber nicht um starre Regelwerke, sondern um prozessorientierte Mindestvereinbarungen, die Raum für eine Einpassung, also eine organisationsbezogene Adaption, in nationale Settings lassen.“[693]

Es finden sich Elemente der diskursiven Legitimation in den Vereinbarungen wieder. Es entstehen überwiegend in der Westeuropäischen und Nordamerikanischen Öffentlichkeit Debatten darüber, wie die gesellschaftliche Verantwortung multinationaler Unternehmen zu bewerten sei. Ein Beispiel für eine Initiative auf Basis eines legitimatorischen Diskurses hierfür, ist der vorgestellte UN- Global Compact. Die Internationalen Rahmenvereinbarungen weisen Norminhalte auf, die signifikante Bestandteile von Tarifabkommen beinhalten. Ergo können diese Rahmenvereinbarungen der Arena der Tarifabkommen zugeordnet werden. Durch diese zahlreichen Überschneidungen und der damit einhergehenden Flexibilität solcher Rahmenvereinbarungen, da unterschiedliche Akteure und Ebenen betroffen sind, eignet sich diese Form von Normsetzung, um Sozialklauseln in einer differenzierten Form zu implementieren. Jedoch bleiben die international abgeschlossen Abkommen den Beweis schuldig, dass diese signifikant zu einer sozialen Wohlstandsverteilung beigetragen haben. Solche Rahmenvereinbarungen treten in Konkurrenz zu etablierten Kollektivvereinbarungen. Diese sind in der Regel das adäquate Instrument, wenn es sich um Norminhalte der Beschäftigten handelt. Durch die Struktur der Arbeitnehmervertretungen und ihren Organisationsgrad, können diese über die Einhaltung der Vereinbarungen wachen. Internationale Rahmenvereinbarungen (Verhaltenskodizes) benötigen nicht notgedrungen einen Partner und können somit unilateral abgeschlossen werden. Die internationalen Rahmenvereinbarungen, ohne ein globales Arbeitsrecht zu implementieren, welches zumindest die Kernarbeitsnormen beinhaltet, gegebenenfalls Sanktionsmöglichkeiten und über eine internationale Gerichtsbarkeit verfügt, sind kritisch zu bewerten. Internationale Mindeststandards im Arbeitsrecht würden ein adäquates Instrument

693 Vgl.: Ebd. S. 58–59.

darstellen, um Sozialklauseln in differenzierter Form an nationale Settings anzupassen.

Bevor in dieser Untersuchung einzelne Institutionen und ihre abgeschlossenen Rahmenvereinbarungen analysiert und in einer normativ dogmatischen Herangehensweise auf die Implementierung von Sozialklauseln überprüft werden, widmet sich nun das folgende Kapitel den institutionalisierten Objekten und untersucht diese in einem theoretischen Rahmen.

4.3 Institutionalisierte Objekte einer internationalen Erwerbsregulierung

Im folgenden Kapitel werden institutionalisierte Objekte einer internationalen Erwerbsregulierung erörtert und in einem theoretischen Rahmen analysiert. Diese Analyse bildet den Kern, der weiteren Untersuchung in dieser Studie. Es werden in einem theoretischen Setting die Struktur und Handlungsweise einer Institution/Organisation betrachtet. Zuerst werden die neoinstitutionalistische Organisationstheorie und der Intergouvernementalismus erörtert. Der Vollständigkeit halber muss erwähnt werden, dass es eine Vielzahl von Theorien zu diesem Thema existieren. Wie unter anderem eine sehr interessante These der „Institutionsökonomie" von Ronald Coase[694] aus dem Jahr 1937.[695] In seiner Theorie spricht Coase vom Güteraustausch und von informellen Institutionen (Normen, Sitten und Gebräuche) sowie von formalen Institutionen (Gesetze, Staat) die diesen Güteraustausch regulieren. Bei Verstößen gegen diese Regeln tritt eine monetäre oder eine nicht-monetäre Sanktion ein. Diese kann durch die interne Institution (Gesellschaft) oder durch externe Institutionen (Staat) durchgesetzt werden. Coase ist der Ansicht, dass die Einhaltung von Normen den Wohlstand für alle generieren kann. Dies kann durch ein institutionelles Umfeld geschehen, welches die Transaktionen zwischen Handelspartnern fördert, indem es Anreize zur Kooperation setzt und Rechtssicherheit garantiert. Diese These richtet ihren Fokus auf die Nationalökonomie und dadurch eher auf die Wirkung von Institutionen, auf Wirtschaftsein-

694 Vgl.: Onlineportal: Nobelprize, *http://www.nobelprize.org/nobel_prizes/economic-sciences/laureates/1991/coase-bio.html* (06.04.2016).

695 Vgl.: Coase, Ronald in: „The Nature of the Firm", Economica, New Series, Vol. 4, No. 16 (November 1937), pp. 386–405.

heiten. Mit Wirtschaftseinheiten sind private Haushalte gemeint. Dies macht die Theorie von Coase nicht weniger evident, jedoch nicht praktikabel für diese Untersuchung. Müller Jentsch hat dies wie folgt analysiert:

„Institutionen, die von mehreren Akteuren mit unterschiedlichen oder gar gegensätzlichen Interessen und ungleichen Machtressourcen geschaffen wurden (und dazu gehören vornehmlich die der industriellen Beziehungen), lassen sich jedoch weniger plausibel mit der Logik der Transaktionskosteneffizienz als mit der von Macht und Gegenmacht erklären."[696]

Im nun folgenden Abschnitt wird der Neo-Institutionalismus in Anlehnung der Autoren Meyer und Walgenbach erörtert.

4.3.1 Der Neo-Institutionalismus

Meyer und Walgenbach beschreiben die neoinstitutionalistische Organisationstheorie als eine Form der institutionalisierten Erwartungsstruktur, die die Ausgestaltung von Organisationen nachhaltig prägt.[697] Der neoinstitutionalistische Ansatz ist explizit in den Vereinigten Amerikanischen Staaten und in der europäischen Organisationsforschung sehr populär und wird häufig rezipiert.[698] Bedingt durch diese Dominanz hat sich Müller-Jentsch diesen Ansätzen gewidmet und analysiert. Er erklärt die Entstehung und Operationsweise von Organisationen nach dem Muster der Isormophie.[699]

696 Vgl.: Müller-Jentsch 2011, S. 8.

697 Vgl.: Meyer, Renate; Walgenbach, Peter in: Neoinstitutionalistische Organisationstheorie, C. H. Beck oHG München, 1 Auflage 2007, S. 11.

698 Vgl.: Senge, Konstanze; Hellmann, Uwe Kai (Hrsg.) in: Einführung in den Neo- Institutionalismus, VS Verlag für Sozialwissenschaften Wiesbaden 2006, 1 Auflage, ff.

699 Vgl.: Jentsch-Müller, Walther in: Arbeits- und Industriesozilogische Studie, Heft 2, Jahrgang 4, Dezember 2011, S. 5–15.
Vgl.: Fuchs, Werner; Klima, Rolf; Lautmann, Rüdiger; Rammstedt, Otthein; Wienold, Hans in: Lexikon der Soziologie, Westdeutscherverlag Opladen 1973, S. 320.
Definition Isormophie:
„Bezeichnung für eine Beziehung zwischen zwei Systemen von Elementen, die dann vorliegt wenn beide Strukturen der Elemente Umkehr eindeutig aufeinander abbildbar sind d.h., wenn jedem Element und jeder Beziehung

„Organisationen gleichen sich den von den institutionellen Umwelten und organisationalen Feldern vorgegebenen normativen Anforderungen, Erwartungen und Verhaltensmustern an."[700]

Den von DiMaggio und Powell etwas zu weit gefassten Terminus des „intentionellen Umfeldes", wurde der Terminus des „organisationalen Feldes" eingeführt.[701] Nicht zu verwechseln mit der von Pries definierten „Regulierungsarena". Konkret sind unter „organisationalen Feldern" Konkurrenzorganisationen, Zulieferer, Abnehmer, aber auch stattliche Institutionen und professionelle Vereinigungen zu verstehen.[702] Müller-Jentsch definiert Organisationen als Institutionen, deren Genese nicht das Konzept des rationalen Akteurs erklärt. Scherm und Pietsch argumentieren, dass die Rationalität der Entscheidungen bloße Fassade ist und sie primär dem legitimatorischen Diskurs unterworfen sei.

„Indem formale Strukturen dem Rationalitätsmythen[703] *des gesellschaftlichen Kontextes kopieren, dienen Sie nicht nur der Steuerung interner Prozesse und der Beziehung zur Umwelt. Vielmehr demonstrieren sie die Konformität der Organisation mit grundlegenden sozialen Erwartungen, senden Signale an die gesellschaftliche Umwelt und weisen in diesem Sinne vor allem einen symbolischen Charakter auf, wodurch sie nicht zuletzt als Legitimationsfassade fungieren."*[704]

---

zwischen Elementen in einem System nur ein Element und eine Beziehung in einem anderem entspricht."

700 Vgl.: Jentsch-Müller, Walther in: Arbeits- und Industriesozilogische Studie, Heft 2, Jahrgang 4, Dezember 2011, S. 5.

701 Vgl.: Powell, W. Walter; DiMaggio J. Paul in. The New Institutionalism in Organizational Analysis, The University of Chicago Press Ltd. London 19914 ff.

702 Vgl.: Jentsch-Müller, Walther in: Arbeits- und Industriesozilogische Studie, Heft 2, Jahrgang 4, Dezember 2011, S. 5

703 Vgl.: Walgenbach, P.: Institutionalistische Ansätze in der Organisationstheorie. In: Kieser, A. (Hrsg.): Organisationstheorien. Stuttgart: Kohlhammer, S. 319–353.
„Rationalitätsmythen bezeichnen Regeln und Annahmegefüge, die rational in dem Sinne sind, daß sie soziale Ziele bestimmen und in regelhafter Weise festlegen, welche Mittel zur rationalen Verfolgung dieser Zwecke die angemessenen sind [...]. Sie sind Mythen in dem Sinne, daß ihre Wirklichkeit und Wirksamkeit von einem geteilten Glauben an sie abhängt [...]", Walgenbach 1999, S. 325."

704 Vgl.: Scherm, Ewald; Pietsch, Gotthard in: Organsiation – Theorie, Gestaltung, Wandel, Oldenbourg Verlag München/Wien 2007, S. 70.

Nicht die Protagonisten einer Organisation bestimmen das Input/Output Verhältnis, sondernd die Normen und Leitbilder der institutionellen Umwelt resp. des organisationalen Feldes.[705] Müller-Jentsch sieht in der Gestaltungsstruktur für interne Arbeitsprozesse von Organisationen, lediglich die Beschaffung und Sicherung von Legitimation, aber nicht die effiziente Problembehandlung.[706] Der normgeleitete Akteur und nicht der rationale Protagonist sind Kern dieser These. Meyer und Rowan argumentieren in ihrer Theorie, dass Organisationen die Optionen der „Entkoppelung" bei Widersprüchen und Problemen in Anspruch nehmen.

„*In Ihrem grundlegendem Beitrag argumentieren Meyer und Rowan, dass Organisationen bei auftretenden Widersprüchen und Konflikten zwischen den Anforderungen einer technisch effizienten Produktion und den Erwartungen der institutionellen Umwelt sowie bei Inkonsistenzen zwischen institutionalisierten Erwartungen in unterschiedlichen Umweltbereichen die formale Struktur von den Tatsächlichen Arbeits- und Tauschaktivitäten der Organisationen entkoppeln können, indem sie oberflächliche Übereinstimmung mit den als angemessen geltenden Standards signalisieren, aber gleichzeitig zentrale Tätigkeiten isolieren und so vor externer Evaluierung bewahren.*"[707]

Müller-Jentsch sieht durch dieses Konzept die Einführung des rationalen Akteurs, den die theoretischen Grundannahmen eigentlich ausgeschlossen hatten.[708] Er kritisiert an dieser Theorie primär die klare Trennung zwischen Institution und Organisation und ihre Entstehung. Vor allem stört Müller-Jentsch, dass die handlungstheoretische Grundlage dieses Ansatzes nicht klar definiert wurde.

„*Nicht anders als die Rollentheorie geht er von normregulierten Handlungen aus. Dies kommt auch in der Ersetzung des Gesichtspunktes der*

705 Vgl.: Müller-Jentsch, Walher 2011, S. 6.

706 Vgl.: Ebd.

707 Vgl.: Meyer, Renate; Walgenbach, Peter in: Neoinstitutionalistische Organisationstheorie, Kohlhammer GmbH Stuttgart 2008, S. 81–82.

708 Vgl.: Müller-Jentsch, Walther in: Organisationales Handeln zwischen institutioneller Normierung und strategischem Kalkül. In Schreyögg, Goerg; Conrad, Peter; (Hrsg.): Theorien des Managements, Managementforschung 12, Wiesbaden 1. Auflage 2002, S. 203–209.

Effizienz durch den der Legitimität zum Ausdruck. Die von der soziologischen Handlungstheorie elaborierte kategoriale Differenz zwischen strategischem (=zweckrationalem) und normregulierten Handeln wird nicht genutzt."[709]

Im nun folgenden Kapitel wird der Intergouvernementalismus näher untersucht. Der liberale Intergouvernementalismus zählt zu den staatzentrierten Theorien und ist stark verknüpft mit dem Realismus. Aus diesem Grund wird dieser Ansatz, auf seine Plausibilisierung bezüglich der Implementierung von Sozialklauseln im Freihandel überprüft.

4.3.2 Der Liberale Intergouvernementalismus

Der Intergouvernementalismus leitet sich vom lateinischen Wort „inter" (zwischen) und dem französischen Wort „gouverner" (regieren) ab. In dieser Untersuchung wird der liberale Intergouvernementalismus in Anlehnung an Andrew Moravcsik[710] erörtert. Der Autor Jochen Stein-

---

[709] Vgl.: Müller-Jentsch 2011, S. 6.

[710] Vgl.: Onlineportal: Princeton, *https://www.princeton.edu/~amoravcs/biography.html* (09.04.2016).
"ANDREW MORAVCSIK is Professor of Politics and Director of the European Union Program at Princeton University. He has authored over 125 scholarly publications, including four books, on European integration, international relations theory, qualitative/historical methods, human rights, international law and organization, and other topics. His history of the European Union, *The Choice for Europe*, has been called "the most important work in the field" (*American Historical Review*). The National Science, Ford, Fulbright, Olin and Krupp Foundations, as well as various universities and institutes, have supported his research. In 2011, he won the Stanley Kelley Award for Undergraduate Teaching from Princeton University. He has served as trade negotiator for the US Government, special assistant to the Deputy Prime Minister of the Republic of Korea, press assistant for the European Commission, and on various policy commissions. He has published over 100 commentaries and policy analyses, currently serves as Book Review Editor (Europe) at *Foreign Affairs*, and was formerly Contributing Editor at *Newsweek* and Editor-in-Chief at a Washington foreign policy journal. Since 2004 he has been a Non-Resident Senior Fellow of the Brookings Institution, and has been at various times a long-term visitor at research institutes in France, Italy, Britain, the US and China. His daily commentary on classical music, particularly opera, has appeared in *The Financial Times*, *New York Times*, *Newsweek*, *Opera*, *Opera News* and elsewhere, and his scholarship on the sociology of

hilber attestiert Moravcsik die Weiterentwicklung einer liberalen Forschungsagenda, möchte ihm aber nicht das Label eines neo-realisten anheften.[711]

„Im Unterschied zur realistischen Perspektive werden die nationalstaatlichen Interessen im Liberalen Intergouvernementalismus – und genau hier setzt Moracvsiks liberale Forschungsagenda an – nicht in erster Linie durch die Machtverteilung zwischen den Staaten sondern durch einen innergesellschaftlichen Präferenzbildungsprozess bestimmt.“[712]

Moravcsik geht von einem positivistischen Wissenschaftsverständnis aus, und entwickelte in einer Auseinandersetzung mit systematischen Ansätzen seine liberale Theorie, deren Fokus die Differenz zwischen Realismus und Institutionalismus ausmacht.[713] Laut Schieder hat der Liberalismus seine Renaissance in den 1990 Jahren erfahren.[714] Der Zerfall der kommunistischen Herrschaftsordnung und die Entspannungspolitik im Kontext der internationalen Ost-West Beziehungen führten zur Forcierung von liberalen Denkansätzen. Wie bei allen populären Theorien existiert nicht nur ein Denkansatz, sondern ein Portfolio von verschiedenen Ideen, die keine fest umrissene Theorieschule abbilden.[715]

„Oft verstanden sich liberale Ansätze – inspiriert durch den liberalen Internationalismus von Bentham und Kant oder den Idealismus von Hobson und Woodrow Wilson – damit auch als Gesellschaftskritik und Handlungsalternative.“[716]

---

music, again focusing on opera, has appeared in *Opera* and *Opera Quarterly*. He holds a BA from Stanford, an MA from Johns Hopkins (SAIS), and a PhD from Harvard University, as well as having attended German and French universities. He lives in Princeton, NJ, with his wife Anne-Marie Slaughter, and his two sons, Edward (17) and Alexander (14)."

711 Vgl.: Steinhilber, Jochen in: Liberaler Intergouvernementalismus erschienen in: Bieling, Hans-Jürgen; Lerch, Marika (Hrsg.); Steinhilber Jochen in: Theorien der europäischen Integration, Springer Fachmedien, 1. Auflage Wiesbaden 2005, S. 169 ff.

712 Vgl.: Ebd. S. 170.

713 Vgl.: Schieder, Siegfried; Spindler, Manuele in: Theorien der internationalen Beziehungen, VS Verlag für Sozialwissenschaften 2003, S. 169 ff.

714 Vgl.: Ebd.

715 Vgl.: Steinhilber Jochen 2005, S. 171.

716 Vgl.: Ebd.

Ein Pionier der neueren Zeit und Konstrukteur des Intergouvernementalismus ist Stanley Hoffmann. Dieser war in den 1960er und 1970er der meistdiskutierte Theoretiker der europäischen Integrationsdebatte.

„Im Vordergrund der Beiträge Hoffmans zur integrationstheoretischen Debatte stand die Kritik des Haas`schen Neofunktionalismus aus realistischer Perspektive vor dem Hintergrund der empirisch beobachtbaren Entwicklung im Integrationsprozess der 1960 Jahre.“[717]

Hofmanns Kritik am Neofunktionalismus fasst Faber folgendermaßen zusammen.[718] Der Neofunktionalismus steht unter der Prämisse vom „Ende der Politik“, wie wir sie kennen. Die Entpolitisierung und die Technisierung der Prozesse, würden zu einem neuen politisch föderalen System führen. Der Neofunktionalismus unterscheidet zu wenig in den unterschiedlichen Politikbereichen und vernachlässige dadurch den positiven Effekt bezüglich der Eignung des einzelnen Bereichs zur Integration. Ein weiterer Kritikpunkt ist die Weigerung einiger Regime, nationale Kompetenzen an ein supranationales Regime abzutreten. Es müssen die Einflüsse anderer Großmächte auf die einzelnen Mitgliedsstaaten stärker berücksichtigt werden. Der liberale Intergouvernementalismus in Anlehnung an Moravcsik stellt eine politikwissenschaftliche Theorie im Setting der internationalen Beziehungen dar. Im Kern seiner These steht der Integrationsprozess, primär in der Europäischen Union.[719] Durch die bereits erwähnte Auseinandersetzung mit dem Neofunktionalismus und seinen Paradigmen, entwickelte sich der Intergouvernementalismus, der im Kern, die Integrationsdynamik voraussah und als Ergebnis einen supranationalen Staat.

"A significant amount of evidence suggests that, as a process, European integration has a transformative impact on the European state system and its constituent units. European integration itself has changed over the years, and it is reasonable to assume that in the process agent's identity and sub-

717 Vgl.: Faber, Anne in: Europäische Integration und politikwissenschaftliche Theoriebildung – Neofunktionalismus und Intergouvernementalismus in der Analyse, Verlag für Sozialwissenschaften, 1. Auflage Wiesbaden 2005, S. 88.

718 Vgl.: Ebd. S. 89.

719 Vgl.: Moravcsik, Andrew 1993: Preferences and Power in the European Community. A Liberal Intergovernmentalist Approach, in: Journal of Common Market Studies 31: 4, 473–524.

sequently their interests and behavior have equally changed. While this aspect of change can be theorized within constructivist perspectives, it will remain large."[720]

Der Intergouvernementalismus sprach den interessengeleiteten europäischen Nationalstaaten, ihre Souveränität und dadurch die Kontrolle über den Ablauf des europäischen Integrationsprozesses zu. Mit diesem Paradigma teilt der Intergouvernementalismus die Grundannahmen mit dem Neorealismus und dem realistisch geprägten Intergouvernementalismus von Stanley Hoffmann. Vereinfacht dargestellt, ist Intergouvernementalismus die Kommunikation und Interaktion zwischen einem oder mehreren souveränen Nationalstaaten innerhalb einer Institution oder Organisation. Es werden in bestimmten Bereichen oder bei verschiedenen weltpolitischen Ereignissen, eine gemeinsame Entscheidung getroffen, ohne signifikante Kompetenzmuster abzugeben. Ein Beispiel hierfür ist die Europäische Union. Andrew Moravcsik erweiterte die Annahmen um liberale Perspektiven. Er definiert Nationalsaaten als rationale Nutzenmaximierer. Diese unterliegen einer liberaltheoretischen Präferenzbildung, die einem internen Wettbewerb der Stakeholder zugrunde liegt. Welche Stakeholder letztendlich diesen Präferenzbildungsprozess für sich entscheiden, hängt signifikant von der politischen Struktur und der Machtverteilung unter den sozialen Protagonisten ab.[721] Moravcsik definiert den Staat nicht als einheitlichen autonomen Akteur, sondern vielmehr als ein Gebilde gesellschaftlicher Machtverhältnisse. Dieser dient, laut Steinhilber, primär dazu die Präferenzen innerstaatlicher Akteure zu aggregieren und in staatliche Politik umzusetzen. Maßgeblich beeinflusst wird die staatliche Interdependenz vom Verhalten und den Präferenzen anderer Organisationen / Institutionen und Nationalstaaten.

„Bei konvergierenden und komplementären nationalen Präferenzordnungen gibt es Anreize für Verhandlungen, bei divergierenden Präferenzen besteht jedoch wenig Raum für Kooperation."[722]

---

720 Vgl.: Christiansen, Thomas/Jørgensen, Knut E./Wiener, Antje 1999: The Social Construction of Europe, in: Journal of European Public Policy 6: 4, 528–544.

721 Vgl.: Steinhilber, Jochen 2005, S. 174.

722 Vgl.: Ebd. S. 175.

Steinhilber ist der Ansicht, dass der liberale Intergouvernementalismus sich eher den Fragen der klassischen Integrationsdebatte, jedoch auch der Theoriekontroversen innerhalb internationaler Beziehungen verpflichtet sieht. Er definiert diese folgendermaßen:[723] Wer sind die relevanten Akteure innerhalb des europäischen Integrationsprozesses? Was prägt ihre Präferenzen? Wodurch können die Ergebnisse europäischer Vertragsverhandlungen erklärt werden? Warum delegieren nationale Entscheidungsgewalten an supranationale Institutionen? Wie kommt es zu der intensiven Kooperation innerhalb der EU? Ähnlich sieht es der Referenztheoretiker dieses Kapitels Andrew Moravcsik. Mit einer liberalen Theorie der Präferenzbildung hinterfragt Moravcsik die Präferenzen der einzelnen nationalen Regime und differenziert im Anschluss zwischen ökonomischen und geopolitischen Präferenzen. Wie diese Präferenzen in multinationalen Aushandlungsprozess umgesetzt werden, sei es durch Verhandlungsgeschick der Mitgliedsstaaten oder Koordinationsgeschick einzelner Protagonisten wird anhand einer Bargaining Theorie[724] analysiert. Der liberale Intergouvernementalismus möchte ebenfalls wissen, warum souveräne Nationalstaaten, Kompetenzen an supranationale Regime abtreten? Geht es hierbei um eine föderale Ideologie? Oder, das Interesse eines Regimes an einem verbindlichen multilateralen Abkommen? Die Theorieschritte des Liberalen Intergouvernementalismus sind in der Fachliteratur umstritten. Reus-Smit sieht die Reformulierung der liberalen Theorie der politischen Akteure durch Moravcsiks sehr kritisch.

„The ideational and material preferences of individuals, which are the bedrock of his liberal understanding of the world, are forged in a pre-political realm, and thus fall outside of the explanatory purview of his theory. It is only when we come to the secondary tier of preferences — the state preferences derived from ascendant individual or group preferences — that his theory comes close to taking preferences seriously."[725]

723 Vgl.: Ebd. S. 176

724 Vgl.: Schubert, Klaus/Martina Klein: Das Politiklexikon. 5., aktual. Aufl. Bonn: Dietz 2011.
„Bargaining bezeichnet den Prozess des Anbietens und Ablehnens, des Gebens und Nehmens in politischen Verhandlungen."

725 Vgl.: Reus-Smit, Christian: The Strange Death of Liberal International Theory, in: European Journal of International Law 12: 3, 2001, P. 573–594.

Schieder kritisiert an den liberalen Theorieansätzen in den internationalen Beziehungen, die seiner Meinung nach mangelnde Ausgewogenheit zwischen normativen und positiven Dimensionen eines Gegenstandes.

„Denn obwohl klar ist, dass wir als WissenschaftlerInnen das eine nicht mit dem anderen verwechseln dürfen, können wir doch nicht hoffen, normative Fragen dadurch zu vermeiden, dass wir uns ausschließlich auf die positiven Aspekte eines politischen Gegenstandes konzentrieren."[726]

Der liberale Intregouvernementalismus wird in der Regel für seine Transparenz, Design, klaren Aussagen und intellektuellen Anregungen gelobt.[727]

4.3.3 Zwischenfazit

Die neoklassische Ökonomie ist im Kern die Wissenschaft von Wirtschaftsmärkten und Produktionskosten. Die theoretische Analyse der Auswirkungen von Märkten findet man eher in anderen Wissenschaften wie der Soziologie, wieder. Müller-Jentsch attestiert der Neo-Institutionellen Ökonomie eine endogene ökonomische Erörterung von Institutionen und Organisationen.[728] Die Neo-Institutionelle Ökonomie geht, ähnlich wie die neoklassischen Theorien, vom Primaten der rationalen Handlung aus. In diesem Kontext zu vergleichen mit der Theorie von Riccardo und den komparativen Kostenvorteilen. Adaptiert man diese Handlungsweise, haben wirtschaftliche Akteure die Wahl zwischen alternativen Institutionen. Der Fokus der Theorie ist sehr stark auf die entstehenden Transaktionskosten gerichtet. Coase definiert diese als „Marktbenutzungskosten". Sie seien der Grund, laut Coase, warum Marktteilnehmer in ein bestimmtes Segment oder Markt investieren und andere auf eine Transaktion verzichten.[729] Die Überlegung von

726 Vgl.: Schieder, Siegfried; Spindler, Manuele in: Theorien der internationalen Beziehungen, VS Verlag für Sozialwissenschaften 2003, S. 193

727 Vgl.: Puchala, Donald in: Institutionalism, Intergovernmentalism and European. A Review Article in: Journal of Common Market Studies 37:2, 1999, P. 317–331.

728 Vgl.: Müller-Jentsch, Walther 2011, S. 7.

729 Vgl.: Pies, Ingo; Lescke, Martin (Hrsg.) in: Ronald Coase – Transkationskos-

Coase ist die, das überall dort wo eine Transaktion stattfindet, es zu wechselseitigen Verpflichtungen kommt. In einigen Fällen kann die Koordination und Steuerung der Transaktionen durch eine nicht marktteilnehmende Institution kosteneffizienter erfolgen, als durch marktvermittelnden Austausch.[730] Die Wahl der Institution fällt auf die, die eher dem funktionalistischem Nutzen entsprechen und die Reduzierung von Transaktionskosten beinhaltet. Institutionen mit einem höheren Effizienzgrad, in diesem Kontext ist eine reine Minimierung der Kosten und dadurch ein höherer Einspareffekt gemeint, verdrängt andere Intuitionen auf dem Wirtschaftsmarkt, die weniger effizient arbeiten. Müller-Jentsch sieht typische Anwendungsbereiche der Transaktionsanalyse im Arbeitsvertrag. Die Austauschbeziehung und dadurch die Transaktionsbemühungen erfolgen zwischen Unternehmen und Arbeitnehmerinnen sowie Arbeitnehmern. Der materielle Inhalt dieser Vereinbarung enthält Transaktionskosten im Austausch gegen Arbeitsleistung durch die Beschäftigten. Die Struktur ist an Vorgaben Normen und Regeln gebunden. Diese werden durch unterschiedliche Institutionen definiert (Staat, Gewerkschaft etc.). Dies macht die Neo-Institutionelle Ökonomie zu einem Baustein in der Analyse über die Implementierung von Sozialklauseln im Freihandel. In dieser Untersuchung ist der Ansatz jedoch nicht praktikabel, da sich der Fokus der Theorie eindimensional auf die Transaktionskosten bezieht und die Arbeitsbedingungen, Umweltstandards oder Menschenrechte resp. die Kernarbeitsnormen der ILO, nur als anfallende Kosten definiert und ihre friedensstiftende Bedeutung im globalen Kontext, dadurch nicht gerecht werden kann. Die Neo-Institutionelle Ökonomie hat sicherlich an Relevanz in der Neoklassik gewonnen und erklärt in ihrer rationalen Herangehensweise die Arbeit von Institutionen.

Der Neo-Institutionalismus beantwortet Fragen bezüglich der globalen Legitimierung von multinationalen Unternehmen und Nichtregierungsorganisationen im Kontext des „Corporate Social Responsibility“, jedoch stößt das strenge theoretische Paradigma des soziologischen Neo-Institutionalismus immer wieder auf Kritik. Curbach[731] beschreibt diese Kritik in Anlehnung an DiMaggio[732] folgendermaßen:

---

ten Ansatz, Mohr Siebeck Tübingen 2000, ff.

730 Vgl.: Müller-Jentsch 2011, S. 7.

731 Vgl.: Curbach, Janina in: Die Corporate Social Responsibility – Bewegung, GWV Fachverlag GmbH Wiesbaden, 1. Auflage 2009, S. 186.

732 Vgl.: DiMaggio, P.J. *(*1988*)*. Interest and agency in institutional theory. *In* L. G.

„Institutionalisierung wird ausschließlich als passive Diffusion und „epidemische Infektion" von Organisationen mit bereits „Fertigen", d. h. bereits für selbstverständlich genommenen und sozial weithin geteilten Legitimationsmustern konzipiert. Dementsprechend reduziert sich die neoinstitutionalistische Erklärung meist auf Deskription Homogenitäts- und Diffusionseffekten unter der starken Annahme einer „metaphysischen" Existenz weltkultureller Normen, die unsichtbar im Hintergrund ihre Wirkung entfalten."[733]

Der Neo-Institutionalismus untersucht die Prozesse des institutionellen Wandels nur marginal und darüber hinaus werden Akteure, strategisches Handeln, Macht und Interessen zugunsten der einseitig strukturalistischen Erklärung ausgeblendet und vernachlässigt.[734] Um dieser berechtigten Kritik gerecht zu werden, wird in dieser Untersuchung als Referenztheorie nicht nur der soziologische Neo-Institutionalismus angewandt sondern die Ansätze von Andrew Moravcsik und dem liberalen Intergouvernemenatlismus. Die Theorie von Moravscsik geht stärker auf die einzelnen Akteure und deren Präferenzbildung ein. Dadurch wird, zumindest ansatzweise, die Kritik am Neo-Institutionalismus und seiner mangelnden Berücksichtigung der Protagonisten Rechnung getragen. Ergänzt werden diese beiden Theorien durch die definierten „Regulierungsarenen" von Ludger Pries. Dieser hat die optionalen Handlungsspielräume und ihr gegenseitiges Wirken aufeinander präzise analysiert.

Im nun folgenden Kapitel werden die Termini „Institution" und „Organisation" untersucht.

4.4 Die Definition der Termine Institution und Organisation

Unter „Institution" wird im nichtwissenschaftlichen Diskurs ein „Phänomen" bezeichnet, das sich durch seine Beständigkeit (Tradition) und seine Gestaltungskraft auszeichnet, also durch die Annahme, dass es

Zucker *(Ed.)*, Institutional patterns and organizations: Culture and environment *(pp.* 3–21*)*. Cambridge, MA: Ballinger.

733 Vgl.: Curbach, Janina 2009, S. 186.

734 Vgl.: Walgenbach, Peter in: Die normgerechte Organisation: eine Studie über die Entstehung, Verbreitung und Nutzung der DIN EN ISO 9000er Normenreihe, Schäfer – Pöschel 2000, ff.

die einzige Handlungsmöglichkeit darstellt.[735] Die Autoren Schubert und Klein definieren den Begriff folgendermaßen: Institution ist ein politisch-soziologischer Terminus, der eine stabile, auf Dauer angelegte Einrichtung sei, zur Regulierung, Herstellung oder Durchführung bestimmter Zwecke.[736] Untermauert wird diese Begriffsbestimmung durch das Beispiel der sozialen Verhaltensweisen oder Normen, in einer Ehe. Die Ehe ist für die beiden Autoren eine soziale Institution. Sie kann aber auch eine materielle Zweckeinrichtung sein, wie das Parlament, eine Partei oder die öffentliche Verwaltung. Pries attestiert einer sozialen Institution Regeln, Routinen und Normen, die vererbt werden können. Er sieht in den Interdependenzen einer sozialen Institution Verpflechtungszusammenhänge von Individuen, die in einem nationalen Setting, bestimmte Segmente des kulturellen Lebens, deren Handlungsspielräume strukturieren und normieren. Durch die Implementierung einer sozialen Institution werden Identität und Integration gefördert, aber auch Stabilität und Vorhersehbarkeit geschaffen.[737] Zusammengefasst definiert die normsoziologische Theorie, Institution als ein Bestandteil Komplexer sozialer Normen, die für die Gesellschaft relevant sind, sich etabliert haben, notwendig sind und dadurch legitimiert wurden. Luhmann kritisiert an diesem Ansatz, dass dieser zu sehr Konsensorientiert sei. Dies würde bedeuten, dass die Normen der Institution im aktuellen Erleben der Mitglieder präsent seien, dass jeder diese Normen verinnerlicht, resp. legitimiert hat.[738]

„Dabei setzen sie nicht nur die Regeln fest, an denen sich Handeln ausrichtet, sondern koordinieren Interaktionen, verteilen Aufgaben und Rollen und definieren die Beziehung der Akteure untereinander.“[739]

Die Autoren Tolbert und Zucker gehen spezifisch mit ihren entwickelten 3 Phasen Modell auf die Herausbildung der Institutionalisierung ein.[740] Der Prozess der Habitualisierung beschreibt eine Reaktion auf

735 Vgl.: Hessler, Siglinde 2012, S. 62.
736 Vgl.: Schubert, Klaus; Martina Klein in: Das Politiklexikon. 5., aktual. Aufl. Bonn: Dietz 2011.
737 Vgl.: Pries, Ludger 2010, S. 31.
738 Vgl.: Luhmann, Niklas in: Institutionalisierung – Funktion und Mechanismus im sozialen System der Gesellschaft, in: Schelsky, Zur Theorie der Institution, 1970, 27 ff.
739 Vgl.: Meyer, Renate; Walgenbach, Peter 2007, S. 55 ff.
740 Vgl.: Tolbert, P. S., & Zucker, Lynn. G. (1997)in: The institutionalization of

anstehende Probleme in einer Institution, wonach primär neue strukturelle Elemente entstehen. Entsteht in der Folge eine Konsensbildung über den Nutzen und Wert dieses neuen strukturellen Elements, kann von einer Objektivierung gesprochen werden.[741] Hessler ist der Ansicht, dass das neue Element sich noch nicht etabliert hat und somit wieder an Relevanz verlieren kann. Tolbert und Zucker gehen davon aus, sollte sich das neue Element etabliert haben und es unreflektiert über einen längeren Zeitraum angewandt worden ist, ist von einer Sedimentation auszugehen. Dies würde eine vollkommene Institutionalisierung bedeuten, da die Interaktionen nicht mehr reflektiert werden. In der nun folgenden Abbildung werden die Prozesse einer Institutionalisierung graphisch dargestellt.

Table 1: Stages and Processes of Institutionalization

Stage	Process	Description
Pre-institutional	Habitualization	Includes the innovations and changes made in response to specific organizational problems that results in structures at the pre -institutionalization stage, limited in terms of operation and, generally, not permanent. Takes into consideration the solutions adopted in other organizations with the possibility of the occurrence of mimetism.
Semi-institutional	Objectification	Consists of the development of social consensus between decision makers in the organi zation on the value of the structure from obtaining and analyzing information and its dissemination in other organizations of the same field (interorganizational monitoring), implying the diffusion of the structure. At this stage, the leaders (defenders of change) play an important role, carrying out the tasks of theorizing that aim to attribute general cognitive and normative legitimacy.
Full institutionalization	Sedimentation	Is characterized by the virtually complete propagation of its structures for th e whole group of theorized actors as suitable adopters and the perpetuation of structures for a considerably long period of time.

Source: prepared from Tolbert and Zucker (1997).

23. Abbildung: 3 Phasen der Institutionalisierung[742]

Zum besseren Verständnis in dieser Untersuchung wird nun der Begriff „Organisation“ und ihre Funktion dargestellt. Die Problemstellung hierbei ist eine klare Abgrenzung zur Institution darzustellen. Die Au-

institutional theory. In S. Clegg, C. Hardy, & W. Nord (Orgs.). *The Handbook of Organization Studies*. London: Sage Publications Ltd.

741 Vgl.: Hessler, Siglinde 2012, S. 63.

742 Vgl.: Ebd.

toren Kieser und Walgenbach schreiben in ihrem Lehrbuch zum Thema, „Organisationen“, folgendes. Sie sind der Meinung, dass wenn man von Organisationen spricht, immer soziale Gebilde damit gemeint sind, die dauerhaft ein Ziel verfolgen und eine formale Struktur aufweisen. Diese wird benötigt, damit die Aktivitäten der Mitglieder fokussiert das ausgegebene Ziel verfolgen können.[743] Diese Definition fokussiert eine Organisation als „soziale Einheit“. Die Ziele der Einheit sind unabhängig von den Ansichten der einzelnen Mitglieder und können vorab bereits in Form eines Dokumentes hinterlegt worden sein.[744] Als Beispiel hierfür, nennt Miebach, öffentliche Organisationen, wie zum Beispiel eine Schule. In Schulen werden die Ziele in einer Präambel verankert. Unternehmen haben zum Teil auf ihrer Homepage, Leitziele des Unternehmens definiert.[745] Bei formal strukturierten Organisationen sind Positionen und ihre Aufgabenbereich in einem Organigramm aufgezeichnet. Die einzelnen Arbeitsbereiche und Unter- oder Überordnungen der Individuen untereinander sind dokumentiert. Diese Organigramme werden ergänzt durch Organisationshandbücher. Im Organisationshandbuch sind die einzelnen Aufgaben des Stelleninhabers oder Inhaberin und deren Prozesse in einem Diagramm abgebildet. Ebenso wie bei der vorab festgelegten Zieldefinition, werden die Strukturen unabhängig von den einzelnen Mitgliedern der Organisation beschrieben.[746] Müller-Jentsch definiert die Organisation als ein System mit differenzierten organisationalen Perspektiven.[747] Diese Perspektiven untergliedern sich in eine kollektive und eine korporative Akteursperspektive. Die Eigenschaft einer kollektiven und korporativen Akteursperspektive, wird an ihrer Akteurseigenschaft als Rechtskonstruktion in Form einer „juristischen Person“ festgemacht. Wüstner schreibt dazu, dass dadurch ein Identitätsstiftender Moment erreicht wird, der zu einer Corporate Identity führen kann.[748] In der Außendarstellung erscheint dadurch eine

743 Vgl.: Kieser, Alfred; Walgenbach, Peter in: Organisationen, Schäffer Pöscher Verlag, 4 Auflage 2003, S. 6.
744 Vgl.: Miebach, Bernd in: Organisationstheorie, Problemstellung – Modelle und Entwicklung, Springer Verlag 2. Auflage 2007, 2012, S. 12.
745 Vgl.: Ebd.
746 Vgl.: Ebd.
747 Vgl.: Müller-Jentsch, Walther in: Organisationssoziologie – Eine Einführung, Campus Verlag GmbH Frankfurt/NY 2003, S. 12 ff.
748 Vgl.: Wüstner, Kerstin in: Arbeitswelt und Organisation – Ein interdisziplinärer Ansatz GWV Fachverlag GmbH Wiesbaden, 1 Auflage 2006, S. 46.

Organisation als überindividuelle handlungsfähige Einheit.[749] Müller-Jentsch unterscheidet zwischen den kollektiven und korporativen Akteuren. Der Autor spricht von einem korporativen Akteur, wenn die Organisation unabhängig von ihren tätigen Individuen, ihre ausgegebenen Ziele verfolgt. Wenn hingegen die Ziele der interagierenden Individuen berücksichtig werden, spricht Müller-Jentsch von einem kollektiven Akteur in Form einer Organisation.[750] Das soziale System ähnelt der Definition von Kieser und Walgenbach. Der Autor umschreibt es als ein Gebilde interdependenter Handlung mit einer funktionalen Ordnung. Diese Ordnung ist hierarchiebedingt und resultiert aus einer Über- und Unterordnung der Protagonisten.

„Eine Organisation ist eine Zusammenstellung von Menschen und Ressourcen, die auf geplante Art und Weise zusammenarbeiten, um bestimmte strategische Ziele zu erreichen. Eine Organisation kann stark strukturiert sein, wie ein Unternehmen oder eine Firma im privaten oder öffentlichen Sektor, oder eine Vereinigung, die nicht auf Gewinnstreben ausgerichtet ist.“[751]

Eine klare nachvollziehbare Trennung zwischen Organisation und Institution anhand der aufgezeigten Beispiele erweist sich als diffizil. Aus diesem Grund wird nicht näher auf Organisationen eingegangen, sondern eine eigene Umschreibung des Terminus „Organisation“ vorgenommen. Diese Definition dient als Grundlage für diese Untersuchung.[752]

Organisationen werden in dieser Analyse als eine Handlungseinheit verstanden. Diese Handlungseinheit ist Normen und Werten ausgesetzt. Organisationen sind beständig über Raum und Zeit. Können jedoch von ihren Akteuren bei Bedarf modifiziert werden. Der Handlungsspielraum einer Institution ist in Regulierungsarenen einzuteilen, diese unterliegen Interdependenzen. Das individuelle Verhalten der einzelnen Akteure spielt eine signifikante Rolle bei der Stabilität einer Organisation wieder. Normen und Werte können nur durch Ressourcen

---

749 Vgl.: Ebd.

750 Vgl.: Müller-Jentsch 2003.

751 Vgl.: Onlineportal: Onpulson, *http://www.onpulson.de/lexikon/organisation/* (16.04.2016).

752 Vgl.: Diese Definition ist angelehnt an die Autoren der vorangegangenen Kapitel und spiegelt eine Synergie verschiedener Ansätze wieder.

und Macht, ihre Gestaltungskraft generieren. Diese hängt wiederum signifikant von der Präferenzbildung der Protagonisten ab. Ist die Präferenzbildung geopolitischer oder ökonomischer Natur? Je nach Ausrichtung wird sich der Habitus einer Organisation offenbaren. Dieser kann restriktiv sein, durch Sanktionsmöglichkeiten, aber auch einen kooperativen resp. fördernden Charakter für seine Mitglieder offenbaren. Organisationen definieren Regeln, die bei Nichteinhaltung sanktioniert werden „können". Organisationen unterliegen in der breiten Öffentlichkeit dem legitimatorischen Diskurs und neigen dazu in einigen Sachverhalten einer Entkoppelungsstrategie zu folgen. Die Festlegung von Regeln, durch die Definition der Funktion einer Organisation, ermöglicht den Mitgliedern ein strukturiertes Handeln. Eine Trennung zwischen der Funktionsweise einer Organisation oder Institution ist nicht immer klar ersichtlich. Zur Vertiefung des Themas wird im folgenden Abschnitt das „Drei Säulen Modell von William Richard Scott" erläutert.

4.4.1 Das Drei Säulen Modell von William Richard Scott

Ausgehend von der eigenständig festgelegten Definition von Organisationen wird zur Vertiefung und Erörterung der funktionsweise einer Organisation/Institution, dass Drei Säulen Modell von William Richard Scott[753] herangezogen. Scott hat ein Analyseraster entwickelt, welches drei Säulen identifiziert.[754] Laut diesem Modell beruhen Institutionen

753 Vgl.: Onlineportal: Stanford University, *https://sociology.stanford.edu/people/w-richard-scott* (17.04.2016).
"W. Richard (Dick) Scott received his Ph.D in sociology from the University of Chicago. He came to Stanford in 1960, where he is currently Professor Emeritus of Sociology, with courtesy appointments in the Schools of Business, Education, and Medicine. He is an organizational sociologist who has concentrated his work on the study of professional organizations, including educational, engineering, medical, research, social welfare, and medical systems. During the past two decades, he has focused his writings and research on the relation between organizations and their institutional environments. He is the author or editor of some 20 books and the author of more than 200 journal articles and book chapters."

754 Vgl.: Scott, William, Richard in: Grundlagen der Organisationstheorie, Aus dem Amerikanischem übersetzt von Hanne Herkommer, Campus Verlag Frankfurt am Main/NY 1986, S. 89 ff; und Scott (1995) in: Isntitutions und Organzations, Sage Publications, S. 33.

auf einer regulativen, einer normativen und einer kulturell kognitiven Säule.

	Regulativ	Normativ	Kognitiv-kulturell
Basis of compliance *(Grundlage der Befolgung)*	Expedience *(Zweckmäßigkeit)*	Social obligation *(soziale Verpflichtung)*	Taken-for-grantedness *(Selbstverständlichkeit)*
Basis of order *(Grundlage der Ordnung)*	Regulative Rules *(regulierende Regeln/Gesetze)*	Binding expectations *(verbindliche Erwartungen)*	Constitutive schema *(aufbauendes Schema)*
Mechanisms *(Mechanismen)*	Coercive *(Zwang)*	Normative *(Norm)*	Mimetic *(Nachahmung)*
Logic *(Funktionslogik)*	Instrumentality *(Instrumentalität)*	Appropriateness *(Angemessenheit)*	Orthodoxy *(Orthodoxie)*
Indicators *(Indikatoren)*	Rules *(Regeln)* Laws *(Gesetze)* Sanctions *(Sanktionen)*	Certification *(Zertifizierung)* Accreditation *(Ermächtigung)*	Common beliefs *(gemeinsame Grundannahmen)* Shared logic of action *(geteilte Handlungslogik)* Isomorphism *(Angleichung)*
Affect *(Emotion)*	Fear Guilt/Innocence *(Schuld/Unschuld)*	Shame/Honor *(Schande/ Anerkennung)*	Certainty/Confusion *(Gewissheit/Verwirrung)*
Basis of legitimacy *(Grundlage der Legitimität)*	Legally sanctioned *(rechtlich sanktioniert)*	Morally governed *(moralisch beeinflusst)*	Comprehensible *(nachvollziehbar)* Recognizable *(wiedererkennbar)* Culturally supported *(kulturell unterstützt)*

24. Abbildung: Drei Säulen Modell von Institutionen nach William Richard Scott[755]
Übersetzung von Marisa Klassen (2012), 3 Säulen Modell von Scott (2008), S. 51.[756]

755 Vgl.: Klasen , Marisa in: Für das Gemeinwohl? Politische Interessenvermittlung durch Stiftungen: eine organisationstheoretische Analyse der Legitimität, MAECENATA Institut an der Humboldt-Universität zu Berlin (Hrsg.), Opusculum Nr. 60, Dezember 2012,S. 36–37.

756 Vgl.: Scott, William, Richard in: Institutions and Organizations: Ideas and Interests. 3. Auflage, Sage Publications, Thousand Oaks, 2008.

Durch sein Modell führt Scott die verschiedenen Schwerpunktsetzungen der Neo-Institutionalistischen Forschung zusammen.[757] Scott sieht sein Modell als integrativ, ist jedoch der Ansicht, dass die Analyse der Drei Säulen unabhängig voneinander geschehen soll. Die regulative Säule basiert auf verhaltensregulierenden und einschränkenden Elementen. In der Forschung spricht man von Normen und Werten. Dies sind, formelle und informelle Regeln, Gesetze oder Verordnungen. Damit diese Normen befolgt werden, erfolgt die Umsetzung durch Zwang und Sanktion. Die Beachtung der Gesetze und Regeln kann nur erfolgen, so Scott, wenn diese durch ihre Akteure verinnerlicht resp. an ihre Rechtmäßigkeit geglaubt wird. Hessler schreibt dazu:

„Demnach ist ein gemeinsamer normativer und kulturell-kognitiver Rahmen Grundlage für die Ausgestaltung und erfolgreiche Umsetzung von Regeln und Gesetzen.“[758]

Bei der Auslegung von normativen Werten besteht ein interpretativer Spielraum. Die Rechtsauslegung der Normen, muss nicht zwangsläufig im legitimatorischen Diskurs, in der breiten Öffentlichkeit auf Akzeptanz stoßen. Scott koppelt die regulative Säule an die normative und kulturell kognitive Säule. Er hebt explizit das normative System hervor und misst diesem eine große Bedeutung zu. Scott differenziert dabei Werte, die nach seiner Definition die Idealvorstellung und dadurch ein Referenzsystem darstellen und andererseits Normen, die Ziele festlegen sowie den Handlungsrahmen definieren. Die Normen generieren eine hohe Gestaltungskraft.

„Sie legen Rollen von Individuen oder sozialen Positionen fest und bestimmen ihren Handlungsrahmen. Der Akteur nimmt die von außen an ihn herangetragenen Vorstellungen als Druck war, während er gleichzeitig das Rollenbild verinnerlicht hat.“[759]

An dieser Stelle wird der Bezug zu Talcott Parsons Handlungstheorie sehr deutlich.[760] Hessler schreibt dazu, dass die Rollenbilder formeller

757 Vgl.: Hessler, Siglinde 2012, S. 66.
758 Vgl.:Ebd. S. 67.
759 Vgl.: Hessler, Siglinde 2012, S. 67.
760 Vgl.: Korte, Herrmann in: Einführung in die Geschichte der Soziologie, VS Verlag für Sozialwissenschaften, 8. Auflage 2008, S. 169 ff.

Art sein können, etwa in einer festgeschriebenen Form der Funktion (Position), dem dazu gehörigen Verantwortungsbereich und den Verpflichtungen.[761] Das Rollenbild kann ebenfalls über einen längeren zeitlichen Rahmen informeller Art sein. Scott sieht in der Funktion von normativen Systemen nicht nur ein einschränkendes Instrument, welches Werte und Interaktionen reguliert, sondern auch ein Instrument der Legitimation. Das normative System verleiht Institutionen erst die Legitimität.[762]

„Die Art der Legitimität, die Organisationen, die die in einem gesellschaftlichen Kontext oder einem organisationalen Feld als selbstverständlich erachtete Elemente aufweisen, zugesprochen bekommen, stammt aus der Übereinstimmung mit kulturellen Denkmustern.“[763]

Der Autor misst neben den Regeln, Normen und Werten, der kulturell kognitiven Ebene eine signifikante Rolle zu, da diese maßgeblich zur Herausbildung der Stabilität einer Institution beitragen kann. Die Interaktion und das Denken von Individuen offenbaren den Habitus im kulturellen System der Gesellschaft.

"The cultural-cognitive mode is the ‚deepest' level because it rests on preconscious, taken-for- granted understandings. "[764]

Hessler ist der Ansicht, dass Individuen externe Stimulanzen verinnerlichen und in symbolische Elemente transformieren. Eine signifikante Rolle spielt hierbei die Interpretation der externen Einflüsse. Die Protagonisten einer Institution sind keine passiven Akteure, sondern beeinflussen durch ihr interpretatives Agieren die Herausbildung, Veränderung und Stabilität einer Institution.

761 Vgl.: Hessler, Siglinde 2012, S. 68.
762 Vgl.: Walgenbach, Peter; Meyer, Renate 2008, S. 59.
763 Vgl.: Ebd.
764 Vgl.: Scott, William, Richard 2008, S. 61.

4.4.2 Zwischenfazit

Durch, das Drei Säulen Modell von Scott wurde ein signifikanter analytischer Beitrag geleistet, um in einem theoretischen Setting Institutionen/Organisationen und ihre Funktionsweise zu hinterfragen. Für die vorliegende Untersuchung diente Scotts Modell als wertvolle Hilfestellung, um zu hinterfragen, ob und in welcher Art und Weise, in den bereits existierenden Institutionen/Organisationen die Implementierung einer Sozialklausel zu realisieren ist.

5 Das Rechtswesen

Im Anschluss an die bisherige Analyse des Themas: „Trade & Labour", liegt der Fokus dieses Abschnittes auf dem Arbeitsrecht. Da die Betrachtungsweise über dem Rahmen des „Arbeitsrechts" hinausgeht, beginnt dieses Kapitel mit einer Einführung und der Entwicklung der Rechtswissenschaft. Kaltenbach sieht in der Entwicklung der „Arbeit", parallelen bei der Entwicklung des „Rechts", beide sind von einschneidenden Veränderungen durch die Globalisierung und Individualisierung gekennzeichnet.[765] Dadurch entstehen immer wieder sich überschneidende Sachverhalte. Das Recht ist keine methodengerecht vorgetragene Rechtsansicht, unterschiedliche Rechtsauslegungen zu ein und demselben Sachverhalt, führen bekanntlich zu kontroversen in der Gesellschaft. Henke ist der Ansicht, dass diese unterschiedlichen Betrachtungsweisen mittels eines Transformationsaktes der Judikative zu Recht werden können.[766] Explizit dann, wenn Richter sich der allgemeinen literarischen Rechtsauffassung anschließen.[767] Deshalb ist es notwendig zu Beginn dieser Untersuchung eine zumindest grobe Definition vorzunehmen, was in dieser Untersuchung unter „Recht" verstanden wird. In diesem Kontext lassen sich durch die enge Verknüpfung zwischen dem Staat und dem Rechtssystem, diverse Perspektiven ausmachen. Richtet sich der Fokus auf die Globalisierung der Wirtschaft, ist zu realisieren, dass nicht nur die Wirtschaftsmärkte ihren expandierenden Kurs fortsetzen, es ist eine Ausweitung der gestaltenden Akteure ersichtlich.[768] Diese zunehmende Expansion der Gestaltungskraft durch „Dritte" hat immensen Einfluss auf das staatliche Monopol der Rechtssetzung- und Rechtsprechung.

„Es zeigt sich jedoch, dass im Zuge einer noch in den Anfängen begriffenen neuen Partnerschaft zwischen staatlichen, zivilgesellschaftlichen und

765 Vgl.: Kaltenbach, Dominic 2009, S. 347.
766 Vgl.: Henke, Christoph in: Über die Evolution des Rechts, Mohr Siebeck Tübingen 2010, S. 28.
767 Vgl.: Ebd.
768 Vgl.: Kaltenbach, Dominic 2009, S. 347.

wirtschaftlichen Akteuren in erster Linie nur die Sanktion ihre ursprüngliche dominante Rolle verliert."[769]

Primär ist die Vereinheitlichung von universellen Menschenrechten und privaten Rechtsregimen[770] zu beobachten. Die nationalen Regime und ihre spezifische Rechtsprechung fragmentieren, dadurch wird das universelle Rechtssystem implementiert. Dies erzeugt wiederum eine Unübersichtlichkeit des Rechts und führt in einigen spezifischen Sachverhalten zu kontroversen Debatten.[771] Es kristallisiert sich eine sozial- und menschenrechtspolitische Orientierung in diversen Segmenten des Rechts, heraus. Kaltenbach nennt in diesem Kontext die Migration von Menschen. Er ist der Ansicht, dass die allgemeine Verbreitung und Nutzbarkeit des Rechts besonders stark vorangetrieben wird, wenn es zu erhöhten Migrationsbewegungen kommt.

„Dies lässt sich auf der einen Seite nach der Bereitschaft betrachten, die Migration durch entsprechende Unterstützung in den Heimatländern zu bremsen und auf der anderen Seite nach der Bereitschaft, durch vermeintlich individuelle Einbußen durch eine größere Flexibilität, die Migration fruchtbar zu machen."[772]

Die Einbindung des Rechts zeichnet sich dadurch aus, dass im individuellen Sachverhalt, diese besonders stark regulierend interveniert, in anderen Sachverhalten viel zu wenig regulierend eingegriffen wird. Im deutschen individuellen und kollektiven Arbeitsrecht finden sich Ansätze wieder, die diesen divergenten Ansprüchen gerecht werden können. Im Individuellen deutschen Arbeitsrecht, der Kündigungsschutz von Arbeitnehmerinnen und Arbeitnehmern, aber auch die im kollektiven Arbeitsrecht verankerte Koalitionsfreiheit, sind Ansätze, die den Beschäftigten Schutz vor Ausbeutung gewährleisten sollen. Die Schaffung eines einheitlichen Rechtssystems, welches auf konsensfähige Ker-

769 Vgl.: Ebd.

770 Vgl.: Unter „private Rechtsregime" werden von der Wirtschaft initiierte Schiedsgerichte, die ihre Sitzungen nicht öffentlich austragen definiert.

771 Vgl.: Etwas später in dieser Untersuchung wird die erlaubte Kinderarbeit in Bolivien thematisiert. *http://www.ilo.org/berlin/presseinformationen/WCMS_250932/lang--de/index.htm* (19.04.2016). *https://www.tagesschau.de/ausland/bolivien-kinderarbeit-102.html* (19.04.2016).

772 Vgl.: Kaltenbach, Dominic 2009, S. 348.

narbeitsnormen basiert, generiert auf Dauer einen Mehrwert, der sich nicht nur auf sozialer Ebene bemerkbar machen kann. Die notwendigen Veränderungen im Rechtssystem, im Hinblick auf Tradition und Kultur, schaffen für das Kapital langfristig eine Rechtssicherheit und mindern dadurch das Verlustrisiko, signifikant. Kaltenbach sieht unter systemtheoretischer Perspektive kein schwerwiegendes Problem für das Rechtssystem. Das weit verbreitete individuelle Krisenempfinden, ordnet Kaltenbach primär den psychischen Erscheinungsformen des Rechts zu.[773] Alexandra Kemmerer schreibt dazu in einem Artikel der in der FAZ erschienen ist:

„Die Weltpolitik werde nicht mehr nur von einem „kleinen Club westlicher Nationen" bestimmt, sondern von einer im Prozess der Dekolonisierung wachsenden Zahl kulturell unterschiedlich geprägter Staaten. Das Völkerrecht verfolge nun auch soziale und ökonomische Anliegen."[774]

Bei der Schaffung einer gemeinsamen Rechtsgesellschaft muss der individuelle Sinn in einer kollektiven Identität vermittelt werden. Die nun folgenden Kapitel untersuchen die Rechtslehre im Kontext des Wandels in einer globalisierten Welt. Als Referenztheoretiker dient der Ansatz von Dominic Kaltenbach, der in seinen Untersuchungen die Termini „Weltarbeitsgesellschaft" und „Weltrechtsgesellschaft" geprägt hat.

5.1 Das Konzept der Rechtslehre

In diesem Abschnitt der Untersuchung wird zunächst das Konzept der Rechtslehre erörtert. Hierbei wird am Anfang der Terminus „Recht" definiert. Dafür erscheint es notwendig den Wirkungsbereich der Rechtslehre zu erörtern. Die Herausarbeitung der Grundzüge der Rechtslehre dienen zur Komplementierung eines Rasters, um Sozialklauseln zu analysieren und ihren Wirkungsgrad in einem bestehenden System einordnen zu können.

Die Rechtsphilosophie beschäftigt sich mit zwei fundamentalen Fragen. Diese beinhalten einen theoretischen und einen praktischen

---

773 Vgl.: Ebd.

774 Vgl.: Onlineportal: FAZ, *http://www.faz.net/aktuell/feuilleton/forschung-und-lehre/voelkerrecht-im-wandel-die-stimme-der-hegemonen-14148813.html* (20.04.2016).

Teil. Der Rechtstheoretische Ansatz verfolgt die Frage: „Was ist das Recht?". Die zentrale Frage der Rechtsethik lautet: „Welches Recht ist gerecht?" Da es in dieser Untersuchung um die Implementierung von Sozialklauseln im Freihandel geht, ist es naheliegend den Fokus nicht auf die Erarbeitung des allgemeinen Rechtsbegriffs zu legen, sondern sich vertiefend dem Rechtspositivismus zu widmen. Nichtsdestotrotz wird vorab eine allgemeine Definition des Rechtsbegriffs den Anfang machen.

„Recht ist ein Sammelbegriff für alle Ordnungssysteme, deren Ziel es ist, das Zusammenleben in einer Gesellschaft verbindlich und auf Dauer zu regeln bzw. soziale Konflikte zu vermeiden. Es wird zwischen dem (auf Traditionen beruhenden, ungeschriebenen) Gewohnheitsrecht, und dem (staatlich festgelegten) gesetzten Recht unterschieden. Als objektives Recht wird ein System zeitlich und räumlich tatsächlich geltender und garantierter Rechtsnormen bezeichnet. Gegenüber der o. g. allgemeinen Bedeutung von Recht handelt es sich bei objektivem Recht um (i. d. R. staatlich) erzwingbares, d. h. mit legitimer Zwangsgewalt versehenes Recht. Dieses vom modernen (Daseins- und Vorsorge-)Staat garantierte Recht schafft eine Rechtssicherheit, die einerseits immer komplizierter wird und mehr und mehr Lebensbereiche umfasst (Verrechtlichung), andererseits trotzdem in einem dauernden Spannungsverhältnis zum Prinzip der Gerechtigkeit steht. Als subjektives Recht werden die gesetzlich geschützten individuellen (Bürger-)Rechte bezeichnet. Als materielles Recht werden alle Rechtsnormen bezeichnet, die sich auf das Verhältnis zwischen den Individuen und zwischen Individuum und Staat beziehen. Demgegenüber steht das formelle Recht, dass sich mit dem Verfahren (der Art und Weise, wie materielles Recht durchgesetzt wird) beschäftigt. Als zwingendes Recht werden unabänderliche Rechtsnormen, als dispositives (nachgiebiges) Recht solche Rechtsnormen verstanden, die nur gelten, wenn zwischen den Beteiligten nichts anderes (vertraglich) vereinbart wurde."[775]

[775] Vgl.: Schubert, Klaus; Martina Klein in: Das Politiklexikon. 5., aktual. Aufl. Bonn: Dietz 2011.

Immanuel Kant definiert den Rechtsbegriff folgendermaßen:

„Inbegriff der Bedingungen, unter denen die Willkür des einen mit der Willkür des anderen nach einem allgemeinen Gesetze der Freiheit zusammen vereinigt werden kann"[776]

Professor Dietmar von der Pfordten[777] ist der Ansicht, dass die Freiheit als positive Bedingung des moralischen Sittengesetzes eine gewisse Sonderstellung einnimmt.[778] In Anlehnung an Kant, attestiert von der Pfordten der „Freiheit" als Bedingung moralischen Handelns nicht zwangsläufig eine Notwendigkeit, die dazu führt, dass alle praktischen Handlungsformen, Handlungsziele oder Handlungsimperative zu Ideen werden. Diese würden vielmehr vom Faktum der Vernunft und dem moralischen Gesetz in einem selbst, sozusagen in moralisch-praktischer Hinsicht und von nichtkategorialen Begriffen und Anschauungen in theoretischer und pragmatischer Hinsicht abhängig sein.[779]

Nach dieser allgemeinen Definition richtet sich der Fokus auf den Rechtspositivismus. Nach einer positivistischen Auffassung wird Recht den geltenden Zwangsnormen in einem Staat untergeordnet.[780] Dabei wird darauf hingewiesen, dass positives Recht vom Staat erzeugt werden kann.[781] In diesem Kontext wird die Radbruch`sche Formel angewandt.[782]

„Der Konflikt zwischen der Gerechtigkeit und der Rechtssicherheit dürfte dahin zu lösen sein, daß das positive, durch Satzung und Macht gesicherte Recht auch dann den Vorrang hat, wenn es inhaltlich ungerecht und un-

776 Vgl.: Kant, Immanuel in: Metaphysische Anfangsgründe der Rechtslehre, 1797, AB 32, Neuausgabe des ersten Teils der Metaphysik der Sitten. Herausgegeben von Bernd Ludwig, Hamburg 1986, S. 38.

777 Vgl.: Onlineportal: UNI Goettingen, *http://www.rechtsphilosophie.uni-goettingen.de/Wissenschaftl.%20Veroeffentlichungen10.2015.pdf* (21.04.2016).

778 Vgl.: Ebd., *http://www.rechtsphilosophie.uni-goettingen.de/Rechtsidee.pdf* (21.04.2016), S. 8.

779 Vgl.: Ebd.

780 Vgl.: Kaltenbach, Dominic 2009, S. 351.

781 Vgl.: Kaufmann, Arthur in: Problemgeschichte der Rechtsphilosophie, in: Kaufmann/Hassemer/Neumann (Hrsg.) Einführung in die Rechtsphilosophie und Rechtstheorie der Gegenwart 2011, 8. Auflage, S. 26 ff.

782 Vgl.: Onlineportal: LEMO, *https://www.dhm.de/lemo/biografie/biografie-gustav-radbruch.html* (21.04.2016) und *https://publikationen.uni-tuebingen.de/xmlui/bitstream/handle/10900/43690/pdf/Diss.PDF* (21.04.2016), S. 8 ff.

zweckmäßig ist, es sei denn, daß der Widerspruch des positiven Gesetzes zur Gerechtigkeit ein so unerträgliches Maß erreicht, daß das Gesetz als, unrichtiges Recht' der Gerechtigkeit zu weichen hat. Es ist unmöglich, eine schärfere Linie zu ziehen zwischen den Fällen des gesetzlichen Unrechts und den trotz unrichtigen Inhalts dennoch geltenden Gesetzen; eine andere Grenzziehung aber kann mit aller Schärfe vorgenommen werden: wo Gerechtigkeit nicht einmal erstrebt wird, wo die Gleichheit, die den Kern der Gerechtigkeit ausmacht, bei der Setzung positiven Rechts bewußt verleugnet wurde, da ist das Gesetz nicht etwa nur ‚unrichtiges Recht', vielmehr entbehrt es überhaupt der Rechtsnatur."[783]

Nach einer aus dieser Ansicht abstrahierten positivistischen Auffassung, engt Radbruch das Recht auf die jeweiligen Zwangsnormen in einem Nationalstaat ein. Dadurch kann „Positives Recht" durch den Staat erzeugt werden und der Wesensbestandteil des heutigen Rechtspositivismus und dadurch der Geltungsbereich des Rechts, werden örtlich definiert. Bei dieser Konstruktion ist eine Interdependenz zwischen Recht und Moral ersichtlich.

„*Damit rücken Überzeugung und Motivation, die in den Bereich der Moral gehören, sehr dicht an den Bereich des Rechts. Gleichzeitig deutet sich die Aktualität dieser Sichtweise für die heutige Zeit möglicherweise ganz allgemein in der staatlichen Überregulierung an.*"[784]

Die Rechtsprechung wird durch die verbindliche Rechtssetzung durch Rechtsnormen als staatliches Monopol aufgefasst. Dies beinhaltet den Kernbestandteil des Gewaltmonopols und das Prinzip der staatlichen Souveränität. Es zeigt sich aber immer wieder, dass im Rechtssystem, Normen existieren, die höchstwahrscheinlich nicht aus dem Willen eines souveränen Nationalstaates hervorgegangen sind. Diese von externen Akteuren beeinflussten Normen wurden sozusagen dem Souverän auferlegt. Selbst das Prinzip der Europäischen Union, die mit ihren rechtlichen Instrumentarien anderen Nationalstaaten ihre Normen aufzwingen kann und dadurch eine Vorreiterrolle bei der Schaffung einer „Weltarbeitsgesellschaft" einnimmt, stößt immer wieder an ihre Grenzen und muss sich herber Kritik aussetzen, die wiederum dazu führt, dass

783 Vgl.: Radbruch, Gustav in: Süddeutsche Juristenzeitschrift, S. 105 ff.
784 Vgl.: Kaltenbach, Dominic 2009, S. 351.

vermeintlich gut konzipierte Vereinbarungen in der Praxis zu Spannungen unter den Mitgliedern führen können.[785] Bei der Betrachtung der Funktionsweise des Rechts ist besonders auffällig, dass häufig der Bezug zur Gerechtigkeit gesucht wird. Bei dieser Betrachtungsweise wird zum Teil nicht global gedacht, sondern eine enge Verbundenheit zum Nationalstaat gesucht. Für das Individuum ist das Streben nach Gerechtigkeit, auf eine primäre innerstaatliche Ordnung ausgerichtet. Neben der Funktion der Konfliktbereinigung und der Verhaltensregulierung, hat der Ethnologe Rüdiger Schott[786] weitere 6 Funktionen des Rechts herausgearbeitet, die er als sekundäre Funktionen beschreibt. Der Autor beschreibt die erste Funktion, als eine erzieherische. Die Erziehung zu einem normgesteuerten Verhalten ist ein Instrument um soziales Verhalten zu beeinflussen und im Konfliktfall zu korrigieren.[787] Schott bezeichnet die zweite Funktion des Rechts als eine sozialtherapeutische. Durch das Thematisieren der Rechtskonflikte werden Aggressionen abgebaut und der soziale Frieden wieder hergestellt. Die beiden erarbeiteten sekundären Funktionen von Schott werden, den beiden Hauptfunktionen: Konfliktbereinigung und Verhaltensregulierung untergeordnet. Schott attestiert dem Recht einen Unterhaltungsfaktor. Rechtsverfahren wecken die Neugier der Bürgerinnen und Bürger. Eine große Anzahl

785 Vgl.: Große Hüttmann Martin, Wehling, Hans-Georg (Hrsg.) in: Das Europalexikon, 2., aktual. Aufl. Bonn: Dietz 2013. Autor des Artikels: J. Siegl. „Das Dublin Abkommen. ist ein völkerrechtlicher Vertrag, der regelt, welcher Staat für die Prüfung eines in der EU gestellten Asylantrags zuständig ist. Er trat am 1.9.1997 in Kraft und wurde am 17.3.2003 durch die Dublin-Verordnung (Dublin II) abgelöst. Das Dublin Abkommen flankiert das Schengen-Abkommen (Wegfall von Personenkontrollen an den EU-Binnengrenzen). Laut Dubliner Übereinkommen. ist immer nur ein EU-Staat für ein Asylverfahren zuständig, damit nicht gleichzeitig oder nacheinander in mehreren EU-Staaten Asylanträge gestellt (sog. »Asyl-Shopping«) bzw. gezielt Staaten zur Antragstellung ausgesucht werden können. Welcher Staat zuständig ist, regeln feste Kriterien. Grundsätzlich hat derjenige Mitgliedstaat den Asylantrag zu prüfen, in den der Asylbewerber zuerst eingereist ist. Im Vertrag von Amsterdam (1997) ist die Asylpolitik vergemeinschaftet worden. Alle EU-Mitgliedstaaten sowie die Schengen-Staaten Island und Norwegen wenden die Dublin-II-Verordnung an. Die Schweiz übernahm die Regelungen mit ihrem Beitritt zum Schengen-Raum am 29.3.2009."

786 Vgl.: Onlineportal UNI Muenster, *http://www.uni-muenster.de/imperia/md/content/ethnologie/nachrufschott.pdf* (22.04.2016).

787 Vgl.: Albrecht, Günther; Daheim, Hansjürgen; Sack, Fritz in: Soziologie, Sprache – Bezug zur Praxis – Verhältnis zu anderen Wissenschaften, Westdeutscher Verlag Opladen 1973, S. 361.

der Rechtsverfahren werden in öffentlichen Sitzungen, mit einem hohen Zuschaueranteil verhandelt. Die vierte Funktion wirkt etwas abstrakt, da der Autor sie als religiös und magisch bezeichnet.[788] Der Rechtsprozess wird verglichen mit der „Entsühnung". Eine weitere Funktion des Rechts ist wirtschaftlicher Natur. Dadurch ist die fünfte Funktion von Schott, eine ökonomische, die das Normierte Setting beim Warenaustausch definiert. Dadurch entsteht eine Rechtssicherheit, die den Akteuren eine Daseinsvorsorge garantieren kann. Die sechste Funktion beschreibt der Autor als eine politische, sie diene der Machterhaltung und deren Expansion. Die zuletzt genannte Funktion, ist meines Erachtens nach eine Hauptfunktion des Rechts und müsste den beiden anderen Hauptfunktionen zugeordnet werden. Durch die Legitimierung eines Regimes erhält dieses das Machtmonopol und die nationale Souveränität sowie die Identität werden nach Außen gekennzeichnet.

Rehbinder verortet das Recht in den Bereich der zwischenmenschlichen Beziehungen.[789] Das Recht besteht aus Normen die das Verhalten unter Individuen regelt. Ohne diese Normen fällt es Individuen sehr schwer in einer Gemeinschaft zu existieren. Normen und Werte und den daraus resultierenden Regeln, machen das Verhalten untereinander vorhersehbar.

„Verhält sich jemand in bestimmten Situationen anders, als man sich in solchen Situationen zu verhalten pflegt, gemäß der von ihm übernommen Aufgabe und der ihm eingeräumten Stellung, vor allem aber gemäß seinem gegebenen Wort, so ist er für die anderen „unberechenbar", unzuverlässig und damit für eine Zusammenarbeit ungeeignet."[790]

Unzuverlässige Individuen schließen sich selbst von der Gemeinschaft aus. Eine Gesellschaft besteht aus unterschiedlichen Gruppen von Individuen, wenn jeder unzuverlässig wäre, es keine Normen und Werte gäbe, die die Verhaltensregeln untereinander definieren, wäre eine Gesellschaft nur bedingt überlebensfähig. Als quantitativen Maßstab für das Recht, kann der Terminus „Gerechtigkeit" in diesem Zusammenhang genannt werden. Konfliktlösungen sollten so gut es geht, dem vorherrschenden sozialen Gerechtigkeitsgefühl in einer Gesellschaft, in

788 Vgl.: Ebd.

789 Vgl.: Rehbinder, Manfred in: Einführung in die Rechtswissenschaft, Walter de Gryter Berlin, NY, 8. Auflage 1995, S. 6.

790 Vgl.: Ebd.

Einklang stehen. Das Problem hierbei ist, das dieses soziale Gerechtigkeitsempfinden individueller Natur sein kann. Es wird nicht ausschließlich durch allgemein gültige Normen und Werte beeinflusst, sondern ebenfalls durch die Präferenzbildung von unterschiedlichen Akteuren und/oder von diversen Interessengemeinschaften. Durch die Bereinigung von Konflikten durch das Recht, kann dieses Instrument neue Ideen entwickeln. Rehbinder sieht in der Idee der Reziprozität den Leitgedanken der Gerechtigkeit, bestehend aus dem Ordnungsprinzip des Rechts und der gegenseitigen sozialen Beziehungen unter Individuen. Die zwei Erscheinungsformen der Reziprozität in diesem Kontext: Talionsprinzip[791] und Remunerationsprinzip, misst Rehbinder vor allem dem Remunerationsprinzip[792] eine hohe Bedeutung zu. Der Autor leitet diese Prinzipien von dem vorherrschenden Konzept der Erwerbsarbeit ab. Das Austauschverhältnis findet im Erwerbsleben der Individuen statt. Durch die erbrachte Arbeitsleistung sichern sich die Beschäftigten ihre Existenz. In der weiteren Gerechtigkeitsidee sieht Rehbinder die Nachhaltigkeit im Recht. Die Rechtssicherheit als verhaltens- und erwartungsregulierende Norm kann nur gewährleistet werden wenn dies in Form der Reziprozität in einer sozialen Gesellschaft geschieht. Die regulative Leitidee der Gerechtigkeit nimmt die Rollendefinition ein. Nur eine klar definierte Verteilung und Definition der Rollen unter Individuen, wirkt konfliktlösend. Es muss für jeden Akteur klar ersichtlich sein, welche Erwartungen und welche Pflichten bei einer Interaktion bestehen. Am Ende nennt der Autor die Steuerungsfunktion des Interessenausgleichs durch die Rechtssetzung bei sozialer Ungleichheit. Dadurch soll bei einem Konflikt, in dem ein Protagonist nicht über die notwendigen Ressourcen verfügt, der soziale Frieden gewahrt bleiben.

5.1.1 Zwischenfazit

Um eine erste handhabbare Definition des Rechtsbegriffes vorzunehmen, kann an dieser Stelle festgehalten werden, dass das Recht für

791 Vgl.: Braun, Johann in: Einführung in die Rechtswissenschaft, Mohr Siebeck Tübingen, 3. Auflage 2007, S. 55 ff. In diesem Kontext wird das Talionsprinzip als Schadensvergeltung definiert.

792 Vgl.: Albrecht, Günther; Daheim, Hansjürgen; Sack, Fritz; 1973, S. 359. In diesem Kontext wird das Remunerationsprinzip definiert als Austauschregelung.

das Individuum eine gewisse Erwartungssicherheit gewährleistet. Das Recht wirkt konfliktbereinigend und ist auf das zwischenmenschliche Verhalten ausgerichtet. Das Recht umfasst normierte Verhaltensregeln, die eingebunden sind in den stattlichen Durchsetzungszwang. Wenn von „Recht" gesprochen wird, ist der Begriff eng mit dem Terminus der „Gerechtigkeit" verbunden. Ausgehend vom staatlichen Gewaltmonopol, darf an dieser Stelle davon ausgegangen werden, dass der Nationalstaat durch seinen legitimierten Durchsetzungszwang, für Gerechtigkeit sorgen muss. Dies wird dadurch untermauert, da das Recht und der Staat eine Symbiose eingehen, in Form einer konstitutionalisierten Verfassung, die durch die Bürgerinnen und Bürger eines Nationalstaates legitimiert wurde. In der rechtsphilosophischen Begründung, nach denen der Nationalstaat als alleinige „Quelle" und „Beschützer" des Rechts anzusehen ist, ist die strikte Trennung zwischen Recht und Moral nicht zu erkennen. Der Rechtspositivismus und explizit die Herangehensweise bei Strafprozessen, unter Anwendung der Radbruch`schen Formel offenbaren eine Verbundenheit der Rechtsprechung und der Moral. Denn wenn Recht in einigen speziellen Sachverhalten „Unrecht" bedeutet, hat der Gesetzgeber die Option die Rechtsprechung anzupassen. Dies bedeutet, dass ungerechte Gesetze, der Gerechtigkeit weichen müssen. Wenn Gesetze nicht das Ziel verfolgen gerecht zu sein, sind diese für die Bürgerinnen und Bürger nur sehr schwer zu akzeptieren. Dieses Beispiel offenbart die signifikante Rolle des Rechtssystems in einem Nationalstaat. Wenn man von der gängigen Verfassungstheorie absieht, und den Verfassungsbegriff auf eine transnationale Ebene adaptiert, und somit den Verfassungsbegriff nicht auf ein nationales Territorium begrenzt, ist es nicht abwegig auch auf transnationaler Ebene gesellschaftliche Dynamiken rechtlich zu disziplinieren, ohne die staatliche Souveränität einzelner Nationen zu beschädigen.

„Auf Weltebene findet sich ebenso Verfassungsrecht, das auf souveränen Staaten zurückgeht, wie auch Verfassungsrecht, das in verschiedensten Sektoren auf die Zivilgesellschaft zurückgeht."[793]

Kaltenbach sieht bei einer Erweiterung über den Nationalstaat hinaus, Schwierigkeiten im Hinblick auf die soziale Funktion des Rechts.[794] Si-

---

793 Vgl.: Vgl.: Kaltenbach, Dominic 2009, S. 384.
794 Vgl.: Ebd.

cherlich ist es richtig, dass die Begrenzung auf den Nationalstaat das Recht in seiner sozialen Funktion als „Herrschaftsinstrument" durch die Bürgerinnen und Bürger angesehen wird, welches dem Zweck der Konfliktbereinigung dient und sich als Barometer offenbart und dadurch das Gerechtigkeitsempfinden einer Bevölkerung skalieren kann. Diese Ansicht ist nachvollziehbar, jedoch bereinigt zwar das Recht einige Konflikte, aber das Resultat ist nicht zwingend dem Gerechtigkeitsempfinden einzelner geschuldet und kann bei weitem nicht dem Gerechtigkeitsempfinden einer ganzen Nation entsprechen. Diese Diskrepanz offenbart sich explizit dann, wenn die rechtlich geregelte Streitbeilegung nicht als Option in Betracht kommt, weil die Beziehung der Protagonisten untereinander dadurch gefährdet wird.[795] Insbesondere in diesen Sachverhalten, wird das Recht nicht als neutral und sozial gerecht empfunden, da nicht alle involvierten Interessen berücksichtigt werden. Das Recht kann als eine Form der Institution begriffen werden, welches sich zur Aufgabe gemacht hat, Interessen abzuwägen und mit den vorherrschenden Normen zu vergleichen.

Die ILO fordert schon seit längerem die Implementierung weltweiter Kernarbeitsnormen und bei Verstößen gegen diese Normen einen gerechten Sanktionsmechanismus, damit die Interessen der Arbeitnehmerinnen und Arbeitnehmer geschützt werden können. Das nun folgende Kapitel betrachtet die Konfrontation des Rechts in einem globalisierten Welthandel.

5.2 Die Globalisierung der Rechtslehre

Dieses Kapitel der Untersuchung orientiert sich an der optionalen Einflussnahme der globalisierten Wirtschaft, auf das Rechtssystem. Mit welchen rechtlichen Normen werden „souveräne Nationalstaaten" in einer globalisierten Welt konfrontiert? Waren in der Vergangenheit die Nationalstaaten alleine für die rechtliche Normsetzung verantwortlich, hat sich dieses Konzept in den letzten Jahrzehnten signifikant verändert. Mit der Expansion der gestaltenden Akteure in diesem Segment, hinterfragt Kaltenbach, ob diese Entwicklung primär zu einer Homogenisierung oder zu einer Diversifizierung des Rechts führt.[796] Die Resultate

[795] Vgl.: Ebd. S. 385.
[796] Vgl.: Ebd. S. 386.

des prosperierenden Globalisierungsprozesses sind signifikant von diversen Institutionen und multinationalen Unternehmen abhängig.

„Blickt man auf die gestaltenden Akteure im Recht, so ist der Globalisierungsprozess in diesem Zusammenhang vor allem dadurch gekennzeichnet, dass rigide nationalstaatliche Regelungen, vor allem im Arbeits-, Sozial-, Umwelt-, Steuer-, und Kartellrecht, verstärkt zu Abwanderungen des Kapitals führen können.“[797]

Dieser Fluchtmechanismus hängt maßgeblich von der Mobilität der Produktionsfaktoren, Arbeit und Kapital ab. Die grenzenlosen mobilen Produktionsfaktoren, agieren international und sind nicht mehr an nationale Kategorien gekoppelt. Der Verlust der Wirtschaftskraft und damit einhergehend der soziale Unfrieden, führen in gewissen Aspekten der Nationalstaaten zur Hilflosigkeit gegenüber multinationalen Unternehmen. Einzelstaatliche Rechtsnormen können dazu führen, dass sich Staaten in einen Zustand der Aktionsschwäche manövrieren. Dieser Zustand wird dadurch gekennzeichnet, dass explizit wirtschaftsschwache Nationen, im Hinblick auf länderübergreifende Fusionen von Unternehmen in Bedrängnis geraten können. Es entsteht ein Abhängigkeitsverhältnis zum Unternehmen, der den staatlichen Akteuren wenig Freiraum in ihren Entscheidungen einräumt. Um diesen Tendenzen durch neue einzelstaatliche Rechtsnormen entgegen zu steuern, ist der Nationalstaat bedingt durch die weitreichenden internationalen ökonomischen Verflechtungen, nur marginal in der Lage. Anstatt gemeinsam durch eine verstärkte Kooperation und Vernetzung gezielt Einfluss auf diese Entwicklung zu nehmen, tendieren einige Nationen unter Beibehaltung der innerstaatlichen Souveränität, die Begleiterscheinungen des Globalisierungsprozesses mit einer gewissen Zeitverzögerung anzupassen.[798] Dieser Prozess wird den vorgeschobenen erpresserischen Exit-Androhungen seitens multinationaler Unternehmen zugeschrieben. Selbstverständlich haben die stetigen Liberalisierungsmaßnahmen einzelner Staaten, diesen Trend begünstigt. Das Ergebnis sind so genannte „Global Player“, multinationale Unternehmen, die einen höheren Gewinn erwirtschaften als das Bruttoinlandsprodukt einiger euro-

797 Vgl.: Ebd.

798 Vgl.: Voigt, Rüdiger in: Globalisierung des Rechts. Nomos, Baden-Baden 2000, S. 16.

päischer Staaten. Diese Unternehmen und ihre internen Akteure, haben ein ökonomisches „Weltrecht" implementiert. Liekweg spricht hierbei von einer „lex mercatoria".[799] Die Autorin definiert die „lex mercatoria" als eine Form der globalen Rechtsordnung, die in einem autonomen Prozess der Rechtsproduktion entstanden ist und sich ständig weiterentwickelt.[800] Die Präsenz multinationaler Unternehmen hat zur Folge, dass interne Regulierungen unter Umständen in einem Staat als Rechtkonform gelten und in einem anderen gegen geltendes Recht verstoßen. Vorab muss zunächst geklärt werden, was unter multinationale Unternehmen zu verstehen ist und worin die wirtschaftlichen-, resp. arbeitsrechtlichen Besonderheiten in der Praxis mit Blick auf deren Gestaltungsmöglichkeiten liegen.

„International tätige Unternehmen, die durch Tochtergesellschaften oder Betriebsstätten sowie Niederlassungen in zahlreichen Staaten präsent sind. Ihre Absatzmärkte sind auf mehrere Länder verteilt und sie steuern ihre Aktivitäten von einer Zentrale im Heimatland aus. Die Unternehmen nutzen günstige Standortvorteile und preiswerte Bezugsquellen von Rohstoffen, liefern aber im Gegenzug dem Gastland neue Technologien und Maschinen und schaffen dort auch Arbeitsplätze."[801]

Neben diesen Aspekten die kennzeichnend für multinationale Unternehmen, unterscheidet sich jedoch die Unternehmensführung signifikant von inländischen Unternehmen. Wenn ein Konzern mehrere Standorte und Niederlassungen betreibt, kommt es in der Regel zu einer rechtlichen Auslandsberührung, was dann in Einzelfällen die Frage aufwirft, welches Recht angewendet wird. Dies wird in dieser Untersuchung am deutschen Arbeitsrecht resp. am deutschen internationalen Privatrecht erörtert. Das deutsche Arbeitsrecht, wie auch im deutschen internationalen Privatrecht, welches bei einer Auslandsberührung zur Anwendung kommt, regelt die gesetzlich festgelegte Vertragsfreiheit und die Privatautonomie. Die grundsätzlich geltende Vertragsfreiheit wird im deutschen Arbeitsrecht oft eingeschränkt. Explizit durch aus-

799 Vgl.: Lieckweg, Tania in: Das Recht der Weltgesellschaft – Systemtheoretische Perspektiven auf die Globalisierung des Rechts am Beispiel der lex mercatoria, Lucius & Lucius Verlagsgesellschaft mbH Stuttgart, 2003, S. 16 ff.

800 Vgl.: Ebd.

801 Vgl.: Duden Wirtschaft von A bis Z: Grundlagenwissen für Schule und Studium, Beruf und Alltag. 5. Aufl. Mannheim: Bibliographisches Institut 2013.

drückliche Schutzvorschriften wie zum Beispiel, das Arbeitszeitgesetz. Tarifverträge schränken die Privatautonomie ebenfalls ein sowie die Rechtsprechung durch das Bundesarbeitsgericht oder der EuGH. Die Vertragsfreiheit beinhaltet die Abschluss- und Geltungsfreiheit und hat im Grundrecht der allgemeinen Handlungsfreiheit seine verfassungsrechtliche Grundlage.

„Grundgesetz für die Bundesrepublik Deutschland Artikel 2

(1) Jeder hat das Recht auf die freie Entfaltung seiner Persönlichkeit, soweit er nicht die Rechte anderer verletzt und nicht gegen die verfassungsmäßige Ordnung oder das Sittengesetz verstößt.
(2) Jeder hat das Recht auf Leben und körperliche Unversehrtheit. Die Freiheit der Person ist unverletzlich. In diese Rechte darf nur auf Grund eines Gesetzes eingegriffen werden."[802]

Diese Vertragsfreiheit hat spezifische Grenzen im Arbeitsrecht. Nicht jeder vereinbarte Lohn ist Rechtskonform. So regelt das BGB in § 138 Absatz 1[803], Sittenwidrigkeit und Wucher. Wenn ein vereinbarter Lohn als sittenwidrig klassifiziert wurde tritt § 612 Absatz 2 BGB, die so genannte übliche Vergütung in Kraft. Insbesondere bei einer Auslandsberührung, dass bedeutet, wenn ein Unternehmen einen Mitarbeiter ins Ausland versetzen möchte, hat das Unternehmen das Recht der Wahl-

---

802 Vgl.: Onlineportal: Bundesministerium für Justiz und Verbraucherschutz, *https://www.gesetze-im-internet.de/gg/art_2.html* (26.04.2016).

803 Vgl.: § 138 BGB, Sittenwidriges Rechtsgeschäft; Wucher
(1) Ein Rechtsgeschäft, das gegen die guten Sitten verstößt, ist nichtig.
(2) Nichtig ist insbesondere ein Rechtsgeschäft, durch das jemand unter Ausbeutung der Zwangslage, der Unerfahrenheit, des Mangels an Urteilsvermögen oder der erheblichen Willensschwäche eines anderen sich oder einem Dritten für eine Leistung Vermögensvorteile versprechen oder gewähren lässt, die in einem auffälligen Missverhältnis zu der Leistung stehen.

§ 612Vergütung
(1) Eine Vergütung gilt als stillschweigend vereinbart, wenn die Dienstleistung den Umständen nach nur gegen eine Vergütung zu erwarten ist.
(2) Ist die Höhe der Vergütung nicht bestimmt, so ist bei dem Bestehen einer Taxe die taxmäßige Vergütung, in Ermangelung einer Taxe die übliche Vergütung als vereinbart anzusehen.
Fassung aufgrund des Gesetzes zur Umsetzung europäischer Richtlinien zur Verwirklichung des Grundsatzes der Gleichbehandlung vom 14.08.2006 (BGBl. I S. 1897) m.W.v. 18.08.2006.

freiheit, unter welchen gesetzlichen Normen, der Arbeitsvertrag zustande kommen darf. Für diese Rechtswahl bieten sich diverse, jedoch einschränkende Anknüpfungspunkte an. Das Unternehmen hat die Wahl, das Arbeitsrecht zu wählen in dem Staat, in dem der Arbeitsvertrag zuerst geschlossen wurde, also gemäß Vertragsstatut oder das Arbeitsrecht des potentiellen neuen Arbeitsortes, gemäß „lex loci laboris". Die Optionen werden im deutschen internationalen Privatrecht gemäß Artikel 30 EGBGB dahingehend eingeschränkt, dass für den entsandten Mitarbeiter das Günstigkeitsprinzip greift und somit der Vertragsfreiheit zugunsten des Arbeitnehmerschutzes Schranken gesetzt werden. Der Artikel 30 EGBGB wurde durch die Verordnung (EG) Nr. 593/2008 des Europäischen Parlaments und des Rates vom 17. Juni 2008 über das auf vertragliche Schuldverhältnisse anzuwendende Recht (Rom I) ersetzt.[804] Sollten die Parteien keine Rechtswahl getroffen haben, ist zu überprüfen zu welchen Staat aufgrund seiner Gesamtumstände Anknüpfungspunkte entstanden sind. Als Kern dieser These ist der Fokus auf den realen Arbeitsort zu richten. Da es immer wieder zu Kontroversen unter den Akteuren bei der Definition des Arbeitsortes kommt, deutet dies daraufhin, dass nicht immer der Arbeitsort, auch den Tätigkeitsort repräsentiert.[805] Eser schreibt zu dieser Thematik, dass wenn nicht der Arbeitsort, mit dem Tätigkeitsort übereinstimmt, auf die organisatorische Verwurzelung abzustellen ist. Der Autor ist der Meinung, dass wenn die Verrichtung der Tätigkeit nicht arbeitszeitlich überwiegend in einem Land stattfindet, kommt als Alternative zum Arbeitsort, das Recht des Staates zur Anwendung, in dem sich der Standort befindet (lex filiae).[806] Wenn sich jedoch bei einer Gesamtbetrachtung herausstellt, dass das Arbeitsverhältnis oder der Arbeitsvertrag engere Verbindungen zu einem Drittstaat aufweist, dann kommt weder das lex loci, noch das lex filiae zur Anwendung, sondern die Rechtsnormen des Drittstaates.[807] Ergänzend gelten für die im Bereich der EU entsandten Arbeitnehmer aufgrund der Entsende-Richtlinie 96/71/EG bestimmte Mindestarbeits-

804 Vgl.: Verordnung vom 17.6.2008 (Amtsblatt Nr. L 177 vom 4.7.2008, S. 6, ber. Amtsblatt Nr. L 309 vom 24.11.2009, S. 87) In Kraft getreten teils am 17.6.2009 (Art. 26), im Wesentlichen am 17.12.2009.

805 Vgl.: Gisbert, Eser in: Das Arbeitsverhältnis im Multinationalen Unternehmen: Arbeitsrecht, Steuerrecht, Sozialversicherungsrecht, Fachmedien Recht und Wirtschaft in Deutscher Fachverlag GmbH; Auflage: 2, 2003, S. 37.

806 Vgl.: Ebd.

807 Vgl.: Ebd.

bedingungen des jeweiligen Staates.[808] Bei kontroversen Auseinandersetzung unter den diversen Akteuren, existieren Einschränkungen bezüglich des Gerichtstandes. Das Europarecht sieht per Verordnung vor, dass Klagen des Arbeitgebers gegen den Arbeitnehmer nur am Wohnsitz des Arbeitnehmers erhoben werden können.[809] Das deutsche internationale Privatrecht ist von seiner Bezeichnung her etwas irreführend, da es nur im nationalen Setting seine Normsetzungsbefugnis wahrnimmt. Es ist kein universell anwendbares Recht. Die Rechtswahlfreiheit räumt multinationalen Unternehmen einen großen Aktionsradius im Freihandel ein. Die Akteure auf der Weltbühne können ihre Lösungsansätze, aus einem Portfolio von Optionen auswählen. Dieser enorme Spielraum, ermöglicht Großkonzernen, ganze Nationen gegeneinander auszuspielen. Selbst wenn die Wahl auf einen Staat gefallen ist, und der Konzern mit Technologietransfer und Direktinvestitionen vermeintlich „neue" Arbeitsplätz schafft, ist der Staat als normsetzende Institution, durch die Mobilität der Produktionsfaktoren erpressbar geworden. Die Europäische Union möchte diesem Trend entgegenwirken und hat die Richtlinie 2009/38/EG des Europäischen Parlamentes und des Rates vom 6. Mai 2009 beschlossen.

Artikel 1 / Zielsetzung

„*(1) Das Ziel dieser Richtlinie ist die Stärkung des Rechts auf Unterrichtung und Anhörung der Arbeitnehmer in gemeinschaftsweit operierenden Unternehmen und Unternehmensgruppen.*"[810]

Durch diese Richtlinie sollen die Rechte der Beschäftigten eines global agierenden Unternehmens gestärkt und die Erpressbarkeit von Gewerkschaften und Nationalstaaten gemildert werden. Ein sehr populäres Mittel um Kontroversen zwischen den Protagonisten beizulegen, ist

808 Vgl.: Richtlinie 96/71/EG des Europäischen Parlaments und des Rates vom 16. Dezember 1996 über die Entsendung von Arbeitnehmern im Rahmen der Erbringung von Dienstleistungen, Amtsblatt Nr. L 018 vom 21/01/1997 S. 0001 – 0006.

809 Vgl.: VERORDNUNG (EU) Nr. 1215/2012 DES EUROPÄISCHEN PARLAMENTS UND DES RATES vom 12. Dezember 2012 über die gerichtliche Zuständigkeit und die Anerkennung und Vollstreckung von Entscheidungen in Zivil- und Handelssachen (Neufassung).

810 Vgl.: Onlineportal: Lex-Europa, http://eurlex.europa.eu/LexUriServ/LexUriServ.do?uri=OJ:L:2009:122:0028:0044:DE:PDF (27.04.2016).

das Heranziehen einer Mediation. Es besteht auch die Option, Streitigkeiten in einem Streitschlichtungsverfahren, resp. Schiedsgerichtsverfahren zu lösen. Dies hängt maßgeblich davon ab, wie weit der Staat bereit ist, seine Normsetzungsbefugnis an private Dritte abzutreten.

„*Die Herausbildung und Kodifizierung privater Streitschlichtungsmechanismen, vor allem im Bereich des internationalen Handels, wird oftmals als Beispiel und Prototyp für die Qualität der Globalisierung des Rechts angeführt.*“[811]

Diese private rechtliche Normsetzung, am Staat vorbei, weckt immer größeres Interesse im Freihandel.

„*Der Schwerpunkt der Rechtsbildung verschiebt sich auf Privatregimes, also auf Verträge zwischen global Players, private Marktregulierung durch multinationale Unternehmen, interne Regelsetzungen in internationalen Organisationen, interorganisationale Verhandlungssysteme, weltweite Standardisierungsprozesse.*“[812]

Die internationale Schiedsgerichtsbarkeit ist wie folgt geregelt worden.

Artikel 1 / Aufgabe

„*1 Der Internationale Schiedsgerichtshof der Internationalen Handelskammer (der „Gerichtshof“) hat die Aufgabe, für die Anwendung der Schiedsgerichtsordnung der Internationalen Handelskammer (ICC) zu sorgen. Er verfügt über alle zu diesem Zweck erforderlichen Kompetenzen.*
2 Als eigenständige Institution erfüllt er diese Aufgab ein vollständiger Unabhängigkeit von der ICC und ihren Organen.
3 Seine Mitglieder sind von den ICC-Nationalkomitees und ICC-Gruppen unabhängig.“[813]

---

811 Vgl.: Kaltenbach, Dominic 2009, S. 392.

812 Vgl.: Muchlinski, Peter (1997) ‚Global Bukowina' Examined: Viewing the Multinational Enterprise as a Transnational Law-Making Community.' in G. Teubner (Hrsg.) Global Law Without A State. Aldershot : Dartmouth Gower: 79–108.

813 Vgl.: Onlineportal: ICC, *http://www.iccgermany.de/icc-regeln-und-richtlinien/icc-regeln-zur-streitbeilegung-mediation-guetliche-einigung-schiedsgerichtsbarkeit/internationale-institution-icc-schiedsgerichtsbarkeit-in-deutschland/icc-schiedsgerichtsordnung-kosten-internationale-institution-fuer-schiedsger.*

Diese Verfahren werden immer öfter von den Protagonisten in Anspruch genommen, eine große Anzahl dieser Verhandlungen werden nicht öffentlich ausgetragen. Diese Streitschlichtungsstellen haben in der Regel keine hoheitlichen Befugnisse, dass Vorführen von Zeugen, also das Gewaltmonopol, darf nur vom Staat ausgeübt werden und das „Outsourcen" an „Dritte" (Privatpersonen) entspricht nicht einem westlich orientierten Demokratieverständnis. Ebenso ist die Aufforderung zur Herausgabe von Dokumenten für das Verfahren, also die Zwangsbefugnis, Aufgabe des Staates. Bei einer Normsetzung durch Privatpersonen, hätte der Datenschutz keinerlei Bedeutung mehr. Kaltenbach sieht eine minimale staatliche Kontrolle solcher Schiedsverfahren durch die nationalen Verfassungen der Länder in denen das Streitschlichtungsverfahren stattfindet.[814] Im Gegensatz zu nationalen Gerichtsverfahren, existieren im Schiedsgerichtsverfahren keine Kontrollinstanzen, die die erstinstanzliche Entscheidung überprüfen oder eine zweite Instanz, die die Entscheidung kontrollieren kann. Eine supranationale Kontrollinstanz kann den Verhandlungsort bestimmen, die einzusetzenden Richterpersonen könnten die Aufgabe übernehmen, Urteile zu veröffentlichen und ihre Präjudizwirkung zu veranlassen.

„Diese Präjudizwirkung bedeutet, daß ohne gute Gründe, z. B. Änderung der tatsächlichen Verhältnisse, aber auch weiterentwickelte rechtliche Maßstäbe, von einer Entscheidung in einem vorangegangenen Fall nicht abgewichen werden sollte."[815]

Dies würde vor allem, Rechtssicherheit für die Akteure in solch einem Prozess gewährleisten. Die Rechtssicherheit führt in der Regel dazu, dass wenn Urteile zu identischen oder ähnlichen Sachverhalten getroffen und publiziert wurden, eine Streitschlichtungsmaßnahme nicht zwangsläufig ein erneutes Urteil bedarf. Mit der Erweiterung der gestaltenden Protagonisten im Recht, hinterfragt Kaltenbach, ob der Globalisierungsprozess im Bereich des Rechts damit primär zu einer Homogenisierung oder zu einer Diversifizierung führt.[816] Den Ausgangspunkt

---

html (26.04.2016).

814 Vgl.: Kaltenbach, Dominic 2009, S. 393.

815 Vgl.: Klug, Ulrich; Ramm, Thilo; Rittner, Fritz; Schmiedel, Burkhard (Hrsg.) in: Gesetzgebungstheorie _ Juristische Logik – Zivil- und Prozessrecht, Springer Verlag Berlin, Heidelberg, New York, 1987, S. 296.

816 Vgl. Kaltenbach, Dominic 2009, S. 417.

dieser Frage, stellt zunächst die Verbindung von Recht und Nationalstaat dar. Die Rechtsphilosophie und die rechtstheoretischen Praktiken sind das Ergebnis einzelstaatlicher Bemühungen, ihre Normsetzungsbefugnis, territorial zu implementieren. Dadurch haben die souveränen Nationalstaaten signifikant zur Formalisierung des Rechtsbegriffs beigetragen, durch die Existenz moderner Nationalstaaten, wurde das Recht verstaatlicht und diese Verstaatlichung ging einher mit einer Prozeduralisierung.

„*Prozeduralisierung des Rechts heißt, die Autorität des Rechts auf die Behauptung prozeduraler Rationalität zu gründen. Prozedurale Rationalität wird reklamiert, weil formale und materiale Rationalität in einer die Rationalität des Rechtssystems gefährdenden Weise strittig geworden sind. Prozeduralisierung ist also eine neuartige Form der Rationalisierung des Rechts.*“ [817]

Durch eine stetige Formalisierung des Rechts, erfährt die Rechtsphilosophie, den Verlust ihrer Bedeutung hinsichtlich der Analyse und Begriffsbestimmung in diesem Segment. Durch eine zumindest graduelle Entkoppelung der Rechtsproduktion, durch die Erweiterung der Akteure in diesem Segment und der voranschreitenden Globalisierung der Weltmärkte, sowie durch eine Expansion der Deregulierung und Liberalisierung, entsteht somit eventuell eine Inkompatibilität der informellen und formellen Rechtssysteme mit den fundamentalen Grundrechten, in diesem Kontext wird sich auf die von der ILO definierten Verfassungsprinzipien und von der UN festgelegten Menschenrechte bezogen.

„*Vor allem durch eine zunehmende Überlagerung der nationalen Differenzierung des Rechts durch eine sektorielle, issue-spezifische Fragmentierung des Rechts durch eine Diversifizierung, die zum einen eine neue Unübersichtlichkeit schafft und zum anderen auch die Kollision zwischen den einzelnen Rechtsregimen wahrscheinlicher werden lässt.*“[818]

---

817 Vgl.: Eder, Klaus: Die Autorität des Rechts : eine soziale Kritik prozeduraler Rationalität. In: Zeitschrift für Rechtssoziologie 8 (1987), 2, pp. 193–230. *http://www.ssoar.info/ssoar/bitstream/handle/document/1538/ssoar-zrechtss-oz-1987-2-eder-die_autoritat_des_rechts.pdf?sequence=1* (28.04.2016).

818 Vgl.: Kaltenbach, Dominic 2009, S. 450.

5.2.1 Zwischenfazit

Durch die globale Vernetzung entstehen Interdependenzen zwischen den einzelnen Regimen, die zum Teil durch ihre einzelstaatliche Präferenzbildung und den legitimatorischen Diskurs, einen positiven Effekt auf das Recht ausüben können. Der legitimatorische Diskurs lenkt den Fokus des Rechtscharakters in Form der Verknüpfung von Trade & Labour wieder stärker in den Mittelpunkt. Lieckweg ist der Meinung, dass aufgrund der besonderen Beschaffenheit von Transkationen, durch die Globalisierung der Wirtschaft, im Rechtssystem der Bedarf für globale Rechtsstrukturen entsteht, die auch den globalen Transkationen die notwendige Rechtsicherheit garantieren können.[819] Die Autorin beschreibt die „lex mercatoria“ als „Privates Recht“, welches sich zusammensetzt aus Vertragsnormen, wie zum Beispiel die: OECD Principels of Corporate Gouvernance, Schiedsverfahren bei Streitigkeiten.[820]

„Das Zusammenspiel von allgemeinen Rechtsgrundsätzen, die durch Formulating Agencies formalisiert werden, deren Verweis auf und ihre Anwendung in Schiedsverfahren und die Ständige Weiterentwicklung der Rechtsgrundsätze in Schiedsverfahren und Vertragsgestaltung lassen die lex mercatoria unabhängig von staatliche Rechtssetzungen als globales Recht entstehen.“[821]

Nach dieser Auffassung kann die lex mercatoria als globales Recht verstanden werden, welches durch die Koppelung von Recht und Wirtschaft, bedingt durch Interdependenzen zwischen Regimen und multinationalen Unternehmen, sich bereits etabliert hat. Die Entstehung dieses informellen aus dem nationalen Korsett herausgelösten Rechtssystem, lex mercatoria, hat seinen Ursprung nicht in dem globalisierten Weltmarkt, bereits im Mittelalter haben Kaufleute auf ihren Verkaufsmärkten, ihre spezifischen Belange geregelt, die sich aus der Gewohnheit der Kaufmannstätigkeit entwickelt haben, und zwar unabhängig von einem System welches von einem nationalen Herrscher diktiert

819 Vgl.: Lieckweg, Tania in: Das Recht der Weltgesellschaft – Systemtheoretische Perspektiven auf die Globalisierung des Rechts am Beispiel der lex mercatoria, Lucius & Lucius Verlagsgesellschaft mbH Stuttgart, 2003, S. 75.

820 Vgl.: Ebd.

821 Vgl.: Ebd. S. 78.

wurde.[822] Das informelle Privatrecht, welches anerkannt und respektiert wird, durch die Ratifizierung diverser wirtschaftlicher Abkommen, kann bei der Forderung nach einem „Weltrechtssystem", wie es Kaltenbach beschreibt, hilfreich sein.

„Die Ernsthaftigkeit der Bekundungen auf dem Weg zur Weltrechtsgesellschaft lässt sich zum einen daran ablesen, welche Anstrengungen unternommen werden, den Migrationsdruck durch die Verbesserung der rechtlichen Situation in den Herkunftsländern abzumildern und zum anderen, ob bei den Individuen die Bereitschaft besteht, durch eine für sie selbst flexiblere rechtliche Absicherung die Migration allgemein und für alle Menschen fruchtbar zu machen."[823]

Damit deutet Kaltenbach bereits an, dass sich der Einsatz für die Weltrechtsgesellschaft gerade nicht in Forderungen nach fairem und menschenrechtskonformen Verhaltens an andere erschöpft, sondern jedem auch ein individuelles Zugeständnisse abverlangt.[824] Wenn man, wie beschrieben, das internationale Privatrecht, als „lex mercatoria" definiert, existiert bereits ein Weltrechtssystem, welches auf seine Arbeitnehmerrechtlichen Belange überprüft werden muss. Bei dieser Untersuchung geht es nicht, darum neue Normen zu entwickeln, sondern die bereits definierten Normen, in diesem Kontext sind die ILO Verfassungsprinzipien und/oder die Kernarbeitsnormen zu verstehen, in ein bestehendes Rechtssystem zu Implementieren und auf deren Konformität zu überprüfen. Das nächste Kapitel untersucht den stetigen Wandel des Rechts, im Prozess der Globalisierung.

5.3 Die Rechtslehre im Wandel

Betrachtet man den Wandel der Rechtslehre in den letzten Jahren, sind Tendenzen ersichtlich, die den Prozess der Globalisierung von der Entwicklung der Individualisierung in der Gesellschaft, abhängig macht. Kaltenbach nennt an dieser Stellen, die Expansion der gestaltenden Ak-

---

822 Vgl.: Lerch, Kent in: Europa und deine Regionen – 2000 Jahre Rechtsgeschichte, (Hrsg.) Bauer, Andreas; Welker, H. L. Karl, Böhlau Verlag Köln, Weimar, Wien 2007, S. 445 ff.

823 Vgl.: Kaltenbach, Dominic 2009, S. 466.

824 Vgl.: Ebd.

teure im Rechtssystem.[825] Er ist der Meinung, dass die prognostizierte Hilflosigkeit der Nationalstaaten gegenüber multinationalen Unternehmen, auf eine nicht mehr zeitgerechte Definition des Rechtsbegriffs zurückzuführen ist. Wie bereits in dieser Untersuchung analysiert, besteht bei der Begriffsbestimmung der Rechtslehre, die vorherrschende Meinung, dass die Normsetzungsbefugnis sehr eng mit dem Nationalstaat einhergeht. Wenn man diese Ansicht als Dogma versteht, können die Modifikationen die der Prozess einer Globalisierung mit sich bringt, nicht nur als Resignation der Nationalstaaten gegenüber multinationalen Konzernen verstanden werden, sondern als Weigerung sich dieses Systems zu nutzen zu machen. Das Freihandel, Wohlstand generiert, haben Studien der letzten Jahrzehnte nachweisen können. Jedoch wirkt die oft propagierte Hilflosigkeit der Nationalstaaten gegenüber multinationalen Unternehmen etwas grenzdebil. Löst man sich von dem archaischen Rechtsverständnis und lockert die Verknüpfung zwischen „Recht" und „Staat", erhält man ein neues, facettenreiches Muster.

„Durch das Hinzutreten neuer rechtsetzender Akteure verliert vor allem die Rechtsdurchsetzung durch Sanktionen die Bedeutung, die ihr im nationalstaatlichen Rahmen zukam und in bestimmten Bereichen auch immer noch zukommt."[826]

An Stelle der Sanktionen, übernahmen weichere Umsetzungsmechanismen, wie Kooperation und Überzeugung.

„So führte der individualistische, staatsabgewandte Liberalismus zur scharfen ideologischen Trennung von Staat und Gesellschaft und übersah dabei – bewußt oder unbewußt – die Möglichkeiten und Gefährlichkeit außerstaatlicher Machtkonzentration sowie die reale Unfreiheit und Schutzbedürftigkeit der sozial schwachen, insbesondere die des aufkommenden Industrieproletariats."[827]

Beleuchtet man den historischen Wandel der Rechtslehre, müssen in diesem Kontext die menschenrechtlichen Normen, wie Freiheits- und

825 Vgl.: Ebd. S. 525.
826 Vgl.: Kaltenbach, Dominic 2009, S. 527.
827 Vgl.: Wege, Joachim in: Positives Recht und sozialer Wandel im demokratischen und sozialem Rechtsstaat, Duncker & Humblot Berlin 1977, S. 140–141.

Schutznormen erwähnt werden. Diese Schutznormen wurden in diversen Rahmenvereinbarungen verankert, wie zum Beispiel: die Magna Charta Libertatum von 1215, die Petition of Rights von 1628, gegen Karl I. zum Schutz der Person und des Eigentums, die Habeas Corpus Akte von 1679 zum Schutz vor willkürlichen Verhaftungen oder die Bill of Rights aus dem Jahr 1689, die die „angemaßte Macht" der „königlichen Autorität" gegenüber dem Parlament einschränkte.[828] Diese hatten alle einen verfassungsrechtlichen Charakter und waren nicht im Völkerrecht kodifiziert. Selbst die ersten nennenswerten Kodifikationen der Menschenrechte waren verfassungsrechtliche Dokumente, die sich für die Freiheit und Unabhängigkeit einer Nation aussprachen, gegenüber der kolonialen Fremdherrschaft.[829] Die Idee der republikanischen Staatsgründung in Amerika, entsprang der kodifizierten Menschenrechte. Auf Basis dieser ersten Erfolge der Freiheits- und Schutznormen, galt es diese auf internationaler Bühne zu ratifizieren. Ein frühes Beispiel dieser Ratifizierung, bildet das Urteil des US Supreme Courts vom 9. März 1841, in dem Urteil wurden erstmals verschleppte Afrikaner aus Sierra Leone, die als Sklaven in Havanna verkauft werden sollten, nicht als Ware bezeichnet, sondern als freie Menschen, die das Recht haben, zurück in ihre Heimat zu gehen.[830] Die Signalwirkung die dieses Urteil hatte, war immens. Nicht nur weil erstmals die Freiheitsrechte von verschleppten Afrikanern anerkannt wurden, sondern das Urteil richtete sich gegen eine Nation[831], und entwickelte dadurch seine internationale Relevanz. Leider existieren weltweit immer noch Menschen, die nicht frei sind und versklavt werden. Der stellvertretende UN-Generalsekretär Jan Eliasson sagte dazu in seiner Rede vor dem Rat:

„Sklaverei ist nicht nur ein Gräuel der Vergangenheit. Millionen von Menschen leben als Sklaven oder in sklavenähnlichen Bedingungen, auch im Jahr 2015."[832]

[828] Vgl.: Sandkühler, Hans Jörg in: Recht und Staat nach menschlichem Maß, Weilerswist 2013, S. 126 ff.

[829] Vgl.: Declaration of Rights of Virginia vom 12.06.1776 und die Declaration of Independence vom 4. Juli 1776.

[830] Vgl.: Struve, Menschenrechte, in: Klenner (Hrsg.), Rechtsphilosophie bei Rotteck/Welcker, 1994, S. 192f.

[831] Vgl.: Das damalige Spanien, hat auf Herausgabe der Sklaven bestanden und geklagt.

[832] Vgl.: Onlineportal: UNO, *https://www.unric.org/de/uno-schlagzeilen/27685-sicherheitsrat-fordert-massnahmen-gegen-menschenhandel-und-sexuellen-*

Die ILO schätzt, dass weltweit ca. 21 Millionen Menschen Opfer von Zwangsarbeit sind und dadurch jährlich ca. 150 Milliarden Dollar Profit generiert wird.[833] Die Forderung nach Abschaffung der Zwangsarbeit (Sklavenarbeit) ist aktueller denn je. So garantiert der Internationale Pakt über wirtschaftliche, soziale und kulturelle Rechte vom 19.Dezember 1966 in seinen Normen folgendes:

*„**Teil III***
Artikel 6
(1) Die Vertragsstaaten erkennen das Recht auf Arbeit an, welches das Recht jedes einzelnen auf die Möglichkeit, seinen Lebensunterhalt durch frei gewählte oder angenommene Arbeit zu verdienen, umfasst, und unternehmen geeignete Schritte zum Schutz dieses Rechts.
(2) Die von einem Vertragsstaat zur vollen Verwirklichung dieses Rechts zu unternehmenden Schritte umfassen fachliche und berufliche Beratung und Ausbildungsprogramme sowie die Festlegung von Grundsätzen und Verfahren zur Erzielung einer stetigen wirtschaftlichen, sozialen und kulturellen Entwicklung und einer produktiven Vollbeschäftigung unter Bedingungen, welche die politischen und wirtschaftlichen Grundfreiheiten des einzelnen schützen.

Artikel 7
Die Vertragsstaaten erkennen das Recht eines jeden auf gerechte und günstige Arbeitsbedingungen an, durch die insbesondere gewährleistet wird a) ein Arbeitsentgelt, das allen Arbeitnehmern mindestens sichert i) angemessenen Lohn und gleiches Entgelt für gleichwertige Arbeit ohne Unterschied; insbesondere wird gewährleistet, dass Frauen keine ungünstigeren Arbeitsbedingungen als Männer haben und dass sie für gleiche Arbeit gleiches Entgelt erhalten, ii) einen angemessenen Lebensunterhalt für sie und ihre Familien in Übereinstimmung mit diesem Pakt; b) sichere und gesunde Arbeitsbedingungen; c) gleiche Möglichkeiten für jedermann, in seiner beruflichen Tätigkeit entsprechend aufzusteigen, wobei keine anderen Gesichtspunkte als Beschäftigungsdauer und Befähigung ausschlaggebend sein dürfen; d) Arbeitspausen, Freizeit, eine angemessene Begrenzung der

---

missbrauch (01.05.2016).

833 Vgl.: Onlineportal: ILO, *http://www.ilo.org/berlin/presseinformationen/WCMS_377279/lang--de/index.htm* (01.05.2016).

Arbeitszeit, regelmäßiger bezahlter Urlaub sowie Vergütung gesetzlicher Feiertage.“[834]

Des Weiteren garantiert der Artikel 11, das Recht auf einen angemessenen Lebensstandard für sich und seine Familie mit ausreichender Nahrung, Kleidung und Wohnraum, der Artikel 12 das Recht auf den höchsten Standard an körperlicher und geistiger Gesundheit, der Artikel 13 das Recht eines jeden auf Erziehung. Dieser Pakt wurde kontrovers diskutiert, so dass man zu dem Entschluss kam, einen zweiten Pakt zu beschließen. Der erste, dessen Rechtsverbindlichkeit unbestritten ist, Pakt für zivile und politische Rechte und der zweite über ökonomische, soziale und kulturelle Rechte. Die USA haben diesen bis heute nicht ratifiziert, die Bundesrepublik Deutschland hat den Pakt im Jahr 1973 ratifiziert, sieht im materiellen Inhalt eher eine programmatische Zielsetzung und keine bindende rechtliche Verpflichtung. Bereits vor dem Jahr 1966 stritten sich die Nachkriegsweltmächte bei der ökonomischen und sozialen Weltordnung. Der Artikel 23 in der allgemeinen Erklärung der Menschenrechte von 1948 beschreibt folgendes:

„Artikel 23 - Recht auf Arbeit und gleichen Lohn, Koalitionsfreiheit

- *Jeder Mensch hat das Recht auf Arbeit, auf freie Berufswahl, auf angemessene und befriedigende Arbeitsbedingungen sowie auf Schutz gegen Arbeitslosigkeit.*
- *Alle Menschen haben ohne jede unterschiedliche Behandlung das Recht auf gleichen Lohn für gleiche Arbeit.*
- *Jeder Mensch, der arbeitet, hat das Recht auf angemessene und befriedigende Entlohnung, die ihm und seiner Familie eine der menschlichen Würde entsprechende Existenz sichert und die, wenn nötig, durch andere soziale Schutzmaßnahmen zu ergänzen ist.*
- *Jeder Mensch hat das Recht, zum Schutze seiner Interessen Berufsvereinigungen zu bilden und solchen beizutreten.*“[835]

---

834 Vgl.: Onlineportal: Institut für Menschenrechte, *http://www.institut-fuer-menschenrechte.de/fileadmin/user_upload/PDF-Dateien/Pakte_Konventionen/ICESCR/icescr_de.pdf* (01.05.2016).

835 Vgl.: Onlineportal: Humanrigths, *http://www.humanrights.ch/de/internationale-menschenrechte/aemr/text/artikel-23-aemr-recht-arbeit-gleichen-lohn* (01.05.2016).

Dieser Artikel regelt diverse Ansprüche im Bereich der Arbeitswelt. Primär wird das Recht auf Arbeit festgehalten. Allerdings wollten die Konstrukteure dieser Erklärung nicht, dass dieses Recht vor einem Gericht eingeklagt werden kann. Sie waren der Meinung, dass ein Richter keine Arbeitsstelle zuweisen oder neue Arbeitsstellen schaffen kann. Die Intention hinter diesen Artikeln ist die, die Staaten zu verpflichten ihre Wirtschaftspolitik darauf auszurichten, dass die Arbeitslosigkeit unter ihren Bürgerinnen und Bürger möglichst gering ausfällt. Ebenso muss der Staat, wenn nötig intervenieren, falls der ausgezahlte Lohn/Gehalt keine menschwürdige Existenz für die Arbeitnehmerinnen und Arbeitnehmer sicherstellen kann. Der Staat hat die Option einen Mindestlohn vorzuschreiben. Wenn nötig, ist er verpflichtet ergänzende Transferleistungen auszuzahlen, um ein Existenzminimum zu sichern. Die Höhe des Mindestlohns und die zu entrichtenden Transferleistungen sind maßgeblich vom allgemeinen Lebensstandard im betreffenden Land abhängig. Hingegen sind andere Bestimmungen, wie etwa die freie Berufswahl, durchaus einklagbar. Es darf kein Individuum gezwungen werden, Arbeiten anzunehmen oder Berufe zu ergreifen, die er oder sie ablehnt. Ebenso kann der Anspruch geltend gemacht werden, für die individuell entrichtete Arbeit den gleichen Lohn, wie alle anderen in einem Unternehmen zu erhalten. Die Erklärung schützt das Recht, Gewerkschaften zu bilden und solchen beizutreten, damit die Interessen der Beschäftigten gegenüber dem Arbeitgeber geltend gemacht werden können.[836] Dies ist ein kleiner historischer Überblick, der verdeutlichen soll, wie sich die Rechtslehre bei der Normierung der individuellen Freiheits- und Unabhängigkeitsrechte entwickelt hat.

5.3.1 Zwischenfazit

Die internationale Weiterentwicklung zu kollektiven Rechten, in diesem Kontext ist die so genannte „Dritte Generation“[837] und ihre normativen Grundlagen gemeint, die nie den Status einer rechtsverbindlichen Programmatik überwunden haben, spiegeln die Diskrepanz der diversen Ansichten unter den Protagonisten wieder.

836 Vgl.: Ebd.

837 Vgl.: Schöbener, Burkhard (Hrsg.) in: Grundbegriffe des Rechts – Völkerrecht – Lexikon zentraler Begriffe und Themen, C. F. Müller 2014, S. 288 ff.

„Menschenrechte verlassen erst dann die Späher der moralisch- philosophischen und literarischen Proklamation, wenn sie gesetzlich, d. h. verfassungs- oder Völkerrechtlich verfestigt werden.“ [838]

Erst mit der Kodifizierung in einer nationalen Verfassung erhalten fundamentale Menschenrechte ihre notwendige Anerkennung und Qualität. Paech fordert bei der Definition des Status „Menschenrechte“, dass diese der zivilen und politischen Bedeutung der Rechte gleichgesetzt werden müssen und diese in die Hierarchie der Völkerrechte einzuordnen sind.[839] Sie sollen gleichberechtigt neben den anderen Normen implementiert werden, ohne eine übergeordnete Stellung gegenüber anderen Normen einzunehmen.

„Das ideelle Fundament der Rechte der dritten Generation ist die Solidarität. Die Rechte der dritten Generation umfassen kollektive Rechte von Gesellschaften oder Völkern, wie das Recht auf nachhaltige Entwicklung, auf Frieden oder auf eine gesunde Umwelt.“[840]

Die Kodifizierung der Menschenrechte im Völkerrecht ist nicht neu und wird in der Fachliteratur kontrovers diskutiert. Die Kultur und das Demokratieverständnis in den diversen Nationalstaaten sind unterschiedlich. Ein Ansatz, um dieses Verständnis zu synchronisieren, stellen die Normen der ILO dar. Der Anfang zur Implementierung der universell gültigen und rechtsverbindlichen Menschenrechte in der Arbeit, könnten aus den Verfassungsprinzipien und Normen der ILO abgeleitet werden. Nicht jede dieser Normen stößt auf breite Zustimmung, sie bilden jedoch eine Grundlage und regen kontroverse Diskussionen an. In welches bestehende Rechtssystem oder internationale Rahmenvereinbarung diese Normen integriert werden können, wird in einem späteren Kapitel dieser Untersuchung erörtert.

---

838 Vgl.: Paech, Normen in: Menschenrechte versus Völkerrecht – Zum Wandel der Rolle der Menschenrechte in der Völkerrechtsordnung, S. 6, Onlineportal: Norman Paech, *www.norman-paech.de/app/download/5793217378/* (02.05.2016).

839 Vgl.: Ebd.

840 Vgl.: Onlineportal: Humanrights, *http://kompass.humanrights.ch/cms/front_content.php?idart=893#marginalie* (02.05.2016).

6 Die rechtliche Struktur des Freihandels – Eine Darstellung an ausgewählten Beispielen

Im Folgenden Kapitel werden die internationalen Rahmenvereinbarungen deskriptiv untersucht und ein kompakte Übersicht aufgezeigt, welche internationalen Rahmenvereinbarungen existieren und wie dessen Verhältnis zur Verbindung von Trade & Labour aussehen könnte. Die Auseinandersetzung der einzelnen internationalen Rahmenvereinbarungen wird in einem normativ-dogmatischen Raster vorgenommen. Aufgrund der zahlreichen internationalen Abkommen und deren Komplexität, können nicht alle bestehenden Institutionen und internationale Rahmenvereinbarungen in dieser Untersuchung analysiert werden. Diese Untersuchung beschränkt sich auf die fünf populärsten Abkommen. Den Anfang macht ein historischer Überblick des internationalen Arbeitsrechts.

6.1 Die Historie und die Grundlagen internationalen Arbeitsrechts

Im Römischen Reich wurde die Arbeit von Sklaven geleistet, wenn eine freie Person Arbeit leistete, lag die Analogie zur Sachmiete nahe (locatio conducto; Miet-, Pacht-, Werk-, Dienstvertrag). Gehobene Dienste von Advokaten oder Ärzten gehörten allerdings nicht zum locatio conducto. Diese Dienste wurden nicht gegen Bezahlung entrichtet, es war vielmehr eine Ehrenschuld (salarium oder honorarium). Grundlage in der feudalen Epoche waren die Hörigkeitsverhältnisse. Das Recht auf eine Dienstleistung stand den Feudalherren zu, diese genossen die Herrschaftsgewalt über eine Person, woraus eine Fürsorgepflicht gegenüber dieser Person resultierte. Die rechtlichen Beziehungen zwischen dem Feudalherrn und den „Angestellten“ waren personenrechtlicher Natur. Lohn und Kostgeld waren Gesetzen unterworfen, den so genannten Taxen. Das Ende dieser Epoche kennzeichnet den Anfang des modernen Arbeitsrechts.

Die Initialzündung für die Konstruktion des nationalen Arbeitsrechts ging von der unbeantworteten Frage der „sozialen Gerechtigkeit“ aus. Die Frage nach der sozialen Gerechtigkeit im ökonomischen Kontext, stellte sich zu Beginn des 19. Jahrhunderts in Europa. Die einsetzende Industrialisierung und die damit einhergehende Landflucht führten dazu, dass eine hohe Anzahl von Beschäftigten, keinerlei Schutz vor der Willkür, seitens der Unternehmer hatte. Selbstverständlich war auch die Arbeitssicherheit ein großes Thema zu dieser Zeit. Die fortschreitende Industrialisierung hatte für die Beschäftigten zur Folge, dass durch eine zunehmende Arbeitsteilung und Automation, es zu einem Überangebot von Arbeitnehmerinnen und Arbeitnehmern in den Städten kam. Die Automation hatte nicht nur zur Folge, dass schneller und günstiger produziert wurde, bedingt durch eine große Reservearmee an Beschäftigen in den Ballungsräumen, beeinflussten diese Faktoren signifikant die Lohnentwicklung. Diese fatale strukturelle gesellschaftliche Entwicklung, beeinflusste die Entstehung des nationalen individuellen und kollektiven Arbeitsrechts in Deutschland. Im Jahr 1842 trat das Gesetz zum Verbot der Kinderarbeit in Fabriken in Kraft. Seit dem Jahr 1845 sah die preußische Gewerbeordnung gemäß § 134 vor, dass der Vertrag zwischen Gesellen, Gehilfen und Lehrlingen Gegenstand freier Übereinkunft sein sollte. Für Hausangestellte galt bis ins Jahr 1918 das Gesinderecht. Dieses beruhte auf der Grundlage eines personenrechtlichen Herrschaftsverbandes zwischen Herr und Gesinde. Das Stinnes/Legien Abkommen vom 18. November 1918 erkannte erstmals Gewerkschaften als Vertreter der Arbeitnehmerinteressen an. In den Jahren des Nationalsozialismus änderte sich dieses bestehende Arbeitsrecht wiederum signifikant. Gewerkschaften wurden aufgelöst, die Arbeitnehmerinteressen wurden in einem Verband konsolidiert, der Deutschen Arbeiterfront (DAF). Treuhänder regelten Löhne und Arbeitsbedingungen und in Betrieben galt das Führerprinzip. Nach dem Zweiten Weltkrieg behielt das nationalsozialistische Arbeitsrecht dann nur bis 1946 seine Gültigkeit. Grundgesetze des deutschen Arbeitsrechts waren in der Folge im Jahr 1949 das Tarifvertragsgesetz, 1951 das Kündigungsschutzgesetz und das Betriebsverfassungsgesetz von 1952. Das Arbeitsrecht ist in viele Gesetze aufgeteilt und zum Teil unübersichtlich. Einen Überblick veranschaulicht die Normenpyramide:

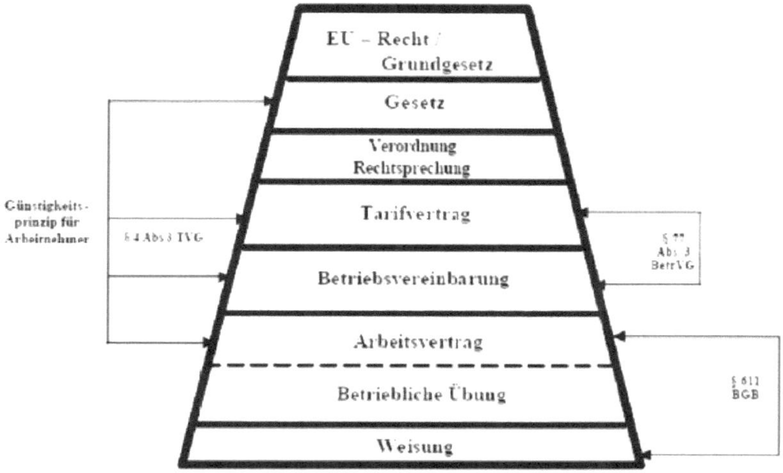

25. Abbildung: Normenpyramide[841]

Das Leitbild des Arbeitsrechts ist die Marktwirtschaft, mit ihrer individuellen Planungsfreiheit. Im Fokus steht hierbei der frei vereinbarte, privatrechtliche Arbeitsvertrag gemäß § 611 BGB und § 105 GewO. Dieses Prinzip weist funktionale Schwächen auf. Um diese Defizite zu kompensieren, hilft unter anderem das Tarifrecht gemäß § 4 Abs. 3 TVG (Günstigkeitsprinzip) oder § 9 Nr. 2 AÜG (Equal Pay-Prinzip). Adam Smith erkannte dieses Problem bereits sehr früh.

„The more improved any society is..., the greater will be the number of their laws and regulations necessary to maintain justice, and prevent infringements of the right of property."[842]

---

841 Vgl.: Onlineportal: Rechtsanwälte, Normenpyramide im Arbeitsrecht, http://www.rechtsanwaelte-cnh.de/arbeitsrecht/downloads/ArbR-Pyramide.pdf (10.10.08).

842 Vgl.: Deutsche Übersetzung: Je weiter fortgeschritten eine Gesellschaft ist..., desto größer wird die Anzahl ihrer Gesetze und Vorschriften sein, die notwendig ist, um Gerechtigkeit aufrechtzuerhalten und Verletzungen des Eigentumsrechts zu verhindern.
Meß, Christina in: Das Vertragsrecht bei Adam Smith, Peter Lang Verlag Frankfurt am Main, Band 362, 2008.

Die einsetzende Arbeitsgesetzgebung und die daraus resultierenden sozialen Sicherungssysteme trugen zur Verbesserung der Lebensumstände der Arbeitnehmerinnen und Arbeitnehmer bei.

„Durch die Zugeständnisse an die gegen die schlechten Lebens- und Arbeitsbedingungen aufbegehrende Arbeiterschaft konnte das in der „sozialen Frage" liegende revolutionäre Potential in Mitteleuropa entschärft werden."[843]

Diese zusammengefasste Übersicht verdeutlicht, dass die Implementierung von nationalen, wie auch internationalem Arbeitsrecht, im Kern ihren Ursprung aus ungelösten gesamtgesellschaftlichen sozialen Problemen und den daraus resultierenden Konflikten hat. Das Industrieproletariat[844] erarbeitete sich durch konfliktreiche Streiks und Demonstrationen die arbeitsrechtlichen und sozialpolitisch zwingend notwendigen Anpassungen, an das Industriezeitalter. Die gestaltenden staatlichen Akteure, reagierten lediglich auf den legitimatorischen Diskurs, mit Zugeständnissen an die Arbeiterschaft.

„Nationale und internationale arbeitsrechtliche Initiativen wurden als „Überdruckventil" eingesetzt, sofern der soziale Frieden durch Arbeitskämpfe ernsthaft bedroht war."[845]

Die historische Entwicklung und deren Bedeutung nationaler und internationaler Kernarbeitsnormen resultierten aus dem Streben nach Frieden und Wohlstandgenerierung. Dies spiegelt unter anderem die Präambel der ILO Verfassung wieder.

„Der Weltfriede kann auf die Dauer nur auf sozialer Gerechtigkeit aufgebaut werden."[846]

843 Vgl.: Blüthner, Andreas 2004, S. 141.

844 Vgl.: Schienstock, Gerd in: Industrielle Arbeitsbeziehungen, Springer Fachmedien Wiesbaden GmbH 1982, S. 121.

845 Vgl.: Blüthner, Andreas 2004, S. 144.

846 Onlineportal: Präambel der Verfassung der *International Labour Organization* von 1919, ILO, *http://www.ilo.org/berlin/wir-uber-uns/lang--de/index.htm* (24.03.2016).

Dies Streben nach sozialer Gerechtigkeit und Frieden ist eins der fundamentalen Argumente, auf Seiten derer, die sich für ein globales Arbeitsrecht einsetzen. Das folgende Kapitel untersucht die Funktionsweise des Arbeitsrechts.

6.1.1 Die Funktionsweise des Arbeitsrechts

Das Arbeitsrecht geht von der Grundannahme aus, dass der einzelne Beschäftigte in einem Unternehmen, seine individuellen Interessen nicht gegenüber dem meist wirtschaftlich stärkeren Arbeitgeber, frei und selbstbestimmt vertreten kann.[847] Die grundlegenden Arbeitnehmerrechte haben eins gemeinsam, sie dienen dem individuellen Schutz der Beschäftigten als Mensch und als Träger von Rechtsgütern. Aus dieser Erkenntnis heraus, resultiert die Schutzfunktion des Arbeitsrechts. Individuen haben in einem Wirtschaftssystem nur die Option, ihre Arbeitskraft einzusetzen, um ihre Existenz zu sichern. Dieses Abhängigkeitsverhältnis offenbart ein gewisses Risiko für Beschäftigte. Der Verlust des Arbeitsplatzes oder die zu geringe Entlohnung, gefährden die wirtschaftliche Existenz des einzelnen. Die sozialrechtliche Absicherung durch den Bezug staatlicher Transferleistungen, kann eine menschenwürdige Existenz nur unzureichend gewährleisten. Daher wird in der Regel, den Beschäftigten eine gewisse Form der Schutzwürdigkeit gegenüber dem Arbeitgeber eingeräumt. Der Gesetzgeber in Deutschland unterscheidet daher zwischen dem Individualarbeitsrecht und dem Kollektivarbeitsrecht. Das Individualarbeitsrecht dient dem Individualschutz der Arbeitnehmerinnen und Arbeitnehmer. Die Bereiche in denen das Arbeitsrecht involviert ist, werden in der folgenden Abbildung dargestellt.

---

847 Vgl.: Ley, Gerd in: Arbeitsrecht für Arbeitgeber – Fußangeln und Fallen des Arbeitsrechts erkennen und vermeiden, Tredition GmbH Hamburg 2014, Kapitel 1.1 Das Arbeitsrecht als Recht der Arbeitnehmer ff.

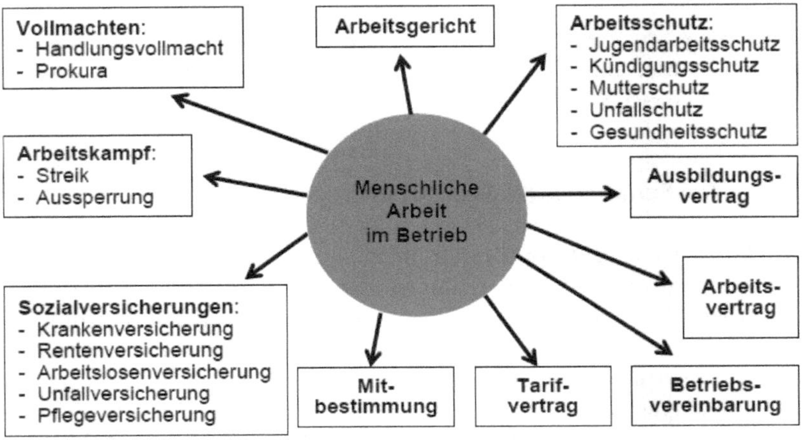

26. Abbildung: Bereiche der Arbeitswelt[848]

In Deutschland definiert der Gesetzgeber, wer oder was ein Arbeitnehmer ist. Das Wirtschaftslexikon schreibt folgendes dazu:[849]

1. *„Arbeitnehmer ist, wer aufgrund eines privatrechtlichen Vertrages (<u>Arbeitsvertrag</u>) unselbstständige, fremdbestimmte Dienstleistungen zu erbringen hat. Bedeutsam ist die Arbeitnehmereigenschaft u.a. dafür, ob Arbeitsrecht mit seinem spezifischen Kündigungsschutz anzuwenden ist.*
2. *Abgrenzungsmerkmale: a) Durch die persönliche Abhängigkeit unterscheidet sich der Arbeitnehmer von sonstigen aufgrund eines Dienstvertrages (§§ 611 ff. BGB) zur Erbringung von Diensten verpflichteten Personen (z.B. Rechtsanwälte, Architekten, Ärzte); Dauer und Art der erbrachten Dienste ist nicht entscheidend.*
   b) Fremdbestimmte Arbeit (arbeitsorganisatorische Abhängigkeit): Indizien für abhängige und unselbstständige Arbeit sind die Übernahme fremdbestimmter Arbeitsleistung (vgl. § 84 I 2 HGB) und die Einbezogenheit in einen fremden Organisations- und Produktionsbe-

848 Vgl.: Onlineportal:Bommi2000, *http://www.bommi2000.de/wirtkunde/lernbereich6_11.pdf* (09.05.2016), S. 1.

849 Vgl.: Onlineportal: Wirtschaftslexikon, *http://wirtschaftslexikon.gabler.de/Definition/arbeitnehmer.html* (09.05.2016).

reich. Kriterien sind persönliche und fachliche Weisungsgebundenheit und ausgeübte Arbeitskontrolle. Die Abgrenzung von selbstständiger Arbeit ist vielfach schwierig (Scheinselbstständigkeit).
c) Formale Abgrenzungsindizien wie die Abführung von Lohnsteuern und Sozialversicherungsbeiträgen sind für die Abgrenzung von untergeordneter Bedeutung.

3. *Keine Arbeitnehmer:*
(1) Beamte und Richter;
(2) Ehegatten und Kinder, soweit sie aufgrund familienrechtlicher Grundlage Arbeit leisten;
(3) Vorstandsmitglieder juristischer Personen;
(4) Gesellschafter, die für die Gesellschaft tätig werden;
(5) Strafgefangene (Arbeitsleistung im Rahmen eines öffentlich-rechtlichen Gewaltverhältnisses);
(6) Ordensleute, deren Beschäftigung durch Gründe karitativer oder religiöser Art bestimmt ist; bei Diakonissen strittig."

Die Hauptbereiche des Schutzes im Individualarbeitsrechts sind der:

- Arbeitsschutz (Arbeitsschutzgesetz)
- Gesundheitsschutz (Gewerbeordnung, Mutterschaftsgesetz, Jugendarbeitsschutzgesetz, Ladenschutzgesetz)
- Entgeltschutz (Entgeltfortzahlungsgesetz, Arbeitsrechtsgesetz, Bundesurlaubsgesetz)
- Kündigungsschutz (Kündigungsschutzgesetz)

Um die Arbeitnehmerinnen und Arbeitnehmer vor Nachteilen zu schützen, ist die privatrechtliche Vertragsfreiheit im Arbeitsverhältnis eingeschränkt. Dies geschieht durch Verordnungen und Gesetze, sowie deren Auslegung durch die zuständigen Arbeitsgerichte. Vor allem sind die tarifrechtlichen Vereinbarungen, die zumeist durch die Sozialpartner in einem Aushandlungsprozess vereinbart werden, essenziel. Der Gesetzgeber stärkt den Arbeitnehmervertretern durch das Betriebsverfassungsgesetz und somit durch das Kollektivarbeitsrecht, ihre Position gegenüber den Arbeitgebern. Das Betriebsverfassungsgesetz regelt unter anderem das Mitspracherecht der Betriebsräte in Unternehmen und die Mitbestimmung der Arbeitnehmerinnen und Arbeitnehmer in Aufsichtsräten. Das Kollektivarbeitsrecht reguliert die Beziehung zwischen Arbeitgebern, Verbänden, so wie den Arbeitnehmervertretungen und Gewerkschaften. Es gewährleistet Koalitionsfreiheit und Kollektivverhandlungen. Damit eng verknüpft sind der Arbeitskampf seitens der Beschäftigten und das Schlichtungsrecht.[850] Blüthner sieht in der Strahlkraft des Kollektivarbeitsrechts eine mittelbare und unmittelbare Entfaltung auf das Individualarbeitsrecht.[851]

„Über individualschützende Kollektivvereinbarungen wirkt die Vereinigungsfreiheit mittelbar individualschützend.“[852]

Durch die Koalitionsfreiheit und das Führen von Kollektivverhandlungen können im Ergebnis individualschützende Vereinbarungen getroffen werden, die über die Modalitäten einer Kündigung, bis hin zu einer Abfindungsregelung reichen können.

„Regelmäßig wird die effektive Garantie der Vereinigungsfreiheit darüber hinaus auch unmittelbar individualschützende Vorschriften zugunsten der Vertreter von Vereinigungen erfordern.“[853]

Explizit ist der Schutz vor Benachteiligung und Diskriminierung von Arbeitnehmervertretern bei der Ausübung ihrer Tätigkeit zu nennen. Aus diesem Grund enthält das Kollektivarbeitsrecht auch individualschützende Garantien.

„Das § 119 Betriebsverfassungsgesetz (BetrVG) regelt Straftaten gegen Betriebsverfassungsorgane und ihre Mitglieder. Danach kann mit Freiheitsstrafe bis zu einem Jahr oder mit Geldstrafe bestraft werden, wer

- *eine Wahl des Betriebsrats, der Jugend- und Auszubildendenvertretung, oder andere Vertretungen der Arbeitnehmer behindert oder durch Zufügung oder Androhung von Nachteilen oder durch Gewährung oder Versprechen von Vorteilen beeinflusst,*
- *die Tätigkeit des Betriebsrats, des Gesamtbetriebsrats, des Konzernbetriebsrats, der Jugend- und Auszubildendenvertretung oder anderer Vertretungen der Arbeitnehmer, behindert oder stört, oder*

850 Vgl.: Otto, Hansjörg in: Arbeitskampf- und Schlichtungsrecht, Verlag C. H. Beck München 2006, S. 90 ff.
851 Vgl.: Blüthner, Andreas 2004, S. 146.
852 Vgl.: Ebd.
853 Vgl.: Ebd.

- *ein Mitglied oder ein Ersatzmitglied des Betriebsrats, des Gesamtbetriebsrats, des Konzernbetriebsrats, der Jugend- und Auszubildendenvertretung, oder anderer Vertretungen der Arbeitnehmer um seiner Tätigkeit willen benachteiligt oder begünstigt.*“[854]

Bei dieser Strafnorm handelt es sich um ein Antragsdelikt, dies bedeutet, dass die Tat nur auf Antrag der Arbeitnehmervertretung oder einer im Betrieb vertretenen Gewerkschaft durch das Justizsystem verfolgt wird. Laut dem DGB ist in der Praxis zu beklagen, dass die Verfahren von den zuständigen Staatsanwaltschaften oft eingestellt werden. Trotz der Eindeutigkeit des Gesetzes, scheuen sich Staatsanwälte davor, Arbeitgeber als Straftäter zu verfolgen.[855]

Das Arbeitsrecht verfügt nicht nur über den hier beschriebenen Individualschutz, es besitzt weiterhin eine Ausgleichsfunktion hinsichtlich des Machtgefälles zwischen Arbeitnehmern und Arbeitgebern. Die Existenz dieses Ungleichgewichtes zwischen Arbeitgebern und Arbeitnehmern ist heute unbestritten. Der im Jahr 2015 veröffentlichte Bericht der EU- Grundrechteagentur: „Severe labour exploitation: Workers moving within or into the European Union. States obligations and victims‘ rights“[856], spiegelt dieses Machtgefälle und die daraus resultierenden „prekären Arbeitsverhältnisse“ wieder.

„*Betroffen von schwerer Arbeitsausbeutung sind typischerweise Migrantinnen und Migranten aus anderen EU-Staaten oder Ländern außerhalb der EU. Prägend ist das Ergebnis, dass die Betroffenen schwerer Arbeitsausbeutung fast jede Arbeit unabhängig von ihren Bedingungen annehmen, solange sie erwarten, irgendeine, noch so geringe Bezahlung zu erhalten. Unabhängig davon, wie sehr Arbeitgeber die Rechte der Betroffenen unterlaufen, erscheint vielen alles besser, als keine Arbeit zu haben.*“[857]

---

854 Vgl.: Onlineportal: DGB, *https://www.dgbrechtsschutz.de/recht/arbeitsrecht/betriebsraete-und-personalraete/behinderung-des-betriebsrats-als-straftat/* (09.05.2016).

855 Vgl.: Ebd.

856 Vgl.: Onlineportal: *http://fra.europa.eu/en/publication/2015/severe-labour-exploitation-workers-moving-within-or-european-union* (10.05.2016).

857 Vgl.: Onlineportal: Institut für Menschenrechte, *http://www.institut-fuer-menschenrechte.de/aktuell/news/meldung/article/eu-grundrechteagentur-veroeffentlicht-bericht-zu-schwerer-arbeitsausbeutung-schlussfolgerungen-fue/* (10.05.2016).

In einer Wirtschaftsordnung die durch liberale Grundzüge geprägt ist, wie zum Beispiel in der Bundesrepublik Deutschland, herrscht der Grundsatz der Vertragsfreiheit. Dieser wird im deutschen Arbeitsrecht zum Schutz der Arbeitnehmer reguliert. Im Grundsatz soll die Vertragsfreiheit eine rechtliche Parität der Vertragspartner gewährleisten. Betrachtet man dieses Konzept aus der rechtlichen Perspektive dürfen Arbeitnehmerinnen und Arbeitnehmer frei entscheiden, ob die ihnen angebotenen Arbeitsverträge unterzeichnen oder ein bestehendes Arbeitsverhältnis im Rahmen der gesetzlichen Normen kündigen. Entscheidet sich das Individuum gegen ein Angebot eines Arbeitgebers, steht es ihm frei, sich nach einem anderen Arbeitgeber umzuschauen. In der Praxis kann diese rechtliche Parität jedoch nicht die Tatsache verschleiern, dass die signifikante ökonomische Überlegenheit der Arbeitgeber und das Abhängigkeitsverhältnis der Individuen zur Erwerbsarbeit, zu einem Machtgefälle bei Verhandlungen, zwischen den beiden Parteien führen kann.

„*Dieses Machtgefälle äußert sich darin, dass es den meisten Arbeitnehmern bei ihrer Einstellung kaum möglich ist, Einfluss auf die Bedingungen ihres Arbeitsvertrages zu nehmen, sieht man einmal von umworbenen Fachkräften ab.*“[858]

Dieses Ungleichgewicht beruht nicht nur allein auf der Tatsache der ökonomischen Überlegenheit der Arbeitgeber, sondern wird forciert durch die Unkenntnis über die Normen und den damit verbundenen Rechten seitens der Arbeitnehmer. Wenn ein Vertragspartner seine Rechte die sie/er wahrnehmen kann, nicht kennt, ist es für einen Vertragspartner leicht, diese Unkenntnis zu seinem Vorteil auszunutzen. Bewirbt sich ein Individuum bei einem Unternehmen, sitzen ihm in der Regel rechtlich geschulte Mitarbeiter gegenüber, wie zum Beispiel der Personalleiter. Das bereits erwähnte Abhängigkeitsverhältnis der Individuen zur Erwerbsarbeit, verschärft sich signifikant, wenn in einem Staat das soziale Absicherungssystem nur marginal oder überhaupt nicht vorhanden ist. Dies bedeutet, dass ein Beschäftigungsverhältnis für das Individuum von existenzieller Bedeutung ist. Selbst bei einem ausgebauten Sozialsystem, wie in der Bundesrepublik Deutschland, ist es für die Bürgerinnen und Bürger in Zeiten schlechter Wirtschaftsdaten und hoher

[858] Vgl.: Blüthner, Andreas 2004, S. 147.

Arbeitslosigkeit sehr schwer, einen Arbeitsvertrag abzulehnen, der offensichtlich die aktuelle Marktsituation wiederspiegelt. Bei einer hohen Anzahl an arbeitslosen Bürgerinnen und Bürgern, kann der Arbeitgeber aus einer Vielzahl von Bewerberinnen und Bewerbern auswählen. Der interne Konkurrenzkampf zwischen den potentiellen Kandidatinnen und Kandidaten, verschärft das Machtgefälle zwischen den Vertragspartnern. Dass ein Machtungleichgeweicht zwischen Arbeitgebern und Arbeitnehmern existiert, wurde unter anderem in Deutschland durch das Bundesverfassungsgericht bestätigt. Dies geht aus dem amtlichen Leitsatz hervor:

„1. *Die Koalitionsfreiheit (Art. 9 Abs. 3 GG) gilt für Arbeitnehmer und Arbeitgeber. Sie schützt auch die Koalitionen in ihrem Bestand und ihrer Betätigung zur Wahrung und Förderung der Arbeits- und Wirtschaftsbedingungen. Soweit die Verfolgung des Koalitionszwecks von dem Einsatz bestimmter Mittel abhängt, werden auch diese vom Schutz des Grundrechts umfaßt.*

2. *Zu den durch Art. 9 Abs. 3 GG geschützten Mitteln zählen auch Arbeitskampfmaßnahmen, die auf den Abschluß von Tarifverträgen gerichtet sind. Sie werden insoweit von der Koalitionsfreiheit erfaßt, als sie allgemein erforderlich sind, um eine funktionierende Tarifautonomie sicherzustellen. Der Schutz umfaßt unter den gegebenen Verhältnissen jedenfalls Aussperrungen mit suspendierender Wirkung, die in Abwehr von Teil- oder Schwerpunktstreiks der Herstellung der Verhandlungsparität dienen.*

3. *Die Koalitionsfreiheit kann zum Schutz von Grundrechten Dritter und anderer mit Verfassungsrang ausgestatteter Rechte eingeschränkt werden. Darüber hinaus bedarf sie der Ausgestaltung durch die Rechtsordnung, soweit das Verhältnis der Tarifvertragsparteien zueinander berührt wird.*

4. *Eine Beschränkung von Arbeitskampfmaßnahmen, die das Ziel der Herstellung eines Verhandlungsgleichgewichts bei Tarifauseinandersetzungen (Verhandlungsparität) verfolgt, ist mit Art. 9 Abs. 3 GG vereinbar. Aussperrungen zur Abwehr von begrenzten Teil- oder Schwerpunktstreiks können daher nach Gesichtspunkten der Verhältnismäßigkeit beschränkt werden.*

5. *Das Bundesarbeitsgericht hat nicht dadurch gegen die Verfassung (Art. 9 Abs. 3, Art. 20 Abs. 3 GG) verstoßen, daß es die maßgeblichen*

Grundsätze des Arbeitskampfrechts entwickelt hat, ohne sich auf ein gesetzliches Regelungssystem stützen zu können.“[859]

Daher sind in Deutschland die Vereinigungsfreiheit und das Recht auf Kollektivverhandlungen, fundamentale Kernarbeitsnormen, die die Ausgleichsfunktion zwischen den Vertragspartner gewährleisten sollen. Durch die Implementierung von Arbeitnehmervertretern und die Gründung von Organisationen, die die Rechte der Arbeitnehmer vertreten, besteht die Option ihre Forderungen gegenüber den Unternehmen, notfalls in einem regulierten Arbeitskampf, durchzusetzen. Das Recht Interessenvertretungen zu gründen steht selbstverständlich auch Arbeitgebern zu, und verbessert dadurch die Verhandlungspositionen auf beiden Seiten. Ein zu erzielendes Ergebnis solcher Arbeitskämpfe ist unter anderem die Umverteilung der im Wirtschaftsprozess generierten Profite.

„*Der Tarifvertrag dient zum einem dem Schutz des Arbeitnehmers, der als einzelner nahezu machtlos ist und trägt dazu bei, Lohngerechtigkeit in seinem Geltungsbereich zu erzielen (Verteilungsfunktion).*“[860]

Unter einer Verteilungsfunktion werden regulierende Interventionen in die Einkommensstruktur zugunsten der Arbeitnehmerinnen und Arbeitnehmer verstanden. Die primäre Intention dieser Regulation besteht darin, eine Einkommensgerechtigkeit gemessen am erwirtschafteten Erlös zu erzielen. Dies funktioniert nicht, ohne den Verlust an gesamtwirtschaftlicher Effizienz in Kauf zu nehmen.[861] Im Arbeitsrecht stellen nicht nur die Normen des Tarifvertrages die Höhe der Entlohnung dar, die Festlegung auf einen gesetzlichen Mindestlohn spiegelt diese Praxis wieder. Im internationalen Sektor weist die C102 - Social Security (Minimum Standards) Convention, aus dem Jahr 1952 (No. 102), ähnliche Verteilungseffekte auf.[862] Kollektive Vereinbarungen, wie zum Beispiel

859 Vgl.: Urteil Bundesverfassungsgericht: Koalitionsfreiheit; Arbeitskampf; Tarifverträge; Grundrechtsschutz; Kampfparität, Beschl. v. 26.06.1991, Az.: 1 BvL 779/85.

860 Vgl.: Brox, Hans; Rüthers, Bernd; Henssler, Martin in: Arbeitsrecht, W. Kohlhammer GmbH, Stuttgart, Berlin Köln, 17. Auflage 2007, S. 232, Rn: 656.

861 Vgl.: Blüthner, Andreas 2004, S. 148.

862 Vgl.: Onlineportal: ILO, *http://www.ilo.org/dyn/normlex/en/f?p=NORMLEXPUB:12100:0::NO::P12100_INSTRUMENT_ID:312247* (11.05.2016).

ein Tarifvertrag, entwickeln eine Verteilungswirkung innerhalb diverser Gruppen. Man darf nicht davon ausgehen, dass jeder geführte Arbeitskampf seitens der Arbeitnehmerschaft, zu Lohnerhöhungen führt. Die Gewährleistung der Vereinigungsfreiheit und das Führen von Kollektivverhandlungen werden unter der Berücksichtigung der jeweiligen individuellen ökonomischen Entwicklung in einer Branche ausgehandelt. Explizit Normen zur Lohnhöhe verdeutlichen die Verteilungsfunktion im nationalen Arbeitsrecht. Diese unmittelbare Wirkung besitzen die Kernarbeitsnormen der ILO nicht. Sie sind im Hinblick auf soziale Gerechtigkeit ausgerichtet und stellen somit eine Entwicklung und den dazugehörigen Prozessrahmen dar. Die Erklärung der ILO[863] über die grundlegenden Rechte und Pflichten bei der Arbeit, auf ihrer 86. Tagung in Genf, am 18. Juni 1998 beginnt folgendermaßen:

„*...in der Erwägung, daß die Gründung der IAO in der Überzeugung erfolgte, daß soziale Gerechtigkeit eine wesentliche Voraussetzung für einen dauerhaften Weltfrieden ist; in der Erwägung, daß wirtschaftliches Wachstum wesentlich ist, aber nicht ausreicht, um Gerechtigkeit, sozialen Fortschritt und die Beseitigung von Armut zu gewährleisten, was bestätigt, daß die IAO starke Sozialpolitiken, Gerechtigkeit und demokratische Institutionen fördern muß; in der Erwägung, daß die IAO mehr als je zuvor alle ihre Mittel der Normensetzung, der technischen Zusammenarbeit und der Forschung in allen ihren Zuständigkeitsbereichen, insbesondere im Bereich der Beschäftigung, der Berufsbildung und der Arbeitsbedingungen, einsetzen sollte, um dafür zu sorgen, daß im Rahmen einer globalen Strategie für wirtschaftliche und soziale Entwicklung sich die Wirtschafts- und Sozialpolitiken gegenseitig verstärken, damit eine breit angelegte dauerhafte Entwicklung geschaffen wird, in der Erwägung, daß die IAO den Problemen von Personen mit besonderen sozialen Bedürfnissen, insbesondere der Arbeitslosen und der Wanderarbeitnehmer, besondere Aufmerksamkeit schenken und internationale, regionale und nationale Anstrengungen zur Lösung ihrer Probleme mobilisieren und ermutigen und wirksame Politiken zur Schaffung von Arbeitsplätzen fördern sollte; in der Erwägung, daß bei dem Streben nach dem Gleichlauf von sozialem Fort-schritt und wirtschaftlichem Wachstum der Garantie*

863 Vgl.: Onlineportal: ILO, *http://www.ilo.org/wcmsp5/groups/public/---europe/---ro-geneva/---ilo-berlin/documents/normativeinstrument/wcms_193727.pdf* (11.05.2016).

der grundlegenden Prinzipien und Rechte bei der Arbeit eine ganz besondere Bedeutung zukommt, indem den Betreffenden selbst die Möglichkeit gegeben wird, frei und mit gleichen Chancen einen gerechten Anteil an dem Wohlstand zu fordern, zu dessen Schaffung sie beigetragen haben, und ihr menschliches Potential voll zu verwirklichen;..."[864]

In der Fachliteratur werden im Kontext dieser ILO Erklärung häufig die Termini „fundamentale Arbeitnehmerrechte" benutzt, dies kann unter anderem an der Übersetzung aus dem Englischen ins Deutsche zurückzuführen sein.[865] Vergleicht man den Inhalt der Erklärung und die definierten Kernarbeitsnormen der ILO mit dem nationalen Arbeitsrecht in Deutschland, kann nur marginal von „fundamentalen Arbeitnehmerrechten" gesprochen. Der materielle Inhalt der ILO Normen, entspricht „sozialen Mindeststandards". Für die Gesellschaft ist die Bewahrung des sozialen Friedens am wichtigsten. Dies gewährleistet ein funktionierendes Arbeitsrecht. Eine weitere Funktion des Arbeitsrechts, ist die Befriedungsfunktion.[866] Unter sozialen Frieden wird in dieser Untersuchung der innere Frieden verstanden, innerhalb staatlich verfasster Gesellschaften.[867]

„*Während der innere Frieden sich auf die Beziehung zwischen allen möglichen potenziellen Konfliktparteien (z.B. Regionalakteuren, Volks- oder Religionsgruppen) bezieht, ist unter sozialem Frieden in kapitalistischen Industriegesellschaften die gewaltfreie Lösung bzw. die regelgeleitete, gewaltfreie Bearbeitung der sozialen Fragen als Klassenkonflikt zwischen Arbeit und Kapital zu verstehen.*"[868]

Der regulierte Arbeitskampf (Streik) stellt eine physisch gewaltfreie Form, zur Durchsetzung der Interessen der Arbeitnehmerschaft dar. Durch das Machtgefälle und das Abhängigkeitsverhältnis, zwischen Kapital und Arbeit, dient diese Ausgleichsfunktion, dem sozialen Frie-

---

864 Vgl.: Ebd. S. 4.

865 Vgl.: ILO Erklärung im Orginal; ILO Declaration on Fundamental Principles and Rights at Work, *http://www.ilo.org/declaration/lang--en/index.htm* (11.05.2016).

866 Vgl.: Blüthner, Andreas 2004, S. 150.

867 Vgl.: Gießmann, Hans J; Rinke, Bernhard (Hrsg.) in: Handbuch Frieden, VS Verlag, 1. Auflage 2011, S. 557.

868 Vgl.: Ebd.

den und ist ebenfalls eine Befriedungsfunktion. Die betriebliche Mitbestimmung in Unternehmen, ist durchaus in der Lage, unternehmerische Entscheidungen und deren Akzeptanz, unter den Beschäftigten signifikant zu erhöhen. Von den Sozialpartner vereinbarte Normen über Arbeitsbedingungen und/oder Löhnen genießen in der Regel eine Akzeptanz bei den Beschäftigten sowie bei Arbeitgebern. Das Arbeitsrecht überlässt seinen Bürgerinnen und Bürgern die Verantwortung darüber, Konflikte zu bereinigen. Gleichzeitig wird der Staat aus der unmittelbaren Verantwortung entlassen, regulierend in die Tarifpolitik zu intervenieren. Somit überträgt man dem Staat die Rolle des Beobachters, der nur notfalls als Schlichter eingreifen muss. Das Arbeitsrecht unterstützt im Prinzip den Ordoliberalismus, da es die Wirtschaft unter Beihilfe seiner aufgeführten Funktionen ordnet und die Interdependenz zwischen Kapital und Arbeit, um die soziale Komponente ergänzt. Eine soziale Ausrichtung der Wirtschaftsordnung fördert einen breiten Konsens in der Gesellschaft und trägt dadurch zur materiellen Befriedigung der Bevölkerung bei.

6.1.2 Zwischenfazit

Das Arbeitsrecht genießt einen individuellen und kollektiven Schutzcharakter. Dies verdeutlichen die diversen Funktionen, die sich in ihrer Systematik überschneiden. Explizit dienen die Vereinigungsfreiheit und das Prinzip der Kollektivverhandlungen, neben der rechtlichen, auch die faktische Verhandlungsparität zwischen Arbeitgebern und Arbeitnehmern zu gewährleisten. Dem Arbeitnehmerrecht wird eine Umverteilungsfunktion des Wohlstandes zugesprochen. Zumindest treffen diese Aussagen, auf das deutsche Arbeitsrecht zu. Im Vergleich zum internationalen Arbeitsrecht, in diesem Zusammenhang wird auf die Kernarbeitsnormen der ILO verwiesen, sollen nationale Normen, Chancengleichheit garantieren und die Beschäftigten bei Verhandlungen sowie im Arbeitsprozess in die Lage versetzen, adäquat an der Generierung des Wohlstandes zu partizipieren. Jedoch tragen das nationale Arbeitsrecht und die grundlegenden sozialen Mindeststandards der ILO, auf unterschiedliche Art und Weise beide dazu bei, den sozialen inneren Frieden in der Gesellschaft insgesamt zu sichern und zu fördern.

6.2 Die Definition von Sozialklauseln im Themenkreis Trade & Labour

Die Diskussion, welche sozialen Mindestarbeitsstandards in eine Sozialklausel übernommen werden sollen, verläuft ambivalent. In dieser Untersuchung wurde bereits eine Tendenz hin zu den Kernarbeitsnormen der ILO offenbart, dies geht konform mit der überwiegenden Meinung in der Fachliteratur. Man ist sich in dieser Debatte aber nur in einem Punkt wirklich einig, es können nicht alle 189 ILO Konventionen[869] in die Sozialklausel aufgenommen werden.

„Das Problem, welche Arbeitsstandards sich für eine Verknüpfung mit den multilateralen Handelsregeln eignen und vor allem, wie diese Auswahl begründet werden kann, blieb dennoch lang Zeit ungelöst, teilweise sogar unangesprochen.“[870]

Däubler schreibt dazu, dass unabhängig vom Diskurs welche Konventionen in eine Sozialklausel übernommen werden, es primär von deren handelspolitischen und rechtlichen Wirkung abhängig gemacht werden muss, hierbei geht es weniger um die Quantität sondern vielmehr um den arbeitsrechtlichen Inhalt und deren mittelbare und unmittelbare Wirkung auf die Gesellschaft.[871] Man spricht in diesem Diskurs sehr wenig über das Pro oder Contra von Sozialklauseln, jedoch ist eine Implementierung von Sozialklauseln in der Praxis nur hilfreich, wenn deren Inhalt auch klar definiert wird und nicht hinter pauschalen Termini wie zum Beispiel „soziale Mindeststandards“ verborgen bleibt. Die Enquête-Kommission „Globalisierung der Weltwirtschaft“ des Deutschen Bundestages hat sich diesem Thema angenommen und den Inhalt der „Sozialstandards“ definiert.

...“umfassender und allgemeiner Begriff für Standards bei der Ausgestaltung von Arbeitsverträgen (Arbeitszeit, Lohn, Sozialversicherung etc.)

869 Vgl.: Onlineportal: ILO, *http://www.ilo.org/berlin/arbeits-und-standards/lang--de/index.htm* (13.05.2016).

870 Vgl.: Blüthner, Andreas 2004, S. 152.

871 Vgl.: Graf von Westphal, Friedrich; Sandrock, Otto (Hrsg.) in: Lebendiges Recht – Von den Sumerern bis zur Gegenwart, Verlag Recht und Wirtschaft GmbH Heidelberg, Wolfgang Däubler, S. 480 ff.

und für Arbeitnehmerrechte". Sie sind ein Instrument, um akzeptable Beziehungen zwischen Arbeitgebern und Arbeitnehmern zu erreichen."[872]

In der aktuellen politischen, wie auch wissenschaftlichen Debatte, findet man ein breites Spektrum von diversen Ansichten über die Relevanz des arbeitsrechtlichen Inhaltes einer Sozialklausel im Freihandel wieder.[873] Ein neues Freihandelsabkommen zwischen der EU und Kanada steht kurz bevor. Die Hans Böckler Stiftung hat zu diesem Thema eine Analyse in Auftrag gegeben, die an dieser Stelle zusammengefasst vorgestellt wird. Damit der Warenaustausch zwischen Kanada und der EU forciert wird, wurden im Oktober 2009 die Verhandlungen für das Freihandelsabkommen CETA (Comprehensive Economic and Trade Agreement) initiiert. Das Resultat hat die EU-Kommission im September 2014 publiziert. Thomas Fritz, Experte für internationale Wirtschaftsbeziehungen, hat dieses Abkommen für die Hans-Böckler-Stiftung bewertet.

„Seinem Gutachten zufolge kommen soziale und Arbeitnehmerinteressen deutlich zu kurz. Es bestehe die Gefahr, dass Investoren staatliche Regulierung in wichtigen Bereichen aushebeln."[874]

Fritz recherchierte, dass das CETA Abkommen keine Menschenrechtsklausel enthält und dadurch Normkonflikte auftreten können. Kanada hat die ILO-Konventionen 98 und 138 nicht ratifiziert, wird jedoch auch nicht durch CETA dazu verpflichtet, dies nachzuholen.[875] Verfolgt man die weitere Debatte zu den Inhalten einer Sozialklausel, so stellt man fest, dass die ILO Konventionen 105[876] (Abschaffung von Zwangsarbeit

---

872 Vgl.: Onlineportal: BMZ, *https://www.bmz.de/de/themen/Unternehmerische_Verantwortung/sozialstandards/kernarbeitsnormen/index.html* (12.05.2016). Und: Bundestagsdrucksache 14/2350. Deutscher Bundestag, Drucksache 14/9200, 14. Wahlperiode 12. 06. 2002, Schlussbericht der Enquete-Kommission Globalisierung der Weltwirtschaft – Herausforderungen und Antworten, *http://dip21.bundestag.de/dip21/btd/14/092/1409200.pdf* (12.05.2016).

873 Vgl.: Blüthner, Andreas 2004, S. 153.

874 Vgl.: Onlineportal: Hans Böckler Stiftung, CETA - Arbeitnehmer kommen zu kurz, *http://www.boeckler.de/53706_53723.htm* (14.05.2016).

875 Vgl.: Fritz, Thomas in: Analyse und Bewertung des EU-Kanada Freihandelsabkommens CETA, Hans Böckler Stiftung (Hrsg.), Projektnummer 2014-779-1, Berlin 26.01.2015, S. 44.

876 Vgl.: Onlineportal: ILO, Ratifications of C105 - Abolition of Forced Labour Convention, 1957 (No. 105), Date of entry into force: 17 Jan 1959, 175 Ra-

und Kinderarbeit) und die ILO Konvention 87[877] (Vereinigungsfreiheit und Schutz des Vereinigungsrechtes) die Konventionen sind, die sehr häufig von den Staaten ratifiziert wurden. Die ILO Konvention 105 wurde lediglich von 12 Mitgliedern nicht ratifiziert, darunter befinden sich die Länder: China, Japan, und Vietnam, um nur die bekanntesten von ihnen zu nennen.[878] Ähnlich sieht es bei der ILO Konvention 87 aus, lediglich 34 Nationen haben diese Konvention nicht ratifiziert. Darunter sind Staaten, von denen es man nicht erwartet hätte, wie zum Beispiel: die USA und Brasilien.[879] Die dritte ILO Konvention mit der Nr. 111[880] (Diskriminierung, Beschäftigung und Beruf) wurde von 15 Nationen nicht ratifiziert, unter anderem weigern sich die Länder: USA und Japan diese Konvention zu ratifizieren.[881] Die vierte und letzte Konvention hat die Nr. 98 (Anwendung der Grundsätze des Vereinigungsrechtes und des Rechtes zu Kollektivverhandlungen)[882] und wurde von 23 Nationen nicht ratifiziert. Darunter sind die USA und Kanada.[883] Die Graphik der ILO soll nochmals verdeutlichen, welche ILO Konventionen sehr häufig von den Mitgliedsstaaten der ILO ratifiziert wurden.

---

tifications, *http://www.ilo.org/dyn/normlex/en/f?p=1000:11300:0::NO:11300:P11300_INSTRUMENT_ID:312250* (13.05.2016).

877 Vgl.: Ebd., Ratifications of C087 - Freedom of Association and Protection of the Right to Organise Convention, 1948 (No. 87), Date of entry into force: 04 Jul 1950, 153 ratifications,

878 Vgl.: Onlineportal: ILO, *http://www.ilo.org/dyn/normlex/en/f?p=NORMLEXPUB:11310:0::NO:11310:P11310_INSTRUMENT_ID:312250:NO* (14.05.2016).

879 Vgl.: Onlineportal: ILO, *http://www.ilo.org/dyn/normlex/en/f?p=NORMLEXPUB:11310:0::NO:11310:P11310_INSTRUMENT_ID:312232:NO* (14.05.2016).

880 Vgl.: Ratifications of C111 - Discrimination (Employment and Occupation) Convention, 1958 (No. 111), Date of entry into force: 15 Jun 1960, 172 ratifications. *http://www.ilo.org/dyn/normlex/en/f?p=NORMLEXPUB:11300:0::NO:11300:P11300_INSTRUMENT_ID:312256:NO* (14.05.2016).

881 Vgl.: Onlineportal: ILO, *http://www.ilo.org/dyn/normlex/en/f?p=NORMLEXPUB:11310:0::NO:11310:P11310_INSTRUMENT_ID:312256:NO* (14.05.2016).

882 Vgl.: Onlineportal: ILO, Ratifications of C098 - Right to Organise and Collective Bargaining Convention, 1949 (No. 98), Date of entry into force: 18 Jul 1951, 164 ratifications. *http://www.ilo.org/dyn/normlex/en/f?p=1000:11300:0::NO:11300:P11300_INSTRUMENT_ID:312243* (14.05.2016).

883 Vgl.: Onlineportal: ILO, *http://www.ilo.org/dyn/normlex/en/f?p=NORMLEXPUB:11310:0::NO:11310:P11310_INSTRUMENT_ID:312243:NO* (14.05.2016).

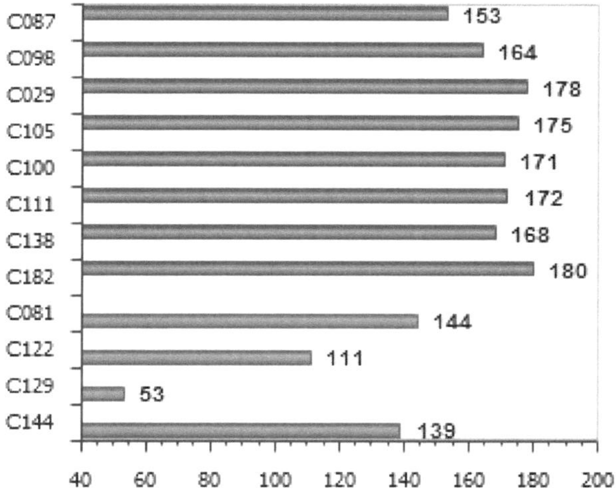

27. Abbildung: Ratifizierte ILO Abkommen durch die Mitgliedsstaaten[884]

Ergänzt man die aufgeführten Normen um die Konventionen mit den Nummern: C29 (Zwangsarbeit, 1930 und Protokoll von 2014 zum Übereinkommen zur Zwangsarbeit, 1930), C100 (Gleichheit des Entgelts, 1951), C138 (Mindestalter, 1973), C182 (Verbot und unverzügliche Maßnahmen zur Beseitigung der schlimmsten Formen der Kinderarbeit, 1999), ergibt dies in der Summe die 8 Kernarbeitsnormen der ILO.[885] Vier der acht Kernarbeitsnormen werden in der Fachliteratur auch als Menschenrechte deklariert.

„*Sie umfassen die Rechte auf Gewerkschafts- und Verhandlungsfreiheit, Regelung zur Kinderarbeit sowie das Verbot der Diskriminierung und Zwangsarbeit.*"[886]

884 Vgl.: Onlineportal: ILO, *http://www.ilo.org/dyn/normlex/en/f?p=NORMLEXPUB:1:0* (14.05.2016).

885 Vgl.: Onlineportal: ILO, *http://www.ilo.org/berlin/arbeits-und-standards/kernarbeitsnormen/lang--de/index.htm* (14.05.2016).

886 Vgl.: Hamm, Brigitte in: Menschenrechte – Ein Grundlagenbuch, Leske + Budrich Opladen 2003, S. 138. Vergleiche die ILO Konventionen: C98, C87, C105, C111.

Die Implementierung der hier aufgeführten ILO Konventionen, in Form von handelspolitischen Maßnahmen, würde zwar zur Synchronisation der Wirtschafts- und Sozialsysteme beitragen, bedenkt man jedoch die Funktionsweise der Wirtschaftssysteme, in diesem Kontext die Theorie der wirtschaftlichen Kostenvorteile, würden bereits die genannten 8 ILO Konventionen bei den Entwicklungsländern vermutlich auf Ablehnung stoßen. Betrachtet man die anderen ILO Konventionen, lassen sich eine Vielzahl dieser Normen einer Sozialklausel beifügen.[887] Deshalb wird an dieser Stelle nicht geklärt werden können, welcher Inhalt und welchen Umfang eine Sozialklausel enthalten soll. Eine persönliche Empfehlung über Inhalt, Umfang und Struktur einer Sozialklausel wird am Ende dieser Untersuchung abgegeben.

6.3 International Labour Organization (ILO)

Dieses Kapitel untersucht im Detail die Struktur der ILO und explizit die Erklärung der ILO über die grundlegenden Prinzipien und Rechte bei der Arbeit und ihre Folgemaßnahmen. Beginnen wird dieser Abschnitt mit einer Zusammenfassung der Entstehungsgeschichte der ILO. Im Anschluss wird die Deklaration aus dem Jahr 1998 auf ihre mögliche Einflussnahme sowohl inhaltlich, als auch institutionell, bei einer Verknüpfung zwischen Trade & Labour mitzuwirken, analysiert. Die übergeordnete Fragestellung in den folgenden Abschnitten untersucht den Nexus[888] zwischen Trade & Labour.[889]

887 Vgl.: ILO Konventionen: C3 Mutterschutz, C102 Soziale Sicherheit „Mindestnormen", C159 Berufliche Rehabilitation und Beschäftigung der Behinderten, C18 Berufskrankheiten etc. sh. Onlineportal der ILO.

888 Vgl.: Der Termini Nexus in diesem Kapitel wird als „sachlicher Zusammenhang" zwischen Handel und Arbeitnehmerrechten definiert.

889 Vgl.: Blüthner, Andreas 2004; Addo, Kofi in: Core Labour Standards an International Trade – Lesson from the Regional Context, Springer Verlag Berlin / Heidelberg 2015, ff;

6.3.1 Die Historie zur Gründung der „International Labour Organization"

Die Internationale Arbeitsorganisation (ILO) ist eine Sonderorganisation der Vereinten Nationen (United Nations). Diese wurde im Jahr 1919 gegründet und hat ihren Hauptsitz in Genf. Die ILO verfügt über eine dreigliedrige Struktur, die im UN-System einzigartig ist. Die 187 Mitgliedsstaaten werden durch Repräsentanten sowohl von Regierungen, als auch von Arbeitnehmern und Arbeitgebern in den Organen der ILO vertreten.

„*Schwerpunkte der Arbeit der ILO sind die Formulierung und Durchsetzung internationaler Arbeits- und Sozialnormen, insbesondere der Kernarbeitsnormen, die soziale und faire Gestaltung der Globalisierung sowie die Schaffung von menschenwürdiger Arbeit als einer zentralen Voraussetzung für die Armutsbekämpfung.*"[890]

Der Fokus der Arbeit der ILO resultiert aus der Erkenntnis, nach dem Ende des 1 Weltkriegs, dass sozialer Frieden unter anderem an der Partizipation des erwirtschafteten Wohlstandes durch die Beschäftigten gewährleistet werden kann. Durch die prosperierende Globalisierung des Welthandels hat sich die ILO die Aufgabe gesetzt, die zunehmende wirtschaftliche Globalisierung sozial zu flankieren.

6.3.2 ILO Declaration on Fundamental Principles and Rights at Work

Die ILO beschloss am 18. Juni 1998 auf ihrer Internationalen Arbeitskonferenz die "Declaration on Fundamental Principles and Rights at Work" die sowohl inhaltlich, aber auch institutionell zur Verknüpfung von Trade & Labour beitragen kann. Laut ihrer Erklärung möchte die ILO mit diesem Ansatz auf die Herausforderung der Globalisierung antworten.[891] Diese Übereinkunft wurde im 50. Jubiläumsjahr der Erklärung der allgemeinen Menschenrechte beschlossen. Laut ILO, han-

---

890 Vgl.: Onlineportal: ILO, *http://www.ilo.org/berlin/ziele-aufgaben/lang--de/index.htm* (16.05.2016).

891 Vgl.: ILO Erklärung vom 18.06.1998, S. 2.

delt es sich bei den grundlegenden Prinzipien in der Arbeitswelt, um folgende:[892]

A) Die Vereinigungsfreiheit und die effektive Anerkennung des Rechts zu Kollektivverhandlungen.

B) Die Beseitigung aller Formen von Zwangs- oder Pflichtarbeit.

C) Die effektive Abschaffung der Kinderarbeit.

D) Die Beseitigung der Diskriminierung in Beschäftigung und Beruf.

Es wirkt etwas befremdlich, dass die ILO sich zu solch einer Erklärung verpflichtet fühlt, da sie bereits im Jahr 1919 gegründet wurde. Ein Grund hierfür könnte die immer wieder aufkeimende Debatte zum Thema: „Soziale Mindeststandards" sein und welche der zahlreichen Konventionen diese mit Inhalt füllen sollen. Ein anderer Grund hierfür ist wahrscheinlich, dass die Ratifizierung der zahlreichen Konventionen durch die Mitgliedstaaten, sich über Jahrzehnte hinzog. Die Klassifizierung der Konventionen, welche als Mindeststandards übernommen werden sollen, wurde anhand der Anzahl der Ratifizierungen bestimmt. Hebt man jedoch eine Konvention hervor, suggeriert dies, dass andere Konventionen nicht von Bedeutung seien. Die von der ILO Erklärung im Jahr 1998 hervorgehobenen Konventionen (A, B, C, D), wurden als Menschenrechte klassifiziert. Diese werden ergänzt durch 4 weitere Konventionen und bilden dadurch die sogenannten Kernarbeitsnormen.

„Diese Grundsätze und Rechte sind in acht Übereinkommen der IAO als grundlegend zum Ausdruck gebracht und entwickelt worden 1. Die Annahme dieser acht Übereinkommen, vom Übereinkommen (Nr. 29) über Zwangsarbeit, 1930, bis zum Übereinkommen (Nr. 182) über die schlimmsten Formen der Kinderarbeit, 1999, umspannte sieben Jahrzehnte der Geschichte der IAO im zwanzigsten Jahrhundert."[893]

---

892 Vgl.: Ebd. S. 5.

893 Vgl.: Grundlegende Prinzipien und Rechte bei der Arbeit (GPRA): Vom Engagement zum Handeln - Wiederkehrende Diskussion im Rahmen der Erklärung der IAO über soziale Gerechtigkeit für eine faire Globalisierung und der Folgemaßnahmen zu der Erklärung über grundlegende Prinzipien

Wenn man diesen Prozess etwas genauer betrachtet, ist ersichtlich, warum die ILO erst sehr spät nach ihrer Gründung eine Klassifizierung der Konventionen vorgenommen hat. Weltpolitische Umwälzungen, wie der Kollaps sozialistisch geprägter Länder und des Herauslösens der ILO aus dem Konflikt zwischen einer kapitalistisch oder sozialistisch geprägten Marktwirtschaft, führte dazu, dass die Staatengemeinschaft ihre Chance ergriff einen Grundkonsens zu formulieren, der nicht mehr so stark durch weltpolitische Anschauungen instrumentalisiert wurde.[894]

„Doch wurden erst in den 1990er Jahren, als eine von der Dynamik nach dem kalten Krieg getriebene Weltwirtschaft mit zunehmender Überzeugung den Weg der Globalisierung einschlug, die entscheidenden Schritte zu ihrer ausdrücklichen Anerkennung als eine spezifische Kategorie unternommen.“[895]

Es benötigte dennoch weitere Ministerkonferenzen und Weltgipfel damit die ILO Erklärung über Kernarbeitsnormen, in der Internationalen Arbeitskonferenz angenommen wurde.[896]

“We renew our commitment to the observance of internationally recognized core labour standards. The International Labour Organization (ILO) is the competent body to set and deal with these standards, and we affirm our support for its work in promoting them. We believe that economic growth and development fostered by increased trade and further trade liberalization contribute to the promotion of these standards. We reject the use of labour standards for protectionist purposes, and agree that the comparative advantage of countries, particularly low-wage developing coun-

und Rechte bei der Arbeit, Bericht VI, Internationale Arbeitskonferenz, 101. Tagung, 2012, S. 1.

894 Vgl.: Blüthner, Andreas 2004, S. 158.

895 Vgl.: GPRA 2012, S. 1

896 Vgl.: Welthandelsorganisation (WTO): „Singapore Ministerial Declaration“, 13. Dez. 1996, WT/MIN(96)/DEC, Abs. 4.
Vereinte Nationen: Bericht des Weltgipfels für soziale Entwicklung (Kopenhagen, 6.-12. März 1995), „Kopenhagener Erklärung über soziale Entwicklung und Aktionsprogramm des Weltgipfels für soziale Entwicklung“, A/CONF, 166/9, Abs. 54.

tries, must in no way be put into question. In this regard, we note that the WTO and ILO Secretariats will continue their existing collaboration."[897]

Mit der Annahme der Deklaration im Juni 1998 unterstützen die Delegierten der Arbeitnehmerverbände, wie auch die Delegierten der Arbeitgeberverbände das Konzept der grundlegenden Arbeitnehmerrechte. Bevor man sich zur Annahme der Deklaration entschied, wurde der Diskurs sehr kontrovers unter den Delegierten geführt. Die Deklaration wurde auf der 68. Internationalen Arbeitskonferenz, ohne Gegenstimme angenommen.[898] Viele der Delegierten hatten bereits die Konferenz verlassen. Einige der Delegierten fehlten und es gab Enthaltungen, dennoch wurde die Deklaration mit 273 Stimmen angenommen.[899] Aufgrund der diversen Erwartungen an diese Deklaration, ist es nicht verwunderlich, dass die Debatte und die damit einhergehende Abstimmung zu kontroversen unter den Mitgliedsstaaten führte. Es entstanden Koalitionen zwischen Befürworten und Gegnern einer Verknüpfung zwischen Handel und Arbeitnehmerrechten. Die Koalitionen bestanden einerseits aus Lagern der Industrieländer und Arbeitnehmerverbänden und andererseits aus den Arbeitgeberverbänden und Vertretern der Entwicklungs- und Schwellenländern. Inwiefern die Deklaration zur Verknüpfung von Handel und Arbeitnehmerrechten beiträgt, lässt sich an dieser Stellen noch nicht abschließend beantworten. ILO Konventionen und internationale Rahmenvereinbarungen gewinnen erst an Bedeutung, wenn die inhaltliche Einhaltung der Vereinbarungen gewährleistet werden kann. Zu diesem Zweck hat die ILO einen Überwachungsmechanismus installiert.

---

897 Vgl.: Onlineportal: WTO, SINGAPORE WTO MINISTERIAL 1996: MINISTERIAL DECLARATION WT/MIN(96)/DEC 18 December 1996. *https://www.wto.org/english/thewto_e/minist_e/min96_e/wtodec_e.htm* 16.05.2016).

898 Vgl.: Blüthner, Andreas 2004, S. 160.

899 Vgl.: Bhagwati N., Jagdish; Hudec, E. Robert in: Fair Trade and Harmonization – Prerequisites for Free Trade? Volum 2 Legal Analysis, Nr. III, Langille, Alexander Brain in: General Reflections on the Relationship of Trade and Labor, (Or: Fair Trade is Free Trade´s Destiny, S. 231 ff.

6.3.3 Die Überwachungsmechanismen der ILO

Die ILO hat innerhalb der UN-Sonderorganisation zahlreiche Systeme entwickelt die der Überwachung ihrer organisationseigenen Konventionen und Deklarationen dienen. Bereits im Jahr 1926 wurde das „Committee of Experts on the Application of Conventions and Recommendations" gegründet, welches über die Einhaltung der ratifizierten Konventionen der Mitgliedsstaaten wacht.

„*The Committee of Experts was set up in 1926 to examine the growing number of government reports on ratified conventions. Today it is composed of 20 eminent jurists appointed by the Governing Body for three-year terms. The Experts come from different geographic regions, legal systems and cultures. The Committee's role is to provide an impartial and technical evaluation of the state of application of international labour standards.* "[900]

Es besteht noch ein weiteres Instrument, dass „Committe on Freedom of Association". Dieses überprüft unabhängig von der Ratifizierung in einem Mitgliedsstaat, die Übereinkommen Nr. 87 und Nr. 98 (Vereinigungsfreiheit und Kollektivverhandlungen).

"*If it decides to receive the case, it establishes the facts in dialogue with the government concerned. If it finds that there has been a violation of freedom of association standards or principles, it issues a report through the Governing Body and makes recommendations on how the situation could be remedied. Governments are subsequently requested to report on the implementation of its recommendations.*"[901]

Für die vier Grundprinzipien[902] der ILO Deklaration von 1998 sind zwei divergierende Instrumente mit diversen Zielsetzungen vorgesehen. Als

900 Vgl.: Onlineprtal ILO, *www.ilo.org/global/standards/applying-and-promoting-international-labour-stAndards/committee-of-experts-on-the-application-of-conventions-and-recommendations/lang--en/index.htm* (18.05.2016).

901 Vgl.: Onlineportal: ILO, *http://www.ilo.org/global/standards/applying-and-promoting-international-labour-standards/committee-on-freedom-of-association/lang--en/index.htm* (19.05.2016).

902 Vgl.: „Vier Grundprinzipien bestimmen Selbstverständnis und Handeln der ILO:
- Vereinigungsfreiheit und Recht auf Kollektivverhandlungen
- Beseitigung der Zwangsarbeit

erstes Instrument hat die ILO Deklaration von 1998 jährliche Berichte vorgesehen. Diese Jahresreports („Annual Follow up")[903] berichten über die Umsetzung der vier Grundprinzipien in Mitgliedsstaaten, die nicht alle 8 Kernarbeitsnormen ratifiziert haben.

1. *"The purpose is to provide an opportunity to review each year, by means of simplified procedures to replace the four-year review introduced by the Governing Body in 1995, the efforts made in accordance with the Declaration by Members which have not yet ratified all the fundamental Conventions.*
2. *The follow-up will cover each year the four areas of fundamental principles and rights specified in the Declaration. "*[904]

Durch Abgabe dieses Reports, soll festgestellt werden, in welchen Segmenten bei der Umsetzung der Kernarbeitsnormen die Mitgliedsstaaten Schwierigkeiten haben und wie die ILO mit gezielten Förderungsinstrumenten (Technische Kooperation) helfen kann. Der zweite ist der „Follow up under the Declaration" Mechanismus, der länderübergreifend Berichte (Global Reports) über die Umsetzung der vier arbeitsrechtlichen Grundprinzipien der ILO Deklaration von 1998 vorsieht.

1. *"The purpose of this report is to provide a dynamic global picture relating to each category of fundamental principles and rights noted during the preceding four-year period, and to serve as a basis for assessing the effectiveness of the assistance provided by the Organization, and for determining priorities for the following period, in the form of action plans for technical cooperation designed in particular to mobilize the internal and external resources necessary to carry them out.*
2. *The report will cover, each year, one of the four categories of fundamental principles and rights in turn."*[905]

Die nun folgende Graphik verdeutlicht die Struktur des „Global Reports."

- Abschaffung der Kinderarbeit
- Verbot der Diskriminierung in Beschäftigung und Beruf", www.ilo.org.

903 Vgl.: Annex 1. ILO Declaration on Fundamental Principles and Rights at Work and its Follow-up, S. 29.

904 Vgl.: Ebd.

905 Vgl.: Ebd.

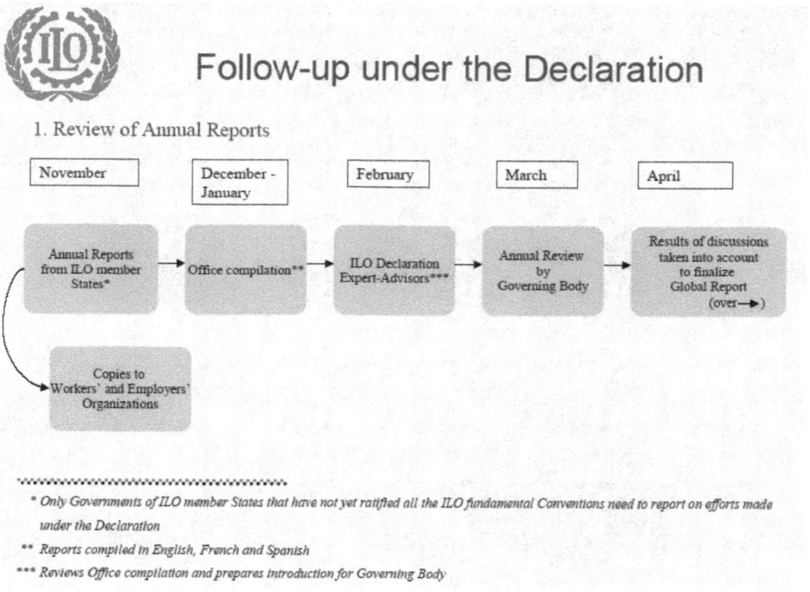

28. Abbildung: „Review of Annual Reports"[906]

Dieser Report setzt sich im jährlichen Wechsel mit einem der vier ILO Grundprinzipien auseinander. Anhand dieses Ergebnisses, soll ein Überblick geschaffen werden, in wie weit die vier Grundprinzipien weltweit implementiert wurden. Die Datenerhebung für diese Berichte, erfolgt aus den „Global Reports" die im Rahmen der Arbeit diverser ILO Organe zusammengetragen wurden. Der „Global Report" wird auf der International Labour Conference erörtert und kontrovers diskutiert. Die inhaltliche Zweckbestimmung ist die Effizienzüberprüfung der ILO Förderinstrumente bezüglich der globalen Implementierung der vier Grundprinzipien.[907] Der „Global Report" stellt eine Ergänzung des länderspezifischen Jahresberichts: „Annual Follow up", dar. Die folgende Graphik strukturiert, dass Vorgehen nach der Erstellung des Berichts.

[906] Vgl.: Ebd. S. 32.

[907] Vgl.: Annex 1. ILO Declaration on Fundamental Principles and Rights at Work and its Follow-up. Ff.

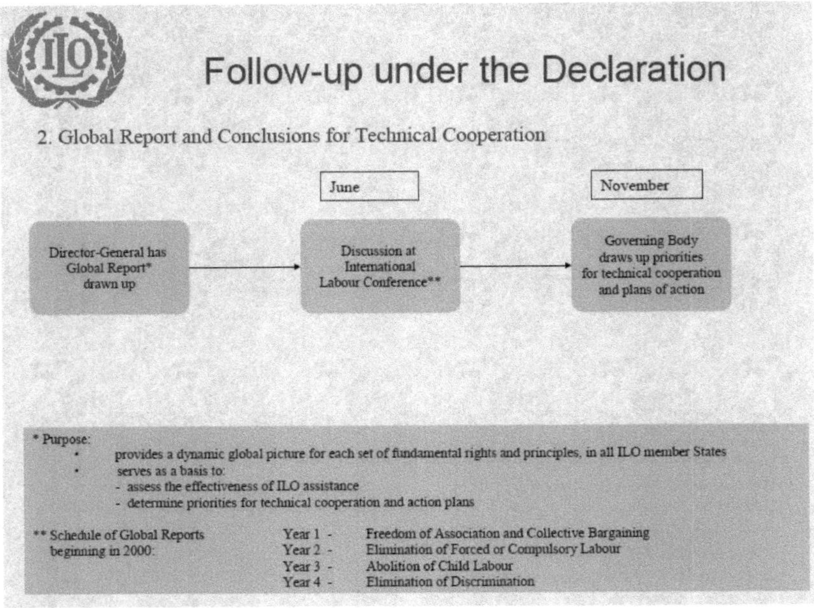

29. Abbildung: „Global Report“[908]

Blüthner ist der Ansicht, dass der „Annual Follow up“ als Entscheidungsgrundlage für den Einsatz der ILO Instrumente dient und der „Global Report“ ergänzend ein länderübergreifendes Bild über die Erfolge der ILO bei der Umsetzung der arbeitsrechtlichen Grundprinzipien liefert.[909] Der „Follow up“ Mechanismus in der Deklaration von 1998 ermöglicht der ILO die Kontrollbefugnis, der Staaten, die die Kernarbeitsnormen nicht ratifiziert haben.

„An dieser Stelle muss klargestellt werden, dass die Überwachungsinstrumente der ILO Deklaration die acht Kernkonventionen der ILO eine Implementierung durch Sanktionen weder ermöglichen noch bezwecken.“[910]

[908] Vgl.: Ebd. S. 33.
[909] Vgl.: Blüthner, Andreas 2004, S. 191.
[910] Vgl.: Ebd.

Um seine Mitgliedsstaaten zu sanktionieren, fehlt der ILO Verfassung, wie auch der ILO Deklaration von 1998 jegliche rechtliche Basis. Der „Follow up" Mechanismus soll die Staaten unterstützen und die Implementierung der Grundprinzipien fördern. Der legitimatorische Diskurs, der durch diese Transparenz in den „Reports" offenbart wird und der daraus resultierende öffentliche Druck, darf nicht unterschätzt werden. Explizit Staaten, die die Kernarbeitsnormen nicht ratifiziert haben, werden zur Rechenschaft gezogen und müssen darlegen, in welchen Segmenten sie Unterstützung seitens der ILO benötigen. Staaten, die aufgrund fehlender politischer oder ökonomischer Motivation, die Ratifizierung der Normen nicht vorantreiben, können durch das Überwachungssystem und durch die Überzeugungskraft der anderen Mitgliedsstaaten, die die Ratifizierung der Normen bereits vorgenommen haben, unter Druck gesetzt werden. Es muss nochmals deutlich darauf hingewiesen werden, dass trotz der Ausdehnung der Überwachungskompetenz auf Staaten die die Normen nicht ratifiziert haben, weiterhin jegliche Kompetenz zur Rechtsdurchsetzung durch Sanktionsmaßnahmen fehlt.[911] Bedingt durch die offensichtlichen Defizite bei der Strukturierung der ILO Verfassung und den Deklarationen, wird die ILO in der Öffentlichkeit als „zahnloser Tiger" betrachtet.[912] Dabei werden gerne die Erfolge der ILO übersehen. Es ist offensichtlich, dass außer dem Entzug durch die technische Unterstützung und der öffentlichen Bloßstellung durch die ILO, die Mitgliedsstaaten an sonstigen ordnungspolitischen Maßnahmen, nichts zu befürchten haben. Es stehen der ILO keinerlei sonstige Druckmittel zur Verfügung, daran hat auch die Deklaration von 1998 nichts geändert. Der Nexus zwischen Trade & Labour konnte nur marginal dargestellt werden. Im Kontext der Debatte und der Bedeutung der ILO Deklaration für den Nexus zwischen Trade & Labour, muss die ILO Deklaration auf ihre Rechtsqualität überprüft werden. Blüthner wirft die Frage auf: „Inwiefern entstehen rechtliche Verpflichtungen durch die ILO Deklaration für die Mitgliedsstaaten? Um dies zu evaluieren erscheint es notwendig, diese Deklaration im juristischen Sinne zu überprüfen.

911 Vgl.: Ebd

912 Vgl.: Onlineportal: DGB in: Die ILO und internationale Arbeitsnormen: „Manche bezeichnen die IAO daher als „zahnlosen Tiger", *http://www.dgb.de/themen/++co++66f33f5a-bce0-11e0-5fbf-00188b4dc422/@@dossier.html?k%3Alist=Internationales+%26+Europa&k%3Alist=ILO&display_page=5&tab=Alle* (20.05.2016).

6.3.4 Die Rechtsqualität der ILO Deklaration von 1998

Eine der bekanntesten Deklarationen, laut Riedel, ist die „Allgemeine Erklärung der Menschenrechte", die bei ihrem Beschluss lediglich als „Empfehlung" an die Mitgliedsstaaten zu verstehen war und keinerlei rechtliche Verpflichtungen vorsah. Riedel konstatiert dem Instrumentarium einer Deklaration einen Empfehlungscharakter oder aber in ihrer Funktion bereits begründete Rechte und Pflichten.[913]

„Demzufolge eigenen sich Deklarationen für ein Bekenntnis zu Werten, Zielen und Prinzipien oder können ein langfristiges Aktionsprogramm einer Organisation beinhalten."[914]

Eine Deklaration vermittelt nach Außen, dass Verständnis oder die Auffassung einer Organisation zu einem bestimmten Thema, bevor dieses zu einer rechtlich verbindlichen Umsetzung durch die Mitgliedsstaaten kommt.

„Die Erklärung will das Bestreben, alle Länder zu Anstrengungen anzuregen, damit der soziale Fortschritt den Fortschritt der Wirtschaft begleitet, mit dem Wunsch in Einklang bringen, die Vielfalt der Verhältnisse, Möglichkeiten und Präferenzen jedes Landes zu achten."[915]

Die ILO unterscheidet zwischen Übereinkommen, Empfehlungen und Resolutionen. Alle drei Kategorien weisen keinen rechtlich verbindlichen Charakter auf. In der Verfassung der ILO ist lediglich die Konvention als bindende Handlungsoption vorgesehen.

„Empfehlungen müssen nicht ratifiziert werden, sie sollen lediglich Orientierungshilfe für die Politik geben."[916]

---

913 Vgl.: Riedel H.; Eibel in: Theorie der Menschrechtsstandards: Funktion, Wirkungsweise und Begründung wirtschaftlicher und sozialer Menschenrechte mit exemplarischer Darstellung der Rechte auf Eigentum und Arbeit in verschiedenen Rechtsordnungen, Duncker & Humblot Berlin 1986, S. 309.

914 Vgl.: Blüthner, Andreas 2004, S. 192.

915 Vgl.: ERKLÄRUNG DER IAO ÜBER GRUNDLEGENDE PRINZIPIEN UND RECHTE BEI DER ARBEIT UND IHRE FOLGEMASSNAHMEN, angenommen von der Internationalen Arbeitskonferenz auf ihrer 86. Tagung,Genf, 18. Juni 1998, S. 2.

916 Vgl.: Onlineportal: ILO, *http://www.ilo.org/berlin/arbeits-und-standards/*

Werden Übereinkommen jedoch von den Mitgliedsstaaten ratifiziert, entwickeln diese einen rechtlich bindenden Charakter.

„*Internationale Übereinkommen ebenso wie völkerrechtliche Verträge können in Deutschland nur dann wirksam werden, wenn der Gesetzgeber zustimmt (Art. 59 Grundgesetz). Sie binden nur die Völkerrechtssubjekte, d.h. die Staaten. Sollen die Regelungen auch gegenüber dem Bürger gelten, so müssen sie - in der Regel durch Gesetz - in nationales Recht umgesetzt werden (Transformationsgesetz).*“[917]

Die ILO kann keine Nation zur Ratifizierung zwingen. Blüthner erkennt in der ILO Deklaration von 1998 innerhalb der ILO Organisationstruktur jedoch eine rechtliche Wirkung. Dies schlussfolgert er aus Artikel 17 der „ILO Standing Orders oft he Conference“.[918] Für die Organe der ILO besteht eine Verpflichtung, gemäß Artikel 12 ihrer Verfassung, die Mitgliedstaaten bei der Umsetzung der Deklaration, zu unterstützen.[919] Durch diese verpflichtende Unterstützung der ILO gegenüber ihren Mitgliedsstaaten ist eine verbindliche Förderung abzuleiten und somit eine rechtlich verbindliche Auswirkung auf die Mitgliedsstaaten in der Organisation, implizit. Dadurch ist jedoch noch nicht ersichtlich,

---

lang--de/index.htm (23.05.2016).

917 Vgl.: Ebd.

918 Vgl.: Onlinedokument: ILO, *http://www.ilo.org/public/english/bureau/leg/download/so1-18092012.pdf#page=9* (23.05.2016).

919 Vgl.: ILO Deklaration von 1998: „Anerkennt die Verpflichtung der Organisation, ihre Mitglieder entsprechend deren erwiesenen und zum Ausdruck gebrachten Bedürfnissen zu unterstützen, um diese Ziele zu erreichen, indem sie ihre verfassungsmäßigen, operativen und budgetären Mittel voll einsetzt, einschließlich der Mobilisierung externer Mittel und Unterstützung, und indem sie andere internationale Organisationen, mit denen die IAO gemäß Artikel 12 ihrer Verfassung Beziehungen aufgenommen hat, dazu ermutigt, diese Anstrengungen zu unterstützen:
a) durch das Angebot von technischer Zusammenarbeit und von Beratungsdiensten zur Förderung der Ratifizierung und Durchführung der grundlegenden Übereinkommen;
b) durch Unterstützung derjenigen Mitglieder, die noch nicht in der Lage sind, die Gesamtheit oder einige dieser Übereinkommen zu ratifizieren, bei ihren Bemühungen um die Einhaltung, Förderung und Verwirklichung der Grundsätze betreffend die grundlegenden Rechte, die Gegenstand dieser Übereinkommen sind; und
c) durch Unterstützung der Mitgliedstaaten bei ihren Bemühungen um die Schaffung eines für die wirtschaftliche und soziale Entwicklung günstigen Umfelds.“

welche bindenden Handlungsoptionen für Mitglieder der ILO, durch die Deklaration von 1998 entstehen. Explizit die Gegner einer Synchronisation der Arbeitnehmerrechte befürchteten, dass für Mitgliedsstaaten die diese Deklaration nicht ratifiziert haben, dennoch rechtliche Pflichten entstehen könnten.[920] Aufgrund des „Empfehlungscharakters" der Deklaration erscheint diese Befürchtung auf den ersten Blick unbegründet. Jedoch weißt die ILO Deklaration ausdrücklich auf folgendes hin

„a) daß mit dem freien Beitritt zur IAO alle Mitglieder die in ihrer Verfassung und in der Erklärung von Philadelphia niedergelegten Grundsätze und Rechte anerkannt und sich verpflichtet haben, im Rahmen ihrer Möglichkeiten und ihrer besonderen Umstände auf die Erreichung der Gesamtziele der Organisation hinzuwirken;
b) daß diese Grundsätze und Rechte in Form von konkreten Rechten und Pflichten in innerhalb wie außerhalb der IAO als grundlegend anerkannten Übereinkommen zum Ausdruck gebracht und entwickelt worden sind.
2. Erklärt, daß alle Mitglieder, auch wenn sie die betreffenden Übereinkommen nicht ratifiziert haben, allein aufgrund ihrer Mitgliedschaft in der Organisation verpflichtet sind, die Grundsätze betreffend die grundlegenden Rechte, die Gegenstand dieser Übereinkommen sind, in gutem Glauben und gemäß der Verfassung einzuhalten, zu fördern und zu verwirklichen, nämlich:

a) die Vereinigungsfreiheit und die effektive Anerkennung des Rechts zu Kollektivverhandlungen;
b) die Beseitigung aller Formen von Zwangs- oder Pflichtarbeit;
c) die effektive Abschaffung der Kinderarbeit;
d) die Beseitigung der Diskriminierung in Beschäftigung und Beruf."[921]

In diesem rezitierten Abschnitt, wird explizit darauf hingewiesen, dass bereits beim Beitritt zur ILO die Grundprinzipien dieses Übereinkommens, „in gutem Glauben und gemäß der Verfassung einzuhalten, zu fördern und zu verwirklichen sind". Im Fokus stehen hier die vier Verfassungsprinzipien. Die doch sehr präzise formulierten Grundprinzipien lassen einen an dem nicht-bindenden Charakter einer Empfehlung

[920] Vgl.: Blüthner, Andreas 2004, S. 194.
[921] Vgl.: ILO Deklaration 1998, S. 4–5.

(ILO Deklaration), zweifeln. Blüthner spricht von einer eingeschränkten Rechtswirkung, da die ILO Deklaration ihrem Namen nach fundamentale Rechte und Prinzipien umfasst.[922] Die ILO Deklaration besteht aus den vier Verfassungsprinzipien und bezieht sich ebenfalls auf die acht Kernarbeitsnormen (Konventionen). Aus dem Textinhalt der ILO[923] geht eindeutig hervor, dass die Pflichten der Mitglieder bezüglich der Einhaltung und Förderung der vier Verfassungsprinzipien, sich nicht aus der ILO Deklaration von 1998 ergeben.

„Sie resultieren vielmehr aus der Mitgliedschaft der Staaten in der Organisation und der damit verbundenen Anerkennung der Verfassungsprinzipien."[924]

Die ILO Deklaration von 1998 verweist lediglich nochmals daraufhin. Die Verpflichtung zur Umsetzung der vier Verfassungsprinzipien begründet sich aus deren Stellung in der ILO und nicht aus einer rechtlichen Verpflichtungsbindung seitens der ILO Deklaration von 1998. Bei einer Deklaration handelt es sich in ihrer Außendarstellung gegenüber den Mitgliedsstaaten nicht um einen rechtsverbindlichen, sondern eher um einen „rechtsdeklaratorischen" (Rechtsempfehlung) Beschluss einer internationalen Organisation, ohne völkerrechtliche Bindungskraft. Die ILO Deklaration von 1998 kann in die Kategorie der „Soft Laws" eingestuft werden.

„Die Bezeichnung „soft law" ist irreführen, da es sich nicht um Recht handelt, sondern um nicht rechtsverbindliche Resolutionen, Erklärungen und Übereinkünfte. Die beteiligten Akteure wollen sich hier gerade rechtlich nicht binden."[925]

Van Arnauld misst dem „soft law" im Rahmen der internationalen Beziehungen eine große Bedeutung zu. Sie können als Initiator oder Katalysator zur Herausbildung von völkerrechtlich verbindlichen Standards führen. Etwa dann, wenn Standards des „soft law" in Verträge aufgenommen werden, oder im Laufe der Zeit, in der Praxis eine Rechtsüber-

922 Vgl.: Blüthner, Andreas 2004,S. 194.
923 Vgl.: ILO Deklaration 1998, S. 4–5.
924 Vgl.: Blüthner, Andreas 2004, S. 195.
925 Vgl.: van Arnauld, Arnold in: Völkerrecht, C: F: Müller Heidelberg 2012, S. 112, Rn. 281.

zeugung entwickelt haben. Laut van Arnauld ist für solch einen Verrechtlichungsprozess, die „Allgemeine Erklärung der Menschenrechte“ von 1948 zu nennen.[926]

6.3.5 Die grundlegenden Prinzipien und Rechte bei der Arbeit

Bereits im Titel der ILO Deklaration wird unterschieden zwischen „grundlegenden Prinzipien und den Rechten bei der Arbeit.“ Dieser Abschnitt erörtert die möglichen Verpflichtungen für die Mitgliedstaaten die aus den vier Verfassungsprinzipien der ILO resultieren. Zum besseren Verständnis müssen zunächst einmal die vier Verfassungsprinzipien gegenüber den sogenannten „Rechten bei der Arbeit“ die sich in den acht ILO Kernkonventionen wiederspiegeln, abgegrenzt werden. In der Regel unterscheiden sich „Recht“ und „Prinzipien“ dadurch, dass die Nichteinhaltung einer Rechtsnorm sanktioniert werden kann.[927] Im Gegensatz dazu repräsentieren die „Prinzipien“ eine Orientierungshilfe, angelehnt an die Rechtsstruktur, ohne diese im Detail aufzuzählen, oder auf die einzelnen Gesetze zu verweisen. Aus einem Konsens aus Werten und Normen, lassen sich Prinzipien ableiten. In der Bundesrepublik Deutschland herrscht ein „Sozialstaatsprinzip“. Dieses wird ab-

926 Vgl.: Ebd.

927 Vgl.: „Recht ist ein Sammelbegriff für alle Ordnungssysteme, deren Ziel es ist, das Zusammenleben in einer Gesellschaft verbindlich und auf Dauer zu regeln bzw. soziale Konflikte zu vermeiden. Es wird zwischen dem (auf Traditionen beruhenden, ungeschriebenen) Gewohnheits-R. und dem (staatlich festgelegten) gesetzten Recht unterschieden.“ Schubert, Klaus/Martina Klein: Das Politiklexikon. 6., aktual. u. erw. Aufl. Bonn: Dietz 2016. Lizenzausgabe Bonn: Bundeszentrale für politische Bildung.

geleitet aus Artikel 20 GG[928], Artikel 1 GG[929] und Artikel 3 GG[930]. Durch die Erwähnung in Art. 20 GG Abs. 1, dass die Bunderepublik ein demokratischer und sozialer Staat ist, in Verbindung mit Art. 1 GG Abs. 1, die Würde des Menschen ist unantastbar, sie zu achten und sie zu schützen ist Verpflichtung aller staatlicher Gewalt; hinzukommt noch Artikel 3 GG, dass allgemeine Diskriminierungsverbot, lassen sich für die Bundesrepublik Deutschland, Prinzipien eines Sozialstaates abstrahieren. Diese Fürsorgepflicht, bedingt durch das Grundgesetz und das Bekenntnis zur „Sozialen Marktwirtschaft" ist eindeutig ein Prinzip des Sozialstaates.[931] Die ILO Deklaration von 1998 klassifiziert die Vereinigungsfreiheit, die Beseitigung von Zwangsarbeit und das Diskriminierungsverbot, sowie die Abschaffung der Kinderarbeit als grundlegende

928 Vgl.: „Art. 20 GG:
(1) Die Bundesrepublik Deutschland ist ein demokratischer und sozialer Bundesstaat.
(2) Alle Staatsgewalt geht vom Volke aus. Sie wird vom Volke in Wahlen und Abstimmungen und durch besondere Organe der Gesetzgebung, der vollziehenden Gewalt und der Rechtsprechung ausgeübt.
(3) Die Gesetzgebung ist an die verfassungsmäßige Ordnung, die vollziehende Gewalt und die Rechtsprechung sind an Gesetz und Recht gebunden.
(4) Gegen jeden, der es unternimmt, diese Ordnung zu beseitigen, haben alle Deutschen das Recht zum Widerstand, wenn andere Abhilfe nicht möglich ist.", *https://dejure.org/gesetze/GG/20.html* (25.05.2016).

929 Vgl.: Art. 1 GG:
„(1) Die Würde des Menschen ist unantastbar. Sie zu achten und zu schützen ist Verpflichtung aller staatlichen Gewalt.
(2) Das deutsche Volk bekennt sich darum zu unverletzlichen und unveräußerlichen Menschenrechten als Grundlage jeder menschlichen Gemeinschaft, des Friedens und der Gerechtigkeit in der Welt.
(3) Die nachfolgenden Grundrechte binden Gesetzgebung, vollziehende Gewalt und Rechtsprechung als unmittelbar geltendes Recht."; *https://dejure.org/gesetze/GG/1.html* (25.05.2016).

930 Vgl.: Art. 3GG:
„(1) Alle Menschen sind vor dem Gesetz gleich.
(2) Männer und Frauen sind gleichberechtigt. Der Staat fördert die tatsächliche Durchsetzung der Gleichberechtigung von Frauen und Männern und wirkt auf die Beseitigung bestehender Nachteile hin.
(3) Niemand darf wegen seines Geschlechtes, seiner Abstammung, seiner Rasse, seiner Sprache, seiner Heimat und Herkunft, seines Glaubens, seiner religiösen oder politischen Anschauungen benachteiligt oder bevorzugt werden. Niemand darf wegen seiner Behinderung benachteiligt werden."; *https://dejure.org/gesetze/GG/3.html* (25.05.2016.

931 Vgl.: Thalemann, Gero in: Die Soziale Marktwirtschaft der Bundesrepublik Deutschland – ein realisiertes Konzept? Analyse von Genesis, theoretischem Gehalt und praktischer Verwirklichung, Disserta Verlag Hamburg 2011, ff.

Verfassungsprinzipien, die unabhängig der Ratifizierung durch einzelne Staaten, von allen Mitgliedsstaaten geachtet werden müssen.[932] Die 8 Kernarbeitsnormen der ILO konkretisieren ihre Verfassungsprinzipien. Blüthner sieht durch die Kernarbeitsnormen der ILO eine Manifestation der grundlegenden Verfassungsprinzipien auf der Ebene der Rechtsanwendung.[933] Dies hat zur Folge, dass der Inhalt der 8 Kernarbeitsnormen, nicht mit den zugrundeliegenden Verfassungsprinzipien gleichgesetzt werden kann. Dies geht bereits aus der ILO Deklaration an sich hervor. Die grundlegenden Verfassungsprinzipien stellen keine versteckte Ratifizierung der 8 ILO Kernarbeitsnormen dar. Durch die Mitgliedschaft einzelner Nationalstaaten, entsteht keine völkerrechtliche Verpflichtung die 8 Kernarbeitsnormen der ILO umzusetzen.[934] Es bewirkt jedoch die Anerkennung der Verfassungsprinzipien der ILO.

Artikel 1 Absatz 3 der ILO Verfassung

„3. Jedes ursprüngliche Mitglied der Vereinten Nationen und jeder durch Beschluss der Generalversammlung nach den Bestimmungen der Charta der Vereinten Nationen als Mitglied aufgenommene Staat kann die Mitgliedschaft bei der Internationalen Arbeitsorganisation durch eine Mitteilung an den Generaldirektor des Internationalen Arbeitsamtes erwerben, worin in aller Form die Übernahme der sich aus der Verfassung der Internationalen Arbeitsorganisation ergebenden Verpflichtungen erklärt wird.“[935]

Aus diesem Artikel 1 Abs.3 der ILO Verfassung geht nicht hervor welche Pflichten den Mitgliedsstaaten durch die Mitgliedschaft auferlegt werden. Selbst die vier Verfassungsprinzipien in der ILO Deklaration von 1998, stellen eher „soziale Mindeststandards“ dar und sagen wenig über die Umsetzung dieser Prinzipien aus. Die Verpflichtung zur Anerkennung der Verfassungsprinzipien durch die Mitgliedschaft in der ILO deutet auf völkerrechtliche „Hartrechtsnormen“ (hard law) hin.[936] Rie-

932 Vgl.: ILO Deklaration 1998, S. 5.
933 Vgl.: Blüthner, Andreas 2004, S. 196.
934 Vgl.: Ebd.
935 Vgl.: Verfassung der Internationalen Arbeitsorganisation und Geschäftsordnung der Internationalen Arbeitskonferenz, Internationales Arbeitsam, Genf 08/2003, S. 8.
936 Vgl.: Blüthner, Andreas 2004, S. 196.

del misst dem Fehlen von Hartrechtsnormen jedoch nur eine geringe Bedeutung zu, zumal die rechtliche Konfliktlösung ja ohnehin nur ein probates Mittel friedlicher Streitbeilegung in den internationalen Beziehungen, neben anderen Konfliktlösungsstrategien darstellt.[937] Die Charta der UN in Kapitel VI, Artikel 33 definiert dies folgendermaßen:

„(1) Die Parteien einer Streitigkeit, deren Fortdauer geeignet ist, die Wahrung des Weltfriedens und der internationalen Sicherheit zu gefährden, bemühen sich zunächst um eine Beilegung durch Verhandlung, Untersuchung, Vermittlung, Vergleich, Schiedsspruch, gerichtliche Entscheidung, Inanspruchnahme regionaler Einrichtungen oder Abmachungen oder durch andere friedliche Mittel eigener Wahl.“[938]

Die Mitgliedschaft in der ILO, die bekanntermaßen ja auf „Freiwilligkeit“ beruht, jedoch die Anerkennung der Verfassungsprinzipien impliziert, kann ein Verweis auf das völkerrechtliche Konsensprinzip sein.[939] Blüthner ist der Ansicht, dass die Mitglieder bereits aus ihrem Beitritt zur ILO eine Rechtspflicht zur Verwirklichung der vier Verfassungsprinzipien trifft, die mit der ILO Deklaration 1998 explizit bekräftigt wurde.[940] Die vier Verfassungsprinzipien sind keine Hartrechtsnormen, da diese es den einzelnen Staaten überlassen, wie sie die „sozialen Mindeststandards“ umsetzen. Die Verfassungsprinzipien offenbaren Merkmale, die dem „soft law“ zuzuordnen sind und somit unverbindliche Rechtsgrundsätze darstellen. Vergleichbar mit dem Konsensprinzip in der „Universal Declaration of Human Rights“.

“Drafted by representatives with different legal and cultural backgrounds from all regions of the world, the Declaration was proclaimed by the Uni-

---

937 Vgl.: Eichhorn, Peter (Hrsg.) in: Ökologie und Marktwirtschaft – Probleme, Ursachen und Lösungen, Gabler Verlag Wiesbaden 1996; Eibe Riedel in: Grundlagen und Hauptprobleme des internationalen Umweltrechts, S. 150.

938 Vgl.: Onlineportal: UN, *http://www.unric.org/de/charta#kapitel6* (26.05.2016).

939 Vgl.: UN Charta Artikel 38: Unbeschadet der Artikel 33 bis 37 kann der Sicherheitsrat, wenn alle Parteien einer Streitigkeit dies beantragen, Empfehlungen zu deren friedlicher Beilegung an die Streitparteien richten.
Hernández, Munoz Fernando in: Legitimität und Legalität im Völkerrecht – Die völkerrechtstheoretische Debatte um die Legitimität Governance – Strukturen, Inaugural-Dissertation zur Erlangung der Doktorwürde der Juristischen Fakultät der Eberhard Karls Universität Tübingen 2011, Drittes Kapitel, Legalität und Legitimationskrise des Völkerrechts ff.

940 Vgl.: Blüthner, Andreas 2004, S. 197.

ted Nations General Assembly in Paris on 10 December 1948 General Assembly resolution 217 A as a common standard of achievements for all peoples and all nations. It sets out, for the first time, fundamental human rights to be universally protected."[941]

Die ILO Deklaration von 1998 hat die Besonderheit einer Überwachungsfunktion, diese äußert sich in der Berichtspflicht („Follow up" Mechanismus). Ein weiteres völkerrechtliches Merkmal ist die Präambel der ILO Verfassung, in der ihre Verfassungsprinzipien angedeutet werden. Die Präambel zählt zu einem völkerrechtlichen Vertrag und kann zu dessen Auslegung herangezogen werden.

Art. 31 Allgemeine Auslegungsregel[942]

„(1) Ein Vertrag ist nach Treu und Glauben in Übereinstimmung mit der gewöhnlichen, seinen Bestimmungen in ihrem Zusammenhang zukommenden Bedeutung und im Lichte seines Zieles und Zweckes auszulegen.

(2) Für die Auslegung eines Vertrags bedeutet der Zusammenhang ausser dem Vertragswortlaut samt Präambel und Anlagen
a) jede sich auf den Vertrag beziehende Übereinkunft, die zwischen allen Vertragsparteien anlässlich des Vertragsabschlusses getroffen wurde;
b) jede Urkunde, die von einer oder mehreren Vertragsparteien anlässlich des Vertragsabschlusses abgefasst und von den anderen Vertragsparteien als eine sich auf den Vertrag beziehende Urkunde angenommen wurde.

(3) Ausser dem Zusammenhang sind in gleicher Weise zu berücksichtigen
a) jede spätere Übereinkunft zwischen den Vertragsparteien über die Auslegung des Vertrags oder die Anwendung seiner Bestimmungen;
b) jede spätere Übung bei der Anwendung des Vertrags, aus der die Übereinstimmung der Vertragsparteien über seine Auslegung hervorgeht;
c) jeder in den Beziehungen zwischen den Vertragsparteien anwendbare einschlägige Völkerrechtssatz.

941 Vgl.: Onlineportal: UN, *http://www.un.org/en/universal-declaration-human-rights/* (26.05.2016).

942 Vgl.: Wiener Übereinkommen über das Recht der Verträge Abgeschlossen in Wien am 23. Mai 1969; *https://www.admin.ch/opc/de/classified-compilation/19690099/201502240000/0.111.pdf* (27.06.2016). S. 11.

(4) Eine besondere Bedeutung ist einem Ausdruck beizulegen, wenn feststeht, dass die Vertragsparteien dies beabsichtigt haben."

In der Regel enthält eine Präambel Werte und Ziele, jedoch keine rechtverbindlichen Vorschriften eines Vertrages.[943] Rechtsverbindliche Vorschriften kommen in Artikel 22 der ILO Verfassung vor.

Artikel 22 ILO Verfassung[944]

„Jedes Mitglied verpflichtet sich, dem Internationalen Arbeitsamt jährlich einen Bericht über seine Maßnahmen zur Durchführung der Übereinkommen, denen es beigetreten ist, vorzulegen. Die Form dieser Berichte bestimmt der Verwaltungsrat; sie haben die von ihm geforderten Einzelheiten zu enthalten."

Im Anhang zur Erklärung des Gesamtzweckes der ILO Deklaration wird sehr deutlich formuliert, dass die Verfassungsprinzipien eine lang-

---

943 Vgl.: ILO Verfassung in: Präambel. S. 7.
„Der Weltfriede kann auf die Dauer nur auf sozialer Gerechtigkeit aufgebaut werden. Nun bestehen aber Arbeitsbedingungen, die für eine große Anzahl von Menschen mit so viel Ungerechtigkeit, Elend und Entbehrungen verbunden sind, dass eine Unzufriedenheit entsteht, die den Weltfrieden und die Welteintracht gefährdet. Eine Verbesserung dieser Bedingungen ist dringend erforderlich, zum Beispiel durch Regelung der Arbeitszeit, einschließlich der Festsetzung einer Höchstdauer des Arbeitstages und der Arbeitswoche, Regelung des Arbeitsmarktes, Verhütung der Arbeitslosigkeit, Gewährleistung eines zur Bestreitung des Lebensunterhaltes angemessenen Lohnes, Schutz der Arbeitnehmer gegen allgemeine und Berufskrankheiten sowie gegen Arbeitsunfälle, Schutz der Kinder, Jugendlichen und Frauen, Vorsorge für Alter und Invalidität, Schutz der Interessen der im Auslande beschäftigten Arbeitnehmer, Anerkennung des Grundsatzes „gleicher Lohn für gleichwertige Arbeit", Anerkennung des Grundsatzes der Vereinigungsfreiheit, Regelung des beruflichen und technischen Unterrichtes und ähnliche Maßnahmen. Auch würde die Nichteinführung wirklich menschenwürdiger Arbeitsbedingungen durch eine Nation die Bemühungen anderer Nationen um Verbesserung des Loses der Arbeitnehmer in ihren Ländern hemmen. Aus allen diesen Gründen und zur Erreichung der in dieser Präambel aufgestellten Ziele stimmen die Hohen Vertragschließenden Teile, geleitet sowohl von den Gefühlen der Gerechtigkeit und Menschlichkeit als auch von dem Wunsche, einen dauernden Weltfrieden zu sichern, der nachstehenden Verfassung der Internationalen Arbeitsorganisation zu."

944 Vgl.: ILO Verfassung, S. 20.

fristige Zielbestimmung der Mitglieder darstellen, mit einem Förderungscharakter, durch die technische Unterstützung seitens der ILO.

„2. Im Einklang mit diesem Ziel, das reinen Förderungscharakter hat, werden diese Folgemaßnahmen die Ermittlung von Bereichen ermöglichen, in denen die Unterstützung der Organisation durch ihre Tätigkeiten der technischen Zusammenarbeit für ihre Mitglieder von Nutzen sein kann, um ihnen bei der Verwirklichung dieser grundlegenden Prinzipien und Rechte behilflich zu sein.“[945]

Blüthner sieht in den Verfassungsprinzipien eher einen politisch-moralischen Apellcharakter.[946] Die Verfassungsprinzipien sind für die Mitgliedstaaten als allgemeine Verhaltensmaßstäbe einzustufen, da nur gemeinsam diese Ziele erreicht werden können. Dies konstituiert bereits der Inhalt der Präambel der ILO Verfassung.

„Auch würde die Nichteinführung wirklich menschenwürdiger Arbeitsbedingungen durch eine Nation die Bemühungen anderer Nationen um Verbesserung des Loses der Arbeitnehmer in ihren Ländern hemmen.“[947]

Diese Überlegung spiegelt sich beim Thema: „Abschaffung der Kinderarbeit“ wieder. In Anbetracht der Tatsachen und der mannigfaltigen Ursachen für Kinderarbeit in Entwicklungs- und Schwellenländern, wäre es zum Protektionismus gegenüber sich wirtschaftlich entwickelnden Nationen gekommen und zum anderen wäre es unrealistisch anzunehmen, dass durch eine rechtsverbindliche Vorschrift, die Kinderarbeit in diesen Nationen unterbunden werden könnte. Der Inhalt der ILO Konvention 182 spricht in diesem Kontext von der „Beseitigung der schlimmsten Form von Kinderarbeit“.[948]

945 Vgl.: Ebd. S. 6.

946 Vgl.: Blüthner, Andreas 2004, S. 197.

947 Vgl.: ILO Verfassung in: Präambel. Der ursprüngliche, im Jahre 1919 aufgestellte Wortlaut der Verfassung ist abgeändert worden im Jahre 1922 mit Wirkung vom 4. Juni 1934, durch Abänderungsurkunde von 1945 mit Wirkung vom 26. September 1946, durch Abänderungsurkunde von 1946 mit Wirkung vom 20. April 1948, durch Abänderungsurkunde von 1953 mit Wirkung vom 20. Mai 1954, durch Abänderungsurkunde von 1962 mit Wirkung vom 22. Mai 1963 und durch Abänderungsurkunde von 1972 mit Wirkung vom 1. November 1974.

948 Vgl.: C182 - Worst Forms of Child Labour Convention, 1999 (No. 182) Con-

„Auch dies spricht dafür, den Verfassungsprinzipien keine unbedingte rechtliche Geltung zuzusprechen, sondern sie lediglich als globale Leitsätze anzusehen, die auf die Verwirklichung der grundlegenden Arbeitnehmerrechte hinzielen.“[949]

Blüthner untermauert seine These indem er darauf verweist, dass in den Verfassungsprinzipien der ILO Deklaration von 1998, die Rede von „Abschaffung“, „Beseitigung“ und nicht von Verbot und Unterlassung der Kinderarbeit gesprochen wird. Bei den Verfassungsprinzipien kann es sich also nicht um im Einzelfall anwendbare Gebote oder Verbote handeln. Sie sind eher den Aspirationsnormen zuzuordnen.

„Die Standards, die im Nachhaltigkeitskontext verbindlich gelten, sind als Geltendes Recht – als verhaltenssteuernde Normen oder Auslegungsprinzipien – anzuwenden, diejenigen Standards, die keinen Verbindlichkeitsgrad haben, aber dennoch als Aspirationsnorm ersichtlich sind, können im Anwendungsbereich des Nachhaltigkeitskonzepts als soft law in die Rechtsanwendung einfließen.“[950]

Zusammenfassend gehen aus der ILO Deklaration und ihren Verfassungsprinzipien, sowohl weiche, wie auch harte Rechtsnormen hervor.[951] Die Rechterzeugungsquellen im Völkerrecht finden Erwähnung in der Aufzählung der Normquellen des Statutes vom Internationalen Gerichtshof. Dieses Statut gibt dem Gericht die Normen vor, welche bei Streitigkeiten anzuwenden sind.[952] Darin werden an erster Stelle die Verträge genannt.

---

vention concerning the Prohibition and Immediate Action for the Elimination of the Worst Forms of Child Labour (Entry into force: 19 Nov 2000) Adoption: Geneva, 87th ILC session (17 Jun 1999).

949 Vgl.: Blüthner, Andres 2004, S. 197.

950 Vgl.: Gehne, Katja in: Nachhaltige Entwicklung als Rechtsprinzip, Normativer Aussagegehalt rechtstheoretische Einordung, Funktion des Rechts, Mohr Siebeck Tübingen 2011, S. 315.

951 Blüthner, Andreas 2002, S. 198.

952 Vgl.: Dohering, Karl in: Völkerrecht –Ein Lehrbuch, C. F: Müller Verlag Heidelberg, S. neuüberarbeitete Auflage 2004, S. 121 ff.

„Das ist insoweit gerechtfertigt, als diese im Sinne von leges speciales dem völkerrechtlichen Gewohnheitsrecht und also dem ungeschriebenen, allgemeinen Recht vorgehen.“[953]

An zweiter Stelle wird das Gewohnheitsrecht aufgeführt, welches in der Staatenpraxis erzeugt und angewendet wird.

„Von besonderer Bedeutung ist der Umstand, daß das Völkerrechtliche Gewohnheitsrecht aus Normen besteht, die vertraglich Abdingbar sind und solchen, die dem zwingendem Recht angehören und der Einschränkung durch Verträge entzogen sind.“[954]

Weiterhin werden im Statut des Internationalen Gerichtshofs die so genannten allgemeinen Rechtssätze erwähnt.[955]

„Dabei geht es um Normen, die nicht primär durch zwischenstaatliche Rechtsverkehr unter den Staaten entstanden sind, sondern unabhängig in nationalen Rechtsordnungen.“[956]

Es findet sich im Statut keine besondere Erwähnung, einer einseitigen Erklärung, eines Staates oder Organisation wieder. Ein Völkerrechtssubjekt, also ein Staat oder eine internationale Organisation, können gegenüber anderen Völkerrechtssubjekten, eine Selbstbindung erzeugen, wenn es sich gegenüber der Staatengemeinschaft oder auch gegenüber einem anderen Völkerrechtssubjekt einseitig und mit erkennbaren Bin-

953 Vgl.: Ebd. S. 121, Rn. 271.

954 Vgl.: Ebd. Rn. 273; Artikel 53 WVK, Abschnitt 2 – Ungültigkeit von Verträgen:
Verträge im Widerspruch zu einer zwingenden Norm des allgemeinen Völkerrechts (ius cogens). Ein Vertrag ist nichtig, wenn er im Zeitpunkt seines Abschlusses im Widerspruch zu einer zwingenden Norm des allgemeinen Völkerrechts steht. Im Sinne dieses Übereinkommens ist eine zwingende Norm des allgemeinen Völkerrechts eine Norm, die von der internationalen Staatengemeinschaft in ihrer Gesamtheit angenommen und anerkannt wird als eine Norm, von der nicht abgewichen werden darf und die nur durch eine spätere Norm des allgemeinen Völkerrechts derselben Rechtsnatur geändert werden kann. Wiener Übereinkommen über das Recht der Verträge, Abgeschlossen in Wien am 23. Mai 1969.

955 Vgl.: Ebd. Rn. 274.

956 Vgl.: Ebd.

dungswillen zu einem bestimmten Verhalten verpflichtet.[957] Das Völkerrechtssubjekt ist dann an seine Erklärung gebunden. Ebenso bleiben Resolutionen internationaler Organisationen unerwähnt im Statut. Dies ist der Tatsache geschuldet, dass Resolutionen für die Mitglieder ohnehin eine bindende Wirkung erzeugen. Dies wird als primäres Recht bewertet und bedarf daher keiner besonderen Erwähnung. Anders sieht es jedoch aus, wenn im Statut der Organisation verankert wurde, dass eine Resolution oder Deklaration keinen bindenden Charakter aufweist und als Empfehlung definiert wurde.[958] Hierbei muss hinterfragt werden, ob solch einer Empfehlung nicht dennoch ein verpflichtender Charakter zuzumessen ist? Explizit dann, wenn der Empfehlung eine Rechtsüberzeugung zugrunde liegt. Dies können Verfassungsprinzipien der ILO durchaus darstellen, zudem sie in der Präambel Erwähnung finden und in separaten Konventionen verankert wurden.

„Der EuGH stellte fest, daß nationale Gericht verpflichtet seien eine Empfehlung „bei der Entscheidung der bei ihnen anhängigen Rechtsstreitigkeiten zu berücksichtigen" und zwar „insbesondere dann wenn diese Aufschluß über die Auslegung zu ihrer Durchführung erlassener Rechtsvorschriften geben oder wenn sie verbindliche gemeinschaftliche Vorschriften ergänzen sollen."[959]

Das Statut benennt Rechtsquellen die keine unmittelbare Rechtswirkung erzeugen, aber zur Rechtsfindung bei Streitigkeiten herangezogen werden können und somit als Hilfsmittel zugelassen sind. Der Internationale Gerichthof ist gehalten zur Aufklärung und Interpretation des Geltungsbereichs von Völkerrechtsnormen, die Lehrmeinung der Völkerrechtslehre, die in der Fachliteratur zum Ausdruck gebracht wird, heranzuziehen, ohne dass diese Lehrmeinung verbindlichen Charakter aufweist, sind dient lediglich als Quellenverzeichnis.[960] Zu diesen unterstützenden Rechtsquellen zählen Urteile der internationalen Gerichtsbarkeit. In Anbetracht der Vielfalt und der signifikanten Unterschiede bei den Rechtsquellen, die zur Rechtserzeugung herangezogen werden,

---

957 Vgl.: Ebd. Rn. 275.

958 Vgl.: Ebd. Rn. 276.

959 Vgl.: Härtel, Ines in: Handbuch – Europäische Rechtssetzung, Springer Verlag Berlin/Heidelberg 2006, S. 275; EuGH 13.12.1989 – 322/88.

960 Vgl.: Dohering, Karl in: Völkerrecht –Ein Lehrbuch, C. F: Müller Verlag Heidelberg, S. neuüberarbeitete Auflage 2004, S. 121 ff. Rn. 277.

können Völkerrechtssubjekte unterschiedliche Rechtsnormen erzeugen, deren Rechtswirkung mittelbar, sowie unmittelbar erzeugt wird. Blüthner ist der Meinung, dass die Normen der Verfassungsprinzipien der ILO Deklaration von 1998 einem mittleren Härtegrad zuzuordnen sind, die den Charakter einer Zielbestimmung oder Aspirationsnorm besitzen.[961] Man darf nicht davon ausgehen, dass die in der ILO Deklaration enthaltenen Normen einer internen „Agenda“ gleichzusetzen sind. Die ILO Deklaration manifestiert die bereits in den Verfassungsprinzipien enthaltenden Normen und charakterisiert die internen Zielbestimmungen im globalen Wandel.

„Die Erklärung will das Bestreben, alle Länder zu Anstrengungen anzuregen, damit der soziale Fortschritt den Fortschritt der Wirtschaft begleitet, mit dem Wunsch in Einklang bringen, die Vielfalt der Verhältnisse, Möglichkeiten und Präferenzen jedes Landes zu achten.“[962]

Die Deklaration ist vielmehr ein moralisch-politischer Apell, gerichtet an alle Mitgliedsstaaten, zur Realisierung der grundlegenden Rechte in der Arbeitswelt, ihren Beitrag zu leisten. Hierbei stellt Blüthner die Frage auf, ob ein Verstoß gegen diesen Appellcharakter und den in der ILO Deklaration verankerten Verfassungsprinzipien überhaupt möglich sei? Den Verfassungsprinzipien fehlt zwar der Charakter einer zwingenden Rechtsnorm, allerdings wird die abstrakte gemeinsam zu erreichende Zielbestimmung, durch die einzelnen acht Kernarbeitsnormen der ILO hinreichend konkretisiert.[963] Verstößt ein Unternehmen gegen die Kernarbeitsnormen, kann dies bei der ILO eingeklagt werden. Diese ist dann dazu verpflichtet den Vorwurf zu untersuchen. Dies geschah, zum Beispiel im Falle von Coca-Cola in Kolumbien, als die ILO die Beschäftigungsverhältnisse untersuchte. Im Folgenden ein Auszug aus dem Abschlussbericht der ILO.

“While it is acknowledged that the enterprise has a well defined occupational safety and health policy, and that efforts are being made to implement it satisfactorily, the epidemiological reports provided suggest that a safety culture has not been sufficiently developed to reduce accident rates. Ac-

961 Vgl.: Blüthner, Andreas 2004, S. 198.

962 Vgl.: ILO Deklaration, angenommen von der Internationalen Arbeitskonferenz auf ihrer 86. Tagung, Genf, 18. Juni 1998, S. 2.

963 Vgl.: Blüthner, Andreas 2004, S. 199.

tions, initiatives and proposals therefore need to focus more on a culture of prevention and on an analysis of incidents and accidents using a "causal tree". It is also felt that there should be greater encouragement for workers to participate. Their views should be listened to and attention should be paid to "unsafe working conditions" instead of focusing on "individual unsafe conduct"."[964]

Man darf davon ausgehen, dass es zu Verstößen kommen kann und diese von der ILO untersucht werden können, sofern Mitgliedsstaaten in ihrem Agieren signifikant von den Verfassungsprinzipien und den ratifizierten Kernarbeitsnormen abweichen. In dem genannten Beispiel war es ein multinationales Unternehmen, welches in Kolumbien tätig ist. Ein anderes extremes Beispiel wäre, wenn eine Mitgliedsnation systematisch Zwangsarbeit zulässt und dadurch gegen das Prinzip der Beseitigung der Zwangsarbeit verstößt. Dies wäre ein eindeutiger Verstoß gegen die moralisch-politischen Pflichten aus seiner Mitgliedschaft. Da die ILO Deklaration und die Institution, auf Kooperation und technische Unterstützung ausgerichtet ist, die durch Fördermaßnahmen realisiert werden sollen, sieht die Verfassung der ILO bei erheblichen Verstößen gegen die Prinzipien, dennoch keinen Ausschluss einer Mitgliedsnation vor. Die Arbeitnehmerrechte, sollen laut der ILO, nicht durch Sanktionen, sondern durch Kooperation und Unterstützung global verbreitet werden. In der ILO Verfassung wurde das Prinzip zum Erlass von Deklarationen nicht verankert. Dennoch ist die ILO Deklaration von Philadelphia aus dem Jahr 1944 ein Bestandteil der ILO Verfassung.[965] Das Prinzip, des Erlasses von Deklarationen ist in interna-

964 Vgl.: "The Coca-Cola management and the International Union of Food, Agricultural, Hotel, Restaurant, Catering, Tobacco and Allied Workers' Associations (IUF) jointly requested the International Labour Office (ILO), in 2006, to carry out an evaluation Mission of conditions of work and labour relations in certain Coca-Cola bottling plants in Colombia. This request was endorsed by the International Organisation of Employers (IOE) and the International Trade Union Confederation (ITUC). The Office held relevant consultations with the Colombian authorities and the national employers' and workers' organizations concerned. The organizations consulted expressed their agreement to the Mission and were duly informed of the date when it would take place (Annex I)." ILO Report Evaluation Mission Coca-Cola bottling plants in Colombia (30 June–11 July 2008); ff.

965 Vgl.: „Die Allgemeine Konferenz der Internationalen Arbeitsorganisation, die in Philadelphia zu ihrer sechsundzwanzigsten Tagung zusammengetreten ist, nimmt heute, am 10. Mai 1944, diese Erklärung über die Ziele und

tionalen Institutionen weit verbreitet. Die Allgemeine Erklärung der Menschenrechte der UN- Generalversammlung ist das bekannteste Beispiel einer Deklaration. Es ist in der Fachliteratur umstritten, inwieweit eine Institution, über den im Gründungsvertrag (Verfassung) verankerten Ermächtigungen hinaus, Kompetenzen zugestanden werden. Da es sich bei einer Deklaration um eine Empfehlung handelt und somit einen nicht rechtsbindenden Charakter darstellt, kann davon ausgegangen werden, dass eine Organisation, zum Erlass von Deklarationen keine spezielle Genehmigung benötigt.

„Der Erlass der ILO Deklaration 1998 durch die International Labour Conference war daher auch ohne ausdrückliche rechtliche Ermächtigung zulässig.“[966]

Einer rechtlichen Grundlage bedarf der Überwachungsmechanismus (Follow up) der ILO Deklaration von 1998. Wie bereits geschildert, müssen Mitgliedstaaten, die nicht alle acht Kernarbeitsnormen ratifiziert haben, einen jährlichen Bericht anfertigen, wie weit diese mit der Umsetzung der Normen vorankommen und wo noch Handlungsbedarf besteht.[967] Für den Überwachungsmechanismus (Follow up) der ILO Deklaration von 1998 existiert in der ILO Verfassung der notwendige Artikel, und somit die Rechtsgrundlage, die die Mitgliedsstaaten explizit zur Erstellung eines Reports verpflichtet. Die ILO Deklaration konstituiert, dass die Nationen bereits aus ihrer Mitgliedschaft in der ILO sich dazu verpflichtet haben, im Einklang mit der Verfassung die vier Verfassungsprinzipien zu berücksichtigen, deren Umsetzung zu fördern und diese zu realisieren.[968] Blüthner ist der Meinung, dass dieser Ansatz ohne vertragliche Bindung, Obligationen aus der Verfassung einer internationalen Organisation für deren Mitglieder zu abstrahieren, bisher ohne Beispiel ist und daher als revolutionärer Schritt im Verfassungsrecht internationaler Organisationen angesehen wer-

Zwecke der Internationalen Arbeitsorganisation und über die Grundsätze an, welche die Politik ihrer Mitglieder leiten sollten.“; Onlinedokument: *http://www.ilo.org/wcmsp5/groups/public/---europe/---ro-geneva/---iloberlin/documents/normativeinstrument/wcms_193728.pdf* (29.05.2016.

966 Vgl.: Blüthner, Andreas 2004, S. 201.

967 Vgl.: ILO Verfassung Artikel 19 ff.

968 Vgl.: ILO Deklaration 1998, S. 4.

den kann.[969] In Artikel 1 der ILO Verfassung stehen die Modalitäten für den Beitritt.[970] Die ILO ging aus dem Versailler Friedensvertrag hervor, dabei handelt es sich um einen völkerrechtlichen Vertrag. Aus Artikel 11 WVK geht eindeutig hervor, dass der Beitritt zu einer Organisation, rechtlich eine Verpflichtung zur Einhaltung und Umsetzung des Gründungsvertrages impliziert.[971] Ergo, erfolgt durch den Beitritt eines Staates zur ILO, für jedes Mitglied eine Verpflichtung, die vier Verfassungsprinzipien umzusetzen und deren Einhaltung zu fördern. Dieses Prinzip ist elementar im Vertragsrecht und folgt dem Grundsatz „pacta sunt servanda". Dies bedeutet in der Rechtslehre, dass einmal geschlossene Verträge von den daraus verpflichteten Parteien auch einzuhalten sind. Hinsichtlich des Abschlusses von Verträgen und deren Inhalt sind die Parteien also frei, dies gebietet der Grundsatz der Privatautonomie. Ist erst einmal ein Vertrag unterschrieben worden, sind die unterzeichneten Parteien an diesen gebunden.[972] Aus der ILO Deklaration und deren Verfassung entstehen für die Mitglieder bindende Rechte und

969 Vgl.: Blüthner, Andreas 2004, S. 201.

970 Vgl.: Artikel 1 ILO Verfassung, Absatz 3 und 4:
„3. Jedes ursprüngliche Mitglied der Vereinten Nationen und jeder durch Beschluß der Generalversammlung nach den Bestimmungen der Charta der Vereinten Nationen als Mitglied aufgenommene Staat kann die Mitgliedschaft bei der Internationalen Arbeitsorganisation durch eine Mitteilung an den Generaldirektor des Internationalen Arbeitsamtes erwerben, worin in aller Form die Übernahme der sich aus der Verfassung der Internationalen Arbeitsorganisation ergebenden Verpflichtungen erklärt wird.
4. Die Allgemeine Konferenz der Internationalen Arbeitsorganisation kann auch Mitglieder durch Beschluß einer Mehrheit von zwei Dritteln der auf der Tagung anwesenden Delegierten, einschließlich von zwei Dritteln der anwesenden und an der Abstimmung teilnehmenden Regierungsdelegierten, in die Organisation aufnehmen. Eine solche Aufnahme wird rechtswirksam auf Grund einer Mitteilung der Regierung des neuen Mitgliedes an den Generaldirektor des Internationalen Arbeitsamtes, worin diese in aller Form die Übernahme der sich aus der Verfassung der Internationalen Arbeitsorganisation ergebenden Verpflichtungen erklärt."

971 Vgl.: Wiener Übereinkommen über das Recht der Verträge; Abgeschlossen in Wien am 23. Mai 1969:
Artikel 11 / Arten der Zustimmung, durch einen Vertrag gebunden zu sein
„Die Zustimmung eines Staates, durch einen Vertrag gebunden zu sein, kann durch Unterzeichnung, Austausch von Urkunden, die einen Vertrag bilden, Ratifikation, Annahme, Genehmigung oder Beitritt oder auf eine andere vereinbarte Art ausgedrückt werden."

972 Vgl.: Fulda B.; Christian in: Demokratie und pacta sunt servanda, Books on Demand GmbH Noderstedt, S 93 ff.

Pflichten. Im Anschluss werden diese Rechte und Pflichten im Kontext des Freihandels untersucht

6.3.6 Die Bedeutung der ILO Deklaration im Freihandel

Dieser Abschnitt überprüft die Bedeutung der ILO Deklaration von 1998 im rechtlichen und institutionellen Kontext. Blüthner sieht in der rechtlichen und politischen Dimension bei der Durchsetzung von Arbeitsstandards, durch Handelsmaßnahmen eine enge Verknüpfung. Die Bedeutung der ILO Deklaration im rechtspolitischen Kontext ist in der Fachliteratur umstritten. Neben der Gründung der ILO im Jahr 1919 und der UN-Resolution aus dem Jahr 1948 im Hinblick der Menschrechtsdebatte[973], ist der Bedeutung der ILO Deklaration über grundlegende Prinzipien und Rechte bei der Arbeit vom 18.06.1998 ein hoher Stellenwert zuzurechnen. Trotz der kontroversen 1990er Jahre und deren politische Entwicklung, ist es der ILO gelungen eine verfassungsinterpretative Deklaration zu verabschieden. Diese Bewertung darf jedoch nicht zu optimistisch vorgenommen werden. Da nicht alle in der ILO Deklaration verankerten 8 Kernarbeitsnormen von den Mitgliedsstaaten ratifiziert wurden. Dies wurde unter anderem auf der Internationalen Arbeitskonferenz, 101 Tagung, aus dem Jahr 2012 im Bericht VI schriftlich dokumentiert.

„*Die Ratifikationsrate der grundlegenden Übereinkommen liegt bei über 90 Prozent. Zum 31. Dezember 2011 waren insgesamt 1.326 Ratifikationen der grundlegenden Übereinkommen eingetragen worden bei einer möglichen Gesamtzahl von 1.464 Ratifikationen durch die 183 Mitglieder der IAO. Seit Beginn der Kampagne für die Ratifizierung der grundlegenden Übereinkommen im Jahr 1995 (siehe Kapitel 3) ist ihre Ratifikationsrate um 68 Prozent gestiegen, wobei das Übereinkommen (Nr. 182) über die schlimmsten Formen der Kinderarbeit, 1999, eine besonders große Zahl von Ratifikationen verzeichnet hat.*“[974]

[973] Vgl.: Vereinte Nationen, A/RES/217 A (III), Resolution der Generalversammlung 217 A (III). Allgemeine Erklärung der Menschenrechte.

[974] Vgl.: Internationale Arbeitskonferenz, 101. Tagung, 2012,ILC.101.IV, Bericht VI, Grundlegende Prinzipien und Rechte bei der Arbeit: Vom Engagement zum Handeln - Wiederkehrende Diskussion im Rahmen der Erklärung der IAO über soziale Gerechtigkeit für eine faire Globalisierung und der Folge-

Die nun folgenden Graphiken spiegeln die Ratifikationsraten der einzelnen ILO Konventionen wieder.[975] Diese Fakten und Graphiken stammen von der Internationalen Arbeitskonferenz aus dem Jahr 2012 (ILC.101.IV).

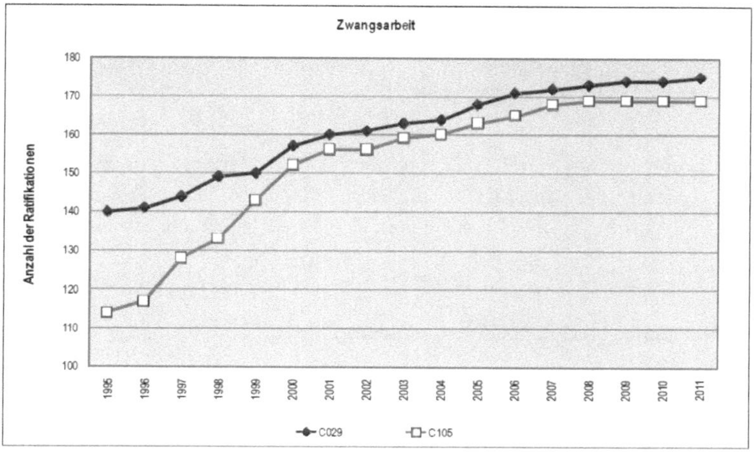

30. Abbildung: ILO Graphik „Zwangsarbeit"

Die Konventionen mit der Nr. 29 und Nr. 182 sind mit 175 resp. 174 Ratifikationen die am umfassendsten ratifizierten grundlegenden Übereinkommen. Das Übereinkommen mit der Nr. 87, über die Vereinigungsfreiheit und den Schutz des Vereinigungsrechtes, aus dem Jahr 1948, verzeichnet die geringste Anzahl der Ratifikationen (150).[976]

maßnahmen zu der Erklärung über grundlegende Prinzipien und Rechte bei der Arbeit, S. 13, Rn. 31.

975 Vgl.: Ebd. S. 14–16.

976 Vgl.: Ebd.

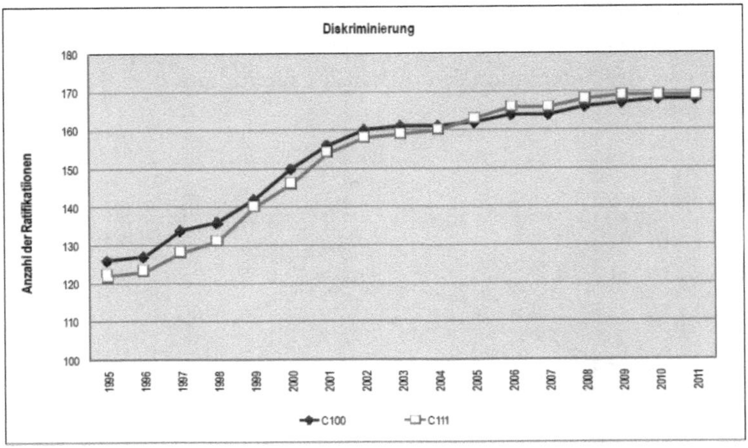

31. Abbildung: ILO Graphik „Diskriminierung"

Die Konventionen über Kinderarbeit wurden in den vergangenen fünf Jahren am häufigsten Ratifiziert. Mit Ausnahme der Übereinkommen Nr. 138 und 182 hat sich das Ratifikationstempo der übrigen sechs grundlegenden Übereinkommen seit 2007 signifikant verlangsamt. Die universelle Ratifizierung dieser grundlegenden Konventionen stellt nach wie vor eine große Herausforderung dar.[977]

[977] Vgl.: Ebd.

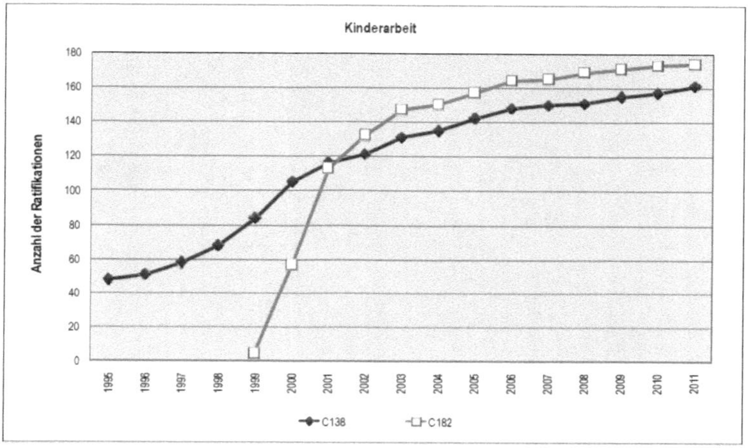

32. Abbildung: ILO Graphik „Kinderarbeit"

Obwohl die Ratifikationsrate der grundlegenden Übereinkommen bei über 90 Prozent liegt, liegt ihre Erfassungsrate bei der Weltbevölkerung weitaus niedriger, da einige Länder, die die grundlegenden Übereinkommen nicht ratifiziert haben, sehr bevölkerungsreich sind. Die Konvention mit der Nr. 100 über die Gleichheit des Entgelts aus dem Jahr 1951, umfasst nahezu 95 Prozent der Weltbevölkerung.[978]

978 Vgl.: Ebd. S. 17

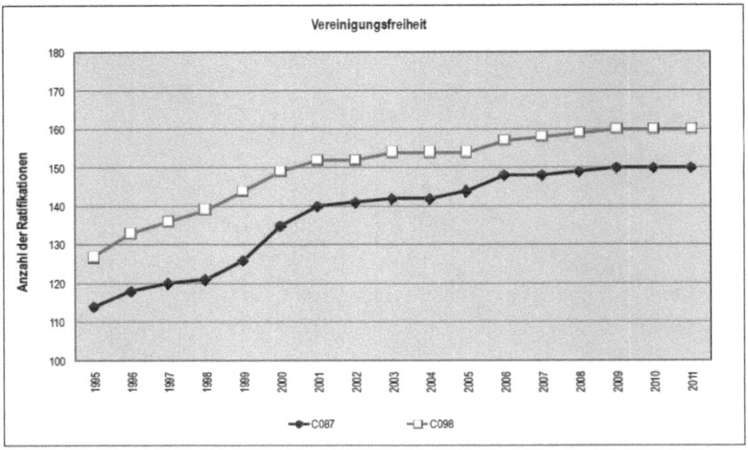

33. Abbildung: ILO Graphik „Vereinigungsfreiheit"

Viele nichtratifizierende Staaten haben der ILO mitgeteilt, dass ihre nationalen Verfassungen und ihre Rechtsvorschriften das Recht auf Vereinigungsfreiheit und zu Kollektivverhandlungen, die Beseitigung aller Formen von Zwangs- oder Pflichtarbeit und die Beseitigung der Diskriminierung in Bezug auf Beschäftigung und Beruf anerkennen. Obwohl die effektive Abschaffung der Kinderarbeit in einigen nationalen Verfassungen nicht explizit erwähnt wird, wird sie in nahezu allen Staaten durch die verfassunggebende politische Ausrichtung und ihren dazugehörigen Rechtsvorschriften, durch die Einrichtung eines obligatorischen und unentgeltlichen Bildungssystems und die Festlegung eines Mindestalters für die Zulassung zur Beschäftigung und zur Arbeit, dennoch umgesetzt.[979]

Die ILO Deklaration und der „Follow up" Mechanismus sind den Nachweis schuldig geblieben, ohne ökonomische Sanktionsmaßnahmen die grundlegenden Prinzipien und die Rechte in der Arbeitswelt effizient durchzusetzen. Blüthner ist der Ansicht, dass wenn fundamentale Arbeitnehmerrechte nicht universell wirksam geschützt werden

[979] Vgl.: IAA: Review of annual reports under the follow-up to the ILO Declaration on Fundamental Principles and Rights at Work, a.a.O., Abs. 47; siehe auch Abs. 24, 37 und 67.

können, die ILO letztendlich den Beweis ihrer Durchsetzungsfähigkeit schuldig bleibt.[980] Hierbei muss der enorm große informelle Sektor in der Wirtschaft betrachtet werden. In diesem Sektor haben internationale Organisationen oder Gewerkschaften, wie aber auch zum Teil der Staat, keine effiziente Durchsetzungskraft. Laut OECD arbeitet die Hälfte der weltweiten Bevölkerung im informellen Sektor.[981] Die ILO Deklaration könnte als ein Indiz für die mangelnde Durchsetzungskraft und die daraus resultierende schwindende Bedeutung der ILO gewertet werden. Wenn man sich jedoch die Graphiken aus dem Jahr 2012 und die hohen Ratifikationsraten anschaut, dann wird diese Einschätzung der ILO nicht gerecht. Die ILO arbeitet konsensorientiert und unterstützt Mitglieder bei der Implementierung von Arbeitsstandards, die nachweislich den politischen Willen zur Umsetzung aufweisen und die Ressourcen zur Umsetzung der Kernarbeitsnormen nicht vollumfänglich bereitstellen können. Diese Herangehensweise hat zur positiven Reputation der ILO signifikant beigetragen. Dieses Vertrauen in die Arbeit der ILO ermöglichte erst die ILO Deklaration von 1998. Leider ist einer der bedeutendsten Mitgliedsstaaten in der ILO zu einer vertieften Kooperation nicht bereit.

„*Die USA wollen Freihandel mit der EU, haben aber bis heute die Grundregeln für gute Arbeit nicht gesetzlich verankert. Für die IG Metall ist das jedoch eine wichtige Voraussetzung, um einem Handelsabkommen wie TTIP zuzustimmen.*“[982]

Neben der signifikanten Bedeutung der ILO Deklaration von 1998, gehen wesentliche Impulse bei der Verknüpfung von Trade & Labour von ihr aus. Erst mit der Deklaration wurden die grundlegenden Prinzipien und Rechte in der Arbeitswelt klar definiert. Davor war dies ein kontrovers diskutierter Punkt in der Agenda der Internationalen Arbeitskonferenzen. Die Frage der Arbeitsstandards konnte nicht einheitlich beantwortet werden, ergo fehlte es für einen Nexus zwischen Trade &

980 Vgl.: Blüthner, Andreas 2004, S. 204.

981 Vgl.: Onlineportal: EPO, *http://www.epo.de/index.php?option=com_content&view=article&id=4873:oecd-mehr-als-die-haelfte-der-erwerbstaetigen-weltweit-arbeitet-im-informellen-sektor&catid=46&Itemid=115* (31.05.2016).

982 Vgl.: Onlineportal: IG Metall, *https://www.igmetall.de/flickenteppich-ttip-nicht-ohne-meine-arbeitsnormen.htm* (01.06.2016).

Labour an einem eindeutigen arbeitsrechtlichen Ausgangspunkt.[983] Die Protagonisten waren sich nur in einem Punkt einig, dass die Definition grundlegender Arbeitnehmerrechte nicht im Rahmen der WTO getroffen werden kann.[984] Mit der Deklaration von 1998 wurden die vier Verfassungsprinzipien hervorgehoben und die ILO stellte unmissverständlich klar, wer für die Definition von Arbeitsstandards zuständig ist und welche Normen als Menschenrechte in der Arbeitswelt zu verstehen sind. Dadurch beseitigte die ILO einen immer wieder kontrovers diskutierten Punkt auf ihrer Agenda. Blüthner spricht in diesem Kontext, von der Schwächung der Einwände der ökonomischen und kulturellen Relativität von Menschenrechten in der Arbeitswelt.[985] Das Prinzip der ökonomischen Relativität sieht vor, dass die Beachtung fundamentaler Menschenrechte in einem Staat, erst verwirklicht werden kann, wenn dieser ein fortschrittliches Stadium wirtschaftlicher Entwicklung vollzogen hat. In der Terminologie der Sozialwissenschaften schließt die Deprivation an das Bedeutungsfeld von Verlust, Mangel und Entbehrung an. Die „Deprivation" beschreibt eine ökonomische oder politische Maßnahme, die versucht soziale Benachteiligung als relativ darzustellen.[986] Kritiker von fundamentalen Menschenrechten verweisen auf die kulturelle Relativität, da bei einer Durchsetzung von Arbeitnehmerrechten die kulturspezifischen Normen und Werte mitberücksichtigt werden müssen.

„Die Behörden schränkten die Rechte auf freie Meinungsäußerung, Vereinigungs- und Versammlungsfreiheit 2014 weiterhin stark ein. Gegen abweichende Meinungen ging sie mit unerbittlicher Härte vor. So wurden u.a. Menschenrechtsverteidiger und andere Regierungskritiker festgenommen und inhaftiert. Viele von ihnen erhielten unfaire Verfahren vor Gerichten, darunter ein Sonderstrafgericht für terroristische Straftaten, das auch Todesurteile fällte. Neue Gesetze setzten Kritik an der Regierung und andere friedliche Protestaktionen faktisch mit Terrorismus gleich. Die Behörden gingen rigoros gegen jede Art von Internetaktivitäten

983 Vgl.: Blüthner, Andreas 2004, S. 205.

984 Vgl.: Ebd.

985 Vgl.: Ebd.

986 Vgl.: Townsend, Peter in: Poverty in the United Kingdom - A Survey of Household Resources and Standards of Living, First published 1979, Published simultaneously by Allen Lane, Made and printed in Great Britain by Hazell Watson & Viney Ltd, Aylesbury, Bucks Set in Monotype Times ff.

vor und schüchterten Aktivisten und deren Familienangehörige ein, wenn sie Menschenrechtsverstöße öffentlich machten."[987]

Aus den unterschiedlichen kulturspezifischen Normen und Werten geht hervor, dass die uneingeschränkte Adaption, vermeintlich „westlicher Konzepte" nicht zu realisieren sei resp. diese entbehrlich machen. Diesen Einwänden der ökonomischen oder kulturellen Relativität tritt die ILO entschieden entgegen. Die Mitgliedschaft in der ILO ist freiwillig, Entscheidungen werden im Konsensprinzip getroffen und die ILO Deklaration von 1998 betont den universellen Charakter der Menschenrechte in der Arbeitswelt. In dieser Deklaration wird zum Ausdruck gebracht, dass es sich bei den grundlegenden Rechten in der Arbeitswelt um Menschenrechte im spezifischen Anwendungsbereich des Beschäftigungsverhältnisses handelt.[988] Die ILO und ihre Mitgliedsstaaten heben den gemeinsamen Willen in ihrer Deklaration von 1998 hervor, den vier Verfassungsprinzipien und den Rechten in der Arbeitswelt, eine universelle Geltung zu verschaffen. Die ILO und ihre Mitglieder machen mit dem Inhalt der Deklaration von 1998 sehr deutlich, dass die Verwirklichung der grundlegenden Prinzipien und der Rechte in der Arbeitswelt nicht von kulturspezifischen Werten und Normen abhängig ist, genauso wenig wie von der ökonomischen Relativität. Durch die technische Unterstützung ihrer Mitglieder seitens der ILO, die den politischen Willen aufzeigen, jedoch zu wenig ökonomische Ressourcen bereitstellen können, wurde das Argument der ökonomischen Relativität entkräftet. Die ILO Mitglieder betrachten die vier Verfassungsprinzipien als grundlegend und universell, weil diese die Voraussetzungen zur innerstaatlichen Verteilung des generierten Wohlstandes schaffen. Nur durch eine adäquate Partizipation am Wohlstand, ist auch der soziale Frieden gesichert. Zudem die Verfassungsprinzipien weniger als Arbeitsrecht zu betrachten sind, sondern durch ihre Terminologie „sozialen Mindeststandards" ähneln. Zwar werden diese durch die 8 Ker-

---

987 Vgl.: Onlineportal: Amnesty International, *https://www.amnesty.de/laender bericht/saudi-arabien* (01.06.2016).

988 Vgl.: ILO Deklaration von 1998:
„…in der Erwägung, daß die IAO die durch ihre Verfassung beauftragte internationale Organisation und das zuständige Gremium im Bereich der Setzung und Behandlung internationaler Arbeitsnormen ist und universelle Unterstützung und Anerkennung bei der Förderung grundlegender Rechte bei der Arbeit als Ausdruck ihrer Verfassungsgrundsätze genießt;" S. 4.

narbeitsnormen inhaltlich manifestiert, diese müssen jedoch einzeln durch die Mitglieder ratifiziert werden. Die Einschränkung der Verfassungsprinzipien auf einen arbeitsrechtlichen sozialen Mindeststandard, überlässt es den Nationalstaaten in Eigenverantwortung auf ihre ökonomischen Verhältnisse oder kulturellen spezifischen Werte und Normen einzugehen. Die vier Verfassungsprinzipien sind kein Instrument zur Harmonisierung der Sozialpolitik in den Mitgliedsstaaten, dieser Grundsatz findet sich in den zahlreichen ILO Konventionen wieder. Man darf bei den Verfassungsprinzipien nicht von absoluten oder unmittelbaren sozialen Mindeststandards ausgehen. Diese sind ein flexibles Instrument, um die Bürgerinnen und Bürger der Mitgliedsstaaten am Wohlstand partizipieren zu lassen und ermöglicht den souveränen Mitgliedsstaaten entsprechend ihrer ökonomischen Verhältnisse und kulturellen Vielfalt die grundlegenden Menschenrechte in der Arbeitswelt, auf unterschiedlichste Weise zu verwirklichen.[989] Die ILO Deklaration von 1998 hat den kontrovers geführten Disput durch die Festlegung der grundlegenden Menschenrechte in der Arbeitswelt und ihrer universellen Geltung unter den Mitgliedsstaaten entschärft, dadurch wurde ein weiterer Schritt in Richtung, der Verknüpfung zwischen Trade & Labour unternommen. Die ILO Deklaration von 1998 kann als Chance für eine größere Kohärenz zwischen internationalen Organisationen und Nationalstaaten verstanden werden. Klotzle sieht diese Chance explizit bei fragilen Staaten als vorteilhaft an.

„Erstens muss die Kohärenz innerhalb von Geberregierungen und internationalen Organisationen verbessert werden, indem die relevanten Akteure – insbesondere aus den Bereichen Sicherheit, Diplomatie und Entwicklung – in die Strategie einbezogen werden. Zweitens muss die Kohärenz zwischen internationalen Akteuren auf nationaler, regionaler und internationaler Ebene verbessert werden, um widersprüchliche Agenden zu minimieren und komparative Vorteile zu nutzen. Drittens muss die Koordinierung in allen Phasen der Strategieentwicklung gestärkt werden, insbesondere durch Verfahren, die die Analyse, eine Prioritätensetzung sowie die Institutionalisierung von „Best Practice“ ressortübergreifend möglich machen. Und letztendlich müssen externe Akteure sicherstellen, dass ihre Strategien nicht geberorientiert sind, sondern auf die Bedürfnisse vor Ort

[989] Vgl.: Blüthner, Andreas 2004, S. 207.

ausgerichtet sind und über eine breite Zustimmung in der lokalen Bevölkerung verfügen.“[990]

In Artikel 12 der ILO Verfassung und in der ILO Deklaration von 1998 ist der Ausgangspunkt für eine Kooperation geschaffen worden. In Artikel 12 der ILO Verfassung heißt es:

„*1. Die Internationale Arbeitsorganisation arbeitet im Rahmen dieser Verfassung mit allen allgemeinen internationalen Organisationen zusammen, die beauftragt sind, die Tätigkeit der mit Sonderaufgaben betrauten Organisationen des internationalen öffentlichen Rechts aufeinander abzustimmen, sowie mit den Organisationen des internationalen öffentlichen Rechts, die Sonderaufgaben auf verwandten Gebieten haben.*
2. Die Internationale Arbeitsorganisation kann geeignete Vorkehrungen treffen, damit die Vertreter der Organisationen des internationalen öffentlichen Rechts an ihren Beratungen ohne Stimmrecht teilnehmen.
3. Die Internationale Arbeitsorganisation kann geeignete Vorkehrungen treffen, um nach ihrem Ermessen anerkannte nichtstaatliche internationale Organisationen anzuhören, einschließlich der internationalen Verbände von Arbeitgebern, Arbeitnehmern, Landwirten und Genossenschaftern.“[991]

In der ILO Deklaration wird explizit auf diesen Artikel verwiesen.[992] Dieser Artikel ermöglicht der ILO die Handlungsoption, bei der Umsetzung ihrer in der Verfassung verankerten Aufgaben, eine Kooperation mit einer anderen Organisation einzugehen, wie zum Beispiel der

---

990 Vgl.: Weis, Stefanie; Schmierer, Joscha (Hrsg.) in: Prekäre Staatlichkeit und internationale Ordnung; Klotzle Kurt in: Internationale Strategien gegenüber prekären Staaten: Eine Erweiterung des Instrumentenbaukastens?, VS Verlag Wiesbaden 2007, S. 451.

991 Vgl.: ILO Verfassung S. 13.

992 Vgl.: ILO Deklaration von 1998:
„3. Anerkennt die Verpflichtung der Organisation, ihre Mitglieder entsprechend deren erwiesenen und zum Ausdruck gebrachten Bedürfnissen zu unterstützen, um diese Ziele zu erreichen, indem sie ihre verfassungsmäßigen, operativen und budgetären Mittel voll einsetzt, einschließlich der Mobilisierung externer Mittel und Unterstützung, und indem sie andere internationale Organisationen, mit denen die IAO gemäß Artikel 12 ihrer Verfassung Beziehungen aufgenommen hat, dazu ermutigt, diese Anstrengungen zu unterstützen:“, S. 5.

WTO.[993] In der ILO Deklaration von 1998 ist die Unterstützung der Mitglieder durch die ILO bei der Verwirklichung der grundlegenden Arbeitnehmerrechte klar definiert. Durch diese Unterstützung könnten zum Beispiel, Entwicklungsländer in den Genuss von Zollpräferenzen kommen. Diese handelspolitische Förderung ist ein adäquates Instrument, zur Verknüpfung von Trade & Labour. Dadurch würden die ILO und ihre Deklarationen für den Freihandel an Bedeutung gewinnen.

6.3.7 Zwischenfazit

Bei der ILO Deklaration handelt es sich um eine nichtbindende Handlungsoption.

„Deklarationen besitzen entweder Empfehlungscharakter, beinhalten ein Aktionsprogramm oder haben, wie der Name schon nahelegt, deklaratorische, also klarstellende Funktionen, beispielsweise hinsichtlich von Werten oder Prinzipien einer Organisation.“[994]

Die ILO Deklaration von 1998 beinhaltet aus ihrer Verfassung abstrahierte Pflichten der Mitglieder. Die acht Kernarbeitsnormen entwickeln erst nach ihrer Ratifizierung durch die Mitgliedsstaaten, eine rechtlich verpflichtende Bindung. Der Geltungsbereich der vier Verfassungsprinzipien resultiert unmittelbar aus der Mitgliedschaft zur ILO und bedarf keiner eigenständigen Ratifizierung durch die Mitglieder. Die Bedeutung der ILO Deklaration geht jedoch über einen politisch-moralischen Charakter hinaus, wie die Implementierung der Überwachungsmechanismen eindrucksvoll verdeutlicht. Mit dem Beschluss der ILO Deklaration von 1998 haben die Mitgliedsstaaten vier grundlegende Prinzipien des internationalen Arbeitsrechts definiert. *Diese sind die Vereinigungsfreiheit, die Beseitigung jeder Form von Zwangsarbeit, die Abschaffung der Kinderarbeit sowie das Verbot jeglicher Diskriminierung in der Arbeit.* Diese Prinzipien können als grundlegend aufgefasst werden, da sie alle einen menschenrechtlichen Bezug aufweisen. Die Prinzipien werden durch die acht Kernarbeitsnormen konkretisiert. Die Verfassungsprin-

993 Vgl.: Die Kooperationsoption der ILO und der WTO wird in einem späteren Abschnitt in dieser Untersuchung erörtert.

994 Vgl.: Blüthner, Andreas 2004, S. 199.

zipien können als „soziale Mindeststandards“ verstanden werden. Die als Optimierungsgebote oder als gemeinsame Zielvorgaben klassifiziert sind. Dadurch reicht der Geltungsbereich der Prinzipien über interne Vorgaben oder bloße Wertebekenntnisse hinaus. Aus den ILO Verfassungsprinzipien kann keine Verpflichtung zur Umsetzung der acht Kernarbeitsnormen abgeleitet werden. Der rechtliche Geltungsbereich für die Mitgliedsstaaten wird auch zukünftig erst durch die Ratifizierung der nationalen Parlamente erwirkt. Sollte jedoch ein Mitglied keinen moralischen und/oder politischen Willen zeigen die Verfassungsprinzipien zu respektieren, wird diese Missachtung der gemeinsamen Zielvorgaben von der ILO untersucht. Hinsichtlich ihrer Normqualität stellen die vier Verfassungsprinzipien in der Arbeitswelt ein Wertebekenntnis dar, so genanntes „Soft law“. Die acht Kernarbeitsnormen weisen die Normqualität von „Hard law“ auf. Die Rechtsnatur[995] der ILO Deklaration ist eine Kombination aus dem weichen Instrument der Verfassungsprinzipien und einem harten Instrument, bestehend aus den acht Kernarbeitsnormen.[996] Die Symbiose aus diversen Standards mit einer divergenten Normqualität stellt einen Kombinationsstandard dar.[997] Die Implementierung des Überwachungsmechanismus (Follow up) bedurfte keiner Bestätigung durch die International Labour Conference oder einer Ratifizierung durch die Mitgliedsstaaten. Der rechtliche Geltungsbereich geht klar aus Artikel 19 der ILO Verfassung hervor. Ebenso ist die Förderpflicht der ILO bei der arbeitsrechtlichen Verwirklichung der Verfassungsprinzipien unter den Mitgliedsstaaten, ein Bestandteil der Verfassung. Die ILO Deklaration von 1998 hat in der kontroversen De-

995 Vgl.: Ausführlich zur Rechtsnatur der Deklaration in: Harris, Regional Protection of Human Rights 1998, S. 1.4 ff.
Vgl.: Nettesheim, Martin in: § 173 Die Allgemeine Erklärung der Menschenrechte und ihre Rechtsnatur. Die Stellungnahme des Office of Legal Affairs der Vereinten Nationen ist zitiert bei Humphrey, The UN Charter (FN 28), S. 39 (54 f.).
„Nach einer Einschätzung der Rechtsabteilung (Office of Legal Affairs) der Vereinten Nationen, die im Jahre 1962 von der Menschenrechtskommission nach den Implikationen des Terminus „Deklaration“ befragt wurde, zeichnet eine solche sich durch ihre besondere Feierlichkeit und Bedeutung aus. Deswegen sei mit dem Begriff „Deklaration“ die starke Erwartung verknüpft, daß die Mitglieder der internationalen Gemeinschaft sich an die Deklaration halten werden. In dem Maße, in dem sich diese Erwartung realisiere, erwachse die Deklaration in Völkergewohnheitsrecht.“

996 Vgl.: Blüthner, Andreas 2004, S. 200.

997 Vgl.: Ebd.

batte zum Thema Trade & Labour, Fragen zum internationalen Arbeitsrecht geklärt und trägt somit zum Schutz der Arbeitnehmerinnen und Arbeitnehmer bei. Diese Deklaration ist ein Meilenstein auf dem Weg zur Verknüpfung von Trade & Labour. Da jedoch wirkungsvolle handelspolitische Sanktionsmechanismen im System der ILO fehlen, müssen überlegen angestellt werden in welchem ökonomischen Setting die ILO Deklaration von 1998 am besten aufgehoben ist. Die nun folgenden Kapitel stellen eine mögliche Option zur Kooperation zwischen der ILO und einer handelspolitisch agierenden Organisation vor.

6.4 Prolog

Die folgenden Abschnitte untersuchen ausgewählte multilaterale Abkommen und ihre zuständigen Initiatoren, dies sind internationale Institutionen oder Organisationen. Die übergeordnete Frage in diesen Abschnitten lautet: „In welchem Setting kann die ILO gemäß ihrer Verfassung eine Kooperation mit einer anderen Organisation/Institution eingehen, um ihren Effizienzgrad bei der Implementierung von sozialen Mindeststandards zu erhöhen? Aufgrund der Vielzahl der unterschiedlichsten multilateralen Abkommen und ihrer Organisationen, wird sich in dieser Untersuchung auf die vermeintlich populärsten von ihnen beschränkt.

6.4.1 Die EU- Gemeinschaftspolitik

Die europäische Gemeinschaftspolitik soll sich nicht nur auf ökonomischer Ebene abspielen, sondern sich ebenfalls an sozialpolitischen Zielen orientieren. Die permanente Verbesserung der Arbeits- und Beschäftigungsbedingungen wird als ein gemeinsames Ziel, angestrebt.

„...entschlossen, durch gemeinsames Handeln den wirtschaftlichen und sozialen Fortschritt ihrer Staaten zu sichern, indem sie die Europa trennenden Schranken beseitigen,“[998]

[998] Vgl.: Vertrag über die Arbeitsweise der Europäischen Union, Präambel Absatz 3 und 4.

Diese sozialpolitischen Ziele sind der Erkenntnis geschuldet, dass innerer sozialer Frieden durch eine gerechte Partizipation am generierten Wohlstand zu realisieren ist.

„...entschlossen, durch diesen Zusammenschluss ihrer Wirtschaftskräfte Frieden und Freiheit zu wahren und zu festigen, und mit der Aufforderung an die anderen Völker Europas, die sich zu dem gleichen hohen Ziel bekennen, sich diesen Bestrebungen anzuschließen,...“[999]

In Artikel 5 wird die nationale Souveränität der Mitgliedsstaaten signifikant zum Thema „Sozialpolitik“ eingeschränkt.
Artikel 5 AEUV[1000]

„(1) Die Mitgliedstaaten koordinieren ihre Wirtschaftspolitik innerhalb der Union. Zu diesem Zweck erlässt der Rat Maßnahmen; insbesondere beschließt er die Grundzüge dieser Politik.

Für die Mitgliedstaaten, deren Währung der Euro ist, gelten besondere Regelungen.

(2) Die Union trifft Maßnahmen zur Koordinierung der Beschäftigungspolitik der Mitgliedstaaten, insbesondere durch die Festlegung von Leitlinien für diese Politik.
(3) Die Union kann Initiativen zur Koordinierung der Sozialpolitik der Mitgliedstaaten ergreifen.“

Der Artikel 8 AEUV steht für die Beseitigung der Ungleichheiten unter den Geschlechtern.[1001] Diese sozialen Mindeststandards setzen sich in der Verfassung der AEUV fort und werden durch die Rechtsprechung des EuGH bestätigt.[1002] Diese Artikel wurden in der revidierten Fassung der Sozialcharta vom 1. Juli 1999 konkretisiert und ergänzt.

999 Vgl.: Ebd. Abs. 10.
1000 Vgl.: Rechtsprechung zu Art. 5 AEUV: EuGH, 13.02.2014 - C-419/12; Generalanwalt beim EuGH, 26.09.2013 - C-419/12. Onlineportal, *https://dejure.org/gesetze/AEUV/5.html* (05.06.2016).
1001 Vgl.: Ebd.; Rechtsprechung zu Art. 8 AEUV: EuGH, 18.03.2014 - C-363/12.
1002 Vgl.: Artikel 9 AEUV:
„Bei der Festlegung und Durchführung ihrer Politik und ihrer Maßnahmen trägt die Union den Erfordernissen im Zusammenhang mit der Förderung eines hohen Beschäftigungsniveaus, mit der Gewährleistung eines angemes-

„Mit der revidierten Europäischen Sozialcharta ist ein internationales Abkommen geschaffen worden, in dem nicht nur alle durch die Europäische Sozialcharta von 1961 und ihr Zusatzprotokoll von 1988 gewährten Rechte zusammenfasst werden, sondern das auch die Europäische Sozialcharta auch um eine Reihe neuer sozialer Rechte.“[1003]

Zur Einhaltung der revidierten Europäischen Sozialcharta ist der identische Kontrollmechanismus beibehalten worden, wie bei der Charta aus dem Jahr 1961 sowie in der Erweiterung durch das Zusatzprotokolle von 1991 und dem Zusatzprotokoll über Kollektivbeschwerden aus dem Jahr 1995. Der Kontrollmechanismus wird in dieser Untersuchung später im Detail erörtert. Den Anfang macht die Analyse der Ziele und Inhalte einer „Europäischen Grundrechtecharta“.

6.4.2 Der Inhalt und die Ziele der Grundrechtecharta

Dieses Kapitel beschäftigt sich mit den Zielen und dem Inhalt der Grundrechtecharta der Europäischen Union.

„Die bisherige Tätigkeit der Europäischen Gemeinschaften im wirtschaftlichen Bereich und die fortschreitende Zusammenarbeit der Mitgliedsstaaten im Rahmen der EU auf dem Gebiet der Innen- und Rechtspolitik haben dazu geführt, daß die Unionsbürger in beinahe allen Lebensbereichen von Rechtsakten der EU berührt werden.“[1004]

---

senen sozialen Schutzes, mit der Bekämpfung der sozialen Ausgrenzung sowie mit einem hohen Niveau der allgemeinen und beruflichen Bildung und des Gesundheitsschutzes Rechnung.“ Rechtsprechung zu Art. 9 AEUV: EuGH, 04.05.2016 - C-547/14.
Artikel 10 AEUV:
„Bei der Festlegung und Durchführung ihrer Politik und ihrer Maßnahmen zielt die Union darauf ab, Diskriminierungen aus Gründen des Geschlechts, der Rasse, der ethnischen Herkunft, der Religion oder der Weltanschauung, einer Behinderung, des Alters oder der sexuellen Ausrichtung zu bekämpfen.“ Rechtsprechung Art. 10 AEUV: EuGH, 18.03.2014 - C-363/12.

1003 Onlineportal: Sozialcharta; *http://www.sozialcharta.eu/die-revidierte-europaeische-sozialcharta-9196/* (05.06.2016).

1004 Vgl.: Butt, Eric Mark; Kübert, Julia; Schultz, Anne Christiane in: Europäisches Parlament (Hrsg.), Generaldirektion Wissenschaft, Arbeitsdokument – Soziale Grundrechte in Europa, Reihe Soziale Angelegenheiten, Luxembourg 1999, S. 4.

Durch den Geltungsbereich der EU und der damit einhergehenden Überschneidung und Berührung des nationalen Rechtes eines Mitgliedsstaates, erschien es nur logisch, einen Grundrechtekatalog in das Primärrecht der EU zu implementieren. In der Präambel der „Charta der Grundrechte der Europäischen Union" ist dies in aller Deutlichkeit formuliert worden.[1005]

„In dem Bewusstsein ihres geistig-religiösen und sittlichen Erbes gründet sich die Union auf die unteilbaren und universellen Werte der Würde des Menschen, der Freiheit, der Gleichheit und der Solidarität. Sie beruht auf den Grundsätzen der Demokratie und der Rechtsstaatlichkeit. Sie stellt den Menschen in den Mittelpunkt ihres Handelns, indem sie die Unionsbürgerschaft und einen Raum der Freiheit, der Sicherheit und des Rechts begründet.

Die Union trägt zur Erhaltung und zur Entwicklung dieser gemeinsamen Werte unter Achtung der Vielfalt der Kulturen und Traditionen der Völker Europas sowie der nationalen Identität der Mitgliedstaaten und der Organisation ihrer staatlichen Gewalt auf nationaler, regionaler und lokaler Ebene bei. Sie ist bestrebt, eine ausgewogene und nachhaltige Entwicklung zu fördern und stellt den freien Personen-, Dienstleistungs-, Waren- und Kapitalverkehr sowie die Niederlassungsfreiheit sicher."[1006]

Die Grundrechtecharta umfasst insgesamt 54 Artikel, die unter 7 diversen Kapitel unterteilt werden.

Unter Kapitel I (Artikel 1–5); „Würde des Menschen"

Unter Kapitel II (Artikel 6–19); „Freiheiten"

Unter Kapitel III (Artikel 20–26); „Gleichheit"

Unter Kapitel IV (Artikel 27–38), „Solidarität"

Unter Kapitel V (Artikel 39–46), „Bürgerrechte"

1005 Vgl.: Charta der Grundrechte der Europäischen Union, Amtsblatt der Europäischen Union, (2010/C 83/02), Präambel.

1006 Vgl.: Ebd. Abs. 2 und 3.

Unter Kapitel VI (Artikel 47- 50) „Justizielle Rechte"

Unter Kapitel VII (Artikel 51–54) „Allgemeine Bestimmung über die Auslegung und Anwendung der Charta"

Diese Artikel beruhen explizit auf den in der Europäischen Menschenrechtskonvention anerkannten Rechten und Grundfreiheiten, den Verfassungstraditionen der Mitgliedsstaaten der Europäischen Union, der Europäischen Sozialcharta, des Europarates und der Gemeinschaftscharta der sozialen Grundrechte der Arbeitnehmer sowie diversen internationalen Übereinkommen, denen die Europäische Union oder ihre Mitgliedsstaaten angehören.[1007]

„Die Grundrechtecharta geht in einigen Punkten über andere Grundrechtskataloge hinaus."[1008]

Die Charta garantiert ihren Bürgerinnen und Bürgern das Recht auf eine adäquate Verwaltung. Die Bürgerinnen und Bürger haben einen Anspruch darauf, dass ihre Angelegenheiten von den Organen und Einrichtungen der Union unparteiisch, gerecht und innerhalb einer angemessenen Frist behandelt werden. Die Charta gewährt den Bürgerinnen und Bürgern das Recht, angehört zu werden und garantiert ihnen Akteneinsicht. Die Entscheidungen der Verwaltung in bestimmten Sachverhalten, muss begründet werden. Es bestehen Schadenersatzansprüche gegenüber einer Verwaltung, falls diese ihrem Bürger oder einer Bürgerin durch ihre Organe oder Bediensteten in Ausübung ihrer Amtstätigkeit ein Schaden zugeführt hat.[1009]

1007 Vgl.: Onlineportal: Europäisches Parlament, *http://www.europarl.de/de/europa_und_sie/europa_vorstellung/grundrechtecharta.html* (06.06.2016).

1008 Vgl.: Ebd.

1009 Vgl.: Ebd.

6.4.3 Die Entstehung der Charta

Die Grundrechtecharta ist das Ergebnis eines beispiellosen Verfahrens, welches das erste Mal in der Geschichte der EU realisiert wurde und setzte sich wie folgt zusammen: Der Europäische Rat in Köln (3./4. Juni 1999) beauftragte einen Konvent mit der Ausarbeitung eines Entwurfs. Dieser Entwurf spiegelte die Auffassung der EU zum Thema eines höheren Beschäftigungsgrades in Europa wieder.

„*1. Der Europäische Rat ist der Auffassung, daß mehr Beschäftigung der Schlüssel zu mehr Wohlstand, sozialer Gerechtigkeit und gesellschaftlichem Zusammenhalt ist. Die Bekämpfung der viel zu hohen Arbeitslosigkeit ist deshalb unser wichtigstes wirtschafts- und sozialpolitisches Ziel. Eine günstigere Beschäftigungsentwicklung im europäischen Binnenmarkt hängt ab von der Verbesserung der gesamtwirtschaftlichen Rahmenbedingungen, von der Beschäftigungsfähigkeit und Qualifikation der Arbeitnehmer, von funktionsfähigen Arbeitsmärkten und von effizienten, wettbewerbsbestimmten Waren-, Dienstleistungs- und Kapitalmärkten auf der Ebene der Mitgliedstaaten und der Gemeinschaft. Mit der Einführung des Euro haben sich die Voraussetzungen für mehr Wachstum und Beschäftigung deutlich verbessert. Um dieses Potential auszuschöpfen und eine dynamischere Wachstums- und Beschäftigungsentwicklung bei Wahrung der Preisstabilität zu erreichen, muß die Strategie für Investitions- und Innovationsförderung ausgebaut werden. Zu diesem Zweck verpflichtet sich der Europäische Rat, die Anstrengungen in den Mitgliedstaaten und die Zusammenarbeit in der Europäischen Union zu verstärken. Diesen Zielen dient der Europäische Beschäftigungspakt, den der Europäische Rat als Grundlage und Rahmen eines nachhaltigen Prozesses für mehr Wachstum und Beschäftigung ansieht und der in Einklang steht mit den Grundzügen der Wirtschaftspolitik, dem wichtigsten wirtschaftspolitischen Koordinierungsinstrument in der Gemeinschaft. Mit diesem Politikansatz leistet die Union zugleich einen positiven Beitrag zur Lösung der weltwirtschaftlichen Probleme.*“[1010]

[1010] Vgl.: Ebd. unter: I. Mehr Beschäftigung hat oberste Priorität, 1. Absatz.

Dieser Konvent konstituierte sich im Dezember 1999 und nahm den erstellten Entwurf am 2. Oktober 2000 an.[1011] Dieser Entwurf musste folgende Instanzen durchlaufen: Zuerst stimmte der Europäische Rat in Biarritz (13./ 14. Oktober 2000) diesem Entwurf einstimmig zu und übermittelte ihn dem Europäischen Parlament und der Kommission. Im Anschluss billigte das Europäische Parlament den Entwurf am 14. November 2000, die Kommission am 6. Dezember 2000. Die Präsidentin des EU-Parlamentes, der Präsident des Rates und der Präsident der EU- Kommission paraphierten und proklamierten die Charta im Namen ihrer jeweiligen Institutionen am 7. Dezember 2000 in Nizza.

„*2. Der Europäische Rat begrüßt, dass der Rat, das Europäische Parlament und die Kommission gemeinsam die Charta der Grundrechte proklamiert haben, welche die bürgerlichen, politischen, wirtschaftlichen, sozialen und gesellschaftlichen Rechte, die bisher in verschiedenen internationalen, europäischen oder nationalen Texten niedergelegt waren, in einem Text zusammenfasst.*“[1012]

6.4.4 Der rechtliche Status der Grundrechtecharta

Die Frage des rechtlichen Status resp. der Rechtverbindlichkeit der Europäischen Grundrechtecharta, wurde bereits sehr früh bei der Erarbeitung der Artikel durch das Verfassungskonvent gestellt.

„*Der Verfassungskonvent arbeitete den Entwurf der Charta mit Blick auf eine etwaige Einbeziehung in die Verträge aus. Das Europäische Parlament plädierte ebenfalls für eine Aufnahme in die Rechtsschriften der EU. Mit dem Inkrafttreten des Vertrages von Lissabon am 31. Dezember 2009, erhielt die Charta der Grundrechte Rechtsverbindlichkeit.*“[1013]

1011 Vgl.: Ebd. ANNEX: THE CONVENTION RESPONSIBLE FOR DRAFTING THE CHARTER OF FUNDAMENTAL RIGHTS.

1012 Vgl.: Ebd. EUROPÄISCHER RAT – NIZZA 7. - 10. DEZEMBER 2000, SCHLUSSFOLGERUNGEN DES VORSITZES, I. CHARTA DER GRUNDRECHTE, Absatz 2, 1 Satz.

1013 Vgl.: Onlineportal: Europäisches Parlament; *http://www.europarl.de/de/europa_und_sie/europa_vorstellung/grundrechtecharta.html* (07.06.2016).

Durch die Rechtsverbindlichkeit der Charta wurden die Rechte der Bürgerinnen und Bürger in der EU deutlich gestärkt. Die Grundrechtecharta soll kein konkurrierendes Instrument zur nationalen Gesetzgebung der einzelnen Mitgliedsstaaten darstellen. Wenn in den nationalen Verfassungen bereits Grundrechte garantiert werden, werden diese durch die Grundrechtecharta nicht berührt.

„Die Grundrechtecharta, die 2000 in der erstmalig auf europäischer Ebene angewandten Konventsmethode entstanden ist, ist aufgrund Britischer und polnischer Vorbehalte nicht Bestandteil der Verträge, allerdings wird in Artikel 6 EUV[1014] *ihre Geltung und ihre rechtliche Gleichrangigkeit mit*

1014 Vgl.: Artikel 6 EUV:
„(1) Die Union erkennt die Rechte, Freiheiten und Grundsätze an, die in der Charta der Grundrechte der Europäischen Union vom 7. Dezember 2000 in der am 12. Dezember 2007 in Straßburg angepassten Fassung niedergelegt sind; die Charta der Grundrechte und die Verträge sind rechtlich gleichrangig. Durch die Bestimmungen der Charta werden die in den Verträgen festgelegten Zuständigkeiten der Union in keiner Weise erweitert. Die in der Charta niedergelegten Rechte, Freiheiten und Grundsätze werden gemäß den allgemeinen Bestimmungen des Titels VII der Charta, der ihre Auslegung und Anwendung regelt, und unter gebührender Berücksichtigung der in der Charta angeführten Erläuterungen, in denen die Quellen dieser Bestimmungen angegeben sind, ausgelegt.
(2) Die Union tritt der Europäischen Konvention zum Schutz der Menschenrechte und Grundfreiheiten bei. Dieser Beitritt ändert nicht die in den Verträgen festgelegten Zuständigkeiten der Union.
(3) Die Grundrechte, wie sie in der Europäischen Konvention zum Schutz der Menschenrechte und Grundfreiheiten gewährleistet sind und wie sie sich aus den gemeinsamen Verfassungsüberlieferungen der Mitgliedstaaten ergeben, sind als allgemeine Grundsätze Teil des Unionsrechts."

den Verträgen festgelegt. Diese Mitgliedsstaaten machen von einer definierten „Opt-out“ Klausel[1015] *gebrauch.“* [1016]

Die Grundrechtecharta entfaltet ihre Wirkung auf die Strukturen der Erwerbsarbeit. Die EU-Kommission muss alle eingereichten Gesetzesvorschläge, die einen Bezug zu den Grundrechten aufweisen, auf ihre Rechtskonformität überprüfen.

„In Verfahren vor dem Europäischen Gerichtshof wird auf die Charta Bezug genommen, um EU-Recht zu interpretieren. Das Parlament prüft jährlich die Einhaltung der Grundrechte durch die Union und ihre Mit-

1015 Vgl.: .: Grupp, Claus; Bergmann (Hrsg.) in: Opt-out-Klausel. Handlexikon der Europäischen Union. Baden-Baden 2011.
„Opt-out-Klausel (opt out = sich gegen etwas entscheiden, „aussteigen” im Sinne von Nichtbeteiligung) Im Bereich der EU-Politiken hat opt-out unterschiedliche Bedeutungen:
1. Die Ausnahmeregelung (opting-out-Klausel) erlaubt es einem Mitgliedstaat, sich in einem bestimmten Bereich nicht an gemeinschaftlich vereinbarter Zusammenarbeit zu beteiligen. So nimmt bspw. Großbritannien nicht an der dritten Stufe der Währungsunion teil, Dänemark ebenfalls nicht und beteiligt sich zudem nicht an der Verteidigungspolitik im Rahmen der GSVP. Ähnliches gilt im Schengen-Prozess insb. bzgl.UK und Irland.
2. Die Arbeitszeitrichtlinie 2003/88/EG (ABl. L 299 von 2003) erlaubt in Art. 22 Abs.1 den Mitgliedstaaten ein opting-out für den Art. 6 der Richtlinie (wöchentliche Höchstarbeitszeit) unter bestimmten Voraussetzungen, z. B. wenn Tarifpartner eine entsprechende Vereinbarung getroffen haben und der einzelne Arbeitnehmer zugestimmt hat, dass er auf Rechte verzichtet, die ihm nach der Arbeitszeitrichtlinie zustehen. Entsprechende Rechtsvorschriften sind inzwischen in mehreren Mitgliedstaaten verabschiedet worden, auch in Deutschland.
3. Opt-out und opt-in sind zwei Modelle für die Abwehr von unerwünschten elektronischen Nachrichten (Spam). Beim Opt-out-Modell muss der Empfänger sich durch Abmeldung vor weiterer Spam schützen, beim Opt-in-Modell muss der Empfänger vorher sein Einverständnis erteilen. Die Richtlinie 2002/58/EG (ABl. L 201 von 2002) zum Datenschutz im Bereich der elektronischen Kommunikation verfolgt den Ansatz der Opt-in-Regelung. In Deutschland ist die Richtlinie im Jahr 2004 durch Novellierung des Gesetzes gegen unlauteren Wettbewerb umgesetzt worden.“
Vgl.: Olaf, Leiße (Hrsg.) in: Die Europäische Union nach dem Vertrag von Lissabon, Christine Dienel und Sabine Overkämping in: Der Vertrag von Lissabon und die europäische Sozialpolitik, VS Verlag Wiesbaden 1. Auflage 2010, S. 183.

1016 Vgl.: Ebd.

gliedstaaten und verabschiedet einen entsprechenden Bericht mit Empfehlungen zur Verbesserung des Grundrechtsschutzes in der Union."[1017]

Durch eine Initiative des Parlaments aus dem Jahr 2002 wurde ein Netzwerk von namhaften Menschenrechtsexperten für die Durchführung einer Evaluierung der Umsetzung aller in der Charta verkündeten Rechte eingerichtet. Dieses Netzwerk erstellt Reports und richtet Empfehlungen an die Institutionen der Gemeinschaft und an die Mitgliedstaaten.[1018]

6.4.5 Die Europäische Grundrechtecharta im Kontext von Trade & Labour

Die Europäische Grundrechtecharta, die erstmalig im Jahr 2000 auf Ebene der Konventsmethode[1019] entstanden ist führt nicht zur Ausweitung der Kompetenzen der Europäischen Union.[1020] Für die Sozialpolitik der Euro-

1017 Vgl.: Onlineportal: Europäisches Parlament; *http://www.europarl.de/de/europa_und_sie/europa_vorstellung/grundrechtecharta.html* (07.06.2016).

1018 Vgl.: Ebd.

1019 Vgl.: P. Becker; Leiße, Olaf: Der Konvent zur Ausarbeitung der Europäischen Grundrechtecharta, in: Die Zukunft Europas - Der Konvent zur Zukunft der Europäischen Union, Wiesbaden 2005, S. 41–48.

1020 Vgl.: Artikel 6 EUV und Artikel 52 der Europäischen Grundrechtecharta besagt:
„Tragweite und Auslegung der Rechte und Grundsätze
(1) Jede Einschränkung der Ausübung der in dieser Charta anerkannten Rechte und Freiheiten muss gesetzlich vorgesehen sein und den Wesensgehalt dieser Rechte und Freiheiten achten. Unter Wahrung des Grundsatzes der Verhältnismäßigkeit dürfen Einschränkungen nur vorgenommen werden, wenn sie erforderlich sind und den von der Union anerkannten dem Gemeinwohl dienenden Zielsetzungen oder den Erfordernissen des Schutzes der Rechte und Freiheiten anderer tatsächlich entsprechen.
(2) Die Ausübung der durch diese Charta anerkannten Rechte, die in den Verträgen geregelt sind, erfolgt im Rahmen der in den Verträgen festgelegten Bedingungen und Grenzen.
(3) Soweit diese Charta Rechte enthält, die den durch die Europäische Konvention zum Schutz der Menschenrechte und Grundfreiheiten garantierten Rechten entsprechen, haben sie die gleiche Bedeutung und Tragweite, wie sie ihnen in der genannten Konvention verliehen wird. Diese Bestimmung steht dem nicht entgegen, dass das Recht der Union einen weiter gehenden Schutz gewährt.
(4) Soweit in dieser Charta Grundrechte anerkannt werden, wie sie sich aus

päischen Union sind vor allem die Kapitel III (Gleichheit) und Kapitel IV (Solidarität) in der Grundrechtecharta von Bedeutung. Die Bürgerinnen und Bürger sind demnach vor dem Gesetz gleich zu behandeln.[1021]

„Über diese tradierte formalrechtliche Gleichstellung hinaus, thematisieren und verbieten die nachfolgenden Grundrechtsgewährleistungen einzelne Formen von Diskriminierung, insbesondere wegen des Geschlechts, der Rasse, der Hautfarbe, der ethnischen oder sozialen Herkunft, der genetischen Merkmale, der Sprache, der Religion oder der Weltanschauung, der politischen oder sonstigen Weltanschauung, der Zugehörigkeit einer nationalen Minderheit, des Vermögens, der Geburt, einer Behinderung, des Alters oder sexuellen Ausrichtung.“[1022]

Das Verbot der Diskriminierung aufgrund einer Staatszugehörigkeit wird explizit in Artikel 21 Abs. 2 erwähnt. Die Gleichbehandlung von Frauen und Männern in allen Bereichen ist zu gewährleisten.

---

den gemeinsamen Verfassungsüberlieferungen der Mitgliedstaaten ergeben, werden sie im Einklang mit diesen Überlieferungen ausgelegt.DE C 326/406 Amtsblatt der Europäischen Union 26.10.2012.
(5) Die Bestimmungen dieser Charta, in denen Grundsätze festgelegt sind, können durch Akte der Gesetzgebung und der Ausführung der Organe, Einrichtungen und sonstigen Stellen der Union sowie durch Akte der Mitgliedstaaten zur Durchführung des Rechts der Union in Ausübung ihrer jeweiligen Zuständigkeiten umgesetzt werden. Sie können vor Gericht nur bei der Auslegung dieser Akte und bei Entscheidungen über deren Rechtmäßigkeit herangezogen werden.
(6) Den einzelstaatlichen Rechtsvorschriften und Gepflogenheiten ist, wie es in dieser Charta bestimmt ist, in vollem Umfang Rechnung zu tragen.
(7) Die Erläuterungen, die als Anleitung für die Auslegung dieser Charta verfasst wurden, sind von den Gerichten der Union und der Mitgliedstaaten gebührend zu berücksichtigen.“

1021 Vgl.: Artikel 20 Charta der Grundrechte der Europäischen Union (GRC): „Alle Personen sind vor dem Gesetz gleich.“

1022 Vgl.: Leiße, Olaf 2010, S. 184 und Artikel 21 GRC:
„(1) Diskriminierungen insbesondere wegen des Geschlechts, der Rasse, der Hautfarbe, der ethnischen oder sozialen Herkunft, der genetischen Merkmale, der Sprache, der Religion oder der Weltanschauung, der politischen oder sonstigen Anschauung, der Zugehörigkeit zu einer nationalen Minderheit, des Vermögens, der Geburt, einer Behinderung, des Alters oder der sexuellen Ausrichtung sind verboten.
(2) Unbeschadet besonderer Bestimmungen der Verträge ist in ihrem Anwendungsbereich jede Diskriminierung aus Gründen der Staatsangehörigkeit verboten.“

Artikel 23 GRC

„Die Gleichheit von Frauen und Männern ist in allen Bereichen, einschließlich der Beschäftigung, der Arbeit und des Arbeitsentgelts, sicherzustellen. Der Grundsatz der Gleichheit steht der Beibehaltung oder der Einführung spezifischer Vergünstigungen für das unterrepräsentierte Geschlecht nicht entgegen."

In der Grundrechtecharta wird auf die Rechte der Kinder eingegangen.[1023] Die Union achtet das Recht älterer auf ein würdiges und unabhängiges Leben und fördert die Teilnahme am sozio-kulturellen erleben.[1024] Das Kapitel der Grundrechtecharta „Solidarität" endet mit dem Hinweis auf Anerkennung des Rechts von Behinderten Menschen, auf Eigenständigkeit und Partizipation am sozialen und kulturellen Leben sowie einer Förderung zur beruflichen Eingliederung.[1025] Die Grundrechtecharte der EU umfasst ein umfangreiches Kapitel zu sozialen Grundrechten. Diese führten zu einer kontroversgeführten Debatte unter den Akteuren.[1026] Die Aufnahme der sozialen Grundrechte ist umstritten, da unterschiedliche kulturelle und ökonomische Gegebenheiten existieren. Dieser Diskurs offenbart Parallelen zur Debatte, um die vier Verfassungsprinzipien der ILO. Zudem die vorgetragenen Argu-

---

1023 Vgl.: Artikel 24 GRC:
„(1) Kinder haben Anspruch auf den Schutz und die Fürsorge, die für ihr Wohlergehen notwendig sind. Sie können ihre Meinung frei äußern. Ihre Meinung wird in den Angelegenheiten, die sie betreffen, in einer ihrem Alter und ihrem Reifegrad entsprechenden Weise berücksichtigt.
(2) Bei allen Kinder betreffenden Maßnahmen öffentlicher Stellen oder privater Einrichtungen muss das Wohl des Kindes eine vorrangige Erwägung sein.
(3) Jedes Kind hat Anspruch auf regelmäßige persönliche Beziehungen und direkte Kontakte zu beiden Elternteilen, es sei denn, dies steht seinem Wohl entgegen."

1024 Vgl.: Artikel 25 GRC:
„Die Union anerkennt und achtet das Recht älterer Menschen auf ein würdiges und unabhängiges Leben und auf Teilnahme am sozialen und kulturellen Leben."

1025 Vgl.: Artikel 26 GRC:
„Die Union anerkennt und achtet den Anspruch von Menschen mit Behinderung auf Maßnahmen zur Gewährleistung ihrer Eigenständigkeit, ihrer sozialen und beruflichen Eingliederung und ihrer Teilnahme am Leben der Gemeinschaft."

1026 Vgl.: Peter J. Tettinger; Klaus Stern (Hrsg.) in: Kölner Gemeinschaftskommentar zur Europäischen Grundrechte-Charta, München 2006, S 533.

mente ähnlichen Ursprungs sind. Dienel und Overkämping sehen in der Funktion des Europäischen Gerichtshofs, die Instanz, die als „Motor" zur Integration beiträgt.[1027] Die Rechtsprechung wird grundsätzlich nach Maßgabe der einzelstaatlichen Rechtsvorschriften gewährt. Eine positivrechtliche Verankerung von sozialen Grundrechten in Form einer Charta ist nicht unumstritten.[1028] Die sozialen Grundrechte im Vertrag von Lissabon spiegelt Kapitel IV (Solidarität/Artikel 27–38) der Grundrechtecharte der EU wieder.[1029] Die Autorinnen Dienel und Overkämping konstatieren Fortschritte in der europäischen Sozialpolitik und sehen eine Weichenstellung im Vertrag von Lissabon die die soziale Dimension, als eine Art „Leitmotiv" der Unionsaktivitäten erscheinen lässt.[1030]

6.4.6 Zwischenfazit

Die ILO kann gemäß ihrer Verfassung Kooperationen mit anderen Organisationen eingehen. Wenn man jedoch vom Aufbau der EU und ihren Strukturen ausgeht, besteht kein dringender Handlungsbedarf einer Kooperation zwischen diesen Organisationen. Die Europäische Grundrechtecharta besteht aus Hartrechtsnormen, die aufgenommen wurden im Vertrag von Lissabon. Dadurch erstreckt sich der Geltungsbereich auf das Territorium der EU. Es bestehen zwar „Opt-out" Klauseln, die von Großbritannien und Polen in Anspruch genommen wurden, aber auch ohne diese Klauseln, bleibt nationales Recht von der Grundrechtecharta unberührt, solange gewährleistet wird, dass die Bestim-

1027 Vgl.: Leiße, Olaf 2010, S. 184.

1028 Vgl.: Ebd.

1029 Vgl.: Artikel 27: Recht auf Unterrichtung und Anhörung der Arbeitnehmerinnen und Arbeitnehmer im Unternehmen. Artikel 28: Recht auf Kollektivverhandlungen und Kollektivmaßnahmen. Artikel 29: Recht auf Zugang zu einem Arbeitsvermittlungsdienst. Artikel 30: Schutz bei ungerechtfertigter Entlassung. Artikel 31: Gerechte und angemessene Arbeitsbedingungen. Artikel 32: Verbot der Kinderarbeit und Schutz der Jugendlichen am Arbeitsplatz. Artikel 33: Familien- und Berufsleben. Artikel 34: Soziale Sicherheit und soziale Unterstützung. Artikel 35: Gesundheitsschutz. Artikel 36: Zugang zu Dienstleistungen von allgemeinem wirtschaftlichem Interesse. Artikel 37: Umweltschutz. Artikel 38: Verbraucherschutz.

1030 Vgl.: Dienel, Christiane; Overkämping, Sabine in: Der Vertrag von Lissabon und die europäische Sozialpolitik, S. 185. Erschienen in: Leiße, Olaf (Hrsg.) 2010.

mung der Grundrechtecharta respektiert werden oder ohnehin bereits Bestandteil im nationalen Recht des Mitgliedsstaates sind. Die Implementierung der vier Verfassungsprinzipien oder der acht Kernarbeitsnormen der ILO und eine Kooperation der beiden Organisationen, sind in diesem Kontext nicht anzustreben. Der Grundrechtekatalog besteht aus Hartrechtsnormen und ist daher beim zuständigen Gericht einklagbar. Dadurch ist ein adäquater Überwachungsmechanismus garantiert. Im Umkehrschluss kann der ausgearbeitete Grundrechtekatalog der EU in dieser Konzeption nicht von der ILO adaptiert werden. Die Grundrechtecharta ist auf europäische Nationalstaaten mit ihren ökonomischen und kulturellen Gegebenheiten zugeschnitten. Die Europäische Grundrechtecharta ist weit umfangreicher ausgearbeitet worden als die vier Verfassungsprinzipien oder die acht Kernarbeitsnormen der ILO. Die ILO muss bei ihrem Streben nach sozialen Mindeststandards weitaus umfangreichere Faktoren berücksichtigen als die Europäische Union bei ihrer Arbeit. Die ILO agiert global, die Sozialpolitik der EU beschränkt sich auf ihre Mitgliedsstaaten, die dadurch bereits ein Bekenntnis zu den Werten und Normen der Gemeinschaftspolitik erkennen lassen. Da sich die Arbeit der EU nicht nur auf den Abbau von Handelsbeschränkungen und der Synchronisation des Wirtschaftsmarktes reduzieren lässt, ist eine Tendenz zur Verknüpfung von Trade & Labour klar zu erkennen.

Die Vereinten Nationen haben ein weiteres Instrument global etabliert, um die Implementierung ihre sozialen Mindeststandards voranzutreiben, den „UN Global Compact".

6.5 Der „UN Global Compact"

Der UN Global Compact ist nach eigenen Angaben die weltweit größte und wichtigste Initiative für verantwortungsvolle Unternehmensführung.[1031]

„*Auf der Grundlage seiner 10 universellen Prinzipien verfolgt er die Vision einer inklusiven und nachhaltigen Weltwirtschaft zum Nutzen aller Menschen, Gemeinschaften und Märkte, heute und in Zukunft.*"[1032]

Der UN Global Compact (UN GC) verzeichnet aktuell 13.000 Unternehmen und Organisationen aus Zivilgesellschaft, Politik und Wissenschaft in 170 Ländern.[1033] Das innovative am UN GC besteht darin, die 10 universellen Prinzipien nicht im nationalen Setting zu verwirklichen, sondern durch Kooperationen mit Unternehmen, diese zu implementieren. Der Global Compact ist ein Projekt der UN, welches auf eine Initiative des damaligen UN Generalsekretärs Kofi Annan aus dem Jahr 1999 (Weltwirtschaftsforum in Davos), an die versammelten Vertreter der Weltwirtschaft gerichtet war.[1034]

"*Let us remember that the global markets and multilateral trading system we have today did not come about by accident. They are the result of enlightened policy choices made by governments since 1945. If we want to maintain them in the new century, all of us -- governments, corporations, non- governmental organizations, international organizations -- have to make the right choices now.*

We have to choose between a global market driven only by calculations of short-term profit, and one which has a human face. Between a world which condemns a quarter of the human race to starvation and squalor, and one which offers everyone at least a chance of prosperity, in a healthy environment. Between a selfish free-for-all in which we ignore the

---

1031 Vgl.: Onlineportal: Globalcompact, *http://www.globalcompact.de/de/ueber-uns/dgcn-ungc.php?navid=539859539859#anchor_13c756dc_Accordion-1-Menschenrechte* (10.06.2016).

1032 Vgl.: Ebd.

1033 Vgl.: Ebd.

1034 Vgl.: Onlineportal: UN, SECRETARY-GENERAL PROPOSES GLOBAL COMPACT ON HUMAN RIGHTS, LABOUR, ENVIRONMENT, IN ADDRESS TO WORLD ECONOMIC FORUM IN DAVOS, *http://www.un.org/press/en/1999/19990201.sgsm6881.html* (10.06.2016).

fate of the losers, and a future in which the strong and successful accept their responsibilities, showing global vision and leadership. I am sure you will make the right choice."[1035]

Am 26. Juli 2000 wurde im Rahmen einer hochrangig besetzten Veranstaltung bei den Vereinten Nationen in New York unter dem Vorsitz des UN-Generalsekretärs die operative Phase des Global Compact eingeleitet.[1036] Den materialen Inhalt des UN GC bilden die 10 Prinzipien, auf deren Umsetzung die Mitglieder des UN GC hinarbeiten.

Global Compact Themenfeld	**Universelle Grundregeln**
Menschenrechte (Prinzipien 1 und 2)	Allgemeine Erklärung der Menschenrechte (1948) UN-Leitprinzipien für Wirtschaft und Menschenrechte (2011)
Arbeitsnormen (Prinzipien 3, 4, 5 und 6)	ILO Grundprinzipien und Kernarbeitsnormen (1948-1999) ILO Erklärung über die grundlegenden Prinzipien und Rechte bei der Arbeit (1998) ILO Erklärung über soziale Gerechtigkeit und eine faire Globalisierung (2008)
Umweltschutz (Prinzipien 7, 8 und 9)	Rio Erklärung über Umwelt und Entwicklung (1992)
Korruptionsbekämpfung (Prinzip 10)	UN Convention Against Corruption (2003)

34. Abbildung: Universelle Grundregeln des UN GC[1037]

Die Abbildung verdeutlicht die enge Beziehung zu den Erklärungen, Konventionen und den Prinzipien der Vereinten Nationen und deren Organisationen.

1035 Ebd.

1036 Vgl.: Onlineportal: Global Ethic, *http://www.global-ethic-now.de/gen-deu/0d_weltethos-und-wirtschaft/0d-pdf/03-neue-art/global_compact_factsheet_de.pdf (10.06.2016)*, S. 1.

1037 Vgl.: Vgl.: Onlineportal: Globalcompact, *http://www.globalcompact.de/wAssets/docs/Deutsches-Netzwerk/DGCN-Selbstverstaendniss-Stand-03-2014.pdf* (10.06.2016).

Die 10 Prinzipien des UN Global Compact

1. Unternehmen sollen den Schutz der internationalen Menschenrechte unterstützen und achten.
2. Unternehmen sollen sicherstellen, dass sie sich nicht an Menschenrechtsverletzungen mitschuldig machen.
3. Unternehmen sollen die Vereinigungsfreiheit und die wirksame Anerkennung des Rechts auf Kollektivverhandlungen wahren.
4. Unternehmen sollen für die Beseitigung aller Formen von Zwangsarbeit eintreten.
5. Unternehmen sollen für die Abschaffung von Kinderarbeit eintreten.
6. Unternehmen sollen für die Beseitigung von Diskriminierung bèi Anstellung und Erwerbstätigkeit eintreten.
7. Unternehmen sollen im Umgang mit Umweltproblemen dem Vorsorgeprinzip folgen.
8. Unternehmen sollen Initiativen ergreifen, um größeres Umweltbewusstsein zu fördern.
9. Unternehmen sollen die Entwicklung und Verbreitung umweltfreundlicher Technologien beschleunigen.
10. Unternehmen sollen gegen alle Arten der Korruption eintreten, einschließlich Erpressung und Bestechung.

Der UN GC unterliegt dem Prinzip der freiwilligen Selbstverpflichtung. Dabei verpflichten sich die Mitglieder die universellen Grundregeln, die teilweise im nationalen Recht verankert sind, auch dort zu respektieren und zu fördern, wo diese noch nicht oder nur unvollständig umgesetzt werden. Auf dieser Basis sollen Unternehmen mit Unterstützung zivilgesellschaftlicher Organisationen, öffentlicher Institutionen und anderer wichtiger Stakeholder zu einer nachhaltigen Entwicklung weltweit beitragen.[1038] Die 10 Prinzipien des UN GC greifen die Normen und Werte des gesamten UN Systems auf, sind jedoch im Kontext des UN GC als Förderauftrag konzipiert.[1039] Neben dem materialen Inhalt wird der UN GC durch prozedurale Komponenten ergänzt. Wenn man dem UN GC beitreten möchte, werden die Kandidaten gebeten eine

[1038] Vgl.: Onlineportal: Globalcompact.de, Auf dieser Homepage befinden sich alle Notwendigen Informationen zum UN Global Compact, bezüglich des Inhalts, Funktion und Historie.

[1039] Vgl.: Blüthner, Andreas 2004, S. 495.

schriftliche Verpflichtung zur Einhaltung und Förderung der 10 Universelen Grundregeln und ihre Motivation zur Teilnahme einzureichen.

*"**Requirements of the Letter of Commitment for business organizations***

(1) The letter contains an official company letterhead;
(2) The letter is addressed to the UN Secretary-General;
(3) The statement includes the organization's commitment to the ten principles of Global Compact, taking action in support of UN goals, and the annual submission of the Communication on Progress (COP);
(4) The COP will include the three necessary elements (statement signed by the chief executive expressing continued support for the Global Compact, a description of practical actions, and a measurement of outcomes).
(5) The letter of commitment is signed by company's chief executive or equivalent (name and title must be legibly printed underneath the signature);
(6) The letter of commitment (one-page statement) is scanned and available for upload before completing the Online Application Form."[1040]

Bereits bei der Beitrittserklärung (Nr. 3 und Nr. 4) verpflichten sich die Kandidaten einen jährlichen Report über die Umsetzung der 10 Grundregeln auf der Website der UN zu veröffentlichen. In diesem Bericht muss entsprechend der Verpflichtung aufgeführt werden, wie das Unternehmen zur Umsetzung der Grundregeln beigetragen hat.

„Alle Unternehmen im UN Global Compact sind verpflichtet, ihren Fortschritt bei der Umsetzung der 10 Prinzipien und ihre Aktivitäten zur Förderung einer nachhaltigen Entwicklung zu berichten. Diese jährliche Communication on Progress (COP) richtet sich an die Stakeholder des Unternehmens, also an Investoren, Geschäftspartner, Kunden und Lieferanten, Organisationen der Zivilgesellschaft und staatliche Stellen."[1041]

1040 Vgl.: United Nation Global Compact: Online Application Guideline – Business Organizations, S. 1.

1041 Vgl.: Onlineportal: Gloablcompact, *http://www.globalcompact.de/de/teilnahme/berichtspflicht.php#anchor_58128f2d_Accordion-1-Was-sind-die-Anforderungen-an-eine-COP-* (10.06.2016).

Dieser Jahresbericht wird auf der Homepage des UN GC veröffentlicht und geht an alle Stakeholder und Kunden des Unternehmens. In diesen Report soll darüber berichtet werden, inwiefern das Unternehmen dazu beigetragen hat, die 10 Prinzipien des UN GC in der Praxis umzusetzen. Im COP des deutschen Unternehmens MAN sind folgende Grundsätze im Report enthalten:

„Grundsätze und Leitlinien[1042]

MAN ist mit seinen Mitarbeitern in mehr als 180 Ländern aktiv. Wir stehen für Respekt und Toleranz und bekennen uns klar zu Vielfalt und Chancengleichheit, ungeachtet von Alter, Geschlecht, Religion, ethnischer Herkunft und sexueller Orientierung. Die Entwicklung der Regionen, in denen MAN mit Produktionsstandorten tätig ist, wird durch Rekrutierungen aus dem lokalen Umfeld vorangetrieben. Einen verbindlichen Rahmen der Personalarbeit weltweit bilden die folgenden Regelwerke:

- *UN Global Compact*
- *OECD-Leitsätze für multinationale Unternehmen*
- *Code of Conduct (Verhaltenskodex)*
- *Charta der Arbeitsbeziehungen*
- *Charta der Zeitarbeit“*

Der UN GC macht nur wenige Vorgaben zum Inhalt oder Format des Reports und überlässt dadurch den Unternehmen einen großen Interpretationsrahmen. Auf der deutschen Homepage des UN GC[1043], werden die Berichtpflichtigen Unternehmen dazu aufgefordert, diesen für alle Stakeholder zugänglich zu machen und dieser soll in den Nachhaltigkeits- oder Jahresbericht des Unternehmens integriert werden. Für Unternehmen, die keine formellen Berichte veröffentlichen, kann ein eigenständiges Dokument konzipiert werden. Der UN GC schreibt jedoch verbindliche inhaltliche Mindestanforderungen vor:[1044]

1042 Vgl.: Man GRI- Bericht, Corperate Responsibility bei MAN 2015, S. 27.

1043 Vgl.: Onlineportal: Globalcompact; *http://www.globalcompact.de/de/teilnahme/berichtspflicht.php#anchor_58128f2d_Accordion-1-Was-sind-die-Anforderungen-an-eine-COP-* (12.06.2016).

1044 Vgl.: Ebd.

- *„Erklärung der Geschäftsführung zum fortdauernden Engagement des Unternehmens im UN Global Compact und zu weiteren Anstrengungen zur Umsetzung und Förderung der 10 Prinzipien*
- *Beschreibung konkreter Aktivitäten des Unternehmens zur Umsetzung der 10 Prinzipien in jedem der vier Themenfelder des UN Global Compact (Menschenrechte, Arbeitsnormen, Umweltschutz und Korruptionsprävention, wobei Menschenrechte und Arbeitsnormen zusammengefasst werden können). Kann über einzelne Themenfelder nicht berichtet werden, so muss das Unternehmen dies begründen („report or explain").*
- *Messung und Bewertung von Ergebnissen anhand definierter qualitativer und/oder quantitativer Indikatoren für die vier Themenfelder. „*

Blüthner ist der Ansicht, dass durch diese öffentliche Publikationspflicht, Transparenz und ein konstruktiver Wettbewerb der Unternehmen um beispielhaftes Verhalten in den Bereichen Menschen- und Arbeitnehmerrechte sowie Umweltschutz entfacht wird.[1045] Der deutsche Aktienmarkt hat für emittierende Unternehmen ohnehin eine Publikationspflicht vorgesehen.

„Unternehmen, die am Regulierten Markt teilnehmen, haben auch Zulassungsfolgepflichten zu erfüllen, wie die Veröffentlichung des Jahresabschlusses und eines Zwischenberichts für die ersten sechs Monate des Geschäftsjahres. Unternehmen im Amtlichen Markt unterliegen der Adhoc-Publizität."[1046]

Selbstverständlich lässt sich über die Effizient der Publikation solcher Reports kontrovers diskutieren, der UN GC verfolgt mit diesen Reports das Prinzip der Multiplikation. Multinationale Unternehmen haben Geschäftsbeziehungen zu diversen Kunden und Lieferanten, durch die Verankerung der 10 Prinzipien des UN GC in den unternehmerischen Leitlinien, sollen Unternehmen dazu inspiriert werden, bei der Herstellung und Produktion, aber auch bei den zugekauften Produkten darauf zu achten, dass die Einhaltung von grundlegenden arbeitnehmerischen Prinzipien gewährleistet wird.

1045 Vgl.: Blüthner, Andreas 2004, S. 495.

1046 Vgl.: Onlineportal: Deutsche Börse, *http://www.boerse-frankfurt.de/inhalt/marktsegmente-reguliertermarkt* (12.06.2016).

„Auf diese Weise können Großunternehmen in Kooperation mit ihren Lieferanten auf die Berücksichtigung der Prinzipien des Global Compact in der gesamten Wertschöpfungskette, oder mit anderen Worten, auf die Steigerung der „Wertschöpfung" im ökonomischen, ökologischen und sozialen Bereich hinarbeiten."[1047]

Die Mitglieder sollen, laut dem UN GC, eine partnerschaftliche Kooperation mit einer Organisation eingehen. Diese soll nicht auf finanzieller Ebene verwirklicht werden, sondern eine gemeinsame Projektarbeit darstellen, die zur Verwirklichung der Prinzipien des Global Compact beitragen kann.[1048] Die bereitgestellten Ressourcen und Kapazitäten der Unternehmen, können durch eine Kooperation mit einer NGO auf dem Gebiet der „Social Responsibility" oder „Good Corporate Citizenship" effizienter genutzt werden. Die prozeduralen Verpflichtungen durch eine Mitgliedschaft im UN GC, erbringen den Nachweis einer grundsätzlichen Bereitschaft zur Kooperation und zum Dialog. Durch die Kooperation und Vernetzung vereinzelter Organisationen mit Unternehmen wird eine Struktur entwickelt deren Mechanismus zur Verwirklichung der UN GC Prinzipien, herausgelöst aus dem nationalen Setting, auf unternehmerischer Ebene beitragen kann. Aus diesem Grund erscheint es notwendig, die Rechtsqualität des UN GC zu untersuchen.

6.5.1 Die Rechtsqualität des UN Global Compact

Die Rechtsqualität des UN Global Compact unterscheidet sich signifikant von den bisherigen untersuchten internationalen Rahmenvereinbarungen in dieser Analyse. Der Beitritt zum UN GC stellt keinen bindenden völkerrechtlichen Vertrag dar. Zwar ist die UN ein Völkerrechtssubjekt[1049] und dadurch berechtigt internationale Rahmenver-

1047 Vgl.: Blüthner, Andreas 2004, S. 496.

1048 Vgl.: MAN GRI Bericht 2014:
„Unsere Entscheidung, das SOS-Berufsausbildungszentrum in Kality in Äthiopien weiter zu fördern, war Ergebnis unserer Analyse nach der Methodik der London Benchmark Group." *http://cr-bericht2014.man.eu/pdf/MAN_GRI-Bericht_2014_DE.pdf* (13.06.2016).

1049 Vgl.: Doehring, Karl in: Völkerrecht, 2., neubearbeitete Auflage, C.F. Müller, Heidelberg 2004, Rn 261 f.

einbarungen zu konzipieren und abzuschließen, jedoch kann dies bei multinationalen Unternehmen ausgeschlossen werden.[1050] Wenn ein Unternehmen sich entschließt dem UN GC beizutreten, muss es die 10 Grundprinzipien achten und zur Verwirklichung dieser beitragen. Dies ist für die Unternehmen verpflichtend. Betrachtet man die Grundprinzipien genauer, fällt einem unweigerlich auf, dass diese keine unmittelbare Wirkung entfalten können. Es ist immer wieder die Rede davon, die Unternehmen müssen nicht, sollen jedoch zur Verwirklichung der Prinzipien beitragen.

„3. Unternehmen sollen die Vereinigungsfreiheit und die wirksame Anerkennung des Rechts auf Kollektivverhandlungen wahren.“[1051]

Über die rechtliche Bindung von internationalen Verträgen gibt Artikel 11 WVK Auskunft, jedoch nur unter Völkerrechtsubjekten. Da transnationale Unternehmen diesen Status nicht zuerkannt bekommen, kann nicht von einer rechtlichen Verpflichtung ausgegangen werden. Diese Verpflichtungserklärung entspricht eher privatrechtlicher Natur. Dies würde bedeuten, dass die Vertragspartner eine Rechtswahl treffen müssen.[1052] Da dies durch die unterzeichneten Parteien in der Praxis nicht realisiert wird, ist davon auszugehen, dass die Aussagen der Mitglieder des UN GC lediglich eine unverbindliche Selbstverpflichtungserklärung gegenüber der UN und der breiten Öffentlichkeit darstellen. Die 10 Grundprinzipien des UN GC sind keine sozialen Mindeststandards. *„Mindeststandards sind in ihren Inhalten fix, legen eine allgemeine untere Verhaltensgrenze fest und richten sich damit gegen worst practices.“*[1053]

Der Inhalt der 10 Grundprinzipien entspricht eher flexiblen Leitlinien. Bei der Verwirklichung dieser richtet sich der Fokus auf Kooperationen zwischen multinationalen Unternehmen sowie Nichtregierungsunternehmen und dadurch auf vereinzelte Projekte und weniger auf unflexible synchronisierte Mindeststandards. Blüthner attestiert den Prinzipien

---

1050 Vgl.: Liemen, Erhard in: Erdöl-Produktionsverträge des Iran- Rechtsgrundlage und Praxis der Zusammenarbeit mit transnationalen Unternehmen, Tübingen 1981, S. 150.

1051 Vgl.: UN Global Compact: Die Zehn Grundprinzipien.

1052 Vgl.: Rechtsprechung zu Art. 3 Rom-I-VO; Generalanwalt beim EuGH, 20.04.2016 - C-135/15.

1053 Vgl.: Blüthner, Andreas 2004, S. 498.

des UN GC signifikant mehr Flexibilität, als dies bei einem auf sozialen Mindeststandard basierenden Verhaltenskodex[1054] der Fall wäre.[1055] Im Konzept des UN GC existieren keine unmittelbaren Überwachungsinstrumente bezüglich der Einhaltung der Verpflichtungserklärung durch die Mitglieder. Der UN GC verfolgt das Prinzip: Blaming & Shaming" und baut vielmehr auf Transparenz und Ehrlichkeit. Dadurch entsteht eine breite Dispersion in der Öffentlichkeit und diese soll wiederum den legitimatorischen Diskurs anregen. Der jährliche Report und ein unterstützendes Projekt sollen zwar auf der Homepage der Vereinten Nationen publiziert werden, es besteht jedoch kein Zwang seine Bemühungen bei der Verwirklichung der 10 Grundprinzipien einem unabhängigen Monitoring zu unterziehen. Es wird den Mitgliedern überlassen, wie die Umsetzung in der Praxis realisiert und wie mit Verstößen umgegangen wird.

„Es fehlt sogar jede Regelung darüber, unter welchen Umständen die Mitgliedschaft in der Global Compact Allianz entzogen werden kann."[1056]

Der UN GC ist kein regulatives Steuerungsinstrument, sondern setzt auf die Lenkungswirkung des freien Wirtschaftsmarktes. Da die Rechtsqualität des UN GC eher marginal erscheint, wird im nun folgenden Kapitel, der UN GC im Kontext von Trade & Labour untersucht.

6.5.2 Der UN Global Compact im Kontext von Trade & Labour

Die übergeordnete Frage in diesem Abschnitt lautet: „Ist der UN GC ein adäquates Instrumentarium, um soziale Mindeststandards im Freihandel zu implementieren?" Wer diese Frage anhand der Rechtsqualität des UN GC bereits verneint, übersieht jedoch, dass die Grundlage des UN GC das Streben nach Synergien resp. sogenannten „win-win" Situationen ist. Es bleibt dennoch festzuhalten, dass der UN GC zur Implementierung seiner 10 Prinzipien, staatliche Maßnahmen nicht ersetzen kann. Staatliche Normen legen einheitliche rechtsverbindliche Muster

1054 Vgl.: Mamic, Ivanka in: Implementing Codes of Conduct – How Businesses Manage Social Performance in Global Supply Chains, International Labour Office, CH -1211 Geneva 22, Switzerland 2004, ff.

1055 Vgl.: Ebd.

1056 Vgl.: Blüthner, Andreas 2004, S. 498.

fest. Dies ist nicht die Aufgabe des UN GC, dieser soll vielmehr projektbezogen die 10 Grundprinzipien im Setting einer Unternehmensstruktur etablieren. Deshalb kann dem UN GC eher ein projektbezogener Charakter zugesprochen werden. Dieser kann nur eine positive Ergänzung zur staatlichen Regulierung darstellen. Es gilt hierbei zu differenzieren, Staatliche verordnete Normen werden den einzelnen Subjekten auferlegt, wobei der UN GC sich diese projektbezogen und individuell auf die Unternehmensstruktur selbst anpasst. Durch diese Individualisierung ist es für Unternehmen einfacher, fundamentale Menschenrechte zu etablieren, auch in Ländern, in denen diese nur marginal vorhanden sind. Wie zum Beispiel bei der Abschaffung der schlimmsten Form von Kinderarbeit.[1057] Durch Projekte können Mitglieder zur Abschaffung der schlimmsten Form der Kinderarbeit beitragen, indem sie Berufsausbildungszentren unterstützen. Sozialklauseln würden der These, vom durch Handelsliberalisierung initiierten destruktiven Prozess des „Race to the bottom" um niedrige Standards, einen konstruktiven „Race to the top" zur Verwirklichung der grundlegenden Menschenrechte in der Arbeitswelt, entgegensetzen. Die Implementierung des UN GC im Freihandel, in Verbindung mit einem funktionierenden Sanktionsmechanismus, würde unweigerlich dazu führen, dass Gegner solch einer Maßnahmen Argumentieren würden, dass dieses Instrument missbraucht werden kann und den Protektionismus fördern würde. Der UN GC ist ein klares Bekenntnis zum Freihandel. Wenn man die schlimmsten Formen der Armut in der Welt bekämpfen möchte, ist dieses Ziel nur zu realisieren, wenn man einen Wirtschaftsmarkt etabliert, der gerechte komparative Kostenvorteile bietet. Der UN GC ist zwar unverbindlich, dieser aber bietet den Akteuren im Globalisierungsprozess die Option an, ohne eine völkerrechtlich verbindliche internationale Rahmenvereinbarung, punktuell sich für die Verwirklichung grundlegendender Menschenrechte in der Arbeitswelt zu engagieren. Bedingt durch die Freiwilligkeit und ohne die Gefahr durch handelsbeschränkende Maßnahmen sanktioniert zu werden, ist dies ein Instrument welches eine Verknüpfung zwischen Trade & Labour realisiert. Der UN GC

[1057] Vgl.: ILO Übereinkommen Nr. 182.
„Das Übereinkommen 182 von 1999 hingegen beinhaltet das Verbot der schlimmsten Formen der Kinderarbeit – und zwar für Kinder bis einschließlich des 17 Lebensjahres – und verpflichtet die Staaten dazu, umgehend Maßnahmen zu ihrer Beseitigung zu ergreifen." *http://www.ilo.org/berlin/presse informationen/WCMS_221844/lang--de/index.htm* (15.06.2016).

verbindet die Effizienz des Freihandels mit den Werten der Vereinten Nationen, ohne den liberalen Handel in seinem Agieren zu stark zu regulieren und stellt für die Protagonisten zumindest ein pragmatisches, integratives und positiv ausgerichtetes Instrument dar.

6.5.3 Zwischenfazit

Der UN GC ist ein Instrument zur Implementierung grundlegender Menschenrechte in der Arbeitswelt. Anders als vielleicht vermutet spielen hier die Protagonisten des Freihandels eine signifikante Rolle. Den multinationalen Unternehmen kommt hierbei eine Vorreiterrolle zugute, da diese die relevanteste Gruppe der Mitglieder darstellen. Durch den Beitritt zum UN GC wurde eine unverbindliche Verpflichtungserklärung abgegeben, die diese Unternehmen dazu bewegen soll, durch konkrete Projekte in Kooperation mit anderen Organisationen, zur Verwirklichung der grundlegenden Menschenrechte in der Arbeitswelt, punktuell im Unternehmen, beizutragen. Ohne den Druck einer Verankerung im nationalen Setting zu befürchten. Da der UN GC keinerlei sanktionierenden Handelsmaßnahmen bei einem Verstoß seiner Mitglieder vorsieht, ist dies explizit ein Instrument welches von Gegner einer Sozialklausel im Welthandel unterstützt werden kann. Die Historie bei der Entwicklung des Völkerrechts hat bewiesen, dass das Gewohnheits- und Konsensprinzip dazu geführt haben, dass grundlegende Rechte im globalen Setting verankert wurden. Sollte sich der UN GC durchsetzen, wäre es nicht notwendig eine Sozialklausel im Welthandel zu implementieren. Verfolgt man die öffentliche Diskussion zu diesem Thema, kann auch im Jahr 2016 nicht von einem Erfolgsfall des Instruments gesprochen werden.[1058] Letztendlich bleibt festzuhalten, dass der UN GC nur marginal zur Implementierung der grundlegenden Menschenrechte in der Arbeitswelt beitragen kann. Dieser kann keine staatliche Normierung ersetzen und schon gar nicht die Verankerung von internationalen verbindlichen sozialen Mindeststandards. Der UN GC hat sicherlich einen gewissen Stellenwert im Freihandel, bedingt durch

[1058] Vgl.: Rieth, Lothar; Glindemann, Oliver in: Praxisorientierte und interdisziplinierte Lehre: Das UN Global Compact – COP Projekt – theorymeetspractice.de; S. 78 ff. Erschienen in: Theis, Fabienne; Klein, Simone (Hrsg.): CSR Bildung Corporate Responsibility als Bildungsaufgabe in Schule, Universität und Weiterbildung; VS Verlag 1. Auflage Wiesbaden 2010.

seinen Projektcharakter kann dieser nur eine positive Ergänzung zur Implementierung einer regulativen Sozialklausel im Welthandel darstellen.

6.6 General Agreement on Tariffs and Trade (GATT)

In dieser Untersuchung wird die Kurzform des allgemeinen Zoll- und Handelsabkommens (Genral Agreeemt on Tariffs and Trade) „GATT" verwendet. Dieses Abkommen repräsentiert das Regime zur Liberalisierung des Welthandels. Diese multilaterale Vereinbarung die das Ziel hat Zölle und andere Handelshemmnisse abzubauen wurde zunächst von 23 Staaten unterzeichnet, am 30.10.1947 und trat am 01.01.1948 in Kraft. Das GATT Abkommen aus dem Jahr 1947, ist das Ergebnis einer gescheiterten Bemühung, eine internationale Handelsorganisation (International Trade Organization- ITO) zu gründen. Allerdings war das GATT ursprünglich nur als Zwischenlösung für eine später von der UNO zu schaffende Internationale Handelsorganisation gedacht.

„Die ITO war als Sonderorganisation der UNO parallel zur Weltbank und zum Internationalen Währungsfonds geplant und sollte den Wiederaufbau und die Integration der Weltwirtschaft auf handelspolitischem Gebiet fördern, indem sie sich unter anderem mit Kartellfragen, Rohstoffabkommen, Arbeitsmarktpolitik und Auslandsinvestitionen beschäftigte."[1059]

Tatsächlich wurde von den Vereinten Nationen eine entsprechende Konferenz in Havanna einberufen. An dieser Konferenz nahmen 53 Länder teil, unter ihnen auch die Sowjetunion. Bereits am 24. März 1948 konnte die Satzung der ITO, die sogenannte „Havanna-Charta", unterzeichnet werden, in der die Gründung einer Organisation zur Förderung des internationalen Handels und die Überführung des GATT in diese Organisation im Rahmen der UNO beschlossen wurde.[1060] Die Ratifizierung der Havanna-Charta scheiterte wegen des Widerstandes des amerikanischen Kongresses und zahlreicher westlicher Regierungen. Diese hatten Befürchtungen, dass sie in der ITO, wie auch in der Vollversammlung

1059 Vgl.: Onlineportal: Bundeszentrale politische Bildung; *http://www.bpb.de/izpb/10328/ursachen-und-entstehung-des-kalten-krieges?p=all* (18.06.2016).

1060 Vgl.: Ebd.

der UNO, von der zunehmenden Zahl der Entwicklungsländer majorisiert werden könnten. Diesem Druck bei Handelspolitischen Fragen, wollten die Industrieländer nicht ausgesetzt sein. Die „Westmächte" und explizit die Abgeordneten des amerikanischen Kongresses, befürworteten das „ewige Provisorium" des GATT-Abkommens, anstatt ein formelles Gremium unter dem Dach der UNO zu etablieren.[1061] Das GATT beinhaltet materielle Teilergebnisse der Genfer Konferenz von 1947. Neben dem skizzierten Entwurf einer Charta für die Gründung der ITO wurden auf dieser Zusammenkunft ebenfalls diverse Entwürfe debattiert. Das Kernthema war die gegenseitige Senkung der Handelszölle und grundlegende Prinzipien im Kontext der tarifären Verpflichtungen. Diese beiden Segmente sind das Regulativ des GATT von 1947.[1062] Da der Ratifizierungsprozess scheiterte, dachte man darüber nach, wie diese Übereinkunft trotz Bedenken, primär der USA, dennoch umgesetzt werden kann.[1063] Um den Entwicklungsprozess nicht weiterhin durch vereinzelte Nationen zu gefährden, trat das GATT-Abkommen mit einem Zusatzprotokoll über seine provisorische Anwendung am 01. Januar 1948 in Kraft.[1064] Dieser provisorische Status wurde stetig verlängert, um den Rechtszustand zu wahren. Die Verwaltung übernahm eine Interimskommission, aus der sich später das GATT-Sekretariat in Genf entwickelte. Die Bundesrepublik Deutschland trat dem GATT im Jahr 1951 bei. Da die EG für die Handelspolitik der Mitgliedsstaaten ausschließlich zuständig ist, übernahm die Kommission die Vertretung der Mitglieder im GATT. Dieses anerkannte Provisorium „GATT" wurde über Dekaden zu einer permanenten Einrichtung.[1065] In dieser Untersuchung wird der Terminus „GATT" als Bezeichnung der Organisation verwendet. Bis zum Jahr 1994 waren 123 Nationen Vertragsparteien des GATT.

1061 Vgl.: Ebd.

1062 Vgl.: Schorkopf, Frank erschienen in: Bergmann, Michael Jan; Mickel, W. Wolfgang (Hrsg.) in: Handlexikon der Europäischen Union. Nomos Baden Baden 2012.

1063 Vgl.: Das GATT-Abkommen war auch ein Resultat der Bretton Woods Konferenz im Jahr 1944, auf der ein festes Wechselkurssystem eingeführt wurde. *https://www.bmz.de/de/themen/welthandel/welthandelssystem/gatt/* (18.06.2016).

1064 Vgl.: Sauer, Heiko in: Jurisdiktionskonflikte in Mehrebenensystemen – Die Entwicklung eines Modells zur Lösung von Konflikten zwischen Gerichten unterschiedlicher Ebenen in vernetzten Rechtsordnungen, Springer Verlag Berlin, Heidelberg und NY, Beiträge zum öffentlichen Recht und Völkerrecht 195, S. 215.

1065 Vgl.: Schorkopf, Frank 2012.

Das GATT ist eine juristische Umsetzung einer liberalen Handelspolitik. Dieser liberalen Wirtschaftstheorie liegt die These zugrunde, dass Handelshemmnisse in Form von Zöllen und Mengenbeschränkungen die Generierung von Wohlstand für alle teilnehmenden Staaten minimieren.[1066] Das GATT verfolgt das konkrete Ziel, mit dem Abbau von Zöllen und nichttarifären Handelshemmnissen[1067], verbunden mit der Liberalisierung der internationalen ökonomischen Beziehungen, den Warenaustausch untereinander zu steigern. Diese Zielsetzung wurde in der Gesetzgebung des GATT-Abkommens Teil I, Artikel I verankert:[1068]

„*1. Die Vertragsparteien anerkennen, daß ihre Handels- und Wirtschaftsbeziehungen auf die Erhöhung des Lebensstandards, auf die Verwirklichung der Vollbeschäftigung, auf ein hohes und ständig steigendes Niveau des Realeinkommens und der wirksamen Nachfrage, auf die volle Erschließung der Hilfsquellen der Welt, auf die Steigerung der Produktion und des Austausches von Waren sowie auf die Förderung einer fortschreitenden Entwicklung der Wirtschaft aller Vertragsparteien gerichtet sein sollen.*

2. Die Vertragsparteien haben den Wunsch, zur Verwirklichung dieser Ziele im Rahmen dieses Abkommens durch den Abschluß von Vereinbarungen beizutragen, die auf der Grundlage der Gegenseitigkeit und zum gemeinsamen Nutzen auf einen wesentlichen Abbau der Zölle und

---

1066 Vgl.: In dieser Untersuchung Kapitel 3: „Globalisierung" Risiko oder Chance?

1067 Vgl.: Schorkopf, Frank 2012: „Nichttarifäre Handelshemmnisse Maßnahmen, die unmittelbar oder mittelbar den Handel insgesamt oder speziell die Einfuhr beschränken und bei denen es sich nicht um Zölle (engl.: tariffs) handelt. Während Zölle wegen ihres begrenzten Anwendungsbereichs und der begrifflichen Klarheit einer effektiven Regelung zugänglich sind (GATT), wird der Begriff der nichttarifären Handelshemmnisse negativ definiert. Der Begriff ist deshalb nur mit Schwierigkeiten inhaltlich bestimmbar. Handelshemmnisse werden aus ökonomischer Perspektive generell als negative Faktoren betrachtet, die einer optimalen Verteilung der Ressourcen und Entscheidungen der Marktteilnehmer im Wege stehen. Sie stehen jedoch in einem Spannungsfeld zwischen dem legitimen nationalen Regelungsinteresse auf der einen Seite und dem Interesse an Marktzugang und Nichtdiskriminierung auf der anderen Seite. Eine Rechtsordnung muss deshalb einen Maßstab entwickeln, der eine Maßnahme danach unterscheiden kann, ob sie ein legitimes Mittel zum Schutz der öffentlichen Sicherheit und Ordnung oder aber eine versteckte Form des Schutzes der nationalen Wirtschaft vor Wettbewerb ist."

1068 Vgl.: Gesamte Rechtsvorschrift für GATT - Allgemeines Zoll- und Handelsabkommen, Fassung vom 03.11.2015, S. 7; *www.ris.bka.gv.at* (20.06.2016).

anderer Handelsschranken sowie auf die Beseitigung der Diskriminierung im internationalen Handel abzielen.“

Das Abkommen des Handelsregimes wurde in mehrjährigen Verhandlungsrunden weiterentwickelt.[1069] Das GATT selbst ist kompliziert strukturiert und ist unterteilt in diverse Abschnitte und Artikel. Zur besseren Übersicht wird im nächsten Kapitel dieser Untersuchung auf die Prinzipien des Handelsregimes eingegangen.[1070]

6.6.1 Die Grundprinzipien des GATT und ihre Rechtsqualität

Unter den Grundlegenden Prinzipien des GATT- Abkommens können dessen Systemorientierten Leitprinzipien, wie das System der allgemeinen Ausnahmen sowie das System der Streitbeilegung definiert werden.[1071] Zwar werden die Leitprinzipien von diversen Autoren in der Fachliteratur unterschiedlich akzentuiert, aber über dessen materiellen Inhalt herrscht weitestgehend ein Konsens.[1072] Relevante Leitprinzipien des GATT sind unter anderem, dass Diskriminierungsverbot, dass Meistbegünstigungsprinzip und die sogenannte Inländerbehandlung. Das GATT- Abkommen unterliegt dem Grundsatz der Reziprozität. Schwartmann verweist, unter der besonderen Berücksichtigung der Interessen von Entwicklungsländern, auf das Prinzip der Solidarität unter den Mitgliedsländern. In diesem Abkommen sind die rechtliche Haftung und das Schadensersatzprinzip bei staatlich verursachten Schäden verankert. Sowie der Grundsatz des fairen Handels, explizit ohne Dumping sowie Subventionen und die Parität der Rechte und Pflichten untereinander. Konflikte werden unter dem Grundsatz einer friedlichen

---

1069 Vgl.: Onlineportal: Wirtschaftslexikon; „1947 in Genf, 1949 in Annecy, 1951 in Torquay, 1956 in Genf, 1960/1961 in Genf (Dillon-Runde), 1964–1967 in Genf (Kennedy-Runde), 1973–1979 in Genf (Tokio-Runde), 1986–1994 Uruguay (Uruguay-Runde). Neben Zollsenkungen wurde ein Abbau nicht-tarifärer Handelshemmnisse erreicht.“; *http://wirtschaftslexikon.gabler.de/Definition/gatt.html* 20.06.2016).

1070 Vgl.: Schwartmann, Rolf in: Private im Wirtschaftsvölkerrecht, Mohr Siebeck Tübingen 2005, S. 161.

1071 Vgl.: Schwartmann, Rolf 2005, S. 161.

1072 Vgl.: Lorenzmeier, Stefan; Rhode, Christian in: Völkerrecht – Schnell erfasst, Springer Verlag Berlin / Heidelberg 2003, S. 134 oder Schwartmann, Rolf 2005, S. 161.

Auseinandersetzung beigelegt. Laut Schwartmann werden diese Prinzipien nicht rigide eingehalten, sondern erfahren in verschiedener Hinsicht spezielle Einschränkungen und Ausnahmen, ohne dass diesbezüglich klare Konturen zu erkennen sind.[1073] Die Struktur des Abkommens erscheint sehr komplex. Es wird in vier (I-IV) Kapitel unterteilt und enthält 38 Artikel.[1074] Ergänzend werden weitere Protokolle und diverse Anhänge hinzugefügt. In Abschnitt I[1075] des Abkommens sind die Ziele und die Meistbegünstigungsbehandlung verankert. Abschnitt II[1076] normiert unter einer diffizilen nachvollziehbaren Struktur materielle Prinzipien und kann unter „Gleichstellung ausländischer Waren mit heimischen Produkten" substituiert werden. In Abschnitt III[1077] wird der Freihandel normiert resp. die Zollunion und der Grenzverkehr. Zuletzt wird in Abschnitt IV[1078] die Handels- und Entwicklungspolitik verankert. Darin enthalten sind die Rechte und Pflichten der einzelnen Mitgliedsstaaten. Im nun Folgenden werden die Leitprinzipien des GATT untersucht.

1. Diskriminierungsverbot

Im Handel zwischen Mitgliedern des GATT ist jede Form der Diskriminierung nicht gestattet.

„Im internationalen Wirtschaftsrecht stellt das Diskriminierungsverbot als freiheitsverbürgende Rechtsgarantie einen notwendigen Faktor des ökonomischen Wettbewerbs dar, zumal durch Einfuhrregeln oder Inländervorzugsbehandlung diskriminierende Maßnahmen auf beiden Wirkungsebenen – also zwischen – wie innerstaatlich – getroffen werden können."[1079]

Dieser Grundsatz der Nichtdiskriminierung findet sich bereits in Teil I (Ziele), Artikel I Absatz 2 des GATT-Abkommens wieder.[1080] Das In-

1073 Vgl.: Schwartmann, Rolf 2005, S. 162.

1074 Vgl.: Gesamte Rechtsvorschrift für GATT - Allgemeines Zoll- und Handelsabkommen, Fassung vom 03.11.2015, S. 7; *www.ris.bka.gv.at* (20.06.2016).

1075 Vgl.: GATT 2015, S. 7–8.

1076 Vgl.: GATT 2015, S. 9–29.

1077 Vgl.: GATT 2015, S. 30–36.

1078 Vgl.: GATT 2015, S. 37–40.

1079 Vgl.: Graf, Vitzthum Wolfgang; Proelß, Alexander (Hrsg.) in: Völkerrecht, Walther de Gruyter GmbH Berlin/Bosten 7. Auflage, S. Rn 17.

1080 Vgl.: Teil I (Ziele), Art. I, Abs. 2 GATT 2015:

strument der Nichtdiskriminierung wird sowohl durch die extern wirkende allgemeine Meistbegünstigungsverpflichtung[1081], als auch durch den intern wirkenden Grundsatz der Inländergleichbehandlung[1082] konkretisiert. Es bleibt festzuhalten, dass das Diskriminierungsverbot ein elementares Prinzip im Wirtschaftsvölkerrecht darstellt.

2. Meistbegünstigungsprinzip

Eine relevante Ausprägung der Grundprinzipien des GATT stellt das Meistbegünstigungsprinzip[1083] dar.

„*Darunter wird verstanden, dass ein Staat einem anderen Staat bei der Anwendung seiner Rechtssetzungs- oder Verwaltungsmaßnahmen diejenigen Vorteile gewährt, die er auch einem dritten Staat unter gleichen Bedingungen zukommen lässt.*“[1084]

„2. Die Vertragsparteien haben den Wunsch, zur Verwirklichung dieser Ziele im Rahmen dieses Abkommens durch den Abschluß von Vereinbarungen beizutragen, die auf der Grundlage der Gegenseitigkeit und zum gemeinsamen Nutzen auf einen wesentlichen Abbau der Zölle und anderer Handelsschranken sowie auf die Beseitigung der Diskriminierung im internationalen Handel abzielen.“

1081 Vgl.: Teil I (Allgemeine Meistbegünstigungsbehandlung), Art. 1, Abs. 1; GATT 2015:
„1. Hinsichtlich von Zöllen und Gebühren aller Art, die anlässlich oder im Zusammenhang mit der Einfuhr oder Ausfuhr oder auf den internationalen Zahlungsverkehr für Ein- oder Ausfuhr auferlegt werden, hinsichtlich des Einhebungsverfahrens für solche Zölle und Belastungen und bezüglich aller Vorschriften und Formalitäten im Zusammenhang mit Ein- und Ausfuhr, bei der Erhebung innerer Abgaben auf ausgeführte Waren sowie aller Angelegenheiten, auf die sich Absätze 2 und 4 des Artikels III beziehen, werden alle Vorteile, Begünstigungen, Vorrechte oder Immunitäten, die von einem Vertragsstaat für eine Ware, welche aus einem anderen Land stammt oder für dieses Land bestimme ist, unverzüglich und bedingungslos für gleichartige Waren, die aus einem anderen Land stammen oder für dieses bestimmt sind, auch für das Gebiet aller anderen Vertragsstaaten gewährt.“

1082 Vgl.: Teil I, Artikel III (Begünstigungsverzeichnisse) ff, und Artikel XIII ((Nichtdiskriminatorische Anwendung mengenmäßiger Beschränkung) ff, GATT 2015.

1083 Vgl.: Teil I, Art. I (Allgemeine Meistbegünstigungsbehandlung) ff und Art. III (Begünstigungsverzeichnisse), GATT 2015.

1084 Vgl.: Graf, Vitzthum Wolfgang; Proelß, Alexander (Hrsg.) in: Völkerrecht, Walther de Gruyter GmbH Berlin/Bosten 7. Auflage, S. Rn 19 (Meistbegünstigungsgrundsatz).

Als Maßstab für dieses Prinzips wird die günstigste Behandlung irgendeines Staates genommen. In der Meistbegünstigungsbehandlung sind „Abwehransprüche" normiert, gegenüber einer Behandlung, die schlechter ist als die, die einem anderen Staat gewährt wird.[1085] Durch diesen Aufbau des GATT-Abkommens darf zumindest mittelbar eine Gleichbehandlung untereinander abgeleitet werden. Bedingt durch zahlreiche Ausnahmen kann kein unmittelbarer Anspruch auf Gleichbehandlung gegenüber einem Staat eingefordert werden. Explizit die WTO hat diese in ihrem Abkommen konkretisiert.[1086] Es existieren jedoch zahlreiche Ausnahmen, unter anderem bei der Bildung einer Freihandelszone, bei Zollunionen oder bei Präferenzsystemen, wie das der USA oder der EU[1087].

1085 Vgl.: Ebd.

1086 Vgl.: Onlineportal: Humanrights; *http://www.humanrights.ch/de/menschenrechte-themen/wto/wto/prinzipien/* (21.06.2016).
„Die Prinzipien der Meistbegünstigung, Gleichbehandlung und Gegenseitigkeit sind zugeschnitten auf den Handelsverkehr zwischen Ländern ähnlichen Entwicklungsstandes. Im Verkehr zwischen Industriestaaten und Entwicklungsländern kann aber die rechtliche Gleichbehandlung aufgrund der tatsächlichen Unterschiede zu unerwünschten Ergebnissen führen. Deshalb lässt das WTO-Recht Ausnahmen von diesen Prinzipien zu, um die Entwicklung der schwächeren Volkswirtschaften nicht zu gefährden. Diese «spezielle und unterschiedliche Behandlung» (*special and differential treatment*) kommt in der Präambel des WTO-Vertrags zum Ausdruck und wird in vielen Bestimmungen der WTO-Verträge weiter konkretisiert. Einige Mitgliedstaaten, wie etwa Brasilien argumentieren, dass die Sonderbehandlungsregeln zugunsten wirtschaftlich schwacher Länder gleichberechtigt neben dem Regime für die Industrieländer stehen."
Vgl.: DISPUTE DS46; Brazil — Export Financing Programme for Aircraft: *https://www.wto.org/english/tratop_e/dispu_e/cases_e/1pagesum_e/ds46sum_e.pdf* (21.06.2016).

1087 Vgl.: Onlineportal: Das Schema allgemeiner Zollpräferenzen (APS) der EU; *http://ec.europa.eu/taxation_customs/customs/customs_duties/rules_origin/preferential/article_781_de.htm* (21.06.2016).
„a) Allgemeine Einführung
Im Grundsatz wurde das Schema der Allgemeinen Zollpräferenzen auf der Konferenz der Vereinten Nationen für Handel und Entwicklung (UNCTAD) vereinbart; es handelt sich dabei um eine Maßnahme bestimmter Industrieländer („Geberländer") zugunsten von Entwicklungsländern („begünstigte Länder"). Die Bedingungen werden nicht mit ihnen ausgehandelt: die Präferenzbehandlung ist nicht gegenseitig."

3. Inländerbehandlung

Die Inländerbehandlung setzt den Meistbegünstigungsgrundsatz der in- und ausländischen Waren voraus. In diesem Konstrukt wird davon ausgegangen, dass es sich bei den Produkten um „Gleichartige" handelt.[1088] Dies wurde in Teil I; Artikel III (Begünstigungsverzeichnis) ff, des GATT normiert.

„1. a) Jeder Vertragsstaat räumt den anderen Vertragsstaaten im Handelsverkehr eine nicht weniger günstige Behandlung ein als jene, die in dem entsprechenden Teile der dem vorliegenden Abkommen angeschlossenen diesbezüglichen Liste vorgesehen ist."

„Die Definition der Gleichartigkeit von Produkten (Like Products) gemäß Art. III GATT ff. erfolgt nach gängiger Rechtsprechung unter vier Kriterien:

1. Eigenschaft, Qualität und Natur des Produktes
2. Endverbrauch
3. Neigung und Gewohnheit des Verbrauchers
4. Zollklassifikation"[1089]

Bei der Inländerbehandlung geht es primär darum, den Grundsatz das Protektionismusverbots zu konkretisieren.[1090] Dieser Einfluss auf Art. III Abs. 4 GATT führt zu der Erkenntnis, dass die Wettbewerbssituation der Waren, mit in Betracht zu ziehen ist, um ihre Gleichartigkeit zu definieren.[1091] Das Gebot der Inländerbehandlung zielt darauf ab, zumindest ähnliche Voraussetzung für alle Marktteilnehmer zu schaffen. Dieser Ansatz wird durch Artikel 11 (Allgemeine Beseitigung von Mengenbeschränkungen) GATT-Abkommen konkretisiert.

„1. Außer Zöllen, Steuern und anderen Abgaben werden bei der Einfuhr einer Ware aus dem Gebiete eines Vertragsstaates oder bei der Ausfuhr beziehungsweise beim Verkauf zur Ausfuhr einer Ware, die für das Ge-

1088 Vgl.: Schwartmnn, Rolf 2005, S. 185.

1089 Vgl.: Tietje, Christian (Hrsg.) in: Internationales Wirtschaftsrecht, Walter de Gruyter GmbH Berlin/Bosten 2. Auflage 2015, S. 194, Rn77.

1090 Vgl.: Art. III, Abs. 1 GATT,

1091 Vgl.: Tietje, Christian 2015, S. 194, Rn. 77.

biet eines anderen Vertragsstaates bestimmt ist, keine Verbote oder Einschränkungen, sei es durch Kontingentierung, durch das Erfordernis von Ein- oder Ausfuhrlizenzen oder durch andere Maßnahmen erlassen oder beibehalten werden."[1092]

Es existieren im GATT-Abkommen noch weitere Artikel, die einen fairen Wettbewerb gewährleisten sollen, wie zum Beispiel: Artikel VI Antidumping- und Ausgleichszölle.[1093]

4. Reziprozität

Das Prinzip der Reziprozität im Handelsabkommen spiegelt die Ausgangsbasis dieser internationalen multilateralen Vereinbarung wieder. Die Mitgliedsstaaten dürfen bei Zugeständnissen, wie zum Beispiel den Abbau von Handelsbeschränkungen, davon ausgehen, dass Handelspartner ihnen ebenfalls Zugeständnisse offerieren.

„*Umgekehrt darf auf tarifäre oder nichttarifäre handelsbeschränkende Maßnahmen der einen Seite mit eben solchen Maßnahmen auf der anderen Seite geantwortet werden.*"[1094]

1092 Vgl.: Teil II Art. XI, GATT 2015 ff, S. 16.

1093 Vgl.: Art. VI GATT 2015:
„1. Die Vertragsstaaten anerkennen, daß ein Dumping, durch das Waren eines Landes zu einem geringeren als dem normalen Warenwert in den Handel eines anderen Landes gebracht werden, zu verurteilen ist, wenn es eine materielle Schädigung der auf dem Gebiete eines Vertragsstaates bestehenden Industrie oder eine bedeutende Verzögerung der Errichtung einer heimischen Industrie verursacht oder zu verursachen droht. Im Sinne dieses Artikels ist eine Ware dann als zu einem geringeren als dem normalen Wert in den Handel eines einführenden Landes gebracht anzusehen, wenn der Preis einer von einem in ein anderes Land ausgeführten Ware
a) geringer ist als der entsprechende Preis für die gleichartige Ware im üblichen Handelsverkehr, wenn sie für den Verbrauch im Exportlande bestimmt ist; oder
b) bei Fehlen eines derartigen Inlandspreises geringer ist als
I. der höchste vergleichbare Preis für die Ausfuhr der gleichartigen Ware nach irgendeinem dritten Lande im üblichen Handelsverkehr oder
II. die . Gestehungskosten dieser Ware im Ursprungslande, zuzüglich einer angemessenen Spanne für Verkaufsspesen und Gewinn.
In jedem Falle werden Unterschiede in den Bedingungen und Modalitäten des Verkaufs, Unterschiede in der Besteuerung sowie andere die Preisbildung berührende Unterschiedlichkeiten entsprechend berücksichtigt."

1094 Vgl.: Heintz, Bettina; Münch Richard, Tyrell, Hartmann (Hrsg.) in: Weltge-

Das Prinzip der Reziprozität findet sich in zahlreichen Artikeln des Handelsabkommens wieder.[1095] Die Beachtung der Reziprozität spielt beim Wirtschaftsvölkerecht eine signifikante Rolle. Dies zeigt sich explizit bei den Verhandlungen zum Abbau von Handelsbeschränkungen wieder.

„2. *Bei diesen Verhandlungen und der Einigung, die auch ausgleichende Regelungen bei anderen Waren einschließen können, werden sich die beteiligten Vertragsparteien bemühen, auf der Grundlage der Gegenseitigkeit und zum gemeinsamen Nutzen die Zugeständnisse auf einem Stand zu halten, der insgesamt für den Handel nicht weniger günstig ist, als in diesem Abkommen vor den Verhandlungen vorgesehen war.*“[1096]

Den Vertragsparteien steht es frei, bei Verstößen gegen das Handelsabkommen, die erteilten Zugeständnisse wieder zurückzunehmen.[1097] Die Mitgliedsstaaten haben die Option bei einer Verletzung des Abkommens, ein Beschwerdeverfahren zu beantragen.[1098]

Die in dieser Untersuchung dargestellten vier Grundprinzipien des Handelsabkommens (GATT) sind für den Aufbau der komplexen Struktur des globalen Freihandels mitverantwortlich. Der Kern des Abkommens bildet das Diskriminierungsverbot und der Schutz vor Protektionismus, ohne Bezug zu nehmen auf die grundlegenden Menschenrechte in der Arbeitswelt. Das nun folgende Kapitel untersucht einen möglichen Nexus zwischen dem Freihandelsabkommen und den ILO Verfassungsprinzipien.

sellschaft – Theoretische Zugänge und empirische Problemlagen, Lucius & Lucius Verlagsgesellschaft mbh Stuttgart 2005, S. 300.

1095 Vgl.: Ebd., Präambel GATT 1994, Art. XXXVIII, Art. XXVIII, Art. XXXVI, Art. XIX.

1096 Vgl.: Art. XXXVIII Abs. 2 GATT 2015, S. 33.

1097 Vgl.: Art. XXXVIII Abs. 4 GATT 2015, 33.

1098 Vgl.: Schwartmann, Rolf 2005, S. 316.

6.6.2 Das GATT-Abkommen im Kontext von Trade & Labour

Die strukturelle Entwicklung des Welthandels, hin zu einem immer stärker vernetzten und integrierten Wirtschaftsmarkt bewirkt, dass immer mehr Staaten an einer Aufgabenlösung beteiligt sind. Die zu lösenden Probleme können von den Einzelstaaten kaum noch bewältigt werden, da ihre Relevanz im Kontext von Trade & Labour immer stärker an Substanz verliert.[1099] Inwiefern Handelsmaßnahmen zu einer Implementierung der grundlegenden Menschenrechte in der Arbeitswelt beitragen können, oder ob dieses Vorgehen gegenüber den Mitgliedsstaaten einer Organisation oder eines internationalen multilateralen Abkommens zulässig ist, wurde noch nicht getestet. Es ist daher noch nicht eindeutig belegt, inwiefern Mitgliedsstaaten durch Sanktionen zur Durchsetzung der vier grundlegenden Menschenrechte in der Arbeitswelt gezwungen werden können. In dieser Untersuchung wird diese Problemstellung anhand von zwei Artikeln aus dem GATT-Abkommen analysiert.[1100] Es wird zuerst untersucht ob gegen einen Artikel des GATT (Art. III) verstoßen wird, wenn Menschenrechte in der Arbeitswelt mit Sanktionen durchgesetzt werden sollen. Im Anschluss muss überprüft werden, inwieweit bei einem Verstoß gegen Artikel III des GATT-Abkommens, eine Sanktion dennoch Rechtskonform ist, da diese wohlmöglich durch einen Ausnahmetatbestand (Artikel XX) gerechtfertigt wird. Ob und wie weit arbeitsrechtlich motivierte verhängte Sanktionen gegenüber einem Mitglied eine Verletzung des GATT beinhalten, hängt signifikant von der Art der Handelsbeschränkung und bedingt durch die Struktur des GATT, ebenfalls vom betroffenen Produkt ab.[1101] Diese These wird am Beispiel der Inlandsbehandlung (Art. III) veranschaulicht. In Teil II, Artikel IV (Gleichstellung ausländischer Waren mit heimischen Produkten) ff. des GATT, wird die Inlandsbehandlung von importieren Produkten normiert. Das Prinzip der Gleich-

1099 Vgl.: Freiherr von Campenhausen, Alexander in: Sozialklauseln im internationalen Handel – Eine entwicklungsvölkerrechtliche Untersuchung insbesondere über Sozialklauseln im internationalen Handelsverkehr und ihre praktische Handhabung, Tenea Verlag Ltd. Bristol, NL Deutschland, Berlin 2005, S. 69 ff.

1100 Vgl.: Blüthner, Andreas 2004, S. 284 ff, Artikel III (Inländerbehandlung) und Freiherr von Campenhausen 2005, S. 54 ff, Artikel XX (Allgemeine Ausnahmen)

1101 Vgl.: Blüthner, Andreas 2004, S. 279.

behandlung resp. Nichtdiskriminierung ist bereits in der Präambel formuliert worden:

„…die auf eine wesentliche Verminderung der Zölle und anderer Handelsschranken und auf Beseitigung von diskriminierenden Maßnahmen im internationalen Handel abzielen,…“[1102]

Kadelbach attestiert dem Prinzip der Nichtdiskriminierung eine Horizontalwirkung, bei einer gemeinschaftlichen Nutzung des Wirtschaftsmarktes, resultierend aus Disparitäten bei der Umsetzung nicht gerechtfertigter Divergenzen in den Wettbewerbsbedingungen.[1103] Im Kontext des GATT-Abkommens, welches unterschiedliche Formen der Nichtdiskriminierung vorsieht. Zum einen dürfen Produkte die aus dem Ausland importiert werden, aufgrund ihrer Herkunft nicht diskriminiert werden. Dieses Vorgehen ähnelt dem Prinzip der horizontalen Nichtdiskriminierung. Das Prinzip der horizontalen Nichtdiskriminierung wird durch die Norm der Begünstigungsklausel[1104] konkretisiert. Blüthner sieht im Diskriminierungsverbot von Importwaren und einheimischen Produkten, aus der Perspektive des Importstaates, im Unterschied zur Meistbegünstigung, auch eine Verpflichtung zur vertikalen Nichtdiskriminierung.[1105] Explizit in Art. III Abs. Nr. 2 wird diese Vorschrift verankert, die das Prinzip der vertikalen Nichtdiskriminierung signifikant hervorhebt.

„2. Keine Bestimmung dieses Artikels hindert einen der Vertragsstaaten daran, auf die Einfuhr einer Ware
a) die einer inländischen Steuer entsprechende Belastung zu legen, die mit den Bestimmungen des Absatzes 2 des Artikels III vereinbar ist und bei gleichartigen heimischen Waren oder Erzeugnissen Anwendung findet, aus denen die eingeführte Ware zur Gänze oder zum Teil hergestellt oder erzeugt wurden;…“[1106]

1102 Vgl.: Gesamte Rechtsvorschrift für GATT - Allgemeines Zoll- und Handelsabkommen, Fassung vom 03.11.2015, S. 6.

1103 Vgl.: Kadelbach, Stefan in: Allgemeines Verwaltungsrecht unter europäischen Einfluss, Mohr Siebeck Tübingen 1999, S. 82 ff.

1104 Vgl.: Art. III GATT 2015.

1105 Vgl.: Blüthner, Andreas 2004, S. 84.

1106 Vgl.: Art. III Abs. 2, GATT 2015, S. 8.

Die Norm der Inlandsbehandlung in Art. III Abs. Nr. 2 sieht vor, gleichartige Produkte in Bezug auf innere Steuern oder Rechtsvorschriften gleich zu behandeln. Dadurch soll ein interner Schutz (Protektionismus) der einheimischen Waren verhindert werden. Durch Art. III soll die ungleiche Behandlung von importierten Waren gegenüber einheimischen Produkten auf tarifäre und nichttarifäre Maßnahmen an der Grenze beschränkt werden. Aus diesem Grund müssen importierte Produkte und inländisch erzeugte Waren durch nationale Rechtsvorschriften und Steuern gleichbehandelt werden. Das Prinzip der Nichtdiskriminierung schränkt die staatliche Souveränität ein. Aus Artikel III GATT ist der Schutz des Freihandels vor protektionistischen Maßnahmen, in Form einer systembildenden Norm abzuleiten. Die untersuchten Normen der Meistbegünstigung[1107] und der Inländerbehandlung[1108] spiegeln die Grundregeln der horizontalen und vertikalen Nichtdiskriminierung im Freihandel wieder. Jedoch erst in Kombination mit den gesamten Normen des GATT-Abkommens können diese Grundregeln konkretisiert werden. Das in Art. III GATT normierte Diskriminierungsverbot ist im Allgemeinen dann verletzt, wenn in seinem Anwendungsbereich eine diskriminierende Maßnahme vorgenommen wurde und diese Maßnahme zu einer protektionistischen Wirkung führt.[1109]. Der sachliche Anwendungsbereich wird erst relevant, wenn ein Produkt aus einem GATT-Staat sich auf dem Binnenmarkt eines anderen Mitgliedstaates befindet. An dieser Stelle muss hinterfragt werden, inwiefern eine Gleichbehandlung der importierten Ware mit rein inländischen Produkten vorliegt. Diese Bewertung erfolgt nach Maßgabe des Art. III GATT. Ein Verstoß gegen Art. III GATT ist auf unterschiedlicher Art und Weise möglich. In Absatz 2 und 3 des Artikels ist das Verbot von diskriminierenden Steuern oder Gebühren verankert.

„*2. Keine Bestimmung dieses Artikels hindert einen der Vertragsstaaten daran, auf die Einfuhr einer Ware*
a) die einer inländischen Steuer entsprechende Belastung zu legen, die mit den Bestimmungen des Absatzes 2 des Artikels III vereinbar ist und bei gleichartigen heimischen Waren oder Erzeugnissen Anwendung fin-

1107 Vgl.: Art. I GATT 2015.
1108 Vgl.: Art. III GATT 2015.
1109 Vgl.: Herrmann, Christoph; Weiß, Wolfgang, Ohler, Christoph in: Welthandelsrecht, Beck München 2. Auflage 2007, S. 219.

det, aus denen die eingeführte Ware zur Gänze oder zum Teil hergestellt oder erzeugt wurden;
b) mit den Bestimmungen des Artikels VI vereinbare Anti-Dumping- oder Ausgleichszölle zu legen;
c) Gebühren oder ähnliche Belastungen aufzuerlegen, die den Kosten von gebotenen Dienstleistungen entsprechen.
3. Kein Vertragsstaat ändert die Methoden zur Bestimmung des Zollwertes oder seiner Geldumrechnung derart, daß dadurch der Wert eines der Zugeständnisse, die in der entsprechenden, diesem Abkommen angeschlossenen Liste vorgesehen sind, beeinträchtigt würde."[1110]

Wenn ein Mitgliedstaat ein gleichartiges Produkt unterschiedlich besteuert, ist dies diskriminierend und verstößt eindeutig gegen Art. III GATT ff. Im Vorfeld muss selbstverständlich die Gleichartigkeit der Produkte überprüft werden. Eine offene Diskriminierung anhand der Herkunft der Waren ist unstrittig ein Verstoß gegen Art. III des GATT-Abkommens. Dieses Vorgehen ist de jure[1111] nicht gestattet. Wesentlich schwieriger wird es wenn das Vorgehen de jure unproblematisch erscheint, jedoch de facto diskriminiert.[1112] Zum besseren Verständnis nochmals die Kriterien bei der Bewertung von Produkten.

„Die Definition der Gleichartigkeit von Produkten (Like Products) gemäß Art. III GATT ff. erfolgt nach gängiger Rechtsprechung unter vier Kriterien:

1. Eigenschaft, Qualität und Natur des Produktes
2. Endverbrauch
3. Neigung und Gewohnheit des Verbrauchers
4. Zollklassifikation"[1113]

Wenn, bei der Verknüpfung zwischen Trade & Labour die vier Verfassungsprinzipien der ILO bei der Gesamtbetrachtung heranziehen würde, stellt sich die Frage: Können Produkte legal diskriminiert werden,

1110 Vgl.: Artikel III Abs. 2 und 3 GATT 2015.
1111 Vgl.: „De jure" ist ein lateinischer Ausdruck für: „laut Gesetz".
1112 Vgl.: Shaw N., Malcom in: Internationale Law, University Press Cambridge 2003, S. 382 ff.
1113 Vgl.: Tietje, Christian (Hrsg.) in: Internationales Wirtschaftsrecht, Walter de Gruyter GmbH Berlin/Bosten 2. Auflage 2015, S. 194, Rn77.

wenn die grundlegenden Menschenrechte in der Arbeitswelt bei der Herstellung der Ware verletzt worden sind? Da wie bereits aufgeführt in den Betrachtungskriterien keine Differenzierung anhand von Arbeitnehmerrechten vorgenommen wird, kann diese Frage verneint werden. *„In der Gesamtschau der zur Bestimmung der Gleichartigkeit herangezogenen Kriterien zeigt sich, dass die Herstellungsmethode einschließlich der herrschenden Arbeitsbedingungen keinen signifikanten Einfluss auf die „likness" von Produkten hat."*[1114]

Maßnahmen die zwar arbeitsrechtlich die Beschäftigungsbedingungen der Arbeitnehmerinnen und Arbeitnehmer beeinflussen, wirken sich nicht auf die physische Produkteigenschaft aus, ändern nichts an ihrem Verwendungszweck und unterliegen keiner spezifischen Zolldeklaration. Wenn sich Produkte lediglich in der Beachtung von Arbeitnehmerrechten bei der Herstellung unterscheiden, gelten sie im Rahmen des Art. III GATT ff. als gleichartige Produkte und dürfen nicht diskriminiert werden. Dies bedeutet, dass Unternehmen de facto unter prekären Arbeitsbedingungen produzieren und in Länder exportieren dürfen, de jure jedoch nicht dafür im Rahmen des GATT-Abkommens benachteiligt werden dürfen. Betrachtet man diesen Sachverhalt etwas genauer, so kann man davon ausgehen, dass de facto Diskriminierungen verboten sind. Unter „de facto Diskriminierung" wird in dieser Untersuchung definiert, dass Maßnahmen ergriffen wurden die zwar de jure zulässig sind, jedoch ausländische Produkte benachteiligen. Wenn zum Beispiel ein Unternehmen Textilien in einem Entwicklungsland unter prekären Arbeitsbedingungen herstellt und diese dann in ein anderes Land Exportiert, hat es einen signifikanten Vorteil gegenüber Produkten die in einem Land hergestellt wurden, welches die vier Verfassungsprinzipien der ILO anerkennt und in der Praxis umsetzt. Der Marktzugang wird durch eine geringere Preisgestaltung erleichtert, dies diskriminiert wohlmöglich einheimische Produzenten. Diese Sachverhalte und ihr Konfliktpotenzial werden in der Regel in Form einer Einzelfallprüfung durch die zuständigen Gerichte entschieden.[1115] Bei der

1114 Vgl.: Blüthner, Andreas 2004, S. 295.

1115 Vgl.: Onlineportal: WTO, DISPUTE SETTLEMENT: APPELLATE BODY To date, the Appellate Body has issued 136 Reports. The Reports below are listed in reverse chronological order according to the date when the appeal was filed. *https://www.wto.org/english/tratop_e/dispu_e/ab_reports_e.htm* (24.06.2016).

Analyse des Sachverhaltes werden zwei Kriterien berücksichtigt. Zum einen wird danach bemessen ob sich durch eine Maßnahme, wie zum Beispiel, die Produktion von Waren unter prekären Arbeitsbedingungen, die Wettbewerbsbedingungen signifikant zum Nachteil eines Mitbewerbers verändert hat und ob daraus negative ökonomische Auswirkungen für einheimische Waren resultieren.[1116] Die Verletzung von Arbeitnehmerechten hat einen negativen Einfluss auf die Wettbewerbssituation von konkurrierenden Marktteilnehmern, die diese Rechte respektieren, und im Ergebnis eine nachteilige ökonomische Auswirkung für inländische Hersteller der gleichartigen Waren. Eine Diskriminierung der Waren anhand arbeitsrechtlicher Maßnahmen stellt dennoch einen Verstoß gegen Art. III GATT dar. Inwieweit mit einer Diskriminierung rechtskonforme nicht protektionistische Ziele verfolgt werden, hängt signifikant von den Ausnahmetatbeständen in Art. XX GATT ab. Blüthner schlussfolgert aus dem Zusammenspiel zwischen Art. III und Art. XX GATT, dass das Diskriminierungsverbot nicht nur offene Benachteiligungen, sondern auch de facto Diskriminierungen von Importen umfasst.[1117] Der Artikel XX (Allgemeine Ausnahmen) GATT regelt die Sonderbestimmungen und enthält einen umfangreichen Katalog von Gründen, die Verstöße gegen das GATT-Abkommen im Nachhinein legitimieren können. Daneben existieren weitere Artikel die Ausnahmen konkretisieren, nämlich Artikel XIX (Notstandsmaßnahmen bei der Einfuhr bestimmter Waren) und Artikel XXI (Ausnahmen zur Wahrung der Sicherheit). Um Verstöße gegen das GATT-Abkommen zu eruieren, müssen die Ausnahmetatbestände von Art. XX GATT ff. überprüft werden. Die Beweislast obliegt der Partei, die sich auf Art. XX GATT beruft. Sind deren Tatbestände erfüllt, wird Art. XX Abs. 1 angewendet und es ist zu überprüfen, ob die ergriffenen Maßnahmen zu einer ungerechtfertigten Diskriminierung zwischen Ländern, in denen ähnliche Voraussetzungen bestehen, kommt. Oder, ob die Maßnahmen zu einer verschleierten Beschränkung des internationalen Handels führen.[1118]

1116 Vgl.: Blüthner, Andreas 2004, S. 297.
1117 Ebd. S. 300.
1118 Vgl.: Freiherr von Camphausen, Alexander 2005, S. 55.

„Bei bestehen dieser Bedingungen sind die in Frage stehenden Maßnahmen gerechtfertigt, auch wenn sie mit anderen Artikeln des GATT inkonsistent sein sollten.“[1119]

Die verankerte Norm in Artikel XIX (Notstandsmaßnahmen bei der Einfuhr bestimmter Waren) GATT wird unter der Berücksichtigung des „Agreement on Safeguards“[1120] in der Fachliteratur als „Escape Clause“[1121] verstanden. Die Schutzklausel ermöglicht den Mitgliedern des GATT- Abkommens eine Rücknahme ihrer vertraglich zugesicherten Zugeständnisse.

„1. a) Wenn infolge unvorhergesehener Entwicklungen und der Auswirkungen der von einem Vertragsstaat auf Grund dieses Abkommens eingegangenen Verpflichtungen, einschließlich von Zollbegünstigungen, eine Ware in das Gebiet dieses Vertragsstaates in derart erhöhten Mengen und unter solchen Umständen eingeführt wird, dass dadurch den inländischen Erzeugern gleichartiger oder unmittelbar konkurrierender Waren in diesem Staate ein ernstlicher Schaden zugefügt wird oder zugefügt zu werden droht, ist es diesem Vertragsstaat gestattet, bezüglich einer solchen Ware und in dem erforderlichen Außmaße und für den Zeitraum einer solchen Schädigung vorzubeugen oder abzuhelfen, eine solche Verpflichtung zur Ganze oder teilweise aufzuheben oder die Begünstigung abzuändern oder zu widerrufen.“[1122]

Mit dem in Kraft treten des „Agreement on Safeguards“ wurde Art. XIX GATT konkretisiert. Ein umfangreicher Katalog mit Ausführungsvorschriften wurde zu den bereits bestehenden Vorschriften des GATT-Abkommens ergänzt. Die Ausführungsvorschriften normieren die Anwendung von Schutzmaßnahmen.

1119 Vgl.: Ebd.

1120 Vgl.: Onlineportal: WTO: Agreement on Safeguards
"Article 1: General Provision
This Agreement establishes rules for the application of safeguard measures which shall be understood to mean those measures provided for in Article XIX of GATT 1994."; *https://www.wto.org/english/docs_e/legal_e/25-safeg_e.htm* (25.06.2016).

1121 Vgl.: Unter „Escape Clause“ wird Schutzklausel oder Fluchtklausel verstanden. Blüthner, Andreas 2004, S. 317.

1122 Vgl.: Artikel XIX ff GATT 2015.

***"Article 4: Determination of Serious Injury or Threat There of*[1123]**

1. For the purposes of this Agreement:
(a) "serious injury" shall be understood to mean a significant overall impairment in the position of a domestic industry;

(b) "threat of serious injury" shall be understood to mean serious injury that is clearly imminent, in accordance with the provisions of paragraph 2. A determination of the existence of a threat of serious injury shall be based on facts and not merely on allegation, conjecture or remote possibility; and

(c) in determining injury or threat thereof, a "domestic industry" shall be understood to mean the producers as a whole of the like or directly competitive products operating within the territory of a Member, or those whose collective output of the like or directly competitive products constitutes a major proportion of the total domestic production of those products.

2. (a) In the investigation to determine whether increased imports have caused or are threatening to cause serious injury to a domestic industry under the terms of this Agreement, the competent authorities shall evaluate all relevant factors of an objective and quantifiable nature having a bearing on the situation of that industry, in particular, the rate and amount of the increase in imports of the product concerned in absolute and relative terms, the share of the domestic market taken by increased imports, changes in the level of sales, production, productivity, capacity utilization, profits and losses, and employment.

(b) The determination referred to in subparagraph (a) shall not be made unless this investigation demonstrates, on the basis of objective evidence, the existence of the causal link between increased imports of the product concerned and serious injury or threat thereof. When factors other than increased imports are causing injury to the domestic industry at the same time, such injury shall not be attributed to increased imports.

(c) The competent authorities shall publish promptly, in accordance with the provisions of Article 3, a detailed analysis of the case under investigation as well as a demonstration of the relevance of the factors examined."

[1123] Vgl.: Onlineportal: WTO, *https://www.wto.org/english/docs_e/legal_e/25-safeg_e.htm* (25.06.2016).

Auch Art. XIX GATT geht vom Nichtdiskriminierungsprinzip aus, dies bedeutet, dass jede getroffene Regelung, auch auf andere Vertragspartner angewendet werden muss.[1124] Ünsal attestiert einem bilateral geschlossenen Selbstbeschränkungsabkommen, eine Verletzung des Nichtdiskriminierungsprinzips. Das festgelegte Schutzabkommen „Agreement on Safeguards“ verbietet die gezielte Anwendung von Art. XIX GATT, um die Einfuhr von Produkten aus bestimmten Ländern zu verhindern. Das Importland trägt die Beweislast und muss nachweisen, dass der Export aus bestimmten Vertragsländern unverhältnismäßig hoch angestiegen ist, nur dann kann das Importland, dem Exportland bezüglich klar definierter Produkte, eine Einfuhrbeschränkung auferlegen.[1125] Man darf sich dabei nicht auf das Argument der freiwilligen bilateralen Abkommen zwischen souveränen Staaten beziehen, wenn beide Vertragsparteien das GATT-Abkommen unterzeichnet haben. Die freiwilligen bilateralen Selbstbeschränkungen von Vertragsparteien im Rahmen des GATT, würden das Nichtdiskriminierungsprinzip des Abkommens inkorrekt interpretieren.[1126]

6.6.3 Zwischenfazit

Es bleibt festzuhalten, dass die Grundregeln des GATT-Abkommens das Prinzip der Nichtdiskriminierung aller Mitgliedsstaaten verfolgen. Dadurch soll ein Wirtschaftsmarkt geschaffen werden, der den Marktteilnehmern die Partizipation am generierten Wohlstand ermöglicht. Die Implementierung von grundlegenden Menschenrechten in der Arbeitswelt, wurde bei der Schaffung dieser Organisation komplett ausgeschlossen. Es wird zwar ansatzweise in Betracht gezogen, dass die Herstellung von Waren unter prekären Arbeitsbedingungen einen gewissen Wettbewerbsvorteil gegenüber der Produktion unter der Berücksichti-

1124 Vgl.: Ünsal, Demet in: Die Ausnahmen von der Meistbegünstigungsklausel zugunsten der Entwicklungsländer im Rahmen des GATT, Herbert UTZ Verlag, München 1999, S. 28 ff.

1125 Vgl.: Ünsal, Demet 1999, S. 29.

1126 Vgl.: Ott, Andrea in: GATT und WTO im Gemeinschaftsrecht: die Integration des Völkervertragsrechts in die Europäische Gemeinschaftsrechtsordnung am Beispiel des GATT-Vertrags und der WTO-Übereinkünfte: die Integration des Völkervertragsrechts in die Europäische Gemeinschaftsrechtsordnung am Beispiel des GATT-Vertrags und der WTO-Übereinkünfte, Heymann Verlag 1997 ff.

gung der vier ILO Verfassungsprinzipien zur Folge haben kann. Dies wurde unter anderem zu verstehen gegeben, da zusätzlich zu den Artikeln des GATT-Abkommens, dass „Agreement on Safeguards“ etabliert wurde. Es obliegt jedoch der Beschwerdeführenden Partei, nachzuweisen wie sich die prekären Arbeitsbedingungen auf die Herstellung von gleichartigen Produkten auswirken und welche Folgen das für den einheimischen Wirtschaftsmarkt hat.[1127] Die Normen über die Anwendung von Schutzmaßnahmen, explizit die Verpflichtung der nichtdiskriminierenden Anwendung dieser und deren Verbot der Anwendung gegenüber Produkten aus „Entwicklungsländern“ verdeutlicht, dass das GATT-Abkommen in dieser Ausgestaltung keine adäquate Rechtgrundlage bietet, um die grundlegenden Menschenrechte in der Arbeitswelt zu implementieren. Es kann an dieser Stelle noch keine abschließende Bewertung vorgenommen werden, da unter anderem im Jahr 1994 die so genannte Uruguay Runde die Gründung der WTO (World Trade Organization) beschlossen hat.

1127 Vgl.: Onlineportal: WTO: *https://www.wto.org/english/tratop_e/dispu_e/dispu_e.htm* (27.06.2016).
"Disputes in general, and how they are handled in the WTO and its Dispute Settlement Body
- Negotiations on the Dispute Settlement Understanding
- Individual dispute cases: The disputes
- The WTO's procedure for resolving trade quarrels under the Dispute Settlement Understanding is vital for enforcing the rules and therefore for ensuring that trade flows smoothly. A dispute arises when a member government believes another member government is violating an agreement or a commitment that it has made in the WTO. The authors of these agreements are the member governments themselves — the agreements are the outcome of negotiations among members. Ultimate responsibility for settling disputes also lies with member governments, through the Dispute Settlement Body. A web page exists for each of the disputes brought to the WTO."

7 Die Ziel- und Systemkonformität bei der Implementierung von grundlegenden Menschenrechten in der Arbeitswelt

In diesem Abschnitt der Untersuchung wird ermittelt, welche strukturrelevanten Bestimmungen an die Implementierung der Menschenrechte in der Arbeitswelt festgelegt werden müssen und wie diese umgesetzt werden können, ohne das Welthandelssystem zu gefährden.[1128] Zu diesem Zweck wird die Implementierung einer Sozialklausel am System der World Trade Organization[1129] (WTO) de lege ferenda[1130] erörtert.

1128 Vgl.: Mehr zu diesem Thema in:
Blüthner, Andreas 2004, S. 377 ff.
Mosters, Johannes, Gorning, Gilbert (Hrsg.) in: Ethische Beschaffung- Sekundärzwecke im Zeitalter der Beschaffung, Peter Lang Verlag Frankfurt am Main, Band 88, 2010, S. 27 ff.
Senghass-Knobloch, Eva (Hrsg.) in: Weltweit geltende Arbeitsstandrads trotz Globalisierung – Analysen, Diagnosen und Einblicke, LIT Verlag Münster 2005, S. 5 ff.

1129 Vgl.: Abkommen zur Errichtung der Welthandelsorganisation Abgeschlossen in Marrakesch am 15. April 1994, von der Bundesversammlung genehmigt am 16. Dezember 1994, Schweizerische Ratifikationsurkunde hinterlegt am 1. Juni 1995, Inkrafttreten für die Schweiz am 1. Juli 1995; (Stand am 7. Dezember 2013).
Onlinedokument: *https://www.admin.ch/opc/de/classified-compilation/19940094/201312070000/0.632.20.pdf* (28.06.2016).

1130 Vgl.: In der Rechtswissenschaft wird „de lege ferenda“ wie folgt definiert: „De lege ferenda – nach dem noch zu erlassenden Recht – bezeichnet eine Rechtssituation, die derzeit (noch) nicht gilt, sondern erst unter einem noch zu erlassenden (geplanten oder auch nur erwünschten) Gesetz gelten wird. Oftmals wird als de lege ferenda auch eine solche Rechtssituation bezeichnet, die in der Rechtsdiskussion im Gegensatz zu der als unbefriedigend wahrgenommenen derzeitigen Situation als erwünscht gekennzeichnet werden soll.“
Onlineportal: Proverbia Iuris, *http://www.proverbia-iuris.de/de-lege-ferenda/* (28.06.2016).

7.1 Die Grundprinzipien der „World Trade Organization" und ihre Rechtsqualität

Die WTO wurde 1995 in Genf als Nachfolgerin des sogenannten GATT-Abkommens gegründet.[1131] Von 1947 bis zur Gründung der WTO war das GATT-Abkommen über 48 Jahre das Regulativ des internationalen Freihandels. Das Grundprinzip des GATT, ist der substantielle Abbau der Zölle und anderer Handelsschranken sowie die Absicherung und Gestaltung freier, ungehinderter internationaler Handelsströme. Neben den Normen für den Handel mit Waren (GATT) sind in der WTO vor allem das Dienstleistungsrecht (GATS)[1132], in Teilen das Recht des Geistigen Eigentums (TRIPS)[1133] und das Beihilfenrecht sowie als sog. plurilaterales Abkommen, das Vergaberecht (GPA) zusammengefasst.[1134] Das übergeordnete Ziel der WTO wurde in der Präambel verankert.

„Die Vertragsparteien dieses Abkommens –
in der Erkenntnis, dass ihre Handels- und Wirtschaftsbeziehungen auf die Erhöhung des Lebensstandards, auf die Verwirklichung der Vollbeschäftigung, auf einen ständigen Zuwachs des Realeinkommens und der effektiven Nachfrage auf hohem Niveau sowie auf die Steigerung der Produktion und des Handels mit Waren und Dienstleistungen gerichtet sein sollen, wobei gleichzeitig die optimale Erschliessung der Ressourcen der Welt im Einklang mit dem Ziel einer nachhaltigen Entwicklung möglich sein soll, im Hinblick auf den Schutz und die Erhaltung der Umwelt und auf den verstärkten Einsatz von Mitteln, die mit den ihrem jeweiligen wirtschaftlichen Entwicklungsstand entsprechenden Bedürfnissen und Bestrebungen vereinbar sind;…"[1135]

1131 Vgl.: Onlineportal: BMWI, *http://www.bmwi.de/DE/Themen/Aussenwirtschaft/Handelspolitik/wto.html* (28.06.2016).

1132 Vgl.: Onlineportal: BMZ, Das allgemeine Übereinkommen über den Handel und Dienstleitungen, *https://www.bmz.de/de/themen/welthandel/welthandelssystem/GATS.html* (29.06.2016).

1133 Vgl.: Onlineportal: BMZ, Das Abkommen zum Schutz des geistigen Eigentums, *https://www.bmz.de/de/themen/welthandel/welthandelssystem/TRIPS.html* (29.06.2016).

1134 Vgl.: Ebd.

1135 Vgl.: Präambel in: WTO, Abkommen zur Errichtung der Welthandelsorganisation, Abgeschlossen in Marrakesch am 15. April 1994, (Stand am 7. Dezember 2013), S. 1.

Das Ziel der WTO ist die größtmögliche Transparenz der Wirtschaftspolitik unter den Mitgliedern zu realisieren. Explizit wird auf die besondere Interessenlage von ärmeren und den ärmsten Mitgliedern Rücksicht genommen.

„…in der Erkenntnis, dass es positiver Bemühungen bedarf, damit die Entwicklungsländer, insbesondere die am wenigsten entwickelten unter ihnen, einen Anteil am Wachstum des internationalen Handels erreichen, der den Erfordernissen ihrer wirtschaftlichen Entwicklung entspricht;…“[1136]

Die WTO stellt eine eigenständige Rechtspersönlichkeit dar.[1137] Ihr Wirkungsbereich erstreckt sich über die Installation eines Forums für Debatten, jedoch im Fokus steht der Abbau von Handelshemmnissen.[1138]

Art. II Wirkungsbereich der WTO

„1. Die WTO bildet den gemeinsamen institutionellen Rahmen für die Regelung der Handelsbeziehungen zwischen ihren Mitgliedern in Fragen im Zusammenhang mit den Übereinkünften und den dazugehörigen Rechtsinstrumenten, die diesem Abkommen als Anhänge beigefügt sind.“

Die im Anhang des Abkommens Beigefügten multilateralen Handelsübereinkünfte sind ein Bestandteil des WTO-Abkommens und für alle Mitglieder verbindlich. [1139] Dies setzt jedoch die Ratifizierung der Übereinkünfte voraus. Für die Mitglieder des WTO, die diese Übereinkünfte nicht ratifiziert haben, entstehen weder Rechte, noch Pflichten diesbezüglich.[1140] Die Aufgaben der WTO werden in Artikel III (Aufgaben der WTO) konkretisiert.[1141] Die Grundprinzipien der WTO beruhen unter

1136 Vgl.: Ebd.

1137 Vgl.: Artikel I (Errichtung der Organisation) WTO 2013:
„ Die Welthandelsorganisation (im folgenden «WTO» genannt) wird hiermit errichtet.“

1138 Vgl.: Artikel II ff. i. V. m. Artikel VIII ff. WTO 2013.

1139 Vgl.. Art. II Abs. 2 WTO 2013.

1140 Vgl.: Art. II Abs. 3 WTO 2013.

1141 Vgl.: Art. III Aufgaben der WTO:
1. Die WTO fördert die Umsetzung, die Verwaltung und das Funktionieren dieses Abkommens und der Multilateralen Handelsübereinkünfte sowie die Verwirklichung ihrer Ziele und dient auch als Rahmen für die Umsetzung, die Verwaltung und das Funktionieren der Plurilateralen Handelsübereinkünfte.

anderem auf den Normen des GATT-Abkommens. Die Mitglieder sind zur Einhaltung und Ausgestaltung der Handelspolitik verpflichtet.

„Die WTO folgt bei der Formulierung von Vereinbarungen den bereits im GATT etablierten Prinzipien, durch die Rahmenbedingungen für den internationalen Handel festgeschrieben werden. Diese Prinzipien sind gleichermaßen richtungsweisend für das Streitschlichtungsverfahren der WTO.“[1142]

Der WTO gehören aktuell 162 Länder an.[1143] Zu den Organen der WTO zählen, der Allgemeine Rat sowie weitere Räte und Ausschüsse, die Ministerkonferenz und außerdem das WTO Generalsekretariat.[1144] Die

---

2. Die WTO ist Forum für die zwischen ihren Mitgliedern geführten Verhandlungen über deren multilaterale Handelsbeziehungen in den Bereichen, die unter die diesem Abkommen als Anhänge beigefügten Übereinkünfte fallen. Die WTO kann ferner als Forum für andere zwischen den Mitgliedern geführte Verhandlungen über deren multilaterale Handelsbeziehungen und, je nach Beschluss der Ministerkonferenz, als Rahmen für die Umsetzung der Ergebnisse solcher Verhandlungen dienen.
3. Die WTO verwaltet die Vereinbarung über Regeln und Verfahren für die Streitbeilegung (im folgenden «Streitbeilegungsvereinbarung» oder «DSU» genannt), die diesem Abkommen als Anhang 2 beigefügt ist.
4. Die WTO verwaltet den Mechanismus zur Überprüfung der Handelspolitik (im folgenden «TPRM» genannt), der in Anhang 3 dieses Abkommens festgelegt ist.
5. Im Interesse einer kohärenteren Gestaltung der Weltwirtschaftspolitik arbeitet die WTO gegebenenfalls mit dem Internationalen Währungsfonds und der Internationalen Bank für Wiederaufbau und Entwicklung sowie deren Zweiganstalten zusammen.

1142 Vgl.: Koch, Martin in: Verselbständigungsprozesse internationaler Organisationen, VS Verlag Wiesbaden 2008, S. 192.
In dieser Untersuchung, das Kapitel: 6.7.1 Die Grundprinzipien des GATT und ihre Rechtsqualität.

1143 Vgl.: Onlineportal: BMWI:
„Als jüngstes Mitglied ist am 30. November 2015 Kasachstan beigetreten. Bei der 10. WTO-Ministerkonferenz (15. - 19.12.2015) in Nairobi/Kenia wurden die Beitritte von Afghanistan und Liberia beschlossen. Beide Länder haben nun 6 Monate Zeit, die Beitrittsvereinbarungen zu ratifizieren. 30 Tage nach Hinterlegung der Ratifizierungsanzeige bei der WTO tritt der Beitritt förmlich in Kraft. Weitere 20 Länder - darunter Serbien und Bosnien-Herzegowina - befinden sich im laufenden Beitrittsverfahren. Deutschland war 1995 ein Gründungsmitglied der WTO.“
http://www.bmwi.de/DE/Themen/Aussenwirtschaft/Handelspolitik/wto,did=615512.html?view=renderPrint (29.06.2016).

1144 Vgl.: Art. IV (Aufbau der WTO) 2013.

Ministerkonferenz ist das oberste Organ der WTO und besteht aus den Vertretern der Mitgliedsstaaten. Die Konferenz tagt mindestens alle zwei Jahre und ist für die Funktionsfähigkeit der WTO verantwortlich. Die Beschlüsse der Ministerkonferenz werden grundsätzlich im Konsensprinzip getroffen. Jedes der WTO Mitgliedsstaaten hat eine Stimme.[1145] Der Generalrat besteht aus Vertretern der Mitglieder und tritt bei Bedarf zusammen.[1146] Dieser übernimmt zwischen den Ministerkonferenzen Aufgaben die aufgrund des Abkommens ihm übertragen wurden. Der Generalrat übernimmt die in der Streitbeilegungsvereinbarung verankerten Aufgaben des Streitbeilegungsorgans. Das Streitbeilegungsorgan wählt einen Vorsitzenden und erstellt eine Geschäftsordnung.[1147]

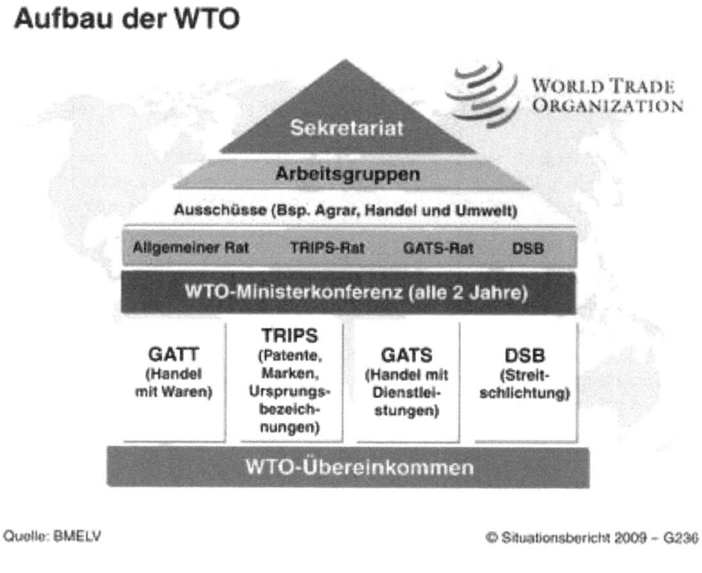

35. Abbildung: Aufbau der WTO[1148]

1145 Vgl.: Art. IV Abs. 1 (Aufbau der WTO) 2013.
1146 Vgl.: Art IV Abs. 2, 3 und 4 WTO 2013.
1147 Vgl.: Art. IV Abs. 3 WTO 2013.
1148 Vgl.: Onlineportal: I.M.A, http://www.agrilexikon.de/index.php?id=welthandelsorganisation (30.06.2016).

Der Generalrat überprüft, die im TPRM[1149] konkretisierten Aufgaben der Handelspolitik. Diesem Generalrat unterstehen weitere Räte. Es wird ein Rat für den Warenverkehr, für den Dienstleistungshandel und ein Rat für handelsbezogene Aspekte (TRIPS)[1150] eingesetzt. Zu diesen Räten, werden seitens der Ministerkonferenz Ausschüsse eingesetzt.

„Die Ausschüsse nehmen die Ihnen aufgrund dieses Abkommens sowie der multilateralen Handelsübereinkünfte übertragenen Aufgaben sowie alle zusätzlichen Aufgaben, die ihnen der Generalrat überträgt, wahr."[1151]

Die in den Handelsübereinkünften vorgesehenen Organe nehmen die Aufgaben wahr, die ihnen aufgrund des materiellen Inhalts dieser Rahmenvereinbarungen übertragen wurde und arbeiten im institutionellen Setting der WTO.[1152] Diese Organe unterstehen dem Generalrat. Der

1149 Vgl.: Onlineportal: WTO in:
„The Trade Policy Review Mechanism (TPRM)
The Trade Policy Review Mechanism (TPRM) was introduced into GATT in 1989 following the Mid-Term Review of the Uruguay Round. The mechanism was confirmed as an integral part of the WTO in Annex 3 of the Marrakesh Agreement establishing the World Trade Organization. Before 1995, trade policy reviews were restricted to trade in goods. In conformity with WTO rules, since 1 January 1995 reviews have also covered new areas like trade in services and intellectual property rights.
The purpose of the TPRM is to "contribute to improved adherence by all Members to rules, disciplines and commitments made under the Multilateral Trade Agreements and, where applicable, the Plurilateral Trade Agreements, and hence to the smoother functioning of the multilateral trading system, by achieving greater transparency in, and understanding of, the trade policies and practices of Members".
The frequency of reviews of a Member is related to its weight in the multilateral trading system, as defined by the Member's share of world trade in goods and services. On this basis, Members are reviewed under one of three different cycles: every two years for the four largest trading entities, counting the European Union as one; every four years for the next sixteen countries; and every six years for other Members, with provision for a longer interval for least-developed countries."
https://www.wto.org/english/tratop_e/tpr_e/tprm_e.htm (30.06.2016)

1150 Vgl.: Onlineportal: WTO in: "URUGUAY ROUND AGREEMENT TRIPS (Trade-Related Aspects of Intellectual Property Rights) The TRIPS Agreement is Annex 1C of the Marrakesh Agreement Establishing the World Trade Organization, signed in Marrakesh, Morocco on 15 April 1994."
https://www.wto.org/english/docs_e/legal_e/27-trips_01_e.htm (30.06.2016).

1151 Vgl.: Art. IV Abs. 7 WTO 2013.

1152 Vgl.: Art. IV Abs. 8 WTO 2013.

Generalrat ist berechtigt Kooperationen mit zwischenstaatlichen Organisationen oder Nichtregierungsorganisationen einzugehen, deren Aufgaben mit denen der WTO in Zusammenhang stehen.[1153] Die Ministerkonferenz ernennt einen Generaldirektor und legt dessen Befugnisse und Aufgaben fest.[1154] Dieser unterhält ein „Sekretariat" und bestimmt die Mitglieder des Sekretariatspersonals und legt deren Aufgaben und Dienstverhältnis im Einklang mit den Bestimmungen der Ministerkonferenz fest.[1155] Der Fokus ihrer Aufgaben sowohl des Generaldirektors und dessen Sekretariatspersonals, haben ausschließlich internationalen Charakter und dürfen bei der Erfüllung dieser Pflichten weder Weisungen einer Regierung oder einer anderen WTO-fremden Stelle, anfordern oder entgegennehmen. Dies bedeutet für das Sekretariat und deren Mitglieder, dass jegliches Handeln zu unterlassen ist, welches mit ihrer Stellung als internationale Bedienstete unvereinbar erscheint.[1156] Im Umkehrschluss bedeutet dies für alle WTO Mitglieder, dass diese den internationalen Charakter der Aufgaben des Generaldirektors und des Personals des Sekretariats respektieren und nicht versuchen, diese zu beeinflussen oder bei der Erfüllung ihrer Aufgaben zu behindern. Dieser Ansatz wird in Artikel VIII (Rechtsstellung der WTO) konkretisiert. Darin wird unter anderem der WTO eine eigenständige Rechtspersönlichkeit zuerkannt und zur Wahrnehmung ihrer Aufgaben die erforderliche Rechtsfähigkeit[1157] zugestanden.[1158] Der WTO werden

1153 Vgl.: Art. V (Beziehungen zu anderen Organisationen) ff. WTO 2013.

1154 Vgl.: Art. VI (Sekretariat) ff. WTO 2013.

1155 Vgl.: Ebd.

1156 Vgl.: Ebd. Abs. 4.

1157 Vgl.: Unter der Rechtsfähigkeit versteht man die Eigenschaft natürlicher und juristischer Personen, Träger von Rechten und Pflichten zu sein. *http://www.rechtslexikon.net/d/rechtsfaehigkeit/rechtsfaehigkeit.htm* (01.07.2016).

1158 Vgl.: Artikel VIII (Rechtsstellung der WTO)
„1. Die WTO besitzt Rechtspersönlichkeit und erhält von jedem ihrer Mitglieder die zur Wahrnehmung ihrer Aufgaben gegebenenfalls erforderliche Rechtsfähigkeit zuerkannt.
2. Der WTO werden von jedem ihrer Mitglieder die zur Wahrnehmung ihrer Aufgaben gegebenenfalls erforderlichen Vorrechte und Immunitäten eingeräumt.
3. Den Bediensteten der WTO und den Vertretern der Mitglieder werden von jedem der Mitglieder die zur unabhängigen Wahrnehmung ihrer Aufgaben im Zusammenhang mit der WTO erforderlichen Vorrechte und Immunitäten eingeräumt.
4. Die Vorrechte und Immunitäten, die ein Mitglied der WTO deren Bediensteten und den Vertretern ihrer Mitglieder einräumt, entsprechen den

von jedem ihrer Mitglieder die zu ihrer Wahrnehmung ihrer Aufgaben erforderlichen Rechte und Immunitäten eingeräumt. Diese Regelung impliziert auch die Bediensteten der WTO und die Vertreter der Mitgliedsstaaten.[1159] Die WTO behält die im Rahmen des GATT 1947 übliche Praxis des Konsensprinzips in ihrer Beschlussfassung bei.[1160] Es ist davon auszugehen, dass ein Beschluss dem durch das Konsensprinzip zugestimmt wurde, seine Gültigkeit beibehält, so lange nicht in der Sitzung, in dem der Beschluss ergeht, ein anwesendes Mitglied gegen den vorgeschlagenen Beschluss, förmlich Einspruch erhebt. Die WTO berücksichtigt bei ihrer Entscheidungsfindung explizit die Interessen von Entwicklungsländern.

„2. *Die am wenigsten entwickelten Länder, die von den Vereinten Nationen als solche anerkannt sind, brauchen Verpflichtungen nur insoweit einzugehen und Zugeständnisse nur insoweit einzuräumen, als diese mit den jeweiligen Erfordernissen ihrer Entwicklung, ihrer Finanzen und ihres Handels oder mit ihren verwaltungsmässigen und institutionellen Möglichkeiten vereinbar sind.*“[1161]

Das Ministerium für wirtschaftliche Zusammenarbeit und Entwicklung verweist darauf, dass keine einheitliche Definition für den Terminus „Entwicklungsland“ verwendet wird. Eine Mehrzahl solcher Staaten weist folgende Merkmale auf:[1162]

1. eine schlechte Versorgung großer Gruppen der Bevölkerung mit Nahrungsmitteln, dadurch Unterernährung und Hunger
2. ein niedriges Pro-Kopf-Einkommen
3. keine oder nur eine mangelhafte Gesundheitsversorgung, eine hohe Kindersterblichkeitsrate und eine geringe Lebenserwartung
4. mangelhafte Bildungsmöglichkeiten, eine hohe Analphabetenquote

Vorrechten und Immunitäten, die in dem von der Generalversammlung der Vereinten Nationen am 21. November 1947 genehmigten Abkommen über die Vorrechte und Immunitäten der Sonderorganisationen festgelegt sind.
5. Die WTO kann ein Sitzabkommen schliessen.“

1159 Vgl.: Art. VIII Abs. 2,3,4 WTO 2013.

1160 Vgl.: Art. IX (Beschlussfassung) Abs. 1 WTO 2013.

1161 Vgl.: Art. XI (Gründungsmitglieder) Abs. 2 WTO 2013.

1162 Vgl.: Onlineportal: BMZI, *https://www.bmz.de/de/service/glossar/E/entwicklungsland.html* (02.07.2016).

5. hohe Arbeitslosigkeit, ein insgesamt niedriger Lebensstandard, eine oft extrem ungleiche Verteilung der vorhandenen Güter

Die Ökonomie einiger Entwicklungsländer ist von einer Struktur geprägt, bei der traditionelle Produktionsweisen überwiegen. Diese findet man primär in der Agrarwirtschaft wieder. Der Agrarwirtschaft steht nur in einem geringen Ausmaß, ein entwickelter Industriesektor gegenüber. Solche Wirtschaftsstrukturen leiden oft unter Kapitalmangel und außenwirtschaftlichen Problemen, da viele Entwicklungsländer hoch verschuldet sind.[1163] Jeder Staat oder jedes Zollgebiet, das in der Wahrnehmung seiner Außenhandelsbeziehungen und der übrigen multilateralen Handelsübereinkünfte anfallenden Angelegenheiten, eine völlige Handlungsfreiheit besitzt, kann der WTO unter bestimmten Bedingungen beitreten.[1164] Im Umkehrschluss ist es jedem Staat freigestellt, von diesem Abkommen zurückzutreten.[1165] Der Rücktritt erfolgt nach Ablauf von sechs Monaten, nach Eingang des Kündigungsschreibens beim Generaldirektor der WTO.

7.1.1 Zwischenfazit

Im Vergleich zum GATT-Abkommen, welches wie bereits beschrieben dem Charakter eines Provisoriums entsprach, ist die WTO eine eigenständige Rechtspersönlichkeit. Diese beruht zwar zum überwiegenden Anteil aus den Handelsübereinkünften die bereits im Vorfeld abgeschlossen wurden, jedoch genießt die WTO bedingt durch ihre Normen weitreichende Befugnisse. Unter den 162 Mitgliedsstaaten befinden sich diesmal ebenfalls die USA und andere relevante Wirtschaftsmächte. Auf Basis der Rechtsqualität und ihrer Grundprinzipien eignet sich die WTO als Instrument, um grundlegende Menschenrechte in der Arbeitswelt zu implementieren. Inwieweit das bestehende Konstrukt unverändert übernommen werden kann, muss vorab geklärt werden. Aus diesem Grund wird sich das folgende Kapitel mit der Ziel- und Systemkonformität von wirtschaftspolitischen Maßnahmen beschäftigen.

1163 Vgl.: Christmann, Merle; Christmann, Jürgen in: Außenwirtschaft, Springer Fachmedien Wiesbaden 1994, S. 36.

1164 Vgl.: Artikel XII (Beitritt) Abs. 1 WTO 2013.

1165 Vgl.: Artikel XV (Rücktritt) Abs. 1 WTO 2013.

7.2 Interventionismen - Ziel- und Systemkonformität von wirtschaftspolitischen Maßnahmen

Die Implementierung von grundlegenden Menschenrechten in der Arbeitswelt resp. die Durchsetzung dieser im liberalen Wirtschaftsmarkt, setzt in der Regel einen staatlichen Interventionismus voraus.

„Im politischen und fachwissenschaftlichen Sprachgebrauch bezeichnet Staatsinterventionismus die Theorie oder Praxis selektiver oder gesellschaftsweit einheitlicher Eingriffe des Staates (oder einzelner mit Hoheitsgewalt betreuter Institutionen) in gesellschaftlicher und wirtschaftlicher Ordnungen und Abläufe, die mit Anspruch auf gesamtgesellschaftliche Verbindlichkeit erfolgen.“[1166]

Der Interventionismus muss bei seinen Interventionen in den Wirtschaftsmarkt, zwei grundlegende Aspekte zur Umsetzung wirtschaftspolitischer Maßnahmen beachten. Bei diesen Aspekten handelt es sich, erstens um die Zielkonformität und zweitens um die Systemkonformität der Maßnahme.[1167] Ein wirtschaftspolitisches Instrument ist zielkonform, wenn es zur Lösung eines wirtschaftspolitischen Sachverhaltes zweckmäßig erscheint.[1168] Blüthner sieht in der Fixierung auf eine zielkonform ausgerichtete Wirtschaftspolitik, die Gefahr eines punktuellen, zielfixierten Blickwinkels, der die wirtschaftspolitischen Realitäten außer Acht lässt.[1169]

„Da nun jedes Problem sich innerhalb eines wirtschaftspolitischen Systems stellt, bildet die Beschränkung auf die Zielkonformität eine sachlich nicht gerechtfertigte Einengung der Beurteilungsmöglichkeiten.“[1170]

1166 Vgl.: Nohlen, Dieter; Grotz, Florian (Hrsg.) in: Kleiner Lexikon der Politik, C. H. Beck Verlag München 2007, S. 541.

1167 Vgl.: Prof. Dr. Seraphim, H. J. (Hrsg.) in: Zur Grundlegung wirtschaftspolitischer Konzeptionen; Prof. Dr. Tuchtfeldt, E. in: Zur Frage der Systemkonformität wirtschaftspolitischer Maßnahmen, Verlag von Duncker & Humblot Berlin 1960, S. 203 ff.

1168 Vgl.: Mändle, Eduard in: Grundriß der Volkswirtschaftspolitik, expert Verlag Renningen, Band 19, 1993, S. 86.

1169 Vgl.: Blüthner, Andreas 2004, S. 377.

1170 Vgl.: Prof. Dr. Seraphim, H. J. (Hrsg.) in: Zur Grundlegung wirtschaftspolitischer Konzeptionen; Prof. Dr. Tuchfeldt, E. in: Zur Frage der Systemkonformität wirtschaftspolitischer Maßnahmen, Verlag von Duncker & Humblot

Beim Interventionismus ist nicht nur die Zielkonformität des Instruments relevant. Man muss diese Instrumente auf ihre Systemkonformität hin überprüfen. Systemkonformität bedeutet nichts anders, als das ein wirtschaftspolitisches Instrument, mit dem aktuellen wirtschaftspolitischen Gesamtsystem vereinbar sein muss. Ein anderes Wort für Systemkonform, wäre „Marktkonform“. Tuchtfeldt sieht bei der alleinigen Betrachtung der Systemkonformität eine dogmatische Blickverengung, die zu Fehlentwicklungen führen kann.[1171] Es wird daher davon ausgegangen, dass eine optimale Intervention in den Wirtschaftsmarkt, nur solche Maßnahmen beinhalten darf, die ziel- und systemkonform mit dem bestehenden gesamtwirtschaftlichen Markt sind. Für diese Untersuchung bedeutet das, dass bei der Implementierung der grundlegenden Menschenrechte in der Arbeitswelt im bestehenden WTO System, analysiert werden muss, welche Interventionen erfolgen dürfen, die diese zwei Kriterien erfüllen und die Grundsätze des Welthandelssystems nicht gefährden.

7.2.1 Die Zielkonformität von wirtschaftspolitischen Maßnahmen

Zur adäquaten Durchsetzung der grundlegenden Menschenrechte in der Arbeitswelt, benötigt man wirtschaftspolitische Maßnahmen, die zur Erreichung dieses Ziels, zielkonforme Aspekte implizieren.

„In enger Fassung deckt sich dieser Begriff mit dem der Effektivität. Eine Maßnahme ist zielkonform, wenn sie c. p. ihr Ziel tatsächlich erreichen kann. Zielkonformität ist gegeben, wenn der Einsatz eines Instrumentes eine Annäherung an den erwünschten Sollzustand bewirkt (Impulsrichtungs- oder Impulsstärkebindung). Eine Maßnahme ist beschäftigungskonform, wenn sie zur Erreichung des Zieles „Vollbeschäftigung“ geeignet ist. In einer weiten Fassung des Begriffes der Zielkonformität müssen nicht nur Haupt-, sondern auch Nebenwirkungen berücksichtigt werden. In einem solchen Fall liegt Zielkonformität vor, wenn die Nebenwirkungen noch als tolerabel angesehen werden.“[1172]

Berlin 1960, S. 207.

1171 Vgl.: Ebd.

1172 Vgl.: Lachmann, Werner (Hrsg.) in: Volkswirtschaftslehre 2 – Anwendungen, Springer Verlag Berlin/Heidelberg 2. Auflage 2004, S. 48.

Zielkonform sind wirtschaftspolitische Maßnahmen, wenn sie die Verwirklichung eines wirtschaftspolitischen Zieles fördern, sie müssen für die Zielerreichung aber nicht allein ursächlich sein.[1173] Das Kriterium der Zielkonformität lässt sich nicht nur zur Beantwortung volkswirtschaftlicher Fragestellungen nutzen, es ist auch als Instrument zur Bewertung sozialpolitischer Maßnahmen zu gebrauchen.[1174] Um die Zielkonformität einer Verknüpfung von Trade & Labour abschließend zu bejahen, müssen zuerst die Instrumente definiert werden, die bei der Durchsetzung einer Sozialklausel behilflich sein könnten. Ein adäquates Instrument, könnten Wirtschaftssanktionen sein. Die WTO sieht bei Verstößen gegen Handelsabkommen ohnehin wirtschaftspolitische Maßnahmen vor.[1175]

„Sanktionen (von lat.: sancire: gesetzlich bekräftigen) bezeichnen hoheitliche Maßnahmen, durch die der zwischenstaatliche Verkehr beeinträchtigt werden soll. Die Völkerrechtslehre versteht Sanktionen i. d. R. als strafende Sanktionen im Wirtschaftsverkehr, in der Soziologie sollen diese normkonformes Verhalten befördern bzw. Abweichungen (durch Abschreckung) unterbinden, sodass auch positive Sanktionen (als Belohnungen) möglich werden. S. unterscheiden sich von Embargos, d.h. umfassenden Einschränkungen des Außenwirtschaftsverkehrs zum Zwecke der Verhaltensänderung anderer Staaten, und Boykotten, freiwilligen Konsumeinschränkungen privater Personen um staatliches oder unternehmerisches Verhalten zu beeinflussen.“[1176]

Das Ziel einer Wirtschaftssanktion ist die Durchsetzung grundlegender Menschenrechte in der Arbeitswelt. In dieser Untersuchung sind dies die vier Verfassungsprinzipien der ILO.[1177]

1173 Blüthner, Andreas 2004, S. 378.

1174 Vgl.: Winterstein, Helmut in: Sozialpolitik mit anderen Vorzeichen, Heft 22, Duncker & Hunblot Berlin 1969, S. 213.

1175 Vgl.: *„Polen will gegen das russische Einfuhrverbot für Lebensmittel Klage bei der Welthandelsorganisation WTO einreichen. Das kündigte Landwirtschaftsminister Marek Sawicki in Warschau an.“* Onlineportal: Welt, *http://www.welt.de/wirtschaft/article131024363/Polen-klagt-bei-WTO-gegen-Russlands-Einfuhrstopp.html* (09.07.2016).

1176 Vgl.: Onlinedokument: *http://www.uni-heidelberg.de/md/politik/harnisch/person/publikationen/sanktionen_sanktionspolitik_harnischfriedrichs_-_final.pdf* (09.07.2016), S. 1.

1177 Vgl.: ERKLÄRUNG DER IAO ÜBER GRUNDLEGENDE PRINZIPIEN

„a) die Vereinigungsfreiheit und die effektive Anerkennung des Rechts zu Kollektivverhandlungen;
b) die Beseitigung aller Formen von Zwangs- oder Pflichtarbeit;
c) die effektive Abschaffung der Kinderarbeit;
d) die Beseitigung der Diskriminierung in Beschäftigung und Beruf.“

Die Durchsetzung und Einhaltung fundamentaler Arbeitnehmerrechte dient primär dem Schutz der individuellen Arbeitnehmerinnen und Arbeitnehmer. Die Überwachung der individuellen Arbeitnehmerrechte ist die Angelegenheit von Nationalstaaten und scheidet im Hinblick auf die Normsetzung internationaler Arbeitsstandards als legitimes wirtschaftspolitisches Ziel bei einer Verknüpfung zwischen Trade & Labour aus. Die Verhängung von Wirtschaftssanktionen gegenüber Nationen zur Durchsetzung außenpolitischer Ziele, ist so alt wie die Außenpolitik und der Außenhandel selbst.[1178]

„Eines der ersten uns bekannten Handelsembargos erließ der Stadtstaat Athen 445 vor Christus gegen die Nachbarstadt Megara wenige Jahre vor dem ausbrechen des Peloponnesischen Krieges. Die Stadt sollte das Bündnis mit den Gegnern Athens aufgeben, deshalb wurde den Athenern der Import von Waren aus Megara untersagt.“[1179]

In der Fachliteratur wird die Wirksamkeit von Sanktionen skeptisch beurteilt. Eine aussagekräftige empirische Untersuchung machten Hufbauer/Schott/Kimberley bereits im Jahr 1990.[1180] Die Autoren haben festgestellt, dass lediglich 33 % der verhängten Sanktionen einen „Modest policy change“ bewirkten.[1181]

UND RECHTE BEI DER ARBEIT UND IHRE FOLGEMASSNAHMEN; angenommen von der Internationalen Arbeitskonferenz auf ihrer 86. Tagung, Genf, 18. Juni 1998, S. 5.

1178 Vgl.: Ahlbrecht, Katrin; Bendiek, Annegret; Meyers, Reinhard; Wagner, Sabine in: Konfliktregelung und Friedenssicherung im internationalen System, VS Verlag für Sozialwissenschaften 1. Auflage Wiesbaden 2009, S. 143.

1179 Vgl.: Ebd.

1180 Vgl.: Hufbauer, Clyde Gary, Schott, J. Jeffrey; Kimberly, Ann Eliot in: Economic – Sanctions – Reconsidered, History and current policy, Second Edition, Institute for International Economics, Washington DC. 1190, S. 93.

1181 Vgl.: Ebd.

„Am ehesten noch können sie zum Erfolg der vorgeordneten Politik beitragen, wenn ihre Ziele bescheiden formuliert sind und der Sanktionsadressat tatsächlich verwundbar ist, ferner, wenn bei diesem ein gewisser Grad an Einsicht und Vernunft vorausgesetzt werden kann."[1182]

Sanktionen werden immer mal wieder bei Verstößen gegen die politischen Menschenrechte verhängt,[1183] die Menschenrechte in der Arbeitswelt spielten dabei eine untergeordnete Rolle. Der Erfolg von Wirtschaftssanktionen kann nicht abschließend bewertet werden. Es bedarf immer einer Einzelfallüberprüfung des Sachverhaltes. Sanktionen dürfen nur als „ultima ratio" Prinzip verstanden werden. Diese dürfen nur angewendet werden, wenn im Zielland alle Verhandlungsbemühungen gescheitert sind. Vorab müssen Kriterien zielkonformer Wirtschaftssanktionen festgelegt werden, um die Erfolgsaussichten zu steigern. William H. Kaempfer und Anton David Lowenberg identifizierten drei typische Anwendungsbereiche für Handelsmaßnahmen:[1184]

1. „Als Maßnahme eines Staates oder einer Gruppe von Staaten gegenüber einem Rechtsbrecher, dessen Politik die Sicherheit oder die wirtschaftliche Wohlfahrt der Sanktionsanwender und/oder ihrer Verbündeten (direkt) gefährdet.
2. Als Mittel zur Verwirklichung ethisch-moralischer oder weltanschaulicher ideologischer oder humanitärer Ziele

1182 Vgl.: Ahlbrecht, Katrin; Bendiek, Annegret; Meyers, Reinhard; Wagner, Sabine in: Konfliktregelung und Friedenssicherung im internationalen System, VS Verlag für Sozialwissenschaften 1. Auflage Wiesbaden 2009, S. 143.

1183 Vgl.: „Das Verhältnis zu den USA ist seit den 1990er Jahren wegen der politischen Ausrichtung und der Regierungsführung in Khartum sowie seit 2003 wegen des Darfur-Konflikts und der dort begangenen Menschenrechtsverletzungen belastet. Die USA haben Sudan mit Wirtschaftssanktionen belegt, gezielte Sanktionen gegen Verantwortliche des Darfur-Konflikts ausgesprochen und Sudan auf eine Liste von Staaten gesetzt, die als Sponsoren von internationalem Terrorismus gelten." Onlineportal: Auswärtiges Amt; *http://www.auswaertiges-amt.de/DE/Aussenpolitik/Laender/Laenderinfos/Sudan/Aussenpolitik_node.html* (10.07.2016).

1184 Vgl.: William H. Kaempfer, Anton David Lowenberg in: International economic sanctions: a public choice perspective, Westview 1992. Erschienen in: Ahlbrecht, Katrin; Bendiek, Annegret; Meyers, Reinhard; Wagner, Sabine in: Konfliktregelung und Friedenssicherung im internationalen System, VS Verlag für Sozialwissenschaften 1. Auflage Wiesbaden 2009, S. 144.

3. Als Routineinstrument der internationalen Wirtschaftsbeziehungen."

Der Erfolg von Wirtschaftssanktionen hängt signifikant davon ab, gegen welches Zielland sich diese richten. Erfolgsversprechend sind Sanktionen gegenüber politisch instabilen Ländern und/oder gegen ökonomisch eng verflochtene Handelspartner.[1185] Wenn es um die Durchsetzung von Menschenrechten in der Arbeitswelt geht, kann man der Wirtschaftssanktion einen so genannten „Beugecharakter" attestieren.

„Sanctions are not intended to be directly repressive or punitive as it is generally stated but rather 'coercive'. The reacting state are organization does not primarily wish to punish the state for a wrongful act already completed to coerce it into putting an end to the continuing situation resulting from this action."[1186]

Der Beugecharakter ist das entscheidende Kriterium bei der Verhängung von Sanktionen durch die Vereinten Nationen. Durch die Verhängung dieser soll das Zielland oder auch ein nichtstaatlicher Akteur unter ökonomischen Druck gesetzt werden, damit dieser seine Handlungsweise ändert, von denen eine Bedrohung des Sozialfriedens ausgehen kann. Je mehr Staaten sich an solch einer Handelsmaßnahme beteiligen, desto höher ist der Druck gegenüber dem Zielland.

„Danach liege die Chance von Sanktionen gerade darin, durch wirtschaftlichen und politischen Druck und die Schaffung gezielter Anreize die Regierung in dem sanktionierten Staat oder die sanktionierte Gruppierung zu kooperativen Verhalten, insbesondere zu Verhandlungen zu bewegen."[1187]

Bei der Bewertung der Zielkonformität von Wirtschaftssanktionen muss berücksichtigt werden, inwieweit sich die Sanktionswirkung auf

[1185] Vgl.: Hufbauer, Clyde Gary, Schott, J. Jeffrey; Kimberly, Ann Eliot in: Economic – Sanctions – Reconsidered, History and current policy, Second Edition, Institute for International Economics, Washington DC. 1190, S. 93.

[1186] Vgl.: Schotten Gregor in: Wirtschaftssanktionen der Vereinten Nationen im Umfeld bewaffneter Konflikte – Zur Bindung des Sicherheitsrates an individualschützende Normen, Berliner Wissenschaftsverlag GmbH 2007, S. 97.

[1187] Vgl.: Ebd. S. 98.

das für die Erreichung des Sanktionsziels erforderliche Maß begrenzen lässt.[1188] Eine unerwünschte Nebenwirkung der Handelsmaßnahme erzeugt weitere finanzielle Kosten und reduziert die Zielkonformität der wirtschaftspolitischen Maßnahme.

7.2.2 Zwischenfazit

Bei der Verhängung von Wirtschaftssanktionen gegenüber einem Zielland, auf der Grundlage zur Durchsetzung internationaler Arbeitsstandards, muss berücksichtigt werden, dass die gravierenden Arbeitsrechtsverletzungen nicht im regulären Arbeitsmarkt, sondern im informellen Arbeitsmarkt zu verzeichnen sind.

„*Weltweit arbeiten 1,8 Milliarden Menschen - mehr als die Hälfte der Erwerbstätigen - im informellen Sektor. Nur 1,2 Milliarden hingegen haben Arbeitsplätze mit einem formalen Vertrag und mit sozialer Absicherung.*“[1189]

Diese Arbeitnehmerinnen und Arbeitnehmer im informellen Sektor sind nicht durch ein adäquates Überwachungssystem geschützt. Die OECD Studie: „Is Informal Normal?“ vom Development Center in Paris, schreibt folgendes dazu:

“*Generally, informal workers earn less and their basic rights are more vulnerable and difficult to defend. Informality can be a major cause of poverty as most informal workers are insufficiently protected from illness or health problems, unsafe working conditions and possible loss of earnings due to sudden dismissal. This is particularly important for the poor, whose labour is their most significant asset. Persistently high levels of informal employment also reduce fiscal revenues and the state's ability to develop social security systems.*”[1190]

1188 Vgl.: Blüthner, Andreas 2004, S. 384.

1189 Vgl.: Onlineportal: OECD, *http://www.epo.de/index.php?option=com_content&view=article&id=4873:oecd-mehr-als-die-haelfte-der-erwerbstaetigen-weltweit-arbeitet-im-informellen-sektor&catid=46&Itemid=115* (12.07.2016).

1190 Vgl.: Onlinedokument: Is Informal Normal?, *https://www.oecd.org/dev/poverty/42528124.pdf* (12.07.2016).

Der überwiegende Anteil der produzierten Güter im informellen Sektor, ist nicht für den Export gedacht und wird auf dem nationalen Binnenmarkt vertrieben. Nur wenige Vorprodukte schaffen es in den Export. Handelssanktionen erreichen in der Regel nur die Produkte die auch exportiert werden. Jedoch herrscht auf dem weltweiten Verbrauchermarkt immer noch das Prinzip: „Angebot und Nachfrage".[1191] Windfuhr geht davon aus, dass Waren für den Export unter wesentlich besseren Arbeitsbedingungen hergestellt werden, als dies bei der Produktion für den Binnensektor der Fall ist.[1192] Dieser Ansicht kann nur bedingt zugestimmt werden. Einen großen Wirtschaftsmarkt im globalen Handel stellt die Textilindustrie dar. Die internationale „Kampagne für ‚Saubere' Kleidung" hat im Jahr 2007 zusammen mit vier Trägerorganisationen (Inkota, Terre des Femmes, ver.di und NETZ) eine Studie über die Arbeitsbedingungen in Fabriken erstellen lassen, die für die deutschen Discounter Lidl und KiK nähen.

„Die Ergebnisse zeigen ganz klar: Kleidung, die es bei Lidl oder KiK zu kaufen gibt, ist alles andere als sauber. Einziger Lichtblick: Kinderarbeit konnte den Fabriken nicht nachgewiesen werden. Doch gibt es bei keinem der sechs Zulieferern eine Gewerkschaft oder einen Betriebsrat. Die meisten Frauen machen täglich unfreiwillig Überstunden und arbeiten bis spät in die Nacht. Wer keine Überstunden leistet, fliegt raus. Die Lohnabrechnung ist bei allen sechs untersuchten Firmen nicht transparent, und es wird spät bezahlt. Wer krank, ist verliert seinen Job. Die Aufseher diskriminieren die Frauen, beschimpfen oder schlagen sie auch."[1193]

Dieses Beispiel verdeutlicht, wie diffizil es ist eine Handelssanktion zielkonform zu konzipieren. Wirtschaftssanktionen auf Basis arbeitsrechtlicher internationaler Standards müssen so konzipiert sein, dass diese ausschließlich Unternehmen treffen, die unter prekären Arbeitsbedingungen produzieren. Es muss ausgeschlossen werden, dass Produzenten betroffen sind, die unter international anerkannten Arbeitsbedingung

1191 Vgl.: Henderson D.; Hubert; Palyi, Melchor (Hrsg.) in: Angebot und Nachfrage, Springer Verlag Berlin/Heidelberg 1924, S. 16.

1192 Vgl.: Windfuhr, Michael in: Social Standards in World Trade Law, Economics Bände 55/56, Institute for Scientific Co-operation 1997 S. 113–131.

1193 Vgl.: Heidegger, Patrizia in: Am Ende der Produktionskette Textilarbeiterinnen in Bangladesch, *http://bangladesch.org/bangladesch/wirtschaft-und-armut/textilindustrie/textilarbeiterinnen-in-bangladesch.html* (12.07.2016).

Waren herstellen. Es besteht die Gefahr, dass eine Wirtschaftssanktion zur Durchsetzung von grundlegenden Menschenrechten in der Arbeitswelt, ihre eigentliche Destination verfehlt. Dieses verfehlen kann unerwünschte Nebenkosten generieren.

„Zukünftige Handelssanktionen zur Durchsetzung internationaler Arbeitsstandrads müssen sich daher daran messen lassen, ob sie sich auf die betreffenden Unternehmen bzw. den Sektor beschränken lassen, in dem tatsächlich gegen internationales Arbeitsrecht verstoßen wird.“[1194]

Ein ausschlaggebendes Argument für die Verhängung von Wirtschaftssanktionen ist die Minimierung unerwünschter Nebenkosten, explizit für die Zielkonformität bei der Durchsetzung von Menschenrechten in der Arbeitswelt gegenüber staatlichen Institutionen oder Unternehmen. Es ist daher irrelevant, ob ein Zielland sanktioniert wird, weil es unmittelbar aktiv bei der Verletzung von Menschenrechten agiert oder lediglich diese Verletzungen, der internationalen Standards toleriert.

„Jeder Bürger Chinas kann nach geltendem Recht der Volksrepublik ohne Anklage, ohne Verfahren, ohne Urteil und damit auch ohne Möglichkeit zur Berufung für drei Jahre zur „Umerziehung durch Arbeit“ zur Zwangsarbeit in einem Lager gezwungen werden. Dazu ist lediglich ein Beschluss der von der KP Chinas abhängigen Polizei notwendig. Die Begründungen für solche Entrechtungen sind auch heute noch von politischer Willkür bestimmt. Kritik an der Kommunistischen Partei, an der Korruption von Kadern, an der allumfassenden Zensur oder auch freie Meinungsäußerung, der Wunsch nach einer Arbeitnehmervertretung und Ähnliches reichen aus, um in ein Umerziehungslager eingewiesen zu werden.“[1195]

Bei der Zielkonformität muss vorab klar definiert werden, ob private oder staatliche Subjekte sanktioniert werden müssen. Um den legitimatorischen Diskurs im Zielland anzuregen, ist es eventuell Notwendig ganze Branchen zu sanktionieren, damit die entstandenen gesamtwirtschaftlichen Kosten, eine zeitlich nahe Verhaltensveränderung bewirken. Je umfangreicher die Wirtschaftssanktionen ausgestaltet werden,

1194 Vgl.: Blüthner, Andreas 2004, S. 384.

1195 Vgl.: Onlineportal: Internationale Gesellschaft für Menschenrechte (IGFM), *http://www.igfm.de/china/systematische-folter-in-china/* (12.07.2016).

desto höher ist der gesamtwirtschaftliche Schaden im Zielland. Dieses Vorgehen birgt die Gefahr, dass auch die unerwünschten Nebenkosten signifikant ansteigen könnten, diese wiederum minimieren die Zielkonformität der Handelsmaßnahme. Eine zielkonforme ausgestaltete Handelsmaßnahme muss im Anschluss auf ihre Systemkonformität hin überprüft werden.

7.3 Die Systemkonformität von wirtschaftspolitischen Maßnahmen

Eine wirtschaftspolitische Maßnahme muss nicht nur zielkonform ausgestaltet sein, um unerwünschte Nebenkosten zu minimieren, sie muss ebenfalls Anforderungen beinhalten, die sich aus dem Strukturprinzip der Welthandelsordnung für eine systemkonforme Rechtsgrundlage zur Implementierung von Menschenrechten in der Arbeitswelt ergeben. Diese Anforderungen müssen vorab definiert werden, da diese im Anschluss als Parameter dienen, um eine eventuelle Regelungstechnik für eine Verknüpfung von Trade & Labour auf ihre Systemkonformität im Kontext des Freihandels zu verifizieren.[1196] Die als zielkonform befundenen Instrumente werden im nächsten Schritt auf ihre Systemkonformität unter der Berücksichtigung verschiedener Prüfkriterien untersucht.[1197] Grundsätzlich muss eine wirtschaftspolitische Maßnahme mit den Strukturen des jeweiligen gesamtwirtschaftlichen Systems vereinbar sein. Eine Intervention in den Wirtschaftsmarkt, kann staatlich initiiert werden, aber auch durch multinationale Organisationen. Ein wirtschaftspolitischer Eingriff gilt als systemkonform, wenn dieser mit dem betroffenen wirtschaftspolitischen Gesamtsystem weitestgehend kompatibel ist.

„Unter ökonomischen Aspekten fragt die Systemkonformität - im Gegensatz zur Zielkonformität – die die instrumentelle Eignung der Subvention in den Vordergrund stellt – danach, wie sich Subventionen zur Funktions-

1196 Vgl.: Blüthner, Andreas 2004, S. 391.

1197 Vgl.: Rennings, Klaus; Brockmann, Karl Ludwig; Koschel, Henrike; Bergmann, Heidi; Kühn, Isabel in: Nachhaltigkeit, Ordnungspolitik und freiwillige Selbstverpflichtung, Physica Verlag Heidelberg 1997, S. 23.

fähigkeit eines Wirtschaftssystems verhalten: systemnotwenig, verbessernd, neutral, verschlechternd oder systemzerstörend."[1198]

An dieser Stelle muss auf die Problematik zur Definition der Konformitätskriterien hingewiesen werden. Es ist nicht möglich Instrumente a priori als systemkonform oder inkonform zu klassifizieren.[1199] Die Bewertung einer wirtschaftspolitischen Maßnahme im Kontext der Systemkonformität bezogen auf das gesamtwirtschaftliche System, kann nur realisiert werden, wenn man die notwenige Differenzierung zwischen formaler und materieller Systemkonformität vornimmt.[1200] Eine materielle Analyse einer wirtschaftspolitischen Maßnahme im Kontext der Systemkonformität, wäre zum Beispiel, die Bewertung einer finanziellen Subvention in einer Branche. Eine weitere Schwierigkeit bei der Beurteilung der Systemkonformität, stellt die Messbarkeit einer Handelsmaßnahme dar. Die Systemkonformität zielt damit letztendlich auf die überwiegend widerspruchsfreie wirtschaftspolitische intervenierende Handelsmaßnahme ab. In der Praxis existiert kein klares durchstrukturiertes gesamtwirtschaftliches System. Jedes nationale Wirtschaftssystem weist Züge des Liberalismus und/oder der sozialen Marktwirtschaft auf. Wirtschaftssysteme beinhalten ein Mischsystem und sind streng genommen niemals widerspruchsfrei. Die Realisierung eines vollkommenen Wirtschaftsmarkts, wird genauso utopisch bleiben, wie die Implementierung einer vollkommenen systemkonformen, intervenierenden Handelsmaßnahme.

„*Dies muss insbesondere für Wirtschaftsordnungen wie die WTO gelten, die in ihrer Entstehung nicht durch ein Lenkungsmechanismus koordiniert wurde, sondern als Koordinationsrecht aus notwendigen Kompromissen und dem zwischenstaatlichen Konsens geboren wurde.*"[1201]

Eine umfassende Bewertung anhand der Konformitätskriterien, muss das gesellschaftspolitische Gesamtsystem, als Bezugsgröße wählen. Diese Systemstrukturdaten sind so komplex und diffizil, dass diese sich als

---

1198 Vgl.: Ewringmann, Dieter; Hansmeyer, Karl Heinrich in: Zur Beurteilung von Subventionen, Forschungsbericht des Landes NRW, Nr. 2468, Westdeutscher Verlag 1975, S. 91.

1199 Vgl.: Ebd. S. 92.

1200 Vgl.: Ebd.

1201 Vgl.: Blüthner, Andreas 2004, S. 392.

Anwendung einer einheitlichen Analyse, weitestgehend entziehen.[1202] Wenn eine Sozialklausel auf ihre Systemkonformität im Hinblick auf die Strukturen des Freihandels überprüft wird, muss die effiziente Durchsetzung der grundlegenden Menschenrechte in der Arbeitswelt mit dem Konzept des Welthandelssystems synchronisiert werden. Aus diesem Grund muss eine Sozialklausel im Rahmen der WTO mit dem Grundkonsens des GATT-Abkommens vereinbar sein. Dies bedeutet, dass eine Regelung über Trade & Labour auf handelsbezogene Kriterien der grundlegenden Arbeitnehmerrechte reduziert werden muss.

„Insbesondere muss bei der Kodifikation einer WTO-Sozialklausel berücksichtigt werden, dass die WTO nicht zur Durchsetzung von Standards herangezogen werden darf, die nur geringen Bezug zum internationalen Handel aufweisen.“[1203]

Das Konsensprinzip des GATT beruht auf den Erhalt des Freihandels.[1204] Eine wirksame Rechtsdurchsetzung völkerrechtlicher Normen in Form einer Sozialklausel im Rahmen eines internationalen ökonomischen Abkommens, wäre unter den Aspekten der Systemkonformität, lediglich unter Androhung von Sanktionen zu implementieren, nicht zu empfehlen. Eine systemkonforme Implementierung einer Sozialklausel in der WTO muss so gestaltet sein, dass der materielle Inhalt nur marginale Nebenkosten verursacht. Die Implementierung von politischen Menschenrechten[1205] unter der Androhung von Handelsmaßnahmen alleine, würde keine signifikante Verbesserung für die betroffenen Individuen im Zielland verursachen. Eine Erweiterung des Themenbereiches der WTO ist nicht zu empfehlen, dies würde zu unnötigen Kontroversen und einer signifikanten Steigerung von wirtschaftspolitischen Maßnahmen führen, die wiederum einen systemzerstörenden Charakter generieren könnten. Folgt man dem Prinzip der Systemkonformität,

1202 Vgl.: Ewringmann, Dieter; Hansmeyer, Karl Heinrich in: Zur Beurteilung von Subventionen, Forschungsbericht des Landes NRW, Nr. 2468, Westdeutscher Verlag 1975, S. 92.

1203 Vgl.: Blüthner, Andreas 2004, S. 393.

1204 Vgl.: Artikel I (Ziele) Gesamte Rechtsvorschrift für GATT - Allgemeines Zoll- und Handelsabkommen, Fassung vom 03.11.2015.

1205 Vgl.: Onlineportal: Zeit: „Der UN-Sicherheitsrat hat weitere harte Sanktionen gegen das kommunistische Nordkorea beschlossen.“ *http://www.zeit.de/politik/2016-03/sanktionen-nord korea-un-sicherheitsrat-atomtest* (14.07.2016).

so ist es ratsam nur handelsbezogene Aspekte bei der Implementierung einer Sozialklausel in der WTO zu verwirklichen.

7.4 Die ziel- und systemkonformen Kriterien einer Sozialklausel in der WTO

Nach dem die Ziel- und Systemkonformität bei der Implementierung einer Sozialklausel in der WTO geklärt wurde, stellt sich nun die Frage: Welche Kriterien eine Sozialklausel bei einer Implementierung in der WTO erfüllen muss? Eine zielkonforme Sanktion zu verhängen kann unter Umständen sehr diffizil sein. Hierbei muss hinterfragt werden, ob eventuell auch Alternativen existieren, bevor eine Wirtschaftssanktion verhängt wird.

Der Grundkonsens im GATT-Abkommen besteht unter anderem aus dem Prinzip der Kostenwahrheit. Diese impliziert, dass keine versteckten Subventionen bei der Produktion einer Ware, die realen Kosten verschleiern dürfen. Der Aspekt der Korrelation unter den Nationen ist ebenfalls zu beachten. Das Leitbild der systemkonformen Sozialklausel, schreibt einen handelsbezogenen Aspekt vor.

Artikel III GATT (Begünstigungsverzeichnisse)

„*1. a) Jeder Vertragsstaat räumt den anderen Vertragsstaaten im Handelsverkehr eine nicht weniger günstige Behandlung ein als jene, die in dem entsprechenden Teile der dem vorliegenden Abkommen angeschlossenen diesbezüglichen Liste vorgesehen ist.*“[1206]

Durch die materielle Korrelation der Mitgliedsstaaten untereinander, würde das Prinzip der Kompensationsmaßnahmen, anstelle wirtschaftspolitischer Sanktionen, in den Vordergrund treten. Wenn die Einhaltung der grundlegenden Menschenrechte in der Arbeitswelt unter den Mitgliedsstaaten kodifiziert wird, würde durch die Missachtung dieser Vereinbarung, ein Mitglied durch die Kompensationszahlung an Dritte, ziel- und systemkonform bestraft. Durch diese finanziellen Einbußen wird das Prinzip der komparativen Kostenvorteile ge-

1206 Vgl.: Gesamte Rechtsvorschrift für GATT - Allgemeines Zoll- und Handelsabkommen, Fassung vom 03.11.2015.

stärkt. Wenn ein Staat weiterhin die grundlegenden Menschenrechte missachtet, muss dies zu schwerwiegenden Wirtschaftssanktionen führen. Selbstverständlich muss die wirtschaftliche Situation vereinzelter Mitgliedsstaaten systemisch betrachtet werden, bevor in den Freihandel interveniert wird. Das Prinzip der Kompensationszahlungen würde versteckte Subventionen neutralisieren und entspreche dem Grundkonsens der Kostenwahrheit im GATT-Abkommen. Das Prinzip der Kompensationszahlung entspricht dem Leitbild einer ziel- und systemkonformen Bestrafung und dem Grundkonsens des GATT-Abkommens, bezüglich der Korrelation und der Kostenwahrheit bei der Herstellung von Waren.[1207] Die Kompensationszahlung unterbindet nicht den Freihandel per se und fördert den konstruktiven Dialog. Eine Wirtschaftssanktion gegenüber einem Mitgliedsstaat der WTO, wegen Missachtung der grundlegenden Menschenrechte in der Arbeitswelt, darf nur als Ultima Ratio Ansatz verstanden werden. Folgt man dem Leitbild des freien Wettbewerbs, welches dem Prinzip der Transparenz und somit der absoluten Kostenwahrheit unterliegt, ist bei einer systemkonformen WTO Regelung über Trade & Labour eine marktnahe Lösung bei der Implementierung der grundlegenden Menschenrechte in der Arbeitswelt, vor einer staatlichen Intervention in den Freihandel, vorzuziehen. Als marktnahes Instrument zur Durchsetzung von Arbeitnehmerrechten sind unter anderem Zölle auf bestimmte Waren anzusehen. In der Praxis des Freihandels werden ebenfalls Kontingentbeschränkungen auf ausgesuchte Produkte verhängt.

„*Im Gegensatz zu den Zöllen, die über eine Verteuerung der eingeführten Waren den Absatz auf dem Inlandsmarkt mindern und damit die Einfuhrmenge indirekt einschränken, wird durch das Einfuhrkontingent die Einfuhrmenge indirekt eingeschränkt. Die für einen bestimmten Zeitraum zugelassenen Importe werden entweder in Mengeneinheiten (Stück, Gewicht usw.) festgelegt (=Mengenkontingent) oder in einem Gesamtwert (=Wertkontingent).*“[1208]

Folgt man dem Prinzip des Freihandels, sind Zölle gegenüber Kontingentbeschränkungen vorzuziehen und somit systemkonform. Eine

1207 Vgl.: Blüthner, Andreas 2004, S. 394.

1208 Vgl.: Otto, Gerhard C. in: Absatzwirtschaft im Industriebetrieb, Gabler Studientexte 2013, S. 95.

Kontingentbeschränkung bedeutet im Gegensatz zu den Zöllen einen systemfremden Eingriff in den marktwirtschaftlichen Ablauf, da sie den Wettbewerb zwischen inländischen und ausländischen Produzenten ausschließt.[1209] Zölle jedoch können durch eine Kostensenkung relativiert werden. Bei einer Kontingentbeschränkung bleibt die Importmenge stets identisch, unabhängig davon, inwieweit die inländische Produktion teurer und die ausländische Produktion billiger geworden ist, oder nicht. Die Preisbildung auf dem Wirtschaftsmarkt erfolgt bei einer Kontingentbeschränkung nicht nach dem Prinzip: „Angebot & Nachfrage“ und somit entspricht die Kontingentbeschränkung nicht dem Grundkonsens der WTO. Bevor in dem Wirtschaftsmarkt durch Handelsmaßnahmen interveniert wird, sind vorab Verhandlungsinstrumente außerhalb der WTO zu empfehlen. Dies hat einen deeskalierenden Charakter und beugt unverhältnismäßigen Gegenmaßnahmen vor. Bedingt durch den liberalen Grundkonsens in der WTO müssen die grundlegenden Menschenrechte in der Arbeitswelt marktkonform implementiert werden. Eine marktkonforme Sozialklausel müsste so konzipiert sein, dass diese weitestgehend resistent gegenüber protektionistischem Missbrauch ist.[1210]

„Wenn schon die unilateralen Sozialklauseln der USA keinem Protektionismus Vorschub leisten, dann ist die Gefahr im Falle einer Sozialklausel innerhalb eines multilateralen Forums wie der Welthandelsorganisation noch geringer einzuschätzen.“[1211]

Die Prinzipien des GATT-Abkommens haben in ihrer rechtlichen Ausgestaltung unter anderem die Nichtdiskriminierung und das Prinzip der Meistbegünstigung verankert. Dieser liberale Grundgedanke des WTO-Systems wäre potentiell gefährdet, wenn die Normierung einer Sozialklausel als Hintertür für neuen Protektionismus missbraucht werden kann. Es besteht immer die Gefahr den komparativen Kostenvorteil einiger Mitgliedsstaaten durch eine nicht Protektionismus feste Normierung zu minimieren. Explizit aus diesem Grund muss die ökono-

1209 Vgl.: Onlineportal: Wirtschaftslexikon, *http://wirtschaftslexikon.gabler.de/Archiv/4198/importkontingentierung-v9.html* (15.07.2016).

1210 Vgl.: Blüthner, Andreas 2004, S. 396.

1211 Vgl.: Bass, Hans H.; Melchers, Steffen (Hrsg.) in: Neue Instrumente zur sozialen und ökologischen Gestaltung der Globalisierung – Codes of Conduct, Sozialklauseln, nachhaltige Investmentfonds, S. 149.

mische Allgemeinsituation von Entwicklungs- und Schwellenländern besonders berücksichtigt werden. Insbesondere ist es im Interesse der Reziprozität ratsam, diesen Grundsatz nicht durch undifferenzierte Sozialklauseln zu zerstören.

„Selbst wenn eine Sozialklausel in ein multilaterales Handelsregime, wie etwa der WTO, integriert würde, so bleibt fraglich, ob die Verquickung mit Handelskonflikten der Durchsetzung von Arbeitnehmerrechten gut tun würde – gerade wenn das ungleiche Gewicht der Interessen und die Asymmetrien zwischen den Partner berücksichtigt werden.“[1212]

Damit die Gefahren des Missbrauchs reduziert werden, müssen Sozialklauseln, unabhängig ihrer Regelungstechnik, so definiert sein, dass keine unbestimmten Rechtsbegriffe verwendet werden.[1213]

„Unbestimmte Rechtsbegriffe finden Verwendung nicht nur auf der Tatbestandseite, sondern gleichermaßen auf der Rechtsfolgenseite einer Norm; unbestimmte Rechtsbegriffe machen keinen Unterschied zwischen konditional und final programmierten Normen; sie beschränken sich nicht auf normative Steuerung der Administrative, sondern treten in gleicher Häufigkeit bei der normativen Steuerung der Legislative, der Gubernative und der Judikative, ja selbst bei der normativen Steuerung des Privatrechtsverkehrs.“[1214]

Um protektionistische Missbrauchsgefahren entgegenzuwirken, müssen Schutzvorschriften so gestaltet sein, dass in ihrer Rechtsanwendung klar differenziert werden kann, zwischen Maßnahmen zum Schutz der Arbeitnehmerrechte einerseits und Maßnahmen zum Schutz der inländischen Wirtschaft andererseits.[1215]

1212 Vgl.: Dombois, Rainer in: Industrielle Beziehungen, Jg. 13, Heft Nr. 3, Zeitschrift für Arbeit, Organisation und Management, 2006, S. 251.

1213 Vgl.: Schoch, Frank in: Unbestimmte Rechtsbegriffe im Rahmen des GATT – eine Untersuchung anhand der Regelungen über Dumping und Subventionen, Peter Lang Verlag 1994, S. 60 ff.

1214 Vgl.: Burgi, Ehlers, Grzeszick, Gurlit, Jestaedt, Möstl, Papier, Pünder, Remmert, Ruffert, Scherzberg, Hans Uwe Erichsen und Dirk Ehlers (Hrsg.) in: Allgemeines Verwaltungsrecht, De Gruyter Recht, 13. Auflage Berlin 2005, S. 291.

1215 Vgl.: Blüthner, Andreas 2004, S. 396.

„In den vergangenen Jahren haben Klagen von Investoren gegen Staaten wegen deren regulatorischer Entscheidungen (Gesetzen, Verordnungen und darauf beruhenden Verwaltungsentscheidungen) stark zugenommen. Hintergrund ist die zunehmend extensive Auslegung unbestimmter Rechtsbegriffe (z. B. „investor", „investment", „ex propriation", „fair and equitable treatment") und die Etablierung eines „Klage-Business" internationaler Wirtschaftskanzleien."[1216]

Eine nicht präzise normierte Sozialklausel im WTO-System, droht ein Legitimations- und daraus resultierend ein Akzeptanzverlust unter den Mitgliedsstaaten. Die Sozialklausel im WTO-System muss daher in der Regelungstechnik weitestgehend ohne unbestimmte Rechtbegriffe auskommen. Nur dadurch kann sichergestellt werden, dass diese Normierung einer Sozialklausel, keine Gefahren des Protektionismus birgt. Zieht man bei dieser Betrachtung wiederum die Prinzipien des GATT-Abkommens heran, im Hinblick auf den Grundsatz der Meistbegünstigung[1217] und der Inländerbehandlung[1218], so stellt man fest, dass es zu einer Kollision zwischen den Normen der Meistbegünstigung, Inländerbehandlung und einer Sozialklausel kommen kann, wenn diese die Gefahr des Protektionismus nicht ausschließen kann. Das Prinzip der Meistbegünstigung verpflichtet, Handelsvorteile die einem Mitgliedsstaat eingeräumt wurden, ebenfalls den anderen Vertragsstaaten zu gewähren. Die Inländerbehandlung wiederum, beinhaltet die Gleichbehandlung von inländischen und ausländischen Waren auf dem Binnenmarkt. Diese Normen definieren die Nichtdiskriminierung von Waren. Eine Sozialklausel im Welthandelssystem, würde notgedrungen Waren aus Mitgliedsstaaten die gegen die grundlegenden Menschenrechte in der Arbeitswelt verstoßen, aufgrund ihrer Herkunft diskriminieren. Die grundlegenden Menschenrechte in der Arbeitswelt stehen dadurch in einem permanenten Konflikt mit den Grundprinzipien des Welthandelssystems. Resultierend aus diesem Konflikt, muss der Grundkonsens eines Diskriminierungsverbotes von Waren, bei der Implementierung einer Sozialklausel in der WTO berücksichtigt werden.

1216 Vgl.: TTIP-READER - Eine Sammlung von Texten und Positionen, 2. Auflage, Forum Umwelt und Entwicklung (Hrsg.), S. 20.

1217 Vgl.: Artikel I (Allgemeine Meistbegünstigungsbehandlung) i. V. m. Artikel III (Begünstigungsverzeichnis) GATT 2015.

1218 Vgl.: Artikel II, i. V. m. Artikel XI GATT 2015.

In der Rechtswissenschaft nennt man solche Beispiele: „Kollisionsnormen".

„Die Bezeichnung einer „Kollisionsnorm" verwenden wir mit dem herrschenden Sprachgebrauch nicht nur für solche Normen, die eine wirkliche Kollision, einen Konflikt zwischen mehreren in causa sich für anwendbar erklärenden Rechtsverordnungen voraussetzen."[1219]

Aus diesem Grund existiert in der Rechtswissenschaft die allgemeine Kollisionsregel.

Lex specialis derogat legi generali[1220]

„Dieser Grundsatz besagt, daß ein Spezialgesetz (lex specialis), also ein Gesetz, das einen Einzelfall bzw. einen Ausnahmefall regelt, einem allgemeinen Gesetz (lex generalis) in der Anwendung vorgeht. Das allgemein gehaltene Gesetz ist gegenüber dem Spezialgesetz subsidiär."

Lex posterior derogat legi priori [1221]

„Das jüngere Gesetz hebt das frühere Gesetz auf – beschreibt einen allgemeinen Rechtsgrundsatz.

Der Grundsatz des lex posterior besagt, dass eine spätere Rechtsnorm einer ältere Norm, die den gleichen Sachverhalt regelt, vorgeht, mithin also nur das neuere Gesetz, das lex posterior, anzuwenden ist.

Dieser Grundsatz gilt allerdings nur für Rechtsnormen derselben Rangordnung, also für zwei gesetzliche Vorschriften oder für zwei Verordnungen usw. Bei Vorschriften unterschiedlicher Rangordnung gilt stattdessen der Grundsatz des Lex superior derogat legi inferiori: Das ranghöhere Gesetz verdrängt das rangniedrigere.

Und der Grundsatz des lex posterior gilt auch nicht im Verhältnis zwischen allgemeinen (grundsätzlichen) Regelungen und Speziellen Regelungen für bestimmte Fälle. Hier gilt der Grundsatz des Lex specialis dero-

1219 Vgl.: Kropholler, Jan in: Internationales Privatrecht, 6. Auflage, Mohr Siebeck Tübingen 2006, S. 103.

1220 Vgl.: Onlineportal: Rechtslexikon, *http://www.rechtslexikon.net/d/lex-specialis-derogat-legi-generali/lex-specialis-derogat-legi-generali.htm* (17.07.2016).

1221 Vgl.: Onlineportal: Proverbia iuris, *http://www.proverbia-iuris.de/lex-posterior-derogat-legi-priori/* (17.06.2016).

gat legi generali: Das speziellere Gesetz verdrängt die allgemeinen Gesetze. Die Regel des Lex posterior ist auch eine anerkannte Regel des Völkerrechts.“

Lex superior derogat legi inferiori[1222]

„Das ranghöhere Gesetz verdrängt das rangniedere – ist eine Rechtsanwendungsregel und Auslegungsregel für Gesetze, nach der in der Normpyramide höherrangige Rechtsregeln die niederrangigen Rechtsregeln verdrängen. Der Grundsatz lex superior derogat legi inferiori findet sowohl innerhalb eines Rechtssystems wie auch zwischen mehreren Rechtssystemen Anwendung:

- *Eine gesetzliche Regel verdrängt eine entgegenstehende Rechtsverordnung oder gar die Satzungsregel einer öffentlich-rechtlichen (Gebiets-) Körperschaft oder Anstalt.*
- *Bundesrecht bricht Landesrecht.“*

Obwohl der Grundsatz: „Lex posterior derogat legi priori“[1223] im Völkerrecht angewendet wird, berücksichtigen alle drei Kollisionsregeln, nicht die individuellen ökonomischen länderspezifischen Voraussetzungen und würden das Spannungsverhältnis der grundlegenden Menschenrechte in der Arbeitswelt mit dem Grundkonsens des liberalen Handels und des Diskriminierungsverbotes, nur marginal entschärfen. Das Diskriminierungsverbot von Waren impliziert die Gleichbehandlung der Güter aus verschiedenen Staaten. Blüthner fordert eine Sozialklausel die sich in Art und Umfang an den arbeitsrechtlichen Verhältnissen der betroffenen Drittstaaten orientiert.[1224] Dies würde bedeuten, dass sich gegen gleichwertige Verstöße der Arbeitnehmerrechte, auch maximal im gleichen Umfang vorgegangen werden darf. Die Gleichbehandlung bezieht sich nicht nur auf die produzierten und importierten resp. exportierten Waren, die Gleichbehandlung erstreckt sich ebenfalls auf die Mitgliedsstaaten. Wenn gegen ein Mitgliedsstaat wegen einer Ver-

1222 Vgl.: Onlineportal: Proverbia iuris, *http://www.proverbia-iuris.de/lex-superior-derogat-legi-inferiori/* (17.06.2016).

1223 Vgl.: Wenzel, Axel in: Die Fortgeltung der Rechtsprechungsregeln zu den eigenkapital ersetzenden Gesellschafterdarlehen – Eine rechtsmethodische Untersuchung, LIT Band 1, S. 30.

1224 Vgl.: Blüthner, Andreas 2004, S. 398.

letzung der grundlegenden Menschenrechte in der Arbeitswelt vorgegangen wird, dann muss gegen alle anderen Vertragsstaaten ebenfalls vorgegangen werden, die im gleichen Umfang einen Verstoß begangen haben. Staaten dürfen keine handelspolitischen Maßnahmen gegenüber anderen Wirtschaftspartner ergreifen, wenn sie selbst die grundlegenden Menschenrechte in der Arbeitswelt nicht einhalten. Bevor Sanktionen gegenüber einem WTO-Mitglied verhängt werden, weil dieses gegen arbeitsrechtliche Normen verstoßen hat und sich dadurch gegenüber seinem Handelspartner wirtschaftliche Vorteile erhofft, muss überprüft werden, ob der „geschädigte Handelspartner" selbst, die arbeitsrechtlichen Normen einhält. Die Regelung einer Sozialklausel im WTO-System muss vorab sicherstellen, dass eine Implementierung der grundlegenden Menschenrechte in der Arbeitswelt durch eine handelspolitische Maßnahme, in der Relation zwischen Import- und Exportstaat frei von Diskriminierungen und Widersprüchen ist.[1225] Die Gleichbehandlung der Waren und Mitglieder in der WTO und der daraus resultierenden Vergleichbarkeit der Sachverhalte, hilft den Mitgliedern dabei protektionistische Maßnahmen zu vermeiden und vermag einer Sozialklausel im WTO-System ein gewisses Renommee zu verleihen. Die Gefahren, dass eine Sozialklausel protektionistischen Charakter aufweist, kann aber auch dann entstehen, wenn durch einen wirtschaftlich starken Partner und der damit verbundenen wechselseitigen Handelsbeziehungen, unilaterale wirtschaftspolitische Maßnahmen implementiert werden.

„Erst in einer als institutionalisierte Interdependenz zu bezeichnenden Interaktionsstruktur stoßen Eigenmächtigkeit und mangelnde Rücksichtnahme - sowohl bei der Formulierung wie auch bei der Durchsetzung außenpolitischer Ziele – auf Kritik oder verstärkten Widerstand davon betroffener Interaktionspartner. Es ist davon auszugehen, dass die Sensibilität gegenüber unilateralem Verhalten in dauerhaft multilateral geprägten Interaktionen größer ausfallen dürfte als in Beziehungen, in denen der Einfluss transnationaler Institutionen kaum oder schwach zu verzeichnen ist."[1226]

1225 Vgl.: Ebd.

1226 Vgl.: Knothe, Danko in: Macht und Möglichkeit – Eingebetteter Unilateralismus in der Handels- und Klimaschutzpolitik der USA, LIT Verlag Berlin 2007, S. 82.

Der Unilateralismus in ökonomischen Handelsbeziehungen, ist eine Form des Protektionismus. In dieser Untersuchung wird Unilateralismus folgendermaßen definiert: „Wenn ein Staat seine eigenen ökonomischen Interessen gegenüber einem Handelspartner mit wirtschaftspolitischen Maßnahmen versucht durchzusetzen." Eine wirtschaftspolitische Maßnahme enthält unilateralen Charakter, wenn diese von einem einzigen Staat festgelegt und durchgesetzt wird oder lediglich auf nationale Normen beruht.[1227] Dadurch würde der Grundkonsens der allgemeinen Gleichbehandlung missachtet. Denn nur unter den Mitgliedsstaaten anerkannte Normen und Standards erfüllen das Prinzip der allgemeinen Gleichbehandlung im WTO-System. Diese Normen und Standards wurden in der „Erklärung der IAO über grundlegende Prinzipien und Rechte bei der Arbeit und ihre Folgemaßnahmen" verankert.[1228] In dieser Erklärung wurden die universellen grundlegenden Menschenrechte in der Arbeitswelt normiert.[1229] Die vier Grundrechte in der Arbeitswelt entsprechen dem Charakter einer Mindestnorm und können in den nationalen Settings der Mitgliedsstaaten und ihren arbeitsrechtlichen Verhältnissen angepasst werden. Dies würde der Gefahr entgegenwirken, dass eine Sozialklausel unilateralen Charakter aufweist. Sollte es zu einer Verletzung der Sozialklausel durch einen Mitgliedsstaat kommen, so muss dieser Verstoß durch ein multilaterales Organ der WTO oder einem anderen Kooperationspartner bewertet werden. Die ILO hat in ihrer Verfassung unter Artikel 12 normiert, dass Kooperationen mit anderen Organisationen durchaus erwünscht sind.[1230] Aber auch die WTO

1227 Vgl.: Blüthner, Andreas 2004, S. 399.

1228 Vgl.: Angenommen von der Internationalen Arbeitskonferenz auf ihrer 86. Tagung, Genf, 18. Juni 1998.

1229 Vgl.: Ebd. S. 5.
„a) die Vereinigungsfreiheit und die effektive Anerkennung des Rechts zu Kollektivverhandlungen;
b) die Beseitigung aller Formen von Zwangs- oder Pflichtarbeit;
c) die effektive Abschaffung der Kinderarbeit;
d) die Beseitigung der Diskriminierung in Beschäftigung und Beruf."

1230 Vgl.: Artikel 12 ILO Verfassung, Internationales Arbeitsamt, Genf 08/2003.
„1. Die Internationale Arbeitsorganisation arbeitet im Rahmen dieser Verfassung mit allen allgemeinen internationalen Organisationen zusammen, die beauftragt sind, die Tätigkeit der mit Sonderaufgaben betrauten Organisationen des internationalen öffentlichen Rechts aufeinander abzustimmen, sowie mit den Organisationen des internationalen öffentlichen Rechts, die Sonderaufgaben auf verwandten Gebieten haben.
2. Die Internationale Arbeitsorganisation kann geeignete Vorkehrungen treffen, damit die Vertreter der Organisationen des internationalen öffentlichen

war so weitsichtig und hat in ihrer Gesetzgebung unter Artikel V folgendes verankert:

„Artikel V Beziehungen zu anderen Organisationen

1. Der Generalrat trifft geeignete Vereinbarungen im Hinblick auf eine wirksame Zusammenarbeit mit anderen zwischenstaatlichen Organisationen, deren Aufgaben mit denen der WTO in Zusammenhang stehen.
2. Der Generalrat kann geeignete Vereinbarungen im Hinblick auf Konsultationen und Zusammenarbeit mit den Nichtregierungsorganisationen treffen, die sich mit Angelegenheiten befassen, die mit denen der WTO in Zusammenhang stehen.“[1231]

Ein unabhängiges Überwachungsinstrument fördert den multilateralen Charakter und minimiert die Gefahr eines Missbrauchs der Sozialklausel. Jedoch sollte ein Verstoß immer transparent geahndet werden. Die Mitgliedsländer müssen dem zuständigen multilateralen Organ den Verstoß gegen die vier grundlegenden Menschenrechte rechtzeitig anzeigen, damit dieser Verstoß frühzeitig durch den Handelspartner beseitigt werden kann.

7.4.1 Zwischenfazit

Die Ziele der WTO sind laut ihrer Präambel die Etablierung und Aufrechterhaltung eines funktionsfähigen multilateralen Freihandelssystems. Zölle und andere Handelshemmnisse sollen sukzessive abgebaut werden. Das Ziel dieses Abbaus ist, ein allgemeines Diskriminierungsverbot in den internationalen Wirtschaftsbeziehungen zu implementieren. Die besonderen wirtschaftlichen Verhältnisse von Schwellen- und Entwicklungsländern werden dabei berücksichtigt. Der Grundkonsens in der WTO beinhaltet die vollständige Beseitigung aller staatlichen Be-

---

Rechts an ihren Beratungen ohne Stimmrecht teilnehmen.
3. Die Internationale Arbeitsorganisation kann geeignete Vorkehrungen treffen, um nach ihrem Ermessen anerkannte nichtstaatliche internationale Organisationen anzuhören, einschließlich der internationalen Verbände von Arbeitgebern, Arbeitnehmern, Landwirten und Genossenschaftern. „

1231 Vgl.: Abkommen zur Errichtung der Welthandelsorganisation, Abgeschlossen in Marrakesch am 15. April 1994, Stand: 7. Dezember 2013, S. 4.

schränkungen des internationalen Güterverkehrs. Dadurch soll der Lebensstandard der Bürgerinnen und Bürger aller Mitgliedsstaaten erhöht werden. Damit einher geht die Realisierung der Vollbeschäftigung in den Nationen. Dies soll erreicht werden, indem das Niveau des Realeinkommens permanent wächst. Eine stetige Nachfrage nach Gütern und die Steigerung der Produktion in Verbindung mit dem internationalen Warenverkehr, sollen diesen Prozess unterstützen.

Um diese ambitionierten Ziele zu erreichen, hat man sich auf den Grundsatz der Nichtdiskriminierung unter den Mitgliedsstaaten der WTO geeinigt. Das Prinzip der Meistbegünstigung sieht vor, dass sich ein Staat dazu verpflichtet, alle Handelsvorteile die dieser einem Handelspartner gewährt, auch allen anderen Mitgliedern der WTO offeriert. Die Inländerbehandlung setzt die Gleichbehandlung aller inländischen und ausländischen Waren auf dem Binnenmarkt voraus. Das Prinzip der Reziprozität verpflichtet die Nationen in der WTO untereinander die gewährten handelspolitischen Vergünstigungen einzufordern. Die internationale Handelspolitik unterliegt dem Prinzip der Kostenwahrheit. Versteckte Subventionen die ein Produkt attraktiver gestalten, sind nicht gestattet. Aus diesem Grundkonsens der WTO ergeben sich für eine ziel- und systemkonforme Implementierung einer Sozialklausel im bestehenden WTO-System, folgende Kriterien:

Zum einen muss bei der Implementierung darauf geachtet werden, dass bedingt durch die Strukturprinzipien im Freihandel, der Erhalt des liberalen Handels im Fokus steht. Eine Sozialklausel in diesem System, muss auf *handelsbezogene Aspekte* sich beschränken. Durch die materielle Korrelation unter den Mitgliedsstaaten, ist das Prinzip der *Kompensationszahlung*, wirtschaftspolitischer Sanktionen vorzuziehen. Wirtschaftssanktionen dürfen erst verhängt werden, wenn es zu wiederholten Verstößen durch einen Handelspartner kommt. Hierbei gilt das „*Ultima Ratio Prinzip*". Folgt man dem Leitbild des freien Wettbewerbs, welches dem Prinzip der Transparenz und somit der absoluten Kostenwahrheit unterliegt, ist bei einer systemkonformen WTO Regelung über Trade & Labour eine *marktnahe Lösung* bei der Implementierung einer Sozialklausel, vor einer staatlichen Intervention in den Freihandel einzuräumen. Als marktnahes Instrument sind unter anderem Zölle auf bestimmte Waren anzusehen. Des Weiteren sind *adäquate Verhandlungsinstrumente* außenhalb der WTO zu empfehlen, bevor in den Freihandel interveniert wird. Eine Regelung über Trade & Labour muss so konzipiert sein, dass diese weitestgehend *resistent gegen-*

über protektionistischen Missbrauch ist. Der liberale Grundgedanke des WTO-Systems wäre gefährdet, wenn die Normierung einer Sozialklausel als Hintertür für neuen Protektionismus missbraucht werden kann. Die Regelung über Trade & Labour muss vorab sicherstellen, dass eine Implementierung der grundlegenden Menschenrechte in der Arbeitswelt durch eine handelspolitische Maßnahme, in der Relation zwischen Import- und Exportstaat *frei von Diskriminierung und Widersprüchen* ist. Eine Sozialklausel muss *multilateralen Charakter aufweisen*. Unilateral definierte Normen und Standards würden auf eine breite Ablehnung unter den Mitgliedern stoßen. Weiterhin ist eine Kooperation mit einem unabhängigen multilateralen Organ zu empfehlen. Ein *unabhängiges Überwachungsinstrument* fördert den multilateralen Charakter und minimiert die Gefahr eines Missbrauchs der Sozialklausel.

8 Die Regelungstechnik einer Sozialklausel in der WTO

Für einen juristischen Anknüpfungspunkt zur Implementierung der grundlegenden Menschenrechte in der Arbeit sind im WTO-System diverse Normierungstechniken und unterschiedliche Verknüpfungen in der Gesetzgebung vorstellbar. Um die daraus resultierende Problematik einer Synchronisation der Arbeitnehmerrechte zu verdeutlichen, wird in dieser Untersuchung exemplarisch an diversen Beispielen die Normierungstechnik analysiert. Diese Analyse orientiert sich an den zuvor erarbeiteten Kriterien einer ziel- und systemkonformen Sozialklausel im bestehenden WTO-System.

Interessanterweise hat sich das internationale Handelsrecht in nahezu völliger Isolation, parallel zu den verschiedenen Erklärungen und Konventionen über grundlegenden Menschenrechte entwickelt.[1232] Bereits im Jahr 1948 (Havanna/Cuba) wurde eine Implementierung der Arbeitnehmerrechte im Welthandelssystem gefordert. Der Inhalt der Präambel der WTO sieht vor, dass das Ziel des WTO-Abkommens zwar die Verbesserung des Lebensstandards und die ständige Steigerung des Realeinkommens ist, jedoch wurden keine sozialen Mindeststandards in der Präambel verankert. Ein erster Ansatz zur Implementierung der vier grundlegenden Menschenrechte in der Arbeitswelt, könnte also die Präambel des WTO-Abkommens sein.[1233] Eine Präambel stellt eine Ein-

---

[1232] Vgl.: Simon, Sven in: Liberalisierung von Dienstleistungen der Daseinsvorsorge im WTO- und EU Recht, Mohr Siebeck Tübingen 2009, S. 143.

[1233] Vgl.: Präambel WTO:
„Die Vertragsparteien dieses Abkommens –
in der Erkenntnis, dass ihre Handels- und Wirtschaftsbeziehungen auf die Erhöhung des Lebensstandards, auf die Verwirklichung der Vollbeschäftigung, auf einen ständigen Zuwachs des Realeinkommens und der effektiven Nachfrage auf hohem Niveau sowie auf die Steigerung der Produktion und des Handels mit Waren und Dienstleistungen gerichtet sein sollen, wobei gleichzeitig die optimale Erschließung der Ressourcen der Welt im Einklang mit dem Ziel einer nachhaltigen Entwicklung möglich sein soll, im Hinblick auf den Schutz und die Erhaltung der Umwelt und auf den verstärkten Ein-

leitung zu Gesetzen oder völkerrechtlichen Abmachungen dar. Präambeln findet man häufig in Verträgen, in der die Absicht des Gesetzgebers und der Ausgangspunkt der vertragschließenden Parteien erörtert werden. Die Präambel hat grundsätzlich keine unmittelbare Rechtsverbindlichkeit, sie dient jedoch der Auslegung einer Verfassung, einer Norm oder eines Vertrages.[1234] Die vier grundlegenden Menschenrechte in der Arbeitswelt[1235], nachträglich in die Präambel der WTO zu implementieren, würde angesichts der Definition dieser, wenig Sinn ergeben. Da die Präambel die Zielrichtung beschreibt und den gemeinsamen Konsens erörtert, ist es unter Umständen ratsam, eine Ergänzung des Grundkonsens anzustreben, um die Bedeutung und den gemeinsamen Willen der Mitgliedsstaaten zu dokumentieren, dass die Förderung und der Erhalt des sozialen Friedens durch internationalen Handel angestrebt wird. Dieser Zusatz stellt keine unmittelbaren Bestimmungen auf, würde jedoch eine ziel- und systemkonforme Ergänzung der Präambel im WTO-System darstellen. Die vier grundlegenden Menschenrechte in der Arbeitswelt werden als soziale Mindeststandards definiert und sind dadurch nicht geeignet, ergänzend in die Präambel des WTO-Abkommens implementiert zu werden.

Ein anderer juristischer Anknüpfungspunkt im WTO-System zur Implementierung einer Sozialklausel, stellt Artikel III (Begünstigungsverzeichnis) GATT 2015 dar. Darin heiß es:

---

satz von Mitteln, die mit den ihrem jeweiligen wirtschaftlichen Entwicklungsstand entsprechenden Bedürfnissen und Bestrebungen vereinbar sind; in der Erkenntnis, dass es positiver Bemühungen bedarf, damit die Entwicklungsländer, insbesondere die am wenigsten entwickelten unter ihnen, einen Anteil am Wachstum des internationalen Handels erreichen, der den Erfordernissen ihrer wirtschaftlichen Entwicklung entspricht;
in dem Wunsch, zur Verwirklichung dieser Ziele durch den Abschluss von Vereinbarungen beizutragen, die auf der Grundlage der Gegenseitigkeit und zum gemeinsamen Nutzen auf einen wesentlichen Abbau der Zölle und anderer Handelsschranken sowie auf die Beseitigung der Diskriminierung in den internationalen Handelsbeziehungen abzielen; entschlossen, ein integriertes, funktionsfähigeres und dauerhafteres multilaterales Handelssystem zu schaffen, welches das Allgemeine Zoll- und Handelsabkommen, die Ergebnisse früherer Liberalisierungsbemühungen und alle Ergebnisse der Uruguay-Runde einschließt; entschlossen, die fundamentalen Grundsätze dieses multilateralen Handelssystems zu wahren und die Verwirklichung seiner Ziele zu fördern.“

1234 Vgl.: Onlineportal: Wirtschaftslexikon, *http://wirtschaftslexikon.gabler.de/Definition/praeambel.html* (Stand: 22.07.2016).

1235 Vgl.: ILO Erklärung 1998.

„2. Keine Bestimmung dieses Artikels hindert einen der Vertragsstaaten daran, auf die Einfuhr einer Ware
a) die einer inländischen Steuer entsprechende Belastung zu legen, die mit den Bestimmungen des Absatzes 2 des Artikels III vereinbar ist und bei ***gleichartigen heimischen Waren*** *oder Erzeugnissen Anwendung findet, aus denen die eingeführte Ware zur Gänze oder zum Teil hergestellt oder erzeugt wurden;"*

Dies bedeutet, dass importierte Waren auf dem Binnenmarkt nicht diskriminiert werden dürfen. Unter der Voraussetzung, dass es sich bei der importierten Ware, um gleichartige Produkte handelt.[1236] In den Vorschriften des GATT-Abkommens ist die Rede von der „Gleichartigkeit der Produkte" (like products). Die Konsequenzen aus dieser Regelung sind im internationalen Handel, weitreichend. Es müssen nicht alle Produkte, die auf den ersten Blick gleichartig sind, zwingend gleich behandelt werden. Sind alle produzierten Autos identisch, wenn diese unterschiedlichen Treibstoff benötigen? Mit solchen Frage hat sich unter anderem die „Working Party on Border Tax Adjustments beschäftigt.[1237] Das GATT-Abkommen hat den Terminus der „Gleichartigkeit" nicht definiert. Die Working Party on Border Tax hat diesbezüglich Kriterien aufgestellt, die zur Problemlösung beitragen sollen.

1236 Vgl.: Krajewski, Markus in: Wirtschaftsvölkerrecht, C. F: Müller Heidelberg 2012, 3 Auflage, S. 108.

1237 Vgl.: Report of the Working Party on Border Tax Adjustment adopted on 2. December 1970, L/3464, para. 18.
"1. The Working Party was established by the Council on 28 March 1968 with the following terms of reference:
"Acting under paragraph 1 of Article XXV and with a view to furthering the objectives of the General Agreement, and taking into account the discussions in the."
"1. To examine:
a) The provisions of the General Agreement relevant to border tax adjustments;
b) The practices of contracting parties in relation to such adjustments;
c) The possible effects of such adjustments on international trade."
"2. In the light of this examinations to consider any proposals and suggestions that may be put forward; and
"3. To report its findings and conclusions or, these matters to the Council or to the CONTRACTING PARTIES." *https://www.wto.org/gatt_docs/English/SULPDF/90840088.pdf* (Stand: 23.07.16).

„The Working Party concluded that problems arising from the interpretation of the term should be examined on a case by case basis. This would allow a fair assessment in each case of the different elements that constitute a "similar": the product`s end-uses in an given market; consumers tasted and habits, which change from country to country; the product`s properties nature and quality…."[1238]

Zusätzlich zu diesen Kriterien ist durch die Berichte von Panel und Appellate Body im Fall Japan – Alcoholic Bevareg[1239], die Zolldeklaration als Merkmal hinzugekommen. Diese zum Teil rechtlich unbestimmten Kriterien, tragen nur marginal zur Problemlösung bei. Bei der Bestimmung der Gleichartigkeit sind die Kriterien kumulativ zu überprüfen. Volmert ist der Ansicht, dass die Bejahung eines Merkmals nicht ausreicht, insgesamt kommt es auf den Einzelfall an und dessen konkrete Abwägung.[1240]

„Bedeutend für die Frage der Gleichartigkeit von Waren ist auch der Zusammenhang von Art. III Abs. 2 und 4 GATT zu dessen Abs. 1. Es stellt sich die Frage, ob Abs. 1 als übergeordnetes Prinzip die anderen Absätze beeinflusst, so dass die Intention des nationalen Gesetzgebers maßgeblich ist, oder ob die Absätze selbstständig nebeneinander stehen."[1241]

Des weiteren stellt sich die Frage, inwieweit bei der Bestimmung der Gleichartigkeit, die Arbeitsbedingungen im Hinblick einer Sozialklausel, Einfluss auf den Produktionsprozess einer Waren haben. Thiedemann ist der Meinung, dass äußere Umstände und Produktionsprozesse keinen Einfluss auf die physikalischen Eigenschaften oder den Endverbrauch der Waren haben.[1242] Der Art. III GATT spricht lediglich von Zöllen und Steuern auf Waren, diese werden nicht durch äuße-

1238 Vgl.: Berrisch in: Prieß/Berrisch, WTO Handbuch 2003, S. 85. Rn 33. Volmert, Barbara in: Border Tax Adjustments: Konfliktpotenzial zwischen Umweltschutz und Welthandelsrecht? Kassel University Press GmbH 2011, S. 49.

1239 Vgl.: Onlineportal: WTO, *https://www.wto.org/english/tratop_e/dispu_e/cases_e/1pagesum_e/ds10sum_e.pdf* (23.07.16).

1240 Vgl.: Volmert, Barbara 2011, S. 49.

1241 Vgl.: Thiedemann, Anke in: WTO und Umwelt – Die Auslegung des Art. XX GATT in der Praxis der GATT/WTO-Streitbeilegungsorgane, LIT Verlag Münster 2005, S. 6.

1242 Vgl.: Ebd. S. 7.

re Umstände beeinflusst. Herstellungsmethoden, wie zum Beispiel eine Fangtechnik die beim Fischen in der Nordsee angewendet wird, ändert nichts am Produkt. Ein Hering bleibt ein Hering, unabhängig der Fangtechnik oder den Arbeitsbedingungen. Unterschiedliche Produktionsabläufe oder Arbeitsbedingungen, rechtfertigen daher keine unterschiedliche Behandlung der Ware, solange diese Kriterien keine signifikanten Auswirkungen auf das Produkt haben. Bereits an dieser Stelle ist ersichtlich, dass die Ergänzung der Kriterien einer Gleichartigkeit, um die vier grundlegenden Menschenrechte in der Arbeitswelt, unter Art. III GATT, wenig praktikabel erscheint. Aber auch andere Kriterien der Ziel- und Systemkonformität werden nicht erfüllt. Eine wirtschaftspolitische Maßnahme bei der Verletzung einer Sozialklausel, die in Art. III implementiert wäre, würde unilateralen Charakter aufweisen, da diese durch einen einzigen Handelspartner verhängt worden wäre. Dies würde den multilateralen Charakter widersprechen, der in dieser Untersuchung als Kriterium einer ziel- und systemkonformen erarbeitet worden ist. Ein weiteres Kriterium beinhaltet, dass eine Implementierung einer Sozialklausel frei von Diskriminierung und Widersprüchen sein muss. Ergänzt man die Kriterien der Gleichartigkeit von Waren, um die vier grundlegenden Menschenrechte in der Arbeitswelt, würden diese der Intention des Art. III widersprechen und dadurch eher kontroversen auslösen. Es bleibt daher festzuhalten, dass eine Implementierung einer Sozialklausel, anknüpfend an Art. III GATT nicht zu empfehlen ist.

Die Normen des Artikel XX GATT werden in der Fachliteratur als ein geeigneter juristischer Kodifikationsort für die vier grundlegenden Menschenrechte in der Arbeitswelt angesehen.[1243]

Artikel XX (Allgemeine Ausnahmen)[1244]

„Unter dem Vorbehalt, dass derartige Maßnahmen nicht in einer Weise angewendet werden, die sich als eine willkürliche und ungerechtfertigte Dis-

---

1243 Vgl.: Blüthner, Andreas 2004, S. 405. Von Camphausen, Alexander 2005, S. 55. Sauter, Hermann in: Hamburger Jahrbuch für Wirtschafts- und Gesellschaftspolitik, Mohr Siebeck Tübingen 1995, Sozialklausel für den Handel – wirtschaftsethisch betrachtet, S. 227–246. Münch, Richard in: Das Regime des Freihandels – Entwicklung und Ungleichheit in der Weltgesellschaft, Campus Verlag Frankfurt/NY 2011, S. 63–75.

1244 Vgl.: Art. XX GATT 2015

kriminierung zwischen Ländern mit gleichartigen Verhältnissen oder eine verschleierte Beschränkung des internationalen Handels erweisen würde, soll keine Bestimmung dieses Abkommens so ausgelegt werden, als würde sie einen Vertragsstaat daran hindern, folgende Maßnahmen zu beschließen oder durchzuführen:
a) Maßnahmen zum Schutze der öffentlichen Sittlichkeit;
b) Maßnahmen zum Schutze des Lebens oder der Gesundheit von Menschen oder Tieren oder zum Pflanzenschutz;
c) Maßnahmen, betreffend die Ein- oder Ausfuhr von Gold oder Silber;
d) Maßnahmen, die zur Anwendung von Gesetzen oder Vorschriften erforderlich sind, welche nicht mit den Bestimmungen dieses Abkommens unvereinbar sind, einschließlich jener, die sich auf die Anwendung der Zollvorschriften sowie auf die Ausübung der gemäß Absatz 4 des Artikels II und Artikel XVII gehandhabten Monopole, den Schutz von Patenten, Handelsmarken und Urheberrechten sowie auf die Verhinderung irreführender Praktiken beziehen;
e) Maßnahmen, betreffend Produkte der Häftlingsarbeit;
f) Maßnahmen zum Schutze nationaler Schätze von künstlerischem, historischem oder archäologischem Wert (Denkmalschutz);
g) Maßnahmen zur Erhaltung erschöpflicher natürlicher Hilfsquellen, sofern solche Maßnahmen im Zusammenhang mit Beschränkungen der inländischen Produktion oder des inländischen Verbrauches Anwendung finden;
h) Maßnahmen zur Durchführung von Verpflichtungen im Rahmen eines zwischenstaatlichen Grundstoffabkommens, das bestimmten, den VERTRAGSPARTEIEN vorgelegten und von ihnen nicht abgelehnten Merkmalen entspricht oder das selbst den VERTRAGSPARTEIEN vorgelegt und von ihnen nicht abgelehnt wird;
i) Beschränkungen für die Ausfuhr inländischer Rohstoffe, die benötigt werden, um der inländischen verarbeitenden Industrie für eine Zeitdauer, in der der Inlandpreis solcher Rohstoffe im Rahmen eines staatlichen Stabilisationsplanes unter dem Weltmarktpreis gehalten wird, die erforderlichen Mengen an solchen Rohstoffen zu sichern, vorausgesetzt , daß derartige Beschränkungen nicht eine Exportsteigerung dieser Inlandindustrie oder eine Erhöhung des ihr gewährten Schutzes bewirken und daß sie nicht den Bestimmungen dieses Abkommens über die Nichtdiskriminierung zuwiderlaufen;
j) Maßnahmen, die für den Erwerb oder die Verteilung von Waren wesentlich sind, an denen ein allgemeiner oder örtlicher Mangel besteht; die-

se Maßnahmen müssen jedoch dem Grundsatz entsprechen, daß. allen Vertragsparteien ein angemessener Anteil an der internationalen Versorgung mit solchen Waren zusteht; sind diese Maßnahmen mit den anderen Bestimmungen dieses Abkommens nicht vereinbar, so müssen sie aufgehoben werden, sobald die Gründe für ihre Einführung nicht mehr bestehen. Die VERTRAGSPARTEIEN werden spätestens am 30. Juni 1960 prüfen, ob es notwendig ist, diese lit. beizubehalten.
Maßnahmen, die gemäß Teil II. dieses Artikels ergriffen oder aufrechterhalten werden und mit anderen Bestimmungen dieses Abkommens im Widerspruch stehen, sind zu beseitigen, sobald die sie rechtfertigenden Verhältnisse zu bestehen aufgehört haben, jedenfalls jedoch spätestens bis 1. Jänner 1951; es besteht jedoch Einverständnis, daß diese Zeitdauer mit Zustimmung der V e r t r a g s s t a a t e n hinsichtlich der Anwendung einer bestimmten Maßnahme auf eine bestimmte Ware durch einen bestimmten Vertragsstaat für weitere Zeitabschnitte, die von den Vertragsstaaten festgesetzt werden, verlängert werden kann."

Der Art. XX regelt die allgemeinen Ausnahmen und ist dadurch im Regelwerk des GATT-Abkommens, eine Sonderbestimmung. Beruft sich eine Partei auf Art. XX GATT, so obliegt es dieser die geforderten Umstände zu beweisen.

„*When an affirmative defence, such as Article XX, is invoked, the burden of proof shall rest on the party asserting it.*"[1245]

Wie bei der Überprüfung der Ausnahmetatbestände vorzugehen ist wurde im Report of the Panel on USA – Import Prohibition of Certain Shrimp an Shrimp Products erörtert.[1246] Die Prüfung beginnt mit den Ausnahmetatbeständen des Art. XX a) bis j).

„*Sind deren Tatbestände erfüllt, wird der "Chapeau" von Art. XX Abs. 1 angewendet, bei dem zu prüfen ist, ob die Maßnahmen:*

1245 Vgl.: Report of the Panel on United States - Import Prohibition of Certain Shrimp and Shrimp Products vom 15. Mai 1998 WT/DS58/R Abgedruckt in 37 I.L.M. 834 (1998) para 7.30; *https://www.wto.org/english/tratop_e/dispu_e/cases_e/ds58_e.htm* (25.07.2016).

1246 Vgl.: Ebd. Rn. 125 ff.; *https://www.wto.org/english/tratop_e/dispu_e/58abr.pdf* (25.07.2016)

1. zu einer ungerechtfertigten Diskriminierung zwischen Ländern, in denen gleiche Verhältnisse bestehen, führen oder, ob sie
2. zu einer verschleierten Beschränkung des internationalen Handels führen."[1247]

Wurden die Voraussetzungen der Ausnahmetatbestände erfüllt, so sind die daraus resultierenden Maßnahmen gerechtfertigt, auch wenn diese inkonsistent gegenüber anderen Artikeln des GATT-Abkommens sein sollten.[1248] Es stellt sich hierbei die Frage, inwieweit ergriffene Maßnahmen gemäß Artikel XX GATT sich auch auf den Herstellungsprozess und damit verbunden auf die Arbeitsbedingungen und nicht nur auf das Produkt alleine, beziehen dürfen? Unter Artikel III GATT wurde diese Frage verneint, da dies weder ziel- noch systemkonform erscheint. Perkins jedoch bejaht unter Artikel XX GATT die Ausweitung der Maßnahmen gegenüber Vertragspartnern, auch auf Arbeitsbedingungen und nicht nur auf den Herstellungsprozess einer Ware.[1249] Dadurch würde ein Kodifikationsort zum Schutz von Arbeitnehmerrechten geschaffen. Bereits die aktuellen Ausnahmeverschriften sind überwiegend auf den Schutz nicht-ökonomischer Rechtsgüter ausgerichtet.[1250] Aus diesen Gründen ist es nur naheliegend zu validieren, inwiefern sich die vier grundlegenden Menschenrechte in der Arbeitswelt in die Ausnahme- und Schutzbestimmungen des Artikel XX GATT ziel- und systemkonform implementieren lassen. Zumindest in der Präambel des Art. XX GATT ist klar die Zielrichtung der Norm definiert. Die ergriffenen Maßnahmen dürfen nicht willkürlich und diskriminierend gegenüber Partnern mit gleichartigen Verhältnissen sein und keine verschleierten Handelsbeschränkungen enthalten.[1251] Die Normierung erfolgt unter den Absätzen a) bis j).

Artikel XX GATT Abs. a)

„Maßnahmen zu Schutz der öffentlichen Sittlichkeit."

1247 Vgl.: von Camphausen, Alexander 2005, S. 55.
1248 Vgl.: Ebd.
1249 Vgl.: Perkins, Nancey P.; World Trade Organization: United States - Import Prohinition of Certain Shrimp and Shrimp Products, Introductory note; International Legal Materials;1999; Vol. 38 Nr. 1; 118–120.
1250 Vgl.: Blüthner, Andreas 2004, S. 403.
1251 Vgl.: Schwartmann, Rolf 2005, S. 175.

Für die Problematik bei einer Verknüpfung zwischen Trade & Labour ist eine Lösung unter Art. XX GATT Abs. a) zumindest vorstellbar. Die Interpretation des Absatzes a) könnte dahingehend ausgelegt werden, dass man aus dem Inhalt des Absatzes eine Moralklausel ableitet. Die Definition der „Sittlichkeit" wird in der Philosophie folgendermaßen dargelegt:

„*Einerseits die Fähigkeit des Menschen, sein Handeln an einer sozialen Verbindlichkeit auszurichten, andererseits auch das in die gesellschaftlichen Institutionen eingearbeitete Normengefüge, insoweit es diese soziale Verbindlichkeit unterstützt.*"[1252]

In der Rechtswissenschaft existiert die „ordre public" (Vorbehaltsklausel). Dieser Terminus stammt aus dem französischen und bedeutet: „öffentliche Ordnung". Nach diesem Grundsatz ist im internationalen Privatrecht eine Rechtsnorm eines anderen Staates dann nicht anzuwenden, wenn ihre Anwendung zu einem Ergebnis führt, das mit wesentlichen Grundsätzen des heimischen Rechts offensichtlich unvereinbar ist. Dabei muss allerdings beachtet werden, dass die ordre-public-Regelung lediglich der Ergebniskorrektur dient und nicht der Normkorrektur.[1253] Aus juristischer Perspektive erscheint es praktikabel, den unbestimmten Rechtsbegriff „öffentliche Sittlichkeit" interpretativ, durch eine Konsensentscheidung seitens des zuständigen WTO-Organs und deren Vertreterinnen und Vertreter, so zu ergänzen, dass dieser die vier grundlegenden Menschenrechte in der Arbeitswelt umfasst.[1254]

1252 Vgl.: Onlineportal: Philosophielexikon, *http://www.philosophie-woerterbuch.de/online-woerterbuch/?tx_gbwbphilosophie_main%5Bentry%5D=825&tx_gbwbphilosophie_main%5Baction%5D=show&tx_gbwbphilosophie_main%5Bcontroller%5D=Lexicon&cHash=65274ca6a875c164e430a101fb71d0ef* (26.07.2016). Mehr zu diesem Thema: Wang, Zhi- Hue in: Freiheit und Sittlichkeit, Königshausen & Neumann Würzburg 2004, S. 19 ff.

1253 Vgl.: Völker, Christian in: Zur Dogmatik des ordre public – Die Vorbehaltsklauseln bei der Anerkennung fremder gerichtlicher Entscheidungen und ihr Verhältnis zum ordre public des Kollisionsrechts, Duncker & Humblot Berlin 1998, S. 29 ff.
Onlineportal: Wirtschaftslexikon:
„Bezeichnung für den Vorbehalt zugunsten der inländischen öffentlichen Ordnung. Die Anwendung ausländischen Rechts ist ausgeschlossen, wenn es gegen die wesentlichen Grundsätze dt. Rechts verstößt (Art. 6 EGBGB)." *http://wirtschaftslexikon.gabler.de/Definition/ordre-public.html* (26.07.2016).

1254 Vgl.: Blüthner, Andreas 2004, S. 407.

„Unter den verschiedenen Ausnahmen gewann jene des Artikels XXa. GATT betreffend „Maßnahmen zum Schutz der öffentlichen Sittlichkeit insbesondere nach China - Publications and Audivisual Products an Bedeutung und kam in einer Reihe von Fällen zur Anwendung.“[1255]

Eine Maßnahme gemäß Artikel XX Abs. b) GATT muss zum Schutz des Lebens und der Gesundheit von Mensch, Tier und Pflanzen sein.

„b) Maßnahmen zum Schutze des Lebens oder der Gesundheit von Menschen oder Tieren oder zum Pflanzenschutz;“[1256]

Da es sich hierbei um eine nationale Maßnahme handelt, muss vorab sichergestellt werden, ob eine Notwendigkeit besteht.

„Dies setzt voraus, daß die betreffende Maßnahme tatsächlich auf den Schutz eines der Art. XX lit. b GATT genannten Rechtsgüter zielt. Dazu ist erforderlich, daß eine objektive Gefährdungslage für eines der Schutzgüter besteht.“[1257]

Eine reale Anwendung des Art. XX b) GATT zum Schutz des Menschen, wurde in der Entscheidung: „European Communities — Measures Affecting Asbestos and Products Containing Asbestos“ getroffen.[1258] In der erstinstanzlichen Entscheidung war eines der tragenden Argumente des Panels, dass eine sichere Nutzung von Asbest nicht möglich sei und unter anderem aus Gründen des Arbeitsschutzes, ein generelles Verbot der Nutzung ausgesprochen wurde.[1259] Artikel XX Abs. b) geht zwar auf den Schutz von Menschen ein, dieser bezieht sich jedoch nicht auf die

---

1255 Vgl.: DISPUTE SETTLEMENT: DISPUTE DS363
China — Measures Affecting Trading Rights and Distribution Services for Certain Publications and Audiovisual Entertainment Products; *https://www.wto.org/english/tratop_e/dispu_e/cases_e/ds363_e.htm* (26.07.2016)
Binder, Christina in: Die Grenzen der Vertragstreue im Völkerrecht, Springer Verlag Heidelberg 2013, S. 598.

1256 Vgl.: GATT 2015.

1257 Vgl.: Arndt, Birger in: Das Vorsorgeprinzip im EU-Recht, Mohr Siebeck Tübingen 2009, S. 363.

1258 Vgl.: DISPUTE SETTLEMENT: DISPUTE DS135
European Communities — Measures Affecting Asbestos and Products Containing Asbestos; *https://www.wto.org/english/tratop_e/dispu_e/cases_e/ds135_e.htm* (27.06.2016).

1259 Vgl.: Ebd.

Arbeitsbedingungen, sondern eher auf die verwendeten Materialien eines Produktes. Die Intention des Abs. b) GATT ist daher nicht geeignet zur Implementierung der vier grundlegenden Menschenrechte in der Arbeitswelt. Aufgrund des materiellen Inhalts werden die Absätze c), d), f), g), h), i) und j) des Artikel XX GATT in dieser Untersuchung nicht näher erörtert. Diese sind als Kodifikationsort einer Sozialklausel nicht geeignet. Besonders auffällig ist jedoch der Absatz e) Art. XX GATT. Diese Ausnahme nimmt als einzige Norm im Welthandelsrecht einen direkten Bezug auf die arbeitsrechtlichen Bedingungen in einem Exportland.

„*e) Maßnahmen, betreffend Produkte der Häftlingsarbeit;*“[1260]

Blüthner ist der Meinung, dass es nur naheliegend sei, an dieser Stelle anzuknüpfen und die grundlegenden Menschenrechte zu ergänzen.[1261] Das europäische Parlament hat bereits im Jahr 1994 sich für eine Sozialklausel im Welthandelsrecht ausgesprochen.[1262]

„*In this context, the rapporteur is convinced that a satisfactory solution could be found by amending Article XX(e) to include a ban on child labour and forced labour and the right to trade union freedom and collective bargaining. The practical implementing procedures could be negotiated by the Contracting Parties and be set out in a code annexed to GATT. In this connection, steps should be taken to strengthen the supervisory powers of the International Labour Office and to promote its on-the-spot technical assistance activities in developing countries.*“[1263]

Eine Ergänzung zu einer bereits bestehenden Norm ist einer rechtlichen Neuausrichtung vorzuziehen. Die Ergänzung einer Norm führt zu einem besseren Verständnis und einer größeren Zustimmung. Die Termini „öffentliche Sittlichkeit“, vergleiche Artikel XX Abs. a), stellen unbestimmte Rechtsbegriffe dar. Ergänzt man die grundlegenden Menschenrechte ihrem Wortlaut nach, in einer bereits existierenden Norm,

1260 Vgl.: Artikel XX Absatz e) GATT 2015.
1261 Vgl.: Blüthner, Andreas 2004, S. 405.
1262 Vgl.: Report of the Committee on External Economic Relations on the introduction of a social clause in the unilateral and multilateral trading System. DOC_EN/RR/243/243101. 6 January 1994, A3-0007/94.
1263 Vgl.: Ebd. S. 13.

kann dies kontroversen verhindern. Für einen Kodifikation unter Art. XX Abs. e) GATT spricht ebenfalls, dass dieser als einziger einer sozialen Agenda folgt.[1264] Blüthner sieht noch einen ökonomischen Vorteil in Abs. e).

„Die Tatsache, dass der Schutz des Preiswettbewerbs und nicht der Arbeitnehmer den Normhintergrund des Art. XX (e) GATT bildet, stellt für die Kodifikation einer „Sozialklausel" de lege ferenda sogar einen Vorteil dar."[1265]

Durch diesen Vorteil sind die grundlegenden Arbeitnehmerrechte in ihrer ökonomischen und nicht in ihrer menschenrechtlichen Dimension geschützt und es besteht keine Gefahr, dass Präzedenzfälle für weitere Ausnahmen initiiert werden.[1266] Nicht nur die Abwehr von neuen Präzedenzfällen ist dadurch gewährleistet, durch den ökonomischen Bezug ist die Implementierung einer Sozialklausel unter Abs. e) ziel- und systemkonform. Im Welthandelssystem der WTO herrscht das Prinzip des Diskriminierungsverbotes von Waren. Dies bedeutet, dass auf dem heimischen Binnenmarkt importierte Waren gleichbehandelt werden müssen.[1267] Der Abs. e) des Art. XX GATT bezieht sich explizit auf die Herstellungsbedingungen im Exportland und nimmt dadurch einen notwendigen extraterritorialen Bezug an. Dem Importland ist es gestattet notwendige Maßnahmen zu ergreifen, die die Einfuhr von Waren aus Gefängnisarbeit regulieren.[1268] Die Rechtfertigung solcher unilateraler Maßnahmen ist danach zu beurteilen, ob bei extraterritorialer Anwendung, die Interessen betroffener Drittstaaten angemessen berücksichtigt wurden.[1269] Sutherland begründet eine Regulierung im Interesse betroffener Drittstaaten, folgendermaßen:

1264 Vgl.: Moster, Johannes in: Ethische Beschaffung – Sekundärzwecke im Zeitalter der Beschaffung, Gilbert Gornig (Hrsg.) Band 88, Peter Lang Verlag Frankfurt am Main 2009, S. 257.

1265 Vgl.: Blüthner, Andreas 2004, S. 405.

1266 Vgl.: Ebd.

1267 Vgl.: Artikel III GATT 2015.

1268 Vgl.: Tietje, Christian (Hrsg.) in: Internationales Wirtschaftsrecht, Walter de Gruyter GmbH Berlin/Bosten 2. Auflage, S. 182, Rn92.

1269 Vgl.: WT/DS58/AB/RW 22 October 2001, UNITED STATES – IMPORT PROHIBITION OF CERTAIN SHRIMP AND SHRIMP PRODUCTS RECOURSE TO ARTICLE 21.5 OF THE DSU BY MALAYSIA AB-2001-4.

„Sustainable economic growth needs to be based on good governance and recognition of human rights standards, ethical responsibility and accountability by transnational corporations, and the protection of civil society."[1270]

Bereits der Appelate Body hat in ständiger Entscheidungspraxis die Prüfungsreihenfolge für Artikel XX GATT festgelegt.[1271] Wirtschaftspolitische Maßnahmen, die sich auf Art. XX berufen, müssen als notwendig erachtet werden, um das Ziel der Nichtdiskriminierung und Chancengleichheit zu bewahren. Bei Art. XX Abs. e) muss sich die Maßnahme auf das jeweilige politische Ziel beziehen.[1272] Dadurch ist die Gefahr, bei der Implementierung einer Sozialklausel unter Art. XX Abs. e), vor protektionistischen Missbrauch minimiert worden.

8.1 Zwischenfazit

Für einen juristischen Anknüpfungspunkt zur Implementierung der grundlegenden Menschenrechte in der Arbeit sind im WTO-System diverse Normierungstechniken und unterschiedliche Verknüpfungen in der Gesetzgebung vorstellbar. Ein erster Ansatz zur Implementierung der vier grundlegenden Menschenrechte in der Arbeitswelt, könnte also die Präambel des WTO-Abkommens sein. Eine Präambel stellt eine Einleitung zu Gesetzen oder völkerrechtlichen Abmachungen dar. Präambeln findet man häufig in Verträgen, in der die Absicht des Gesetzgebers und der Ausgangspunkt der Vertragschließenden erörtert werden. Die Präambel hat grundsätzlich keine unmittelbare Rechtsverbindlichkeit, sie dient der Auslegung einer Verfassung, einer Norm oder Vertrages. Die vier grundlegenden Menschenrechte in der Arbeitswelt, nachträglich in die Präambel der WTO zu implementieren, würde angesichts der Definition dieser, wenig Sinn ergeben. Da die Präambel die Zielrichtung beschreibt und den gemeinsamen Konsens erörtert, ist es unter Umständen ratsam, eine Ergänzung des Grundkonsens anzustreben, um die Bedeutung und den gemeinsamen Willen der Mitgliedsstaaten zu dokumentieren, dass die Förderung und der Erhalt des so-

[1270] Vgl.: Sutherland, Johanna in: International Trade and the GATT/WTO Social Clause: Broadening the Debate, S. 106.

[1271] Vgl.: Krajewski, Markus in: Wirtschaftsvölkerrecht, C. F: Müller Heidelberg 2012, 3 Auflage, S. 108.

[1272] Vgl.: Ebd.

zialen Friedens durch internationalen Handel angestrebt wird. Dieser Zusatz stellt keine unmittelbaren Bestimmungen auf, würde jedoch eine ziel- und systemkonforme Ergänzung der Präambel im WTO-System darstellen. Die vier grundlegenden Menschenrechte in der Arbeitswelt werden als soziale Mindeststandards definiert und sind dadurch nicht geeignet, ergänzend in die Präambel des WTO-Abkommens integriert zu werden.

Ein anderer Kodifikationsort der untersucht worden ist, war der Art. III im GATT-Abkommen. Bei der Auslegung des Art. III GATT stellt sich die Frage, inwieweit bei der Bestimmung der Gleichartigkeit, die Arbeitsbedingungen im Hinblick einer Sozialklausel, Einfluss auf den Produktionsprozess einer Ware haben. Thiedemann ist der Meinung, dass äußere Umstände und Produktionsprozesse keinen Einfluss auf die physikalischen Eigenschaften oder den Endverbrauch der Waren entwickeln. Der Art. III GATT spricht lediglich von Zöllen und Steuern auf Waren, diese werden nicht durch äußere Umstände beeinflusst. Herstellungsmethoden, wie zum Beispiel eine Fangtechnik die beim Fischen in der Nordsee angewendet wird, ändert nichts am Produkt. Ein Hering bleibt ein Hering, unabhängig der Fangtechnik oder den Arbeitsbedingungen. Unterschiedliche Produktionsabläufe oder Arbeitsbedingungen, rechtfertigen daher keine unterschiedliche Behandlung der Ware, solange diese Kriterien keine signifikanten Auswirkungen auf das Produkt entwickeln. Bereits an dieser Stelle ist ersichtlich, dass die Ergänzung der Kriterien einer Gleichartigkeit, um die vier grundlegenden Menschenrechte in der Arbeitswelt, unter Art. III GATT, wenig praktikabel erscheint. Aber auch andere Kriterien der Ziel- und Systemkonformität werden nicht erfüllt. Eine wirtschaftspolitische Maßnahme bei der Verletzung einer Sozialklausel, die in Art. III implementiert wäre, würde unilateralen Charakter aufweisen, da diese durch einen einzigen Handelspartner verhängt worden wäre. Dies würde den multilateralen Charakter widersprechen, der in dieser Untersuchung als Kriterium einer ziel- und systemkonformen erarbeitet worden ist. Ein weiteres Kriterium beinhaltet, dass eine Implementierung einer Sozialklausel frei von Diskriminierung und Widersprüchen sein muss. Ergänzt man die Kriterien der Gleichartigkeit von Waren, um die vier grundlegenden Menschenrechte, würden diese der Intention des Art. III widersprechen und dadurch eher kontroversen auslösen. Es bleibt daher festzuhalten, dass eine Implementierung einer Sozialklausel, anknüpfend an Art. III GATT nicht zu empfehlen ist.

Die Normen des Artikel XX GATT werden in der Fachliteratur als ein geeigneter juristischer Kodifikationsort für die vier grundlegenden Menschenrechte in der Arbeitswelt erachtet. Für die Problematik bei einer Verknüpfung zwischen Trade & Labour ist eine Lösung unter Art. XX GATT Abs. a) zumindest vorstellbar. Die Interpretation des Absatzes a) könnte dahingehend verlaufen, dass man aus dem Inhalt eine Moralklausel ableitet. Aus juristischer Perspektive erscheint es praktikabel, den unbestimmten Rechtsbegriff „öffentliche Sittlichkeit" interpretativ, durch eine Konsensentscheidung seitens des zuständigen WTO-Organs und deren Vertreterinnen und Vertreter, so zu ergänzen, dass dieser die vier grundlegenden Menschenrechte in der Arbeitswelt umfasst.

Des weiteren wurde der Art. XX Abs. b) GATT analysiert. Eine reale Anwendung des Art. XX Abs. b) GATT zum Schutz des Menschen, wurde in der Entscheidung: „European Communities — Measures Affecting Asbestos and Products Containing Asbestos" getroffen. In der erstinstanzlichen Entscheidung war eines der tragenden Argumente des Panels, dass eine sichere Nutzung von Asbest nicht möglich sei und unter anderem aus Gründen des Arbeitsschutzes, ein generelles Verbot der Nutzung ausgesprochen wurde. Artikel XX Abs. b GATT geht zwar auf den Schutz von Menschen ein, dieser bezieht sich jedoch nicht auf die Arbeitsbedingungen sondern richtet seinen Fokus auf die Materialien eines Produktes. Die Intention des Abs. b) GATT erscheint daher nicht geeignet zur Implementierung der vier grundlegenden Menschenrechte in der Arbeitswelt.

Besonders hervorzuheben ist der Absatz e) Art. XX GATT. Diese Ausnahme nimmt als einzige Norm im Welthandelsrecht einen direkten Bezug auf die arbeitsrechtlichen Bedingungen in einem Exportland. Eine Ergänzung zu einer bereits bestehenden Norm ist einer rechtlichen Neuausrichtung vorzuziehen. Die Ergänzung einer Norm führt zu einem besseren Verständnis und einer größeren Zustimmung. Die Termini „öffentliche Sittlichkeit" (vergleiche hierfür Artikel XX Abs. a), stellen unbestimmte Rechtsbegriffe dar. Ergänzt man die grundlegenden Menschenrechte ihrem Wortlaut nach, in einer bereits existierenden Norm, kann dies kontroversen verhindern. Für eine Kodifikation unter Art. XX Abs. e) GATT spricht ebenfalls, dass dieser als einziger einer sozialen Agenda folgt.

Nach genauer Betrachtung der diversen juristischen Anknüpfungspunkte zwischen Trade & Labour im Welthandelssystem, wird in dieser Untersuchung der Artikel XX Abs. e) GATT empfohlen. Dieser erscheint am vielversprechendsten für eine ziel- und systemkonforme Implementierung der grundlegenden Menschenrechte in der Arbeitswelt. Aus diesem Grund wird das nachfolgende Kapitel, anhand der erarbeiteten Kriterien einer ziel- und systemkonformen Implementierung, den Art. XX Abs. e) GATT, bewerten.

8.2 Die ziel- und systemkonforme Implementierung einer Sozialklausel im Welthandelssystem

Die systemkonforme Implementierung in Form einer Ergänzung der Ausnahmenvorschriften unter Artikel XX GATT, macht einen vielversprechenden Eindruck. Dieser Abschnitt bewertet die Regelungstechnik für eine Sozialklausel, anhand der Strukturprinzipien des Art. XX GATT. Der Grundsatz in der Präambel des Art. XX GATT folgt der Nichtdiskriminierung[1273], wirtschaftspolitische Maßnahmen zur Durchsetzung der Arbeitnehmerrechte dürfen weder die Güter inländischer Produzenten, noch Güter die importiert werden diskriminieren. Um eine exterritoriale Durchsetzung von Mindeststandards bei den Arbeitsbedingungen zu gewährleisten, muss im Inland die Einhaltung dieser sichergestellt werden. Das Prinzip der komparativen Kostenvorteile stellt sicher, dass die besondere Situation der Entwicklungsländer berücksichtigt wird. In der Präambel wird bereits ausgeschlossen, dass Länder mit vergleichbaren Bedingungen durch wirtschaftspolitische Maßnahmen ungleichbehandelt werden dürfen. Eine differenzierte Behandlung zwischen Nationen mit unterschiedlichen Bedingungen ist jedoch gestattet.

„Für eine Sozialklausel unter Art. XX GATT ist somit gewährleistet, dass der sanktionierende Staat bei der Ausgestaltung und Anwendung von arbeitsrechtlichen Implementierungsmaßnahmen die unterschiedliche wirt-

[1273] Vgl.: Präambel Art. XX GATT 2015:
„Unter dem Vorbehalt, dass derartige Maßnahmen nicht in einer Weise angewendet werden, die sich als eine willkürliche und ungerechtfertigte Diskriminierung zwischen Ländern mit gleichartigen Verhältnissen oder eine verschleierte Beschränkung des internationalen Handels erweisen würde, soll keine Bestimmung dieses Abkommens so ausgelegt werden, als würde sie einen Vertragsstaat daran hindern, folgende Maßnahmen zu beschließen oder durchzuführen:...“

schaftliche und arbeitsrechtliche Situation in Entwicklungsländern berücksichtigen muss.“[1274]

Es bedarf stets einer Einzelfallbeurteilung, bezüglich wirtschaftspolitischer Maßnahmen. Explizit, wenn diese die besonderen Interessen von Entwicklungsländern schützen sollen. Das WTO-Streitschlichtungsorgan, muss in jedem Einzelfall eine Entscheidung herbeiführen. Dies kann sicherlich zu kontroversen unter den Mitgliedern führen. Zunächst muss man sich vorab unter den Mitgliedsländern verständigen, welches Mitglied ein Entwicklungsland darstellt. Im Anschluss muss die notwendige Unterstützung für die betroffenen Länder festgelegt und ein Zeitplan erarbeiten werden, der die Handelspartner dabei unterstützt, die Fortschritte im Empfängerland zu verifizieren. Für Mitglieder deren wirtschaftlicher aktueller Prozess soweit von der ökonomischen Entwicklung anderer Mitglieder entfernt ist, muss ein Solidaritätsfond eingerichtet werden, in den jedes wirtschaftlich starke Mitglied einbezahlen muss. Es käme ebenfalls in Betracht, den ärmsten Nationen, einen zweckgebundenen Schuldenerlass zu offerieren. Nur die gemeinsame Bemühung aller Mitgliedsländer, würde die Diskriminierung von Waren aus Entwicklungsländern verhindern. Eine permanente Streitschlichtung durch das zuständige WTO-Organ wäre denkbar, würde aber den Interessenausgleich zwischen sich in der Entwicklungsphase befindlichen Nationen, gegenüber wirtschaftlich prosperierenden Ländern, nur marginal entschärfen. Ein weiteres Kriterium im Welthandelssystem ist die wirtschaftliche Transparenz, aus der die so genannte „Kostenwahrheit“ von Gütern abgeleitet wird. Eine marktnahe Lösung zur Durchsetzung von Schutzrechten ist anzuwenden. Der Art. XX GATT sieht vor, dass das mildeste zu beeinträchtigende Mittel zur Durchsetzung der Interessen einzusetzen ist. Bei der Durchsetzung einer funktionierenden Sozialklausel im WTO-System kann nicht ausschließlich das mildeste marktkonforme Instrument angewendet werden. Um Arbeitnehmerrechte zu schützen, muss es gestattet sein, nach einem erfolglosen Einsatz des mildesten Instruments, verschärfte Sanktionen zu verhängen. Dies geht aus dem Kontext des Art. XX GATT nicht explizit hervor.

1274 Vgl.: Blüthner, Andreas 2004, S. 412.

„Die Ausnahmen nach Art. XX GATT stellen eine Konkretisierung des Souveränitätsprinzips dar, welches in einem Spannungsverhältnis zu den wirtschaftlichen Freiheiten der GATT/WTO-Rechtsordnung, insbesondere dem Nichtdiskriminierungsprinzip und dem Prinzip der Offenheit der Märkte, steht.“[1275]

Unter Art. XX GATT ist es vorstellbar, dass ein Staat, zur Erreichung seiner Schutzziele, die notwendigen erforderlichen Maßnahmen einleitet, um diese Ziele gegenüber einem anderen Staat zu erzwingen. Die Beschränkung einer wirtschaftspolitischen Maßnahme auf den Ausgleich von Preisvorteilen, ist eine marktkonforme Lösung, und wäre somit systemkonform im Welthandelsrecht. Werden diese Maßnahmen eingesetzt um Schutzziele, wie die grundlegenden Menschenrechte in der Arbeitswelt zu erzwingen, entspricht dies nicht zwingend der Kompensation eines Preisvorteils. Hierbei muss eine neue Wertigkeit, durch die Rechtsprechung implementiert werden. Die Wertigkeit eines Schutzgutes, wie den grundlegenden Menschenrechten in der Arbeitswelt, muss eine höhere Bedeutung zugestanden werden, als einer Beeinträchtigung oder Gefährdung eines Wirtschaftsbereiches. Art. XX GATT gestattet es einzelnen Staaten wirtschaftspolitische Maßnahmen einzuleiten, dies erzeugt einen unilateralen Charakter. Durch diesen unilateralen Charakter ist es schwierig, eine breite Zustimmung unter den anderen Mitgliedsstaaten zu generieren. Bedingt durch die materielle Korrelation unter den Handelspartnern, ist eine multilaterale Lösung, einer unilateralen vorzuziehen. Dies geht leider nicht aus dem Art. XX GATT hervor. Das WTO-Streitschlichtungsorgan räumt dem sanktionierten Staat die Option ein, gegen eine verhängte Handelsmaßnahme zu Klagen und ihre Rechtmäßigkeit überprüfen zu lassen. Durch diese Möglichkeit, wird das Risiko eines Missbrauchs der Sozialklausel im Welthandelssystem minimiert. Die Implementierung der grundlegenden Menschenrechte in den Ausnahmevorschriften des Art. XX Abs. e) GATT stellt eine zielkonforme Normierungslösung dar. Im ersten Moment genießen diese einen unilateralen Charakter, bedingt durch das WTO-Streitschlichtungsorgan besteht jedoch die Option, Maßnahmen auf ihre Rechtskonformität überprüfen zu lassen. Falls, diese Maßnahmen

1275 Vgl.: Thiedemann, Anke in: WTO und Umwelt – Die Auslegung des Art. XX GATT in der Praxis der GATT/WTO-Streitbeilegungsorgane, LIT Verlag Münster 2005, S. 9.

durch das Organ bestätigt werden, genießen die verhängten wirtschaftspolitischen Maßnahmen einen multilateralen Charakter. Bereits in der Präambel des Art. XX GATT wird darauf hingewiesen, dass die Maßnahmen nicht diskriminierend konzeptioniert werden dürfen. Wirtschaftspolitische Maßnahmen müssen aus ihrem Kontext heraus präzise zugeschnitten sein, wodurch sich unerwünschte Nebenwirkungen minimieren lassen und eine Zielkonformität unter Art. XX GATT optimiert wird.[1276] Kompensationszahlungen sind gegenüber Wirtschaftssanktionen vorzuziehen. Dadurch wird dem Prinzip des „Ultima Ratio" Rechnung getragen.

8.2.1 Zwischenfazit

Es bleibt festzuhalten, dass eine Implementierung der grundlegenden Menschenrechte in der Arbeitswelt, unter Artikel XX GATT, die Kriterien einer ziel- und systemkonform Normierungstechnik erfüllt. Man muss jedoch darauf beharren, dass alle Kriterien vollumfänglich berücksichtigt werden. Dies ist der Tatsache geschuldet, dass in dieser Untersuchung, dass bestehende Welthandelssystem reformiert werden soll und nicht neukonzipiert wird. Das bestehende Welthandelsrecht hat in seinen Strukturprinzipien nahezu isoliert vom Arbeitnehmerrecht existiert. Bedingt durch diese Isolation, ist eine Implementierung im Welthandelsrecht inkonsistent gegenüber diversen Normen. Nichtsdestotrotz, ist die juristische Verknüpfung zwischen Trade & Labour in einem akzeptablen Umfang zu realisieren. Explizit ist eine Ergänzung der grundlegenden Menschenrechte in der Arbeitswelt unter Art. XX Abs. e) GATT vorstellbar. Die Ergänzungen arbeitsrechtlicher Ausnahmen werden nicht spannungsfrei mit den Strukturprinzipien des GATT-Abkommens implementiert werden können. Kontroversen unter den Mitgliedsstaaten werden sicherlich wirtschaftspolitische Maßnahmen auslösen, die nicht nur handelsbezogene Aspekte aufweisen, sondern politische Ziele verfolgen. Der legitimatorische Diskurs und die Solidarität mit den betroffenen Individuen im Arbeitsmarkt müssen stärker in den Fokus des Welthandels gerückt werden. Es besteht immer die Gefahr, dass Staaten eine Einmischung in innere Angelegenheiten und das sind zumal Arbeitnehmerrechte, als Missachtung ihrer Souveräni-

[1276] Vgl.: Blüthner, Andreas 2004, S. 416.

tät auffassen können. Mit diesem „Souveränitätsvorbehalt“ wurde sich bereits in diversen Konventionen und Erklärungen auseinandergesetzt. Der Internationale Trade Law hat zu Verknüpfung zwischen Trade & Labour folgende Resolution veröffentlicht.

„***HAVING CONSIDERED*** *the report of the International Trade Law Committee, especially the reasoning in Chapter VIII on International Trade Law and Human Rights;*
RECALLING *that by virtue of the UN Charter and human rights conventions and under customary international law and general principles of international law, states have human rights obligations;*
CONSIDERING *that it is likely that WTO dispute settlement bodies will beconfronted – as has happened in national and regional economic courts and arbitral tribunals – with human rights arguments in support of interpreting trade and economic rules in conformity with the human rights obligations of the countries concerned, or with related requests for "judicial comity" or "judicial deference";*
DECLARES:
WTO members and bodies are legally required to interpret and apply WTO rules in conformity with the human rights obligations of WTO members under international law."[1277]

Auch wenn die Implementierung einer Sozialklausel unter Art. XX GATT inkonsistent mit anderen Normen erscheint und nicht in vollem Umfang ziel- und systemkonform ist, wäre eine Ergänzung der grundlegenden Menschenrechte unter dem Absatz e) praktikabel. Wie schwierig die Konfrontation von Menschenrechten im Welthandelsrecht sein kann, erörtert das folgenden Kapitel.

1277 Vgl.: INTERNATIONAL TRADE LAW; The 73rd Conference of the International Law Association, held in Rio de Janeiro, Brazil, 17–21 August, 2008: RESOLUTION No 5/2008.

8.3 Der Interessenkonflikt bei der Anwendung einer Sozialklausel im Welthandelssystem

Die Ziel- und Systemkonformität einer Implementierung der grundlegenden Menschenrechte in der Arbeitswelt kann man nicht nur an einer effizienten Rechtsdurchsetzung messen.[1278] Die Verknüpfung zwischen Trade & Labour spiegelt den sozialen Aspekt menschenwürdiger Arbeitsbedingungen wieder. Unter dieser Prämisse muss hinterfragt werden, inwiefern wirtschaftspolitische Maßnahmen diesem Grundkonsens dienlich sind? Die dritte der vier grundlegenden Menschenrechte in der Arbeitswelt, beschäftigt sich mit der Abschaffung von Kinderarbeit.[1279] Präzisiert wird dieses Grundrecht durch die ILO Konventionen 138[1280] und 182[1281]. Dieses Kapitel untersucht die Eignung einer Sozialklausel im Welthandelsrecht, als Instrument gegen Kinderarbeit. Hierbei wird analysiert inwieweit unerwünschte Nebeneffekte durch ein generelles Verbot von Kinderarbeit generiert werden.[1282] Im 21. Jahrhundert ist Kinderarbeit in einigen Ländern immer noch weit verbreitet.

1278 Vgl.: Blüthner, Andreas 2004, S. 385.

1279 Vgl.: Erklärung der IAO über grundlegende Prinzipien und rechte bei der Arbeit und ihre Folgemassnahmen, angenommen von der Internationalen Arbeitskonferenz auf ihrer 86. Tagung, Genf, 18. Juni 1998:
„c) die effektive Abschaffung der Kinderarbeit;"

1280 Vgl.: Übereinkommen über das Mindestalter für die Zulassung zur Beschäftigung, 1973 Dieses Übereinkommen ist am 19. Juni 1976 in Kraft getreten. Ort: Genf, Tagung: 58.

1281 Vgl.: Übereinkommen über das Verbot und unverzügliche Maßnahmen zur Beseitigung der schlimmsten Formen der Kinderarbeit, 1999. Dieses Übereinkommen ist am 19. November 2000 in Kraft getreten. Ort: Genf, Tagung: 87 Tabelle der Ratifizierungen.

1282 Vgl.: Mehr zu diesem Thema in:
Ulbert, Cornelia; Weller, Christopher (Hrsg.) in: Konstruktivistische Analyse der internationalen Politik, Springer Fachmedien Wiesbaden 2005, 1. Auflage, S. 261 ff.
Hankel, Wilhelm; Schachtschneider, Karl Albrecht; Strabatty, Joachim (Hrsg.) in: Der Ökonom als Politiker – Europa, Geld und die soziale Frage, Festschrift für Wilhelm Nölling, Lucius & Lucius Verlagsgesellschaft Stuttgart 2003, S. 154.
Berndt, Michael; Sack, Detlef (Hrsg.) in: Glocal Governce? Voraussetzungen und Formen demokratischer Beteiligung im Zeichen der Globalisierung Westdeutscher Verlag Wiesbaden 2001, 1. Auflage, S. 179 ff.

Kinderarbeit in Regionen

	Gesamtzahl der Kinder (in Tsd.)	Erwerbstätige Kinder (in Tsd.)		Kinderarbeiter (in Tsd.)		Kinder in gefährlicher Arbeit (in Tsd.)	
Weltweit	1.585.566	264.427	16,7 %	167.956	10,6 %	85.344	5,4 %
Asien und Pazifik	835.334	129.358	15,5 %	77.723	9,3 %	33.860	4,1 %
Lateinamerika und Karibik	142.693	17.843	12,5 %	12.505	8,8 %	9.638	6,8 %
Afrika südlich der Sahara	275.397	83.570	30,3 %	59.031	21,4 %	28.767	10,4 %
Andere Regionen	110.411	13.307	12.1 %	9.244	8,4 %	5.224	4,7 %

Quelle: IAO

36. Abbildung: Kinderarbeit[1283]

„Die schlimmsten Formen der Kinderarbeit berauben die Kinder ihrer körperlichen und seelischen Gesundheit und zeichnen sie ein Leben lang.“[1284]

Das Schicksal dieser Kinder, kann nicht ausschließlich, nationaler Verantwortung überlassen werden. Kuschnereit ist der Ansicht, dass dies sowohl für die schlimmste Form der Kinderarbeit, wie auch für die Kinderarbeit die ihre Ursachen in Armut und unzureichenden Bildungschancen hat, Gültigkeit besitzt.[1285] Was ist Kinderarbeit? Hierbei wird unterschieden zwischen normalen Aufgaben, wie zum Beispiel im Haushalt helfen, zwischen der legalen Beschäftigung von Jugendlichen und der Ausbeutung von Kindern. Für eine legale Beschäftigung exis-

1283 Vgl.: Onlineportal: terre des hommes; *http://www.tdh.de/was-wir-tun/arbeitsfelder/kinderarbeit/daten-und-fakten.html* (03.08.2016)

1284 Vgl.: Kuschnereit, Julia in: Handelspolitik gegen Kinderarbeit? Die begrenzte Wirksamkeit von Sozialklauseln, Internationale Politik und Gesellschaft, 2001, S. 287.

1285 Vgl.: Ebd.

tieren in den meisten Staaten per Gesetz ein Mindestalter, in der Regel zwischen 14 und 16 Jahren.[1286]

„Kinderarbeit sind laut Definition Formen der Arbeit, für die Kinder zu jung sind – weil sie gefährlich oder ausbeuterisch sind, die körperliche oder seelische Entwicklung schädigen oder die Kinder vom Schulbesuch abhalten. Sie beraubt die Mädchen und Jungen ihrer Kindheit und ihrer Entwicklungsmöglichkeiten und verstößt gegen die weltweit gültigen Kinderrechte.“[1287]

Die Ursachen für Kinderarbeit sind mannigfaltig. Aus ökonomischer Perspektive existieren zwei Gründe, die zur Kinderarbeit führen. Zum einen, bieten Kinder ihre Arbeitskraft an, zum anderen wird diese Arbeitskraft von potentialen Arbeitgebern nachgefragt. Die angebotsseitigen Ursachen können an den Familienstrukturen liegen. Eine hohe Anzahl von Kindern kann dazu führen, dass in einigen Nationen das Einkommen der Eltern nicht ausreicht, um die ganze Familie zu versorgen. Aber auch die Nichtverfügbarkeit, von Freizeit und Bildungsangeboten führt zu einem erhöhten Angebot an Kinderarbeit. Selbst wenn Schulen existieren, kann deren Nutzung finanzielle Kosten verursachen. In manchen ländlichen Gebieten existiert keine technische Infrastruktur, um den Schulbesuch zu ermöglichen. Andererseits führen kulturbedingte, vermeintlich „religiöse“ Ansichten dazu, dass Frauen keine Bildung benötigen und dadurch in sehr jungen Jahren gezwungen werden eine Tätigkeit auszuüben. Diese Ursachen lassen sich zusammenfassen und in eine zentrale Nutzen-Kosten Abwägung substituieren:[1288]

1286 Vgl.: Onlineportal: Unicef;
„Zu den „schlimmsten Formen der Kinderarbeit“ zählen die Vereinten Nationen (ILO-Konvention Nr. 182 von 1999): Sklaverei und sklavenähnliche Abhängigkeiten, Zwangsarbeit einschließlich des Einsatzes von Kindersoldaten, Kinderprostitution und Kinderpornographie, kriminelle Tätigkeiten wie den Missbrauch von Kindern als Drogenkuriere sowie andere Formen der Arbeit, die die Sicherheit und Gesundheit der Kinder gefährden können. Fast alle Staaten der Welt haben sich dazu verpflichtet, jegliche Form der Kinderarbeit, angefangen mit der gerade beschriebenen schlimmsten Form, bis zum Jahr 2025 vollständig abzuschaffen.“ *https://www.unicef.de/informieren/blog/2015/kinderarbeit/78828* (03.08.2016)

1287 Vgl.: Ebd.

1288 Vgl.: Ebd. S. 288.

1. Die relative Bedeutung des Haushaltseinkommens durch Kinderarbeit.
2. Die Haushaltsgröße.
3. Die Wahrscheinlichkeit des Schulbesuchs.
4. Soziale und kulturelle Normen.

Statistisch betrachtet, gehen Jungs überwiegend einer Tätigkeit außerhalb des Hauses nach, während die Mädchen oftmals im Haushalt arbeiten.[1289] In der Fachliteratur ist ein Grundkonsens ersichtlich, bezüglich der Ursachen von Kinderarbeit. Die finanzielle „Armut" wird immer wieder als Indikator genannt.

„Kinderarbeit wirkt dabei nicht nur als Folge von Arbeit und existentieller Not der Familien, welche die Kinder zur Arbeit zwingt, sondern auch als Ursache für Armut, indem den Kindern Bildung und damit späterer Aufstieg verweigert war."[1290]

Kirchhöfer plädiert dafür, dass Kinder – wie auch alle Übrigen Menschen – das Recht auf Arbeit besitzen.[1291] Zum Angebotsprinzip, existiert in der Ökonomie immer eine Nachfrage. Beleuchtet man die Nachfrageseitigen Ursachen der Kinderarbeit, ist festzustellen, dass Kinder für sich selbst arbeiten, um ihren eigenen Lebensunterhalt zu verdienen, sowie um das Einkommen der Familie zu verbessern. Diese Tätigkeiten werden im informellen und formellen Sektor einer Wirtschaft ausgeübt. Die Entwicklung diverser Produktionstechnologien beeinflusst die Substituierbarkeit von erwachsenen Arbeitnehmerinnen und Arbeitnehmern, durch Kinder. In diesem Kontext werden die Fingerfertigkeiten von Kindern in der Produktion angeführt. Die Validität, dieses sehr weit verbreiteten „Nimble Finger Arguments" ist nicht belegt. Die ILO hat in einer Studie die Arbeit von Kindern der Indischen Teppichindustrie analysiert.

„The finding that children are more likely to work on low-quality rather than highest-quality carpets refutes the "nimble fingers" argument used

[1289] Leiz, Melanie in: Kinderarbeit in Bolivien – Eine Notwendigkeit und Chance? Diplomica Verlag GmbH Hamburg 2010, S. 26.

[1290] Vgl.: Kirchhöfer, Dieter in: Kinderarbeit? Ein pädagogisches Fragezeichen?, Peter Lang Verlag Frankfurt am Main 2009, S. 11.

[1291] Vgl.: Ebd.

by apologists of child labor. Although child and adult weavers have similar productivity, children earn less while apprentices than trained weavers and serve to depress wages throughout the industry. According to ILO estimates, replacing the 22% of the work force currently occupied by children with adults would cause wages to rise by about 5%. The overall savings in production costs from the use of child labor are very small when compared to the foreign retail price of the carpets, which is often four times the Indian export price."[1292]

Kuschnereit sieht vielmehr eine weitaus größere Relevanz im Hinblick auf die vergleichsweise geringe Produktivität der Kinderarbeit, bei so genannten zeitintensiven, stark repetitiven „low skill" Tätigkeiten, wie zum Beispiel: Wasserholen, Holzsammeln, einfache Feld- und Hausarbeiten.[1293] Aber auch die Segmentierung des nationalen Arbeitsmarktes in einen formellen und einen informellen Sektor, kann zu einer Erhöhung der Nachfrage von Kinderarbeit führen. Soziale Normen üben

1292 Vgl.: International Labour Office ILO. Child labour. Refuting the "nimble fingers" argument. World Work. 1996 Sep-Oct;(17):12-3. PubMed PMID: 12320522.
Abstract:
"According to an International Labor Organization (ILO) study, approximately 130,000 children work in India's hand-knotted carpet industry. In one-loom enterprises, children comprise 14% of all weavers; in businesses with five or more looms, this rate increases to 33%. India's Factories Act, which applies costly health, safety, and labor regulations to larger firms, has led to a proliferation of cottage industries. The finding that children are more likely to work on low-quality rather than highest-quality carpets refutes the "nimble fingers" argument used by apologists of child labor. Although child and adult weavers have similar productivity, children earn less while apprentices than trained weavers and serve to depress wages throughout the industry. According to ILO estimates, replacing the 22% of the work force currently occupied by children with adults would cause wages to rise by about 5%. The overall savings in production costs from the use of child labor are very small when compared to the foreign retail price of the carpets, which is often four times the Indian export price. The ILO has urged an international approach to the elimination of child labor, in which all carpet-producing countries simultaneously implement a no-child-labor strategy to avoid placing any one country at a competitive disadvantage. Given the thousands of cottages where one or two carpets are woven per year, strategies such as labelling and regulation are likely to be ineffective. Solutions that address the general problems of poverty, while developing alternative sources of education and employment, are most likely to be effective in reducing child labor in countries such as India." *http://www.ncbi.nlm.nih.gov/pubmed/12320522* 04.08.2016).

1293 Vgl.: Kuschnereit, Julia 2001, S. 289.

ebenfalls einen Einfluss auf die Nachfrage nach Kinderarbeit aus. Wenn die gesellschaftliche Akzeptanz in einem Land, bezüglich der Kinderarbeit hoch ist, wird sich an dieser Form der Ausbeutung nichts ändern.

„Da Eltern und Kinder traditionell gemeinsam angestellt sind, verfügen die Arbeitgeber – häufig als einziger und in seiner sozialen rolle geschätzter Arbeitgeber der Region – über praktisch sämtliche Arbeitskräfte, zu denen wie selbstverständlich auch die Kinder zählen.“[1294]

Anhand der Bewertung der Ursachen von Kinderarbeit, muss hinterfragt werden: Welche Wirkungen entstehen bei einem Verbot der Kinderarbeit? Das nachfolgende Kapitel untersucht diese übergeordnete Fragestellung.

8.3.1 Die Konsequenzen eines Kinderarbeitsverbotes

Um ein zielkonformes Kinderarbeitsverbot zu implementieren, wird in dieser Untersuchung vorausgesetzt, dass diese Norm, die Lebenssituation der betroffenen verbessert. Zu den Betroffenen gehören nicht nur die arbeitenden Kinder, sondern auch ihr näheres Umfeld. Dies sind in der Regel, die Eltern und Geschwister. Zur Verbesserung der Lebenssituation der Betroffenen ist es notwendig, dass die Arbeitsbedingungen und die daraus resultierenden Arbeitsangebote, auf die Bedürfnisse und Interessen der Kinder ausgerichtet sein müssen. Parallel zu diesen Bemühungen, müssen die Ursachen von Kinderarbeit bekämpft werden. Dazu gehören nicht nur Normen, die die Kinderarbeit regulieren, sondern Aufklärungsarbeit in ländlichen Regionen, damit auch Mädchen die Möglichkeit offenbart wird, ebenfalls in die Schule gehen zu dürfen. Damit aber Kinder in die Schule gehen können, dürfen diese keine finanziellen Kosten für die Angehörigen verursachen. Kaushik Basu[1295] hat in einer seiner Studien[1296] festgestellt, dass unter bestimmten Voraussetzungen ein Verbot, zur Reduktion der Kinderarbeit führen kann.

1294 Vgl.: Ebd. S. 290.

1295 Vgl.: Onlineportal: Worldbank; Kaushik Basu; Chief Economist and Senior Vice President of the World Bank, Development Economics and Chief Economist. *http://www.worldbank.org/en/about/people/kaushik-basu* (05.08.2016)

1296 Vgl.: Basu, Kaushik in: Child labor: cause, consequence, and cure, with remarks on international labor standards, 1998.

Man darf davon ausgehen, dass Kinderarbeit, durch erwachsene Individuen vollständig substituierbar ist.

Abstract:
"Should child labor be banned outright? Should the World Trade Organization be given the responsibility to discourage child labor using trade sanctions? The answer to this complicated problem depends on the economic milieu, says Basu. At least 120 million of the world's children aged 5 to 14 worked full-time in 1995, most of them under hazardous, unhygienic conditions, for more than 10 hours a day. This is an old problem worldwide but particularly so in Third World countries in recent decades. What has changed, with globalization, is our awareness of these child laborers. (The International Labour Organization distinguishes between child work, which could include light household chores and could have some learning value, and child labor, a pejorative phrase.) By bringing together the main theoretical ideas, Basu hopes to encourage both more theoretical research and empirical work with a better theoretical foundation. Among other things, Basu observes that: The problem is most serious in Africa, where the child-labor participation rate is 26.2 percent. The rate is 12.8 percent in Asia. But since 1950, the trend is a decline in that participation rate worldwide. For most Latin American countries, the decline is notable but less marked than in Asia. In large parts of Africa, including Ethiopia, the problem has been extremely persistent, but even there the trend is downward. Child labor has not always been considered evil, and there is no consensus on why it began to decline. In some (not all) countries legislative acts declared it illegal, in some there were rules about compulsory education, and increasing prosperity generally made families less likely to experience poverty if their children weren't working. Mandating compulsory education is regarded as more effective than outlawing child labor, because attendance at school is easier to monitor, but some experts believe economic progress is the answer to the problem. The justification for many interventions is that the state is more concerned about the well-being of children than their parents are; Basu believes such an assumption to be wrong when child labor occurs as a mass phenomenon rather than as isolated abuse. Basu argues that, in some economies, the market for labor may exhibit multiple equilibria, with one equilibrium having low adult wage and a high incidence of child labor and another equilibrium exhibiting high adult wage and no child labor. The model is used to provide a framework for analyzing the role of international labor standards. This paper-a product of the Office of the Senior Vice President, Development Economics-is part of a larger effort in the Bank to promote understanding of the causes of child labor. The study was funded by the Bank's Research Support Budget under the research project Literacy and Child Labor (RPO 683-07)." *http://elibrary.worldbank.org/doi/abs/10.1596/1813-9450-2027* (05.08.2016).

„Dies äußert sich darin, dass Kinder erst dann arbeiten, wenn ein kritischer Lohnsatz und damit das Subsistenzniveau der Familie unterschritten wird.“[1297]

Blüthner sieht in der Sanktionierung der Kinderarbeit keine Verbesserung der Lebenssituation.

„Selbst wenn Kinder infolge von Sanktionen nicht entlassen werden, ist zu befürchten, dass sich durch die entstehenden Absatzeinbußen in dem sanktionierten Wirtschaftssektor die Arbeitsbedingungen nicht verbessern oder sich sogar weiter verschlechtern werden.“[1298]

Ist das Lohnniveau in einem Land, so hoch, dass von diesem Einkommen eine Familie ernährt werden kann, gehen nur die Erwachsenen einer geregelten Arbeit nach. Befindet sich dieser jedoch auf einem kritischen Niveau, werden die Kinder sich ebenfalls nach einer Beschäftigung umsehen müssen. Aus diesen zwei Annahmen, lässt sich die Gleichgewichtssituation in der Ökonomie ableiten. Haushalte bieten Arbeit an, um ein Einkommen zu erzielen; Unternehmen fragen den Produktionsfaktor Arbeitskraft nach, um rentable Erträge zu erzielen. Beides ist abhängig von der Lohnhöhe.[1299]

Anbieter (Haushalte)	*Nachfrager (Unternehmen)*
Je höher der Lohn, desto mehr Angebot	Je höher der Lohn, desto weniger Nachfrage
Die Masse der Anbieter verlangt hohe Löhne, findet aber kaum Nachfrage (→)	Die Masse der Nachfrager verlangt tiefe Löhne, findet aber kaum Angebote (←).

37. Abbildung: Angebot und Nachfrage[1300]

Schönfelder beschreibt die Vermittlung dieser divergierenden Interessenlagen als Schnittpunkt der Angebots- und Nachfragekurve.

„Alle Pläne links vom Schnittpunkt sind vermittelbar; alle Pläne rechts sind es nicht. Für jede Partei links ist der Gleichgewichtslohn akzeptabel

1297 Vgl.: Kuschnereit, Julia 2001, S. 290.
1298 Vgl.: Blüthner, Andreas 2004, S. 386.
1299 Vgl.: Schönfelder, Steffen in: Ökonomie und Arbeitsmarkt – Neoklassische Theorie für spezielle Soziologen, Jena 2010, S. 18.
1300 Vgl.: Ebd.

bzw. ein Gewinn: und aufgrund marktinterner Arbitrage kooperiert dort jeder zu dem Preis, selbst wenn man vorher eine günstigere Tauschkondition offerierte. Jede Partei rechts fordert hingegen zu viel Lohn (Anbieter) oder offeriert zu wenig (Nachfrager), um Tauschpartner zu finden."[1301]

Das ganze wird in der folgenden Abbildung eines Gleichgweichtsmodells im Arbeitsmarkt veranschaulicht.

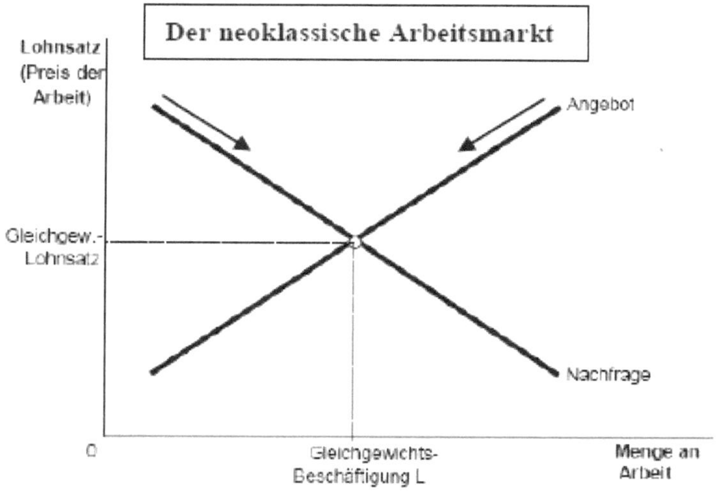

38. Abbildung: Gleichgewichtsmodell[1302]

Schönfelder erkennt bei den Parteien die sich rechts befinden eine ‚freiwillige' Rigidität gegenüber den Marktverhältnissen. Dies bedeutet, sie haben ihre persönlichen Gründe, sich nicht dem Marktkompromiss zu fügen. Die Präferenzen stimmen nicht mit den Restriktionen oder Konditionen überein. Ähnliches, so Schönfelder, gilt für die Unternehmen. Diese können das geltende Lohnniveau nicht in Waren umsetzen, die beim Konsumenten profitabel absetzbar wären. Dies bedeutet, dass die

1301 Vgl.: Ebd.
1302 Vgl.: Ebd.

Preisleistung (Produktivität) nicht nachgefragt wird.[1303] Die Arbeitslosigkeit von Individuen ist offensichtlich im neoklassischen Modell eine Form des Marktungleichgewichts. Es herrscht ein Angebotsüberschuss bei einer Nachfrageknappheit, da sich der Preis offensichtlich nicht im Marktgleichgewicht befindet. Die Tauschkonditionen für die Seite der Nachfrager sind unrentabel, um die Angebotsseite zu räumen. Kindern wird in der Regel ein niedriger Lohn bezahlt[1304]. Ein Marktungleichgewicht kann also dazu führen, dass Kinder einer Tätigkeit nachgehen müssen. Betrachtet man ein generelles Kinderarbeitsverbot aus ökonomischer Perspektive, führt dies zwar zu einer Reduktion des Arbeitsangebots durch die Kinder, deren Lebenssituation per se würde dies jedoch nicht verbessern, da die erwachsenen Arbeitslosen, die Reduktion des Arbeitsangebotes der Kinder kompensieren würden. Dadurch würde sich das Lohnniveau nicht signifikant erhöhen. Ein generelles Kinderarbeitsverbot hätte nur zur Folge, dass die Kinder durch Erwachsene ersetzt werden. Die Lebenssituation der Kinder würde es immer noch erforderlich machen, dass diese sich ihren Lebensunterhalt verdienen müssen. Das Verbot der Kinderarbeit kann ohnehin nur im formellen Sektor adäquat überwacht und durchgesetzt werden. Die Kinder, die aus diesem Sektor durch Erwachsene verdrängt werden, werden mit einer hohen Wahrscheinlichkeit ihr „Glück" im informellen Arbeitssektor suchen. Dadurch erhöht sich die Wahrscheinlichkeit, dass die Arbeitsbedingungen im unregulierten Arbeitsmarkt, im Vergleich zum formellen Sektor, signifikant abweichen. Den Eltern muss die Option gewährleistet werden, ihren Kindern eine bessere Zukunftsalternative anzubieten. Diese Zukunftsalternative ist nur zu realisieren, wenn eine allgemeine Schulpflicht im Land eingeführt wird. Die Einführung einer Schulpflicht ist einfacher zu überwachen und zu realisieren, als das Verbot von Kinderarbeit.[1305]

„Darüber hinaus, so das wichtigste Argument zugunsten einer allgemeinen Schulpflicht, begünstigt sie für die langfristige Armutsbekämpfung

---

[1303] Vgl.: Ebd. S. 19.

[1304] Vgl.: Loch, Karin in: wenn Kinder arbeiten – Pädagogische Intervention zwischen Wertschätzung und Ablehnung. LIT Verlag Berlin 2012, S. 124.

[1305] Vgl.: Großmann, Harald; Knorr, Andreas in: Ordo – Jahrbuch für die Ordnung von Wirtschaft und Gesellschaft, Band 54, Lucius & Lucius Stuttgart 2003, S. 195 – 2018.

unabdingbare wachstumsfördernde und damit wohlstandsmehrende Humankapitalbildung."[1306]

Ein mangelnder Nutzen des Schulbesuchs kann facettenreiche Gründe aufweisen. Dies kann unter anderem an der mangelnden Qualifikation der Lehrkräfte liegen, irrelevante Bildungsinhalte im Unterricht, zu große Entfernungen zur Schule, überfüllte Klassen oder Sprachprobleme ethnischer Minderheiten. Des weiteren kann ein unterentwickelter formeller Arbeitssektor, mit vergleichsweise hohen Eintrittsbarrieren, im Vergleich zu einem informellen Sektor mit niedrigen Qualifikationsanforderungen, weitaus attraktiver erscheinen im Vergleich zu einem defizitären Schulbesuch. Für die Eltern ist es wesentlich einfacher ihre Kinder mit wenigen Qualifikationen im informellen Sektor zu platzieren. Ein generelles Kinderarbeitsverbot würde lediglich den Optionsradius von Kindern einschränken. Das Kinderarbeitsverbot macht lediglich Sinn, wenn dies auf Diskriminierung beruht. Soziale Normen führen in einigen Ländern dieser Welt dazu, dass junge Mädchen der Schulbesuch verweigert wird.

„*In Asien und Afrika ist der hohe Bedarf an Frauenarbeit in der Landwirtschaft, der die Mädchen zwingt, frühzeitig manuelle Aufgaben zu erlernen, wenn Hände und Körper noch flexibel sind. Diese Fähigkeiten müssen Mädchen in bäuerlichen Familien mit in die Heirat bringen.*"[1307]

Ein solch diskretionäres Verbot von Kinderarbeit durchzusetzen, erscheint sehr ambitioniert.[1308] Vielversprechender wäre eine allgemeine

---

1306 Vgl.: Ebd. S. 209.

1307 Vgl.: Independent Commission on Population and Quality life – Visionen für eine bessere Lebensqualität, Springel Basel AG 1998, S. 241.

1308 Vgl.: Onlineportal: Younicef
„In vielen Ländern sind Mädchen und Frauen noch immer benachteiligt. Oft werden sie geringer geschätzt als Jungen und Männer. Diese schlechtere Behandlung zeigt sich in vielen Bereichen. Mädchen haben von klein auf geringere Überlebens- und Entwicklungschancen als Jungen. Mädchen werden oft schlechter ernährt und medizinisch versorgt, sie dürfen seltener zur Schule gehen, sie müssen schwerer arbeiten und sie sind vielfältiger Gewalt ausgesetzt. Zum Beispiel werden sie oft gegen ihren Willen verheiratet und dürfen ihr Leben nicht selbst bestimmen. Mädchen lernen von Anfang an, dass sie sich in ihr Schicksal fügen müssen. Deshalb ist es selbst für erwachsene Frauen nicht leicht, sich zu befreien und ihr Leben in die Hand zu nehmen."
http://www.younicef.de/maedchen.html (06.08.2016).

Schulpflicht die sich an den realen Lebensumständen der Kinder orientiert, einzuführen. Diese muss flexibel gestaltet werden, damit neben dem Schulbesuch, auch einer Tätigkeit nachgegangen werden kann, um den Kindern gerecht zu werden, die auf eine existenzsichernde Einkommenserzielung angewiesen sind. Die Kinderarbeit ist nicht nur ein Phänomen, welches ausschließlich in armen Ländern anzutreffen ist. Die ersten Formen der sektoralen Industrialisierung sorgten bereits dafür, dass Kinder in Industrienationen einer Beschäftigung nachgegangen sind.

39. Abbildung: „Die Sicht eines armen Kindes"[1309]

1309 Vgl.: Onlineportal: Die Industrialisierung – Leben, Arbeit und Umwelt; „Zu allen Zeiten und in allen Kulturen arbeiteten Kinder gemeinsam mit ihren Eltern, sobald sie alt genug dazu waren. Doch durch die Einführung des Fabriksystems wurden die Kinder gezwungen, getrennt von ihren Eltern zu arbeiten. Wegen ihrer Fingerfertigkeit wurden die Kinder bevorzugt. Schon im Alter von fünf oder sechs Jahren wurden sie gezwungen, zwischen 13 und 16 Stunden zu arbeiten. Die armen Kinder wurden oftmals bei gefährlichen Arbeiten, z.B. im Bergbau eingesetzt. Die Kind hatten keine Freiheit mehr und wurden Krank und gerieten in soziale Missstände. Das heißt, die Kinder lernten weder lesen noch schreiben, ebenso litten die Kinder unter sehr schweren Krankheiten. Durch Arbeitsunfälle werden Kinder verletzt oder sterben. Ebenso erkrankten sie häufig durch die ungesunde Umgebung und

Das Ilo Übereinkommen 182 aus dem Jahr 1999, beinhaltet das Verbot der schlimmsten Formen der Kinderarbeit – und zwar für Kinder bis einschließlich des 17 Lebensjahres – und verpflichtet die Staaten dazu, umgehend Maßnahmen zu ihrer Beseitigung zu ergreifen.[1310]

Artikel 3

„Im Sinne dieses Übereinkommens umfaßt der Ausdruck „die schlimmsten Formen der Kinderarbeit":
a) alle Formen der Sklaverei oder alle Sklaverei ähnlichen Praktiken, wie den Verkauf von Kindern und den Kinderhandel, Schuldknechtschaft und Leibeigenschaft sowie Zwangs- oder Pflichtarbeit, einschließlich der Zwangs- oder Pflichtrekrutierung von Kindern für den Einsatz in bewaffneten Konflikten;
b) das Heranziehen, Vermitteln oder Anbieten eines Kindes zur Prostitution, zur Herstellung von Pornographie oder zu pornographischen Darbietungen;
c) das Heranziehen, Vermitteln oder Anbieten eines Kindes zu unerlaubten Tätigkeiten, insbesondere zur Gewinnung von und zum Handel mit Drogen, wie diese in den einschlägigen internationalen Übereinkünften definiert sind;
d) Arbeit, die ihrer Natur nach oder aufgrund der Umstände, unter denen sie verrichtet wird, voraussichtlich für die Gesundheit, die Sicherheit oder die Sittlichkeit von Kindern schädlich ist."[1311]

Kuschnereit spricht im Kontext der schlimmsten Form von Kinderarbeit, explizit von Zwangsarbeit, den Einsatz als Drogenkurier und von Kinderprostitution.[1312] Diesen Missbrauch von Kindern in entwickelten Rechtsstaaten aufzuklären, erscheint bereits sehr diffizil. Es besteht zwar die Option ein wirksames Verbot gegen den Missbrauch zu normieren, welches im Kern, Bestandteil der meisten nationalen Strafgesetzgebun-

weil sie mit giftigen Stoffen hantierten." *http://www.sragg.de/geschichte/Websites/Web%20Industrialisierung/Kinderarbeit.htm* (06.08.2016).

1310 Vgl.: Onlineportal: ILO, *http://www.ilo.org/berlin/presseinformationen/WCMS_221844/lang--de/index.htm* (07.08.2016).

1311 Vgl.: Übereinkommen 182
Übereinkommen über das Verbot und unverzügliche Maßnahmen zur Beseitigung der schlimmsten Formen der Kinderarbeit, 1999. Dieses Übereinkommen ist am 19. November 2000 in Kraft getreten. Ort: Genf, Tagung: 87.

1312 Vgl.: Kuschnereit, Julia 2001, S. 291.

gen ohnehin ist, dennoch wird dieses Verbot von einigen Ländern nicht konsequent umgesetzt. Der Nobelpreisträger Kailash Satyarthi hat im Rahmen der Internationalen Arbeitskonferenz zu einem Bewusstseinswandel aufgerufen:

„*Wenn wir an unsere eigenen Kinder denken, glauben wir, dass sie Doktoren, Ingenieure und Professoren werden – die ganze Welt steht ihnen offen. Aber wenn wir über andere Kinder sprechen, denken wir, ok, das sind arme Kinder, lass' sie arbeiten, wir werden ihnen irgendwann helfen. Lassen Sie uns auch diese Kinder wie unsere eigenen Kinder betrachten*".[1313]

Tätigkeiten die Kinder unter Zwang ausüben müssen, können diese physisch und mental gefährden. Ein generelles Verbot nicht tolerierbarer Arbeitsbedingungen und dadurch ein Verbot dieser Tätigkeiten, für Kinder zu erwirken, jedoch andere Arbeiten mit tolerierbaren Arbeitsbedingungen zu gestatten, ist ohne eine Kompromissbereitschaft auf beiden Seiten nicht zu realisieren. Die ILO hat diesbezüglich eine Definition vorgenommen, welche dem Betrachter als Orientierungshilfe dienen soll, um „child labour" in Kategorien einzuteilen.

"*The term "child labour" is often defined as work that deprives children of their childhood, their potential and their dignity, and that is harmful to physical and mental development. It refers to work that:*

- *is mentally, physically, socially or morally dangerous and harmful to children; and*
- *interferes with their schooling by:*
- *depriving them of the opportunity to attend school;*
- *obliging them to leave school prematurely; or*
- *requiring them to attempt to combine school attendance with excessively long and heavy work.*"[1314]

Jedes Individuum das einer Tätigkeit nachgeht, welches nicht dieser Definition der ILO entspricht, müsste genau genommen, einer akzeptablen Arbeit nachgehen. Die Orientierungshilfe der ILO ist viel zu un-

1313 Vgl.: Onlineportal: ILO, *http://www.ilo.org/berlin/presseinformationen/WCMS_375176/lang--de/index.htm* (07.08.2016).

1314 Vgl.: Onlineportal: ILO, *http://www.ilo.org/ipec/facts/lang--en/index.htm* (07.08.2016).

differenziert formuliert, da eine strikte Trennung zwischen akzeptabel und nicht akzeptabel, nicht wirklich vorgenommen wurde. Im Einführungssatz wird der Terminus „Kinderarbeit „ als eine Form der „Arbeit“ definiert, die den Kindern ihre Kindheit, ihr Potenzial und ihre Würde beraubt. Je nach Auslegung dieser Definition, würden leichte Hausarbeiten, wie zum Beispiel: „Das eigene Zimmer aufräumen“, ebenfalls unter die Kategorie „child labour“ fallen. Das Verbot alleine würde die Lebenssituation der Kinder nicht signifikant verbessern. Es gilt daher die sozioökonomischen Ursachen zu bekämpfen. Constance Thomas, die Direktorin des Internationalen Programms zur Abschaffung der Kinderarbeit (IPEC) der ILO erklärte dazu, dass die wesentliche Ursache von Kinderarbeit, die Armut ist.[1315] Daraus lässt sich ableiten, wie sie zu bekämpfen ist.

„Wir müssen dafür sorgen, dass alle Kinder in die Schule gehen können. Wir brauchen soziale Schutzsysteme zur Unterstützung armer Familien, ganz besonders in Zeiten der Krise. Und wir müssen gewährleisten, dass es genügend menschenwürdige Arbeit für die Erwachsenen gibt. Diese Maßnahmen in Verbindung mit effektiven Gesetzen zum Schutz der Kinder weisen den Weg vorwärts.“[1316]

Es müssen Anstrengungen unternommen werden, den Aktionsradius der Kinder so zu erweitern, das die Option einen Schulabschluss zu erlangen, der Ausübung einer Tätigkeit vorzuziehen ist. Die Entscheidung welche Arbeitsbedingungen für Kinder tolerierbar sind und welche nicht, ist ethisch sehr schwierig zu beantworten. Bei der schlimmsten Form von Kinderarbeit wurde die Frage ausreichend geklärt. Die Frage der tolerierbaren Arbeitsbedingungen muss jedoch bei einer ziel- und systemkonformen Implementierung einer Sozialklausel im Welthandelsrecht geklärt werden. Eine Option wäre es, der nationalen Gesetzgebung die Beantwortung dieser ethisch doch sehr fragwürdigen Definition zu überlassen. Die nationale Rechtsprechung kann die Interessen der einzelnen Sektoren und Regionen eines Landes eher berücksichtigt, als das Welthandelsrecht.

1315 Vgl.: Onlineportal: ILO, *http://www.ilo.org/berlin/presseinformationen/WCMS_209356/lang--de/index.htm* (07.08.2016).

1316 Vgl.: Ebd.

8.3.2 Die Wirkungsanalyse einer Sozialklausel als effektives Durchsetzungsinstrumentarium

Explizit, kommt die hohe Inzidenz der schlimmsten Form von Kinderarbeit nicht im formellen Sektor der Arbeit vor, sondern ist im informellen Sektor wiederzufinden. In diesem Sektor haben die nationalen Gesetze und internationale Konventionen keinerlei Bedeutung. In diesem Kontext wird immer wieder auf die ILO hingewiesen, die nur geringe Durchsetzungskompetenz besitzt und sich vielmehr bei ihrer Arbeit auf die Ausübung moralischen Drucks beschränkt.[1317] Diesen Mangel an Durchsetzungskompetenz, kann eine Implementierung einer Sozialklausel im Welthandelsrecht entgegenwirken. Nur durch universell gültige Normen, kann die Diskrepanz zwischen Recht und Realität überwunden werden. Die Ausgestaltungsmöglichkeiten einer handelspolitischen Maßnahme, bei der Missachtung sozialer Mindeststandards, sind mannigfaltig. Es hängt signifikant davon ab, ob eine Sozialklausel als Abschreckungsszenario oder als Anreizsystem konzipiert wird. In diesem Abschnitt wird untersucht, welches Konzept einer handelspolitischen Maßnahme, im Rahmen einer Sozialklausel, nicht nur ziel- und systemkonform erscheint, sondern auch effektiv nutzbar ist. Das aktuelle Welthandelsrecht und die WTO haben einen umfangreichen Katalog von handelspolitischen Maßnahmen in den letzten Jahrzehnten zusammengestellt. Diese Maßnahmen reichen von Importbeschränkungen resp. Exportbeschränkungen, zu Handelsboykotten, Strafzöllen oder tarifären resp. nichttarifären Handelserleichterungen. Diese differieren nicht nur hinsichtlich ihrer Strahlkraft, diese generieren diverse Nebenwirkungen. Trotz der zahlreichen Ausgestaltungsmöglichkeiten sind handelspolitische Maßnahmen gegen Kinderarbeit in ihrem Radius inhärent begrenzt. Maßnahmen die sich auf eine Branche oder ein Produkt beziehen, richten sich in der Regel an den Exportsektor. Laut der Nichtregierungsorganisation „Terre des hommes", arbeiten etwa zwei Drittel der Kinder unbezahlt in der eigenen Familie, ca. fünf Prozent sind in exportierenden Betrieben beschäftigt. In der Landwirtschaft arbeiten die meisten Kinder, ca. 59 Prozent, in der Industrie 7 Prozent und im Dienstleistungsbereich 32 Prozent, davon 7 Prozent als Hausangestellte.[1318] Wie hoch der Anteil der Kinder ist, die die schlimms-

1317 Vgl.: Kuschnereit, Julia 2001, S. 293.

1318 Vgl.: Onlineportal: Terre des hommes, *http://www.tdh.de/was-wir-tun/arbeitsfelder/kinderarbeit/daten-und-fakten.html* (08.08.2016).

te Form der Kinderarbeit ausführen müssen, lässt sich in der Gesamtzahl nur schätzen. Branchen oder produktbezogene wirtschaftspolitische Maßnahmen, implizieren einen Kontrollmechanismus im Herstellungsprozess. Generell sind Arbeitskontrollen im informellen Sektor, in dem die überwiegende Mehrheit der Kinder einer Tätigkeit nachgeht, nur sehr schwer zu realisieren. Selbst in der Bundesrepublik Deutschland hat man mit dem Problem der „Schwarzarbeit" zu kämpfen.

„Der Strategiewechsel hin zu risikoorientierten Prüfungen führte zu einer verbesserten Effektivität bei der Schwarzarbeitsbekämpfung. Bei rund 400.000 Prüfungen durch die Finanzkontrolle Schwarzarbeit – das waren etwa 30 Prozent weniger als 2014 – wurden mit über 106.000 etwa 3.000 mehr Strafverfahren als im Vorjahr eingeleitet und die aufgedeckte Schadenssumme auf fast 820 Mio. Euro (2014: 795 Mio. Euro) erhöht."[1319]

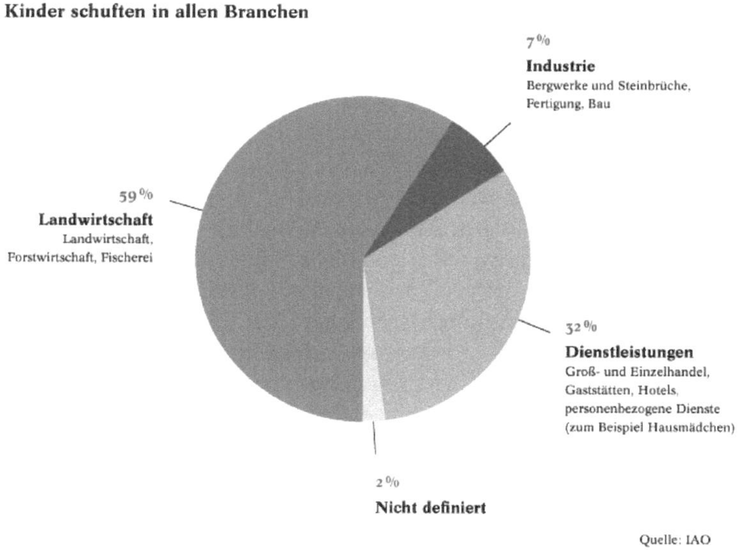

40. Abbildung: Branchenbezogene Kinderarbeit[1320]

1319 Vgl.: Onlineportal: Bundesfinanzministerium; *http://www.bundesfinanzministerium.de/Content/DE/Pressemitteilungen/Finanzpolitik/2016/04/2016-04-11-zoll-pk.html* (09.08.2016).

1320 Vgl.: Onlineportal: Terre des hommes, *http://www.tdh.de/was-wir-tun/ar*

Das deutsche Kinderhilfswerk ist beunruhigt, da Studien eindeutig belegen, dass Kinderarbeit in Deutschland nicht nur existiert, sondern bereits ein Massenphänomen darstellt.

„*Bei den 12 bis 16 jährigen Jugendlichen hat bereits die Hälfte der Befragten neben der Schule gearbeitet. Davon wiederum ging mehr als die Hälfte gegen Bezahlung einer Arbeit nach, die nach dem Jugendarbeitsschutzgesetz verboten ist. Besonders bedenklich ist hier die Situation unter den männlichen Jugendlichen, von denen jeder Zehnte auf Baustellen mit Abrissarbeiten oder anderen schweren Arbeiten beschäftigt war.*“[1321]

Der Fokus einer wirtschaftspolitischen Maßnahme die sich auf das Produkt oder die Branche bezieht, ist sehr stark exportorientiert, und somit auf den formellen Sektor ausgerichtet. Dadurch wird nur ein geringer Anteil der Kinderarbeit erfasst. Aus ökonomischer Perspektive ist der Wirkungsradius einer handelspolitischen Maßnahme von vornherein begrenzt.[1322] Es ist jedoch nicht ganz auszuschließen, in wieweit solch eine Maßnahme auch Auswirkungen auf den Binnensektor herbeiführen kann. Bei der Durchsetzung eines Verbots der schlimmsten Form von Kinderarbeit, durch wirtschaftspolitische Maßnahmen, sind tarifäre oder nichttarifäre Handelserleichterungen kritisch zu beurteilen. Ein Anreizsystem zu etablieren, für Unternehmen die auf den Einsatz von Kindern im Herstellungsprozess verzichten, in Form einer produktbezogenen Zollsenkung, wäre gegenüber den anderen Handelspartner diskriminierend, die von vornherein auf den Einsatz von Kindern im Herstellungsprozess ihrer Waren verzichten. Ein Grundkonsens im WTO-System ist die Nichtdiskriminierung der Mitgliedsstaaten untereinander. Eine Kontingentbeschränkung oder sogar ein Strafzoll, auf Produkte die durch Kinderzwangsarbeit hergestellt wurden, verbessert nicht die Lebenssituation der Kinder und würde die schlimmste Form der Kinderarbeit auch nicht beenden. Durch eine Kontingentbeschränkung oder ein Strafzoll verteuern sich lediglich die Produkte.[1323] Um unerwünschte Nebenwirkungen zu minimieren und dennoch eine ziel- und systemkonforme Durchsetzung einer wirtschaftspoliti-

beitsfelder/kinderarbeit/daten-und-fakten.html (08.08.2016).

1321 Vgl.: Positionspapier 20, MEHR RECHTE ABSICHERN! Kinderarbeit in Deutschland, Deutsches Kinderhilfswerk e. V.

1322 Vgl.: Kuschnereit, Julia 2001, S. 294.

1323 Vgl.: Ebd. S. 295.

schen Maßnahme zu implementieren, erscheinen Importverbote für Produkte die mit Hilfe von Kinderzwangsarbeitern hergestellt wurden, für diskussionswürdig. Das produktbezogene Importverbot richtet sich unmittelbar an die Hersteller, die ihre Waren mit Unterstützung von Kinderzwangsarbeitern produzieren. Dieser produktbezogene Ansatz hat sich bereits in der strategischen Verknüpfung zwischen Handel und Umwelt etabliert.

„Somit werden im Montrealer Protokoll produktbezogene Handelsmaßnahmen festgelegt und produktionsbezogene Handelsmaßnahmen zumindest in Erwägung gezogen.“[1324]

Die unmittelbare Wirkung einer solchen produktbezogenen Handelsmaßnahme ist dichotom. Sie verringert theoretisch den Einsatz von Kindern und wirkt abschreckend auf potentielle Unternehmen, die den Einsatz von Kinderzwangsarbeitern in Erwägung ziehen. Wie bereits bei den Kriterien zu einer ziel- und systemkonformen Implementierung einer Sozialklausel im Welthandelsrecht erörtert wurde, müssen sich bei einem Verstoß gegen die grundlegenden Menschenrechte in der Arbeitswelt, alle Mitgliedsstaaten an dieser produktbezogenen Maßnahme beteiligen. Nur eine universell anerkannte wirtschaftspolitische Maßnahme würde unerwünschte Nebeneffekte minimieren und eine zeitnahe Veränderung der Arbeitsbedingungen bewirken. Bei dem speziellen Aspekt der schlimmsten Form der Kinderarbeit, muss die Lebenssituation der Kinder mitberücksichtigt werden. Bei einer produktbezogenen Handelsmaßnahme offenbart sich folgende Problematik: 1. Es trifft zumeist nur den Exportsektor und somit wird die Reichweite signifikant eingeschränkt. 2. Die zuständigen Organe können nicht durch eine Sichtprüfung feststellen, ob das zu importierende Produkt, mit Hilfe von Kinderzwangsarbeitern hergestellt wurde.[1325] Eine Identi-

---

1324 Vgl.: Rundshagen, Bianca in: Strategische Verknüpfung von Umwelt- und Handelspolitik, Deutscher Universitätsverlag Wiesbaden 2004, 1. Auflage, S. 121.

1325 Vgl.: Onlineportal: Bundesministerium für Umwelt, Naturschutz, Bau und Reaktorsicherheit, *http://www.bmub.bund.de/presse/pressemitteilungen/pm/artikel/montrealer-protokoll-ozonschicht-erholt-sich/* (11.08.2016).
Im Montreal Protokoll wurden explizit schädliche Substanzen verankert, die der Umwelt schaden, wie zum Beispiel das „FCKW“. Durch die Kennzeichnungspflicht ist es für Zollbehörden einfacher, Produkte den Import zu verbieten, wenn diese „FCKW“ enthalten.

fizierung kann lediglich über den Absender erfolgen, dadurch eröffnen sich dem Importeur, wie auch dem Exporteur zahlreiche Möglichkeiten, den Ursprung der Ware zu verschleiern.[1326] Ohnehin wäre es sinnvoller die produktbezogene Handelsmaßnahme auch auf die Vorprodukte auszuweiten. Dies würde jedoch die Identifizierung erheblich erschweren, da in der Regel, die Vorprodukte im informellen Sektor hergestellt werden. Eine realistische Umsetzung eines wirksamen Importverbotes von Waren, die mit Hilfe von Kinderzwangsarbeitern produziert werden, ist nur möglich, wenn mit lokalen Organisationen kooperiert wird. Lokale Organisationen, wie zum Beispiel Gewerkschaften oder andere Nichtregierungsorganisationen verfügen über das Wissen, welche Unternehmen vom Einsatz der Kinderzwangsarbeiter profitieren. Nur durch diese Informationen können diese Unternehmen identifiziert, Kinderzwangsarbeit aufgedeckt und verhindert werden. Im Gegensatz zu einer produktbezogenen Handelsmaßnahme, würde eine branchenbezogene Handelsmaßnahmen, die Unternehmen einer Branche gleichermaßen treffen. Die sanktionierenden Länder würden den Import von Gütern einer Branche, die mit Hilfe von Kinderzwangsarbeitern hergestellt wurden unterbinden. Eine branchenbezogene Handelsmaßnahme, würde theoretisch zur Eliminierung der schlimmsten Form von Kinderarbeit beitragen. Dadurch würde ihre Zielkonformität zunehmen, wenn in einer stark exportorientierten Branche, Kinderzwangsarbeit weit verbreitet wäre. Die Branchenmitglieder würden untereinander Druck ausüben, damit die Handelsmaßnahme schnell beendet wird, so zumindest die Theorie. In der Praxis sind es einzelne kriminelle Unternehmen, die von der Kinderzwangsarbeit profitieren und nicht die gesamte Branche oder die gesamte Volkswirtschaft.

„Obwohl die Kinderarbeit in der Teppichindustrie nur etwa ein bis zwei Prozent der gesamten Kinderarbeit in Indien ausmacht, hat sie besonders negative Auswirkungen auf das Exportimages Indiens.“[1327]

Die Reichweite einer wirtschaftspolitischen Maßnahme nimmt mit der Anzahl der beteiligten Handelspartner signifikant zu, so sind branchenbezogene Handelsmaßnahmen, mit multilateralen Charakter sehr effi-

---

1326 Vgl.: Kuschnereit, Julia 2001, S. 295.

1327 Vgl.: Kuhn, Berthold in: Entwicklungspolitik zwischen Markt und Staat – Möglichkeiten und Grenzen zivilgesellschaftlicher Organisationen, Campus Verlag Frankfurt/NY 2005, S. 332.

zient. Da das Ausweichen der sanktionierten Branche auf alternative Handelspartner erschwert wird. Im Vergleich zu einem produktbezogenem Importverbot, entfällt bei einer branchenbezogenen Handelsmaßnahme die diffizile Produktidentifizierung. Dennoch widerspricht eine branchenbezogene Maßnahme dem Grundkonsens der Nichtdiskriminierung im WTO-Abkommen. Pauschal, eine ganze Branche zu sanktionieren wäre gegenüber den Unternehmen, die Normkonform ihre Produkte herstellen diskriminierend und deshalb von diesen Unternehmen bei den zuständigen Streitschlichtungsorganen, anfechtbar. Eine branchenbezogene Handelsmaßnahme, um die schlimmste Form der Kinderarbeit zu bekämpfen, ist nicht systemkonform und deshalb abzulehnen. Importverbote, die sich auf die gesamte Volkswirtschaft einer Nation beziehen, um die schlimmste Form der Kinderarbeit zu bekämpfen, wären weder ziel- noch systemkonform zu implementieren im Welthandelsrecht. Diskussionswürdig, wäre ein so erheblicher Eingriff in die Souveränität eines Landes, nur dann, wenn dieser in erheblichen Umfang die Kinderzwangsarbeit fördert und alle Bemühungen durch diverse Organisationen die Lebenssituation der Kinder signifikant zu verbessern, fehlgeschlagen wären. Wirtschaftssanktionen müssen Nebeneffekte so gut es geht minimieren, dies ist nur durch eine klare Zielsetzung zu realisieren. In diesem Fall, wäre das Ziel klar definiert: „Die Abschaffung der schlimmsten Form der Kinderarbeit." Dieses beruht auf mehreren internationalen Konventionen.[1328] Der Wirkungsgrad einer Wirtschaftssanktion erhöht sich nur dann, wenn der sanktionierte Staat tatsächlich von seinen Handelspartner isoliert wird.

„Kapitalverkehrsbeschränkungen können entweder indirekt – über eine Verteuerung der Kapitaltransaktion – oder direkt durch Transaktionsverbote erfolgen."[1329]

Die ökonomischen Folgen einer Handelsmaßnahme für das sanktionierte Land sind abhängig von diversen Faktoren. Da sind zum einen, die eigene Wirtschaftskraft und die notwendigen ökonomischen Verflechtungen. So wie die weltweite Bedeutung der Länder, die sich an der Sanktion beteiligen. Zudem benötigen alle wirtschaftspolitischen Maß-

1328 Vgl.: ILO Konvention 138 & 182.

1329 Vgl.: Koch, Eckart in: Globalisierung: Wirtschaft und Politik, Chancen – Risiken – Antworten, Springer Fachmedien Wiesbaden 2014, S. 204.

nahmen, unabhängig von ihrer Gestaltung oder Einbettung in Wirtschaftsabläufe, Zeit, bevor diese ihre gewünschte Wirkung entfalten. Der „trickle up" Effekt ist nicht zeitnah zu erzielen.[1330] In einigen einfachen Sachverhalten kann eventuell die Androhung einer Sanktion zu einer gewünschten Politikveränderung führen. Das Beispiel Russland zeigt jedoch, dass eine Sanktion auch kontraproduktive Resultate erzeugen kann.[1331] Explizit dann, wenn in dem sanktionierten Land, die Bevölkerung sich als „Opfer" sieht und dadurch eine Solidarität generiert wird, die gegen den Feind von „Außen" kämpft. Dies kann dazu führen, dass von innenpolitischen Themen abgelenkt wird und der Sanktionsgrund keine wesentliche Rolle mehr spielt. Inwieweit dieser Effekt eintritt und gesteuert wird, hängt von den nationalen Medien und der Informationspolitik der beteiligten Akteure ab. Ein Staat mit einer nicht besonders starken Wirtschaft und einem schwachen Rechtssystem, toleriert oder ignoriert eher die Existenz von Kinderarbeit. In Staaten, in denen sich die politischen Akteure selbst an der Ausbeutung von Kindern beteiligen, ist das Staatssystem vom Zerfall gekennzeichnet.[1332] Inwiefern wirtschaftspolitische Maßnahmen zur Verhinderung der schlimmsten Form der Kinderarbeit in solchen Ländern zielführend sind, ist daher schwer zu beantworten. Die Zielsetzung und damit die Abschaffung der schlimmsten Form der Kinderarbeit wurden hinreichend spezifiziert und durch internationale Konventionen legitimiert. Die erörterten Korrelationen offenbaren sehr deutlich, dass ein effizi-

1330 Vgl.: Officer, Lawrence H. in: Everyday Economic – Honest Answers to Tough Questions, Palgrave Macmillian USA/NY 2009, P. 106.

1331 Vgl.: Onlineportal: Germany Trade & Invest:
„Im Zuge des Konflikts um die Ukraine hat die Europäische Union Sanktionen gegenüber der Russischen Föderation verhängt. Grund für die Sanktionen sind Handlungen, die die territoriale Unversehrtheit, Souveränität und Unabhängigkeit der Ukraine untergraben oder bedrohen, wie der Anschluss der Krim an die Russische Föderation." *http://www.gtai.de/GTAI/Navigation/DE/Trade/Maerkte/Dossiers/russland-sanktionen,t=1-sanktionen-der-europaeischen-union-gegenueber-russland,did=1263744.html* (13.08.2016).

1332 Vgl.: Onlineportal: Unicef; *https://www.unicef.de/informieren/blog/2015/kindersoldaten-erzaehlen/72156* (13.08.2016).
„Aus der bürgerkriegsgeplagten Zentralafrikanischen Republik gibt es endlich eine gute Nachricht: Bewaffnete Gruppen haben in Bangui eine Vereinbarung unterzeichnet und darin zugesagt, alle Kindersoldaten aus ihren Reihen zu entlassen und keine neuen Kindersoldaten mehr zu rekrutieren."

enter Wirkungsradius einer wirtschaftspolitischen Maßnahme, von den jeweiligen länderspezifischen Ausgangsbedingungen abhängig ist.[1333]

8.3.3 Argumente gegen eine Sanktion der Kinderarbeit

Das generelle Verbot von Kinderarbeit durch eine wirtschaftspolitische Maßnahme, kann unerwünschte Nebeneffekte generieren.[1334] Je effizienter die Durchsetzung eines Verbotes der Kinderarbeit realisiert wird, desto höher ist die Gefahr, dass sich die betroffenen Kinder eine alternative Tätigkeit, voraussichtlich im informellen Sektor suchen, um ein existenzsicherndes Einkommen zu erzielen. Im informellen Sektor sind die Kinder jeglicher staatlicher Kontrolle entzogen und die Arbeitsbedingungen sind weitaus schlechter als die im formellen Sektor. Zudem, im informellen Sektor eine Sanktion nur eine marginale Wirkung erzeugen kann.

„*Selbst wenn Kinder infolge von Sanktionen nicht entlassen werden, ist zu befürchten, dass sich durch entstehende Absatzeinbußen in dem sanktionierten Wirtschaftssektor die Arbeitsbedingungen nicht verbessern oder sich sogar weiter verschlechtern werden.*“[1335]

Nachfolgestudien der UNICEF in Kooperation mit der ILO haben festgestellt, dass ein generelles Kinderarbeitsverbot, welches mit Hilfe von Sanktionen durchgesetzt wurde, in den betroffenen Ländern zur Massenentlassungen der Kinder geführt hat.[1336] Infolgedessen, sind nur wenige dieser Kinder wieder in die Schule gegangen. Die Hälfte von ihnen hat sich eine neue Beschäftigung im informellen Sektor, auf der Straße und in Haushalten gesucht.[1337] Neben den unmittelbaren Konsequenzen für die Kinder, kann ein Handelsboykott der Länder, die Produkte mit Hilfe von Kinderarbeit herstellen, die wirtschaftliche Entwicklung des Landes verringern. Wirtschaftspoltische Maßnahmen zum Schutz der

1333 Vgl.: Kuschnereit, Julia 2001, S. 297.

1334 Blüthner, An dreas 2004, S. 385–386; Kuschnereit Julia 2001, S. 297–298; Bhagwati, Jagdish in: Verteidigung der Globalisierung, Pantheon Verlag 2008, Kapitel 6 ff, Kinderarbeit: Ausgeweitet oder reduziert?

1335 Vgl.: Blüthner, Andreas 2004, S. 386.

1336 Vgl.: Kuschnereit Julia 2001, S. 297.

1337 Vgl.: Ebd.

Kinder, können Handelshemmnisse generieren und dadurch negative Auswirkungen auf die gesamte Volkswirtschaft eines Landes generieren.

„In Wahrheit beschleunigt die Globalisierung – wo immer sie den allgemeinen Wohlstand hebt und zum Abbau der Armut führt – nur den Rückgang der Kinderarbeit und kommt dem Grundschulbesuch und damit der Alphabetisierung zu gute.“[1338]

Erweitert man die Reichweite einer wirtschaftspolitischen Handelsmaßnahme, desto höher sind die Chancen, unbeteiligte Dritte miteinzubeziehen. Zur Rechtsdurchsetzung einer Sanktion ist der Aufbau administrativer und exekutiver Organe notwendig. Negative Handelsmaßnahmen würden die notwendigen ökonomischen Ressourcen im sanktionierten Land reduzieren. Der missbräuchliche Einsatz einer wirtschaftspolitischen Maßnahme steigt signifikant an, wenn diese unilateralen Charakter genießt und die notwendige Transparenz bei ihrer Ausgestaltung nicht vorhanden ist. All diese Argumente negieren ein Verbot der Kinderarbeit.

8.4 Zwischenfazit

Trotz nachvollziehbarer Bedenken bezüglich einer Sozialklausel im WTO-System, explizit zu dem Thema: „Kinderarbeit“, wird eine Implementierung unter Artikel XX GATT Absatz e) empfohlen. Zwar eignet sich eine Sozialklausel nur bedingt bei der Abschaffung der Kinderarbeit, da die Lebenssituation der Kinder durch ein generelles Verbot nicht verbessert wird. In der ILO Deklaration von 1998 heißt es:

„c) die effektive Abschaffung der Kinderarbeit;“

Dies ist eins der vier grundlegenden Menschenechte in der Arbeitswelt. Dieses Recht wird konkretisiert, durch die ILO Konventionen 138[1339] und die ILO Konvention 182[1340]. Dadurch erhöht sich die ziel- und sys-

1338 Vgl.: Bhagwati, Jagdish in: Verteidigung der Globalisierung, Pantheon Verlag 2008, Kapitel 6 ff, Kinderarbeit: Ausgeweitet oder reduziert?

1339 Vgl.: ILO Konvention 138, Übereinkommen über das Mindestalter für die Zulassung zur Beschäftigung, 1973, Genf, Tagung: 58.

1340 Vgl.: ILO Konvention 182, Übereinkommen 182, Übereinkommen über das

temkonforme Implementierung in das Welthandelsrecht. Die besonderen Ausgangsbedingungen von Entwicklungsländern müssen berücksichtigt werden. Dies setzt voraus, dass Ausnahmeregelungen für diese Länder in Betracht gezogen werden. Vorstellbar wäre es, diese wirtschaftlich schwachen Nationen, beim Eintrittsalter zur Beschäftigung, einen größeren Spielraum einzuräumen.

„ILO Übereinkommen 138, Artikel 2

1. Jedes Mitglied, das dieses Übereinkommen ratifiziert, hat in einer seiner Ratifikationsurkunde beigefügten Erklärung ein Mindestalter für die Zulassung zur Beschäftigung oder Arbeit in seinem Gebiet und auf den in seinem Gebiet eingetragenen Verkehrsmitteln anzugeben; vorbehaltlich der Artikel 4 bis 8 dieses Übereinkommens darf niemand vor Erreichung dieses Alters zur Beschäftigung oder Arbeit in irgendeinem Beruf zugelassen werden.
2. Jedes Mitglied, das dieses Übereinkommen ratifiziert hat, kann in der Folge den Generaldirektor des Internationalen Arbeitsamtes durch weitere Erklärungen davon in Kenntnis setzen, daß es ein höheres als das früher angegebene Mindestalter festlegt.
3. Das gemäß Absatz l dieses Artikels anzugebende Mindestalter darf nicht unter dem Alter, in dem die Schulpflicht endet, und auf keinen Fall unter 15 Jahren liegen.
4. Ungeachtet der Bestimmungen in Absatz 3 dieses Artikels kann ein Mitglied, dessen Wirtschaft und schulische Einrichtungen ungenügend entwickelt sind, nach Anhörung der beteiligten Arbeitgeber- und Arbeitnehmerverbände, soweit solche bestehen, anfangs ein Mindestalter von 14 Jahren angeben.
5. Jedes Mitglied, das gemäß den Bestimmungen des vorstehenden Absatzes ein Mindestalter von 14 Jahren angegeben hat, hat in seinen nach Artikel 22 der Verfassung der Internationalen Arbeitsorganisation vorzulegenden Berichten über die Durchführung dieses Übereinkommens anzugeben:
a) daß die Gründe hierfür weiterbestehen oder
b) daß es von einem bestimmten Zeitpunkt an darauf verzichtet, die betreffenden Bestimmungen weiter in Anspruch zu nehmen."

Verbot und unverzügliche Maßnahmen zur Beseitigung der schlimmsten Formen der Kinderarbeit, 1999, Dieses Übereinkommen ist am 19. November 2000 in Kraft getreten, Genf, Tagung: 87

In Art. 2 Abs. 2 darf ein Mitglied, welches diese Übereinkunft ratifiziert hat, vom Mindestalter abweichen. Diskussionswürdig erscheint in diesem Kontext, der Verstoß der bolivianischen Regierung zu diesem Thema.

„Bolivien hat mit Wirkung zum 17. Juli 2014 eine neue Richtlinie für Kinder und Jugendliche (Gesetz Nr. 548, Abschnitt VI) erlassen, das als Ausnahme und offiziell Kinderarbeit ab 10 Jahren erlaubt."[1341]

In Bolivien leben ca. 10 Millionen Menschen, davon ca. 850.000 arbeitende Kinder.[1342] Die Regierung in Bolivien hat dies zum Anlass genommen, die Lebenssituation der Kinder zu verbessern und ihre Arbeit aus der Illegalität in den formellen Sektor zu übertragen. Ein generelles Verbot der Kinderarbeit würde den betroffenen nicht helfen. Bolivien hat nicht die ILO Konvention modifiziert, sie haben zwei Ausnahmen hinzugefügt.

„Nach der neuen Richtlinie kann ein Kind als Ausnahme ab 12 Jahren auf Rechnung eines Arbeitgebers oder ab 10 Jahren auf eigene Rechnung arbeiten. Diese beiden Ausnahmen unterliegen der Bedingung, dass es die Zustimmung seiner Eltern hat, die der Defensoria de la Niñez y Adolescencia und dass die Arbeit weder seiner Erziehung, seiner Gesundheit noch seiner Entwicklung schadet."[1343]

Dadurch wird eine Balance zwischen der ILO Konventionen und der ILO Deklaration von 1998 geschaffen. Die schlimmste Form der Kinderarbeit wird verboten, jedoch wird den besonderen Lebensumständen der Kinder und der wirtschaftlichen Ausgangssituation von Entwicklungsländern Rechnung getragen. Selbstverständlich ist es anzustreben, Kinder lieber eine alternative zur Arbeit anzubieten, da jede Form einer Tätigkeit in jungen Jahren, die Kinder in ihrer Entwicklung behindert. Es reicht auch nicht aus, lediglich das Mindestalter herunter zu setzen, die Arbeitsbedingungen und dazu gehört auch eine gerechte Entlohnung und ein funktionierendes Gesundheitssystem, müssen überwacht und normiert werden. Die Legalisierung der Kinderarbeit wird diese

1341 Vgl.: Onlineportal: Humanium, *http://www.humanium.org/de/neues-gesetz-zur-kinderarbeit-in-bolivien-wenn-aus-illegal-legal-wird/* (15.08.2016).

1342 Vgl.: Ebd.

1343 Vgl.: Ebd.

nicht komplett abschaffen können, sie ermöglicht den Kindern auf sich aufmerksam zu machen und den Schutz vor Missbrauch auszuweiten.[1344] Zur Verbesserung der Lebenssituation arbeitender Kinder können wirtschaftspolitische Handelsmaßnahmen nur sehr begrenzt und nur unter bestimmten Bedingungen etwas beitragen. Im Interesse der betroffenen Kinder ist es unabdingbar, dass die internationale Gemeinschaft ihre Ressourcen für dieses spezielle Segment signifikant aufstockt und diese für den Kampf gegen die schlimmste Form der Kinderarbeit einsetzt. Neben den ökonomischen Bemühungen müssen die technischen Kooperationen mit diversen Nichtregierungsorganisationen forciert werden. Nur durch eine dichotome Strategie lassen sich reformwillige Protagonisten in Entwicklungsländern für eine erfolgreiche exportorientierte Handelspolitik gewinnen, die nicht unter der Beihilfe von Kinderzwangsarbeitern erwirtschaftet wird.

Es bleibt festzuhalten, dass eine Implementierung der vier grundlegenden Menschenrechte in der Arbeitswelt unter Artikel XX GATT Absatz e) zu realisieren ist. Diese muss die besondere Ausgangsposition der Entwicklungsländer und die Lebensumstände im Hinblick der Kinder berücksichtigen. Ein Beispiel zur Ergänzung der ILO Konvention 138 ist der Gesetzentwurf der Bolivianischen Regierung über das Mindestalter für die Zulassung zur Beschäftigung. Die ILO hat zu diesem besonderen Thema ein Handbuch herausgegeben, indem sehr detailliert aufgelistet wird, wie Arbeitgeber und Arbeitnehmer aktiv an der

1344 Vgl.: Onlineportal: Presseportal, Kinderarbeit: Ausbeutung beenden, aber nicht jede Form der Arbeit verbieten Kindergewerkschafter für neues Gesetz in Bolivien.
„*Bonn (ots)* - Gegen ein pauschales Verbot jeglicher Kinderarbeit sprachen sich Vertreter der bolivianischen Kindergewerkschaft UNATsBO (Union der arbeitenden Kinder und Jugendlichen Boliviens) und der Lateinamerikanischen Bewegung arbeitender Kinder und Jugendlicher (MOLACNATs) bei einer Fachtagung der Hilfsorganisationen Kindernothilfe und terre des hommes in Bonn aus. Sie bezogen sich dabei auf die Debatte um das vor knapp einem Jahr beschlossene und international umstrittene bolivianische Kinder- und Jugendgesetz, das im Sinne der arbeitenden Kinder kein generelles Verbot von Kinderarbeit vorsieht.
»Wir haben uns für dieses Gesetz stark gemacht und unsere Forderungen wurden aufgenommen. Wir wollen, dass der Staat uns vor Ausbeutung und gefährlicher Arbeit schützt. Und genauso wollen wir, dass Kinder arbeiten dürfen. Denn viele von uns arbeiten, um zur Schule zu gehen und die Familie zu unterstützen«, sagte die 17-jährige Lourdes Cruz Sánchez von UNATsBO.
„ *http://www.presseportal.de/pm/9646/3035911* (15.08.2016).

Bekämpfung der schlimmsten Form von Kinderarbeit mitwirken können.[1345]

1345 Vgl.: Employers' and workers': handbook on hazardous child labour/International Labour Office, Bureau for Employers' Activities, Bureau for Workers' Activities. - Geneva: ILO, 2011, P. 49.
"The active involvement of employers and workers in combating hazardous child labour requires a step-by-step approach which can encompass the following points:
- Investigation: finding the facts at the local and national level, a watchdog role in bringing abuses to light.
- Institutional development: establishing sustainable structures (such as child labour focal points, units, committees and networks with other organizations), including participation in national child labour steering committees, national child labour action plans, national hazardous child labour lists and so on.
- Policy development: developing and updating policies and plans of action; including promoting policies for youth employment and poverty reduction.
- Training: providing training for employers and workers on combating child labour (for example, on workplace health and safety risk assessment as a means of reducing hazardous child labour).
- Publicizing: publicizing the various forms of child labour and those which put children at most risk.
- Raising awareness: organizing employers' and workers' education and public information activities.
- Campaigning: pressing for enforcement of legislation/standards, public education and consumer action.
- Mobilization: forming alliances with others, as part of a global network working for the elimination of the Worst Forms of Child Labour and to advocate children's right to education and decent work when they reach the minimum age for employment.
- Collective bargaining: ensuring that clauses on child labour, including hazardous child labour, are included in collective bargaining agreements.
- Codes of conduct: ensuring that codes drawn up by employers' organizations, and by trade unions, are implemented."

9 Ergebnis

Vor dem Hintergrund einer immensen Bedeutung der Erwerbsarbeit für das Individuum, nicht nur aus ökonomischer, sondern auch aus sozialpsychologischer Perspektive, da sich die Individuen über die ausgeübte Tätigkeit identifizieren und dadurch ihren Status in der Gesellschaft manifestieren, ist es in einer global vernetzten Welt erforderlich, eine Synchronisation des Arbeitsrechts zu realisieren. Die in dieser Untersuchung dargelegten Modelle und Theorien zum liberalen Welthandel, offenbaren diesbezüglich Defizite. Der liberale Welthandel, hat erst in den letzten Jahren, dass Thema der sozial gerechten Wohlstandsverteilung für sich beansprucht. Primär wurde der Ansatz „Wandel durch Handel" in den Fokus gerückt. Dabei wurde außer Acht gelassen, dass der Welthandel von Individuen geschaffen wurde und somit nicht rational zu erklären ist. Die Ökonomie wird durch funktionale Codes gesteuert, die moralisch indifferent sind. Ein moralischer oder ethisch aufgeladener Diskurs würde lediglich Teilsysteme alarmieren, nicht jedoch gesellschaftlich soziale Aspekte integrieren. Deswegen wurden in den letzten Jahren, immer wieder internationale Rahmenvereinbarungen, parallel zum Welthandelsrecht im ökonomischen System implementiert. Auch wenn diese auf eine breite Resonanz unter den diversen Handelspartner weltweit gestoßen sind, blieben die signifikanten Erfolge im Hinblick einer gerechten Wohlstandsverteilung aus. Diese vermeintlich sozial flankierenden Rahmenvereinbarungen, existierten parallel zum Welthandelssystem und haben in der Regel, nur wenige oder gar keine Sanktionsmöglichkeiten in ihrem Konzept verankert. Im globalen Wirtschaftsmarkt herrschen Bedenken darüber, dass Sozialklauseln im Welthandelsrecht missbraucht werden könnten. Diese Untersuchung hat sich mit der Leitfrage auseinandergesetzt:

„Stellt die Implementierung einer Sozialklausel im Welthandel, einen moralisch imperialistischen Protektionismus gegenüber Entwicklungsländern dar?"

Nach einer umfassenden Analyse dieser sehr komplexen Frage, die nicht nur einer einzelnen Arena zuzuordnen ist, da es zu diversen Überschneidungen der Fachgebiete kommt, kann diese Leitfrage verneint werden. Die Verknüpfung zwischen Trade & Labour im bestehenden Welthandelssystem ist zu realisieren. Diese Untersuchung hat veranschaulicht, wo die Option eines juristischen Kodifikationsortes im Welthandelsrecht existiert und wie eine ziel- und systemkonforme Konzeptionierung bei der Implementierung der grundlegenden Menschenrechte in der Arbeitswelt zu realisieren ist. Selbstverständlich stellt der Kodifikationsort und die Kriterien einer ziel- und systemkonformen Implementierung einer Sozialklausel nur eine Empfehlung dar, da nicht alle Kriterien immer eingehalten werden können, explizit dann nicht, wenn es zu wirtschaftspolitischen Maßnahmen gegenüber anderen Handelspartnern kommt. Diese Inkonsistenz ist nicht zu vermeiden, da die Intention dieser Untersuchung es war, eine Sozialklausel in das bestehende Welthandelssystem zu implementieren und nicht dieses neu zu konzipieren. Die Minimierung von Nebenwirkungen bei wirtschaftspolitischen Maßnahmen sowie die besondere Berücksichtigung der Ausgangsposition und eine adäquate technische Unterstützung von Entwicklungsländern, führen zu einer sozialen Flankierung des Welthandels und würden den Missbrauch von Sozialklauseln signifikant reduzieren. Da es sich wie bereits beschrieben, um einen von Individuen konzipierten Wirtschaftsmarkt handelt und dieser nicht immer rational zu erklären ist, lässt sich ein Missbrauch von Sozialklauseln, nie ganz ausschließen.

10 Literaturverzeichnis

Employers' and workers': handbook on hazardous child labour/International Labour Office, Bureau for Employers' Activities, Bureau for Workers' Activities. - Geneva: ILO, 2011, P. 49.

Bhagwati, Jagdish in: Verteidigung der Globalisierung, Pantheon Verlag 2008, Kapitel 6 ff, Kinderarbeit: Ausgeweitet oder reduziert?

Officer, Lawrence H. in: Everyday Economic – Honest Answers to Tough Questions, Palgrave Macmillian USA/NY 2009, P. 106.

Koch, Eckart in: Globalisierung: Wirtschaft und Politik, Chancen – Risiken – Antworten, Springer Fachmedien Wiesbaden 2014, S. 204.

Kuhn, Berthold in: Entwicklungspolitik zwischen Markt und Staat – Möglichkeiten und Grenzen zivilgesellschaftlicher Organisationen, Campus Verlag Frankfurt/NY 2005, S. 332.

Rundshagen, Bianca in: Strategische Verknüpfung von Umwelt- und Handelspolitik, Deutscher Universitätsverlag Wiesbaden 2004, 1. Auflage, S. 121.

Positionspapier 20, MEHR RECHTE ABSICHERN! Kinderarbeit in Deutschland, Deutsches Kinderhilfswerk e. V.

Independent Commission on Population and Quality life – Visionen für eine bessere Lebensqualität, Springer Basel AG 1998, S. 241.

Großmann, Harald; Knorr, Andreas in: Ordo – Jahrbuch für die Ordnung von Wirtschaft und Gesellschaft, Band 54, Lucius & Lucius Stuttgart 2003, S. 195 – 2018.

Loch, Karin in: wenn Kinder arbeiten – Pädagogische Intervention zwischen Wertschätzung und Ablehnung. LIT Verlag Berlin 2012, S. 124.

Schönfelder, Steffen in: Ökonomie und Arbeitsmarkt – Neoklassische Theorie für spezielle Soziologen, Jena 2010, S. 18.

Basu, Kaushik in: Child labor: cause, consequence, and cure, with remarks on international labor standards, 1998.

International Labour Office ILO. Child labour. Refuting the "nimble fingers" argument. World Work. 1996 Sep-Oct;(17):12-3. PubMed PMID: 12320522.

Kirchhöfer, Dieter in: Kinderarbeit? Ein pädagogisches Fragezeichen? Peter Lang Verlag Frankfurt am Main 2009, S. 11.

Leiz, Melanie in: Kinderarbeit in Bolivien – Eine Notwendigkeit und Chance? Diplomica Verlag GmbH Hamburg 2010, S. 26.

Kuschnereit, Julia in: Handelspolitik gegen Kinderarbeit? Die begrenzte Wirksamkeit von Sozialklauseln, Internationale Politik und Gesellschaft, 2001, S. 287.

Ulbert, Cornelia; Weller, Christopher (Hrsg.) in: Konstruktivistische Analyse der internationalen Politik, Springer Fachmedien Wiesbaden 2005, 1. Auflage, S. 261 ff.

Hankel, Wilhelm; Schachtschneider, Karl Albrecht; Strabatty, Joachim (Hrsg.) in: Der Ökonom als Politiker – Europa, Geld und die soziale Frage, Festschrift für Wilhelm Nölling, Lucius & Lucius Verlagsgesellschaft Stuttgart 2003, S. 154.

Berndt, Michael; Sack, Detlef (Hrsg.) in: Glocal Governce? Voraussetzungen und Formen demokratischer Beteiligung im Zeichen der Globalisierung Westdeutscher Verlag Wiesbaden 2001, 1. Auflage, S. 179 ff.

INTERNATIONAL TRADE LAW; The 73rd Conference of the International Law Association, held in Rio de Janeiro, Brazil, 17–21 August, 2008: RESOLUTION No 5/2008.

Sutherland, Johanna in: International Trade and the GATT/WTO Social Clause: Broadening the Debate, S. 106.

Wt/ds58/ab/rw 22 october 2001, United States – Import prohibition of certain Shrimp and Shrimp products recourse to article 21.5 of the dsu by Malaysia ab-2001-4.
Report of the Committee on External Economic Relations on the introduction of a social clause in the unilateral and multilateral trading System. DOC_EN/RR/243/243101. 6 January 1994, A3-0007/94.

Arndt, Birger in: Das Vorsorgeprinzip im EU-Recht, Mohr Siebeck Tübingen 2009, S. 363.

Binder, Christina in: Die Grenzen der Vertragstreue im Völkerrecht, Springer Verlag Heidelberg 2013, S. 598.

Völker, Christian in: Zur Dogmatik des ordre public – Die Vorbehaltsklauseln bei der Anerkennung fremder gerichtlicher Entscheidungen und ihr Verhältnis zum ordre public des Kollisionsrechts, Duncker & Humblot Berlin 1998, S. 29 ff.

Wang, Zhi- Hue in: Freiheit und Sittlichkeit, Königshausen & Neumann Würzburg 2004, S. 19 ff.

Perkins, Nancey P.; World Trade Organization: United States - Import Prohinition of Certain Shrimp and Shrimp Products, Introductory note; International Legal Materials; 1999; Vol. 38 Nr. 1; 118–120.

Thiedemann, Anke in: WTO und Umwelt – Die Auslegung des Art. XX GATT in der Praxis der GATT/WTO-Streitbeilegungsorgane, LIT Verlag Münster 2005, S. 6.

Volmert, Barbara in: Border Tax Adjustments: Konfliktpotenzial zwischen Umweltschutz und Welthandelsrecht? Kassel University Press GmbH 2011, S. 49.

Report of the Working Party on Border Tax Adjustment adopted on 2. December 1970, L/3464, para. 18.

Krajewski, Markus in: Wirtschaftsvölkerrecht, C. F: Müller Heidelberg 2012, 3 Auflage, S. 108.

Knothe, Danko in: Macht und Möglichkeit – Eingebetteter Unilateralismus in der Handels- und Klimaschutzpolitik der USA, LIT Verlag Berlin 2007, S. 82.

Wenzel, Axel in: Die Fortgeltung der Rechtsprechungsregeln zu den eigenkapital ersetzenden Gesellschafterdarlehen – Eine rechtsmethodische Untersuchung, LIT Band 1, S. 30.

Kropholler, Jan in: Internationales Privatrecht, 6. Auflage, Mohr Siebeck Tübingen 2006, S. 103.

TTIP-READER - Eine Sammlung von Texten und Positionen, 2. Auflage, Forum Umwelt und Entwicklung (Hrsg.), S. 20.

Burgi, Ehlers, Grzeszick, Gurlit, Jestaedt, Möstl, Papier, Pünder, Remmert, Ruffert, Scherzberg, Hans Uwe Erichsen und Dirk Ehlers (Hrsg.) in: Allgemeines Verwaltungsrecht, De Gruyter Recht, 13. Auflage Berlin 2005, S. 291.

Schoch, Frank in: Unbestimmte Rechtsbegriffe im Rahmen des GATT - eine Untersuchung anhand der Regelungen über Dumping und Subventionen, Peter Lang Verlag 1994, S. 60 ff.

Dombois, Rainer in: Industrielle Beziehungen, Jg. 13, Heft Nr. 3, Zeitschrift für Arbeit, Organisation und Management, 2006, S. 251.

Bass, Hans H.; Melchers, Steffen (Hrsg.) in: Neue Instrumente zur sozialen und ökologischen Gestaltung der Globalisierung – Codes of Conduct, Sozialklauseln, nachhaltige Investmentfonds, S. 149.

Otto, Gerhard C. in: Absatzwirtschaft im Industriebetrieb, Gabler Studientexte 2013, S. 95.

Ewringmann, Dieter; Hansmeyer, Karl Heinrich in: Zur Beurteilung von Subventionen, Forschungsbericht des Landes NRW, Nr. 2468, Westdeutscher Verlag 1975, S. 91.

Rennings, Klaus; Brockmann, Karl Ludwig; Koschel, Henrike; Bergmann, Heidi; Kühn, Isabel in: Nachhaltigkeit, Ordnungspolitik und freiwillige Selbstverpflichtung, Physica Verlag Heidelberg 1997, S. 23.

Windfuhr, Michael in: Social Standards in World Trade Law, Economics Bände 55/56, Institute for Scientific Co-operation 1997 S. 113–131.

Henderson D.; Hubert; Palyi, Melchor (Hrsg.) in: Angebot und Nachfrage, Springer Verlag Berlin/Heidelberg 1924, S. 16.

William H. Kaempfer, Anton David Lowenberg in: International economic sanctions: a public choice perspective, Westview 1992.

Hufbauer, Clyde Gary, Schott, J. Jeffrey; Kimberly, Ann Eliot in: Economic – Sanctions – Reconsidered, History and current policy, Second Edition, Institute for International Economics, Washington DC. 1190, S. 93.

Ahlbrecht, Katrin; Bendiek, Annegret; Meyers, Reinhard; Wagner, Sabine in: Konfliktregelung und Friedenssicherung im internationalen System, VS Verlag für Sozialwissenschaften 1. Auflage Wiesbaden 2009, S. 143.

Winterstein, Helmut in: Sozialpolitik mit anderen Vorzeichen, Heft 22, Duncker & Hunblot Berlin 1969, S. 213.

Lachmann, Werner (Hrsg.) in: Volkswirtschaftslehre 2 – Anwendungen, Springer Verlag Berlin/Heidelberg 2. Auflage 2004, S. 48.

Mändle, Eduard in: Grundriß der Volkswirtschaftspolitik, expert Verlag Renningen, Band 19, 1993, S. 86.

Prof. Dr. Seraphim, H. J. (Hrsg.) in: Zur Grundlegung wirtschaftspolitischer Konzeptionen; Prof. Dr. Tuchelt, E. in: Zur Frage der Systemkonformität wirtschaftspolitischer Maßnahmen, Duncker & Humblot Berlin 1960, S. 203 ff.

Nohlen, Dieter; Grotz, Florian (Hrsg.) in: Kleiner Lexikon der Politik, C. H. Beck Verlag München 2007, S. 541.

Christmann, Merle; Christmann, Jürgen in: Außenwirtschaft, Springer Fachmedien Wiesbaden 1994, S. 36.

Koch, Martin in: Verselbständigungsprozesse internationaler Organisationen, VS Verlag Wiesbaden 2008, S. 192.

Mosters, Johannes, Gorning, Gilbert (Hrsg.) in: Ethische Beschaffung- Sekundärzwecke im Zeitalter der Beschaffung, Peter Lang Verlag Frankfurt am Main, Band 88, 2010, S. 27 ff.

Senghass-Knobloch, Eva (Hrsg.) in: Weltweit geltende Arbeitsstandards trotz Globalisierung – Analysen Diagnosen und Einblicke, LIT Verlag Münster 2005, S. 5 ff.

Ott, Andrea in: GATT und WTO im Gemeinschaftsrecht: die Integration des Völkervertragsrechts in die Europäische Gemeinschaftsrechtsordnung am Beispiel des GATT-Vertrags und der WTO-Übereinkünfte: die Integration des Völkervertragsrechts in die Europäische Gemeinschaftsrechtsordnung am Beispiel des GATT-Vertrags und der WTO-Übereinkünfte, Heymann Verlag 1997 ff.

Ünsal, Demet in: Die Ausnahmen von der Meistbegünstigungsklausel zugunsten der Entwicklungsländer im Rahmen des GATT, Herbert UTZ Verlag, München 1999, S. 28 ff.

Herrmann, Christoph; Weiß, Wolfgang, Ohler, Christoph in: Welthandelsrecht, Beck München 2. Auflage 2007, S. 219.

Kadelbach, Stefan in: Allgemeines Verwaltungsrecht unter europäischen Einfluss, Mohr Siebeck Tübingen 1999, S. 82 ff.

Freiherr von Campenhausen, Alexander in: Sozialklauseln im internationalen Handel – Eine entwicklungsvölkerrechtliche Untersuchung insbesondere über Sozialklauseln im internationalen Handelsverkehr und ihre praktische Handhabung, Tenea Verlag Ltd. Bristol, NL Deutschland, Berlin 2005, S. 69 ff.

Heintz, Bettina; Münch Richard, Tyrell, Hartmann (Hrsg.) in: Weltgesellschaft – Theoretische Zugänge und empirische Problemlagen, Lucius & Lucius Verlagsgesellschaft mbh Stuttgart 2005, S. 300.

Tietje, Christian (Hrsg.) in: Internationales Wirtschaftsrecht, Walter de Gruyter GmbH Berlin/Bosten 2. Auflage, S. 194, Rn77.

Graf, Vitzthum Wolfgang; Proelß, Alexander (Hrsg.) in: Völkerrecht, Walther de Gruyter GmbH Berlin/Bosten 7. Auflage, S. Rn 17.

Lorenzmeier, Stefan; Rhode, Christian in: Völkerrecht – Schnell erfasst, Springer Verlag Berlin / Heidelberg 2003, S. 134

Schwartmann, Rolf in: Private im Wirtschaftsvölkerrecht, Mohr Siebeck Tübingen 2005, S. 161.

Sauer, Heiko in: Jurisdiktionskonflikte in Mehrebenensystemen – Die Entwicklung eines Modells zur Lösung von Konflikten zwischen Gerichten unterschiedlicher Ebenen in vernetzten Rechtsordnungen, Springer Verlag Berlin, Heidelberg und NY, Beiträge zum öffentlichen Recht und Völkerrecht 195, S. 215.

Schorkopf, Frank erschienen in: Bergmann, Michael Jan; Mickel, W. Wolfgang (Hrsg.) in: Handlexikon der Europäischen Union. Nomos Baden Baden 2012.

Rieth, Lothar; Glindemann, Oliver in: Praxisorientierte und interdisziplinierte Lehre: Das UN Global Compact – COP Projekt – theorymeetspractice.de; S. 78 ff. Erschienen in: Theis, Fabienne; Klein, Simone (Hrsg.): CSR Bildung Corporate Responsibility als Bildungsaufgabe in Schule, Universität und Weiterbildung; VS Verlag 1. Auflage Wiesbaden 2010.

Mamic, Ivanka in: Implementing Codes of Conduct – How Businesses Manage Social Performance in Global Supply Chains, International Labour Office, CH -1211 Geneva 22, Switzerland 2004,

Rechtsprechung zu Art. 3 Rom-I-VO; Generalanwalt beim EuGH, 20.04.2016 - C-135/15.

Doehring, Karl in: Völkerrecht, 2., neubearbeitete Auflage, C.F. Müller, Heidelberg 2004, Rn 261 f.

Liemen, Erhard in: Erdöl-Produktionsverträge des Iran- Rechtsgrundlage und Praxis der Zusammenarbeit mit transnationalen Unternehmen, Tübingen 1981, S. 150.

Man GRI- Bericht, Corperate Responsibility bei MAN 2015, S. 27.

United Nation Global Compact: Online Application Guideline - Business Organizations, S. 1.

Tettinger, Peter J.; Stern, Klaus (Hrsg.) in: Kölner Gemeinschaftskommentar zur Europäischen Grundrechtecharta, München 2006, S 533.

Becker, P; Leiße, Olaf: Der Konvent zur Ausarbeitung der Europäischen Grundrechtecharta, in: Die Zukunft Europas - Der Konvent zur Zukunft der Europäischen Union, Wiesbaden 2005, S. 41–48.

Olaf, Leiße (Hrsg.) in: Die Europäische Union nach dem Vertrag von Lissabon, Christine Dienel und Sabine Overkämping in: Der Vertrag von Lissabon und die europäische Sozialpolitik, VS Verlag Wiesbaden 1. Auflage 2010, S. 183.

Grupp, Claus; Bergmann (Hrsg.) in: Opt-out-Klausel. Handlexikon der Europäischen Union. Baden-Baden 2011.

Charta der Grundrechte der Europäischen Union, Amtsblatt der Europäischen Union, (2010/C 83/02), Präambel.

Butt, Eric Mark; Kübert, Julia; Schultz, Anne Christiane in: Europäisches Parlament (Hrsg.), Generaldirektion Wissenschaft, Arbeitsdokument – Soziale Grundrechte in Europa, Reihe Soziale Angelegenheiten, Luxembourg 1999, S. 4.

Vertrag über die Arbeitsweise der Europäischen Union, Präambel Absatz 3.

Office of Legal Affairs der Vereinten Nationen ist zitiert bei Humphrey, The UN Charter (FN 28), S. 39 (54 f.).

Harris, Regional Protection of Human Rights 1998, S. 1.4 ff.

Weis, Stefanie; Schmierer, Joscha (Hrsg.) in: Prekäre Staatlichkeit und internationale Ordnung; Klotzle Kurt in: Internationale Strategien gegenüber prekären Staaten: Eine Erweiterung des Instrumentenbaukastens?, VS Verlag Wiesbaden 2007, S. 451.

Townsend, Peter in: Poverty in the United Kingdom - A Survey of Household Resources and Standards of Living, First published 1979, Published simultaneously by Allen Lane, Made and printed in Great Britain by Hazell Watson & Viney Ltd, Aylesbury, Bucks Set in Monotype Times ff.

IAA: Review of annual reports under the follow-up to the ILO Declaration on Fundamental Principles and Rights at Work, a.a.O., Abs. 47; siehe auch Abs. 24, 37 und 67.

Internationale Arbeitskonferenz, 101. Tagung, 2012,ILC.101.IV, Bericht VI, Grundlegende Prinzipien und Rechte bei der Arbeit: Vom Engagement zum Handeln - Wiederkehrende Diskussion im Rahmen der Erklärung der IAO über soziale Gerechtigkeit für eine faire Globalisierung und der Folgemaßnahmen zu der Erklärung über grundlegende Prinzipien und Rechte bei der Arbeit, S. 13, Rn. 31.

Fulda B.; Christian in: Demokratie und pacta sunt servanda, Boosk on Demand GmbH Noderstedt, S 93 ff.

ILO Report Evaluation Mission Coca-Cola bottling plants in Colombia (30 June–11 July 2008); ff.

Dohering, Karl in: Völkerrecht –Ein Lehrbuch, C. F: Müller Verlag Heidelberg, S. neuüberarbeitete Auflage 2004, S. 121 ff.

Härtel, Ines in: Handbuch – Europäische Rechtssetzung, Springer Verlag Berlin/Heidelberg 2006, S. 275.

Gehne, Katja in: Nachhaltige Entwicklung als Rechtsprinzip, Normativer Aussagegehalt rechtstheoretische Einordung, Funktion des Rechts, Mohr Siebeck Tübingen 2011, S. 315.

Hernández, Munoz Fernando in: Legitimität und Legalität im Völkerrecht - Die völkerrechtstheoretische Debatte um die Legitimität Governance – Strukturen, Inaugural-Dissertation zur Erlangung der Doktorwürde der Juristischen Fakultät der Eberhard Karls Universität Tübingen 2011, Drittes Kapitel, Legalität und Legitimationskrise des Völkerrechts ff.

Eichhorn, Peter (Hrsg.) in: Ökologie und Marktwirtschaft – Probleme, Ursachen und Lösungen, Gabler Verlag Wiesbaden 1996; Eibe Riedel in: Grundlagen und Hauptprobleme des internationalen Umweltrechts, S. 150.
Verfassung der Internationalen Arbeitsorganisation und Geschäftsordnung der Internationalen Arbeitskonferenz, Internationales Arbeitsamt, Genf 08/2003, S. 8.

Thalemann, Gero in: Die Soziale Marktwirtschaft der Bundesrepublik Deutschland – ein realisiertes Konzept? Analyse von Genesis, theoretischem Gehalt und praktischer Verwirklichung, Disserta Verlag Hamburg 2011, ff.

van Arnauld, Arnold in: Völkerrecht, C: F: Müller Heidelberg 2012, S. 112, Rn. 281.

Riedel H.; Eibel in: Theorie der Menschrechtsstandards: Funktion, Wirkungsweise und Begründung wirtschaftlicher und sozialer Menschenrechte mit exemplarischer Darstellung der Rechte auf Eigentum und Arbeit in verschiedenen Rechtsordnungen, Duncker & Humblot Berlin 1986, S. 309.

Annex 1. ILO Declaration on Fundamental Principles and Rights at Work and its Follow-up, 2000-01-0003-27A.DOC/v3, S. 29.

Bhagwati N., Jagdish; Hudec, E. Robert in: Fair Trade and Harmonization – Prerequisites for Free Trade? Volum 2 Legal Analysis, Nr. III,

Langille, Alexander Brain in: General Reflections on the Relationship of Trade and Labor, (Or: Fair Trade is Free Trade´s Destiny, S. 231 ff.

Vereinte Nationen: Bericht des Weltgipfels für soziale Entwicklung (Kopenhagen, 6.-12. März 1995), „Kopenhagener Erklärung über soziale Entwicklung und Aktionsprogramm des Weltgipfels für soziale Entwicklung", A/CONF, 166/9, Abs. 54.

Welthandelsorganisation (WTO): „Singapore Ministerial Declaration", 13. Dez. 1996, WT/MIN(96)/DEC, Abs. 4.

Grundlegende Prinzipien und Rechte bei der Arbeit: Vom Engagement zum Handeln - Wiederkehrende Diskussion im Rahmen der Erklärung der IAO über soziale Gerechtigkeit für eine faire Globalisierung und der Folgemaßnahmen zu der Erklärung über grundlegende Prinzipien und Rechte bei der Arbeit, Bericht VI, Internationale Arbeitskonferenz, 101. Tagung, 2012, S. 1.
Erklärung der IAO über grundlegende Prinzipien und Rechte bei der Arbeit und ihre Folgemaßnahmen. Angenommen von der Internationalen Arbeitskonferenz auf ihrer 86. Tagung, Genf 18. Juni 1998.

Addo, Kofi in: Core Labour Standards an International Trade – Lesson from the Regional Context, Springer Verlag Berlin / Heidelberg 2015, ff;

Hamm, Brigitte in: Menschenrechte – Ein Grundlagenbuch, Leske + Budrich Opladen 2003, S. 138.

Fritz, Thomas in: Analyse und Bewertung des EU-Kanada Freihandelsabkommens CETA, Hans Böckler Stiftung (Hrsg.), Projektnummer 2014-779-1, Berlin 26.01.2015, S. 44.

Graf von Westphal, Friedrich; Sandrock, Otto (Hrsg.) in: Lebendiges Recht – Von den Sumerern bis zur Gegenwart, Verlag Recht und Wirtschaft GmbH Heidelberg, Wolfgang Däubler, S. 480 ff.

Gießmann, Hans J; Rinke, Bernhard (Hrsg.) in: Handbuch Frieden, VS Verlag, 1. Auflage 2011, S. 557.

Brox, Hans; Rüthers, Bernd; Henssler, Martin in: Arbeitsrecht, W. Kohlhammer GmbH, Stuttgart, Berlin Köln, 17. Auflage 2007, S. 232, Rn: 656.

Otto, Hansjörg in: Arbeitskampf- und Schlichtungsrecht, Verlag C. H. Beck München 2006, S. 90 ff.

Ley, Gerd in: Arbeitsrecht für Arbeitgeber – Fußangeln und Fallen des Arbeitsrechts erkennen und vermeiden, Tredition GmbH Hamburg 2014, Kapitel 1.1 Das Arbeitsrecht als Recht der Arbeitnehmer ff.

Schienstock, Gerd in: Industrielle Arbeitsbeziehungen, Springer Fachmedien Wiesbaden GmbH 1982, S. 121.

Meß, Christina in: Das Vertragsrecht bei Adam Smith, Peter Lang Verlag Frankfurt am Main, Band 362, 2008.

Schöbener, Burkhard (Hrsg.) in: Grundbegriffe des Rechts – Völkerrecht – Lexikon zentraler Begriffe und Themen, C. F. Müller 2014, S. 288ff.

Struve, Menschenrechte, in: Klenner (Hrsg.), Rechtsphilosophie bei Rotteck/Welcker, 1994, S. 192f.

Sandkühler, Hans Jörg in: Recht und Staat nach menschlichem Maß, Weilerswist 2013, S. 126 ff.

Wege, Joachim in: Positives Recht und sozialer Wandel im demokratischen und sozialem Rechtsstaat, Duncker & Humblot Berlin 1977, S. 140–141.

Lerch, Kent in: Europa und deine Regionen – 2000 Jahre Rechtsgeschichte, (Hrsg.) Bauer, Andreas; Welker, H. L. Karl, Böhlau Verlag Köln, Weimar, Wien 2007, S. 445 ff.

Klug, Ulrich; Ramm, Thilo; Rittner, Fritz; Schmiedel, Burkhard (Hrsg.) in: Gesetzgebungstheorie - Juristische Logik – Zivil- und Prozessrecht, Springer Verlag Berlin, Heidelberg, New York, 1978, S. 296.

Muchlinski, Peter (1997),'Global Bukowina' Examined: Viewing the Multinational Enterprise as a Transnational Law-Making Community.' in G. Teubner (Hrsg.) Global Law Without A State. Aldershot: Dartmouth Gower: 79–108.

Gisbert, Eser in: Das Arbeitsverhältnis im Multinationalen Unternehmen: Arbeitsrecht, Steuerrecht, Sozialversicherungsrecht, Fachmedien Recht und Wirtschaft in Deutscher Fachverlag GmbH; Auflage: 2, 2003, S. 37.

Duden Wirtschaft von A bis Z: Grundlagenwissen für Schule und Studium, Beruf und Alltag. 5. Aufl. Mannheim: Bibliographisches Institut 2013.

Lieckweg, Tania in: Das Recht der Weltgesellschaft – Systemtheoretische Perspektiven auf die Globalisierung des Rechts am Beispiel der lex mercatoria, Lucius & Lucius Verlagsgesellschaft mbH Stuttgart, 2003, S. 16 ff.

Voigt, Rüdiger in: Globalisierung des Rechts. Nomos, Baden-Baden 2000, S. 16.

Albrecht, Günther; Daheim, Hansjürgen; Sack, Fritz in: Soziologie, Sprache – Bezug zur Praxis – Verhältnis zu anderen Wissenschaften, Westdeutscher Verlag Opladen 1973, S. 361.

Braun, Johann in: Einführung in die Rechtswissenschaft, Mohr Siebeck Tübingen, 3. Auflage 2007, S. 55 ff.

Rehbinder, Manfred in: Einführung in die Rechtswissenschaft, Walter de Gryter Berlin, NY, 8. Auflage 1995, S. 6.

Große Hüttmann, Martin; Wehling, Hans-Georg (Hrsg.) in: Das Europalexikon, 2., aktual. Aufl. Bonn: Dietz 2013. Autor des Artikels: J. Siegl

Radbruch, Gustav in: Süddeutsche Juristenzeitschrift, S. 105 ff.

Kaufmann, Arthur in: Problemgeschichte der Rechtsphilosophie, in: Kaufmann/Hassemer/Neumann (Hrsg.) Einführung in die Rechtsphilosophie und Rechtstheorie der Gegenwart 2011, 8. Auflage, S. 26 ff.

Kant, Immanuel in: Metaphysische Anfangsgründe der Rechtslehre, 1797, AB 32, Neuausgabe des ersten Teils der Metaphysik der Sitten. Herausgegeben von Bernd Ludwig, Hamburg 1986, S. 38.

Henke, Christoph in: Über die Evolution des Rechts, Mohr Siebeck Tübingen 2010, S. 28.

Korte, Hermann in: Einführung in die Geschichte der Soziologie, VS Verlag für Sozialwissenschaften, 8. Auflage 2008, S. 169 ff.

Scott, William, Richard in: Institutions and Organizations: Ideas and Interests. 3. Auflage, Sage Publications, Thousand Oaks, 2008.

Klasen, Marisa in: Für das Gemeinwohl? Politische Interessenvermittlung durch Stiftungen: eine organisationstheoretische Analyse der Legitimität, MAECENATA Institut an der Humboldt-Universität zu Berlin (Hrsg.), Opusculum Nr. 60, Dezember 2012,S. 36–37.

Scott, William, Richard in: Isntitutions und Organzations, Sage Publications 1995, S. 33.

Scott, William, Richard in: Grundlagen der Organisationstheorie, Aus dem Amerikanischem übersetzt von Hanne Herkommer, Campus Verlag Frankfurt am Main/NY 1986, S. 89 ff.

Wüstner, Kerstin in: Arbeitswelt und Organisation – Ein interdisziplinärer Ansatz GWV Fachverlag GmbH Wiesbaden, 1 Auflage 2006, S. 46.

Müller-Jentsch, Walther in: Organisationssoziologie – Eine Einführung, Campus Verlag GmbH Frankfurt/NY 2003, S. 12 ff.

Miebach, Bernd in: Organisationstheorie, Problemstellung – Modelle und Entwicklung, Springer Verlag 2. Auflage 2007, 2012, S. 12.

Kieser, Alfred; Walgenbach, Peter in: Organisationen, Schäffer Pöscher Verlag, 4 Auflage 2003, S. 6.

Luhmann, Niklas in: Institutionalisierung – Funktion und Mechanismus im sozialen System der Gesellschaft, in: Schelsky, Zur Theorie der Institution, 1970, 27 ff.

Walgenbach, Peter in: Die normgerechte Organisation: eine Studie über die Entstehung, Verbreitung und Nutzung der DIN EN ISO 9000er Normenreihe, Schäfer – Pöschel 2000, ff.

Curbach, Janina in: Die Corporate Social Responsibility – Bewegung, GWV Fachverlag GmbH Wiesbaden, 1. Auflage 2009, S. 186.

DiMaggio, P.J. *(*1988*)*. Interest and agency in institutional theory. *In* L. G. Zucker *(Ed.)*, Institutional patterns and organizations: Culture and environment *(pp.* 3–21*)*. Cambridge, MA: Ballinger.

Pies, Ingo; Lescke, Martin (Hrsg.) in: Ronald Coase – Transkationskosten Ansatz, Mohr Siebeck Tübingen 2000, ff.

Puchala, Donald in: Institutionalism, Intergovernmentalism and European. A Review Article in: Journal of Common Market Studies 37:2, 1999, P. 317–331.

Reus-Smit, Christian: The Strange Death of Liberal International Theory, in: European Journal of International Law 12: 3, 2001, P. 573–594.

Schubert, Klaus/Martina Klein: Das Politiklexikon. 5., aktual. Aufl. Bonn: Dietz 2011.

Christiansen, Thomas/Jørgensen, Knut E./Wiener, Antje 1999: The Social Construction of Europe, in: Journal of European Public Policy 6: 4, 528–544.

Faber, Anne in: Europäische Integration und politikwissenschaftliche Theoriebildung – Neofunktionalismus und Intergouvernementalismus in der Analyse, Verlag für Sozialwissenschaften, 1. Auflage Wiesbaden 2005, S. 88.

Schieder, Siegfried; Spindler, Manuele in: Theorien der internationalen Beziehungen, VS Verlag für Sozialwissenschaften 2003, S. 169 ff.

Steinhilber, Jochen in: Liberaler Intergouvernementalismus erschienen in: Bieling, Hans-Jürgen; Lerch, Marika (Hrsg.); Steinhilber Jochen in: Theorien der europäischen Integration, Springer Fachmedien, 1. Auflage Wiesbaden 2005, S. 169 ff.

Müller-Jentsch, Walther in: Organisationales Handeln zwischen institutioneller Normierung und strategischem Kalkül. In Schreyögg, Goerg; Conrad, Peter; (Hrsg.): Theorien des Managements, Managementforschung 12, Wiesbaden 1. Auflage 2002, S. 203–209.

Meyer, Renate; Walgenbach, Peter in: Neoinstitutionalistische Organisationstheorie, Kohlhammer GmbH Stuttgart 2008, S. 81–82.

Walgenbach, Peter in: Institutionalistische Ansätze in der Organisationstheorie. In: Kieser, A. (Hrsg.): Organisationstheorien. Stuttgart: Kohlhammer, S. 319–353.

Scherm, Ewald; Pietsch, Gotthard in: Organsiation – Theorie, Gestaltung, Wandel, Oldenbourg Verlag München/Wien 2007, S. 70.

Meyer, W. John; Rowan, Brain in: Institutionalized Organizations: Formal Structure as Myth and Ceremony American Journal of Sociology Vol. 83, No. 2 (Sep., 1977), pp. 340–363.

Fuchs, Werner; Klima, Rolf; Lautmann, Rüdiger; Rammstedt, Otthein; Wienold, Hans in: Lexikon der Soziologie, Westdeutscherverlag Opladen 1973, S. 320.

Müller-Jentsch, Walther in: Arbeits- und Industriesozilogische Studie, Heft 2, Jahrgang 4, Dezember 2011, S. 5–15.

Senge, Konstanze; Hellmann, Uwe Kai (Hrsg.) in: Einführung in den Neo- Institutionalismus, VS Verlag für Sozialwissenschaften Wiesbaden 2006, 1 Auflage, ff.

Meyer, Renate; Walgenbach, Peter in: Neoinstitutionalistische Organisationstheorie, C. H. Beck oHG München, 1 Auflage 2007, S. 11.

Coase, Ronald in: „The Nature of the Firm", Economica, New Series, Vol. 4, No. 16, November 1937, pp. 386–405.

Müller, Thorsten; Platzer, Wolfgang-Hans; Rüb, Stefan in: Internationale Rahmenvereinbarungen – Chancen und Grenzen eines neuen Instruments globaler Gewerkschaftspolitik, Friedrich Ebert Stiftung, Kurzbericht Nr. 08/2008, S. 7.

Hennings, Antje in: Über das Verhältnis von Multinationalen Unternehmen zu Menschenrechten – Eine Bestandsaufnahme aus juristischer Perspektive, Universitätsverlag Göttingen 2009, S. 159.

Deppe, Joachim; Hoffmann, Reiner; Stützel, Wieland (Hrsg.) in: Europäische Betriebsräte – Wege in ein soziales Europa, Campus Verlag Frankfurt/NY 1997, ff.

Bispinck, Reinhard, Schulten, Thomas in: Verbetrieblichung der Tarifpolitik? - Aktuelle Tendenzen und Einschätzungen aus Sicht von Betriebs- und Personalräten, in: WSI-Mitteilungen 03/2003, ff.

Müller-Jentsch, Walther in: Soziologie der industriellen Beziehungen – Eine Einführung, Campus Verlag Frankfurt/NY 1997 ff.

Breisig, Thomas in: Handwörterbuch Arbeitsbeziehungen in der EG, Springer Fachmedien Wiesbaden 1993, S. 1 ff.

Pries, Ludger in: Die Transnationalisierung der sozialen Welt – Sozialräume jenseits der Nationalgesellschaften, Band 2521, Suhrkamp 2008.

Münch, Richard in: Soziologische Theorie, Band 2: Handlungstheorie, Campus Verlag Frankfurt/NY 2002, S. 176.

Müller-Jentsch, Walther in: Strukturwandel der industriellen Beziehungen – Industrial Citizenship- zwischen Markt und Regulierung, GWV Fachverlag GmbH Wiesbaden, 1 Auflage 2007, S. 15 ff.

Haipeter, Thomas in: Tarifabweichungen und Flächentarifverträge – Eine Analyse der Regulierungspraxis in der Metall- und Elektroindustrie, GWV Fachverlag GmbH Wiesbaden, 1. Auflage 2009, S. 23.

Brentano, Lujo; Bräu, Richard (Hrsg.); G. Nutzinger, Hans (Hrsg.) in: Der wirtschaftende Mensch in der Geschichte (1923) - Beiträge zur Geschichte der deutschsprachigen Ökonomie, Metropolis 2008.

Ratz, Ursula in: Arbeitnehmeremanzipation zwischen Karl Marx und Lujo Brentano – Studien zur Geschichte der Arbeiterbewegung und der bürgerlichen Sozialreform in Deutschland, Sozialpolitische Schriften – Heft 73, Duncker & Humblot Berlin 1997, S. 241 ff.

Zimmer, Stefan in: Jenseits von Arbeit und Kapital- Unternehmerverbände im Zweitalter der Globalisierung, Leske + Budrich Opladen 2002, S. 15 ff.

Hauser-Ditz, Axel; Hertwig, Markus; Pries, Ludger; Rampeltshammer, Luitpold in: Transnationale Mitbestimmung? Zur Praxis europäischer Betriebsräte in der Automobilindustrie, Campus Verlag Frankfurt/ New York 2010, S. 108.

Deppe, Joachim; Hoffmann, Reiner; Stützel, Wieland (Hrsg.) in: Europäische Betriebsräte – Wege in ein soziales Europa, Campus Verlag Frankfurt/New York 1997, S. 31.

Hessler, Siglinde in: Arbeitnehmerrechte weltweit stärken? Die Umsetzung der internationalen Rahmenvereinbarung in Mexiko, Campus Verlag Frankfurt/New York 2012, S. 9.
Schröter G., Ham in: Winners and Lossers – Eine kurze Geschichte der Amerikanisierung, Verlag C. H: Beck oHG München 2008, S. 9.

Weber, Lars; Lubk, Claudia; Mayer, Anette (Hrsg.) in: Gesellschaft im Wandel – Aktuelle ökonomische Herausforderung, GWV Fachverlag GmbH Wiesbaden, 1 Auflage 2008, S. 29.

Enders, Theodor in: Grundzüge des internationale Wirtschaftsrechts – Internationales Privatrecht, Europäisches Wirtschaftsrecht, Welthandelsrecht , Lehrbuch, Verlag Franz Wahlen München, Kapitel: Begriff und allgemeine Prinzipien des internationalen Wirtschaftsrechts.

Dahm, Georg; Delbrück, Jost; Wolfrum, Rüdiger in: Völkerrecht Band I/3, 2 Auflage, De Gruyter Recht Berlin 2002, S. 514–515.

Reich, Richard in: Systemsymbiose, Logos Verlag Berlin GmbH 2013, S. 165.

IAB-Kurzbericht 11/2014, S. 1.

Ptak, Ralf in: Vom Ordoliberalismus zur sozialen Marktwirtschaft – Stationen des Neoliberalismus in Deutschland, Springer Fachmedien Wiesbaden GmbH 2004, S. 23 ff.

Stiglitz, Joseph; Charlton, Andrew in: Fair Trade – Agenda für einen gerechten Handel, Murmann Verlag GmbH Hamburg, 1. Auflage September 2006, S. 81 ff.

Fuchs, Dieter; Roller, Edeltraud; Wessels, Bernhard in: Bürger und Demokratie in Ost und West – Studien zur politischen Kultur und zum politischen Prozess, Festschrift für Hans Dieter Klingelmann, Springer Fachmedien Wiesbaden GmbH, 1. Auflage Februar 2002, S. 287 ff.

von Hagen, Jürgen, Welfens, J. J., Paul, Börsch-Supan, Axel (Hrsg.) in: Springers Handbuch der Volkswirtschaftslehre 2 – Wirtschaftspolitik und Weltwirtschaft, Springer Verlag Berlin – Heidelberg, 1997, S. 250.

Overbeek, Henk in: Rivalität und ungleiche Entwicklung – Einführung in die internationale Politik aus der Sicht der internationalen politischen Ökonomie, VS Verlag für Sozialwissenschaften Wiesbaden, 1. Auflage 2008, S. 115.

Woll, A.; Glaubitt, K.; Schäfer, B., H.; (Hrsg.) in: Nationale Entwicklung und internationale Zusammenarbeit – Herausforderung ökonomischer Forschung, Festschrift zum 65. Geburtstag von Willy Kraus, Springer Verlag Berlin, Heidelberg, NY, Tokio 1983, S. 234.

Dr. Richter, Peter in: Der Kapitaltransfer in die unterentwickelten Länder – Theoretische und empirische Analyse seiner Wohlstandswirkungen, Band 6, Duncker & Humblot Berlin 1979, S. 27–28.

Gabler Volkswirtschaftslexikon, 3. Vollständig überarbeitete und aktualisierte Auflage, Springer Fachmedien Wiesbaden GmbH 1990, S. 665.

Kurze, Kristina in: Europas fragile Energiesicherheit – Versorgungskrisen und ihre Bedeutung für die europäische Energiepolitik, LIT Verlag Berlin 2009, S. 59 ff.

Adebahr, Hubertus; Maenning, Wolfgang in: Außenhandel und Weltwirtschaft – Außenwirtschaft Band II, Duncker & Humboldt Berlin 1987, S. 69.

Häring, Norbert in: So funktioniert die Wirtschaft, Haufe Verlag Auflage 1, 2012, S. 32.

Das, P. Sataya in: Microeconomics for Business, Sage Publications Los Angeles, London, New Dehli, Singapore 2007, S. 278.

Gabler Wirtschaftslexikon – Die ganze Welt der Wirtschaft: Betriebswirtschaft – Volkswirtschaft – Recht und Steuern, 15. Auflage, Springer Fachmedien Wiesbaden 2000, S. 3053.

R. G. Lipsey and Kelvin Lancaster in: The General Theory of Second Best
The Review of Economic Studies Vol. 24, No. 1 (1956 - 1957), pp. 11–32

Kleinewefers, Henner in: Einführung in die Wohlfahrtsökonomie – Theorie- Anwendung – Kritik, W. Kohlhammer Verlag GmbH Stuttgart 2008, S. 162 ff.

Darruoch, Jenny in: Marketing Through Turbulent, Palgrave Maximillian UK, 1. Auflage 2010, S. 132.

Norekian, Anne Marie in: Finanzierung und Steuerung öffentlicher Aufgabenwahrnehmung durch Gutscheinsysteme – Theoretische Grundlagen und praktische Erfahrungen unter besonderer Berücksichtigung des Bildungssektors, 1. Auflage, Berliner Wissenschaftsverlag GmbH, Berlin 2008, S. 10.

Giersch, Herbert in: Die offene Gesellschaft und ihre Wirtschaft – Aufsätze und Kommentare aus fünf Jahrzehnten, Murmann Verlag GmbH Hamburg, 1 Auflage März 2006, S. 182 ff.

Azza, Sebastian Anouar: Strategische Handelspolitik als Schlüssel zum Aufbau der chinesischen Automobilindustrie – Analyse der protektionistischen Maßnahmen der Volksrepublik China zur Förderung chinesischer Hersteller von Personenkraftwagen, Diplomica Verlag GmbH Hamburg 2013, S. 22 ff.

Halberstadt, Jantje in: Globale und nationale First-Mover- Vorteile internetbasierter Geschäftsmodelle, Springer Fachmedien Verlag 2014, S. 13.

Güida, Juan Jose in: Mikroökonomie und Management – Die Grundlagen, Verlag W. Kohlhammer GmbH Stuttgart 2009.

Krugman, Paul R., Obstfeld, Maurice in: Internationale Wirtschaft Theorie und Politik der Außenwirtschaft, 8. Aktualisiert Auflage, Person Education Deutschland GmbH 2009.

Happe, Volker; Horn, Gustav; Otto, Kim in: Das Wirtschaftslexikon, Verlag J. W. H. Dietz GmbH Bonn 2009.

Boersch, Cornelius; Westerwelle, Guido (Hrsg.) in: Das Suma Summarum von Politik und Wirtschaft – Ein Überblick über die wichtigsten wirtschaftlich und politischen Auseinandersetzungen der Gegenwart, GWV Fachverlag GmbH Wiesbaden 2009.

Hansen, Hendrik in: Politik und wirtschaftlicher Wettbewerb in der Globalisierung – Kritik der Paradigmendiskussion in der internationalen politischen Ökonomie, VS Verlag für Sozialwissenschaften 1. Auflage 2008.

Rogall, Holger in: Volkswirtschaftslehre für Sozialwissenschaftler – Einführung in eine zukunftsfähige Wirtschaftslehre, 2 Auflage, Springer Fachmedien Wiesbaden 2006/2013.

Stätzel, Ludwig (Hrsg.) Sternberg, Rolf in: Technologiepolitik und Hightech Regionen – ein internationaler Vergleich, LIT Verlag Münster Band 7, 1998.

Bade, Daniel in: Demographischer Wandel und internationale Wettbewerbsfähigkeit Deutschlands – Eine Analyse basierend auf Porters Ansatz, GWV Fachverlag GmbH Wiesbaden 2007.

Borchert, Manfred in: Außenwirtschaftslehre – Theorie und Politik, 3. Überarbeitete und erweiterte Auflage, Gabler GmbH Wiesbaden 1987.

Brentel, Helmut in: Soziale Form und ökonomisches Objekt – Studien zum Gegenstands- und Methodenverständnis der Kritik der politischen Ökonomie, Springer Fachmedien Wiesbaden GmbH 1989.

Dyckhoff, Harald in: Betriebliche Produktion _ Theoretische Grundlagen einer umweltorientierten Produktionswirtschaft, Springer Verlag Berlin /NY 1992.

Dascher, Kristof in: Ökonomie in Bausteinen – Einführung in die Volkswirtschaftslehre, Oldenbourg Verlag München / Wien 2007.

Neumair, Haas in: Internationale Wirtschaft, Oldenbourg Wissenschaftsverlag GmbH 2006.

Hebeisen, Walter in: F. W. Taylor und der Taylorismus – Über das Wirken und die Lehre Taylors und die Kritik am Taylorismus.

Fuchs, Christian in: Krise und Kritik in der Informationsgesellschaft – Arbeiten über Herbert Marcus kapitalistische Entwicklung und Selbstorganisation – Sozial Selbstorganisation im informationsgesellschaftlichen Kapitalismus, 2 Teil, Books on Demand GmbH 2000.

Dr. Ströbele, Wolfgang und Professor PD. Dr. Wacker, Holger in: Außenwirtschaft – Einführung in die Theorie und Politik, R. Oldenbourg Verlag München Wien, 2 überarbeitete Auflage.
Marx, Karl in: Das Kapital – Kritik der politischen Ökonomie, Anaconda Verlag 2009.

Friedmann, Milton in: Capitalism and Freedom: Fortieth Anniversary Edition, University of Chicago Press; Auflage: 40 Anv, 2002.

Glinka, Phillip in: Die Entwicklung moderner wirtschaftswissenschaftlicher Paradigmen im historischen Kontext – Eine Untersuchung zweier Ökonomischer Denkschulen, Diplomica Verlag GmbH 2012.

Moritz, Karls Heinz; Stadtmann, Georg in: Monetäre Außenwirtschaft, Verlag Franz Vahlen GmbH München 2011.

Dr. Sell, Alex in: Einführungen in die internationalen Wirtschaftsbeziehungen, R. Oldenburg Verlag München / Wien, 2 aktualisierte und erweiterte Auflage 2003.

Forstmann, Albrecht in: Die Grundlagen der Außenwirtschaftstheorie, Duncker & Humblot Berlin 1956.

Simon, Herrman in: Hidden Champion – Aufbruch nach Globalia – Die Erfolgsstrategien unbekannter Weltmarktführer, Campus Verlag GmbH Frankfurt/NY 2012.

Ellinger, Julia in: Soziale Mindeststandards im Welthandel – Konkurrierende Problemwahrnehmungen und Lösungskompetenzen von WTO und ILO, Tectum Verlag Marburg 2007.

Vitols, Katrin in: Nachhaltigkeit – Unternehmensverantwortung – Mitbestimmung – Ein Literaturbericht zur Debatte über CSR, Hans Böckler Forschung (Hrsg.) Edition Sigma Berlin 2002.

Brünning, Dietrich in: Wirtschaftswachstum und Menschenwürde – Ein Wiederspruch?, Igel Verlag Oldenburg 1. Auflage 2002, S. 188.

Zempel, Jeanette, Bacher, Johann, Moser, Klaus in: Erwerbslosigkeit – Ursachen, Auswirkungen und Interventionen, Springer Fachmedien Wiesbaden 2001.

Hüsch, Sebastian in: Langeweile bei Heidegger und Kierkegraad – Zum Verhältnis philosophischer und literarischer Darstellung, Narr Franke Attempto Verlag GmbH + Co. KG Tübingen 2014.

Dr. Blüthner, Andreas in: Welthandel und Menschenrechte in der Arbeit, Peter Lang europäischer Verlag der Wissenschaften 2004.

Stadermann, Hans Joachim in: Arbeitslosigkeit im Wohlfahrtsstaat, 2. Erweiterte und aktualisierte Auflage, Tübingen: Mohr 1998.

Hess, D., Hartenstein, W., Smid, M., in: Auswirkungen von Arbeitslosigkeit auf die Familie. Mitteilungen aus der Arbeitsmarkt- und Berufsforschung 1991, 24: 178–192.

Wogawa, Diane in: Missbrauch im Sozialstaat – Eine Analyse des Missbrauchsarguments im politischen Diskurs, Springer Fachmedien Wiesbaden GmbH 2000.

Bogner, Alexander; Littig, Beate; Menz, Wolfgang (Hrsg.) in: Das Experteninterwiew - Theorie, Methode, Anwendung, Springer Fachmedien Wiesbaden 2002

Clark, Andrew, E. in: Unemployment as a social norm: Psychological evidence from panel data. Journal of Labor Economics 21.

Morgenroth, Olaf in: Psychologie der Zeitbewältigung, W. Kohlhammer GmbH Stuttgart, 1. Auflage 2008.

Rogge, Benedikt, G.; in: Entwertete Zeit? Erwerbslosenalltag in Paarbeziehung und Familie. In: Heitkötter, M., Jurczyk, K., Lange, A., und Meier Gräwe, U., (Hrsg.), Zeit für Beziehungen? Zeit und Zeitpolitik für Familien. Opladen Barbara Budrich.

Rogge, Benedikt, G.; und Kieselbach, T.; in: Arbeitslosigkeit und psychische Gesundheit aus zwei theoretischen Perspektiven: soziale Exklusion und sozilogische Identitätstheorie. Arbeit. Schwerpunktheft 4/2009: Erwerbsarbeit und Gesundheit – Stand und Perspektive der Prävention.

Steinmetz, Bernd in: Über den Wandel und das Problem der Arbeitslosigkeit, LIT Verlag Münster 1997.
Fryer, D. M., und Payne, R. L. in: Pro-active behavior in unemployment: Findings and implications. Leisure Studies 3, 1984.

Luedtke, Jens in: Lebensführung in der Arbeitslosigkeit - Veränderungen und Probleme im Umgang mit der Zeit- Life during unemployment – changes and problems in dealing with time, (Hersg.) Voß, G. Günther; Weihrich Margit, Hamp Verlag München 2001.

Seneca in: Bellebaum, Alfred, Langeweile – Überdruss und Lebenssinn, Eine geistesgeschichtliche und kultursoziologische Untersuchung, Westdeutscher Verlag GmbH Opladen 1990.

Hinz, Arnold in: Psychologie der Zeit – Umgang mit Zeit, Zeiterleben und Wohlbefinden, Waxmann Verlag , München, NY, Berlin, Münster 2000.

Luedtke, J. In: Lebensführung in der Arbeitslosigkeit – Veränderungen und Probleme im Umgang mit der Zeit in: Voss, G. G. & Weihrich, M. (Hrsg.) , tagus – tagein. Neue Beiträge zur Soziologie Alltäglicher Lebensführung. Hamp München 2001.

Opaschowski, Horts, W. In: Arbeit. Freizeit. Lebenssinn – Orientierungen für eine Zukunft die längst begonnen hat. Leske und Budrich GmbH Leverkusen 1983.

Wacker Alois in: Differentielle verarbeitungsform von Arbeitslosigkeit; Prokla 53.

Rogge, B.G., Kuhnert, P., & Kastner, M. in: Zeitstruktur, Zeitverwendung und psychisches Wohlbefinden in der Langzeitarbeitslosigkeit. Eine qualitative Studie. In: Brähler, E. & Stöbel-Richter, Y. (Hrsg.), Arbeitswelt und Gesundheit. Psychosozial 2007, Sonderheft 109, S. 85–103.

Paul, Karsten in: The negative mental health effect of unemployment: Meta-analyses of cross-sectional and longitudinal data. *Doctoral dissertation, University of Erlangen-Nürnberg.*

Friedel, Heiko in: Arbeitslosigkeit und Krankheit – Eine gesundheitsökonomische Studie, Tectum Verlag Marburg 2000.

Wacker, Alois in: Arbeitslosigkeit, soziale und psychische Folgen, Europäische Verlagsgesellschaft Frankfurt am Main 1983.
Freud, Sigmund in Hemmung, Symptome, Angst, Fischer Verlag Frankfurt am Main 1926/1992.

Rüegg, Caspar, Johann in: Gehirn, Psyche und Körper – Neurobiologie von Psychosomatik und Psychotherapie – Mit einem Geleitwort von Gerd Rudolf – Schattauer Verlag 4. Auflage Stuttgart 2007.

Freud, Sigmund in: Triebe und Triebschicksale, Das Ich und das ES, Fischer Verlag Frankfurt am Main 1915/1994.

Hohega, Roderich in: Analytisch orientierte Psychotherapie in der Praxis – Diagnostik, Behandlungsplan, Kassenerträge, 4 Auflage, Schattauer GmbH Stuttgart 2008.

Dr. Scherhorn, Gerhard; Professor Dr. Schmölders, Günther in: Forschungsberichte des Landes NRW, Hrsg. Kultusministerium, Methodologische Grundlage der sozialökonomischen Verhaltensforschung, Westdeutscher Verlag Köln + Opladen 1961.

Pissis, Janis in: Kants transzendentale Dialektik – Zu ihrer systematischen Bedeutung, Walter De Gryter GmbH & Co KG Berlin, Boston, 2012.

Schmidt, Manfred G.; Wolf, Frieder; Wurster, Stefan (Hrsg.) in: Studienbuch Politikwissenschaft, Springer VS 2013.

Myers, David G, in: Psychologie, Springer Verlag, 2. erw. u. aktualisierte Auflage 2008.

Heckhausen, Jutta, in: Motivation und Handeln, Springer Verlag, 4., überarb. u. aktualisierte Auflage 2010.

Altmeyer, Martin in: Narzissmus und Objekt – Ein intersubjektives Verständnis der Selbstbezogenheit. Vandenhoeck & Rupprecht Göttingen 2000

Bossinade, Johanna in: Theorie der Sublimation – Ein Schlüssel zur Psychoanalyse und zum Werk Kafkas, Könnigshausen & Neumann GmbH Würzburg 2007.

Freud, Sigmund in: Massenpsychologie und Ich-Analyse, Nikol 2010.

Reichwald, Maar (Hrsg.) in: Mensch und Arbeit im technisch -organisatorischen Wandel, Seisl, Petra in: Der Abbau personeller Überkapazitäten, Unternehmerische Handlungsspielräume- Folgewirkungen - Implikationen für ein Trennungsmanagement, Erich Schmidt Verlag GmbH & Co Berlin 1998

Baumann, Mareike in: Selbst und Fremdbilder von Arbeitslosigkeit, Peter Lang GmbH Internationaler Verlag der Wissenschaften, Frankfurt am Main 2010

Nüchter P, Norbert in: Zur Sozialpsychologie der Arbeitslosigkeit. Individuelle Folgen und psychoanalytische Erklärungsansätze, Tectum Verlag Marburg 1998.

Hessler, Siglinde in: Arbeitnehmerrechte weltweit stärken? Die Umsetzung der internationalen Rahmenvereinbarung in Mexiko, Campus Verlag /Frankfurt/NY 2012.

Neumann, F. Lothar, Schaper, Klaus, Die Sozialordnung der Bundesrepublik Deutschland, Campus Verlag Frankfurt/NY, 5. Auflage 2008

Ricardo, David in: The principles of political Economy and Taxation, Introduction by Kolthammer, F. W. Dover Publication, Inc. Mineola NY, 2004.

Smith, Adam in: Der Wohlstand der Nationen, Band 2 von Die Bibliothek der Wirtschaftsklassiker, FinanzBuch-Verlag, 2006.

Gerhard, Wilke in: John Maynard Keynes - Eine Einführung, Campus Verlag Frankfurt/NY, 2. Aktualisiert Auflage 20012.

Hessler, Siglinde in: Arbeitnehmerrechte weltweit Stärken? Die Umsetzung der internationalen Rahmenvereinbarung in Mexiko, Campus Verlag Frankfurt/NY 2002.

Rothaupt, Gerhard in: Bundesministerium für Wirtschaft und Arbeit; Initiative für eine neue Qualität der Arbeit (Hrsg.) 2003

Luhmann, Niklas (1992) in: Arbeitsteilung und Moral. Durkheims Theorie. Einleitung in Durkheim, Emile. Über soziale Arbeitsteilung. Studie über Organisation höherer Gesellschaften (S. 19–38). Suhrkamp Verlag Frankfurt am Main.

Daheim, Hans Jürgen, Fröhlich, Dieter in: Arbeit und beruf in der modernen Gesellschaft. Rene König Schriften 19, Leske + Budrich Opladen 2002

Nollmann, Gerd, Strasser, Hermann (Hrsg.) in: Das individualisierte Ich in der Modernen Gesellschaft, Campus Verlag GmbH Frankfurt am Main 2004

Rolle, Stefanie in: Work – Life – Balance als Zukunftsaufgabe: Personalbindung und Arbeitszufriedenheit im Kontext der Familienfreundlichkeit. Diplomica Verlag GmbH Hamburg 2012.

Wilkenning, Werner in: Bundesministerium für Wirtschaft und Arbeit – Initiative für eine neue Qualität der Arbeit (Hrsg.) 2003

Hesse, Genevieve in: Die Arbeit nach der Arbeit. Für eine emotionaler Erweiterung des Arbeitsbegriffs. In Mesching Alexander; Stuhr, Mathias (Hrsg.), Arbeit als Lebensstil. Suhrkamp Verlag Frankfurt am Main 2003.

Jahoda, Marie; Lazarsfeld, Paul F.; Zeisel, Hans in: Die Arbeitslosen von Marienthal. Ein soziographischer Versuch über die Wirkungen langandauernder Arbeitslosigkeit, Suhrkamp Verlag Frankfurt am Main 1975.

Alscher, Mareike; Dathe, Dietmar; Priller, Eckhard; Speth, Rudolf In: Bericht zur Lage und den Perspektiven des bürgerschaftlichen Engagements in Deutschland. Wissenschaftszentrum Sozialforschung, Projektgruppe Zivilengagement, Berlin 2009.

Maier, Corinne in: Die Entdeckung der Faulheit. Von der Kunst, bei der Arbeit möglichst wenig zu tun. Goldmann München 2000

Statistik der Bundesagentur für Arbeit, Aktuelle Daten aus der Grundsicherung, Erwerbstätigkeit von erwerbsfähigen Leistungsbeziehern, Oktober 2010 und Juni 2013. In: IAB Kurzbericht 07/2014.

Friedrich-Ebert-Stiftung, Gesprächskreis Migration und Integration, Ulrich Brinkmann, Klaus Dörre, Silke Röbenack (FSU Jena) gemeinsam mit Klaus Kraemer und Frederic Speidel (FIAB Recklinghausen) Prekäre Arbeit Ursachen, Ausmaß, soziale Folgen und Subjektive Verarbeitungsformen unsicherer Beschäftigungsverhältnis Herausgegeben vom Wirtschafts- und sozialpolitischen Forschungs- und Beratungszentrum der Friedrich-Ebert-Stiftung Abteilung Arbeit und Sozialpolitik. Das Gutachten wird von der Abteilung Arbeit und Sozialpolitik der Friedrich-Ebert-Stiftung veröffentlicht. Die Ausführungen und Schlussfolgerungen sind von den Autoren in eigener wissenschaftlicher Verantwortung vorgenommen worden; Herausgeber: Friedrich-Ebert-Stiftung, Wirtschafts- und sozialpolitisches Forschungs- und Beratungszentrum Abteilung Arbeit und Sozialpolitik, D-53170 Bonn, 2009.

Schubert, Klaus/Martina Klein in: Das Politiklexikon. 5 aktual. Aufl. Bonn: Dietz 2011

Mühlbradt, Frank W. in: Wirtschaftslexikon, Daten, Fakten und Zusammenhänge, 7. Aktul. Aufl. Cornelsen Verlag Scriptor GmbH & Co KG Berlin 1989

Zdjelar, Jovan in: Ein Minimum für jeden? Investivlohn, Kombilohn, Mindestlohn. Lohnkonzepte für die Arbeitswelt von Morgen. Tectum Verlag Marburg 2010

Kaltenbach, D. Dominic in: Globalisierung – bleibt das Individuum auf der Strecke? Eine rechts- soziologische Betrachtung der Arbeitswelt, Band 3, Verlag Dr. Kovac, Hamburg 2009

Kocka, Jürgen, Hoffe, Claus (Hrsg.) in: Arbeit früher, heute, morgen: Zur Neuartigkeit der Gegenwart, Campus Verlag Frankfurt am Main 2000

Meyer, Ursula I. in: Der Philosophische Blick auf die Arbeit, Fachverlag, Aachen 2003

Elwert, Georg , Bierwisch, Manfred (Hrsg.) in: Die Rolle der Arbeit in verschiedenen Epochen und Kulturen, Akademie Verlag Berlin 2003

Baruzi, Arno in: Recht auf Arbeit? Sieben philosophische-politische Thesen. Alber Freiburg/München 1983
Böhle, Fritz; Kratzer Nick (2002). Ehrenamt als Arbeit. Eine Betrachtung ehrenamtlicher Tätigkeit aus arbeitssoziologischer Sicht . In Kistler, Ernst; Noll, Heinz-Herbert; Priller, Eckhard (Hrsg.), Perspektiven gesellschaftlichen Zusammenhalts. Empirische Befunde, Praxiserfahrungen, Messkonzepte (s. 275–290): Berlin: Edition Sigma. S. 279.

Moltmann, Jürgen in : Recht auf Arbeit. Sinn der Arbeit. (Hrsg.)Jürgen Moltmann, Kaiser München 1979, S. 78.

Sachs, Jeffrey D. in: Das Ende der Armut. Ein ökonomisches Programm für eine gerechtere Welt. Siedler München 2005, S. 382.

Bierwisch, Manfred (Hrsg.) in: Die Rolle der Arbeit in verschiedenen Epochen und Kulturen. Akademie-Verlag, Berlin 2003, S. 16.

Pries, Ludger in: Erwerbsregulierung in einer globalisierten Welt, VS Verlag für Sozialwissenschaften Wiesbaden, 1. Auflage 2010.

Oexle, Otto Gerhard in: Arbeit, Armut, Stand im Mittelalter. In: Jürgen Kocka – Claus Offe
(Hrsg.), Geschichte und Zukunft der Arbeit, Frankfurt/New York 2000, S. 67–79

Kocka, Jürgen (2003), S. 81; Liesmann, Konrad Paul (2000). Im Schweiße deines Angesichts. Zum Begriff der Arbeit in dem anthropologischen Konzepten der Moderne. In Beck, Ulrich (Hrsg.), Die Zukunft von Arbeit und Demokratie S. 85–107, Suhrkamp Frankfurt am Main, S. 85.

Hausen, Karin in: Arbeit und Geschlecht in: Jürgen Kocka, Claus Offe unter Mitarbeit von Beate Redslob (Hrsg.), Geschichte und Zukunft der Arbeit, Frankfurt/Main, New York 2000, S. 343–361.

Janssens, Angelique in: The History of male breadwinning: a story about economics, power and identy. In Ehmer, Josef; Grebing, Helga;

Gutschner, Peter (Hrsg.) , "Arbeit": Geschichte – Gegenwart – Zukunft (S. 101 – 117). Wien: Akademische Verlagsanstalt. S. 102; Schmitt, Martina (200). S. 7.

Janssens, Angelique (2002). S. 109; Lüdtke, Alf (2002). Über-Leben im 20. Jahrhundert. Krieg und Arbeit in den Lebensläufen von Arbeitnehmerinnen und Arbeitnehmern in Deutschland – mit Vergleichen und Ausblick nach Frankreich und Großbritannien. In Ehmer, Josef; Grebing, Helga; Gutschner Peter (Hrsg.), „Arbeit": Geschichte – Gegenwart – Zukunft (S. 37 – S. 50). Akademische Verlagsanstalt Wien, S. 50.

Janssens, Angelique in: 'Der männliche Alleinernährer. Zur Geschichte einer sozialen Symbolfigur zwischen Ökonomie, Macht und Selbstbild', Jahrbuch für Forschungen zur Geschichte der Arbeiterbewegung (2002), 74–86.

Meier, Christian in: Politik und Anmut: eine wenig zeitgemäße Betrachtung, Hohenheim Verlag 1. Auflage Stuttgart/Leipzig 2000, S. 68.

Bonß, Wolfgang. in: Globalisierung unter soziologischen Perspektiven. In: Voigt, R. (Hrsg.): Globalisierung des Rechts. Baden-Baden: Nomos, 2000b, S. 39 -68.

Biesecker, Adelheid; Winterfeld, Uta in: Vergessene Arbeitswirklichkeiten. In: Beck, Ulrich (Hrsg.), Die Zukunft von Arbeit und Demokratie, S. 269 – 286, Suhrkamp Frankfurt am Main, S. 275.

Strünck, Christoph in: Mit Sicherheit flexibel? Chancen und Risiken neuer Beschäftigungsverhältnisse. Ditz Bonn, S. 67.

Beck, Ulrich in: Risikogesellschaft. Auf dem Weg in eine andere Gesellschaft, Suhrkamp Frankfurt am Main 1986, S. 221

Daheim, Hansjürgen und Günther, Schönbauer in: Soziologie der Arbeitsgesellschaft, Beltz Juventa Verlag, 1. Auflage 1993

Sennet, Richard in: Die Kultur des neuen Kapitalismus. Berlin 2005, Berlin Verlag.

Schmidt-Bleibtreu in: Schmidt-Bleibtreu/Klein, GG, Art. 12 Rn. 6 ff.

Beck, Ulrich in: Die Zukunft von Arbeit und Demokratie, Suhrkamp Verlag Frankfurt am Main 2000, S. 40.

Beck, Ulrich in: Was ist Globalisierung? Irrtümer des Globalismus - Antworten auf Globalisierung, Suhrkamp Verlag Frankfurt am Main 1997, S. 230.

Sennet, Richard in: Der flexible Mensch (1998), bbt Verlag 2000, S. 26.

Schmid, Günther in: Arbeitsplätze der Zukunft: Von standardisierten zu variablen Arbeitsverhältnissen. In Kocka, Jürgen; Offe, Claus (Hrsg.), Geschichte und Zukunft der Arbeit , S. 269–292, Campus Verlag Frankfurt am Main, S. 279.

Rolle, Piere in: Die menschliche Tätigkeit begreifen und nutzen. Qualität der Arbeit, Qualifikation, Kompetenz. In Kilger, Gerhard; Bieneck, Hans-Jürgen (Hrsg.), Neue Qualität der Arbeit. Wie wir morgen arbeiten werden, S. 227–235, Campus Verlag Frankfurt am Main/NY, 2002, S. 233.

Weizer, H; Wacker, Ali; Heinelt, H; in: Leben mit der Arbeitslosigkeit, Aus Politik und Zeitgeschichte 1988, B 38/88.

Altenhain, Claudio (Hrsg.), *Danilina*, Anja (Hrsg.), *Hildebrandt*, Erik (Hrsg.), *Kausch*, Stefan (Hrsg.), *Müller*, Annekathrin (Hrsg.), *Roscher*, Tobias (Hrsg.) in: Von »Neuer Unterschicht« und Prekariat: Gesellschaftliche Verhältnisse und Kategorien im Umbruch. Kritische Perspektiven auf aktuelle Debatten, transcript; Auflage: 1. August 2008 ff.

Conrad, Sebastian; Macamo, Elisio; Zimmermann, Benedicte in: Die Kodifizierung der Arbeit: Individuum, Gesellschaft, Nation In: Geschichte und Zukunft der Arbeit, ed. Jürgen Kocka und Claus Offe, Campus Verlag Frankfurt am Main 2000.

Liebermann, Sascha in: Aus dem Geist der Demokratie- Bedingungsloses Grundeinkommen- Humanities Online Frankfurt 1. Auflage 2015

Beck, Ulrich (Hrsg.): Die Zukunft von Arbeit und Demokratie, Suhrkamp Frankfurt am Main 2000.

Himeoka, Toshiko in: Die „betriebszentrierte" Gesellschaft und die Geschlechterverhältnisse in Japan. In: Jürgen Kocka – Claus Offe (Hrsg.), Geschichte und Zukunft der Arbeit, Frankfurt/New York 2000.

Ruh, Hans in: Von der Arbeitsgesellschaft zur Tätigkeitsgesellschaft. In Becker, Uwe (Hrsg.) in: Weniger Arbeit – Arbeit für alle?, Schüren Marburg 2001.

Schwengel, Herrmann in: Grenzenlose Gesellschaft, Band 2/1: Sektionen. Forschungskomitees. Arbeitsgruppen. Herboltzheim Centaurus 1999.

Elbe, Ingo in: Marx im Westen – Die neue Marxlektüre in der Bundesrepublik seit 1965, 2. Korrigierte Auflage, Akademie Verlag GmbH Berlin 2010.

Walras, Leon in: Elements of the theoretical Economics – or the Theory of Social Wealth, Cambridge University Press 2014.

Ricardo, David in: On the Principles of Political Economy and Taxation, John Muray London 1821, 3 Edition.

Ricardo, David in: An essay on the influence of a low price of corn on the profits of stock, with remarks on Mr. Malthus' two last publications, Verlag John Muray Ausgabe 2, 1815, Original Oxford University Digitalisiert 2008.

Keynes, Maynard, John in: The General Theory of Employment, Interest, and Money, Prometheus Books; Auflage: Reprint 1997.

Naeher, Jürgen in: Einführung in die idealistische Dialektik Hegels, Leske Verlag + Budrich GmbH, Opladen 1981.

Schleiermachers Dialektik in: Die Liebe zu wissen in Philosophie und Theologie, Hrsg.: Helmer, Christine, Kranich, Christiane, Rheme Iffert, Birgit, Mohr & Siebick Verlag Tübingen, 2003.

11 Quellenverzeichnis

Onlineportal: Presseportal, *http://www.presseportal.de/pm/9646/3035911* (15.08.2016).

Onlineportal: Humanium, *http://www.humanium.org/de/neues-gesetz-zur-kinderarbeit-in-bolivien-wenn-aus-illegal-legal-wird/* (15.08.2016).

Onlineportal: Germany Trade & Invest; *http://www.gtai.de/GTAI/Navigation/DE/Trade/Maerkte/Dossiers/russland-sanktionen,t=1-sanktionen-der-europaeischen-union-gegenueber-russland,did=1263744.html* (13.08.2016).

Onlineportal: Bundesministerium für Umwelt, Naturschutz, Bau und Reaktorsicherheit, *http://www.bmub.bund.de/presse/pressemitteilungen/pm/artikel/montrealer-protokoll-ozonschicht-erholt-sich/* (11.08.2016).

Onlineportal: Die Industrialisierung – Leben, Arbeit und Umwelt; *http://www.sragg.de/geschichte/Websites/Web%20Industrialisierung/Kinderarbeit.htm* (06.08.2016).

Onlineportal: VWL; *https://www.teialehrbuch.de/Kostenlose-Kurse/VWL/3.2.14-Klassischer-Arbeitsmarkt-I-Gleichgewicht.html* (05.08.2016).

Onlineportal: Worldbank; Kaushik Basu; Chief Economist and Senior Vice President of the World Bank, Development Economics and Chief Economist. *http://www.worldbank.org/en/about/people/kaushik-basu* (05.08.2016)

Onlineportal: Unicef, *https://www.unicef.de/informieren/blog/2015/kinderarbeit/78828* (03.08.2016).

Onlineportal: terre des hommes; *http://www.tdh.de/was-wir-tun/arbeitsfelder/kinderarbeit/daten-und-fakten.html* (03.08.2016)

Onlineportal: Philosophielexikon, *http://www.philosophie-woerterbuch.de/online-woerterbuch/?tx_gbwbphilosophie_main%5Bentry%5D=825&tx_gbwbphilosophie_main%5Baction%5D=show&tx_gbwbphilosophie_main%5Bcontroller%5D=Lexicon&cHash=65274ca6a875c164e430a101fb71d0ef* (26.07.2016).

Onlineportal: Proverbia iuris, *http://www.proverbia-iuris.de/lex-posterior-derogat-legi-priori/* (17.06.2016).

Onlineportal: Rechtslexikon, *http://www.rechtslexikon.net/d/lex-specialis-derogat-legi-generali/lex-specialis-derogat-legi-generali.htm* (17.07.2016).

Onlineportal: Zeit:
„Der UN-Sicherheitsrat hat weitere harte Sanktionen gegen das kommunistische Nordkorea beschlossen." *http://www.zeit.de/politik/2016-03/sanktionen-nordkorea-un-sicherheitsrat-atomtest* (14.07.2016).

Onlineportal: Internationale Gesellschaft für Menschenrechte (IGFM), *http://www.igfm.de/china/systematische-folter-in-china/* (12.07.2016).

Heidegger, Patrizia in: Am Ende der Produktionskette Textilarbeiterinnen in Bangladesch, *http://bangladesch.org/bangladesch/wirtschaft-und-armut/textilindustrie/textilarbeiterinnen-in-bangladesch.html* (12.07.2016).

Onlineportal: Auswärtiges Amt; *http://www.auswaertiges-amt.de/DE/Aussenpolitik/Laender/Laenderinfos/Sudan/Aussenpolitik_node.html* (10.07.2016).

Onlinedokument: *http://www.uni-heidelberg.de/md/politik/harnisch/person/publikationen/sanktionen_sanktionspolitik_harnischfriedrichs_-_final.pdf* (09.07.2016), S. 1.

Onlineportal: Welt, *http://www.welt.de/wirtschaft/article131024363/Polen-klagt-bei-WTO-gegen-Russlands-Einfuhrstopp.html* (09.07.2016).

Onlineportal: BMWI, *http://www.bmwi.de/DE/Themen/Aussenwirtschaft/Handelspolitik/wto.html* (28.06.2016).

Onlineportal: Proverbia Iuris, *http://www.proverbia-iuris.de/de-lege-ferenda/* (28.06.2016).

Abkommen zur Errichtung der Welthandelsorganisation; Abgeschlossen in Marrakesch am 15. April 1994, von der Bundesversammlung genehmigt am 16. Dezember 1994, Schweizerische Ratifikationsurkunde hinterlegt am 1. Juni 1995, Inkrafttreten für die Schweiz am 1. Juli 1995; (Stand am 7. Dezember 2013).
Onlinedokument: *https://www.admin.ch/opc/de/classified-compilation/19940094/201312070000/0.632.20.pdf* (28.06.2016).

Onlineportal: WTO; Agreement on Safeguards:
"Article 1: General Provision
This Agreement establishes rules for the application of safeguard measures which shall be understood to mean those measures provided for in Article XIX of GATT 1994."; *https://www.wto.org/english/docs_e/legal_e/25-safeg_e.htm* (25.06.2016).

Onlineportal: WTO, DISPUTE SETTLEMENT: APPELLATE BODY
To date, the Appellate Body has issued 136 Reports. The Reports below are listed in reverse chronological order according to the date when the appeal was filed. *https://www.wto.org/english/tratop_e/dispu_e/ab_reports_e.htm* (24.06.2016).

DISPUTE DS46; Brazil — Export Financing Programme for Aircraft:
https://www.wto.org/english/tratop_e/dispu_e/cases_e/1pagesum_e/ds46sum_e.pdf (21.06.2016).

Onlineportal: Das Schema allgemeiner Zollpräferenzen (APS) der EU;
http://ec.europa.eu/taxation_customs/customs/customs_duties/rules_origin/preferential/article_781_de.htm (21.06.2016).

Gesamte Rechtsvorschrift für GATT - Allgemeines Zoll- und Handelsabkommen, Fassung vom 03.11.2015, S. 7; *www.ris.bka.gv.at* (20.06.2016).

Onlineportal: Deutsche Börse, *http://www.boerse-frankfurt.de/inhalt/marktsegmente-reguliertermarkt* (12.06.2016).

Onlineportal: Global Ethic, *http://www.global-ethic-now.de/gen-deu/od_weltethos-und-wirtschaft/od-pdf/03-neue-art/global_compact_factsheet_de.pdf (10.06.2016)*, S. 1.

Onlineportal: Globalcompact, *http://www.globalcompact.de/de/ueber-uns/dgcn-ungc.php?navid=539859539859#anchor_13c756dc_Accordion-1-Menschenrechte* (10.06.2016).

Onlineportal: Europäisches Parlament, *http://www.europarl.de/de/europa_und_sie/europa_vorstellung/grundrechtecharta.html* (06.06.2016).

Onlineportal: Sozialcharta; *http://www.sozialcharta.eu/die-revidierte-europaeische-sozialcharta-9196/* (05.06.2016).

Rechtsprechung zu Art. 5 AEUV: EuGH, 13.02.2014 - C-419/12; Generalanwalt beim EuGH, 26.09.2013 - C-419/12. Onlineportal, *https://dejure.org/gesetze/AEUV/5.html* (05.06.2016).

Onlineportal: IG Metall, *https://www.igmetall.de/flickenteppich-ttip-nicht-ohne-meine-arbeitsnormen.htm* (01.06.2016).

„Die Allgemeine Konferenz der Internationalen Arbeitsorganisation, die in Philadelphia zu ihrer sechsundzwanzigsten Tagung zusammengetreten ist, nimmt heute, am 10. Mai 1944, diese Erklärung über die Ziele und Zwecke der Internationalen Arbeitsorganisation und über die Grundsätze an, welche die Politik ihrer Mitglieder leiten sollten.“; Onlinedokument: *http://www.ilo.org/wcmsp5/groups/public/---europe/---ro-geneva/---ilo berlin/documents/normativeinstrument/wcms_193728.pdf* (29.05.2016.

Onlineportal: WTO, SINGAPORE WTO MINISTERIAL 1996: MINISTERIAL DECLARATION WT/MIN(96)/DEC 18 December 1996. *https://www.wto.org/english/thewto_e/minist_e/min96_e/wtodec_e.htm* 16.05.2016).

Onlineportal: ILO, Ratifications of C105 - Abolition of Forced Labour Convention, 1957 (No. 105), Date of entry into force: 17 Jan 1959, 175 Ratifications, *http://www.ilo.org/dyn/normlex/en/f?p=1000:11300:0::NO:11300:P11300_INSTRUMENT_ID:312250* (13.02016).

Onlineportal: Hans Böckler Stiftung, CETA - Arbeitnehmer kommen zu kurz, *http://www.boeckler.de/53706_53723.htm* (14.05.2016).

Bundestagsdrucksache 14/2350. Deutscher Bundestag, Drucksache 14/9200, 14. Wahlperiode 12. 06. 2002, Schlussbericht der Enquete-Kommission Globalisierung der Weltwirtschaft – Herausforderungen und Antworten, *http://dip21.bundestag.de/dip21/btd/14/092/1409200.pdf* (12.05.2016).

Onlineportal: BMZ, *https://www.bmz.de/de/themen/Unternehmerische_Verantwortung/sozialstandards/kernarbeitsnormen/index.html* (12.05.2016)

Onlineportal: ILO, *http://www.ilo.org/wcmsp5/groups/public/---europe/---ro-geneva/---ilo-berlin/documents/normativeinstrument/wcms_193727.pdf* (11.05.2016).

Onlineportal: ILO, *http://www.ilo.org/dyn/normlex/en/f?p=NORMLEXPUB:12100:0::NO::P12100_INSTRUMENT_ID:312247* (11.05.2016).

Onlineportal: Institut für Menschenrechte, *http://www.institut-fuer-menschenrechte.de/aktuell/news/meldung/article/eugrundrechteagentur-veroeffentlicht-bericht-zu-schwerer-arbeitsausbeutung schlussfolgerungen-fue/* (10.05.2016).

Onlineportal: *http://fra.europa.eu/en/publication/2015/severe-labour-exploitation-workers-moving-within-or-european-union* (10.05.2016).

Onlineportal: DGB, *https://www.dgbrechtsschutz.de/recht/arbeitsrecht/betriebsraete-und-personalraete/behinderung-des-betriebsrats-als-straftat/* (09.05.2016).

Onlineportal: Rechtsanwälte, Normenpyramide im Arbeitsrecht, http://www.rechtsanwaelte-cnh.de/arbeitsrecht/downloads/ArbR-Pyramide.pdf (10.10.08).

Onlineportal: Humanrights, *http://kompass.humanrights.ch/cms/front_content.php?idart=893#marginalie* (02.05.2016).

Paech, Normen in: Menschenrechte versus Völkerrecht – Zum Wandel der Rolle der Menschenrechte in der Völkerrechtsordnung, S. 5., Onlineportal: Norman Paech, *www.norman-paech.de/app/download/5793217378/* (02.05.2016).

Onlineportal: Humanrigths, *http://www.humanrights.ch/de/internationale-menschenrechte/aemr/text/artikel-23-aemr-recht-arbeit-gleichen-lohn* (01.05.2016).

Onlineportal: Institut für Menschenrechte, *http://www.institut-fuer-menschenrechte.de/fileadmin/user_upload/PDF-Dateien/Pakte_Konventionen/ICESCR/icescr_de.pdf* (01.05.2016).

Onlineportal: SSOAR, Eder, Klaus: Die Autorität des Rechts : eine soziale Kritik prozeduraler Rationalität. In: Zeitschrift für Rechtssoziologie 8 (1987), 2, pp. 193–230.
http://www.ssoar.info/ssoar/bitstream/handle/document/1538/ssoar-zrechtssoz-1987-2-eder-die_autoritat_des_rechts.pdf?sequence=1 (28.04.2016).

Onlineportal: ICC, *http://www.iccgermany.de/icc-regeln-und-richtlinien/icc-regeln-zur-streitbeilegung-mediation-guetliche-einigung-schiedsgerichtsbarkeit/internationale-institution-icc schiedsgerichtsbarkeit-in-deutschland/icc-schiedsgerichtsordnung-kosten-internationale-institution-fuer-schiedsger.html* (26.04.2016).

Onlineportal: Lex-Europa, http://eurlex.europa.eu/LexUriServ/LexUriServ.do?uri=OJ:L:2009:122:0028:0044:DE:PDF (27.04.2016).

Onlineportal: Bundesministerium für Justiz und Verbraucherschutz, *https://www.gesetze-im-internet.de/gg/art_2.html* (26.04.2016).

Onlineportal UNI Muenster, *http://www.uni-muenster.de/imperia/md/content/ethnologie/nachrufschott.pdf* (22.04.2016).

Große Hüttmann Martin, Wehling, Hans-Georg (Hrsg.) in: Das Europalexikon, 2., aktual. Aufl. Bonn: Dietz 2013. Autor des Artikels: J. Siegl.

Onlineportal: UNI Tübingen, *https://publikationen.unituebingen.de/xmlui/bitstream/handle/10900/43690/pdf/Diss.PDF* (21.04.2016), S. 8 ff.

Onlineportal: LEMO, *https://www.dhm.de/lemo/biografie/biografie-gustav-radbruch.html* (21.04.2016).

Onlineportal: UNI Goettingen, *http://www.rechtsphilosophie.uni-goettingen.de/Wissenschaftl.%20 Veroeffentlichungen10.2015.pdf* (21.04.2016).

Onlineportal: FAZ, *http://www.faz.net/aktuell/feuilleton/forschung-und-lehre/voelkerrecht-im-wandel-die-stimme-der-hegemonen-14148813.html* (20.04.2016).

Onlineportal: ILO, *http://www.ilo.org/berlin/presseinformationen/WCMS_250932/lang--de/index.htm* (19.04.2016).

Onlineportal: Tagesschau, *https://www.tagesschau.de/ausland/bolivien-kinderarbeit-102.html* (19.04.2016).

Onlineportal: Stanford University, *https://sociology.stanford.edu/people/w-richard-scott* (17.04.2016).

Onlineportal: Onpulson, *http://www.onpulson.de/lexikon/organisation/* (16.04.2016).

Onlineportal: Nobelprize, *http://www.nobelprize.org/nobel_prizes/economic-sciences/laureates/1991/coase-bio.html* (06.04.2016).

Onlineportal: Golem, *http://www.golem.de/news/apple-produktion-kampagne-fuer-bessere-arbeitsbedingungen-in-iphone-produktion-1403-105112.html* (30.03.2016).

Onlineportal: Fairtrade, *http://www.fairtrade.de/cms/media//pdf/150505_wfto-standards_d_logo.pdf* (30.03.2016), S. 1 ff.

Onlineportal: Global Compact, *http://www.globalcompact.de/de/ueber-uns/dgcn-ungc.php?navid=1243194933573* (29.03.2016).

Onlineportal: BMZ, *https://www.bmz.de/de/themen/Unternehmerische_Verantwortung/sozialstandards/verhaltenskodizes/* (28.03.2016).

Onlineportal: Stuttgarter Zeitung, *http://www.stuttgarter-zeitung.de/inhalt.unbefristeter-kitastreik-eltern-ueben-scharfe-kritik-an-verdi.1dfa2446-504c-4899-9d6d-84f3e80db064.html* (28.03.2016).

Onlineportal: Focus, *http://www.focus.de/finanzen/news/bahn-streik-im-live-ticker-bahn-streik-verursachte-hunderte-kilometer-lange stauschlangen_id_4674046.html* (27.03.2016).

Onlineportal: Hans Böckler Stiftung, *http://www.boeckler.de/pdf/p_arbp_027.pdf* (26.03.2016).

Onlineportal: DGB, *http://images.google.de/imgres?imgurl=http%3A%2F%2Fwww.einblickarchiv.dgb.de%2Fgrafiken%2F2000%2F06%2Fg000603.jpg%2Ftimage_view_raw&imgrefurl=http%3A%2F%2Fwww.einblickarchiv.dgb.de%2Fgrafiken%2F2000%2F06%2Fgrafik03&h=260&w=470&tbnid=uhOvpnXa7LWN2M%3A&docid=04f3uchHhLUZzM&ei=Dmn2VsmaMIXhaJWOrfgJ&tbm=isch&iact=rc&uact=3&dur=2700&page=3&start=109&ndsp=61&ved=0ahUKEwjJ2bfklt7LAhWFMB0KHRVHC584ZBCtAwipATA3* (26.03.2016).

Onlineportal: Gesetze im Internet, *https://www.gesetze-im-internet.de/bundesrecht/ebrg/gesamt.pdf* (26.03.2017).

Onlineportal: USTR, *https://ustr.gov/issue-areas/trade-development/preference-programs/generalized-system-preference-gsp* (25.03.2016).

https://menschenrechtsverfahren.files.wordpress.com/2009/12/ilo-verfassung.pdf (24.03.2016).

Onlineportal: Deutscher Gewerkschaftsbund (DGB), *http://www.dgb.de/themen/++co++c64bd60c-8acb-11e0-5636-00188b4dc422/@@dossier.html* (24.03.2016).

Onlineportal: ILO, *http://www.ilo.org/dyn/normlex/en/f?p=1000:10011:0::NO:10011:P10011_DISPLAY_BY,P10011_CONVENTION_TYPE_CODE:2,F* (24.03.2016).

Onlineportal: ILO, *http://www.ilo.org/wcmsp5/groups/public/---europe/---ro-geneva/---ilo-berlin/documents/genericdocument/wcms_100192.pdf* (22.03.2016).

Onlineportal: ILO, *http://www.ilo.org/wcmsp5/groups/public/---europe/---ro-geneva/---ilo-berlin/documents/normativeinstrument/wcms_193727.pdf* (22.03.2016).

Onlineportal: ILO, *http://www.ilo.org/wcmsp5/groups/public/---europe/---ro-geneva/---ilo-berlin/documents/normativeinstrument/wcms_193728.pdf* (22.03.2016), S. 1.

Onlineportal: ILO, *http://www.ilo.org/wcmsp5/groups/public/---europe/---ro-geneva/---ilo-berlin/documents/genericdocument/wcms_193725.pdf* (22.03.2016).

Onlineportal: International Labour Organization, *http://www.ilo.org/berlin/wir-uber-uns/lang--de/index.htm* (22.03.2016).

Onlineportal: UNO, *https://www.unric.org/de/charta* (22.03.2016).

Onlineportal, Coffee-Fairday, *http://www.coffee-fairday.de/* (15.03.2016).
Onlineportal: Deutsche Wirtschaftsnachrichten, *http://deutsche-wirtschafts-nachrichten.de/2014/06/02/zahl-der-tarifvertraege-sinkt-weiter/* (14.03.2016).

Onlineportal: Germanwatch, *http://germanwatch.org/de/11358* (20.02.2016.

Onlineportal: Handelsblatt, *http://www.handelsblatt.com/sport/fussball/tausende-tote-auf-wm-baustellen-der-tribut-von-katar/9636274.html* (20.02.2016.

Onlineportal: Bundesministerium der Justiz und Verbraucherschutz, *http://www.gesetze-im-internet.de/kultgschg/index.html* (13.02.2016).

Onlineportal: Focus, *http://www.focus.de/wissen/mensch/sie-fliehen-vor-einem-moerderischen-buergerkrieg-welche-kultur-bringen-die-syrischen-fluechtlinge-mit_id_5017600.html* (13.02.2016).

Fukuyama, Francis in: Onlineportal, Marxist.org, *https://www.marxists.org/reference/subject/philosophy/works/us/fukuyama.htm* (13.02.2016).

Onlineportal: Wirtschaftslexikon24, *http://www.wirtschaftslexikon24.com/d/internationales-wirtschaftsrecht/internationales-wirtschaftsrecht.htm* (12.02.2016).

Onlineportal: Europäische Union, *http://europa.eu/eu-law/decision-making/treaties/index_de.htm* (12.02.2016).

Onlineportal: Europaparlament, *http://www.europarl.europa.eu/brussels/website/media/Definitionen/Pdf/Souveraenitaet.pdf* (12.02.2016).

Onlineportal: FAZ, *http://images.google.de/imgres?imgurl=http%3A%2F%2Fmedia1.faz.net%2Fppmedia%2Faktuell%2F1618893830%2F1.2176727%2Farticle_teaser_marginal%2Fdie-zahl-der-aufstocker-in.gif&imgrefurl=http%3A%2F%2Fwww.faz.net%2Faktuell%2Fwirtschaft%2Fwirtschaftspolitik%2Farmut-und-reichtum%2Farbeiten-und-hartz-iv-weniger-aufstocker-in-deutschland-12176605.html&h=163&w=290&tbnid=wDWvTHaHJvcCM%3A&docid=QcPR5VCY8v4zQM&ei=Wx7VorAF8SHPovCk8AG&tbm=isch&iact=rc&uact=3&dur=298&page=1&start=0&ndsp=38&ved=0ahUKEwjK2eCZjOKAhXEgw8KHQvhBGgQrQMIUTAR* (10.02.2016).

Onlineportal: Welt, *http://www.welt.de/wirtschaft/article129700004/Die-Einkommenskluft-in-Deutschland-wird-groesser.html* (10.02.2016).

Onlineportal: OECD, *http://www.oecd.org/berlin/presse/oecd-sozialbericht-einkommensungleichheit-in-deutschland-im-mittelfeld-vermoegensungleichheit-hoch.htm* (10.02.2016).

Onlineportal: Bundeszentrale für politische Bildung; *https://www.bpb.de/nachschlagen/lexika/lexikon-der-wirtschaft/20234/ordoliberalismus* (08.02.2016).

Onlineportal: BMZ; *http://www.bmz.de/de/themen/goodgovernance/* (08.02.2016).

Onlineportal: Bundesministerium für wirtschaftliche Zusammenarbeit und Entwicklung; *http://www.bmz.de/de/ministerium/wege/multilaterale_ez/akteure/G20/index.html?follow=adword* (08.02.2016).

Onlineportal: Gabler Wirtschaftslexikon:*http://wirtschaftslexikon.gabler.de/Definition/rybczynski-theorem.html* (06.02.2016).

Onlineportal: Tagesspiegel, *http://www.tagesspiegel.de/advertorials/ots/saudi-arabia-general-investment-authority-sagia-schwankende-rohstoffpreise-verstaerken-die-neigung-zu-nachhaltigem-wachstum-und-zu-diversifizierung/12813632.html* (06.02.2016).

Onlineportal Finanzen.net, *http://www.finanzen.net/rohstoffe/* (06.02.2016).

Onlineportal: Handelsblatt in: Sinkende Rohstoffpreise lösen Ängste aus, *http://www.handelsblatt.com/finanzen/maerkte/marktberichte/sinkende-rohstoffpreise-loesen-aengste-aus-us-boersen-unter-druck-seite-2/2416718-2.html* (05.02.2016).
Onlineportal,: Britanica, *http://www.britannica.com/biography/Hans-Wolfgang-Singer* (05.02.2016).

Onlineportal: Prebisch, *http://prebisch.cepal.org/en/prebisch-and-eclac* (05.02.2016).

Onlineportal: Frankfurter Rundschau, *http://www.fr-online.de/meinung/pro---contra-wird-deutschlands-freiheit-am-hindukusch-verteidigt-,1472602,24221986.html* (04.02.2016).

Onlineportal: AGA, *http://www.agaportal.de/pages/portal/index.html* (03.02.2016).

Onlineportal: waffenexporte.org, *http://www.waffenexporte.org/* (03.02.2016).

Onlineportal: Bundesfinanzministerium, *https://www.bundesfinanzministerium.de/Content/DE/Monatsberichte/2015/10/Inhalte/Kapitel-3-Analysen/3-3-beps-gewinnverkuerzung-und-gewinnverlagerung.html?nn=203430#doc429962bodyText2* (02.02.2016).

Reinhard, Kim in: Internationale Arbeitsstandards in grenzüberschreitenden Vertriebs- und Produktionsprozessen – Am Beispiel der Textilindustrie in Bangladesch ISPM Arbeitspapier Nr. 5, *http://www.ispm-bremen.de/fileadmin/download/forschung/pdf/ISPM_Glokal_Arbeitspapiere/ISPM_AP_5_Reinhard_Kim.pdf* (02.02.2016).

Onlineportal: Badische Zeitung, *http://www.badische-zeitung.de/deutschland-1/der-druck-nimmt-zu--31116674.html* (02.02.2016).

Onlineportal: Die Welt, *http://www.welt.de/wirtschaft/article123130281/Verband-sieht-ungebremste-Armutsentwicklung.html* (02.02.2016).

Onlineportal: Der Tagesspiegel, *http://www.tagesspiegel.de/berlin/berliner-senat-plant-haushaltskuerzung-zu-wenig-geld-fuer-die-grossen-plaene-mit-tegel/12375016.html* (01.02.2016).
Onlineportal: Wirtschaftslexikon, *http://wirtschaftslexikon.gabler.de/Definition/groessenvorteile.html* (01.02.2016).

Onlineportal: Gabler Wirtschaftslexikon, *http://wirtschaftslexikon.gabler.de/Definition/internalisierung-externer-effekte.html* (30.01.2016).

Onlineportal: Germany Trade & Invest, *http://www.gtai.de/GTAI/Navigation/DE/Trade/Maerkte/suche,t=russland-erfindet-immer-neue-importhuerden,did=882594.html* (30.01.2016).

Onlineportal: Bundeszentrale politische Bildung, *https://www.bpb.de/nachschlagen/lexika/lexikon-der wirtschaft/20088/marktversagen* (30.01.2016).

Onlineportal: Die Zeit, Deutschland darf bis 2018 Kohle fördern, *http://www.zeit.de/wirtschaft/2010-12/kohle-bergbau-beihilfen* (29.01.2016).

Onlineportal: Deutsche Wirtschaftsnachrichten, Keine Energie-Wende: Milliarden-Subventionen für die Steinkohle, *http://deutsche-wirtschafts-nachrichten.de/2013/08/15/keine-energiewende-staat-subventioniert-steinkohle-mit-milliarden-euro/* (29.01.2016).

Onlineportal: Wirtschaftslexikon Gabler, *http://wirtschaftslexikon.gabler.de/Definition/erziehungszoll.html* (29.01.2016).

Onlineportal: Bundeszentrale für politische Bildung, *http://www.bpb.de/nachschlagen/lexika/politiklexikon/18331/terms-of-trade* (25.01.2016).

Onlineportal; Ruhr-Guide in: Das Ruhrgebiet – Entwicklung und Strukturwandel, *http://www.ruhr-guide.de/freizeit/industriekultur/das-ruhrgebiet-die-entwicklung-und-der-strukturwandel/21960,0,0.html* (25.01.2016).

Onlineportal: Die Welt in: Warum Europas Fotovoltaik Frieden mit China will, *http://www.welt.de/wirtschaft/article141775826/Warum-Europas-Fotovoltaik-Frieden-mit-China-will.html* (25.01.2016).

Onlineportal: FAZ in: China belegt Autos aus Amerika mit Strafzöllen, *http://www.faz.net/aktuell/wirtschaft/handel-china-belegt-autos-aus-amerika-mit-strafzoellen-11563569.html* (25.01.2016).

Onlineportal: Bundesministerium der Justiz und für Verbraucherschutz, *https://www.gesetze-im-internet.de/urhg/* (24.01.2016).

Onlineportal: Deutsches Patent- und Markenamt, *http://dpma.de/patent/* (24.01.2016).

Onlineportal: Bundesanstalt für Landwirtschaft und Ernährung, *http://www.agrar-fischerei-zahlungen.de/* (24.01.2016).

Onlinedokument: Reihe Politikwissenschaft 74, Wessels, Wolfgang in: Jean Monet – Mensch und Methode – Überschätz und überholt?, *http://aei.pitt.edu/280/1/pw_74.pdf* (18.01.,2016).

Onlineportal „4manager“ in: Produktlebenszyklus, *http://4managers.de/fileadmin/4managers/folien/Produktlebenszyklus_01.pdf* (16.01.2016).

Onlineportal Wirtschaftslexikon Gabler in: Produktionsfaktoren, *http://wirtschaftslexikon.gabler.de/Definition/produktionsfaktoren.html* (10.01.2016).

Onlineportal Policonomocs in Eli Heckscher biography, *http://www.policonomics.com/eli-heckscher/* (10.01.2016).

Onlineportal Encyclopedia britannica in: Samuel Bailey, *http://www.britannica.com/biography/Samuel-Bailey* (09.01.2015).

Onlineportal: China investiert - die Studie im Überblick, *http://www.china-investiert.de/china-investiert/* (06.01.2015).

Onlineportal Encyclopedia in: Biography of: Frederick Winslow Taylor, *http://www.encyclopedia.com/topic/Frederick_Winslow_Taylor.aspx* (06.01.2015).
Onlineportal: Bundeszentrale der politischen Bildung, *http://www.bpb.de/nachschlagen/lexika/lexikon-der wirtschaft/19286/europaeischer-binnenmarkt* (05.01.2015).

Onlineportal Policonomics in: Leon Walras biography, *http://www.policonomics.com/lp-neoclassical-economics-leon-walras/* (04.01.2016).

Onlineportal Bundesbank Deutschland: Bretton Woods System, *https://www.bundesbank.de/Redaktion/DE/Themen/2013/2013_10_14_das_ende_von_bretton_woods.html* (02.01.2015).

Onlineportal Library economic and liberty. Biography of Milton Friedmann, *http://www.econlib.org/library/Enc/bios/Friedman.html* (02.01.2015).

Onlineportal, American History: Biography of Adam Smith, *http://www.let.rug.nl/usa/biographies/adam-smith/* (02.01.2015).

Onlineportal Britanica in: Biography of Alfred Marshall, *http://www.britannica.com/biography/Alfred-Marshall* (02.01.2015).

Onlineportal BMWI in: Konjunkturpaket I *http://www.bmwi.de/BMWi/Redaktion/PDF/W/wachstumspaket-breg november-08,property=pdf,bereich=bmwi2012,sprache=de,rwb=true.pdf* (01,01.2016).

Dr. Weerth, Carsten, Lehrbeauftragter an der FOM Hochschule für Oekonomie und Management, *http://wirtschaftslexikon.gabler.de/Definition/reale-aussenwirtschaftstheorie.html* (31.12.2015).

Dr. Weerth, Carsten, Lehrbeauftragter an der FOM Hochschule für Oekonomie und Management, *http://wirtschaftslexikon.gabler.de/Definition/monetaereaussenwirtschaftstheorie.html* (31.12.2015).

Onlineportal Nobelprize in: Bertil Ohlin Biographical, *http://www.nobelprize.org/nobel_prizes/economicsciences/laureates/1977/ohlin-bio.html* (28.12.2015).

Onlineportal ILO in: Wortlaut der Verfassung, *http://www.ilo.org/wcmsp5/groups/public/---europe/---ro-geneva/---ilo-berlin/documents/genericdocument/wcms_193725.pdf* (27.12.2015).

Onlineportal Bundeszentrale politische Bildung in: Sayesches Theorem, *http://www.bpb.de/nachschlagen/lexika/lexikon-der-wirtschaft/20539/saysches-theorem* (27.12.2015).

Onlineportal: Nobelprize in: Paul A. Samuelson, *http://www.nobelprize.org/nobel_prizes/economicsciences/laureates/1970/samuelson-bio.html* (26.12.2015).

Onlineportal „Sozialcharta“ in: Europäische Sozialcharta, *http://www.sozialcharta.eu/* (26.12.2015).

Onlineportal der Boeckler Stiftung in: Praxisblätter für Betriebsräte und Aufsichtsräte Euro-Betriebsräte, *http://www.boeckler.de/34752.htm* (25.12.2015).

Onlineportal: Globalcompact; *http://www.globalcompact.de/* (25.12.2015).

Onlineportal: Gesetze im Internat in: Betriebsverfassungsgesetz; *http://www.gesetze-im-internet.de/betrvg/* (25.12.2015).

Onlineportal Amnesty International in: Amnesty Report 2015 –Fidschi (24.12.2015).

Onlineportal „Spiegel" in: Verstoß gegen Sozialcharta: Regierung verweigert Kampf gegen Lohndumping, El- Sharif, Jasmin; *http://www.spiegel.de/wirtschaft/soziales/regierung-verweigert-sich-dem-kampf-gegen-lohndumping-a-897551.html* (24.12.2015).

Onlineportal Lidl: „Lidl engagiert sich für mehr Nachhaltigkeit in der Produktion seiner Eigenmarken-Textilien und –Schuhe". *http://www.lidl.de/de/gemeinsam-veraendern/s7372519* (24.12.2015).

Onlineportal: *https://www.cbs.mpg.de/staff/singer-11258* (20.12.2015).

Onlineportal: *http://www.resource-project.org/ueber-das-projekt/hintergrund-und-studieninhalt.html* (20.12.2015).

Onlineportal: Die Zeit, *http://www.zeit.de/kultur/2015-08/wirtschafts-politik-tania-singer-resource-projekt-10nach8* (20.12.2015).

Onlineportal BMSA in: Verzeichnis der für allgemeinverbindlich erklärten Tarifverträge, Stand: 1. April 2015, *http://www.bmas.de/SharedDocs/Downloads/DE/PDF-Publikationen-DinA4/arbeitsrecht-verzeichnis-allgemeinverbindlicher-tarifvertraege.pdf;jsessionid=76732AD9BC2309955E189CC7612D7441?__blob=publicationFile* (Stand: 26.05.2015).

Onlineportal Bundeszentrale politische Bildung in: Kurze Geschichte der „Vollbeschäftigung" in Deutschland nach 1945, *http://www.bpb.*

de/apuz/126004/kurze-geschichte-der-vollbeschaeftigung-in-deutschland-nach-1945?p=all (Stand: 26.05.2015).

Boeree, George, C. in: Persönlichkeitstheorien (Erik Erikson 1902-194), Originaltitel: Personality Theories, Copyright 1997,2006, C. George Boeree Shippinsburg University, USA, deutsche Übersetzung D. Wieser M.A. , 2006. *http://www.social-psychology.de/do/PT_erikson.pdf* (23.05.2015).

Kieselbach, Thomas: Arbeitslosigkeit und Entfremdung. In: Journal für Psychologie 6 (1998), 1, pp. 38–52. URN: *http://nbn-resolving.de/urn:nbn:de:0168-ssoar-28960*, (Stand: 22.05.2015).

Rogge, Benedikt, G., in: Zeit und Arbeitslosigkeit. Differenzielle Arbeitslosenforschung und zeitpolitische Perspektiven, Ausgearbeitetes Manuskript zum DGfZP-Vortrag, 24.10. 2009, Berlin. S. 6, *http://www.zeitpolitik.de/pdfs/vortrag_rogge.pdf* (21.05.2015).

Onlineportal: Wissen.de, „Idolisierung bedeutet etwas zum Ideal hervorheben“, *http://www.wissen.de/fremdwort/idolisierung* (Stand: 07.05.2015).

Freud, Sigmund in: Gesammelte Werke (1925–1931), Onlineportal: dpv-psa.de, http://www.dpv-psa.de/wissenschaft/sigmund-freud-online/ (Stand: 28.04.2015).

Onlineportal: psychoanalyse.lu , Freud, Sigmund In: Hemmungen, Symptome und Angst (1926), *http://www.psychanalyse.lu/Freud/FreudHSA.pdf* (Stand: 28.04.2015)

Boeree, George in: Persönlichkeitstheorien, Abraham Maslow 1908 – 1970, Copyright 1998, 2006, C. Goerge Boeree, Shippensburg University USA, deutsche Übersetzung D. Wieser M. A. , 2006., S. 4. Onlineportal: *http://www.social-psychology.de/do/PT_maslow.pdf* (Stand: 21.04.2015).

Leitfaden Saison-Kurzarbeitergeld der der deutschen Bauindustrie. *http://www.bauindustrie.de/media/attachments/Saison-Kug_LF_2009.pdf* (Stand: 06.04.2015).

Onlineportal der Zeitschrift Spiegel in: Vor der Wahl: Kroatien streicht armen Bürgern die Schulden. *http://www.spiegel.de/wirtschaft/soziales/kroatien-streicht-armen-buergern-die-schulden-a-1016363.html*. (Stand: 01.04.2015).

Onlineportal ILO: *http://www.ilo.org/berlin/arbeits-und-standards/kernarbeitsnormen/lang--de/index.htm* (21.12.,2015).

Onlineportal der Zeitschrift Focus in: Schlimmer als Spanier und Italiener -Deutsche Bürger sind bald Schulden Europameister. *http://www.focus.de/finanzen/news/schlimmer-als-spanien-und-italien-deutsche-auf-dem-weg-zum-schulden-europameister_aid_1085143.html* (Stand: 01.04.2015).

Onlineportal der Zeitschrift Focus in: Feuerwehrmann und Krankenschwester sind angesehenste Berufe. *http://www.focus.de/panorama/welt/gesellschaft-feuerwehrleute-auf-platz-eins-der-angesehensten-berufe_id_4085669.html* (Stand: 24.03.2015

Onlineportal Handelsblatt in: ROUNDUP: Überraschend starke Dynamik am US-Arbeitsmarkt. *http://www.handelsblatt.com/wirtschaft-handel-und-finanzen-roundup-ueberraschend-starke-dynamik-am-us-arbeitsmarkt/11082052.html* (Stand: 17.03.2015).
Onlineportal: Das Statistik Portal; http://de.statista.com/statistik/daten/studie/173632/umfrage/verbreitung-ehrenamtlicher-arbeit/ (Stand: 03.03.2015).

Onlineportal der Zeitschrift „FAZ“, .
Benachteiligte Arbeitslose, Studie: Hartz-IV-Satz liegt 45 Euro zu niedrig, *http://www.faz.net/aktuell/wirtschaft/wirtschaftspolitik/armut-und-reichtum/harzt-iv-empfaenger-bekommen-angeblich-zu-wenig-geld-13407112.html* (Stand: 01.03.2015).

Onlineportal der Zeitschrift „Welt“, Interview mit Werner von Sinn „„Perspektive der Leistungsträger kommt zu kurz“, *http://www.welt.de/politik/deutschland/article6417782/Perspektive-der-Leistungstraeger-kommt-zu-kurz.html* (Stand: 01.03.2015).

http://statistik.arbeitsagentur.de/Statischer-Content/Grundlagen/Methodenberichte/Beschaeftigungsstatistik/Generische-Publikationen/Methodenbericht-Beschaeftigungsstatistik-Revision-2014.pdf, S. 12 (11.01.2015).

Abbildung 1: WSI Gender Portal: *http://www.boeckler.de/43333.htm* (11.01.2015).

Friedrich Ebert Stiftung in: Neoliberalismus und Frauenpolitik – Frauen in prekären Arbeitsverhältnissen - Situation in Deutschland
Christine Bergmann, Bundesministerin a.D.,
Mitglied des FES Vorstandes
http://library.fes.de/pdf-files/bueros/seoul/06967.pdf, (11.01.2015)

Abbildung 2: *http://statistik.arbeitsagentur.de/Statischer-Content/Grundlagen/Methodenberichte/Beschaeftigungsstatistik/Generische-Publikationen/Methodenbericht-Beschaeftigungsstatistik-Revision-2014.pdf*, S. 12, (11.01.2015).
Abbildung 3: *http://statistik.arbeitsagentur.de/Statischer-Content/Grundlagen/Methodenberichte/Beschaeftigungsstatistik/Generische-Publikationen/Methodenbericht-Beschaeftigungsstatistik-Revision-2014.pdf*, S. 15, (11.01.2015)

Onlineportal: Jesus-is-lord.com, 2. Brief von Paulus an die Tessalonicher,
http://www.jesus-is-lord.com/germ2the.htm(Stand: 15.01.09).

Onlineportal:*http://www.juratelegramm.de/faelle/oeffenliches_recht/BVerfG_NJW_2004_2890.htm* (07.02.2015).

(1) Alle Deutschen haben das Recht, Beruf, Arbeitsplatz und Ausbildungsstätte frei zu wählen. Die Berufsausübung kann durch Gesetz oder auf Grund eines Gesetzes geregelt werden.
(2) Niemand darf zu einer bestimmten Arbeit gezwungen werden, außer im Rahmen einer herkömmlichen allgemeinen, für alle gleichen öffentlichen Dienstleistungspflicht.
(3) Zwangsarbeit ist nur bei einer gerichtlich angeordneten Freiheitsentziehung zulässig. Onlineportal: *https://openjur.de/g/gg/12.html* (07.02.2015).

BVerfGE 97, 12, 25, 33 f.(Patentgebührenüberwachung).
BVerfGE 32, 1, 28 (Vorexaminierte); 102, 197, 212 f. (Öffentliche Spielbanken).
BVerfGE 97, 228, 253 (Nachrichtenmäßige Kurzberichterstattung im TV).
BVerwGE 22, 286, 289.
BVerwGE 22, 286, 288.

Onlineportal: Der Freitag. Hirschel, Dierk in: „Wem nützt der Freihandel?" *https://www.freitag.de/autoren/der-freitag/wem-nuetzt-der-freihandel* (17.12.2015).

Onlineportal der Bundesregierung. *http://www.erfahrung-ist-zukunft.de/SharedDocs/Artikel/Bildung/Weiterbildung/20130326-weiterbildung-in-deutschland-auf-rekdorniveau.html;jsessionid=B2423808D48299240D912B26AC6599A0.s3t2?nn=571100* (Stand 19.02.2015).

Onlineportal Handwerk NRW: *http://www.handwerk-nrw.de/lehrstellen-org/news-1.html* (Stand: 20.02.2015).

Onlineportal der Zeitschrift Spiegel.: *http://www.spiegel.de/politik/deutschland/alleinerziehende-studie-stuetzt-plaene-von-manuela-schwesig-a-1015740.html* (Stand: 23.02.2015).

Onlineportal der Zeitschrift Spiegel: *http://www.spiegel.de/wirtschaft/soziales/armutsbericht-deutschland-zerfaellt-in-arm-und-reich-a-1019315.html* (Stand: 23.02.2015).
Onlineportal des BMFSFJ: *http://www.bmfsfj.de/mag/root-maerz-25,did=205566.html?referrerDocId=205576* (Stand: 24.02.2015).

Onlineportal Europäische Grundrechte Zeitschrift in: „Hans D. Jarass, Münster, kommentiert die Gewährleistung der unternehmerischen Freiheit in der Grundrechtecharta http://www.eugrz.info/html/Archiv/i2011_13-15.html (Stand: 24.02.2015).

Onlineportal der Epochtimes, *http://www.epochtimes.de/Beaengstigend-hohe-Selbstmordrate-von-Jugendlichen-in-China-und-Japan-a1175617.html* (Stand: 26.02.2015).

Onlineportal der Bundesagentur für Arbeit: *http://statistik.arbeitsagentur.de/Statischer-Content/Unterbeschaeftigung-Schaubild.pdf* (Stand: 01.03.2015).

Onlineportal Gallup Studie: *http://www.download.ff-akademie.com/Gallup-Studie.pdf* (Stand: 09.03.2015).

12 Abbildungsverzeichnis

1. Abbildung: Entwicklungskonflikt im Verlauf der Erwerbslosigkeit . . . 20
2. Abbildung: WSI Gender Daten Portal . . . 53
3. Abbildung: Personengruppen in der revidierten Statistik über sozialversicherungspflichtige Beschäftigte . . . 54
4. Abbildung: Personengruppen in der revidierten Statistik über geringfügig Beschäftigte . . . 55
5. Abbildung: Arbeitslosenstatistik der Bundesagentur für Arbeit . . 82
6. Abbildung: Engagementquoten nach Bildungsniveau . . . 87
7. Abbildung: Beteiligung am Ehrenamt . . . 88
8. Abbildung: Bundesagentur für Arbeit (Februar 2013) . . . 111
9. Abbildung : Komponenten des SOC . . . 115
10. Abbildung: Bedürfnispyramide . . . 120
11. Abbildung: Soziale Folgen von Arbeitslosigkeit . . . 133
12. Abbildung: Produktlebenszyklus . . . 165
13. Abbildung: Elemente der Methode Monnet . . . 168
14. Abbildung Armutsrisiko in der BRD . . . 183
15. Abbildung: Anzahl der Gewerkschaftsmitglieder in Deutschland . . . 184
16. Abbildung: Einkommensspanne zwischen Gering und Topverdienern bis 2060 . . . 199
17. Abbildung: Erwerbstätige Bezieher von ALG II . . . 201
18. Abbildung: Industrielle Beziehungen . . . 214
19. Abbildung: Das Berichtsverfahren . . . 231
20. Abbildung: Beschwerde- und Klageverfahren . . . 233
21. Abbildung: Europäische Betriebsräte . . . 238
22. Abbildung: Graphik freiwilliger Initiative und Instrumente . . . 241
23. Abbildung: 3 Phasen der Institutionalisierung . . . 264
24. Abbildung: Drei Säulen Modell von Institutionen nach William Richard Scott. . . . 268
25. Abbildung: Normenpyramide . . . 303
26. Abbildung: Bereiche der Arbeitswelt . . . 306

27. Abbildung: Ratifizierte ILO Abkommen durch die Mitgliedsstaaten 319
28. Abbildung: „Review of Annual Reports“ 327
29. Abbildung: „Global Report“ 328
30. Abbildung: ILO Graphik „Zwangsarbeit“ 349
31. Abbildung: ILO Graphik „Diskriminierung“ 350
32. Abbildung: ILO Graphik „Kinderarbeit“ 351
33. Abbildung: ILO Graphik „Vereinigungsfreiheit“ 352
34. Abbildung: Universelle Grundregeln des UN GC 375
35. Abbildung: Aufbau der WTO 409
36. Abbildung: Kinderarbeit 460
37. Abbildung: Angebot und Nachfrage 466
38. Abbildung: Gleichgewichtsmodell 467
39. Abbildung: „Die Sicht eines armen Kindes“ 470
40. Abbildung: Branchenbezogene Kinderarbeit 475

FSC
www.fsc.org
MIX
Papier | Fördert gute Waldnutzung
FSC® C083411

Kolibri 360 GmbH
Ferdinand-Jühlke-Straße 7
99095 Erfurt, Deutschland
produktsicherheit@kolibri360.de